柏尔地板 Boer Floor
专业用于地暖环境
纯实木地热地板
产学研基地
技术研发基地
信得过产品
起草单位
实木地热地板王牌
因为专业 才能累累硕果
实木地热地板王牌
起草单位
技术研发基地
产学研基地
信得过产品

心力家居板优势化、标准化、无尘化

- 清洁环保能源
- 无尘化工艺
- 夏王纸高端油墨
- 纯三胺浸渍纸
- 高档生态健康板
- 全自动恒温压机
- 怡黄服务

心力™ 家居板

Willpower

—心力创造好生活

产品中心

密度板　镂铣板　阻燃板　防潮板　门板　刨花板　osb板

饰面板

怡黄团队：全方位增值服务

市场调研、产品设计、品牌铸造、物流配送、采信授信、知识普及

通过上海、杭州、宁波、湖州、昆山、无锡、南京、合肥、成都、重庆（在建）十大城市十七个展示配送点向高端消费者提供环保优质板材，倡导低碳消费理念。

ENTERPRISE HONOR

企业荣誉

上海怡黄木业有限公司创立于1998年，是名品家居板材集成供应商。连续十二年销售量居同行业前列。作为中国人造板流通联盟执行会长单位，公司本着“诚信为本、携手发展”的创业宗旨，与大亚木业、丽人集团、绿源集团、湖北宝源、广西冠华、沪千森工、绿洲实业、中盐银港、宝山木业、凯跃集团、广西三威、柯诺（北京）等全国著名木业集团建立了战略合作关系和友谊。近年来，也在着力引进优秀的国外产品。

选择、引导、展示、配送。

公司有一支精良敬业的运营团队。以创造客户价值为导向，借力多媒体传播和现代物流概念、网络站点、渠道互联、快速集成、强力配送。规模化运作尽力减少采购成本，与广大的优秀分销商、出口家具公司、玩具道具公司、精品家装公司、木门地板企业等高端专业用户建立了稳固的供需关系，同时通过上海、杭州、宁波、湖州、昆山、无锡、南京、合肥、成都、重庆（在建）十大城市十七个展示配送点向高端消费者提供环保优质板材，倡导低碳消费理念。2011年昆山好生活正式投产，在行业内率先使用清洁能源、无尘车间和全流程无尘处理。生产高端环保浸渍胶膜纸饰面家居板“心力”品牌。

怡黄板材与您共创品位生活。

黑龙江柏杉林木业有限公司

一、公司基本概况

我公司成立于2009年8月，注册地位于黑龙江省“哈尔滨牛家工业园区”（五常市），现办公地址位于哈尔滨市南岗区汉水路277号中融国际大厦17层，法人代表初汶泽，注册资金4亿元人民币，资产总额为30亿元人民币。公司主要在南美洲圭亚那共和国从事森林开采、木材加工及木制品制造、家具制造以及木材进出口等业务。我公司在黑龙江省绥化工业园区有利用资源运回生产红木家具基地项目、五常市牛家工业园区木材深加工项目、江苏太仓港工业园区资源运回仓储加工基地项目、北京柏杉林木地板有限公司等多家国内子公司。我公司2010年经国家发改委和商务部批准在圭亚那设立了圭亚那柏杉林国际林业开发有限公司，该公司由黑龙江柏杉林木业有限公司100%控股，在圭亚那从事森林开发、木材加工、木材出口业务，旗下拥有可可尼公司、卡兰公司、外口公司、奎巴拿和蛇木公司等多家圭亚那木业实体控股子公司。另外还有圭亚那柏杉林矿业开发有限公司、圭亚那柏杉林国际船舶重工有限公司、圭亚那柏杉林房地产开发有限公司。

二、资源优势

我公司在圭亚那，现已拥有经圭亚那政府批准的125万公顷森林采伐许可权，木材积蓄量达1.5亿立方米，可采伐原木总量为2500万立方米，拥有建设圭亚那中国木业工业园区用地5平方千米，房地产开发用地400英亩，圭亚那柏杉林公司已成为圭亚那中国林业产业的第一大公司之一，也是中国企业在境外拥有热带森林资源最多的公司之一。

三、公司发展

2012年柏杉林公司与大兴安岭林业集团重组，共同开发圭亚那森林项目。柏杉林公司作为民营企业通过在境外利用森林资源开发已成功带领国有森工企业“走出去”，被国家林业局和国家开发银行列为“走出去”的典型模式。我公司是国家开发银行“走出去”发展战略的重点扶持企业。我公司借助在圭亚那的森林资源优势与大兴安岭林业集团合作共同开发圭亚那森林资源。“黑龙江柏杉林木业有限公司圭亚那森林开发项目”总投资22766.6万美元，其中项目一期总投资11765.2万美元。项目一期自筹3075.2万美元和国开行长期贷款6690万美元。项目一期工程资金和贷款已全部到位并已开工建设，机器设备500台（辆、套）已陆续到货投入使用，已修筑运材公路400多千米，综合办公楼、工厂基础建设已完成30%的工程量。目前圭亚那柏杉林公司第一年采伐量必保15万立方米。因第一年有修路的因素故产量不能达标，根据资源拥有量达标采伐量每年在60万立方米以上，每年创收利润在2亿美元以上。

现国家开发银行正在积极推动圭亚那森林开发木材加工项目二期贷款的发放。同时我公司又与黑龙江省森工总局达成意向合作，柏杉林公司已协助黑龙江森工总局完成与国家开发银行的项目对接，国开行把柏杉林与黑龙江森工总局的合作项目列为支持项目，国开行建议由黑龙江森工与柏杉林合作建设圭亚那木业经贸合作园区，现柏杉林的125万公顷森林，大兴安岭林业集团采伐44万公顷，黑龙江森工总局采伐81万公顷，实现大兴安岭地委肖建春书记提出的在圭亚那再造一个大兴安岭的目标，实现黑龙江森工总局魏殿生局长提出的在圭亚那再造一个黑龙江大森工的目标。

柏杉林公司希望利用圭亚那丰富的森林资源和在圭亚那政府的人脉关系资源决心为我省的林业企业走出去搭建桥梁，为回报家乡做出自己的一定贡献。

黑龙江名木源古典家具有限公司

黑龙江名木源古典家具有限公司隶属于黑龙江柏杉林木业有限公司，是一家以红木高档家具、实木地板为主的，集研发、生产、销售为一体的大型家具生产企业，注册资金3亿元人民币，生产高档红木家具，家具产品选用圭亚那黑酸枝（Wamara）、紫檀（Washiba）、紫罗兰（Purpleheart）、南美花梨（Locust）等名贵树种。

随着黑龙江柏杉林木业有限公司森林采伐量的大幅增长，黑龙江名木源古典家具有限公司积极打造木材生产加工能力，占地300亩的绥化木材加工基地已经开始建设，2012年12月全面投入生产。

黑龙江名木源古典家具有限公司木材加工基地奠基仪式。

木材加工基地总占地面积17万平方米，建设高档家具生产、实木地板生产标准化厂房7万平方米，附属厂房3000平方米，办公、研发、展示、接待、职工生活用房38000平方米。

全部工程分二期建设。第一期占地10万平方米，建设家具生产标准化生产厂房4万平方米，附属厂房2400平方米，办公、研发中心用房15000平方米，产品展示厅4000平方米，会所1600平方米，厂区道路19500平方米，厂区绿化面积15500平方米，安装美国先进的生产设备大锯二台、意大利真空干燥窑八台及国产先进设备开料机10台、雕花机33台。

名木源生产的古典家具正在推向市场，以其名贵木材品种的优势，高端的品质，不断受到市场的青睐，经营网络逐步形成。

产品展示

用圭亚那红木树种制成的名木源古典红木家具——中式八斗办公台

用圭亚那红木树种制成的名木源古典红木家具——群仙贺寿罗汉床

明极系列

友联·為家®

友联工艺于1982年始创于香港。1992年在深圳市观澜镇建立友联工艺傢俬厂，是一家实力雄厚的红木家具生产企业。2004年，为适应市场的高速发展，成立了深圳祥利工艺傢俬有限公司，并确定以“友联·为家”为产品品牌名。

深圳祥利工艺傢俬有限公司有厂房占地5万平方米，员工2000余人，并拥有现代化的专业生产设备、强大的设计和技术工人队伍、电脑数据化的生产管理系统，以及幅射全国的货物流通网络。在2000年7月，已成为中国传统家具行业首家通过ISO 9001国际标准体系质量认证的企业，2003年进一步通过了ISO 9001：2000国际质量认证。

2002年3月，中国传统家具研究家、收藏家、国家级古玩鉴赏家、著名学者王世襄老先生对我公司为中国传统家具的继承与发展做出的成绩予以高度赞扬，欣然命笔题写了：

“友联·为家”，秉承文明，锐意创新，缔造生活的艺术

2004年10月中国家具协会授权成立“友联工艺—中国中式古典家具研制中心”，并寄望友联工艺对中国传统家具的继承研究和创新发展做出更大的贡献。

友联·为家，植根中国传统文化，应用中国传统家具精湛工艺，融入世界优秀设计理念，以人为本，追求人与自然、审美与实用的完美结合，创造舒适性和艺术性于一体的尊贵家具。坚持“顾客至上、信誉第一、质量第一”的服务宗旨，不断探索市场需求，革新进取，并把产品质量视为第一要素，用料真实考究，严格执行国家和本公司参与制定的红木用材标准（QB/T 18107—2000），以紫檀木、黄花梨、酸枝木、鸡翅木、花梨木等为制造木料，完善生产管理制度，严控工艺流程，按照本公司和公司总经理参与起草的国家轻工业深色名贵硬木家具制造标准（QB/T 2385—2008）高要求确保产品质量。

如今，“友联·为家”蜚声国内，扬名海外。我国大中城市的统一形象红木家具馆有200多家，销售网络覆盖全国，产品远销东南亚及欧美各国。在历届深圳、东莞、北京等地的国际家具展览会上，频获殊荣。“友联·为家”，已成为红木家具业界专家盛赞和消费者喜爱的品牌，被誉为中国中式家具的一朵璀璨的现代奇葩。

深圳红木家具博物馆介绍

由深圳祥利工艺傢俬有限公司（旗下品牌：友联·为家）承办的深圳红木家具博物馆项目由国家审批，被广东省政府以及深圳市政府定位为深圳设计之都、文化之都的新亮点、新优势以及新名片，将来也是集深圳人设计、创意、人文修养、传承优秀中国传统文化、国技研习基地；未来更是集文化交流品鉴中心、红木精品展览中心、红木家具官方销售中心于一体的大型博览平台。

深圳红木家具博物馆总面积高达2万多平万米，分两期完工，总投资高达2亿元人民币。博物馆一层主要为红木文化展览陈列厅，消费者可以清晰地了解红木家具列代发展过程，学习中国红木家具的渊源文化；二、三层主要为红木家具精品展示厅，消费者在这里可以找到更多的精典之作，大家之作。四、五层则主要为红木家具研发中心，设计师俱乐部以及广东省文化产业培训中心，六层则为写字楼以及公司会所。

深圳红木家具博物馆作为广东省唯一一家被指定的官方红木家具博物馆，这里将来不仅会举行全国性的官方高峰文化论坛及相关展览展示会，红木行业相关研讨会、文化讲座以及收藏拍卖等活动，这里将来还承担着培养青年消费者对红木家具的爱好，推广中国传统家具精髓文化的重要责任，在这里将全面挖掘红木家具的内涵，把中国传统家具文化推向世界。

荣誉：载誉一身

1. 《深色名贵硬木家具》标准QB/T　2385—2008起草单位
2. 连续十届先后获得国际家具(深圳)展览会展位设计奖、工艺成就奖、客厅系列奖、软体系列奖、卧房系列奖、最佳展品奖、中式古典家具系列奖、最佳展位设计奖、设计优秀奖
3. 先后获得国际名家具(东莞)展览会软体系列金奖、客厅系列金奖、获卧室系列金奖、展位设计优秀奖、古典系列铜奖
4. 深圳家具行业杰出贡献奖
5. 全国同行业首家通过ISO 9001国家质量体系认证
6. 中国家具协会副理事长单位
7. 全国首家使用防伪保真厂家
8. 北京国际家具展览会金奖
9. 中国传统行业专业委员会主席团主席单位
10. 中国家具设计杰出贡献奖、客厅家具银奖
11. 首届“金斧奖” 获优秀奖、第二届“金斧奖”获铜奖
12. 广东家具行业原创型重点保护企业
13. 2010最具创新力的中国红木家具十大品牌
14. 2012年中国家具行业领袖品牌
15. 2012最受欢迎的中国红木家具十大品牌
16. 中国中式古典家具创新金奖
17. 中国红木家具优秀企业
18. 中国传统家具文化传承奖
19. 中国红木家具领军企业

八骏梳化

松鹤博古梳化

吉龙木材市场是由吉龙集团有限公司投资 8500 万元人民币开办的一个占地约 250000 平方米的以经营家具木材为主体的集约市场 。

市场于 2001 年 12 月 15 日正式奠基，当年被列为本地区的十大工程之一 。市场经过一年多的规划和建设，于 2003 年 3 月 28 日正式开业 。

吉龙木材市场地处有“中国家具出口第一镇”之美称的大岭山镇，大岭山目前有 300 多家大规模的中外大型家具制造企业，家具的出口量居全国第一位，家具产业已成为当地政府的主要经济产业支柱，这里同时也蕴藏巨大的发展空间和无限的商机 。东莞市吉龙集团有限公司，是一家集实业投资和商贸经营为一体的综合性的大型民营企业，2012 年被东莞市委人民政府评为“东莞市 50 强民营企业之一” 。公司的决策层经过广泛的市场调研论证，在当地政府的大力支持下，投资创办了以经营家具生产所需的木材为主体的吉龙木材市场 。

吉龙木材市场在规划建设和经营管理中坚持走市场化的道路，坚持以规模和经营及管理三个定位作为发展的目标 。

吉龙木材市场根据大岭山镇及珠三角地区家具产业结构乃至同行业的经营状况，针对性地对吉龙木材市场的规模做出了清晰的定位 。把目标定位于：华南地区最具规模的家具木材交易中心 。目前市场的进场经营客户已有数百家，从当前国家到地方的主管部门及行业和权威人士所综合信息反馈，吉龙木材市场是目前全国最具规模最专业的家具木材交易市场 。

吉龙木材市场在广泛的市场调研中认真总结和分析了不同行业及其他行业大型市场的经营经验，并根据大岭山镇家具生产得天独厚的优势特点，把家具木材经营作为市场的专业经营定位，致力于做专做精，从而突出经营的专业化道路，目前市场所经营的木材品种有来自国内和国外的高中低档 100 多个品种，基本满足了大岭山及我市大部分家具生产企业的需求，同时经营的家具木材已经销售覆盖珠江三角洲和省内外及国外，吉龙木材市场的家具木材价格行情，已成为国内家具木材行业价格标准设定的风向标 。

东莞市吉龙木材市场

歡迎光臨

东莞市吉龙木材市场
中国木材明星市场
ZHONGGUO MUCAI MINGXINGSHICHANG

东莞市吉龙木材市场
2011中国木材与木制品
明星市场

企业信用等级证书
CERTIFICATE OF ENTERPRISE CREDIT GRADE

华南地区最具规模家具木材交易中心
The Largest Wood Material Trade Center in Southern China Region
吉龙木材市场
Jilong Timber Market

怡丰木业
YI FENG MU YE
怡丰木业

荣誉证书
东莞市吉龙木材市场 被评为二〇〇四年度“东莞市文明诚信市场”，特发此证书，以资鼓励。
荣誉证书
贵市场（公司）经组委会调查评审
荣获“2005年度广东省商品交易市场竞争力五十强市场”荣誉称号。
特发此证！
荣誉证书
吉龙木材市场
聚天下良材 兴吉龙大业
Gathering of Quality Wood Worldwide Great Booming of Jilong
东莞市吉龙(集团)
Dongguan Jilong (Group)

中轻资源

CHINALIGHT RESOURCES

中轻资源进出口公司是中国轻工业品进出口总公司（简称“中轻总公司”，成立于1952年，现隶属于中国通用技术（集团）控股有限责任公司）的全资子公司，是专业从事国际贸易与投资的中央企业，致力于成为“资源性原料供应链集成服务商”。

长期以来，中轻资源立足于国内广阔的原材料市场空间，积极开展海外原料商品的进口业务；同时依托中轻总公司强大的业务平台，联合海外的战略合作伙伴，对海外的相关资源进行直接开发与引进，并在国内直接投资配套的生产加工企业，已在国内外相关领域树立了良好的“中轻资源”企业形象。

共筑梦想 分享成长

主营领域

中轻资源主业涉足以下三个产业领域（分别下设三个子单元）：工业原料（铬锰镍钛锆等矿产及其合金、再生铜铝塑料）、农业资料（硼系磷系原料、棉纺原料、海产品）和建筑材料（石材、木材）。

经营理念

中轻资源一贯秉承"开发、整合、服务、分享"的资源经营理念，以客户需求及行业竞合为导向，努力打造"资源性原料集成服务供应商"。

企业文化

核心根本理念：梦想理念
企业文化：共筑梦想、分享成长

木材业务

木材业务通过投资、贸易、生产和物流等手段，致力于全球相关地区开展木业产品的开发与整合，并在国内主要港口城市和商品集散地建立了加工生产和物流分销机构，倾力打造架构合理、功能完整、运营有效、竞争有力的综合集成供应及交易平台。其中黄岛港口现场设有常驻业务人员，负责现场原木和板材的理货与销售等工作。采购区域涉及北美、南美、欧洲、非洲、大洋洲等诸多国家和地区，在国内与百余家生产厂家和木材贸易商建立了合作关系，木材进口实力在行业中名列前茅。

主要产品：原木、方料、板材、地板坯料等

木材业务京外机构：上海京轻木业有限公司黄岛港原木板材堆场

苏东总经理与外商会面

苏东总经理欧洲考察板材

业务员国外林场考察

业务员国外林场考察

业务员国外货场考察

带有中轻标识的铁杉板材抵黄岛港

业务员黄岛货场检尺

业务员黄岛货场检尺

荣誉证书

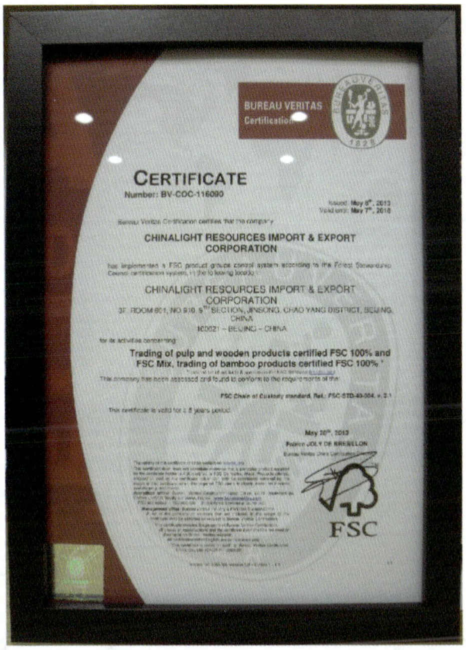

联系中轻资源

中轻资源进出口公司
地址：北京市朝阳区劲松九区910号中轻大厦9层
电话：010-87763297
传真：010-87763403

上海京轻木业有限公司
地址：上海市徐汇区龙漕路135弄8号
电话：021-64876775-811
传真：021-64367986

黄岛港原木板材堆场
地　址：黄岛北方木材交易市场、南友林货场、北友林货场、新翔林货场与老翔林货场
联系人：王国洞：13811390283　　武继云：13811396051

浙江物产森华集团有限公司

ZHEJIANG MATERIALS INDUSTRY SENHUA GROUP CO., LTD.

公司简介

浙江省物产集团公司是浙江省第一家进入世界500强的企业，2013年排名第364位，是国家120家大型企业试点企业集团和20家重点培育发展的大型流通企业以及浙江省政府确定的36家重点流通企业之一。一直以来，物产集团坚持改革创新不停步，坚持提升发展主业不动摇，坚持提高团队素质不松懈，不断开拓，努力进取，其经营规模、经济效益、综合实力等主要经济指标一直名列全国同行前茅，连续11年进入中国企业500强前百位（2012年列第61位），连续十年位列浙江省百强企业前两位（2012年列第1位）。

浙江物产森华集团有限公司作为物产集团主营木业板块的专业公司，成立于2006年5月12日，注册资本为6000万元人民币，主要经营范围为林木产品、粮油制品、自营和代理进出口业务，实业投资、仓储运输等。经过7年多的探索和拓展，物产森华在国内木材经营行业已成为龙头企业之一。目前主要经营品种为加拿大板材、俄罗斯板材、欧洲板材、俄罗斯原木、北美原木、非洲原木、南美及印尼木地板等。与国际知名木材经营商加福、泰克、伊利姆、常青、西部林产、丹利尔公司等都建立了良好的战略合作关系。同时，作为国内两大农垦系统的重点客户，天然橡胶经营规模不断扩大，作为公司战略投资的伊春市嘉荫对俄边境口岸的运营步入正轨，为公司的发展提供了全面稳定的支撑。2012年公司经营规模达到14亿元人民币，已设有太仓、天津、上海、宁波、青岛、昆明、海口7个销售网点。

公司目前有员工46人，95%具有本科以上学历，平均年龄29岁，组成一支充满激情和朝气的团队，公司提倡的核心价值观："企业与时代共同前进、企业与客户共创价值、企业与员工共同发展"，核心理念："以人为本、绩效理念、团队精神、追求卓越"。

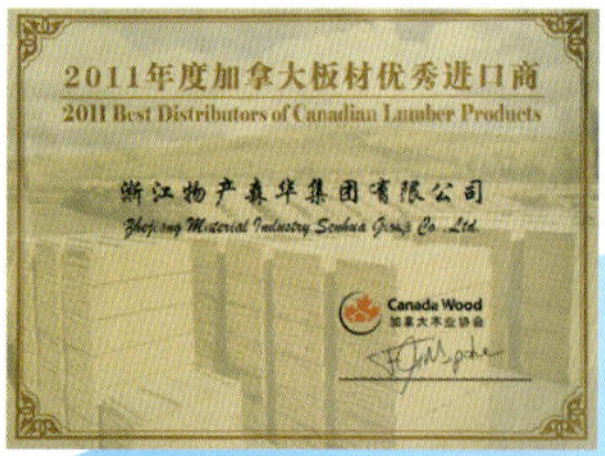

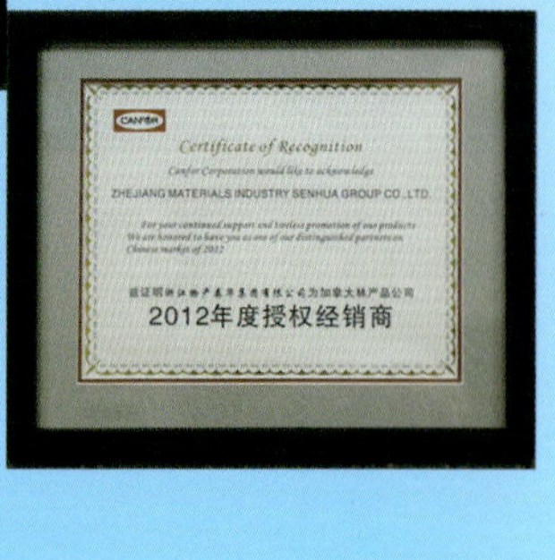

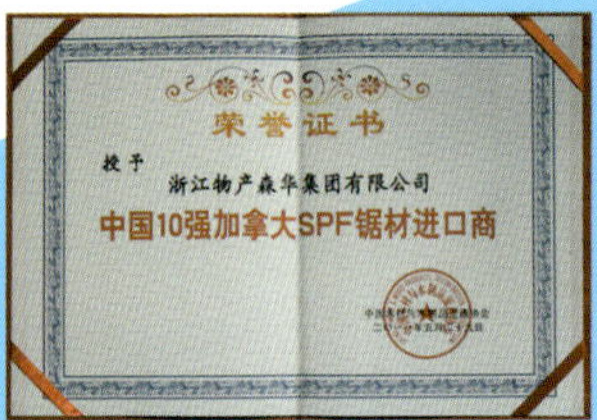

公司分销网络

DISTRIBUTION NETWORK

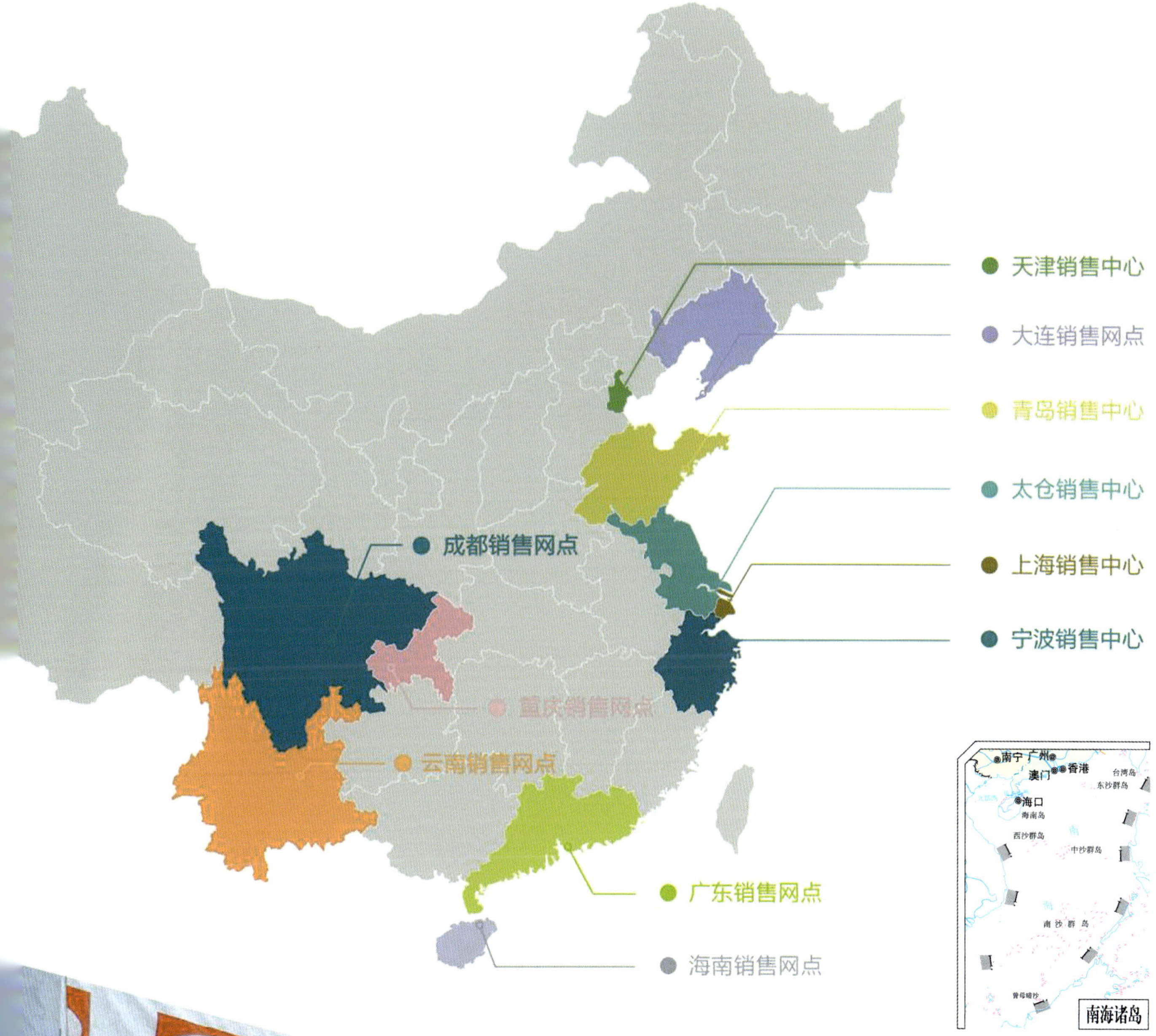

浙江物产森华集团有限公司

产品	种类	产地	主要供应商	特点	用途
板材	SPF	加拿大	CANFOR, TOLKO, AP, INTERFOR	产品刨光、烘干，规格标准，色白，材质软、韧性好，结疤小，易加工	龙骨、线条、包装、家具、工地工程、木结构房屋等广泛用途
	樟子松	俄罗斯	ILIM	产品烘干、毛板，规格多样。材质细，软，经防腐后能有效防霉、防白蚁	家具、防腐木、景观木、木结构房屋等广泛用途
	赤松	欧洲	ILIM, STORA ENSO	产品烘干，规格多样，色偏红、材质和樟子松类似，但是结巴多，死结多	防腐木、景观木、家具、部分再加工用途
	欧洲云杉	欧洲	ILIM, STORA ENSO	产品烘干、规格多样，色白，材质软、韧性强，结巴小，易加工	龙骨、线条、家具、木结构房屋等广泛用途
	南方松	美国	ILIM, CANFOR, WEST FRASER	产品烘干、硬度强、花纹大，易防腐	防腐木、家具、景观
	花旗松	加拿大、美国	INTERFOR, WFP, HAMPTON	产品烘干、规格多样，色略红，材质坚韧，富有弹力，保存期长，是良好的建筑及器具用材	龙骨、家具、包装、工地工程、景观木等广泛用途
	铁杉	加拿大、美国	INTERFOR、WFP, HAMPTON, SIERRA PACIFIC	产品规格多样，色淡雅均匀，纹理直，木质细密，硬度适中，具有较高的抗弯强度及自然的防腐能力	龙骨工地工程、包装、防腐、景观、桑拿板等广泛用途
定向刨花板 OSB	OSB	加拿大	TOLKO, CANFOR(LP)	OSB 使用了特殊工艺和环保原料，所以具有超群的加工性、握钉力以及卓越的防潮性和绿色环保等特点，是一种新型、环保、多用途的复合结构材料	家居装饰装修、托盘包装箱材料（无须烟熏，出口免检）建筑模板、木结构房屋等
原木	白松、落叶松、欧洲云杉、北美铁杉、花旗	俄罗斯、中欧、北美		松木原木	各松木加工厂

销售中心联系方式 CONTACT WAY

- 浙江总部
  地址：杭州市凤起路78号假日商务楼301室　电话：0571—86781510　86781521
- 天津销售中心
  地址：东丽区大毕庄镇欢坨村东杨北建材城　电话：13920710887
- 青岛销售中心
  地址：青岛市北方木材交易中心　电话：13773201360
- 太仓销售中心
  地址：太仓市浮桥镇太仓港港区联检大楼1幢804室　电话：0512—53709887
- 上海销售中心
  地址：上海市龙吴路3010号　电话：13957474804
- 宁波销售中心
  地址：宁波市镇海区招宝山街道定海路289号仓库222号　电话：13566526582

Hapag-Lloyd

TOLKO
WOOD: THE RENEWABLE RESOURCE
MADE IN CANADA

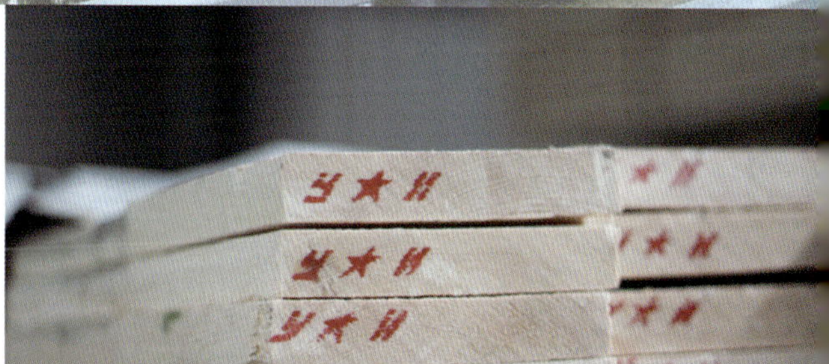

LIANZHONG

满洲里联众木业有限责任公司

满洲里联众木业有限责任公司位于内蒙古自治区满洲里经济合作区进口木材工业园区。公司始创于1996年，并于2003年更名为满洲里联众木业有限责任公司，法人代表王秀权，注册资本 1 亿元，总资产50亿元，占地总面积7246亩，现有从业相关人员近万人。自2007年以来，联众木业凭借资源优势发展相关多元化产业，经营领域包括“原木进口、木材交易、板材加工、集成材加工、铝木窗制造、木别墅建造、联众商务大厦运营、木材交易市场运营、木屋度假酒店开发、联众学院”等多项相关领域。其中铝木窗项目全套引进德国设备，打造中国铝木窗工程首选品牌；木别墅项目以重型木结构为主，打造国内最大木屋生产基地；联众大厦打造加工园区综合服务港，提供餐饮住宿娱乐办公等多种商务设施；满洲里木材交易市场规划面积200万平方米，成为国内最大木材交易市场；俄罗斯木屋风情园规划汇集世界各种木屋三百多套，打造国内最大木屋主题度假连锁酒店；联众学院，肩负众善奉行的社会理想和培养人才塑造文化的企业使命，为社会和联众公司培养具备多重技术的优秀人才。

为了更好满足顾客的需求，联众木业设立木材研发机构，致力于产品研发和技术创新，目前每年锯材厂年生产120万立方米，烘干厂年烘干量15万立方米，集成材出口600个标准柜，铝木窗产量25万平方米，木别墅产能20万平方米。铝木窗事业部定位于房地产和渠道客户最有价值的生产商与供应商，它已经成为国内最优秀的铝木窗工程项目团队之一。木别墅项目定位于高端重型木结构，面向旅游房地产开发、高端私人会所酒店和大型木结构工程。目前，公司木制产品销售已覆盖中国大陆、中国港澳地区、东南亚、日韩、北美及欧洲地区。

联众木业秉承“服务社会、众善奉行”的企业责任，心怀“天然原木让生活更恬静、舒适、健康”的企业愿景，弘扬“勇于尝试、快乐改变、众善奉行”的企业文化，与合作伙伴实现市场共赢。同时，公司坚持以尊重人的经营，为顾客创造价值的经营理念，实践着建设一流企业回馈社会责任的目标。随着公司人才培养和改革创新，联众木业已经迈上快速成长的轨道，为打造相关多元化的未来企业航母而努力。

辉河项目

安吉项目

锦州世博园项目

联众贝尔门窗

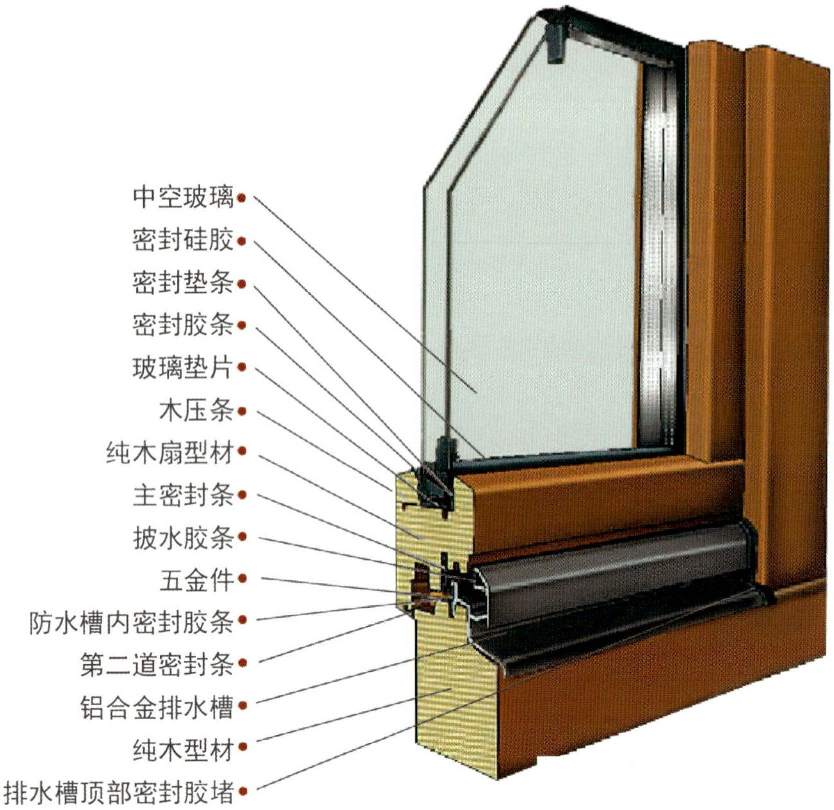

联众贝尔纯木窗

联众贝尔纯木窗采用德国IV–68系列门窗系统，其型材采用纯木质集成材，有很高的抗压、抗弯强度，同时具有很好的防水、防腐、隔音、保温功能。表面采用德国户外专用水性木漆作为涂层，具有很高的防变形性、抗老化能力。天然环保、美观舒适的纯木窗将给我们的生活带来自然与温馨的感受。

联众贝尔铝包木门窗

铝包木门窗由木集成材和铝型材复合连接而成，室外采用耐候性优越的铝型材，室内采用经过特殊加工的优质木集成材。内柔外刚是铝包木门窗最大的特点。与普通门窗相比，装饰性绝佳，节能效果显著。品质超群，性能卓越的铝包木门窗产品源于欧美，现已成为世界高档门窗发展的主流。

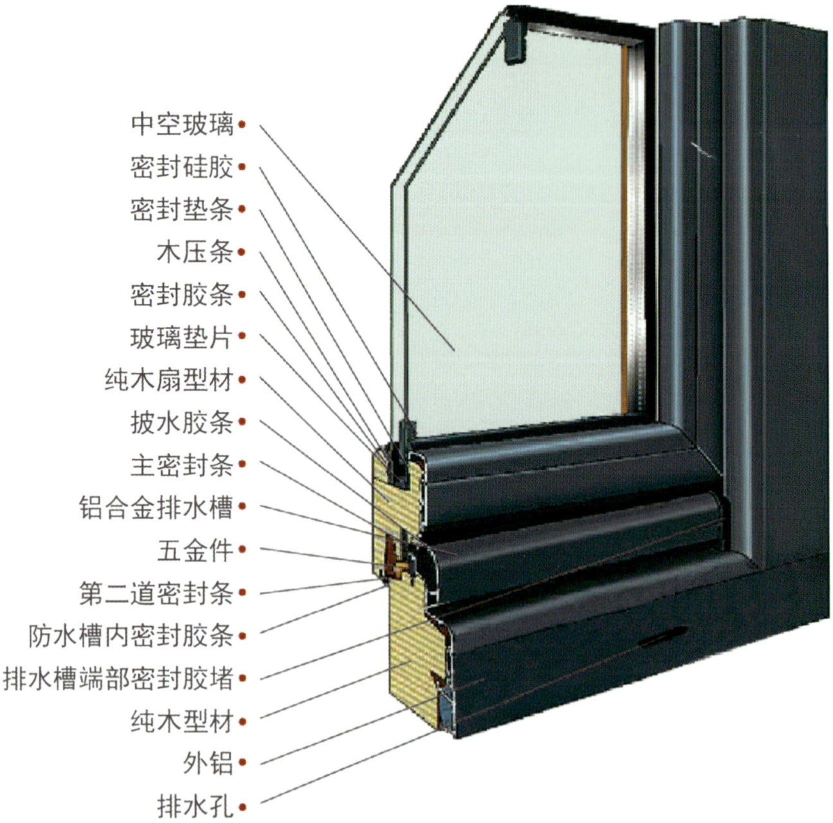

联众木屋

联众木屋不仅冬暖夏凉、抗潮保湿、透气性强，还蕴涵着醇厚的文化气息，淳朴典雅；梅雨季节能调节湿度，当湿度大时木屋能自动吸潮，干燥时又会从自身的细胞中释放水分，起到天然调节的作用；木材还有抗菌、杀菌、防虫的作用。因此木屋享有“会呼吸的房屋”的美誉，是集绿色环保、健康、居住舒适、安全、贴近自然、使用寿命长和设计风格独具个性等诸多优势于一身的健康型住宅。

木屋是世界性的休闲、家居主流产品。它的设计建造已经发展到一个很高水平。木屋使用纹路美观、色泽柔和的松木建造，其特点冬暖夏凉、保湿隔热。联众木屋恬淡的生活环境令人们神往，还有更为吸引他们的是别具特色的居住环境——原木住宅。厌倦了钢砖结构的冰凉气息，木屋重新点燃了人们心中缺失已久的雅致、静谧、自然情调。

木制别墅又称原生态别墅，是最接近自然的建筑。木制别墅随处散发着的浪漫的气息，给人以深陷其中、流连忘返的感觉。联众独具风格的木屋可以说是这一切的灵魂——没有钢筋，没有混凝土，没有砖瓦，只有泥土花香的气息，全身心回归大自然的感觉，焦虑的心得到了宁静，疲惫的身躯得以放松。

联众木屋恬淡的生活环境令人们神往，还有更为吸引他们的是别具特色的居住环境——原木住宅。厌倦了钢砖结构的冰凉气息，木屋重新点燃了人们心中缺失已久的雅致、静谧、自然情调。

上海福人投资集团有限公司

shanghaifurentouzijituanyouxiangongsi

上海福人投资集团有限公司是一家集交易、仓储、物流、信息、融资担保、文化产业服务为一体的集团化管理公司。拥有福人（国际）木材贸易中心、尊木汇·国际艺术广场、太仓港福人林产品开发配送中心、上海晋福融资担保、福人进出口、上海福人木业六大板块。

福人（国际）木材贸易中心

占地面积500余亩，同时还配有大型露天木材堆场，公共仓库及金融监管仓库4万多平方米。入驻企业近600家，涵盖世界100多个国家的近300种名贵红木、各类板材、木皮、地板料等，为全国三大木材交易市场之一。

尊木汇•国际艺术广场

坐落于上海北中环核心区域，占地12万平方米，集艺术商业地标、艺术旅游地标、艺术文化地标于一身的商、旅、文复合型、地标性高端艺术品交易平台。首创名家珍品典藏馆——尊木艺术馆，品牌旗舰会所集群——46尊会所，当代艺术体验空间—艺术品手工街，木文化主题公园——世界木博园，国际艺术品展销中心——艺术会展中心，集“文化展览、旅游休闲、购物体验”于一体的商业模式，为中国艺术品行业高端玩家、商家、藏家打造全新互动平台。

太仓港福人国际林产品加工物流配送中心

占地100亩，集针叶材交易、展示、物流、加工、信息为一体的专业加工配送中心。

地址：上海市宝山区蕴川路1800-6号
电话：021-66769299
网址：http://www.shtimber.com

上海晋福融资担保

主要涉及货款担保、票据承兑担保、贸易融资担保、项目融资担保、信用证担保和咨询服务等。

福人进出口

拥有一支精通进出口贸易、国际物流的专业团队，专精于进出口贸易代理、国际货运、报关、报检、仓储、配送运输、外汇结算等一站式服务。

上海福人木业

以木材及人造板贸易、市场开发管理等为主的专业性贸易公司。

企业荣誉

- 中国木材与木制品流通协会副会长单位
- 上海木材行业协会副会长单位
- 上海市福建商会副会长单位
- 上海外地在沪企业联合会文化产业分会副会长
- 新沪商联合会常务副会长
- 中国木材明星市场
- 中国生产资料创新型市场
- 中国木材诚信经营企业
- 上海市诚信规范市场

红木酒店、木工木雕互动馆、印尼丛林生活馆、红楼梦文化艺术经典家具馆等为主，构成“旅游体验”版块；以艺术会所、木居创意街、木艺休闲街等为主，构成“休闲购物”版块。

其中，尊木艺术馆坐落于尊木汇国际艺术广场南侧的龙头位置，是由福人投资集团倾力打造的“国家级木雕艺术大师殿堂”。是以“名木、名家、名作”为主题的全国首创体验式典藏馆。2012年获上海市文广局批复成立，为上海市一级艺术馆，汇聚40多位国家级工艺美术大师的700多件艺术精品，展现了中式审美生活情趣，是雅士们的“新天地”。

尊木汇的创立，是基于福人投资集团对木的情怀、木的责任，意在倡导社会对木的感恩和敬畏，做到木尽其用，提高木的价值。另外，是希望通过打造创新的木产业平台，整合资源，建立规范的市场秩序，倡导仁爱精神和可持续发展的价值观，为行业转型起到示范作用。

东莞市兴业国际物流城有限公司

东莞市兴业国际物流城有限公司致力于为全球家具装饰材料供应商、采购商，提供国际化、专业化、电子化的集交易、展览、金融、信息、仓储、物流为一体的一站式商贸平台。公司旗下共有三大大型木材专业市场，分别为东莞厚街兴业木材夹板市场、东莞厚街·东方兴业城、浙江嘉善·东方兴业城；同时创有全国最具权威性的木材行业垂直门户网站中国木材网（www.chinatimber.org）。

东莞厚街兴业木材夹板市场自1999年营运以来，至今已发展规模达到30万平方米，成为拥有柔性间隔商铺5000余间、从业人员2万多人，市场年均交易额逾200亿元人民币，汇聚了世界五大洲八十多个国家的木材，销往全国，辐射亚太，部分深加工的木材产品（如木皮、胶合板）更是销往世界近百个国家，成为名副其实的国际木枋、木皮、人造板交易集散中心，是中国最具规模和影响力的大型木材专业市场之一。多年来，市场先后荣获“中国木材与木制品明星企业”、“东莞市文明诚信市场”、“中国生产性创型市场”、“推进物流现代化重点联系批发市场”等诸多荣誉。

东莞厚街·东方兴业城占地1200亩，规划建筑面积60万平方米，经营木皮、木枋板材、五金、木业化工等家具装饰材料，预计将吸引1500家以上的木材商进驻，年交易额将超200亿元。项目分两期建设。首期“全球木皮交易中心”占地500亩，建筑面积达30万平方米，目前首期已完成施工，是全球规模最大的木皮仓储区、交易中心之一，近300家木皮商户已迁入经营；二期木枋、人造板交易中心即将动工，预计于2015年投入使用。该项目受广东省政府、东莞市政府重视，列入“首批广东省重点培育示范物流园区”、“2013年东莞市重大项目”。

浙江嘉善·东方兴业城占地5000亩，规划为家具材料采购中心、木制品采购中心、石材采购中心、装饰材料采购中心、酒店用品采购中心五大交易平台，致力打造华东地区最大的家具制作、家居装修、酒店用品等材料供应基地。其中，家具装饰材料采购中心占地900亩，规划建筑面积60万平方米，划分为木皮专区、红木专区、木枋专区、人造板专区、家具辅料专区等六大专业材料区域。家具装饰材料采购中心分两期建设，首期规划400亩，建筑面积30万平方米，主营木皮、红木、木枋等家具装饰材料。项目还设有现代化、高标准的大型甲级商务大厦——“国际木业总部大厦”，以作为国内外木业协会、木业企业总部基地。

该项目已被当地政府列为“浙江省重大工程”，目前准备工作已经就绪，即将破土动工。

公司还依照政府科技创新和产业信息化的指导思想，极具前瞻性地早在2000年创办了中国木材网，进军电子商务领域，向科技型企业迈进。中国木材网凭借传统产业优势和综合竞争力，成为国内访问量最高、注册会员最多的木材行业权威网站之一。网站作为“全球木业资讯平台和网上贸易市场”，推动了木材行业电子信息化进程，越来越多的木材商户通过中国木材网进行产品展示和销售，实现实体市场与网络市场的有机结合，促进批发市场朝着现代流通改革要求的方向发展，并创造了可喜的社会效益和经济效益。

CTWPDA 东莞厚街兴业木材夹板市场
2011中国木材与木制品
明星市场

2011-2012年度
东莞市文明诚信市场
东莞市精神文明建设委员会办公室
东莞市工商行政管理局
东莞市经济和信息化局
二〇一二年十二月

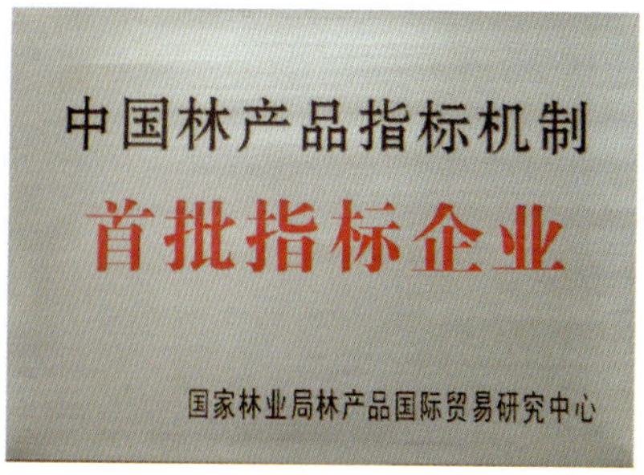
中国林产品指标机制
首批指标企业
国家林业局林产品国际贸易研究中心

2010－2012年东莞市
商贸龙头企业
东莞市人民政府
二〇一〇年七月

广东省商业联合会
第二届理事会
优秀会员单位
广东省商业联合会
二〇一三年五月

中国生产资料
创新型市场
中国物流与采购联合会

推进流通现代化
Advance Circulation Modernization
重点联系批发市场
Key Contact Wholesales Market
中国物流与采购联合会

欢迎您!

国产木枋区

东莞厚街兴业木材夹板市场
DONGGUAN HOUJIE XINGYE TIMBER & PLYWOOD MARKET
国际木枋、木皮、人造板交易集散中心

浙江嘉善东方兴业城远景规划图

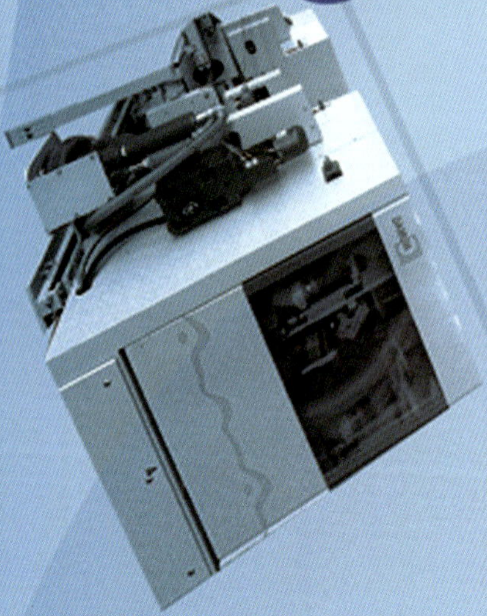

阜新市著名商标
核定使用商品：镁铝曲板、木地板；拼花地板条等
阜新市工商行政管理局

免检企业
阜新市工商行政管理局

守合同重信用单位
阜新市人民政府

昕睿木业有限公司

阜新市昕睿木业有限公司（以下简称公司）创建于2009年，公司位于彰武县林产品产业园区，占地面积6.6万平方米，项目总投资7500万元，公司预计员工150人，是一家综合实力较强的地板产品生产基地。

公司集生产、加工、销售为一体，其系列地板产品销往全世界各个国家和地区，年生产能力达400万平方米。公司多项技术填补国内外市场空白。为打造国际精品，创建一流品牌，在2011年，公司投巨资购进“金田豪迈地板开槽线”设备（该设备为德国制造），该设备的引进，不论从科技含量上，还是产品质量上，都处在国际领先地位，使公司一跃成为同行企业的排头兵和科技铸造品牌的最前沿。

当今社会，绿色环保已经成为了时代发展的主题，低碳减排以及低碳经济成为市场关注的焦点。公司主要以低碳、绿色、环保无污染为宗旨，以制造复合和多层实木复合地板为主，产品适用于所有的家用和公用场所。我公司生产的地板拥有多种花色规格供您选择，颜色和图案均选自世界各地的名贵木种，富有魅力的木纹和色彩极具视觉感染力。每种产品都具有与众不同的美丽与典雅，为您提供了安逸舒适的生活空间。

公司以“优质、诚信”为宗旨，“健康、时尚”为理念，不断提高产品质量，不断创新，超越客户所想，满足客户所需，一如既往地为海内外用户竭诚服务。

阜新市昕睿木业有限公司

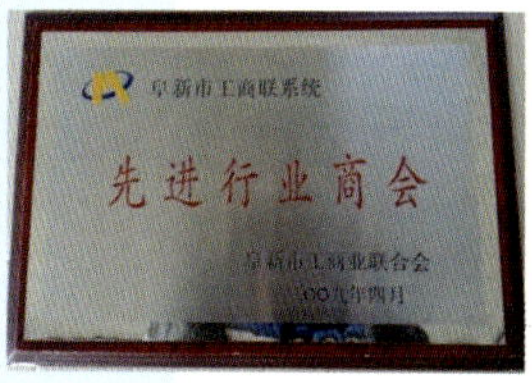

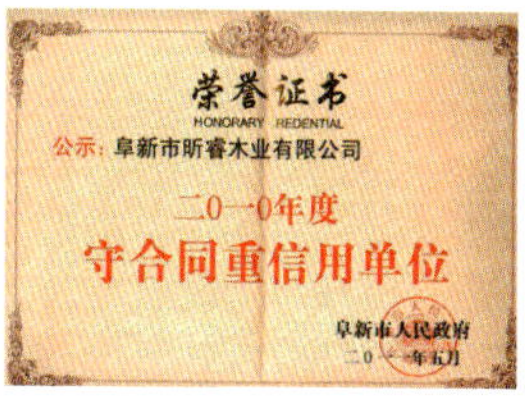

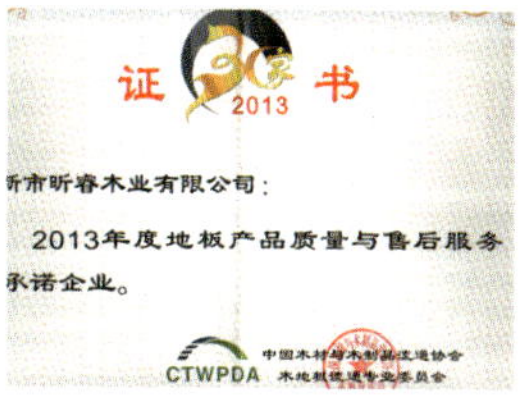

昕睿地板

XINRUI FLOORING

Liaoning Xin Rui Wood Co., Ltd

健康家居
美丽人生

辞旧迎新，万物焕生。昕睿木业紧随时代前行节奏，提出新的家装倡导理念——以环保、健康地板，打造纯净、安居之家。地板作为普及率很高的地面装修材料之一，在人们的心目中，仍然是不够环保、品质模糊的形象。昕睿对绿色与健康理念的倡导执行，将让地板的形象，随着龙年的到来而焕然一新！也将为您的居室，增添更多美与自然芳香。

Home health Life is Beautiful

New Year, things Huan-sheng.Xin Rui Wood rhythm, followed by the era before the proposed new home improvement advocate the concept enviro nmental, health floor, to create pure, housing home.Floor as one of the high penetration of surface decoration materials, in people's minds,is still not enough green, fuzzy image quality.Xin Rui advocate for the implementation of green and healthy concept, so that the image of the floor, with the arrival of the Year of the Dragon, a new look! For your room, add more beauty and The sweet scent of nature.

昕睿地板
XINRUI FLOORING
健康家居 / 美丽人生
Home health Life is Beautiful

公司产品介绍：

阜新市昕睿木业有限公司生产的浸渍纸层压木质地板，严格按照美国 40CFR P63、EPA、CPSC 等法规的要求生产，据权威部门检测，地板产品中的甲醛含量为小于或等于 0.2PPM，完全达到世界级的环保标准，国内外用户完全可以放心使用。

我公司所生产的浸渍纸层压木质地板是以一层专用纸浸渍热固性氨基树脂，铺装在高密度纤维地基材表层，背面加平衡层，正面加耐磨层，经热压、成型的地板。

地板产品结构：

第一层：耐磨层，主要由 Al_2O_3（三氧化二铝）组成，有很强的耐磨性和硬度。

第二层：装饰层，是一层经密胺树脂浸渍的纸张，纸上印刷有仿珍贵树种的木纹或其他图案。

第三层：基层，是中密度或高密度的层压板，也就是业界常说的密度板（High Density Fiberboard）。经高温、高压处理，有一定的防潮、阻燃性能，基本材料是木质纤维。

第四层：平衡层，它是一层牛皮纸，有一定的强度和厚度，并浸以树脂，起到防潮、防地板变形的作用。

和玺
HEXI
中国木门十大品牌
中国木门领军企业
中国门业（木质门）十大金奖
连续8年中国木门30强
Hestia-Laurels
登录官网
www.hestia.cn
八大系列产品可供选择
Rever/Reda/Verna/Lise/Rada/Colosseum/Florence/Milano

和玺木门
HESTIA DOOR

和玺
HEXI

专业的服务 可靠的质量 稳定的资源

PROFESSIONAL SERVICE RELIABLE QUALITY AND STABLE RESOURCES

公司投资6.3亿元在临沂临港经济开发区建设“立晨临港木业加工园”项目；园区设有集成材厂、木门厂、制材烘干厂、红木家具厂、木结构厂、装饰材料厂、国检原木堆场等七大配套项目。公司连续三年勇夺“辐射松自营进口冠军”，年加工、流通各类木材及木制品250余万立方米，一跃成为国内领先、华东最大的木材进出口和加工基地。

公司历经20余年的行业经历，在南北美洲、非洲、欧洲、大洋洲、东南亚等十几个国家和地区积累了大量的、稳定的木材供应资源，产品经营范围涵盖各类锯切材、旋切材、软/硬质材、珍稀名贵红木及成品进口烘干板材等几十个品种，年进口量达100多万立方米。

南京林业大学—山东立晨集团
木质工程材料技术研发中心
暨南京林业大学“产学研”基地

南京林业大学—山东立晨集团木质工程材料技术研发中心暨南京林业大学“产学研”基地的建立，将会为立晨木业打造一支专业化的生产、研发和销售队伍，不断提升产品的研发创新能力，将会对今后立晨木业的长足发展产生积极深远的影响。

地址：山东省临沂市临港经济开发区临港一路立晨木业园

电话：0539-7887887 传真：0539-7661881 网址：www.lcwood.cn 全国热线：400-0539-111

立晨·烘干板材
优质的木材品质
PREMIER QUALITY WOOD
精密的加工技术
EXCELLENT PROCESSING
立晨·集成材
抗变形 ※ 抗开裂 ※ 更平整 ※ 更美观 ※ 健康生态
立晨木结构建筑
LICHEN WOOD FRAME CONSTRUCTION
绿色节能，缔造经典，与您携手共建完美和谐的低碳生活
绿色建筑让生活更美，
GREEN BUILDING TO MAKE LIFE MORE BEAUTIFUL
环保住宅让生活更健康！
GREEN RESIDENTIAL MAKE LIFE MORE HEAL THY
地址：山东省临沂市临港经济开发区临港一路立晨木业园
电话：0539-7887887 传真：0539-7661881 网址：www.lcwood.cn 全国热线：400-0539-111

北京日上集团

北京日上集团创建于1989年，位于北京国际经济技术开发区，是一家集家居建材制造、商业地产、租赁三大产业于一体的综合性集团公司，占地1000余亩，下辖日上北京门业基地、日上河北门业基地、日上北京五金建材基地、日上北京延庆综合商品批发市场。“日上”商标为中国驰名商标。

公司主导产品包括钢制防盗门、钢制防火门、防火卷帘门、钢木装甲门、实木复合门、德式T型门、木制防火门、散热器等近百个系列千余款产品，拥有208项专利技术。

公司先后引进德国、意大利、中国台湾、日本等国家和地区行业先进的设备和技术，不断提高生产技术和工艺装备。

公司管理理念先进，工艺水平领先，研发实力雄厚，成功地向鸟巢、国家大剧院、天安门、中国国家航天城等国家重点工程项目提供了优质产品和服务，成为中国移动、清华大学、北京地铁、远洋地产、保利地产等集团客户的战略合作伙伴。公司在向社会提供优质产品的同时，先后获得ISO 9001质量管理体系认证，是国家公安部、建设部金属结构产品定点生产企业，国家高新技术企业，中国木门30强。

核心价值：诚信为本

公司目标：打造中国行业领导品牌

公司理念：科技引领生活，服务创造未来

公司方针：技术引领、强化内功、深度服务、稳步发展选择日上的六大理由（产品卖点）：

品牌——中国驰名商标，二十四年的品牌沉淀，良好的口碑，数百万家庭的满意体验。

设计——懂您的专业设计团队，量身定制，提升您的家居生活品质。

科技——世界领先的技术和工艺，先进的设备，上百道工序精工制造。

环保——精心选材，甲醛释放量符合欧洲E1级环保标准。

服务——全国400客服电话、全天候24小时响应，专业周到的顾问式服务。

文化——博观约取，厚积薄发。日上产品以中华文化为基，容纳四海，汇聚八方。

公司荣誉

日上

经典案例

鸟巢

中央电视台

国家大剧院

清华大学

中日友好医院

北京日上工贸有限公司

地址：北京市大兴区亦庄经济技术开发东区科创三街16号　　邮编：100023

北京日上集团凭借国际领先的生产设备，一流的生产工艺以及雄厚的企业实力，在市场中享有极高的声誉，日上产品在北京地区的家喻户晓，是房地产商、建筑商、装饰装修公司、百姓家装的首选品牌。公司先后获得“ISO 9001认证企业”“AA级信用企业”“重合同守信誉企业”“质量信得过单位”“定点生产企业”等多项荣誉。

公安大学教工楼	保利百合	庑店司令部住宅	纺织科学院	星光影视城
三环新城	金盏乡机场	水利水电局	北坞家园	奥北太阳城
信息产业部	总后勤营房部	北大教工住宅	中铁电气化	烟草公司
天桥危改	中国残联	人事部宿舍区	京华大厦	解放军7312住宅
东晶国际	滨河小区	天伦锦城	世纪城	锦绣馨园
绿景馨园	阳光绿城	周庄新村	梅园小区	达福园
美然·香榭里	秦城监狱	四通花园	华龙美树	金地大厦
金色家园	菊园小区	相莱家园	幸福时光	顶秀欣园
富锦家园	白领家园	保利欣园	非常男女	郦城
星岛嘉园	今典家园	蓝天花园	东坝危改	张仪村危改
佳兴园	左安漪园	姚家园	怡佳佳园	射击宾馆
圆景阁	名佳花园	榆园新居	西豪逸景	世博园
中海油宿舍楼	玺萌丽苑	树林小区	万豪国际	灵秀山庄
民安危改	风格与林	驹子房两限房	瑞康家园	天赐良缘
方南家园	北苑家园	廊坊东日瑞景	福城御园	陶然北岸
旗舰凯旋	清城	青塔二期	京铁苑小区	万年花城
莲馨茗园	朝通嘉园	格兰山水	东亚奥北中心	218工程
城市月光	京棉小区	康营	东亚瑞晶苑	常营万象新天
青年城	世纪隆鼎	欣艺景园	博大坤元	金果园三期
上北中心	远望君安	润枫水尚	北城福地	木樨地
惠民家园	远洋德邑	又一村	科新家园	金汉绿港
金果园四期	金地·格林小镇	零点特区	羊坊危改	天鹅湾
纪家庙	兴华南路	法国风情园	瑞雪春堂	成寿寺二期
石榴园	元亨苑	水岸尚城	国家康复中心	洪寺村
北沙滩	非中心	东城区	巨山新村	小红门新村

君馨阁

王世襄

北京君馨阁家具有限公司是一家集传统家具的收藏、修缮、开发、设计、生产、销售以及中式装修和古建于一体的的实业公司。拥有30000多平方米的生产加工基地，10000多平方米的大型库房，2000多平方米的多功能展厅。

君馨阁的历史

君馨阁的创始人袁剑君先生，为中国红木古典家具理事会常务副理事长，中央工艺美术学会明式家具专业委员会理事，中国传统家具研究会会长。师从著名木器修复专家温德源为师，学习古家具制作、修复、保养技艺，积累了丰富的经验，尤其对宫廷风格家具领悟颇深，传承了清宫造办处木作制作工艺，这也与君馨阁致力于生产磅礴大气的京作家具不无关系。同时，与中国家具泰斗王世襄先生交好，于传统家具理论方面多有所得。并曾于清华美院追随陈增弼教授学习古代家具制图，长达数年。20世纪90年代，于北京古家具生产的摇篮高碑店创办君馨阁家具厂，既而成立北京君馨阁家具有限责任公司，是当年高碑店地区代表性厂家之一。及至今日，君馨阁已成为行业内著名品牌之一，公司旗下由北京市君馨阁家具有限责任公司、清水园茶坊、君馨阁中式生活鉴赏馆、君馨阁装饰公司组成，是一家专大型集团公司。

君馨阁的家具制作和中式装修

君馨阁所制家具，注重功能空间，所有客户订做家具，皆是根据客户场地，提出合

涵珍园国际酒店

理的家具摆放和装饰方案，与客户反复洽商，直到客户满意为止。然后根据实际测量，量身打造，力图为客户提供一个舒适惬意的居住空间。

君馨阁制家具，先由设计人员与匠师配合，绘制图纸，反复讨论，达成最优效果，然后由从业数十年的工匠运用紫檀、黄花梨、楠木、红酸枝、白酸枝、花梨、鸡翅木、樟木、等名贵原料打造而成，每一件皆是精工细作，加工外后再经过反复打磨抛光，擦漆上蜡，然后经过质检对家具用材、加工工艺、造型方面的检查，合格后方为君馨阁成品。

君馨阁同时从事中式装修业务，以打造家具的精细态度应用于中式装修制作，谙熟传统内檐装修各门类诸如天花、藻井、落地罩、槅扇等，从装修到室内家具制作，为客户提供一站式服务。

君馨阁的收藏

君馨阁收藏有一批高端紫檀、黄花梨古家具，其中不乏精品，诸如紫檀王质入山遇仙图围屏、紫檀群仙贺寿宝座、紫檀嵌珐琅夔龙纹罗汉床、紫檀博古夔龙纹槅扇等皆为罕见的重器。将来将筹建博物馆，展览陈列。君馨阁永久收藏这些家具，作为从事生产、创新的基础之一，是工匠制作过程中极好的参考。

君馨阁的业绩

君馨阁经历十多年的苦心专研、经营，所设计制作的家具得到国内外文化界、收藏界的认可。产品销往世界各地，如美国、法国、韩国等。并且为一些国内宾馆、使馆等提供各种家具的配套服务，其中代表性的有：

凯宾斯基饭店、首都大酒店、恭王府、淳亲王府、采和坊涵珍园；

民航总局、北京公馆、昆仑饭店、夕照寺大酒店香江花园。

另外，电视剧《新版红楼梦》《五月槐花香》《铁齿铜牙纪晓岚》《刘罗锅传奇》《红楼梦》等剧中的全部家具摆设均由君馨阁提供。

粤海湘天

淳清王府

君馨阁清水茶坊

君馨阁位于北京市潘家园桥正东150米路南，设清水茶坊一座，陈列了明、清时期古典家具孤品数件及仿古家具百余件以及瓷器、玉器、书画等大量的艺术作品，是会友、商务会议绝佳场所。店内陈设复古典雅，灯光柔和宁静，是闹市中不可多得的静心之地。独特的古典家具配以现代文人诗画，伴随时而传来的悠扬琴声，中国式的浪漫情怀尽显其中。也正如此，电视剧《谁为你作证》《我们俩的婚姻》《奋斗》《雾里看花》等剧组也纷纷以清水园茶坊（君馨阁展厅）作为拍摄场景。

谈笑有鸿儒，往来无白丁。数年来，君馨阁茶坊名流汇集，所往来者，有儒商，有书画名家，有演艺界名流，更有诸多的传统家具或传统文化爱好者。

有朋自远方来，不亦乐乎！君馨阁广迎天下朋友，品味生活，品味君馨阁！

君馨阁茶坊

海南黄花梨四出头官帽椅

获得全国工商联古玩业商会和北京中国古玩艺术品博览会组委会“中国古典家具工艺金奖”

地址：北京市朝阳区潘家园松榆西里29号楼（清水园茶坊）
电话：010－87378951
传真：010－87372879
邮箱：junxinge@263.net
网址：http://www.jxg.com.cn

北京市君馨阁古典家俱有限责任公司获奖证书

1. 中国红木古典家具理事会“常务副理事单位”
2. 中国保护消费者基金会打假工作委员会“红木家具保真承诺店”
3. 中华文化促进会木作文化工作委员“团体会员”
4. 中华文化促进会木作文化工作委员“会员单位”
5. 中国木材与木制品流通协会红木流通专业委员会“主席团主席单位”
6. 中国木材与木制品流通协会红木流通专业委员会“全国红木企业产品质量、售后服务双承诺示范单位”
7. 中国木材与木制品流通协会红木流通专业委员会“中国京作红木传承企业”
8. 北京工美联合企业集团“会员单位”
9. 《红木商用名称》和《红木制品的等级》标准的制定单位
10. 全国工商联古玩业商会和北京中国古玩艺术品博览会组委会“中国古典家具品牌奖”
11. 全国工商联古玩业商会和北京中国古玩艺术品博览会组委会“中国古典家具工艺金奖”
12. 中国红木古典家具理事会、中华文化促进会木作文化工作委员、新浪红木“中国京作家具名字号单位”
13. 《红木》杂志“优质品牌五星联盟店”
14. 新浪红木、红木网“中国红木家具2013年度品牌”
15. 亚太传媒“中国红木家具行业十大诚信品牌”
16. 亚太传媒“中国红木家具行业杰出贡献奖”

企业文化

壁板

南方松

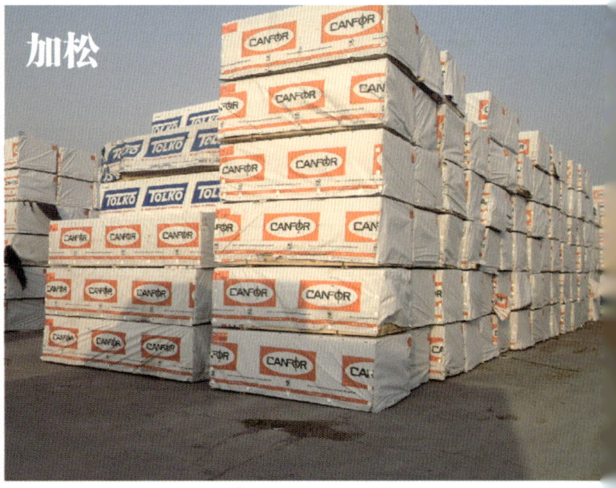

加松

铁杉

与总理合影

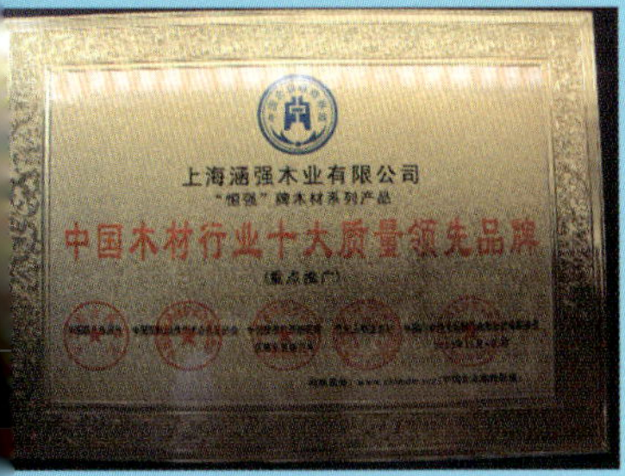

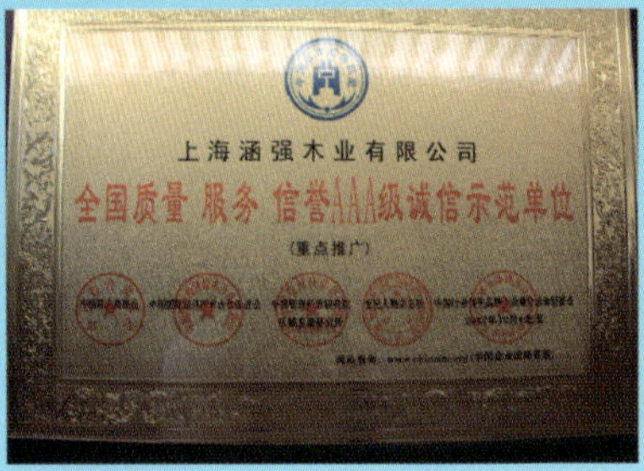

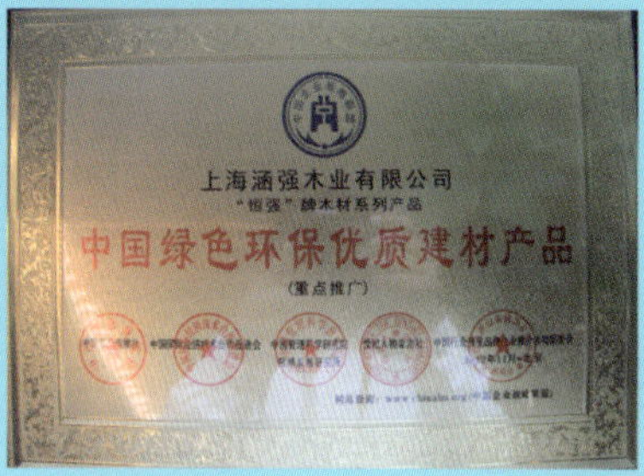

上海涵强木业有限公司

上海总部：上海宝山区陆翔路111弄绿地公园广场3号楼15层

TEL：021-56869999　　FAX：56869999

上海分部：上海宝山区沪太路4308号泰祥模板城木材区1号

TEL：021-51813322　　FAX：021-51813311

太仓分部：江苏省太仓市浏河镇沪太路338国道富田工业区18号

TEL：0512-53607599

网址：www.hengqiangwood.com

邮箱：hengqiangwood@163.com

微信号：HQ_hanqiangmuye，hanqiangmuye

施德泉

中国木雕艺术大师　浙江省工艺美术大师　高级工艺美术师

东阳市工艺美术行业协会副会长　东阳市东艺工艺品有限公司总设计师

施德泉从事专业木雕工作三十多年。多年的理论与实践不仅使他拥有深厚的木雕理论功底、扎实过硬的雕刻技术。在木雕行业的专业创作设计和工艺应用上更是独树一帜，别具一格。

施德泉多次参加全国、国际性大展并屡获大奖，其所取的艺术成就得到行业专家高度评价：第四十三届全国工艺品旅游纪念品创新产品设计大奖赛金奖；第九届工艺美术大师作品暨国际艺术精品博览会金奖；第四届中国（莆田）海峡工艺品博览会金奖；首届中国浙江工艺美术精品博览会金奖；第二届中国浙江工艺美术精品博览会金奖；第十一届中国工艺美术大师作品暨国际艺术精品博览会金奖；盛世天工-中国木雕艺术展金奖；国际奢侈红木家具（澳门）展铂金奖及钻石奖；第二届中国国际林业产业博览会金奖；东阳市木雕红木家具精品奖。

2011年施德泉设计创作的《大显通供案》由中国国家博物馆永久收藏；2012年由施德泉为北京人民大会堂全国人大会议中心设计制作主席座椅、会议座椅得到使用方特选和高度赞誉！

施德泉潜心专研中国传统文化，在其受邀设计承建的台湾多座如屏东三山国王庙、凤山天公庙等道观的神像及木雕装饰工程，参与承建无锡灵山梵宫木雕装修工程，以及设计承建我国北京灵光寺、五台山、普陀山、南少林寺等多家寺院的家居用品、佛具用品、木雕古建装饰等工程中，开拓思维，引古用今。所完成的工程项目获社会各界极大赞誉。

在实践中体会理论，在理论中探索实践，施德泉在木雕行业理论探索中创作颇丰，由他所著论文《浅谈东阳木雕家具装饰艺术的传承与创新》、《浅谈东阳木雕技法在佛具制作中的运用》、《八宝四瑞颂和谐—浅谈东阳木雕家具与民族文化设计的融合》等文章分别发表在《浙江省工艺美术杂志》等杂志和论文集中。

施德泉

大显通供案
中国国家博物馆永久收藏

东阳市东艺工艺品有限公司，坐落于中国木雕之都浙江东阳横锦水库之畔，始创建于上世纪八十年代。是以生产红木古典艺术家具、古建雕饰、古建木艺工程、木雕佛像佛具、木雕工艺品为主要产品，集设计、开发、生产、安装和服务于一体的大型东阳木雕综合性公司。

东阳市东艺工艺品有限公司生产场地占地近五万余平方米，员工五百多名。以中国木雕艺术大师、浙江省工艺美术大师、高级工艺美术师、东阳市工艺美术行业协会副会长、东阳市东艺工艺品有限公司总设计师施德泉领衔的几十位高、中级工艺技师和近百名高级技师组成的专业设计创作、生产制造团队，同其所创建的“施德泉”著名品牌，在业界、市场享有盛誉。

东阳市东艺工艺品有限公司自创建以来，在红木古典艺术家具、古建雕饰、古建木艺工程、木雕佛像佛具、木雕工艺品等产品设计研发上，潜心专研中国古建文化、传统家居文化及制作技法，在继承与发扬中国传统文化、传统木工工艺、东阳木雕技艺精髓过程中，博采众长、传承创新，创造性的开发出融古鉴今与审美适用相结合,实用性与艺术性于一体的高端产品。二〇一一年七月施德泉设计的《大显通供案》荣获“盛世天工—中国木雕艺术展”金奖并由中国国家博物馆永久收藏，二〇一二年施德泉领衔设计并制作完成北京人民大会堂主席台及委员席等系列座椅受到北京人民大会堂使用方高度评价。近年来，受邀在日本、东南亚、我国及台湾地区参与大型历史遗址、名刹古寺的保护性修复、古建筑重建及其维护，其中完成的一系列木雕及古典家具设计重修、复建工程，都以精良设计、精美工艺、精湛技艺和精品服务获得各级政府、国内外专家及宗教界人士的一致好评。

东阳市东艺工艺品有限公司秉承“泉润德化、施於无形”的经营理念，在几十年的生产实践中，不断提高企业自身素质，紧跟时代发展步伐，始终把产品质量视为企业发展第一要素。通过 ISO9001 质量管理体系认证和 ISO14001 环境管理体系认证，从而保证了生产流程的科学性和规范性，使得每件产品从设计到施工都要经历数十次的精挑细选、严格把关，以专业苛刻眼光、量身定做的法则，保证产品在工艺设计、原木加工、湿度控制以及辅料和配件选择上都严格标准，严格质量要求，确保产品恒有所值，历久弥新。

喜舍厚德　精工精雕

中华人民共和国

满洲里边境

经济合作区欢迎您

满洲里市坐落在美丽富饶的呼伦贝尔大草原，东依兴安之脉，南濒呼伦之水，西临蒙古国，北接俄罗斯。全市辖区面积732平方千米，人口30万，辖国家级中俄互市贸易区、边境经济合作区、国家大型煤炭能源基地——扎赉诺尔区、自治区级东湖创汇农业区和产业园区。

满洲里是一座具有百年历史的口岸城市。因1901年东清铁路修建而得名，历史上就是亚欧交往的重要商埠，素有“东亚之窗”的美誉，是亚欧第一大陆桥上极为重要、快捷的国际大通道之一，承担着中俄贸易60%以上的陆路运输任务，是中国最大的陆路口岸之一。

2010年在中国实施新一轮的西部大开发战略中，内蒙古满洲里被国务院批准为重点开发开放试验区，由此满洲里掀起了新的一轮开发建设高潮。

从满洲里口岸进口货物种类有木材、原油、化工产品、纸类、化肥、钢材及废钢、矿粉、煤碳等，其中木材过货占的比例较重。据口岸办统计，从2003—2013年9月，满洲里口岸木材进口总量为7461.4万吨（约9326.8万立方米），其中铁路进口7403.8万吨，公路进口57.6万吨。从历年来木材进口量来看，2007年木材进口量达到了历史最高点903.7万吨（约1130万立方米），2008年金融危机对满洲里木材进口的影响非常巨大，连续3年进口量维持在600多万吨，直到2011年才有所好转，进口量达到832.9万吨，但2012年受宏观经济形势和国家对房地产业严格调控的影响，国内木材市场需求不振，以及8月23日开始，俄罗斯对中国出口原木实行配额，致使木材进口量减少，全年进口712.1万吨。

经济合作区简介及木业产业发展状况

1.满洲里经济合作区简介

满洲里边境经济合作区(以下简称满洲里边合区)是1992年由国务院批准设立的边境经济合作区。经过近20年的发展，现已成为满洲里市的主城区，辖有东山、南区两个街道办事处和满洲里进口资源加工园区，面积70平方公里，人口10万。

满洲里边合区的产业基地——满洲里进口资源加工园区位于满洲里市区东部，于2003年7月批准建设，面积22.8平方公里，2004年被内蒙古自治区列为全区重点发展的20个工业园区之一，2009年被自治区确定为“循环经济示范园区”。

2.经济合作区木业产业发展状况

满洲里经济合作区凭借满洲里的地缘优势，被誉为“21世纪人类资源宝库”的西伯利亚和远东地区丰富的自然资源，按照大项目—产业链—产业群—产业基地的发展思路，通过规划引导、政策拉动和设施保障，促进了以进口木材加工为主的木业产业的发展，已经形成的产业基地和产业集群规模为全国沿边口岸之首。

历经10年的发展，引进了来自中国香港、中国台湾、上海、福建、黑龙江、辽宁、山东等十余个省市的118家木材加工企业，完成投资50多亿元。其中产值超亿元的企业19家，产值在5000万元以上的企业达31家。20余家木业企业在俄罗斯多个地区建立了采伐基地、锯材加工厂、产品销售网点。主要产品有板材、刨光材、指接板、复合多层板、地板基材、雪糕棒、防腐木、实木门窗、木屋、实木家具、软体家具、家具部件、机制碳、木质颗粒等近30个品种。拥有“联众贝尔”、“正山”、“炭素木”、“新程”等具有较高市场认知度的产品品牌。创立了“原料在国外，产业在园区，链接国内外”的特色木业产业集群，深加工产品比例逐步扩大，木业产品深加工比例达51.31%，形成了锯材、板材、烘干材等初级加工在上游壮大，集成材、指接板、建筑结构材等中段加工在中游扩张，家具、木窗、木门、木屋等终端加工在下游延伸的现代化产业链，锯材集成材总体产能已跻身全国前列。

据统计，从2000—2013年合作区木材落地量累计完成2638.4万立方米，木材产值累计完成304.58亿元。2008年合作区木材落地量为302万立方米；2009年合作区木材落地量为290万立方米；2010年合作区木材落地量为332.7万立方米；2011年合作区木材落地量为461.2万立方米；2012合作区木材落地量为386.4万立方米；2013年1—11月合作区木材落地量为443.7万立方米,木材产值完成88.57亿元。

截至2012年年末，合作区内木材加工企业年加工木材加工能力达700万立方米、干燥能力达170万立方米、木屋产能达33万平方米、木门窗产能达35万平方米、家具产能达24万立方米、集成材产能达41万立方米、防腐木产能达42万立方米，产业产值连续五年占满洲里市工业总产值的一半以上，已成为满洲里市工业经济的领航产业。2012年满洲里经济合作区被中国木材保护工业协会授予“中国木材防腐产业基地”称号。2013年7月，中国木材与木制品流通协会在满洲里举办了“中俄木材贸易投资高峰论坛”。2013年8月，中国林科院木材工业研究所在满洲里举办了“2013中国木结构标准及产业发展高峰论坛”。

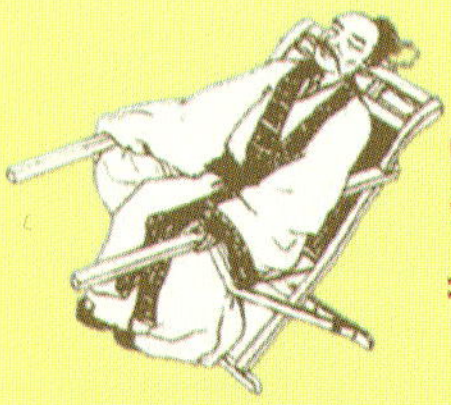

北京皇林苑古典家具有限公司

北京皇林苑古典家具有限公司，是一家从事高仿明清紫檀、黄花梨等珍贵的红木家具和开发符合现代人审美的红木家具为主的生产企业。董事长杨燕女士以其对中国优秀传统文化和对中古典家具和现代人的审美要求的深入研究、独到理解，在吸收、借鉴中国传统书画和古典家具精华的基础上，发展创新，创意和改良设计出了具有皇林苑风格的符合现代人口味的古典红木家具。

皇林苑确立了以“蕴福潜祥”为主题，在注重家具的设计、高度要求型材的基础上，强调和突出家具的文化和艺术价值，其开发生产的系列家具，不仅工艺精湛，而且具有很高的艺术价值、欣赏价值和收藏价值。

皇林苑的家具设计“祥而不俗，贵而不骄”，雕刻图样讲究构图和意境，符合中国传统文化“诗画”的审美要求，构图空灵雅致，意境深远，雕刻不仅注重装饰性，更追求艺术性。

皇林苑求新求精，每年推出三四个家具系列，在新产品的设计过程中，广泛征求书画艺术家、收藏家和工艺大师的意见，推陈出新，注重产品的艺术性，使顾客在使用中，家具和书画、收藏品等艺术品相得益彰，满足了顾客追求雅致和情趣的精神需求。

皇林苑重材更重艺，用材讲究，施艺用心，本着“借鉴、吸收、创新”的产品设计理念，产品制作一榫一卯合传统，工艺一雕一刻有传承，图样一丝一线有韵味。

多年来承蒙广大顾客的厚爱，皇林苑取得了一定的成绩，先后被评为：
“AAA”级企业
“质量诚信消费者信得过”单位
“中国家具质量公证十佳品牌”
“中国名优产品”
“百厂千店无假货创建活动参与单位”
“中国整体家居联盟理事单位”
“木作文化工作委员会团体会员单位”
2010年“北京信誉企业”
2010年京城百姓依赖的“十大品牌红木家具”
2011年被北京“工艺美术行业协会”批准为团体会员
2011年“国际红木家具奢侈品牌”
2011—2012年度“中国传统工艺规范运用示范单位”
2012年6月通过了ISO 9001认证
2013年中国京作红木传承企业
2013年全国红木企业产品质量、售后服务双承诺示范单位
2013—2014年中国红木家具先锋品牌
另皇林苑公司董事长杨燕女士也担任：
中国红木古典家具理事会常务副主任理事长
中国北京家具协会副会长
中国木材与木制品流通协会主席团主席
中国整体家居联盟常务理事等职位，获得了：
2011年京城红木影响力人物
2012年中国红木家具行业杰出女企业家
2012年中华木作工艺大师评选标准参编专家
2012中国红木家具行业杰出贡献奖
“中国京作红木传承人”等荣誉，以上这些荣誉称号，是对皇林苑以前付出的努力高度认可，因此，皇林苑一定会继续努力为消费者打造收藏品级的京作高端红木家具。

北京皇林苑古典家具有限公司

红酸枝

雕龙宝座三件套

匯才红木

桐乡市汇才红木家俱有限责任公司位于风景秀丽、交通便利的浙江嘉兴桐乡，是一家拥有300多名能工巧匠的资深红木家具企业。

精良的制作工艺，先进的技术设备，深厚的生产资历，宽宏的展示大厅，使传统复兴的红木家具济济一堂，琳琅满目，美不胜收。

公司专业制作明清红木家具、酒店家具、办公家具。生产的红木家具，承袭了传统的中国古典明清家具风格，制作精湛，色泽幽雅，花纹华美，风格或简洁朴素、或高贵典雅。

公司生产红木家具已有22年历史，多年的风雨洗礼和商界鏖战，汇才红木已成为浙北红木生产企业的龙头老大，也成了全省乃至全国红木生产的领军企业之一。公司的董事长潘福初先生，自小浸淫在江南厚重绵长的文化底蕴中，一手精妙绝伦的工笔，一个博大宽厚的心胸，一份执着勤勉的精神，在带来巨大商机的同时，也带企业走向了文化引领市场的主渠道。

质地致密坚硬的黄花梨、脉管细腻的紫檀木、光泽含蓄的红酸枝、结构细密的酸枝木、纹理黑白相间的黑檀木、略带微香的鸡翅木、纹理奇特的瘿木等珍贵木材为原材料制作的家具，以巧妙多变的卯榫结构、舒适流畅的线条组合、疏密有致的精美雕饰，辅以中国传统的家具有“入木三分厚，光泽永长留”美誉的生漆为漆面，制成的每件家具高雅大方，观感端庄雅致，线条流畅和谐，漆面柔美精细。四出头官帽椅、圈椅、玫瑰椅、八角罗汉床、如意沙发等产品集实用性和观赏性于一体，具有极高的收藏价值、艺术价值。

依靠传统工艺的优势，公司生产的红木木雕工艺品，设计生动别致，雕刻精美传神，造型优雅曼妙，更是对外友好往来、商务交流、家庭摆设和馈赠亲友的最好礼品。

除生产红木家具、红木木雕工艺品外，公司还按照个性化的设计理念，拓展生产酒店家具和各类办公家具，已有了十多年历史。如今，公司产品远销全国各地，特别是江浙沪。上海世博会浙江馆、北京园博会浙江省杭州馆、杭州西溪国家湿地公园、世界文化遗产西湖风景名胜区湖心亭、岳庙、吴山、云栖、中国乌镇景区等重要景区及浙江省博物馆、中国美术学院均有公司产品的大件展陈品，与著名景区和重要文化节点相得益彰、情景交融。

公司始终坚持以“质量第一，诚信为本”为宗旨，以“优质产品占领市场，诚信服务赢得客户”为准则，竭诚为每位客户提供从设计到生产，从送货、安装到售后服务的“一条龙”全方位服务，赢得客户的广泛赞誉。公司“汇龙”商标已成为中国驰名商标，公司也先后获得了“艺术家具实验基地”“苏作红木传承企业”等荣誉。

公司的300多名能工巧匠，无论是木艺制作、雕花镂刻、打磨上漆，道道工序均有一技之长。他们不仅是红木产品的生产者、制作者，也是红木文化的传承者、发扬者，更是红木艺术的雕刻家、工艺师。在公司内部，管理人员和一线职工在设计、选材、用料、制作等各道工序中都能做到精打细算，合理、节约用料，用好每一块料，使红木瑰丽自然的特点能够在每一件产品中得到充分发挥和体现，让红木家具这一享誉世界的奇葩大放异彩。

2006年年底，公司乔迁新址到桐乡市梧桐街道环城东路2671号，新址占地60余亩，建筑面积达3万余平方米，其中红木家具精品馆、办公及酒店家具展示厅1万余平方米。

未来，公司将利用地理优势，对现有厂房进行改造整合，计划筹建成红木博物馆，将使红木文化为依托的中华优秀传统文化得到普及、推广。并设想在现有的办公楼南区，增设亭、阁、廊、桥等景观设施，形成一个淡雅、清新、洒脱、蕴含诗情画意的江南园林建筑，使其成为红木家具传统工艺生产演示场所和休闲、旅游的观光场所。

传承红木文化，享受尊贵生活，品味古典雅趣，一切尽在汇才红木！

匯才紅木

錦堂

PRADO STYLE
普纳度·风尚家
创新商业新模式
普纳度家居运营一体化
原材料市场
家具制造
三维网络定制
安装维护
香港地址：九龙尖沙咀广东道33号中港城1座10楼1001 B 座
电话：852-2377 9262 传真：852-2377 9611
中山地址：广东省中山市板芙镇深湾105国道西 A 区商业楼一层1-5号
电话：86-760-8991 2200 传真：86-760-8991 2205

Oasis 新绿洲® 地板
NEW OASIS FLOOR NEW OASIS WOOD FLOOR

新绿洲企业简介

中山市新绿洲木业有限公司，创建于2001年，拥有全球领先的500亩现代化木地板生产工业园，全球最大的曲线地板生产基地。

作为中国最具规模的地板企业，新绿洲木业十年如一日，专注木地板行业，面向市场，深入研究，先后开发出实木地板、复合地板、强化地板及齐全的辅助产品等数十个系列，销售网络覆盖全国20个省市、自治区、直辖市，产品远销美国、印度、日本、韩国、东南亚、澳门和中国台湾等十几个国家及地区。尤其是发明具有划时代意义的曲线地板之后，新绿洲地板推动了地板行业的历史性变革，国家领导人亲切接见、题词和称赞。

一分耕耘，一分收获。新绿洲凭借一流的产品质量、先进的经营模式、高端的品牌运作，在市场上得到了一系列的好评和荣誉。新绿洲是地板行业最早通过ISO 9002、ISO 14001等国际体系认证，最早荣获国家免检的地板行业之一，连续六年被评为全国实木、符合双三十家地板质量售后双承诺单位，荣获中国木地板行业最具有竞争力的领军品牌、中国500强最具价值品牌等殊荣。新绿洲是成功入选《国家检测放心地板采购大典》的首批地板优秀企业，是富力地产、恒大地产、万科地产等中国著名房地产公司高端精装房的金牌供应商，中国精装房木地板第一品牌。

未来，全体新绿洲人肩负着光荣的荣誉和使命，再接再厉，勇攀高峰，努力为全球新老客户创造更大的价值和更好的服务。

http://www.newoasis.cc
全国服务热线：800-99-3686
中山市新绿洲木业有限公司

NEW OASIS WOOD
新绿洲®地板
NEW OASIS WOOD PRODUCTS
倡导绿色潮流
发现生活艺术

公司简介

广东润成创展木业有限公司坐落于广东省四大名山之一、风景秀丽的西樵山脚下的“西樵科技工业园”内，毗邻广州，交通便捷，自然环境优美。

公司是一家集设计、研发和生产于一体的专业生产室内木门以及装饰配套产品的大型现代化企业，隶属广东新润成企业集团。总投资1.2亿元人民币，占地面积达9万余平方米，大型厂房5万余平方米，在职员工1000多人，中高级技术管理人员100多人。

公司自成立以来，陆续引进世界先进的生产设备和技术，目前拥有国内首个大型静电喷涂设备，意大利进口双面覆膜机、大型中央集尘器，引进了先进的高频拼板技术，无线拼缝机和全套技术。多年来，公司视产品质量为企业的生命，源源不断地开发出一流新产品。目前花色品种已有300多个，拥有自主知识产权的专利产品达80多类，其套餐门系列产品多次掀起市场销售热潮，被同行誉为“独辟蹊径的典范”。

经过严谨、科学、不懈的努力，公司已通过了ISO 9001国际质量标准体系认证、ISO 14001环境管理体系认

证、CTC木门产品质量认证、“十环”环境标志认证，当选为“中国木材流通协会木门专业委员会常务副会长单位”“广东省门业协会会长单位”“木质门行业标准主要起草单位”，连续九年入选全国木门30强“产品质量、售后服务”双承诺企业、获“2007—2009年中国木门行业最佳原创奖”连续八年荣获“AAA+级中国质量信用企业”，并获得“公安部消防产品合格评定中心认可产品”“中国木门30强八连冠”“中国绿色材料标志使用企业”“广东省名牌产品”“广东省著名商标”“中国驰名商标”等荣誉和称号。

公司秉承“追求原创、引领行业、倡导环保、服务社会”的经营理念，以品质求生存，科技创新求发展，坚持市场需求为导向、产品创新为核心、顾客满意为目标。面对种种荣誉，公司不骄不躁，不断引进各类优秀的专业技术人才，优化完善管理和经营机制，竭诚向国内外广大客户提供高品质、个性化的产品和服务，积极推动现代室内装饰文化的发展，为国家和民族工业的腾飞贡献出自己的力量！

欣赏、参观

荣誉证书

荣誉证书

证书编号：CCQ-201306108

广东润成创展木业有限公司

在2006至2013年度该企业的产品质量信用度高，经中国质量信用评价中心专家评审委员会评定为"连续八年荣获AAA+级中国质量信用企业"。

特发此证！

颁发日期：2013年6月

有效期至：2014年6月

中质信（北京）信用评价中心　　中国质量信用评价中心

荣誉 2013TOP 30 30强 证书

证书编号：001

广东润成创展木业有限公司

2013年全国市场、工程木门企业产品质量、售后服务

双承诺活动单位

中国木材与木制品流通协会木门窗专业委员会

二〇一三年四月

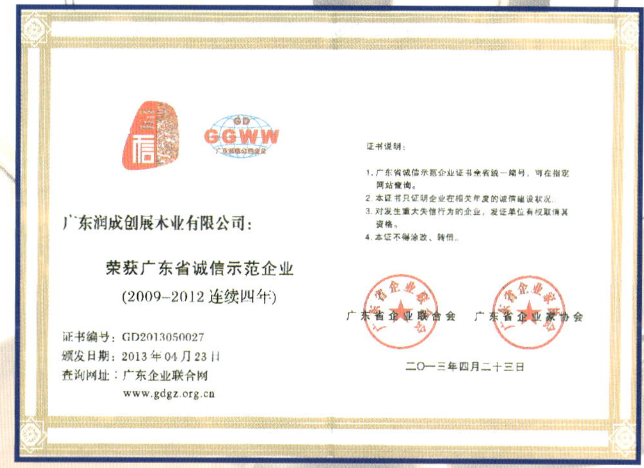

广东润成创展木业有限公司：

荣获广东省诚信示范企业

（2009–2012 连续四年）

证书编号：GD2013050027

颁发日期：2013 年 04 月 23 日

查询网址：广东企业联合网

www.gdgz.org.cn

证书说明：

1. 广东省诚信示范企业证书全省统一编号，可在指定网站查询。
2. 本证书只证明企业在相关年度的诚信建设状况。
3. 对发生重大失信行为的企业，发证单位有权取消其资格。
4. 本证不得涂改、转借。

广东省企业联合会　广东省企业家协会

二〇一三年四月二十三日

中国环境标志产品认证证书

证书编号：CEC 072 73310468-3

申请方

广东润成创展木业有限公司

申请的木质门和钢质门产品符合中华人民共和国环境保护部颁布的环境标志产品技术要求 HJ 459-2009

符合受认证产品商标、名称及型号：

环通认证中心有限公司

质量管理体系认证证书

编号：02411Q20256R2M

广东润成创展木业有限公司

（地址：广东省佛山市南海区西樵百西工业园 37 号　　邮编：528211）

GB/T19001-2008/ISO9001:2008

木门系列及配套木制品的设计、生产制造和服务

CNAS C024-Q

环通认证中心有限公司

环境管理体系认证证书

编号：02412E2030271R2M

广东润成创展木业有限公司

（地址：广东省佛山市南海区西樵百西工业园 37 号　　邮编：528211）

GB/T24001-2004/ISO14001:2004

*木门系列及配套木制品的设计、生产制造和服务

及相关管理活动*

CNAS C024-E

紫缘轩

靖江市紫缘轩始建于2005年，坐落于江苏靖江开发区，江阴大桥服务区西侧，展厅面积约2000平方米，生产面积约4000平方米。

紫缘轩的系列产品，采用红酸枝、印度小叶紫檀、黄花梨等红木为原材，红木这个词用到今天，它的内涵与外延早已不是当年。

中国古代家具的发展源远流长，其历史是一部由木头构创的绚丽诗篇，亦自成体系，具有强烈的民族风格。而紫缘轩采用高档红木，致力于打造明清家具。明清家具造型典雅朴实，线条流畅自然，装饰简洁，将精细的工艺巧藏于假不饰雕的外表，我们可以透过古典家具所表现的美感与气度，感悟到传统儒家思想所提倡之简练豁达精神。

紫缘轩掌握了明清家具“三优”的讲究，所谓“三优”，即形、艺、材。

形即优美的形态。线条流畅，整体比例均衡，具有独特之神韵，其代表家具的“灵魂”。形是艺术造诣的基本，某些细节稍有丝毫之差，都会影响作品的气度和神韵。紫缘轩打造的这款小叶紫檀皇宫圈椅，细节部分处理巧妙，充分展示了家具的形态美。

艺即优秀的工艺。艺是古典家具最为关键、难度最高的一环，除工艺精湛、榫卯结构、接驳依古法之外，基细部的雕刻和艺术手法，均合乎传统风格。

材即优质的材料。古典家具必须选用明清时期所用的几大名木，并根据当时的地方色彩、家具造型、款式、类别选择合乎其惯用的材种；否则只会影响其神韵以及日后的收藏价值。此外，木纹之美感表现，则取决于开料用料的妙法。

如顶箱柜，是中式家具中的大件，而紫缘轩这套小叶紫檀顶箱柜，不仅选料精细，木纹美丽，雕工精湛，更体现了红木家具的端庄大气。

此外家具讲究韵味，韵是中国传统家具的最高境界，韵的含义就是在形、艺、材相互辉映的情况下所展现出的独特的风格与气韵。例如明代家具的造型简练、韵味悠长，清代宫廷家具的精致繁密和庄重肃穆，都在独特的造型、工艺、用料上到了一个巅峰从而形成了鲜明的时代风格。

明式家具造型简练，线条流畅。尽管在造型上式样纷呈，变化多端，但“简练”是其共同点，表现为：简洁、明了、概括，几根线条的组合造型，即能给人以静而美、简而稳、疏朗而空灵的艺术效果。

紫缘轩打造的这对小叶紫檀官帽椅，造型简洁，点、线、肌理、色彩构成了其造型审美的基本元素。虽然其椅面、腿等下部结构都是以直线为主，但上部椅背、搭脑、扶手乃至竖枨、鹅脖都充满了灵动的气息，端庄、大气。官帽椅，不管在古在今，在厅堂还是在书房，从容坐镇，安定祥和。

清式家具的特点：清式家具与明式家具在造型艺术及风格上有些差异，清式家具的特点首先表现在用材厚重上，家具的总体尺寸较明式宽大，相应的局部尺寸也随之加大。其次是装饰华丽，表现手法主要是镶嵌、雕刻及彩绘等，给人的感觉是稳重、精致、豪华、艳丽，和明式家具的朴素大方、优美、舒适形成鲜明的对比。清式家具和明式家具相比，自然不如明式家具那样有很高的科学性，但仍有许多独到之处，它不像明式家具那样以朴素、大方、优美、舒适为标准，缺乏应有的科学性；但从另一方面说，由于清式家具以富丽豪华稳重威严为准则，为达到设计目的，利用各种手段，采用多种材料、多种形式，巧妙地装饰在家具上，效果也很成功。所以，清式家具仍不失为我国家具艺术中的优秀作品。

紫缘轩家具是一种风格，更是一种浓郁的岁月感，一种深厚的历史韵味，一种悠远的美，一种历史沧桑而依然存在的文化精神。

通过不断的努力与创新，紫缘轩古典家具得到一定的社会认可，并取得了相关的荣誉证书，紫缘轩领导人侯明元在红木古典家具方面也取得了一定的成就：

2010年江苏省收藏家协会聘请侯明元同志担任第二届理事会常务理事，任协会古典家具收藏委员会副主任职务。

2011年，中国林产工业协会核准紫缘轩古典家具有限公司为协会红木分会副理事长单位以及常务理事单位。

2011年，紫缘轩古典家具有限公司被评为江苏省家具行业“十一五”先进企业。

2012年，中国木材与木制品流通协会研究决定聘请紫缘轩古典家具有限公司为《红木商用名称》和《红木制品的等级标准》的制定单位，并聘请侯明元同志为起草工作指导专家。

2013年被中国木材与木制品流通协会授予中国苏作红木传承人。

2013年6月，中国木材与木制品流通协会红木流通专业委员会批准紫缘轩古典家具有限公司加入并成为正式常务理事单位。

地址：江苏省靖江市江阴大桥服务区出口同康路1号

电话：0523-81161666　传真：0523-84901556　邮箱：jjryx@jjryx.cn

大亚人造板集团有限公司

DARE WOOD-BASED PANEL GROUP CO., LTD.

公司简介

大亚人造板集团是大亚科技集团最大的投资板块，目前大亚人造板集团在中国拥有八个大型环保板材生产基地，总生产规模近300万立方米/年，居亚洲规模第一、世界前十。

大亚人造板集团营销总部位于中国的金融之都上海，广州、北京、武汉、成都、沈阳、大连等地设有区域营销中心，在全国拥有1500家密度板分销中心，年营业额近50亿人民币，在中国拥有近3000名来自世界各地的雇员。

大亚的产品主要包括中高密度纤维板、均质刨花板等，目前大亚健康板材在中国中高端板材领域占据了30%以上的市场份额，涵盖门、地板、家具、橱柜、包装、装饰建材、工艺品、电子线路垫板等行业，已经成为各行业知名品牌的首选原材料供应商。

大亚健康板材10大综合优势

大亚出品　业内公认的品牌，品质有保证。

环保　大亚人造板是国内首家取得CARB认证的板材生产企业，大亚板材产品环保指标优于国家标准，使用无风险。

品质保证　大亚健康板材只选用7-8年生的成材，顶级的设备，先进的工艺，经过20道工序加工制成，保证板材的品质统一、纯正。

稳定供应　作为中国规模最大的人造板生产企业，分布全国的生产基地，能持续满足您对板材的苛刻要求。

市场支持　大亚健康板材每年在多个区域举办展会、发布会、投放专业媒体广告，并对经销商和终端用户提供各类支持，协助您共同开拓市场。

培训　大亚健康板材定期为广大经销商和终端用户提供板材专业知识、销售技巧、营销管理等方面培训，帮助您的团队做好业务经营。

性能稳定适合造型加工　大亚健康板材密度均匀，含水率稳定，含砂量低，适合各种造型加工。

良好的售后服务和专业的技术支持　大亚健康板材对客户定期回访，安排专业技术人员及时解决大亚健康板材在客户使用过程中碰到的技术问题，建立与客户良好合作关系。

安装便捷使用范围广　大亚健康板材即裁即用，省时省力能满足镂铣、直接喷涂、直接碾压、贴实木皮、三聚氰胺、油漆纸和PVC贴面等加工工艺的需求。

良好的社会背景　依大亚科技（代码000910深交所上市）的雄厚实力和良好背景，为大亚健康板材的长期稳定发展提供强大的支持。

我们的荣誉

大亚多层均质环保刨花板

大亚多层均质环保刨花板，以新鲜原木为原材料，利用世界领先的刨花技术加工刨花，再经干燥、筛选、黏合、防水处理等20多道严谨科学的工序精制而成的环保人造板。

产品优点：

1. E0级标准，世界领先环保水平
2. 具有良好的吸音和隔音性能
3. 结构均匀，易于机械加工制造
4. 可按需要加工成较大幅面的板件
5. 可根据用途选择厚度规格，无需加工

大亚多层均质环保刨花板在行业中的应用

家具行业 大亚刨花板在使用过程中克服了天然木材的缺点，它的不易变形和稳定的物理性能使之得以在家具生产领域被大量使用。

橱柜行业 大亚刨花板具有健康环保、防水、防潮、有结构力等特点，特别适合于整体橱柜行业。

包装行业 大亚刨花板是无菌出口包装的最佳材料，具有免熏蒸、防潮、耐压和耐冲击等特点。

装修行业 大亚刨花板的环保、均质、应力分布均匀，产品规格齐全、不易变形的优点，决定了它在装修行业中用材的最佳选择。

音响行业 大亚刨花板做音箱，其固有频率低，在音箱发声震动的时候不会产生共振；还具有卓越的物理力学性能，有不干裂和不变形的优点，经久耐用，美观大方。

其它行业 如列车（汽车）内装饰、文体用品、各类贴面、洗衣机盖板、地板等等。

大亚中/高密度纤维板

大亚中/高密度纤维板是以原木为原料，经削片、纤维分离、干燥后施加脲醛树脂或其他适用的胶粘剂，再经热压成型后制成的一种人造板材。

产品优点：

1. 比天然木材价格低
2. 单板幅面大，也可根据客户要求作增减
3. 质量稳定，在生产时可得到全面控制。部分质量特性优于天然木材（防水、防火、防压、变性小等特性）
4. 产品表面已达到直接使用要求，大大减少加工成本
5. 板材内部结构致密，纵横向质量一致，可进行任意加工

大亚中/高密度纤维板在行业中的应用

家具板、橱柜板色泽淡雅、表面平整、最佳密度曲线设计、结构均匀、产品规格齐全、油漆后表面光泽度高、甲醛含量低，为高档环保家具的首选用材，不易变形便于铣形、握钉力强、全球最高环保等级。

装修板甲醛含量低，有益健康，特别适用于室内装修。

地板基材密度均匀、强度高、不易变形、吸水膨胀率低、甲醛含量低，有益健康。开槽后槽口光滑平整，能满足复杂锁扣式地板的制造要求，尺寸稳定性好。

门板便面平整、特殊密度设计、特殊尺寸设计、不易变形、镂铣效果好，为制门客户提供最经济的选材。

鞋跟板表面光洁度高、打磨不起毛、优化的密度设计、平整度高、易上色漆膜均匀、墨线不扩散、防断裂，防纹理撕裂、黏合紧密，防水性好。

包装板色泽淡雅，光洁度高、便于饰面、甲醛含量低，能满足食品、礼品等各类包装需求。

电子线路板为电子线路板特别设计，纤维细腻、密度高、硬度高、厚度公差小、国际领先设备，精工生产，表面平整，不易变形、符合电子线路板的加工需求。

中国物流与采购联合会木材与木制品质量监督检验测试中心

China Federation of Logistics and Purchasing Wood and Wood Products Quality Supervision and Testing Center

中国物流与采购联合会木材与木制品质量监督检验测试中心（以下简称检测中心）隶属于木材节约发展中心。检测中心是一家第三方检测机构，接受政府部门、社团组织、企事业单位及个人的委托及仲裁检测。检测中心于2007年获得国家级资质认定《计量认证证书》，取得CMA标志；2009年通过中国合格评定国家认可委员会（CNAS）认可，获得实验室认可证书，取得CNAS标志，检测中心是我国木材保护行业首家获此殊荣的质检机构。检测中心经授权成为美国Osmose公司中国区定点检测机构，且通过农业部农药药效试验单位资质认证。

检测中心现有检验面积约1300 ㎡，主要仪器设备140台(套)，原值600余万元，年检验能力超过1000批次。主要从事木材保护类产品、木制品（木门、木地板）、名贵木材树种鉴定、人造板及其制品和菱镁制品的质量监督检验、技术培训等。

检验范围：

◆木材保护类产品

CCA、ACQ、CA−B、CBA−A等木材防腐剂及其处理木材；新型木材防腐剂药效试验，炭化木、木塑制品等

◆木制品

木门、木地板。主要涵盖：实木复合地板，实木集成地板，实木地板，强化地板，体育馆用木质地板，抗静电木质活动地板，地采暖用木质地板，软木类地板，装饰单板层压木质地板，竹地板，木结构，建筑木门等

◆名贵木材树种鉴定

红木家具、进口木材及国产名贵木材及其制品等

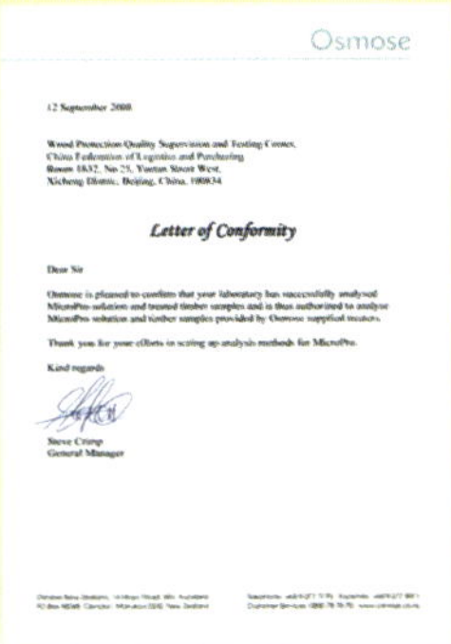

◆人造板

主要涵盖：实木复合地板用胶合板，地板基材用纤维板，混凝土模板用胶合板，竹胶合板模板，混凝土模板用竹材胶合板，水泥木屑板，石膏刨花板，纤维增强无石棉硅酸钙板，纤维增强石棉硅酸钙板，纤维增强低碱度水泥建筑平板，纤维水泥夹芯复合墙板，不燃无机复合板等

◆菱镁制品

主要涵盖：菱镁制品用轻烧氧化镁、工业氯化镁，玻镁平板，玻镁风管，建筑材料放射性核素限量，玻镁复合保温屋面板，菱镁胶凝材料改性剂，菱镁制品用玻璃纤维布，菱镁胶凝材料改性剂，菱镁制品用玻璃纤维布，维纶纤维增强水泥平板，菱镁复合材料农用大棚架，玻纤维镁质胶凝材料波瓦及脊瓦，石棉水泥波瓦及其脊瓦，建筑隔墙用轻质条板，氯氧镁水泥板块，镁质胶凝材料用原料

中心主办的中国木材与木竹制品检测网

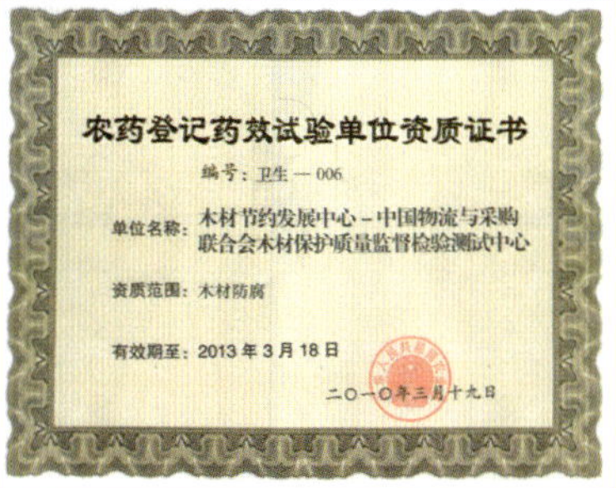

联系方式

地址：北京市通州区中关村科技园区通州金桥产业基地环科中路17号研创企业园22A

电话：010−59771857　　联系人：唐镇忠

网址：www.cwpt.com.cn

公正　科学　守信　高效

中国木材与木制品流通协会

CHINA TIMBER & WOOD PRODUCTS DISTRIBUTION ASSOCIATION

中国木材与木制品流通协会（英文译名：CHINA TIMBER & WOOD PRODUCTS DISTRIBUTION ASSOCIATION，英文缩写：CTWPDA）

本团体是1985年经中华人民共和国民政部批准成立，由与木材和木制品（含竹材与竹制品，下同）相关的企事业单位、团体和个人自愿结成的全国性、行业性、非营利性社会组织。

本团体主要职能是收集、调查行业基本情况和相关信息，并承担全国木材与木制品统计工作；协助政府制定、推行和贯彻木材与木制品有关政策法规及标准；开展行业信用体系建设；开展行业技术咨询与培训；举办行业经验交流会、技术研讨会、产品展览会；开展行业新技术推广应用与科技成果鉴定；参与国内外森林认证、木材来源合法性认定；组织协调行业企业参与国外反倾销、反补贴、贸易保护措施调查的应诉和行业损害调查工作；开展行业自律，维护会员利益。

本团体辖属木材进出口、木材市场、木门窗、木地板、木皮、木材防腐、工程木制材料、红木等专业委员会和木材企业信用工作委员会、木材流通行业职业技能鉴定工作站、上海办事处、天津办事处等分支机构以及中国人造板流通联盟、中国整体家居联盟等组织。中国木材与木制品网（www.cnwood.org）、中国木门网（www.cndoor.org）中国地板产业网（www.floorcn.org）、中国木材与木竹制品检测网（www.cwpt.com.cn）《中国木材与木制品》等是本团体主办的中国木材与木制品行业主流媒体。本团体与中国建材报联合主办的《中国建材报》·木业专版是中国木材与木制品行业唯一专业报刊。

本团体地址：北京市西城区月坛北街25号　邮编：100834

联 系 电 话：010—68392992（信息中心）

010—68392607（国际交流与合作部）

010—68392603（会员发展与培训部）

010—68392672（统计与标准部）

010—68392653（综合管理与财务部）

010—68392618（研究室）

网址：www.cnwood.org　E—mail:ctda@263.net

中国木材与木制品流通行业年鉴

（2013）

CTWPDA 中国木材与木制品流通协会 编
China Timber and Wood Products Distribution Association

中国财富出版社
CHINA FORTUNE PRESS

图书在版编目（CIP）数据

中国木材与木制品流通行业年鉴. 2013/中国木材与木制品流通协会编. —北京：中国财富出版社，2014.3

ISBN 978-7-5047-4877-5

Ⅰ.①中… Ⅱ.①中… Ⅲ.①木材—商业企业—中国—2013—年鉴 ②木制品—商业企业—中国—2013—年鉴 Ⅳ.①F724.724-54 ②F724.785-54

中国版本图书馆CIP数据核字(2014)第030828号

ISBN 978-7-5047-4877-5

9 787504 748775 >

策划编辑 寇俊玲 **责任印制** 何崇杭

责任编辑 曹保利 彭佳逸 李瑞清 谷秀莉 **责任校对** 梁 凡

出版发行 中国财富出版社（原中国物资出版社）

社　　址 北京市丰台区南四环西路188号5区20楼 **邮政编码** 100070

电　　话 010-52227568（发行部） 010-52227588 转 307（总编室）

010-68589540（读者服务部） 010-52227588 转 305（质检部）

网　　址 http://www.cfpress.com.cn

经　　销 新华书店

印　　刷 中国农业出版社印刷厂

书　　号 ISBN 978-7-5047-4877-5/F・2093

开　　本 880mm×1230mm 1/16 **版　　次** 2014年3月第1版

印　　张 23.25 彩色印张 9.5 **印　　次** 2014年3月第1次印刷

字　　数 876 千字 **定　　价** 360.00元

《中国木材与木制品流通行业年鉴》（2013）

编 委 会

联系方式

编 辑 部： 010-57180606　010-68392672

邮　　箱： mcltnj@163.com　xmh_77@aliyun.com

传　　真： 010-88635237　010-68392652

特别支持单位

（排名不分先后）

东莞市吉龙木材市场
上海福人投资集团有限公司
阜新市昕睿木业有限公司
桐乡市汇才红木家俱有限责任公司
上海怡黄木业有限公司
浙江物产森华集团有限公司
北京皇林苑古典家具有限公司
东莞市兴业国际物流城有限公司
黑龙江柏杉林木业有限公司
广西同乐红木有限公司
山东立晨集团有限公司
青岛加德木业有限公司
大亚人造板集团有限公司
深圳祥利工艺家俬有限公司
太仓远东国际船舶代理有限公司
泗阳县顺洋木业有限公司
北京日上工贸有限公司
靖江市紫缘轩古典家具有限公司
北京市君馨阁古典家俱有限责任公司
广东润成创展木业有限公司
联美木业（上海）有限公司
嘉兴荣氏木业有限公司
东阳市东艺工艺品有限公司
广西意华恒林实业有限公司
中轻资源进出口公司
浙江柏尔木业有限公司
上海正山木业有限公司
日照美福加国际贸易有限公司
中山市新绿洲木业有限公司
南京格林家居工程有限公司
北京和玺建筑成套木作系统有限公司
上海德翔木业有限公司
深圳市木材有限公司
深圳阳光（全球）红木广场
东莞中城木业有限公司
太仓海之源贸易有限公司
廊坊陶然居家具有限公司
大自然家居（中国）有限公司
上海涵强木业有限公司
浙江兔宝宝地板销售有限公司
上海绿洲实业有限公司
山东凯源木业有限公司
满洲里森诺人造板有限责任公司
云南华尔木业有限公司
满洲里联众木业有限公司
北京铭隆世纪科技有限公司
北京中经国讯文化传播中心
中国物流与采购联合会木材与木制品质量监督检验测试中心

序 言

木材与木制品产业是绿色、低碳、环保产业。木材与木制品流通是连接生产与消费的重要环节，也是最贴近百姓的服务行业，地位日益突出。

我国木材商品经济的兴起始于清代嘉庆初年，即18世纪欧洲工业革命以后的商业贸易兴盛时期，但在新中国成立以前，全国没有形成一个统一的木材商品市场。新中国成立后，我国木材与木制品流通行业才真正形成并逐渐朝着规模化发展。在这发展的60余年时间里，我国木材流通分为三个阶段：第一个阶段是指令性计划管理阶段（1950—1978年），国内共生产木材11.76亿立方米，年均生产4056万立方米，占全社会木材资源量的98.7%，进口0.16亿立方米，年均进口55万立方米；第二个阶段是计划分配与市场调节相结合阶段（1979—1997年），国内共生产木材11.41亿立方米，年均6004万立方米，占全社会木材资源量的88%，进口1.55亿立方米，年均进口817万立方米；第三个阶段是市场经济阶段（1998年至今），截至2012年的14年间国内共生产木材9.36亿立方米，年均生产6686万立方米，共进口木材6.03亿立方米，年均进口4300万立方米。目前，我国木材市场流通中国产木材比重逐渐减小，进口木材比重越来越大，2012年当年国产木材占比重54.9%，进口木材占45.1%。

特别是改革开放以来，我国木材与木制品产业迅猛发展。"十一五"期间，我国已经成为名副其实的木材与木制品生产、流通和消费大国。目前，仅木材工业一线从业人员就估计超过6000万人，锯材、人造板等木材加工及木竹制品制造业年产值已近4万亿元。但在我国木材与木制品市场繁荣的背后，还存在着国内资源短缺、生产与市场信息不对称、流通成本过高，产业发展质量不高，行业自律不强等一系列问题。

中国木材与木制品流通协会自1985年成立以来，认真履行"提供服务、反映诉求、规范行为"三大职能，在政策研究、标准编制、行业自律、信息技术交流、国际合作等方面做了大量基础性工作，得到了行业认可。为了加强行业信息交流，全面系统总结、宣传中国木材与木制品流通产业的发展历程，表彰为行业发展做出突出贡献的领军人物和优秀企业，引领产业转型升级，中国木材与木制品流通协会决定自2013年起，每年组织编辑出版一部综合概括全行业发展状况的大型资料性工具书——《中国木材与木制品流通行业年鉴》。

《中国木材与木制品流通行业年鉴》编辑出版，是中国木材与木制品流通领域一件既具有现实意义又具有历史意义的大事。这部汇集中国木门窗、木地板、木皮、工程木、防腐木、红木、人造板、木材市场、木材进出口贸易发展状况，集知识性、理论性、实践性、指导性于一体的大型工具书的出版发行，不仅填补了行业资料汇编的空白，而且对行业理论研究、实践指导乃至行业发展都将起到重要的信息支撑作用。我相信，《中国木材与木制品流通行业年鉴》的出版发行将会得到业内外同人的肯定，也会为促进交流与合作，推进我国木材与木制品流通业的健康发展产生积极影响。

中国木材与木制品流通协会会长

2014 年 2 月 18 日于北京

目　录

特　载　篇

政策法规篇

专 题 篇

市 场 篇

大 事 记

科 技 篇

典 型 篇

数 据 篇

特载篇

中国木材流通历史回顾与现状

（中国木材与木制品流通协会名誉会长**朱光前**）

一、旧中国木材商品流通与管理

（一）木材商品流通与市场简况

旧中国经济落后，交通运输不畅，人民生活贫困。因此，木材的商品经济除长江中下游少数地区以外，很不发达，木材的流通有很大的局限性。全国没有形成一个统一的木材商品市场。

旧中国的木材流通市场，由于地理运输条件和政治、经济的原因，大体上是按照山脉、河流和水系流向的自然流域与行政管辖区域，分为6个自然区域流通的。

1. 长江中下游地区木材市场

旧中国木材商业最发达的地区，要首推长江中下游的武汉、芜湖、南京、镇江、上海、杭州等地。这些地区经济比较发达，对木材消费较大，这一地区形成的木材市场，要算武汉市为先，早在清道光二十年（1840年）就有湖南省湘、资两江流域的安化、益阳等地商人长途贩运木材到武汉（旧时称江夏县）鹦鹉洲出售，并在该地抱孤巷建立了第一个木材商业的行帮组织——安益会馆。由此可见，早在160多年前武汉地区就已经形成木材商业社团，这是我国最早出现的第一个木材商业社团组织。武汉鹦鹉洲木材市场最兴盛时期约在20世纪20年代，木材最高上市量达100万两码子（两码子是当时南方广大地区计量木材应用最广泛的计量单位，约合1.069立方米），武汉鹦鹉洲遂成为我国国产木材最早的贸易中心和重要集散地之一，使鹦鹉洲十里长街的竹木市场出现盛极一时的“日晒黄金夜不收”的繁荣景象。木材运销曾扩展到长江下游的芜湖、南京、镇江等各大城市，北到河南、山东、京津等地。江西、福建、浙江、安徽和贵州地区的木材也大多运到这一地区销售。此外，还有英、美、日、德、荷兰等国商人经营进口木材，输入到上海、南京、武汉等地。在抗战前，国产木材最高年上市量曾达376万立方米，进口木材最高年达156万立方米。新中国成立初期的1950年，这一地区国产木材年上市量降到100万立方米以下，进口材几乎绝迹。

2. 东北地区（包括内蒙古东部）木材市场

据清代《嘉庆会典》记载，该地区最早出现有“伐木场”制度，要推到嘉庆十三年（1808年），在今辽宁省的兴京（即新宾县）、开原、辽阳、凤凰城、岫岩等地共有22处伐木场，清政府在上述区设有税卡，征收木税。当时该地区已经出现了一定规模的木材商品经济性质的流通。

但是，真正大规模地开发东北地区的木材，是在1900年中俄战争和1904年的日俄战争以后，沙皇俄国和日本势力相继侵入我国东北地区以后开始的。

在清光绪二十七年（1901年），首先由沙皇俄国侵华远东总督阿莱克塞弗的参谋马德罗夫在我国吉林省通化地区组成一个商团，采运掠夺我鸭绿江沿岸地区的木材。接着有俄国商人比利希刺索夫集资200万卢布，成立远东林业公司（又称鸭绿江森林公司），大规模采伐掠夺我鸭绿江沿岸地区的木材资源，除用于修建中东铁路之外，并运销到海参崴等地。

1904年日俄战争后，日本势力取代了沙俄在我国东北的势力，于光绪三十一年（1905年），由日本与清政府合办了一个鸭绿江采木公司，继续采伐东北木材资源。到民国五年（1916年），在军阀吉林督军孟恩远（亲日派）的纵容下，日本财团的大仓组、王子制纸、三井物产、三菱等商社云集吉林省，成立了富宁、华森、丰林等林业公司，开始大规模开发吉林省的木材。这一时期可算是我国近代史上资本主义木材商业经济的兴盛时期。

直到1931年，日本发动了“九一八”事变，完全霸占了东北三省，成立了所谓的“满洲国”（1931—1945年）。在这个时期，东北三省的木材采运经营权，完全落入日本人手中。大肆掠夺东北三省的木材资源，除用于侵华战争外，还运销到朝鲜和日本国本土，部分由商人运销到关内沿海的天津、烟台、青岛、上海等城市。

日本占领中国东三省的14年间，共掠夺性采伐木材约5000万立方米，其中最高年采伐达670多万立方米。

直到1945年9月日本投降，东北地区木材采运流通才真正掌握在中国人民自己手中，1950年东北内蒙古木材产量为498万立方米。

3. 两广地区木材市场

主要是以珠江三角洲的广州市为中心，由两省区的东、西、北江和浔江的四大河流水系流入广州市集散，基本上属于区域性自产自给性质。抗战前最高上市量在230万立方米左右，解放初期在110万立方米左右。除本地区自行消费外，还有少部分运销到香港、澳门和南洋等地。

4. 长城南北、黄河中下游广大中原腹地的木材市场

由于政治和自然灾害的原因，经济很不发达，因此木材消费量很低，除少数几个沿海城市如天津、青岛的建筑用木材，依靠商人从东北、武汉等地运销一些外，还有一部分进口木材供应市场。大多数地区的居民消费用木材，基本上属于自产自给的自然经济。木材商品经济很不发达。

5. 西南四省区（云南、四川、贵州、西藏）的木材市场

这一地区虽然蕴藏着极为丰富的森林资源，但在20世纪60年代以前，除贵州东部有一部分木材通过湖南的沅江运销各地外，由于交通运输受自然条件限制，基本上属于封闭式的未经开垦的处女地。特别是森林资源较为丰富的四川地区，由于崇山峻岭，山高坡陡，沟壑纵深，长江三峡的险滩尚未疏浚，铁路尚未修通前，这一地区没有近代化运输工具和通道与中原地区相连接，交通运输十分困难，正如唐诗所说：“蜀道难，难于上青天”。因此，这一地区60年代以前，木材商品经济不发达。

6. 黄河上游的甘肃、青海、宁夏、新疆等西北地区的木材市场

新中国成立，这一地区交通和经济都十分落后，木材消费用量很少，主要依靠当地山区和农村自产自给，基本上没有像样的木材商品市场。

此外，还有旧中国的进口木材市场：随着殖民主义资本输入，有些外国商人于19世纪中期在中国开始经营木材，规模较大，历史最悠久的，算是英商祥泰木行。这个木行的前身是德国商人于1885年创办的中国木材进出口有限公司。后于1909年转让给英商。这个木行在上海设有总行，还在天津、南京、青岛、武汉等地设有分行。另外，还有美、日、荷兰商人在我国经营进口木材业务。除进口美国、加拿大和南洋各国的木材外，在第一次世界大战期间，因国际航运受阻，英商祥泰木行曾一度经营我国产的杉木。我国进口木材最多的是1929年，进口量达156万立方米，当时币值（法币）4287万元。据有关统计，1931—1940年，平均年进口木材88.9万立方米。

新中国成立，国产木材最高年上市总量约在

1300 万立方米，进口 156 万立方米。

解放初期，国产木材年上市量约在 680 万立方米，进口几乎停止。

上海木材工商业户，在旧中国时期为最多，经营规模最大，最大的木商是“顺泰木行”，年经销量 2200 多立方米。（见表 1 ）

表 1　上海私营木材工商业情况

年份	木材工商业户数（户）	流动资金（亿元）	营业额（亿元）	私商到材量（万立方米）	私商销售量（万方立米）
1950	761	1930	4400	18.67	18.64
1951	922	1680	8700	25.4	20.98
1952	828	330	3200	37.37	15.69
1953	751	360	5804	38.74	16.04

从表 1 可以看出，解放初期上海地区的木材经营水平，也代表当时中国木业的最高经营水平。

综上所述，可以看出我国资本主义木材商品经济的兴起，是在清代嘉庆初年以后，这与 18 世纪欧洲工业革命以后，商业贸易的兴盛时期是基本相对应的。

（二）旧中国木材流通的经营管理

旧中国木材流通主要是由“行帮组织”和同业公会管理，武汉、南京和东北地区的行帮组织及其行规行约等，大致如下：

1. 武汉鹦鹉洲竹木市场有五府十八帮

“五府”就是湖南省清代原地府命名：长沙府、衡阳府、宝庆府、常德府、辰州府；十八帮，是按照各府下属的县、乡、集镇的木商组成，计有：长衡帮、宝庆帮、辰帮、常德帮、沅帮、永顺帮等。及至民国初期，这种行帮组织形式，遂改名为同业公会。

2. 南京上新河的“行帮组织”

早期有山西帮、婺源邦、林青帮等，光绪时期有大冶帮、湖南帮、湖北帮、南昌帮、赣州帮、龙南帮、信丰帮等。这些帮会介于买卖之间，为买卖双方媒介，奔走游说，促成交易。行家工作人员受雇于买客，扎排做把，承揽运输业务；另有围量工，受雇于买主，权量木植尺寸；还有打字工，为买客敲打字印，以为记志等。

按照当时的习俗，木商为了自身的生存与发展，原则上都按照各自的乡籍，加入各自的“行帮”。这些行帮都有自己的行规，推举头人，纠集力量，占有滩地，拥有脚搬（即装卸工），受纳会费，建立会馆，成为一种权力机构。

3. 日伪时期东北木材流通管理

木材工商业者，由木材同业组合联合会来管理，联合会内又分为两部分，一部分管理采伐及原木交易；另一部分分管制材及贩运业务。联合会下，分设 11 个加盟公会和 3 个准会员公会。以后又成立了大连木材商实业公会和白阿线木材同业公会。统一管理东北地区木材工商业的经营活动。

木材经营分为“山客”和“庄客”，山客主要是买青山，雇工采伐运到初级市场销售。庄客是在城市设庄收购。此外，还有以信息渠道为手段，收取佣金的“行商”。后来根据资金实力多寡，逐渐分化成“批发商”和“零售商”。

二、新中国木材商品流通与管理

1949 年新中国成立以后，经济体制发生了根本性的变化。木材流通体制也随之发生变化，大体分为三个阶段：第一阶段 1950—1978 年，全面进入计划经济体制，木材实行统筹统支，管理以指令性计划为主，按指标分配，全国统一订货，占全社会木材消费量的90%以上；第二阶段，1979年至1997年，逐步缩小指令性计划分配范围和数量，扩大市场调节供应，木材商品流通向开放式、多渠道、少环节的方向发展；第三阶段1998年以后，国家计委决定彻底放开，木材流通全面实行市场化经营。

（一）指令性计划管理阶段

从1950年至1978年，共29年时间，期间国内共生产木材11.76亿立方米，年均4056万立方米，占全社会木材资源量的98.7%；进口0.16亿立方米，年均55万立方米，占1.3%（见图1）。

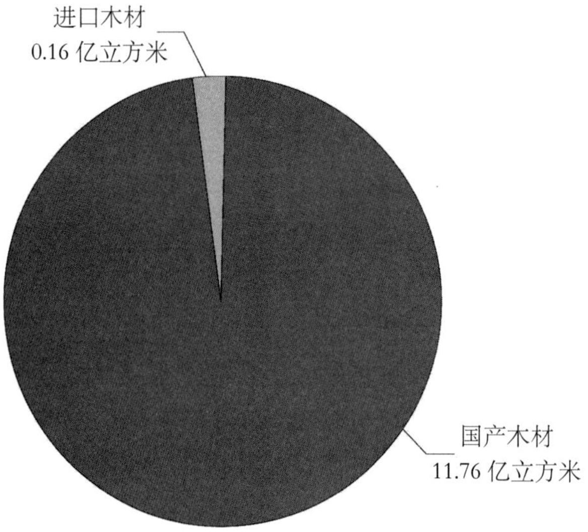

图1　1950—1978年木材资源构成

1950年中央人民政府贸易部决定成立统管全国木材的流通机构——中国煤业建筑器材公司，1953年7月国家决定加强木材专业化经营，成立中国木材公司，并在全国各省（区）、市（专署）、县成立分支机构，由中央对各地的木材经营机构，实行业务、财务垂直领导，统一经营，迅速建立起遍及全国的木材流通网络，基本形成国营木材流通体系。为进一步加强对木材经营的领导，1962年1月国务院总理办公会议决定，成立中央木材7人领导小组，负责人为国家经委委员李哲人、林业部第一副部长罗玉川，成员有：林业部、铁道部、商业部、交通部、煤炭部的副部长，全面负责木材生产和流通业务。具体执行机构是国家物资总局木材局和中国木材公司，一个机构，两个牌子。由机构的设置就可以看出，当时国家对木材统的是多么死。

这个时期，木材实行统筹统支，按指标指令性计划分配，全国计划内生产的木材全部交国家物资总局分配，包括林业部门也无权使用，使用部门按条（中央部门）块（省市）申请分配。由于统得死，市场基本没有木材零售，家具要凭票供应，对木材使用实行严格控制，室内装修、门窗等基本不准应用木材。有一个例子：20世纪70年代，广州市要建白云宾馆，约20层，当时是广州最高的建筑，为了一些木材，要列入国家指令性计划，单独戴帽安排，建一个楼，要跑北京审批，单独申请木材指标，可见木材管理的多么死；江苏，几千万人口的大省，一年分配的木材不到100万立方米，农民盖房没有木材作门板，挖棺材板使用，可见木材短缺到何等程度。

由于不是市场配置资源，每年国家要召开两次集中的木材订货会，规模在3000人以上，时间一般在一个月左右，最长曾达近三个月，当时号称“骠马大会”，来解决产需衔接。

那时木材运输以铁路为主，占70%～80%，铁路要制定运输流向，不得违流运输，水路运输以扎排为主，是比较经济的运输方式，从四川顺长江放排到江苏、上海，一个排1000多立方米，大的可达1500～1600立方米，一个多月才能到达，放排工要在排上吃住，十分辛苦。1954—1956年从东北林区调运到上海的红、白松原木，曾扎海排运输，形状似雪茄烟，一只大海排可达3000多立方米。

这个时期木材管得过严过死，也抑制了造林积极性，使木材资源越来越少，陷入越少越管，越管越少的怪圈。

当时木材指标虽然很紧，但由于指标和个人经济利益没有关系，因此基本没有商业贿赂行为，请客送礼也很少。

（二）计划分配与市场调节相结合阶段

从1979年到1997年，共19年时间。1978年党的十三届三中全会以后，国家实行对外开放、对内搞活经济的方针后，木材的流通管理方式也发生了很大变化，这种变化的特征是，缩小了指令性计划分配范围和数量，扩大了市场调节供应，1985年，中央1号文件放开南方集体林区木材经营，国家指令性计划分配数量占全社会消费总量比重已降到35%左右。这期间，国家计划内生产木材共11.41亿立方米，年均6004万立方米，占全社会木材资源量的88%，进口1.55亿立方米，年均817万立方米，占12%。

这个阶段木材产需衔接仍采用全国木材订货会方式（见图2）。

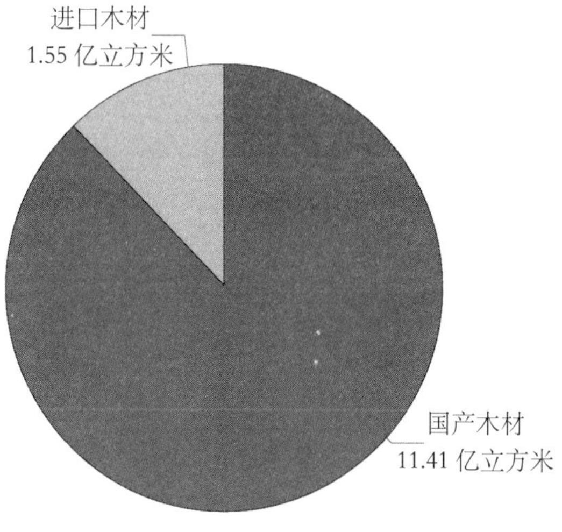

图2　1979—1997年木材资源构成

1980年邓小平批示，要像进口粮食那样，多进口一些木材，作为国策，以使国内林业得以休养生息。以后万里等国家领导都对扩大木材进口做过讲话或批示。因此这期间进口木材逐年增多，80年代进口以北美材为主，1985年进口北美材曾达到666万立方米的历史最高水平。使国内木材供应的紧张局面逐步得到缓解。

当时并不是都理解进口木材的意义，国家林业部一些人就曾提出，把进口木材的外汇给他们，由他们向国家提供相应的木材，主管国家经济的国家计委并未采纳他们的意见。

1985年国家放开南方集体林区木材经营以后，价格也随之放开，这样就出现了价格双轨制，在此之前木材执行的是全国统一调拨价格。当时的原则是：高来高走，低来低走和高来低走，低来高走，随行就市，有赔有赚，合理盈利。

不允许就地转手倒卖。

在双轨制的条件下，国营体制的弊端暴露出来，在市场面前，他们竞争无力，败在了私营经济脚下。全国地县级以下国营木材公司几乎全部垮掉，省市级公司也所剩无几。当时报上有一篇文章，叫做《同在蓝天下》，提出了为什么相邻的两个木材经营单位，国营公司竞争不过“莆田帮”的问题。

福建莆田，那里不产木材，却出经营木材的人才，全国70%以上的木材经营者都是莆田人，这也是中国木材行业的一大新特点，他们吃苦耐劳、团结互助，几乎打垮了全国所有的木材公司。他们冒着极大的风险，用麻袋装着现金，到林区采购木材，林区非常缺乏现金，用现金买木材，可以低20%的价格，他们再给装车工一些小费，使平时装50立方米的车皮，装55立方米，这样，他们首先在进货价格和进货数量上都比国营公司占到了便宜，销售时，除了千方百计寻找市场商机，果断决策外，在检量工具和检量方法上再做一些手脚，再占一些便宜，从宏观体制到微观手法都取得了先机，而国营公司没有巨大个人利益驱动，不愿吃苦和冒风险，再加上互相扯皮的机制和庞大的历史包袱，没有不败的道理。经过二十几年的拼搏，莆田人已在全国木材界确立了地位，最近，莆田政府招商建立木材加工区，一次招商会就有几十亿元投资回报家乡，莆田市委书记有一副对联讲的非常好：“无木生财闯世界，有心聚德报桑梓”。

（三）完全市场条件下的木材商品流通阶段

从1998年到现在，14年时间（1998—2012年），国内共生产木材9.36亿立方米，年均生产6686万立方米；进口木材6.03亿立方米，年均进口4300万立方米（见图3）。2012年国产木材占全部木材资源的54.9%，进口木材占45.1%（见图3）。

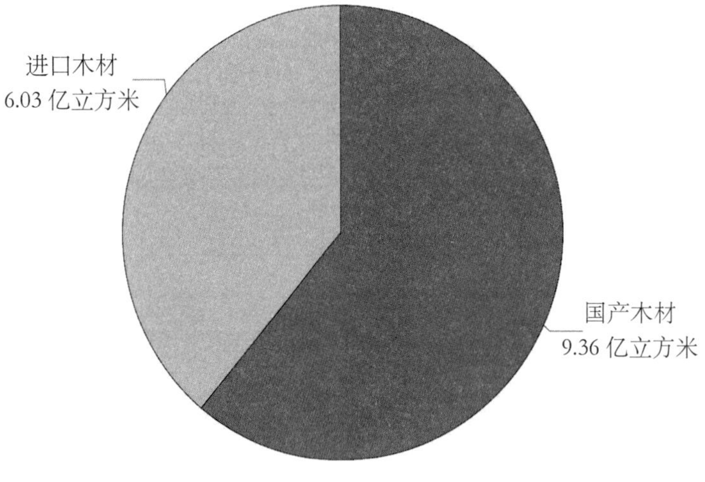

图3　1998—2012年木材资源构成

从1950—2012年的62年间，国内共生产木材32.43亿立方米，进口木材7.74亿立方米。

1998年木材流通完全放开以后，林业和木材工业才取得了真正快速发展，市场配置资源，通过市场需求，刺激了林业发展和木材进口，木材资源的增长又促进了木材工业的发展，也促进了木材制品的出口，真正进入了良性循环，从过去单纯木材生产大国变成现在的木材进口和木制品出口大国。

1. 全社会木材总供给与总需求

2012年中国全社会木材总资源4.95亿立方米，10年（2003—2012年）增长了1.2倍。木材资源包括：国家计划生产的商品木材、农民自用及烧柴、木质纤维板和刨花板（扣除与薪材产量的重复计算部分，相当于净增加木材供给）、进口原木、进口锯材、进口木片、进口木制品、进口纸张、纸浆及废纸等。

10年来，木材总资源构成发生了一些变化，国产木材比重下降了5个百分点；农民自用和烧柴比重下降了7个百分点；木质纤维板和刨花板发展非常迅速，利用次小薪材为原料，纤维板产量增长5.1倍，刨花板产量增长4.3倍，为全社会木材资源供给做出了突出贡献，所占资源比重上升了15个百分点；进口木材比重上升了4个百分点；超采及库存下降了7个百分点（见表2）。

表2 全国木材产品供给量

	2003年		2012年	
	数量（万立方米）	比重（%）	数量（万立方米）	比重（%）
国产商品木材	4759	21.2	8175	16.5
农民自用及烧柴	3389	15.1	3970	8.0
木质纤维板和刨花板	2770	12.4	13629	27.5
进口木质林产品折合木材	9759	43.5	23497	47.5
超采及库存	1736	7.8	221	0.5
总计	22413	100.0	49492	100.0

注：数据来源于国家林业局。

2012年全社会木材总消费也为4.95亿立方米，10年（2003—2012年）增长了1.17倍。消费主要有其他个方面：建筑29%；造纸29.9%；家具12.4%；出口17.9%。

10年来，消费结构比重也发生了一些变化，建筑用材比重下降了7.7个百分点；由于人民生活水平提高，家具需求增加，家具用材比重上升了6.9个百分点；出口用材比重增加了8.5个百分点；农民自用及烧柴比重下降了9.9个百分点；工业用材比重变化不大（见表3）。

表3 全国木材产品消费量

	2003年		2012年	
	数量（万立方米）	比重（%）	数量（万立方米）	比重（%）
建筑用材	8381	36.7	14347	29.0
家具用材	1259	5.5	6149	12.4
造纸用材	6433	28.2	14796	29.9
工业用材	1054	4.6	2510	5.1
出口用材	2153	9.4	8856	17.9
农民自用及烧柴	3563	15.6	2834	5.7
总计	22843	100.0	49492	100.0

注：数据来源于国家林业局。

2. 木材进口与木制品出口

木材与木制品（不含纸、纸板、纸浆及废纸、林产品等）进出口发展很快。2012年进口总金额154.4亿美元，比2003年增长232%，进口以原木、锯材为主，为127.3亿美元，占进口总金额的82%；2012年出口总金额309.8亿美元，比2003年增长331%，出口以家具和人造板为主，分别占出口总金额的59.2%和21.8%。

3. 进口木材的主要流通区域

从地区划分来看中国市场：

铁路沿线区域，俄罗斯的主要市场分布在东北、西北、西南、中原地区；其特点为，距离港口较远，沿着铁路沿线区域。

华南市场主要以板材为主，其包括美国、加拿大和太平洋岛国，当然也包括少量俄罗斯（欧洲）的板材。

华东市场主要以美国和加拿大的原木和板材，太平洋地区岛国的辐射松，非洲原木和少量的俄罗斯（欧洲）原木为主。

北方沿海市场，如大连、青岛和天津，同华东市场有相同之处。

由于各种因素，如价格、运输、政策和人为等因素，都可以对各个区域产生一定影响。每个大区域的范围是处在一种流动变化的状态。

提升服务品质 促进行业又好又快发展

（中国木材与木制品流通协会会长**刘能文**在2012年中国木材与木制品行业年会上的讲话）

2011年是我国实施“十二五”规划开局之年，也是协会理事会换届之年。在国资委、民政部、工信部、商务部及中国物流与采购联合会的领导下，在全体会员的积极参与支持下，协会各项工作取得了新成绩。全国木材与木制品生产贸易额同比有较大幅度的增长。进口木材达7298.1万立方米，同比增长32.1%，创历史最高纪录；国内木材产量7272万立方米，同比减少10.1%；人造板产量16543万立方米，同比增长7.7%；家具产值10000亿元，同比增长15.0%；木门产值880亿元，同比增长17.3%；木竹地板产量48994万平方米，同比增长2.3%。这一年来，协会主要开展了以下工作。

一、深入调查研究，积极反映会员诉求

针对国内外市场复杂多变的新形势，协会千方百计帮助会员企业反映和解决生产经营面临的问题。我们先后到东北、华北、华东、华南等地区调研，走访了满洲里、绥芬河等主要木材边贸口岸和张家港、太仓、蓬莱等主要港口，考察了上海、广州、北京、天津等地的大型木材交易市场，参观走访了木门窗、地板、防腐木、人造板等100多家会员企业，召开了10余次专题座谈会。在调研的基础上，协会向商务部流通司提出了《关于进一步加强木材与木制品流通行业管理工作的建议》，反映当前行业面临的困难，提出鼓励木材进口、整顿展会、建立流通领域质量监督体系、鼓励新型贸易方式等政策措施建议；向商务部美大司报送了《关于对加拿大原木出口限制进行贸易磋商的申请报告》，反映加拿大出口木材限制措施对我国进口的不良影响，要求商务部与加方沟通的建议；向工信部提出了建立木材防腐准入条件的政策建议。这些建议都受到了主管部门的高度重视，为协会参与国家政策法规制定，争取行业扶持政策打下了基础。

二、加强自身建设，增强服务能力

2011年，协会在加强自身建设方面也卓有成效，具体表现在：① 顺利完成了协会理事会换届，修改了章程，实现了协会领导班子的顺利交接和工作的平稳过渡。② 申请了新的分支机构，向民政部提出了新成立红木流通专委会、木材进出口商分会、人造板流通专委会及工程木制材料专委会和木门专委会的更名申请，发起成立了中国人造板流通联盟。③ 调整了协会分支机构和秘书处内设机构负责人，增设了负责标准规范、国际合作、政策研究等职能部门，成功完成了木地板流通专委会理事会换届。④ 完善了内部规章制度，制（修）定了协会《人事工资制度》、《证章使用管理办法》、《财务管理制度》、《分支机构管理办法》、《会员管理办法》等。

三、组织会展活动，促进技术交流

为帮助会员企业寻找新的商机，扩大国内外技术交流和产品展示，协会组织了10余个会展，包括2011年中国（北京）门业博览会、上海门业博览会、加拿大SPF锯材贸易论坛、首届世界针叶木材应用技术研讨与贸易洽谈会、第六届中

国（临沂）人造板博览会暨国际贸易洽谈会、第三届中日木材及木制品贸易研讨会、中国地板企业家论坛。木门窗专委会、地板专委会、防腐木专委会还分别召开了行业年会及技术研讨会。这些会展活动，促进了行业交流，扩大了协会影响力。

四、做好统计与宣传，为行业发展、政府决策提供依据

一年来，协会依托国家统计局授予的负责全国木材与木制品产、销、存统计职能，认真开展行业信息数据统计，及时报送《2010年度中国木材与木制品行业统计报告》，并首次编发了《2010年中国木材与木制品市场发展报告（蓝皮书）》。协会每月向有关部门报送全国木材价格监测月报，并与中国木材电子交易市场合作，发布木材价格指数月报及分析。此外，我们还对协会官网中国木业网进行改版，编发《中国木材与木制品》会刊24000余份，积极与《中国门窗报》、《中国建材报》、《消费日报》、《门窗新时代》等报刊以及搜狐、搜房、新浪等网络媒体合作开展行业宣传推介活动。

五、编制标准规范，推进行业标准体系建设

协会根据行业发展需要，组织起草了《木门窗行业准入条件》等3个标准，审定通过了《装饰薄木》行标，向商务部、住建部提出了《木质门》、《木地板标识》、《胶粘法木地板铺设技术与检测》3个国标和《造纸废弃物再生木塑地板》、《木塑室内门》等10个行标计划。这些标准的制定和发布实施，将推动行业标准体系建设。

六、开展技术培训，提高从业人员素质

协会组织开展了木材检验师职业培训与技能鉴定工作，共举办两期培训班，培训学员108名；开展了木地板铺装工职业培训与鉴定，共培训地板工程监理和铺装技术工102名，举办了以家庭为单位铺装赛和铺装工专业队伍铺装大赛；成功组织了“中国木门（汇龙涂料杯）设计大奖赛”。

七、开展品牌企业“双承诺”和行业信用评价，促进行业自律

协会开展了“30家木门、木地板企业产品质量和售后服务双承诺”活动，并首次将节能环保列入双承诺宣言，启动了“中国木门绿色环保联盟”、“中国健康板材联盟”，制定了《中国木门行业自律公约》。为了推进行业信用体系建设，在商务部的领导下协会组织开展了2011年度木材与木制品行业企业信用等级申报工作；还组织部分木材市场参加“中国生产资料市场50强”评选，中通电子交易市场、上海福人市场、广东鱼珠市场、杭州木材市场等单位获此殊荣。

八、坚持两手抓，推进协会物质文明和精神文明建设

为提高秘书处工作人员的理论水平，协会订阅了多种报刊，定期组织员工学习进修，组织年轻人参加技术职称评定。秘书处还组建了党支部。一年来，协会秘书处机构和其人员虽然进行了较大的调整，但没有影响工作，大家的工作热情和敬业精神有了很大的提高，形成了团结合作、勇于奉献、共谋发展的良好工作氛围。

在回顾过去一年工作的同时，我们也清醒地看到，协会工作与会员要求及行业发展需求相比还存在较大差距。主要有以下几个方面。

(1) 行业政策研究比较薄弱。扶持政策缺失，现有的税收、运输、检疫等政策不尽合理，给企业生产经营带来困难。

(2) 行业基础工作抓得不够。信息价格统计人员不稳定，标准规范制（修）定跟不上行业发展要求。

(3) 市场准入制度、监督管理以及信用体系缺失。木材与木制品流通行业没有建立自己的商品质量监督检验体系，市场多头监管、条块分割，流通秩序比较混乱。

(4) 协会自身建设还有待进一步加强。部分分支机构没有很好地开展工作，协会创收主业不多，可持续发展基础不牢。

2012 年，面对复杂多变的国际政治经济环境和国内经济运行新情况新变化，协会工作的总体思路是以科学发展观为指导，深入贯彻中央经济工作会议精神，以提升自身服务品质和引导行业健康发展为目标，坚持服务会员的宗旨，创新核心业务，提升社会影响力，促进行业又好又快发展。

走向绿色——中国木业企业如何应对市场环境变化

（中国木材与木制品流通协会会长**刘能文**在“可持续林业与市场发展国际研讨会”上讲话）

绿色，是当今社会的主基调，绿色产品、绿色产业、绿色贸易、绿色消费已经汇成一股绿色潮流，渗透到全球经济的各个阶段。目前，我国木业行业已经开始重视木业可持续发展问题，中国环境认证标志标准也已将木材合法性和可持续性认证的要求列入其中，但对木材来源和产品的绿色认证没有强制性要求，国际上也只是欧美等敏感市场提出了木材来源合法性的要求，而且有关政策的执行还需要长期的实践来完善。但是木材合法性或者更高级别的森林认证将是未来发展的必然趋势，中国是世界的木制品供应大国，必须足够重视，寻求更长远的发展。

一、发展绿色战略，促进木业可持续发展

绿色战略是指企业根据其所处的外部环境和企业自身的经营条件，为实现企业生存与发展，达到企业生产经营活动的绿色化，对企业绿色可持续发展目标及其途径和手段等进行全局性、长远性总体谋划。从实践角度看，它应是指企业在绿色经营观的指导下，对企业进行绿色开发、实施绿色生产、开展绿色营销和培育绿色企业文化的总体规划。

实施绿色战略管理可使木业企业获得综合的环境效益，减少来自社会和政府的压力，对促进企业的可持续发展有着极其重要的意义。尤其对于当前主要处于被动型环境管理状态的中国木业企业而言，要想追求企业的可持续发展，实施全方位的绿色战略管理势在必行。

随着国际竞争日趋激烈，各国政府也纷纷采取各种措施来保护环境，包括建立有效的环境管理组织机构，制定严格的环境法规、标准，采用行政手段治理污染，引导企业发展绿色产品。同时，一些国际机构在促进木业可持续发展方面一直引领着行业的发展：① 雨林联盟：绿色战略意味着为原材料追溯至森林源头建立一个透明的追溯机制，确保在供应链上至少使用合法的原材料，同时清晰地向认证和可持续来源前进；②欧洲森林研究所：绿色战略意味着企业需要找出它们对环境有影响的产品，具体来说是对森林有影响的产品，关键是良好的供应链管理，供应链的管理在林产业中会变得更加重要；③ 森林协会：企业必须理解“走向绿色”不是“慈善”而是“必须做”的事情，对于以成长为目的的企业来说，识别和采购可持续的原材料是一个重要的举措。

实施绿色战略将是时代的要求和市场的选择，这将有利于企业树立良好形象；有利于企业提高经济效益；有利于加强国际交流和合作；有利于打破国际壁垒，加强企业提高国际竞争力。绿色战略对中国企业意味着中国企业真正走上可持续发展的道路，具体表现在以下几个方面。

(1) 供应链的透明性。绿色战略首先关注的就是原材料的供应、木材的来源是否合法，而这也正是中国企业面临的主要问题。实现绿色战略企业必须使自己具有透明的供应链，从原材料采伐、运输、加工，一直到产品销售都必须是可追

踪的，这也是建立负责任采购政策的前提。

(2) 木材原材料来源的合法性。绿色战略的实现必须保证原材料来源的合法性。目前受认证木材有限等诸多方面的因素影响，短期内实现大规模采购认证木材是不太现实的，但是我们可以做到能够证明木材来源的合法性。联合国欧洲经济委员会和联合国粮农组织称，全球非法采伐木材的数量约占全球木材生产的 20%～40%，有关国家、产业和林主每年为此损失的收入估计达到 150 亿美元 (95 亿欧元)。而中国是全球最大的木材进口国，因此中国政府也表示中国将与世界各国一起打击非法采伐，倡导合法木材的使用。

(3) 进入欧美等敏感市场的通行证。欧美等主要木制品进口国都在制定有关的措施来限制非法木材进入，如美国的雷斯法案。欧盟将于 2013 年在所有成员国正式执行禁止在欧洲市场进行非法木材交易的新法案。欧美市场占据中国木制品出口 50%以上的份额，如果不想损失这部分市场，中国木业企业必须能够证明所用木材的合法性。

(4) 企业社会责任的担当、信誉的增强。保护森林，拒绝非法木材进入企业的供应链，保护大家赖以生存的自然环境是企业的社会责任，只有把它作为企业的社会责任来实行才会树立起更高的企业形象，获得消费者的认可，增强企业的信誉度。

(5) 更多的合作机会，更多的市场机遇。

二、推动木业企业实施绿色战略是我们工作的重点

近几年来，我们一直在引导中国木业企业规避和减少原木进口风险。2010 年，中国从 92 个国家、地区进口了 3434.7 万立方米原木，俄罗斯、新西兰、北美、东南亚、巴新以及非洲国家是中国原木的主要供应国家、地区。其中，俄罗斯、东南亚、巴新和非洲国家的原木存在较高的风险，而北美和新西兰国家的木材基本上都是合法木材。

我们一直鼓励中国木业企业进口合法木材。特别是 2009 年以来，随着俄罗斯原木出口关税的提高，中国木业企业减少了俄罗斯木材的进口，增加北美和新西兰等国木材的进口，合法木材来源有了很大的提高。如 2010 年，中国从俄罗斯进口的原木量下降了 5.2%，而从新西兰、美国和加拿大进口的原木量分别增长了 34.5%、266.2%和 216.8%。在 2011 年中国木材与木制品行业年会上，我们特别推出中国 10 强加拿大 SPF 锯材进口商并颁奖奖励，目的就是为了推动中国对合法和认证木材的应用。

近些年来，木材节约发展中心和中国木材与木制品流通协会一直致力于推动中国木业的可持续发展，具体成效有以下几个方面。

(1)2009 年 9 月，为应对全球气候变化，重视森林保护，加强木材的合理采伐及高效利用，木材节约发展中心联合世界自然基金会 (WWF)、中国木业国际网共同开展了中国木业可持续发展行动计划暨绿色木业倡议活动。

(2)2010 年 10 月，木材节约发展中心、世界自然基金会 (WWF)、中国木业国际网联合主办了中国绿色木业论坛暨全球森林贸易网络 (中国) 年会。会议主题围绕木业可持续发展中 FSC 森林认证、中国环境绿色标志、欧美政府采购和绿色林产品市场以及中国企业出口产品认证等展开。

(3)2010 年 12 月，中国木材与木制品流通协会与日本全国木材组织联合召开第二届中日木材与木制品贸易研讨会，会议的主题是“合法、责任、市场、发展”，探讨中日木制品市场木材合法性、可靠性证明制度及市场需求。

(4)2011 年 4 月下旬至 5 月初，木材节约发展中心、美国国际开发署 (USAID)、世界自然基金会 (WWF)、国际野生物贸易研究组织 (TRAFFIC)

和中国木业国际网联合在东莞、上海、大连、绥芬河四个城市组织了系列雷斯法案的免费培训，帮助中国木业企业了解更多的雷斯法案进展情况以及如何帮助客户遵从雷斯法案的要求。

(5)2011 年 5 月召开的中国木材与木制品流通协会第六届理事会，通过修订的协会章程，将“参与国内外森林认证、木材来源合法性认定体系或标准的制定、修订、培训”列入协会的业务范围。

我们也制订了未来计划：

(1) 推动中国政府制定有关促进木材可持续发展的政策措施，特别是鼓励企业、个人实施可持续发展的优惠政策的制定；推广可持续发展项目示范，促进木材及木材产品合法性、可持续性制度的建立。

(2) 积极参与国内外森林认证、木材来源合法性认定工作；逐步建立行业团体木材合法性采购认定行动规范，并对所属会员企业进行认定。

(3) 组织木材流通领域森林认证相关标准制定。

(4) 开展技术培训、信息咨询，提升中国木业企业及消费者在加工、流通、消费等环节秉承可持续发展的理念，促进木材与木制品的可持续发展。

(5) 加强国际交流与合作。加强与国内外森林认证（CFCC、FSC、PEFC、SGEC 等）机构交流与合作，促进中国森林认证体系的完善。

三、木业企业如何制订和实施绿色战略

目前，木业企业制订绿色战略主要应克服“高能耗、高污染、高消费、低效能”现状，提倡环境保护和经济效益相结合的发展模式，应从企业文化、产品研发、产品生产、产品包装、产品营销等方面体现“绿色”，实施全方位的绿色战略，我国木业企业实施绿色战略大致可分为以下两个阶段。

第一阶段的主要目标是改善供应链，保证木材来源的可追踪性和合法性，满足欧美等国际市场对合法木材来源的要求，包括雷斯法案、欧盟木材新法案、CARB 认证等，稳定欧美国家的市场份额，避免因为不能证明木材来源的合法性而丢失国际市场。为此中国木业企业需要做到以下 6 个方面：

(1) 降低甲醛释放量，使木制品符合 CARB 认证等。

(2) 木材来源的可追溯性，这是满足雷斯法案和欧盟新法案最基本的要求。

(3) 及时了解国际市场对绿色产品的需求。

(4) 积极应对国际市场对绿色产品提出的有关政策。

(5) 关注非法采伐严重的国家情况，确保木材来源的合法性。

(6) 学习森林认证有关知识。木业企业对森林认证的作用、影响，能够为企业带来什么，如何操作，谁可以做认证等概念需要进行深入的了解和认知。

第二阶段是真正走上可持续发展道路。具体表现在以下 5 个方面：

(1) 申请 FSC 等认可度比较高的认证，这是最行之有效的方法，获得认证对于木业企业的原材料采购、企业的管理等都将是一个很大的提升。

(2) 随时关注国际市场有关木材来源合法性、森林认证等方面信息，尤其是出口型企业更应如此。

(3) 建立可持续的供应链管理制度，将绿色战略应用到整条供应链管理中来，使企业全方位的体现绿色战略。

(4) 制定负责任的采购政策，积极寻找认证木材。

(5) 勇于承担社会责任，就像森林协会所说

的，“这不是慈善，是企业必须做的事情”。

四、木业企业实施绿色战略面临的挑战及应对措施

（一）我国木业企业面临的挑战

我国木业企业面临的挑战表现在：

(1) 对国际市场的了解不够，不能对国际市场提出的新政策作出及时的反应，缺乏了解和掌握认证木材的供应和发展趋势。

(2) 对木材来源合法性以及森林认证的理解比较初级，特别是内销型制造企业不了解具体的操作过程。

(3) 主要木材供应国家非法采伐现象严重，获得木材来源的合法性证明非常困难。

(4) 认证木材资源少价格高，在寻找认证木材供应商方面存在困难。

(5) 国内消费市场对木材与木制品环保和社会问题关注程度不高，缺少认证产品的消费需求拉动。

（二）我国木业企业的应对措施

我国木业企业面对挑战所做的措施有：

(1) 随时关注国际市场的需求及政策变化，向中国政府部门及行业组织提出政策建议，寻求他们的帮助。

(2) 积极与有关认证机构和国际组织咨询木材合法性、森林认证等方面的情况。

(3) 深入了解木材供应国的政策、木材供应流程，以及价格和供应趋势，避免非法木材进入企业供应链。

(4) 与NGO组织、媒体一起推动国内可持续发展的消费意识，培育合法的木制品消费市场。

加强交流与合作 共同推进世界木材与木制品贸易健康发展

（中国木材与木制品流通协会副会长兼秘书长、木材进出口商分会会长**陶以明**在第三届世界木材与木制品贸易大会上的讲话）

各位代表：

你们好！

首先，我谨代表中国木材与木制品流通协会木材进出口商分会真诚地欢迎你们出席由中国木材与木制品流通协会木材进出口商分会承办的第三届世界木材与木制品贸易大会。借此机会，简单介绍一下中国木材与木制品市场前景、贸易政策和我会的基本情况，并就如何加快推进世界木材与木制品贸易健康发展提几点建议，与大家交流。

一、中国木材与木制品需求刚性增加，市场前景广阔

中国是世界上人口最多的发展中国家，但就木材资源而言，中国又是人均森林资源不太丰富的国家。2010年中国总人口已经超过13.7亿人，按照目前人口生育率预测，2020年，中国人口总量将达到14.6亿人左右；2033年前后，将达15亿人左右。可见，中国具有巨大的木材与木制品消费市场。但从目前情况看，中国森林覆盖率只有世界平均水平的2/3，排在世界第139位。人均森林面积0.145公顷，不足世界人均占有量的1/4；人均森林蓄积10.151立方米，只有世界人均占有量的1/7。虽然中国人工林面积居世界首位，但因其优质用材林偏少，短期内很难满足国内建筑、家具等领域对优质木材的需求。中国政府已经确立到2020年国内生产总值和城乡居民人均收入比2010年翻一番的发展目标，这预示着中国木材与木制品需求还会成倍增加，也为世界各木材与木制品出口国提供了新的市场机遇。

二、中国是木材进口与木制品加工贸易大国，但不是木材消费强国

当前，中国已跃居为世界木材与木制品加工和贸易大国。2012年，中国木材与木制品进出口贸易总额为637.33亿美元，其中进口320.01亿美元，出口为317.32亿美元，可见中国木材与木制品进口与出口相抵只剩下约3亿美元。还有，中国每年进口原木、锯材主要为针叶材，其中进口总量的约70%来自俄罗斯、加拿大、新西兰和美国等森林资源丰富、森林管理水平较高的国家。需要说明的是，虽然中国市场对木材与木制品需求总量较大，但因中国木结构建筑还不足全部建筑的1%，人均木材与木制品实际消费量远低于欧美国家。中国可称为木材进口与木制品加工贸易大国，但还称不上木材与木制品消费强国。中国每年进口木材大部分已经做成产品出口到国外。近几年，有些国际民间组织时常对中国木材与木制品贸易提出一些不切实际的指责，我认为这是不负责任的。对此，针对一些民间组织的指责，我会也发表了公开声明，提出了不同

看法。

三、中国现行的木材与木制品贸易政策，有利于扩大中国与世界各国木材与木制品贸易

为了鼓励木材进口，为木材出口国提供绿色通道，中国政府从1998年12月1日起取消了木材进口许可证制度。从1999年1月1日起，我国又实行木材进口零关税政策，包括原木、锯材、薪材、木片、纸浆和废纸进口关税调减到零，胶合板的进口税也由原来的20%调减到15%。中国加入WTO后，已对249种林产品降低了关税，并逐步取消非关税措施，如取消胶合板进口限量、放宽外汇管制等；2005年又将家具进口关税降为零，纸及制品的关税由7.5%降至4.6%。随着开放性政策的不断实施，中国现行的木材与木制品进口税率已接近世界平均水平，甚至部分产品关税还低于发达国家水平。目前，中国对进口木材与木制品没有非关税措施。在自由贸易方面，除了开发利用濒危物种，也没有其他具体限制。最近两年，为了促进中国进出口贸易增长，加快流通业发展，中国政府也出台了一系列新政策，其中包括《国务院关于加强进口促进对外贸易平衡发展的指导意见》（国发〔2012〕15号）、《国务院关于深化流通体制改革加快流通产业发展的意见》（国发〔2012〕39号）等。中国海关也积极采取措施服务企业，维护正常木材进出口贸易秩序，中国商检主管部门也在批准扩建港口木材防疫熏蒸基地，各项举措的落实促进了中国与世界各国木材与木制品贸易，也带动了相关产业的良性发展。

四、中国是一个负责任的发展中国家，一直关注和严厉打击木材非法采伐和贸易

中国一直为推动世界木材与木制品贸易健康发展而努力。对于木材的非法采伐和贸易链条，中国政府的打击态度是坚决的，并采取了积极措施进行遏制，与很多国家签署了打击非法采伐和贸易的合作协议。如2005年9月《中欧峰会联合宣言》同意“共同合作打击亚洲地区的非法采伐问题”；2005年11月《中俄联合公报》同意进一步加强森林资源开发利用，加大对非法采伐木材和贸易的打击力度；2008年5月《中华人民共和国政府和美利坚合众国政府关于打击非法采伐和相关贸易的谅解备忘录》签署。中国不仅对本国木材采伐有严格的法律规定和执法体系，而且对进口木材和林产品有严格的监管程序，由商务部、海关总署、国家林业局等部门共同对林产品进口实施监管，并共同打击不法行为，还颁布了《中国企业境外森林可持续培育指南》。2009年中国建立了国家可持续森林认证体系，并于同年正式开始研究建立中国木材合法性验证体系。2003年1月1日中国《政府采购法》正式实施。目前，中国政府已经将办公家具、复印纸等木制品列入政府采购目录。近几年，中国木材与木制品生产、流通产业界和行业组织也通过行业自律、负责任采购及供应链监管来减少其商业行为对森林资源的负面影响。

五、搞贸易壁垒和价格垄断，不仅损害贸易双方利益，也侵害消费者利益

近几年，一些国家或地区，在木材与木制品进出口贸易环节采取了一些不利于世界公平贸易的措施，或启动专利诉讼，或单方面启动反补贴反倾销调查，或实施强制性认证法规，或限制部分产品出口，或提高关税，垄断部分木材出口价格等。这些措施可能对本国某些产业起到保护作用，但这些措施的制定和实施无疑会增加生产和流通成本，最终会转嫁给其他国家，或其他产业和消费者。从长远看，实施贸易壁垒和价格垄断的国家或地区必将失去部分国际市场份额，消费者也难以获得物美价廉的木材与木制品。因为国

际木材与木制品市场是开放的市场，对每个国家或地区都具有平等的机会。特别是木材资源又是可再生资源，许多产品也不是某一个国家所独有的，同类木材与木制品的市场价格才是抢占市场份额的决定因素。以中国2013年上半年木材进出口贸易情况为例，新西兰已经取代俄罗斯成为中国最大的原木供应商，中国从瑞典、芬兰、智利、阿根廷等国家锯材进口量成倍增加，其中重要因素就是俄罗斯和加拿大木材出口价格上涨，失去了在中国市场的竞争力。另外，近两年，部分人造板和家具等木制品对美国、欧洲进口商的报价也在上升，原因之一也是出口商通过抬高出口价格来弥补因贸易摩擦及《美国雷斯法案》、《欧盟木材法规》等新法规施行给他们造成的额外成本。

六、中国木材进出口商分会的成立，有利于加强与世界木材与木制品行业交流与合作

2012年中国政府批准成立了中国木材与木制品流通协会木材进出口商分会，也是中国国内唯一一家木材与木制品进出口贸易行业的非营利性社团组织，主要会员是中国各地从事木材与木制品进出口贸易的大中型企业。其主要业务范围是贯彻实施国家及国际木材进出口贸易政策和法规；加强行业自律，维护木材进出口商的合法权益；开展国内外木材进出口贸易政策、进出口木材到港、库存等信息服务；开展有关企业建立负责任采购制度、木材来源合法性认定、规避国际木材贸易壁垒等技术服务；协助政府有关部门制定行业技术标准，开展会员企业信用等级评价、认证工作；开展职业技术培训鉴定和业务培训；举办各种专题会议；开展国际合作交流等。目前中国木材进口量的80%左右都是由我会会员完成的。分会自筹备到正式成立两年来，在调查研究基础上，通过中国木材与木制品流通协会向中国政府有关部门提出了《关于促进我国木材与木制品流通业健康发展的意见》、《关于尽快解决木材运输证、检疫证乱收费、乱罚款等问题的意见》等政策建议，也得到有关部门的重视。有些建议已经得到政府采纳。目前，中国木材进出口商分会已经承办了三届世界木材与木制品贸易大会，并与中国商务部推出中国木材进出口价格指数，与中国林权交易所等单位在共同建设中国木材与木制品现货交易平台等。近两年分会也与国际粮农组织、世界自然基金会等国际组织及20多个国家或地区的木业组织建立了良好的合作关系。

七、推进世界木材与木制品贸易健康发展需要各国政府、科研机构、行业组织及相关企业携手合作

木材作为人们生产、生活中不可或缺的一种可再生资源，在各国基础设施建设、低碳经济发展、森林可持续经营以及减缓全球气候变暖中所具有的重要意义越来越受到各国政府、消费者以及国际组织的重视。在世界森林资源分布不均的情况下，国际木材贸易起到了满足和平衡各国对木材资源不同需求的重要作用，同时，不可避免地存在着资源国和消费国、发展中国家和发达国家以及温带地区和热带地区之间的博弈。这就更加凸显各国政府、科研机构、行业组织及相关企业加强交流、携手合作的重要性。在此，我提出以下几点建议。

（一）尽快组建世界木材与木制品贸易组织

目前，中国木材与木制品贸易涉及的国家或地区已经多达100个，在世界木材与木制品贸易中占据着非常重要的位置。最近几年，我曾多次与来访的联合国粮农组织及欧盟等国际同业组织负责人、专家学者提出共同建立国际性木材与木制品贸易组织的建议。在世界各国的共同努力下，世界木材贸易论坛于2012年5月在联合国粮农组

织总部罗马正式建立，中国木材与木制品流通协会会长刘能文先生和国际部主任高雅女士应邀代表中国出席了首届会议。我希望世界木材贸易论坛注重发挥包括中国在内的世界主要木材与木制品贸易大国的作用，用 3 ～ 5 年时间，将其发展成为名副其实的世界木材与木制品贸易组织，为加强全球木材行业之间的交流与合作以及扩大世界各国木材行业、企业在国际市场和政治舞台上的话语权发挥作用。

（二）抓紧研究制定国际规则及相关标准

一是要通过世界木材与木制品贸易组织等机构，研究建立国际通用的木材与木制品贸易规则及相关标准，为限制或减少某个国家或地区单方面实施技术与贸易壁垒，实现公平贸易提供科学依据。二是要帮助发展中国家尽快建立和完善木材采伐和木材贸易法规、标准。当前在众多的木材出口国中，有一些国家存在着森林资源不可持续开发与利用的问题，也受到国际社会的广泛关注。我认为，要实现全球森林保护与可持续经营，让世界各国的消费者能够买到物美价廉的木材与木制品，关键是帮助木材出口国按照国际贸易规则与本国实际情况，建立完整的木材生产与贸易的法规、标准及管理队伍，而不是以谋取本国或本地区经济或政治利益出发，或假借环保名义采取单方面行动，通过技术或贸易壁垒阻止正常的木材与木制品贸易。

（三）加强世界各国政府、木业组织、企业的交流与合作

一是加强各国政府间交流与合作。不论是木材出口国还是木材进口国，它们应该是互利平等的关系。木材与木制品贸易对进出口国而言是双赢的活动。谁获得市场份额越大，经济收益就会越大。各国政府，尤其是木材资源比较丰富的国家都应该从长远出发，为发展世界木材与木制品贸易开辟绿色通道，减少贸易摩擦，推进公平贸易。二是加强各国木材与木制品进出口商会组织的交流与合作。可通过各国木材与木制品进出口商会等专业组织信息互换或不定期互访，发现问题及时协商解决。三是加强信息平台建设。可发挥电子信息优势，构建国际信息网络平台，加强各国行业信息与技术交流，实现官网互联，信息共享。四是共同举办会展。在现有各种会议基础上，发挥各木业行业协会、商会会员资源优势，联合举办木材与木制品国际研讨会、展览会，为会员扩大技术交流，开拓国际市场形成合力。五是构建国际木业信用体系。利用各国木业行业协会、商会资源，建立国际木材与木制品贸易信用体系，通过会员举报或专家评估，对违反国际贸易规则的木业企业实行黑名单制，共同携手打击非法木材与木制品贸易。我会也愿意并期待与世界各国政府、同业协会、专家学者、木材与木制品贸易企业加强交流与合作。

最后，预祝第三届世界木材与木制品贸易大会圆满成功！

团结 进取 为木材与木制品行业大发展而努力

（中国木材与木制品流通协会副会长、木门窗专业委员会会长**张国林**
在中国木材与木制品流通协会第六届会员代表大会上的讲话）

在民政部、国资委及中国物流与采购联合会的支持下，我会团结、依靠常务理事，于2006年年初顺利选出了中国木材流通协会（现已更名为中国木材与木制品流通协会）第五届理事会，并得到全体会员的一致拥护。协会第五届理事会自2006年换届产生以来，按照协会章程和《协会2006—2010年工作规划纲要》的要求，积极发挥协会沟通政府和企业的作用，履行“提供服务、反映诉求、规范行为”的职责，各项工作取得了一定的成绩。

现就本届理事会工作情况报告如下，请大会审议。

一、主要工作回顾

第五届协会理事会工作初始，恰逢“十一五”规划的开局之年，也是木材与木制品行业蓬勃发展、充满憧憬和希望的关键时期，更多的工作从这里开始，脚下的路也将从这里延伸。岁月不居，天道酬勤。木材行业面临政府管理模式的转变，多项法律法规、规章的修订与出台，直接关乎行业的运营环境和企业合法权益的保障，对协会如何适应行业管理的新形势、维护行业经营秩序、准确反映企业诉求、保障行业合法权益等工作提出了更高的要求。

（一）加强行业调研，设立分支机构，开展专业化活动

随着协会工作的深入展开，其内容也越来越细化、越来越专业。为了规范市场，诚信经营，为消费者营造放心的采购环境，引导行业健康有序发展，做好售后服务，反对欺诈和不正当竞争，经国资委、民政部批准，协会相继成立了市场专业委员会、木门专业委员会、木地板流通专业委员会、木材信用工作委员会、木皮专业委员会、木材防腐专业委员会等，现已全面开展工作。

1. 木门专业委员会

木门专业委员会本着全心全意为行业服务、促进行业发展为宗旨，全面开展工作，成立几年来，已发展会员600多个，基本形成了木门行业的核心与骨干力量，对于行业健康有序发展起到了引领作用。

(1) 连续七年成功开展了全国30家木门企业产品质量、售后服务双承诺活动，并在人民大会堂进行新闻发布，通过各种场合、各种机会进行广泛的宣传与介绍。设立咨询与投诉电话，使社会和消费者了解并认识质量好、服务优的品牌木门，在社会上引起很大轰动，使木门这一木制品新宠走进千家万户，成为社会和消费者满意而放心的产品。这个活动的开展最终造福社会，受益企业。

(2) 成功举办多届国际门业展览会。中国的木业近几年发展迅速，作为世界木业大国已成为不争的事实，而木门这枝奇葩以其高品位、高起点越来越引起世人的瞩目，木门美化了居室环境，亮丽了人们的生活空间，木门成为人们生活中不

可或缺的伴侣。门业展迎合时势，满足企业与社会的需求，其成功在情理之中。它为木门精品提供了一个争奇斗艳、百花竞放的展示舞台，它也是加强交流、促进发展的行业盛会。

(3) 走访木门企业，了解行业的发展状况。通过走访，了解中国木门行业之现状、存在的问题，加强了企业间的协调与交流，相互沟通，互相带动，共同提高，促进了行业有序、和谐、健康、快速发展。

(4) 开展了中国木门“汇龙涂料杯”设计大赛，对解决行业产品同质化、“拿来主义”问题，促进企业不断创新发展，开发新工艺，设计新产品，满足市场不同需求起到积极作用。

(5) 鼓励地方经济，发挥区域集群的优势。木门委授予重庆“中国套装门之都”荣誉称号，授予浙江江山“中国木门之都”荣誉称号。

(6) 为使双承诺活动落到实处，木门委在北京、上海、佛山、沈阳、齐齐哈尔等地设立投诉站，开通中消协、中国质量万里行热线电话，开展咨询、投诉活动，并依据木门委员会投诉章程进行处理。

2. 地板流通专业委员会

连续十年进行“双 30 家实木地板、复合地板产品质量、售后服务双承诺”活动，并率先在 2004 年实行先行赔付制度（但至今未发生一笔赔付现象），受到社会的肯定和消费者的欢迎。

(1) 连续十年成功评选出全国 30 家实木地板，连续七年评出全国 30 家多层实木复合地板质量、售后服务双承诺单位，使地板双 30 家品牌家喻户晓，深入人心。同时，结合展会、地板文化节、高级论坛等形式分别在北京、上海、济南、成都、广州召开各类新闻发布会，并在上海、济南、昆明建立了地板服务中心。这些工作对于提高企业品牌形象、促进企业发展起到很好的作用。

(2) 急地板行业所急，及时向海关、财政部等政府有关部门反映地板出口方面的问题，使竹地板出口享受同等优惠政策，解决了竹地板出口退税问题。

(3) 为规范竹地板市场，扶优罚劣，组织发起北京 12 家竹地板企业相互监督和宣传活动。联合中国轻工联合会、中国室内装饰协会授予浙江安吉“中国竹地板之都”荣誉称号。

(4) 为鼓励和发展区域经济集群，授予浙江嘉善“中国实木复合地板之都”荣誉称号，有效地带动了当地经济的再次腾飞。

(5) 连续七年呼吁同行业开展“取于自然、还于自然”的公益植树造林活动。多植一棵树，还祖国一片蓝天，在社会上和木业界中引起积极反响。

(6) 承担了人民大会堂宴会厅地板更新工程的木材资源信息提供、工程招投标、技术方案制订、施工技术指导、工程验收等任务，受到人民大会堂好评。

3. 木材市场专业委员会

我国木材交易市场创业已数年，随着国民经济持续高速发展，市场经理人也需不断更新理念。为发展壮大我国的木材交易市场，交流经验，解决存在的问题，木材市场专业委员会自成立后，每年坚持举办年会，开展明星市场活动，通过了全国木材明星市场联合宣言。

(1) 2005 年年会期间，邀请专家结合国内、国际形势进行“国内外物流发展新趋势”以及“升级改造、管理创新、诚信规范——中国商品交易市场的三大主题”的精彩论述。会议期间，市场的高层管理者们分析了我国市场发展趋势，并探讨建立市场联盟、发展星级市场的若干议案。

(2) 2010 年，为了实现中国木材交易市场的管理规范化、建设标准化、水平星级化目标，市场专业委员会制订了中国木材交易市场中长期规划——《关于中国木材批发交易市场发展规划意见》。

(3) 开展了全国主要木材批发市场第二次普查。木材市场专业委员会根据普查结果积极向当地有关部门反映情况，争取优惠政策减轻企业税费负担；推出优惠措施，减少租户租金成本；通过集中装卸，减少商户分散装卸的费用；土地升值后，不提高租金或实行一年优惠45天免租金；与银行合作，开展物流金融服务；开展高端商务活动，为客户创造更多商机；积极引进新的产品等有效措施。

(4) 在我会引线搭桥下，促成中国国际木材交易市场与伊春市木材经销局联袂组建中国伊春林木产品交易市场。该市场充分发挥电子商务和林木主产区的各自优势，推进木材行业现代物流方式，实现地区木材的现货订单、现货挂牌、招标、拍卖等多元化交易机制和现代化仓储物流、第三方质量机构、第三方支付平台、金融融资等服务体系，大力缓解传统木材行业商品流通过程中信息不畅、交易风险大、交易成本高、企业资金短缺、融资不易等问题。

4. 木皮专业委员会

近几年，我国的木皮（薄木）产业发展迅速，但缺少一个相关机构来组织协调，行业中没有形成主流与核心，各自为政，各行其是。协会审时度势，报经国资委、民政部批准成立分支机构——木皮专业委员会，并于2008年9月在最大木皮生产与集散基地——上海召开成立大会，决心要把木皮促成一个行业，并使之健康快速发展。如今，上海与广东已经成为木皮产业生产与销售中心，木皮这个新兴的行业一年来也在高速发展着。协会积极引导企业重视品牌培育。2008年10月木皮专业委员会组织了“木皮行业十大风云人物”活动，并对入选人物及企业广泛进行宣传，通过此活动促进木皮厂商重视品牌宣传、诚信经营。行业标准《装饰薄木》也在积极起草编写之中。

5. 木材防腐专业委员会

民政部于2009年1月8日正式批准成立中国木材与木制品流通协会木材防腐专业委员会，并于2010年12月18日在北京召开了正式成立大会。一年多来，专委会积极组织业内专家开展调查研究，反映会员意愿，争取有利于行业发展的政策环境。如配合木材节约发展中心研究提出了国家《产业结构调整指导目录》(2005年本）修订意见；参与了《中国资源综合利用技术政策大纲》（以下简称《大纲》）编制工作，《大纲》已于2010年7月1日由国家发展改革委、科技部、工业和信息化部、国土资源部住房和城乡建设部、商务部联合发布实施。其中，我们提出的木材防腐等技术已经编入其中；研究提出的《木材防腐行业准入条件》、《2011—2020年全国木材保护工业发展专项规划》、《关于促进我国木材防腐产业健康发展意见》已报工业和信息化部，其中《木材防腐行业准许入条件》已经列入工业和信息化部2011年工作计划。同时，配合木材节约发展中心起草了《木材防腐企业等级划分规范》等行业标准，组织修订了《木材防腐师国家职业教程》，并与美国、法国、日本等国外木材保护协会建立合作交流机制。2010年还推出了“中国木材防腐10强企业”评选活动。

（二）加强交流，拓展企业发展空间，积极向政府反映行业情况，争取政策扶持

我会组织企业积极应对反倾销、反补贴案，积极参与国际社会打击木材非法采伐行动。

在我国当前木材与木制品企业中，中小型企业占大多数，虽经营灵活，但属地性特色使其难与国际供应链管理对接。出口退税问题，是协会多年来非常注重并致力推进的一项重要工作。

(1) 为缓解金融危机给木材和木制品企业带来的冲击，协会及时向财政部、国税局等政府有关部门反映人造板、木门、木地板行业木制品出口受冲击的真实情况，提出了尽快提高人造板、木门、木地板出口退税率，为企业奔走呼号，以此促进行业产业的转型升级，提高中国木制产品

的国际竞争力。

经过各方面的共同努力，人造板、木门、木地板出口退税率由目前的5%提高到9%，一定程度上缓解了企业的压力。

(2) 在今年中国地板行业遭受美国反倾销、反补贴调查起诉公布后，及时与中国轻工商会公平贸易部建立了联系，与涉外律师事务所建立战略合作并将企业在“双反”中遇到的问题及时向国务院国资委领导作了详细汇报，得到了国资委支持。之后，把“双反”信息及时传达到企业。

(3) 与国际环保组织在上海召开美国欧盟木制品合法贸易立法进展情况通报会，及时将欧美林产品合法贸易立法和措施介绍给企业。与日本全国木材组合联合会先后在广州、大连共同主办了以“合法、责任、市场、发展”为主题的中日木材与木制品贸易研讨会。将日本林业厅颁布的《木材及木材产品合法性、可持续性证明方法指南》和日本全国木材组合联合会制定的《木材及木材产品合法性、可持续性证明制度》介绍给中日企业。这些会议得到中外企业高度重视，不仅中国出口企业参加了会议，而且外国企业的驻华机构的高层领导也出席了会议，得到中外协会和企业的好评。

(4) 加强与国际环保组织和木业协会的交流。协会领导或组团出访日本、马来西亚、印度尼西亚、新加坡、欧洲，大力宣传中国木材行业和企业在环境保护，推动木材合法性、打击木材非法采伐方面的做法，表明中国坚决打击非法木材贸易的立场和态度。通过宣传转变国际社会对中国大量进口木材的看法，在国际上争取了更多的话语权。

（三）积极配合制（修）订各项行业标准和规范，为行业服务

行业要发展，标准、制度需先行。为此，协会十分重视行业标准、管理规范和行业发展规划的制订。

按照国家发改委下达的任务，协会及下属木门委员会、地板委员会，市场专业委员会等及时收集行业呼声，提出先行制定行业各项标准、规范的合理化建议，并积极参与、配合主管部门，走访协调相关部委，组织召开相关标准制（修）订座谈会。

其中木门专业委员会完成了中国木质门行业有史以来的第一部行业标准——《木质门》（行标），为中国木质门行业的发展提供了依据，指明了方向；完成了《木质门安装规范》、《木质门修理、更换及退货规范》等行业标准的审定工作，制定了《木门工程施工企业资质等级标准》和《木门工程企业资质等级管理办法》，并为30家木门企业首次颁发了木门工程资质证书；市场专业委员会完成了《木材市场交易规范》（行标），经国家发改委批准公布实施。《木材交易市场管理规范》（修订）业已准备就绪；地板委完成了《木地板铺设面层验收规范》（行标）、《木地板保修期内面层检验规范》（行标）、《木地板铺装胶粘剂》行业标准，已通过全国胶粘剂标准化委员组织的标准审查会。专家们一致认为该标准达到国际水平。《木材检验师国家职业标准》已批准执行。《中国主要木材流通商品名称》（行标）、《木材企业诚信评价标准》（行标）、《木地板铺设面层验收保修规范》（国标）、《难燃木地板》（行标）、《装饰薄木》行业标准等已由国家发改委或商务部颁布实施。

这些标准与管理规范、管理办法的出台，对促进木门、木地板行业工程质量的不断提高，规范木门、木地板市场与施工秩序，加强行业自律，提高企业的服务水平，维护企业和消费者的合法权益有着十分重要的意义。

（四）加强行业培训，优化培训体系，提高从业人员素质及能力，为企业发展输送人才

木材与木制品行业专业性强，操作环节多，提升人员素质及技能是行业经营发展的根本。针

对行业人员业务水平参差不齐、新人多、人员易流动、少培训等现象，协会把实施推动行业业务培训作为一项重要工作。

行业的发展、企业的发展必将遇到人才的问题，而最为迫切的是生产与施工安装工人的职业技能培训，几年来协会对此项工作一直常抓不懈，通过专业培训，解决企业技术难题，增强创新能力，改善经营管理。2007年来协会共组织五次木地板铺设及木材检验培训，300多人获得上岗资质。

2008年，许多企业在市场不好、交易清淡的情况下，静下心来谋划企业发展战略，并把人才培训、积蓄力量放在了第一位。为此，协会利用时机，深入基层举办了不同层面的培训班和讲座。地板专业委员会在北京集美市场设立了地板服务中心和培训基地，开展投诉咨询及售后服务人员培训和讲座。协会与上海、广东省木材行业协会联合举办了木材检验师职业资格考前培训班，为200多名木业企业的业务管理人员进行了木材检验员职业培训与职业技能等级鉴定。几年来，协会及各专业委员会举办各种培训班达百余个，培训4000余人次，为企业发展输送了一大批合格优秀人才，得到企业的一致欢迎和赞扬。

（五）加强行业自律，建立行业诚信，维护行业正常经营秩序

基于木材与木制品行业的实际，协会在上级主管部门的支持下，在加强行业诚信体系建设、加快实施标准化、大力推介宣传行业优秀企业等方面，创新工作思路，推广信用认证，着力推动行业自律。

协会积极推动行业信用评价体系的建设，促进企业诚信经营，维护行业利益与市场秩序。2006年协会制订了行业诚信公约。在全国整规办的指导下，协会制订了信用评价总体方案和评价办法，参加整规办的答辩会，成为第一批行业信用体系试点推荐单位。2007年经全国整规办、国资委行业协会管理办公室联合评价论证，协会成为全国第一批行业协会信用体系试点单位并开展了木材与木制品行业企业信用等级评价活动，评选出了9家AAA级信用企业，受到整规办和国资委的充分肯定。

（六）加强宣传品牌意识，树立中国木材与木制品行业的良好形象

改革开放30多年来，我国木材与木制品行业成绩斐然，其中很多的经验规律值得总结。为全面介绍中国的木材与木制品行业发展历程，协会重视宣传和信息工作，开展丰富多彩的活动。

1. 定期编辑出版刊物和积极推动网站建设

作为中国木材与木制品行业的窗口，协会编辑出版会员刊物《中国木材信息》，免费发给广大会员企业。应广大会员的要求，协会筹措资金和技术力量，建立了自己的中国木业网（www.cnwood.org）和中国木门网（www.cndoor.org），力争版面好看、内容丰富、信息及时。

继《中国市场木材及木制品采购指南》编辑出版后，市场工作委员会又编辑出版《中国木材市场大全》，积极向海内外企业推介中国木材市场企业的情况；地板委相继出版了《中国木地板实用指南》、《中国实木地板实用指南》、《中国木地板300问》等专业书籍；2010年，为纪念改革开放三十周年，木门委召集20多位专家学者，组织编辑出版了中国木门行业的第一本开山之作——《中国木门首卷》。它是木门行业的第一本专著，记录行业在改革开放政策引导下的发展历程，也是协会为推动行业发展的一项重要基础性、前瞻性的工作。《中国木门贰卷》正在策划准备，书样在2013年年底前完成。

2. 举办专题新闻座谈会及相关宣传活动

(1) 木门与木地板在我国兴起的时间并不长，尤其是木门行业正处于高速成长期，提高企业的品牌与责任意识十分重要，也是我们规范市场的一个重要方式。几年来，木门专业委员会与

木地板流通专业委员会先后开展了“产品质量、售后服务双承诺诚信宣言”活动，在国务院国资委、民政部、国家质检局、中国消费者协会、中国质量万里行等政府部门和有关组织的支持配合下，正规运作，健康发展，成为规范行业、规范市场、树立企业品牌形象的重要手段，被社会和消费者广泛认可。该活动在流通领域成为知名品牌，成为工程招标、经销商代理、一些大型建材市场准入的条件，30 家企业中标奥运工程便是一个很好的例证。

(2) 积极组织木门和地板企业进行中国名牌申报工作，并受中国名推委的委托，承担了木门企业中国名牌评价细则的制订和初审工作。

(3) 加强对双承诺企业的宣传力度，使双承诺企业的品牌效应得到了新提升。通过制作宣传材料、光盘以及《中国木门服务手册》、《中国木地板 300 问》、《中国木门首卷》等学习书籍为双承诺企业进行全方位的服务；在人民大会堂召开新闻发布会，连续在相关媒体、报刊刊登广告，向社会各界展示双承诺诚信中的优秀企业，报道行业信息，扩大影响，在社会和消费者心目中树立了企业的品牌形象。

（七）开展公益活动，提高协会社会影响力

四川地震发生后，协会立即向会员发出倡议，要求企业加强自律，严禁囤积居奇，哄抬物价，扰乱市场和社会秩序；同时，积极捐款、捐物。据不完全统计，会员企业捐款捐物达3000万元，体现了企业以国家困难为己任的社会责任感。

地板委员会组织 30 家双承诺企业连续七年每年向中国绿色基金会捐赠 50 万元，向中国青少年基金会捐款 10 万元，共同开展“绿色奥运、青春奥运”植树造林活动。

（八）广泛开展国际交流，开拓国际市场

为推动国内企业走出国门，开拓国际市场、寻求贸易和技术合作，了解国际最新发展趋势，协会先后多次组团出国访问或参展、参会，与国际组织进行广泛的交流。例如，协会赴日本、韩国、加拿大、日内瓦、新加坡等国家参加有关木材与木制品的国际交流活动，扩大了中国木业的影响。

（九）与时俱进，协会实现更名愿望

改革开放以来，木材流通领域的内涵发生了巨大的变化，越来越多的木材制品进入流通领域，成为木材流通领域中的主流。成立于计划经济时期的中国木材流通协会显然已经不适应当前木业大发展的形势，为促进中国木材与木制品的发展，形成木材与木制品大市场、大流通，中国木材流通协会的更名问题变得尤为重要。经过努力，在国资委和民政部有关领导的支持批准下，协会正式更名为中国木材与木制品流通协会。它将是协会工作道路上一个新的里程碑，今后协会工作的领域将会全面拓宽，协会的更名无疑具有现实与长远的历史意义。在广大会员的支持配合下，协会出现了全新的工作局面。

我国的木材与木制品这个贴近百姓的产业将永远常青，短暂风雨一定会过去，明天仍然是艳阳天！协会愿与木材与木制品行业的朋友们携手共创佳绩，喜迎新春！我们知道协会五年来的工作成绩离不开大家的关心爱护和支持配合，协会和行业的每一点进步都浸透着每个会员的心血和智慧。在此，也向全体会员以及关心和支持协会工作的各界朋友致以衷心的感谢！

二、主要工作体会

如何做好全国性行业协会的工作，需要把握好以下几个关系。

（一）理顺与会员大会、理事和常务理事的关系

协会一切工作都应按照章程的要求展开，协会的最高权力机构是会员代表大会，理事会是会员代表大会的执行机构，常务理事会在理事会闭会期间行使相关职责，会长办公会行使常务理事

会在闭会期间的部分职责。作为会长办公会领导的协会常设机构，是协会的秘书机构，是办事机构，负责贯彻落实会员大会的相关决议，本身不承担管理职责，而应提供服务功能。会员是协会的衣食父母，是协会工作开展的基础和支撑，只有理顺这种关系，摆好位置，各项工作才能规范有序。

（二）理顺与地方协会的关系

协会和各省市协会的地位平等。中国木材与木制品行业在各省市的发展情况还不平衡，相关省市行业协会的规模及能力也有差异，如何将地域性的服务管理提升到整体性的服务管理，对行业的总体发展至关重要。协会深深认识到面临行业重大问题或有影响力的代表性事情的研究、解决，只有理顺与地方协会的关系，本着尊重、互动、共赢的原则，因地制宜，因事制宜，发挥两个方面的积极性和主动性，紧紧依靠地方协会，统筹结合、共同行动，才能寻求到比较满意的解决途径，行业管理共同体的目标才能实现一致性、整体性。

（三）理顺与政府部门的关系

政府职能的转变，赋予协会更多的行业管理的职责。协会在工作开展中，可能受到很多主观、客观因素的制约或限制，但协会不是政府部门的直接下属，协会工作不能“等、靠、要”。我们感到只要把握工作不越位、不缺位，切实履行企业和政府的桥梁作用，积极向有关部门反映协会的情况、行业企业的集中诉求，明确在市场监管体制下协会监管途径，通过积极探索和实践，就能确确实实把各项工作开展得有声有色。

（四）理顺与相关协会的关系

木材与木制品行业随同服务主体和功能的需求，需要不同主体协会互相沟通交流，建立良好的合作关系，为行业需求、企业发展提供协助和支持。木材与木制品行业伴随专业化趋势的细分，原有的界定趋向模糊，在当前部门管理的主导下，越来越多的专业协会纷纷设立，正在分解着木材与木制品行业的功能，并从各自的角度出台一些规定。要保持木材与木制品行业功能的集成和具备良好的经营环境，协会一定要主动联合建立沟通机制，协同解决服务短板，才能最大限度地争取全社会的支持，促进行业的健康、稳定发展。

三、存在的困难和问题

回顾协会五年多来的工作，虽然取得了一些成绩，但是还存在许多不足和问题，面临巨大的挑战。

（一）协会在发挥服务行业的主导作用上受制颇多

木材与木制品行业已经从传统的计划经济关系逐步整合为市场化、流通化、全方位、一体化的综合功能资源，包括生产者、组织者、设计者、运营商、经销商等，但这些业务在我国现阶段又分别归属多个政府部门管理，职能交叉，规章冲突，把供应链的完整关系人为分解，对木材与木制品行业的发展增加了协调成本和运营中的不确定因素。协会倾听会员的反映，鉴于部门关系真正能解决的问题不是太多，协会的公信力亟待加强。

协会应是行业企业的代表人，但代表性不够。其表现为木材与木制品行业企业在工商部门的备案有数十万家，而入会企业包括团体会员所辖会员仅 1000 余家，虽然入会的企业的经营规模占行业规模的 60％以上，但入会比例占行业企业的数量不足 5％。“业必入会”的行业规则没有得到遵从，协会推行行业自治的作用不明显。

（二）会员大会、理事会、常务理事会的权力和职责有待加强

协会章程明确规定了“三会”的职权和行使职权的途径，但是会员大会每五年才一届，日常的会员联系机制还未建立，真正体现会员权利的实际是五年一次，无形中把会员大会变成了表决

会。理事会、常务理事会也未能按照规定按时召开，甚至未能提前征求议案，有时也未能在会前提供会议材料，这样会议的效率、质量受到影响，理事会、常务理事会的职责发挥不足，反映出协会工作机构的职责落实不到位。

（三）协会工作机构的自身建设急需进一步加强

协会工作机构是“三会”的执行机构、办事机构，服务会员是永恒的主旨。虽然今年协会内部工作机构进行了部分调整，将协会的定位、部门职能、岗位职责逐级分解，相互对接，构成了内部职责体系，并明确了各自目标、任务时限，激发了岗位的积极性，但在如何向服务者转型与服务“三会”、服务会员、服务政府等方面尚待提高，服务工作系统尚未建立，整体素质尚需培训提高。

各位代表，展望未来，中国的木材与木制品行业市场广阔、潜力巨大、机遇和挑战共存。让我们携手共谋中国木材与木制品行业的发展大计，共创中国木材与木制品行业的美好未来！

深入落实科学发展观
打造绿色木地板产业

（中国木材与木制品流通协会副会长、木地板流通专业委员会会长**李佳峰**
在中国地板行业年会上的讲话）

两个月前，党的十八大胜利闭幕，十八大以及新的党中央领导集体给我们传导的理念和信息让国人充满希望、备受鼓舞，中国经济也明显地出现了回暖的迹象。2012 年 12 月中旬在北京举行的中央经济工作会议提出，“明年的经济工作继续把握稳中求进的总基调”。

作为与民生息息相关的木地板行业，在面对新的历史经济发展阶段的时候，练好内功，迎接机遇与挑战，特别是在建设生态文明方面，发挥我们应有的作用，做出新的贡献，将成为中国木地板行业积极而坚实的选择。

希望大家在本次年会中，能学习感受产业宏观发展的方向，能坦诚地相互进行交流探讨，加深行业同人良性竞争、合作互助的友谊，形成我们 2013 年发展前行的力量，并在更长的时期内，把木地板行业打造成一个助力国家节能环保、经济发展、造福民众和受社会敬仰的一个更高品位的行业。

一、回顾 2012 年行业情况

回首 2012 年，在经济发展趋稳、地产调控的大背景下，中国木地板行业迎难而上，继续实现平稳发展。

通过我走访的几家业内知名企业的情况来看，多数企业在今年挑战和困难较多，2012 年，国内和国际的形势风云变幻，对整个木材行业来说是最艰难的一年，很多企业的日子不太好过。

在整个国际经济形势复杂多变以及国内经济发展速度放缓的情况下，我国木地板产业依然保持健康、持续发展的态势，发展速度仍高于平均经济增速，这是十分难能可贵的。

在这样的环境下，木地板行业依然逆势增长。通过协会和很多副会长进行交流，很多企业说它们今年的业绩还不错，有的增长 30%，有的增长 40%，较多是百分之十几、二十几的增长。

这缘于木地板企业和行业人士，对创新的坚持，对绿色环保和高质量的追求，对品牌的坚定，对未来的坚信，以及关心木地板产业的社会各界人士对行业的支持。

2012 年，木地板专委会在中国木材与木制品流通协会的正确领导下，在行业广大优秀品牌企业、全国主流新闻媒体的大力支持下，秉承服务行业、扶优助强、促进发展的宗旨，潜心调研、了解中国木地板行业发展的实际状况，分析、探索促进行业发展的途径和模式，加强对行业优秀企业的扶持和帮助，打造中国木地板行业绿色环保、诚实守信的整体行业形象。

二、展望 2013 年发展形势

2013 年，我国经济工作，将以提高经济增长质量和效益为中心，稳中求进，开拓创新，扎实开局，强化驱动创新，着力保障和改善民生，增强经济发展的内生活力和动力，实现经济持续健康发展和社会和谐稳定。

2013年，机遇与挑战并存，木地板产业的转型和升级势在必行。我们感受到了广大木地板企业在目前经济环境下勇往直前的精神、昂扬的斗志以及对未来的信心。

只要我们深入学习和贯彻十八大实施创新驱动发展战略，推动经济结构战略调整，全面深化经济体制改革和加快转变经济发展方式的发展方针，用创新赢发展，用服务赢市场，中国木地板行业一定能够迎来新的增长周期。

2013年，我会将深入学习和贯彻党的十八大的各项方针政策，继续围绕服务好会员企业，加强专委会的自身组织建设、加强行业自律维权与诚信建设这一中心任务，提高履行职责和发挥作用的能力，着重做好以下工作。

(1) 壮大会员队伍，完善会议制度，优化组织职能。会员是组织基础，下一步我们将继续加大会员发展力度，坚持会员结构和会员质量相结合的原则，吸收更多的上下游企业入会。

(2) 加强与科研院校的合作，助推行业转型升级。2013年，我会将利用各种形式加强行业和科研院校的沟通合作，针对企业特定需求，制订人才培养和技术研发创新计划，协助广大的会员企业解决发展过程中遇到的难点问题，助推行业的转型升级。

(3) 与国家相关部门合作，提升行业诚信水平。当前，国内外的经济环境还不容乐观，房地产行业出现大幅波动，对木材产业造成了直接影响。木地板企业的发展面临着严峻的挑战，但同时这也是木地板产业进行模式转变、产业结构调整的良好时机。

(4) 代表和维护全行业共同利益及会员单位的合法权益；依靠行业自律机制，规范木门的生产、经营行为和市场经济秩序，维护行业公平竞争，促进本行业协调、健康、有序地发展。

三、当前存在的问题与建议

当前，一些问题制约着木地板行业发展，需要引起我们的重视。

木地板行业仍然没有形成寡头型企业，入门门槛比较低，产品互相抄袭现象普遍，从设计到研发都存在雷同，竞争环境恶劣，这些问题在实木地板方面尤其严重。其具体表现为：产品缺乏创意无创新，地板产品组合同质化，缺乏新品研发，店面设计同质化，渠道开发同质化，销售渠道无创新。

在这里我提一些看法：

(1) 木地板行业要用创新驱动行业的发展。企业应当提升木地板产品附加值，拓展产品应用的领域，实施品牌战略。

(2) 用服务赢得市场认同。木地板企业是制造企业，也是服务型的制造企业，服务在产业价值中的比例很高。企业要尽量减少人力成本，包括用一些信息化和比较先进的设备和软件，很多企业也重视了这点。提高服务水平和服务质量，需要靠管理水平和服务理念的提升。

(3) 坚持转型的行业发展思路。转型与升级是木地板行业目前应该考虑的一个问题，专委会要具有前瞻性，通过一些具体措施引导行业转型升级、转型和转移。

最近国内也有很多地方开发了木材产业园区，各地也有很多政策，希望大家能够在进入这些地方的时候团结在一起，去谋求一些更好的政策。行业的转型与升级光靠企业的力量很单薄，更多的需要调动一些金融资源和政府的支持。

(4) 要抓住几个关键词：市场、质量、环境。要努力创造市场，大力改进产品质量，保护环境，节能减排，用优质的木地板产品服务于用户，加快由木地板大国向木地板强国转变的步伐。

一年多以来，专委会在会员企业的大力支持

下，开展了一系列工作，得到了社会各界、木地板行业、新闻媒体一定程度的认可和赞扬。借此机会，对一直以来给予专委会工作关心和支持的领导、行业同人以及新闻媒体表示衷心的感谢！

2013年即将到来，在党的十八大顺利召开的大背景下，我们坚信，中国经济将迎来一个崭新的发展阶段，中国木地板行业也将迎来又一个全新的发展机遇。在机遇与挑战面前，需要广大木地板行业企业坚定信念，创新思路，练好内功，以坚韧不拔的意志和锐意创新的精神扎实前行，共同建设中国木地板行业美好灿烂的明天！

政策法规篇

国务院关于鼓励和引导民间投资健康发展的若干意见

国发〔2010〕13号

各省、自治区、直辖市人民政府，国务院各部委、各直属机构：

改革开放以来，我国民间投资不断发展壮大，已经成为促进经济发展、调整产业结构、繁荣城乡市场、扩大社会就业的重要力量。在毫不动摇地巩固和发展公有制经济的同时，毫不动摇地鼓励、支持和引导非公有制经济发展，进一步鼓励和引导民间投资，有利于坚持和完善我国社会主义初级阶段基本经济制度，以现代产权制度为基础发展混合所有制经济，推动各种所有制经济平等竞争、共同发展；有利于完善社会主义市场经济体制，充分发挥市场配置资源的基础性作用，建立公平竞争的市场环境；有利于激发经济增长的内生动力，稳固可持续发展的基础，促进经济长期平稳较快发展；有利于扩大社会就业，增加居民收入，拉动国内消费，促进社会和谐稳定。为此，提出以下意见：

一、进一步拓宽民间投资的领域和范围

（一）深入贯彻落实《国务院关于鼓励支持和引导个体私营等非公有制经济发展的若干意见》（国发〔2005〕3号）等一系列政策措施，鼓励和引导民间资本进入法律法规未明确禁止准入的行业和领域。规范设置投资准入门槛，创造公平竞争、平等准入的市场环境。市场准入标准和优惠扶持政策要公开透明，对各类投资主体同等对待，不得单对民间资本设置附加条件。

（二）明确界定政府投资范围。政府投资主要用于关系国家安全、市场不能有效配置资源的经济和社会领域。对于可以实行市场化运作的基础设施、市政工程和其他公共服务领域，应鼓励和支持民间资本进入。

（三）进一步调整国有经济布局和结构。国有资本要把投资重点放在不断加强和巩固关系国民经济命脉的重要行业和关键领域，在一般竞争性领域，要为民间资本营造更广阔的市场空间。

（四）积极推进医疗、教育等社会事业领域改革。将民办社会事业作为社会公共事业发展的重要补充，统筹规划，合理布局，加快培育形成政府投入为主、民间投资为辅的公共服务体系。

二、鼓励和引导民间资本进入基础产业和基础设施领域

（五）鼓励民间资本参与交通运输建设。鼓励民间资本以独资、控股、参股等方式投资建设公路、水运、港口码头、民用机场、通用航空设施等项目。抓紧研究制定铁路体制改革方案，引入市场竞争，推进投资主体多元化，鼓励民间资本参与铁路干线、铁路支线、铁路轮渡以及站场设施的建设，允许民间资本参股建设煤运通道、客运专线、城际轨道交通等项目。探索建立铁路产业投资基金，积极支持铁路企业加快股改上市，

拓宽民间资本进入铁路建设领域的渠道和途径。

（六）鼓励民间资本参与水利工程建设。建立收费补偿机制，实行政府补贴，通过业主招标、承包租赁等方式，吸引民间资本投资建设农田水利、跨流域调水、水资源综合利用、水土保持等水利项目。

（七）鼓励民间资本参与电力建设。鼓励民间资本参与风能、太阳能、地热能、生物质能等新能源产业建设。支持民间资本以独资、控股或参股形式参与水电站、火电站建设，参股建设核电站。进一步放开电力市场，积极推进电价改革，加快推行竞价上网，推行项目业主招标，完善电力监管制度，为民营发电企业平等参与竞争创造良好环境。

（八）鼓励民间资本参与石油天然气建设。支持民间资本进入油气勘探开发领域，与国有石油企业合作开展油气勘探开发。支持民间资本参股建设原油、天然气、成品油的储运和管道输送设施及网络。

（九）鼓励民间资本参与电信建设。鼓励民间资本以参股方式进入基础电信运营市场。支持民间资本开展增值电信业务。加强对电信领域垄断和不正当竞争行为的监管，促进公平竞争，推动资源共享。

（十）鼓励民间资本参与土地整治和矿产资源勘探开发。积极引导民间资本通过招标投标形式参与土地整理、复垦等工程建设，鼓励和引导民间资本投资矿山地质环境恢复治理，坚持矿业权市场全面向民间资本开放。

三、鼓励和引导民间资本进入市政公用事业和政策性住房建设领域

（十一）鼓励民间资本参与市政公用事业建设。支持民间资本进入城市供水、供气、供热、污水和垃圾处理、公共交通、城市园林绿化等领域。鼓励民间资本积极参与市政公用企事业单位的改组改制，具备条件的市政公用事业项目可以采取市场化的经营方式，向民间资本转让产权或经营权。

（十二）进一步深化市政公用事业体制改革。积极引入市场竞争机制，大力推行市政公用事业的投资主体、运营主体招标制度，建立健全市政公用事业特许经营制度。改进和完善政府采购制度，建立规范的政府监管和财政补贴机制，加快推进市政公用产品价格和收费制度改革，为鼓励和引导民间资本进入市政公用事业领域创造良好的制度环境。

（十三）鼓励民间资本参与政策性住房建设。支持和引导民间资本投资建设经济适用住房、公共租赁住房等政策性住房，参与棚户区改造，享受相应的政策性住房建设政策。

四、鼓励和引导民间资本进入社会事业领域

（十四）鼓励民间资本参与发展医疗事业。支持民间资本兴办各类医院、社区卫生服务机构、疗养院、门诊部、诊所、卫生所（室）等医疗机构，参与公立医院转制改组。支持民营医疗机构承担公共卫生服务、基本医疗服务和医疗保险定点服务。切实落实非营利性医疗机构的税收政策。鼓励医疗人才资源向民营医疗机构合理流动，确保民营医疗机构在人才引进、职称评定、科研课题等方面与公立医院享受平等待遇。从医疗质量、医疗行为、收费标准等方面对各类医疗机构加强监管，促进民营医疗机构健康发展。

（十五）鼓励民间资本参与发展教育和社会培训事业。支持民间资本兴办高等学校、中小学校、幼儿园、职业教育等各类教育和社会培训机构。修改完善《中华人民共和国民办教育促进法实施条例》，落实对民办学校的人才鼓励政策和公共财政资助政策，加快制定和完善促进民办教育发展的金融、产权和社保等政策，研究建立民

办学校的退出机制。

（十六）鼓励民间资本参与发展社会福利事业。通过用地保障、信贷支持和政府采购等多种形式，鼓励民间资本投资建设专业化的服务设施，兴办养（托）老服务和残疾人康复、托养服务等各类社会福利机构。

（十七）鼓励民间资本参与发展文化、旅游和体育产业。鼓励民间资本从事广告、印刷、演艺、娱乐、文化创意、文化会展、影视制作、网络文化、动漫游戏、出版物发行、文化产品数字制作与相关服务等活动，建设博物馆、图书馆、文化馆、电影院等文化设施。鼓励民间资本合理开发旅游资源，建设旅游设施，从事各种旅游休闲活动。鼓励民间资本投资生产体育用品，建设各类体育场馆及健身设施，从事体育健身、竞赛表演等活动。

五、鼓励和引导民间资本进入金融服务领域

（十八）允许民间资本兴办金融机构。在加强有效监管、促进规范经营、防范金融风险的前提下，放宽对金融机构的股比限制。支持民间资本以入股方式参与商业银行的增资扩股，参与农村信用社、城市信用社的改制工作。鼓励民间资本发起或参与设立村镇银行、贷款公司、农村资金互助社等金融机构，放宽村镇银行或社区银行中法人银行最低出资比例的限制。落实中小企业贷款税前全额拨备损失准备金政策，简化中小金融机构呆账核销审核程序。适当放宽小额贷款公司单一投资者持股比例限制，对小额贷款公司的涉农业务实行与村镇银行同等的财政补贴政策。支持民间资本发起设立信用担保公司，完善信用担保公司的风险补偿机制和风险分担机制。鼓励民间资本发起设立金融中介服务机构，参与证券、保险等金融机构的改组改制。

六、鼓励和引导民间资本进入商贸流通领域

（十九）鼓励民间资本进入商品批发零售、现代物流领域。支持民营批发、零售企业发展，鼓励民间资本投资连锁经营、电子商务等新型流通业态。引导民间资本投资第三方物流服务领域，为民营物流企业承接传统制造业、商贸业的物流业务外包创造条件，支持中小型民营商贸流通企业协作发展共同配送。加快物流业管理体制改革，鼓励物流基础设施的资源整合和充分利用，促进物流企业网络化经营，搭建便捷高效的融资平台，创造公平、规范的市场竞争环境，推进物流服务的社会化和资源利用的市场化。

七、鼓励和引导民间资本进入国防科技工业领域

（二十）鼓励民间资本进入国防科技工业投资建设领域。引导和支持民营企业有序参与军工企业的改组改制，鼓励民营企业参与军民两用高技术开发和产业化，允许民营企业按有关规定参与承担军工生产和科研任务。

八、鼓励和引导民间资本重组联合和参与国有企业改革

（二十一）引导和鼓励民营企业利用产权市场组合民间资本，促进产权合理流动，开展跨地区、跨行业兼并重组。鼓励和支持民间资本在国内合理流动，实现产业有序梯度转移，参与西部大开发、东北地区等老工业基地振兴，中部地区崛起以及新农村建设和扶贫开发。支持有条件的民营企业通过联合重组等方式做大做强，发展成为特色突出、市场竞争力强的集团化公司。

（二十二）鼓励和引导民营企业通过参股、控股、资产收购等多种形式，参与国有企业的改制重组。合理降低国有控股企业中的国有资本比

例。民营企业在参与国有企业改制重组过程中，要认真执行国家有关资产处置、债务处理和社会保障等方面的政策要求，依法妥善安置职工，保证企业职工的正当权益。

九、推动民营企业加强自主创新和转型升级

（二十三）贯彻落实鼓励企业增加研发投入的税收优惠政策，鼓励民营企业增加研发投入，提高自主创新能力，掌握拥有自主知识产权的核心技术。帮助民营企业建立工程技术研究中心、技术开发中心，增加技术储备，搞好技术人才培训。支持民营企业参与国家重大科技计划项目和技术攻关，不断提高企业技术水平和研发能力。

（二十四）加快实施促进科技成果转化的鼓励政策，积极发展技术市场，完善科技成果登记制度，方便民营企业转让和购买先进技术。加快分析测试、检验检测、创业孵化、科技评估、科技咨询等科技服务机构的建设和机制创新，为民营企业的自主创新提供服务平台。积极推动信息服务外包、知识产权、技术转移和成果转化等高技术服务领域的市场竞争，支持民营企业开展技术服务活动。

（二十五）鼓励民营企业加大新产品开发力度，实现产品更新换代。开发新产品发生的研究开发费用可按规定享受加计扣除优惠政策。鼓励民营企业实施品牌发展战略，争创名牌产品，提高产品质量和服务水平。通过加速固定资产折旧等方式鼓励民营企业进行技术改造，淘汰落后产能，加快技术升级。

（二十六）鼓励和引导民营企业发展战略性新兴产业。广泛应用信息技术等高新技术改造提升传统产业，大力发展循环经济、绿色经济，投资建设节能减排、节水降耗、生物医药、信息网络、新能源、新材料、环境保护、资源综合利用等具有发展潜力的新兴产业。

十、鼓励和引导民营企业积极参与国际竞争

（二十七）鼓励民营企业“走出去”，积极参与国际竞争。支持民营企业在研发、生产、营销等方面开展国际化经营，开发战略资源，建立国际销售网络。支持民营企业利用自有品牌、自主知识产权和自主营销，开拓国际市场，加快培育跨国企业和国际知名品牌。支持民营企业之间、民营企业与国有企业之间组成联合体，发挥各自优势，共同开展多种形式的境外投资。

（二十八）完善境外投资促进和保障体系。与有关国家建立鼓励和促进民间资本国际流动的政策磋商机制，开展多种形式的对话交流，发展长期稳定、互惠互利的合作关系。通过签订双边民间投资合作协定、利用多边协定体系等，为民营企业“走出去”争取有利的投资、贸易环境和更多优惠政策。健全和完善境外投资鼓励政策，在资金支持、金融保险、外汇管理、质检通关等方面，民营企业与其他企业享受同等待遇。

十一、为民间投资创造良好环境

（二十九）清理和修改不利于民间投资发展的法规政策规定，切实保护民间投资的合法权益，培育和维护平等竞争的投资环境。在制定涉及民间投资的法律法规和政策时，要听取有关商会和民营企业的意见和建议，充分反映民营企业的合理要求。

（三十）各级人民政府有关部门安排的政府性资金，包括财政预算内投资、专项建设资金、创业投资引导资金，以及国际金融组织贷款和外国政府贷款等，要明确规则、统一标准，对包括民间投资在内的各类投资主体同等对待。支持民营企业的产品和服务进入政府采购目录。

（三十一）各类金融机构要在防范风险的基础上，创新和灵活运用多种金融工具，加大对民间投资的融资支持，加强对民间投资的金融服务。

各级人民政府及有关监管部门要不断完善民间投资的融资担保制度，健全创业投资机制，发展股权投资基金，继续支持民营企业通过股票、债券市场进行融资。

（三十二）全面清理整合涉及民间投资管理的行政审批事项，简化环节、缩短时限，进一步推动管理内容、标准和程序的公开化、规范化，提高行政服务效率。进一步清理和规范涉企收费，切实减轻民营企业负担。

十二、加强对民间投资的服务、指导和规范管理

（三十三）统计部门要加强对民间投资的统计工作，准确反映民间投资的进展和分布情况。投资主管部门、行业管理部门及行业协会要切实做好民间投资的监测和分析工作，及时把握民间投资动态，合理引导民间投资。要加强投资信息平台建设，及时向社会公开发布国家产业政策、发展建设规划、市场准入标准、国内外行业动态等信息，引导民间投资者正确判断形势，减少盲目投资。

（三十四）建立健全民间投资服务体系。充分发挥商会、行业协会等自律性组织的作用，积极培育和发展为民间投资提供法律、政策、咨询、财务、金融、技术、管理和市场信息等服务的中介组织。

（三十五）在放宽市场准入的同时，切实加强监管。各级人民政府有关部门要依照有关法律法规要求，切实督促民间投资主体履行投资建设手续，严格遵守国家产业政策和环保、用地、节能以及质量、安全等规定。要建立完善企业信用体系，指导民营企业建立规范的产权、财务、用工等制度，依法经营。民间投资主体要不断提高自身素质和能力，树立诚信意识和责任意识，积极创造条件满足市场准入要求，并主动承担相应的社会责任。

（三十六）营造有利于民间投资健康发展的良好舆论氛围。大力宣传党中央、国务院关于鼓励、支持和引导非公有制经济发展的方针、政策和措施。客观、公正宣传报道民间投资在促进经济发展、调整产业结构、繁荣城乡市场和扩大社会就业等方面的积极作用。积极宣传依法经营、诚实守信、认真履行社会责任、积极参与社会公益事业的民营企业家的先进事迹。

各地区、各部门要把鼓励和引导民间投资健康发展工作摆在更加重要的位置，进一步解放思想，转变观念，深化改革，创新求实，根据本意见要求，抓紧研究制定具体实施办法，尽快将有关政策措施落到实处，努力营造有利于民间投资健康发展的政策环境和舆论氛围，切实促进民间投资持续健康发展，促进投资合理增长、结构优化、效益提高和经济社会又好又快发展。

国务院

二〇一〇年五月七日

国务院关于进一步支持小型微型企业健康发展的意见

国发〔2012〕14号

各省、自治区、直辖市人民政府，国务院各部委、各直属机构：

小型微型企业在增加就业、促进经济增长、科技创新与社会和谐稳定等方面具有不可替代的作用，对国民经济和社会发展具有重要的战略意义。党中央、国务院高度重视小型微型企业的发展，出台了一系列财税金融扶持政策，取得了积极成效。但受国内外复杂多变的经济形势影响，当前，小型微型企业经营压力大、成本上升、融资困难和税费偏重等问题仍很突出，必须引起高度重视。为进一步支持小型微型企业健康发展，现提出以下意见。

一、充分认识进一步支持小型微型企业健康发展的重要意义

（一）增强做好小型微型企业工作的信心。各级政府和有关部门对当前小型微型企业发展面临的新情况、新问题要高度重视，增强信心，加大支持力度，把支持小型微型企业健康发展作为巩固和扩大应对国际金融危机冲击成果、保持经济平稳较快发展的重要举措，放在更加重要的位置上。要科学分析，正确把握，积极研究采取更有针对性的政策措施，帮助小型微型企业提振信心、稳健经营、提高盈利水平和发展后劲，增强企业的可持续发展能力。

二、进一步加大对小型微型企业的财税支持力度

（二）落实支持小型微型企业发展的各项税收优惠政策。提高增值税和营业税起征点；将小型微利企业减半征收企业所得税政策延长到2015年年底并扩大范围；将符合条件的国家中小企业公共服务示范平台中的技术类服务平台纳入现行科技开发用品进口税收优惠政策范围；自2011年11月1日至2014年10月31日，对金融机构与小型微型企业签订的借款合同免征印花税，将金融企业涉农贷款和中小企业贷款损失准备金税前扣除政策延长至2013年年底，将符合条件的农村金融机构金融保险收入减按3%的税率征收营业税的政策延长至2015年年底。加快推进营业税改征增值税试点，逐步解决服务业营业税重复征税问题。结合深化税收体制改革，完善结构性减税政策，研究进一步支持小型微型企业发展的税收制度。

（三）完善财政资金支持政策。充分发挥现有中小企业专项资金的支持引导作用，2012年将资金总规模由128.7亿元扩大至141.7亿元，以后逐年增加。专项资金要体现政策导向，增强针对性、连续性和可操作性，突出资金使用重点，向小型微型企业和中西部地区倾斜。

（四）依法设立国家中小企业发展基金。基

金的资金来源包括中央财政预算安排、基金收益、捐赠等。中央财政安排资金150亿元，分5年到位，2012年安排30亿元。基金主要用于引导地方、创业投资机构及其他社会资金支持处于初创期的小型微型企业等。鼓励向基金捐赠资金。对企事业单位、社会团体和个人等向基金捐赠资金的，企业在年度利润总额12%以内的部分，个人在申报个人所得税应纳税所得额30%以内的部分，准予在计算缴纳所得税税前扣除。

（五）政府采购支持小型微型企业发展。负有编制部门预算职责的各部门，应当安排不低于年度政府采购项目预算总额18%的份额专门面向小型微型企业采购。在政府采购评审中，对小型微型企业产品可视不同行业情况给予6%～10%的价格扣除。鼓励大中型企业与小型微型企业组成联合体共同参加政府采购，小型微型企业占联合体份额达到30%以上的，可给予联合体2%～3%的价格扣除。推进政府采购信用担保试点，鼓励为小型微型企业参与政府采购提供投标担保、履约担保和融资担保等服务。

（六）继续减免部分涉企收费并清理取消各种不合规收费。落实中央和省级财政、价格主管部门已公布取消的行政事业性收费。自2012年1月1日至2014年12月31日三年内对小型微型企业免征部分管理类、登记类和证照类行政事业性收费。清理取消一批各省（区、市）设立的涉企行政事业性收费。规范涉及行政许可和强制准入的经营服务性收费。继续做好收费公路专项清理工作，降低企业物流成本。加大对向企业乱收费、乱罚款和各种摊派行为监督检查的力度，严格执行收费公示制度，加强社会和舆论监督。完善涉企收费维权机制。

三、努力缓解小型微型企业融资困难

（七）落实支持小型微型企业发展的各项金融政策。银行业金融机构对小型微型企业贷款的增速不低于全部贷款平均增速，增量高于上年同期水平，对达到要求的小金融机构继续执行较低存款准备金率。商业银行应对符合国家产业政策和信贷政策的小型微型企业给予信贷支持。鼓励金融机构建立科学合理的小型微型企业贷款定价机制，在合法、合规和风险可控前提下，由商业银行自主确定贷款利率，对创新型和创业型小型微型企业可优先予以支持。建立小企业信贷奖励考核制度，落实已出台的小型微型企业金融服务的差异化监管政策，适当提高对小型微型企业贷款不良率的容忍度。进一步研究完善小企业贷款呆账核销有关规定，简化呆账核销程序，提高小型微型企业贷款呆账核销效率。优先支持符合条件的商业银行发行专项用于小型微型企业贷款的金融债。支持商业银行开发适合小型微型企业特点的各类金融产品和服务，积极发展商圈融资、供应链融资等融资方式。加强对小型微型企业贷款的统计监测。

（八）加快发展小金融机构。在加强监管和防范风险的前提下，适当放宽民间资本、外资、国际组织资金参股设立小金融机构的条件。适当放宽小额贷款公司单一投资者持股比例限制。支持和鼓励符合条件的银行业金融机构重点到中西部设立村镇银行。强化小金融机构主要为小型微型企业服务的市场定位，创新金融产品和服务方式，优化业务流程，提高服务效率。引导小金融机构增加服务网点，向县域和乡镇延伸。符合条件的小额贷款公司可根据有关规定改制为村镇银行。

（九）拓宽融资渠道。搭建方便快捷的融资平台，支持符合条件的小企业上市融资、发行债券。推进多层次债券市场建设，发挥债券市场对微观主体的资金支持作用。加快统一监管的场外交易市场建设步伐，为尚不符合上市条件的小型微型企业提供资本市场配置资源的服务。逐步扩大小型微型企业集合票据、集合债券、集合信托和短期融资券等发行规模。积极稳妥发展私募股权投资和创业投资等融资工具，完善创业投资扶持机制，支持初创型和创新型小型微型企业发展。支持小型微型企业采取知识产权质押、仓单质押、商铺经营权质押、商业信用保险保单质押、商业保理、典当等多种方式融资。鼓励为小型微型企业提供设备融资租赁服务。积极发展小型微型企业贷款保证保险和信用保险。加快小型微型企业融资服务体系建设。深入开展科技和金融结合试点，为创新型小型微型企业创造良好的投融资环境。

（十）加强对小型微型企业的信用担保服务。大力推进中小企业信用担保体系建设，继续执行对符合条件的信用担保机构免征营业税政策，加大中央财政资金的引导支持力度，鼓励担保机构提高小型微型企业担保业务规模，降低对小型微型企业的担保收费。引导外资设立面向小型微型企业的担保机构，加快推进利用外资设立担保公司试点工作。积极发展再担保机构，强化分散风险、增加信用功能。改善信用保险服务，定制符合小型微型企业需求的保险产品，扩大服务覆盖面。推动建立担保机构与银行业金融机构间的风险分担机制。加快推进企业信用体系建设，切实开展企业信用信息征集和信用等级评价工作。

（十一）规范对小型微型企业的融资服务。除银团贷款外，禁止金融机构对小型微型企业贷款收取承诺费、资金管理费。开展商业银行服务收费检查。严格限制金融机构向小型微型企业收取财务顾问费、咨询费等费用，清理纠正金融服务不合理收费。有效遏制民间借贷高利贷化倾向以及大型企业变相转贷现象，依法打击非法集资、金融传销等违法活动。严格禁止金融从业人员参与民间借贷。研究制定防止大企业长期拖欠小型微型企业资金的政策措施。

四、进一步推动小型微型企业创新发展和结构调整

（十二）支持小型微型企业技术改造。中央预算内投资扩大安排用于中小企业技术进步和技术改造资金规模，重点支持小型企业开发和应用新技术、新工艺、新材料、新装备，提高自主创新能力，促进节能减排，提高产品和服务质量，改善安全生产与经营条件等。各地也要加大对小型微型企业技术改造的支持力度。

（十三）提升小型微型企业创新能力。完善企业研究开发费用所得税前加计扣除政策，支持企业技术创新。实施中小企业创新能力建设计划，鼓励有条件的小型微型企业建立研发机构，参与产业共性关键技术研发、国家和地方科技计划项目以及标准制定。鼓励产业技术创新战略联盟向小型微型企业转移扩散技术创新成果。支持在小型微型企业集聚的区域建立健全技术服务平台，集中优势科技资源，为小型微型企业技术创新提供支撑服务。鼓励大专院校、科研机构和大企业向小型微型企业开放研发试验设施。实施中小企业信息化推进工程，重点提高小型微型企业生产制造、运营管理和市场开拓的信息化应用水平，鼓励信息技术企业、通信运营商为小型微型企业提供信息化应用平台。加快新技术和先进适用技术在小型微型企业的推广应用，鼓励各类技术服务机构、技术市场和研究院所为小型微型企业提供优质服务。

（十四）提高小型微型企业知识产权创造、运用、保护和管理水平。中小企业知识产权战略推进工程以培育具有自主知识产权优势小型微型企业为重点，加强宣传和培训，普及知识产权知识，推进重点区域和重点企业试点，开展面向小型微型企业的专利辅导、专利代理、专利预警等服务。加大对侵犯知识产权和制售假冒伪劣产品的打击力度，维护市场秩序，保护创新积极性。

（十五）支持创新型、创业型和劳动密集型的小型微型企业发展。鼓励小型微型企业发展现代服务业、战略性新兴产业、现代农业和文化产业，走“专精特新”和与大企业协作配套发展的道路，加快从要素驱动向创新驱动的转变。充分利用国家科技资源支持小型微型企业技术创新，鼓励科技人员利用科技成果创办小型微型企业，促进科技成果转化。实施创办小企业计划，培育和支持 3000 家小企业创业基地，大力开展创业培训和辅导，鼓励创办小企业，努力扩大社会就业。积极发展各类科技孵化器，到 2015 年，在孵企业规模达到 10 万家以上。支持劳动密集型企业稳定就业岗位，推动产业升级，加快调整产品结构和服务方式。

（十六）切实拓宽民间投资领域。要尽快出台贯彻落实国家有关鼓励和引导民间投资健康发展政策的实施细则，促进民间投资便利化、规范化，鼓励和引导小型微型企业进入教育、社会福利、科技、文化、旅游、体育、商贸流通等领域。各类政府性资金要对包括民间投资在内的各类投资主体同等对待。

（十七）加快淘汰落后产能。严格控制高污染、高耗能和资源浪费严重的小型微型企业发展，防止落后产能异地转移。严格执行国家有关法律法规，综合运用财税、金融、环保、土地、产业政策等手段，支持小型微型企业加快淘汰落后技术、工艺和装备，通过收购、兼并、重组、联营和产业转移等获得新的发展机会。

五、加大支持小型微型企业开拓市场的力度

（十八）创新营销和商业模式。鼓励小型微型企业运用电子商务、信用销售和信用保险，大力拓展经营领域。研究创新中国国际中小企业博览会办展机制，促进在国际化、市场化、专业化等方面取得突破。支持小型微型企业参加国内外展览展销活动，加强工贸结合、农贸结合和内外贸结合。建设集中采购分销平台，支持小型微型企业通过联合采购、集中配送，降低采购成本。引导小型微型企业采取抱团方式“走出去”。培育商贸企业集聚区，发展专业市场和特色商业街，推广连锁经营、特许经营、物流配送等现代流通方式。加强对小型微型企业出口产品标准的培训。

（十九）改善通关服务。推进分类通关改革，积极研究为符合条件的小型微型企业提供担保验放、集中申报、24 小时预约通关和不实行加工贸易保证金台账制度等便利通关措施。扩大“属地申报，口岸验放”通关模式适用范围。扩大进出口企业享受预归类、预审价、原产地预确定等措施的范围，提高企业通关效率，降低物流通关成本。

（二十）简化加工贸易内销手续。进一步落实好促进小型微型加工贸易企业内销便利化相关措施，允许联网企业“多次内销、一次申报”，并可在内销当月内集中办理内销申报手续，缩短企业办理时间。

（二十一）开展集成电路产业链保税监管模式试点。允许符合条件的小型微型集成电路设计企业作为加工贸易经营单位开展加工贸易业务，将集成电路产业链中的设计、芯片制造、封装测试企业等全部纳入保税监管范围。

六、切实帮助小型微型企业提高经营管理水平

（二十二）支持管理创新。实施中小企业管理提升计划，重点帮助和引导小型微型企业加强财务、安全、节能、环保、用工等管理。开展企业管理创新成果推广和标杆示范活动。实施小企业会计准则，开展培训和会计代理服务。建立小型微型企业管理咨询服务制度，支持管理咨询机构和志愿者面向小型微型企业开展管理咨询服务。

（二十三）提高质量管理水平。落实小型微型企业产品质量主体责任，加强质量诚信体系建设，开展质量承诺活动。督促和指导小型微型企业建立健全质量管理体系，严格执行生产许可、经营许可、强制认证等准入管理，不断增强质量安全保障能力。大力推广先进的质量管理理念和方法，严格执行国家标准和进口国标准。加强品牌建设指导，引导小型微型企业创建自主品牌。鼓励制定先进企业联盟标准，带动小型微型企业提升质量保证能力和专业化协作配套水平。充分发挥国家质检机构和重点实验室的辐射支撑作用，加快质量检验检疫公共服务平台建设。

（二十四）加强人力资源开发。加强对小型微型企业劳动用工的指导与服务，拓宽企业用工渠道。实施国家中小企业银河培训工程和企业经营管理人才素质提升工程，以小型微型企业为重点，每年培训 50 万名经营管理人员和创业者。指导小型微型企业积极参与高技能人才振兴计划，加强技能人才队伍建设工作，国家专业技术人才知识更新工程等重大人才工程要向小型微型企业倾斜。围绕《国家中长期人才发展规划纲要（2010—2020 年）》确定的重点领域，开展面向小型微型企业创新型专业技术人才的培训。完善小型微型企业职工社会保障政策。

（二十五）制定和完善鼓励高校毕业生到小型微型企业就业的政策。对小型微型企业新招用高校毕业生并组织开展岗前培训的，按规定给予培训费补贴，并适当提高培训费补贴标准，具体标准由省级财政、人力资源和社会保障部门确定。对小型微型企业新招用毕业年度高校毕业生，签订 1 年以上劳动合同并按时足额缴纳社会保险费的，给予 1 年的社会保险补贴，政策执行期限截至 2014 年年底。改善企业人力资源结构，实施大学生创业引领计划，切实落实已出台的鼓励高校毕业生自主创业的税费减免、小额担保贷款等扶持政策，加大公共就业服务力度，提高高校毕业生创办小型微型企业成功率。

七、促进小型微型企业集聚发展

（二十六）统筹安排产业集群发展用地。规划建设小企业创业基地、科技孵化器、商贸企业集聚区等，地方各级政府要优先安排用地计划指标。经济技术开发区、高新技术开发区以及工业园区等各类园区要集中建设标准厂房，积极为小型微型企业提供生产经营场地。对创办三年内租用经营场地和店铺的小型微型企业，符合条件的，给予一定比例的租金补贴。

（二十七）改善小型微型企业集聚发展环境。建立完善产业集聚区技术、电子商务、物流、信息等服务平台。发挥龙头骨干企业的引领和带动作用，推动上下游企业分工协作、品牌建设和专业市场发展，促进产业集群转型升级。以培育农村二、三产业小型微型企业为重点，大力发展县域经济。开展创新型产业集群试点建设工作。支持能源供应、排污综合治理等基础设施建设，加强节能管理和“三废”集中治理。

八、加强对小型微型企业的公共服务

（二十八）大力推进服务体系建设。到 2015 年，支持建立和完善 4000 个为小型微型企业服务的公共服务平台，重点培育认定 500 个国家中小企业公共服务示范平台，发挥示范带动作用。实施中小企业公共服务平台网络建设工程，支持各省（区、市）统筹建设资源共享、服务协同的公共服务平台网络，建立健全服务规范、服务评价和激励机制，调动和优化配置服务资源，增强政策咨询、创业创新、知识产权、投资融资、管理诊断、检验检测、人才培训、市场开拓、财务指导、信息化服务等各类服务功能，重点为小型微型企业提供质优价惠的服务。充分发挥行业协会（商会）的桥梁纽带作用，提高行业自律和组织水平。

（二十九）加强指导协调和统计监测。充分发挥国务院促进中小企业发展工作领导小组的统筹规划、组织领导和政策协调作用，明确部门分工和责任，加强监督检查和政策评估，将小型微型企业有关工作列入各地区、各有关部门年度考核范围。统计及有关部门要进一步加强对小型微型企业的调查统计工作，尽快建立和完善小型微型企业统计调查、监测分析和定期发布制度。

各地区、各部门要结合实际，研究制定本意见的具体贯彻落实办法，加大对小型微型企业的扶持力度，创造有利于小型微型企业发展的良好环境。

国务院

二〇一二年四月十九日

国务院关于加强进口促进对外贸易平衡发展的指导意见

国发〔2012〕15号

各省、自治区、直辖市人民政府，国务院各部委、各直属机构：

进一步加强进口，促进对外贸易平衡发展，对于统筹利用国内外两个市场、两种资源，缓解资源环境瓶颈压力，加快科技进步和创新，改善居民消费水平，减少贸易摩擦，都具有重要的战略意义。这是实现科学发展、转变经济发展方式的必然要求，是当前和今后一个时期对外贸易的基本任务。现提出如下意见：

一、指导思想、基本原则和主要任务

（一）指导思想。以邓小平理论和“三个代表”重要思想为指导，深入贯彻落实科学发展观，以科学发展为主题，以加快转变经济发展方式为主线，在保持出口稳定增长的同时，更加重视进口，适当扩大进口规模，促进对外贸易基本平衡，实现对外贸易可持续发展。

（二）基本原则。坚持进口与出口协调发展，促进对外贸易基本平衡，保持进出口稳定增长。坚持进口与国内产业协调发展，促进产业升级，维护产业安全。坚持进口与扩大内需相结合，推动内外贸一体化，促进扩大消费。坚持进口与“走出去”相结合，拓宽进口渠道，保障稳定供应。坚持市场机制与政策引导相结合，充分发挥市场主体作用，完善促进公平竞争的制度和政策。

（三）主要任务。进一步优化进口商品结构，稳定和引导大宗商品进口，积极扩大先进技术设备、关键零部件和能源原材料的进口，适度扩大消费品进口。进一步优化进口国别和地区结构，在符合多边贸易规则的条件下，鼓励自最不发达国家进口，扩大自发展中国家进口，拓展自发达国家进口。进一步优化进口贸易结构，鼓励开展直接贸易，增强稳定进口的能力，支持具备条件的国内企业“走出去”。

二、加大财税政策支持力度

（四）调整部分商品进口关税。根据国内经济社会发展需要，以暂定税率的方式，降低部分能源原材料的进口关税，适当降低部分与人民群众生活密切相关的生活用品进口关税，适时调整部分先进技术设备、关键零部件进口关税，重点降低初级能源原材料及战略性新兴产业所需的国内不能生产或性能不能满足需要的关键零部件的进口关税。继续落实对自最不发达国家部分商品进口零关税待遇，加快降税进程，进一步扩大零关税商品范围；结合自由贸易区降税安排，引导企业扩大从自由贸易区成员方的进口。

（五）增加进口促进资金规模。在现有外经

贸发展专项资金的基础上，增加安排进口促进支持资金。为国家鼓励类产品的进口提供贴息支持，适时调整贴息产品支持范围。支持各类商务平台拓展进口功能，鼓励开展各类进口促进等公共服务。继续加大对自发展中国家进口支持力度。

三、加强和改善金融服务

（六）提供多元化融资便利。对符合国家产业政策和信贷条件的进口合理信贷需求，积极提供信贷支持。鼓励商业银行开展进口信贷业务，支持先进技术设备、关键零部件和能源原材料的进口。鼓励政策性银行在业务范围内支持高新技术产品和资源类商品进口。进一步拓宽进口企业融资渠道，鼓励和支持符合条件的企业通过发行股票、企业债券、短期融资券、中期票据等扩大直接融资。研究完善战略资源国家储备体系，支持和鼓励企业建立商业储备。

（七）完善进口信用保险体系和贸易结算制度。鼓励商业保险公司根据企业需要，研究开展进口信用保险业务，推出有利于扩大进口的保险产品和服务，降低企业进口风险。加强和改善跨境贸易人民币结算工作，便利、规范银行和企业开展进口贸易人民币结算业务。进一步推进货物贸易外汇管理制度改革，为企业贸易外汇收支提供更加便利的服务，研究海关特殊监管区域外汇便利化措施。

四、完善管理措施

（八）进一步优化进口环节管理。清理进口环节的不合理限制与措施，降低进口环节交易成本。调减自动进口许可商品管理目录，积极推动开展网上申领。加快自动进口许可电子数据与海关的联网核查进程，提高联网核查效率，实现科学监管、有效监管。

（九）完善海关特殊监管区域和保税监管场所进口管理。鼓励企业在海关特殊监管区域和保税物流中心设立采购中心、分拨中心和配送中心，促进保税物流健康发展；支持企业通过海关特殊监管区域和保税监管场所扩大相关商品进口。进一步规范海关特殊监管区域流通秩序，营造公平的竞争环境。

（十）推动进口与国内流通衔接。鼓励支持国内流通企业参与国际贸易，支持具备条件的企业整合进口和国内流通业务，减少中间环节。鼓励国内商业企业经营代理国外品牌消费品，发展自营销售平台，打破垄断，实现充分竞争。参照国际通行做法，完善相关法律法规，支持离境免税业务发展。适当增加药品等特定商品进口口岸，扩大相关产品进口。对检验检疫合格的进口商品，进入国内市场流通后，国内其他单位不再检验、检测。

（十一）推动加工贸易转型升级。保持加工贸易政策总体稳定，控制高能耗、高污染、低附加值加工贸易发展，引导加工贸易向产业链高端延伸、向中西部转移和向海关特殊监管区域集中。建立内销交易平台，引导有条件的企业培育自主品牌和内销渠道。在严格执行相关进出口税收政策和有效控制环境污染的前提下，研究推进海关特殊监管区域内企业开展内销货物返区维修业务。

（十二）完善产业损害和进口商品质量安全预警机制。监测分析国际经济发展变化及进口异常情况对国内产业的影响，针对重点商品进口数量和价格走势，定期发布产业损害预警报告，发布产业竞争力动态，开展产业竞争力调查、产业安全应对与效果评估工作，促进公平竞争。进一步完善进口商品质量安全风险预警与快速反应监管体系。

五、提高贸易便利化水平

（十三）进一步提高通关效率。改进海关、质检、外汇等方面的监管和服务。口岸及海关特殊监管区域所在地的海关和出入境检验检疫机构实行工作日24小时预约通关和报检。给予高资信企业通关便利。不断完善进口商品归类、审价等管理办法。落实国家对企业收费优惠政策，严格执行收费项目公示制度，清理进口环节不合理收费，进一步规范收费行为。充实口岸监管力量。

（十四）加强边境贸易基础设施建设。进一步改善边境口岸基础设施、查验监管设施和边境经济合作区基础设施条件，构建集物资运输、仓储、加工为一体的现代物流体系，提高口岸吞吐能力。改善边民互市点配套设施，便利边民互市，全面落实促进边境地区经济贸易发展相关政策，扩大与周边国家和地区的经贸往来。

（十五）加强电子政务信息平台建设。继续推进 “大通关”建设，加快电子口岸建设。大力推动贸易单证标准化和电子化进程，促进各部门间贸易单证信息的互联互通和监管信息共享，在统一模式下实现进出口货物“一次录入，分别申报”。完善进口商品技术法规与合格评定信息咨询服务平台。发挥地方人民政府的主导作用，支持各地建立信息服务平台。

六、加强组织领导

（十六）完善进口公共服务。推动建立进口促进专门网站等公共服务平台，加强信息发布、政策介绍、信息查询、贸易障碍投诉、知识产权保护等公共服务。培育国家进口贸易促进创新示范区，充分发挥进口贸易集聚区对扩大进口的示范和带动作用。定期举办进口论坛，交流市场信息，加强进口政策宣传。支持与我国贸易逆差较大的国家和地区来华举办商品展览会、洽谈会等推介活动。

（十七）发挥行业中介组织作用。鼓励支持贸易促进机构、进出口商会、行业协会等中介组织根据需要开展进口咨询和培训服务。发挥中介组织作用，加强同大宗商品出口国相关组织和企业的对话与沟通。加强与国际证券期货机构的联系合作，提高大宗商品国际市场话语权和定价权。加强对重点进口企业和行业的指导，及时发布相关信息，加大进口促进力度。

（十八）强化组织实施。各地区、有关部门要进一步统一思想，调整“奖出限进”、“宽出严进”的工作思路和政策体系，坚持进口和出口并重，坚持关税政策与贸易政策的紧密协调，按照本意见要求和各自职能分工，抓紧制定具体措施，认真落实财税、金融、管理等方面的支持政策。进一步健全工作机制，加强在政策协调、信息通报等方面的互动合作，形成合力，积极扩大进口，促进对外贸易平衡发展，为推动我国经济社会又好又快发展作出新贡献。

国务院

二〇一二年四月三十日

国务院关于印发“十二五”节能环保产业发展规划的通知

国发〔2012〕19号

各省、自治区、直辖市人民政府，国务院各部委、各直属机构：

现将《“十二五”节能环保产业发展规划》印发给你们，请认真贯彻执行。

“十二五”节能环保产业发展规划

节能环保产业是指为节约能源资源、发展循环经济、保护生态环境提供物质基础和技术保障的产业，是国家加快培育和发展的7个战略性新兴产业之一。节能环保产业涉及节能环保技术装备、产品和服务等，产业链长，关联度大，吸纳就业能力强，对经济增长拉动作用明显。加快发展节能环保产业，是调整经济结构、转变经济发展方式的内在要求，是推动节能减排，发展绿色经济和循环经济，建设资源节约型环境友好型社会，积极应对气候变化，抢占未来竞争制高点的战略选择。

根据《国务院关于加快培育和发展战略性新兴产业的决定》（国发〔2010〕32号）和《国务院关于印发“十二五”节能减排综合性工作方案的通知》（国发〔2011〕26号）有关要求，为推动节能环保产业快速健康发展，特制定本规划。

一、节能环保产业发展现状及面临的形势

（一）发展现状。

“十一五”以来，我国大力推进节能减排，发展循环经济，建设资源节约型环境友好型社会，为节能环保产业发展创造了巨大需求，节能环保产业得到较快发展，目前已初具规模。据测算，2010年，我国节能环保产业总产值达2万亿元，从业人数2800万人。产业领域不断扩大，技术装备迅速升级，产品种类日益丰富，服务水平显著提高，初步形成了门类较为齐全的产业体系。在节能领域，干法熄焦、纯低温余热发电、高炉煤气发电、炉顶压差发电、等离子点火、变频调速等一批重大节能技术装备得到推广普及；高效节能产品推广取得较大突破，市场占有率大幅提高；节能服务产业快速发展，到2010年，采用合同能源管理机制的节能服务产业产值达830亿元。在资源循环利用领域，“三废”（废水、废气、固体废弃物）综合利用技术装备广泛应用，再制造表面工程技术装备达到国际先进水平，再生铝蓄热式熔炼技术、废弃电器电子产品和包装物资源化利用技术装备等取得一定突破，无机改性利废复合材料在高速铁路上得到应用。在环保领域，已具备自行设计、建设大型城市污水处理厂、垃圾焚烧发电厂及大型火电厂烟气脱硫设施

的能力，关键设备可自主生产，电除尘、袋式除尘技术和装备等达到国际先进水平；环保服务市场化程度不断提高，大部分烟气脱硫设施和污水处理厂采取市场化模式建设运营。

我国节能环保产业虽然有了较快发展，但总体上看，发展水平还比较低，与需求相比还有较大差距。主要存在以下问题：

一是创新能力不强。以企业为主体的节能环保技术创新体系不完善，产学研结合不够紧密，技术开发投入不足。一些核心技术尚未完全掌握，部分关键设备仍需要进口，一些已能自主生产的节能环保设备性能和效率有待提高。

二是结构不合理。企业规模普遍偏小，产业集中度低，龙头骨干企业带动作用有待进一步提高。节能环保设备成套化、系列化、标准化水平低，产品技术含量和附加值不高，国际品牌产品少。

三是市场不规范。地方保护、行业垄断、低价低质恶性竞争现象严重； 污染治理设施重建设、轻管理，运行效率低；市场监管不到位，一些国家明令淘汰的高耗能、高污染设备仍在使用。

四是政策机制不完善。节能环保法规和标准体系不健全，资源性产品价格改革和环保收费政策尚未到位，财税和金融政策有待进一步完善，企业融资困难，生产者责任延伸制尚未建立。

五是服务体系不健全。合同能源管理、环保基础设施和火电厂烟气脱硫特许经营等市场化服务模式有待完善；再生资源和垃圾分类回收体系不健全；节能环保产业公共服务平台尚待建立和完善。

（二）面临的形势。

从国际看，在应对国际金融危机和全球气候变化的挑战中，世界主要经济体都把实施绿色新政、发展绿色经济作为刺激经济增长和转型的重要内容。一些发达国家利用节能环保方面的技术优势，在国际贸易中制造绿色壁垒。为使我国在新一轮经济竞争中占据有利地位，必须大力发展节能环保产业。

从国内看，面对日趋强化的资源环境约束，加快转变经济发展方式，实现“十二五”规划纲要确定的节能减排约束性指标，必须加快提升我国节能环保技术装备和服务水平。我国节能环保产业发展前景广阔。据测算，到2015年，我国技术可行、经济合理的节能潜力超过4亿吨标准煤，可带动上万亿元投资；节能服务总产值可突破3000亿元；产业废物循环利用市场空间巨大；城镇污水垃圾、脱硫脱硝设施建设投资超过8000亿元，环境服务总产值将达5000亿元。

“十二五”时期是我国节能环保产业发展难得的历史机遇期，必须紧紧抓住国内国际环境的新变化、新特点，顺应世界经济发展和产业转型升级的大趋势，着眼于满足我国节能减排、发展循环经济和建设资源节约型环境友好型社会的需要，加快培育发展节能环保产业，使之成为新一轮经济发展的增长点和新兴支柱产业。

二、指导思想、基本原则和总体目标

（一）指导思想。

以邓小平理论和“三个代表”重要思想为指导，深入贯彻落实科学发展观，坚持以市场为导向，以企业为主体，以重点工程为依托，以提高技术装备、产品、服务水平为重点，加强宏观指导，完善政策机制，加大资金投入，突出自主创新，培育规范市场，增强竞争能力，促进节能环保产业成为新兴支柱产业，推动资源节约型环境友好型社会建设，满足人民群众对改善生态环境的迫切需求。

（二）基本原则。

1. 政策机制驱动。健全节能环保法规和标准，完善价格、财税、金融、土地等政策，形成有效的激励和约束机制，引导和鼓励社会资本投向节能环保产业，拉动节能环保产业市场的有效需求。

2. 技术创新引领。完善以企业为主体的技术创新体系，立足原始创新、集成创新和引进消化吸收再创新，形成更多拥有自主知识产权的核心技术和具有国际品牌的产品，提升装备制造能力和水平，促进产业升级，形成节能环保产业发展新优势。

3. 重点工程带动。围绕实现节能减排约束性目标，加快实施节能、循环经济和环境保护重点工程，形成对节能环保产业最直接、最有效的需求拉动，带动节能环保产业快速发展。

4. 市场秩序规范。打破地方保护，加强行业自律，强化执法监督，建立统一开放、公平竞争、规范有序的市场环境，促进节能环保产业健康发展。

5. 服务模式创新。大力推行合同能源管理、特许经营等节能环保服务新机制，推动节能环保设施建设和运营社会化、市场化、专业化服务体系建设。

（三）总体目标。

1. 产业规模快速增长。节能环保产业产值年均增长15%以上，到2015年，节能环保产业总产值达到4.5万亿元，增加值占国内生产总值的比重为2%左右，培育一批具有国际竞争力的节能环保大型企业集团，吸纳就业能力显著增强。

2. 技术装备水平大幅提升。到2015年，节能环保装备和产品质量、性能大幅度提高，形成一批拥有自主知识产权和国际品牌，具有核心竞争力的节能环保装备和产品，部分关键共性技术达到国际先进水平。

3. 节能环保产品市场份额逐步扩大。到2015年，高效节能产品市场占有率由目前的10%左右提高到30%以上，资源循环利用产品和环保产品市场占有率大幅提高。

4. 节能环保服务得到快速发展。采用合同能源管理机制的节能服务业销售额年均增速保持30%，到2015年，分别形成20个和50个左右年产值在10亿元以上的专业化合同能源管理公司和环保服务公司。城镇污水、垃圾和脱硫、脱硝处理设施运营基本实现专业化、市场化。

三、重点领域

（一）节能产业重点领域。

1. 节能技术和装备。

锅炉窑炉。加快开发工业锅炉燃烧自动调节控制技术装备；推进燃油、燃气工业锅炉、窑炉蓄热式燃烧技术装备产业化；加快推广等离子点火、富氧/全氧燃烧等高效煤粉燃烧技术和装备，以及大型流化床等高效节能锅炉。大力推广多喷嘴对置式水煤浆气化、粉煤加压气化、非熔渣熔渣水煤浆分级气化等先进煤气化技术和装备，推动煤炭的高效清洁利用。

电机及拖动设备。示范推广稀土永磁无铁芯电机、电动机用铸铜转子技术等高效节能电机技术和设备；大力推广能效等级为一级和二级的中小型三相异步电动机、通风机、水泵、空压机以及变频调速等技术和设备，提高电机系统整体运行效率。

余热余压利用设备。完善推广余热发电关键技术和设备；示范推广低热值煤气燃气轮机、烧结及炼钢烟气干法余热回收利用、乏汽与凝结水闭式回收、螺杆膨胀动力驱动、基于吸收式换热的集中供热等技术和设备； 大力推广高效换热器、蓄能器、冷凝器、干法熄焦等设备。

节能仪器设备。加快研发和应用快速准确的便携或车载式能效检测设备，大力推广在线能源计量、检测技术和设备。

2. 节能产品。

家用电器与办公设备。加快研发空调、冰箱等高效压缩机及驱动控制器、高效换热及相变储能装置，各类家电智能控制节能技术和待机能耗技术；重点攻克空调制冷剂替代技术、二氧化碳热泵技术；推广能效等级为一级和二级的节能家用电器、办公和商用设备。

高效照明产品。加快半导体照明（LED、OLED）研发，重点是金属有机源化学气相沉积设备（MOCVD）、高纯金属有机化合物（MO源）、大尺寸衬底及外延、大功率芯片与器件、LED背光及智能化控制等关键设备、核心材料和共性关键技术，示范应用半导体通用照明产品，加快推广低汞型高效照明产品。

节能汽车。加快研发和示范具有自主知识产权的汽油直喷、涡轮增压等先进发动机节能技术，以及双离合式自动变速器（DCT）等多档化高效自动变速器等节能减排技术，新型车辆动力蓄电池和新型混合动力汽车机电耦合动力系统、车用动力系统和发电设备等技术装备；推广采用各类节能技术实现的节能汽车；大力推广节能型牵引车和挂车。

新型节能建材。重点发展适用于不同气候条件的新型高效节能墙体材料以及保温隔热防火材料、复合保温砌块、轻质复合保温板材、光伏一体化建筑用玻璃幕墙等新型墙体材料；大力推广节能建筑门窗、隔热和安全性能高的节能膜和屋面防水保温系统、预拌混凝土和预拌砂浆。

3. 节能服务。

大力发展以合同能源管理为主要模式的节能服务业，不断提升节能服务公司的技术集成和融资能力。鼓励大型重点用能单位利用自身技术优势和管理经验，组建专业化节能服务公司；推动节能服务公司通过兼并、联合、重组等方式，实行规模化、品牌化、网络化经营。鼓励节能服务公司加强技术研发、服务创新和人才培养，不断提高综合实力和市场竞争力。

（二）资源循环利用产业重点领域。

1. 矿产资源综合利用。

重点开发加压浸出、生物冶金、矿浆电解技术，提高从复杂难处理金属共生矿和有色金属尾矿中提取铜、镍等国家紧缺矿产资源的综合利用水平；加强中低品位铁矿、高磷铁矿、硼镁铁矿、锡铁矿等复杂共伴生黑色矿产资源开发利用和高效采选；推进煤系油母页岩等资源开发利用，提高页岩气和煤层气综合开发利用水平，发展油母页岩、油砂综合利用及高岭土、铝矾土等共伴生非金属矿产资源的综合利用和深加工。

2. 固体废物综合利用。

加强煤矸石、粉煤灰、脱硫石膏、磷石膏、化工废渣、冶炼废渣等大宗工业固体废物的综合利用，研究完善高铝粉煤灰提取氧化铝技术，推广大掺量工业固体废物生产建材产品。研发和推广废旧沥青混合料、建筑废物混杂料再生利用技术装备。推广建筑废物分类设备及生产道路结构层材料、人行道透水材料、市政设施复合材料等技术。

3. 再制造。

重点推进汽车零部件、工程机械、机床等机电产品再制造，研发旧件无损检测与寿命评估技术、高效环保清洗设备，推广纳米颗粒复合电刷镀、高速电弧喷涂、等离子熔覆等关键技术和装备。

4. 再生资源利用。

废金属资源再生利用。开发易拉罐有效组分分离及去除表面涂层技术与装备，推广废铅蓄电池铅膏脱硫、废杂铜直接制杆、失效钴镍材料循环利用等技术，提升从废旧机电、电线电缆、易拉罐等产品中回收重金属及稀有金属水平。

废旧电器电子产品资源化利用。示范推广废旧电器电子产品和电路板自动拆解、破碎、分选技术与装备，推广封闭式箱体机械破碎、电视电脑锥屏机械分离等技术。研发废电器电子稀有金属提纯还原技术。

报废汽车资源化利用。完善报废汽车车身机械自动化粉碎分选技术及钢铁、塑料、橡胶等组分的分类富集回收技术，研发报废汽车主要零部件精细化无损拆解处理平台技术，提升报废汽车拆解回收利用的自动化、专业化水平。

废橡胶、废塑料资源再生利用。推广应用常温粉碎及低硫高附加值再生橡胶成套设备；研发各种废塑料混杂物分类技术或直接利用技术，推广应用深层清洗、再生造粒和改性技术。

5. 餐厨废弃物资源化利用。

建设餐厨废弃物密闭化、专业化收集运输体系；研发餐厨废弃物低能耗高效灭菌和废油高效回收利用技术装备；鼓励餐厨废油生产生物柴油、化工制品，餐厨废弃物厌氧发酵生产沼气及高效有机肥。

6. 农林废物资源化利用。

推广农作物秸秆还田、代木、制作生物培养基、生物质燃料等技术与装备，秸秆固化成型等能源化利用技术及装备；推进林业剩余物、次小薪材、蔗渣等综合利用技术和装备的应用；推动规模化畜禽养殖废物资源化利用，加快发酵制饲料、沼气、高效有机肥等技术集成应用。

7. 水资源节约与利用。

推进工业废水、生活污水和雨水资源化利用，扩大再生水的应用。大力推进矿井水资源化利用、海水循环利用技术与装备。示范推广膜法、热法和耦合法海水淡化技术以及电水联产海水淡化模式。

（三）环保产业重点领域。

1. 环保技术和装备。

污水处理。重点攻克膜处理、新型生物脱氮、重金属废水污染防治、高浓度难降解有机工业废水深度处理技术；重点示范污泥生物法消减、移动式应急水处理设备、水生态修复技术与装备。推广污水处理厂高效节能曝气、升级改造，农村面源污染治理，污泥处理处置等技术与装备。

垃圾处理。研发渗滤液处理技术与装备，示范推广大型焚烧发电及烟气净化系统、中小型焚烧炉高效处理技术、大型填埋场沼气回收及发电技术和装备，大力推广生活垃圾预处理技术装备。

大气污染控制。研发推广重点行业烟气脱硝、汽车尾气高效催化转化及工业有机废气治理等技术与装备，示范推广非电行业烟气脱硫技术与装备，改造提升现有燃煤电厂、大中型工业锅炉窑炉烟气脱硫技术与装备，加快先进袋式除尘器、电袋复合式除尘技术及细微粉尘控制技术的示范应用。

危险废物与土壤污染治理。加快研发重金属、危险化学品、持久性有机污染物、放射源等污染土壤的治理技术与装备。推广安全有效的危险废物和医疗废物处理处置技术和装置。

监测设备。加快大型实验室通用分析、快速准确的便携或车载式应急环境监测、污染源烟气、工业有机污染物和重金属污染在线连续监测技术设备的开发和应用。

2. 环保产品。

环保材料。重点研发和示范膜材料和膜组件、高性能防渗材料、布袋除尘器高端纤维滤料和配件等；推广离子交换树脂、生物滤料及填料、高效活性炭等。

环保药剂。重点研发和示范有机合成高分子絮凝剂、微生物絮凝剂、脱硝催化剂及其载体、高性能脱硫剂等；推广循环冷却水处理药剂、杀菌灭藻剂、水处理消毒剂、固废处理固化剂和稳定剂等。

3. 环保服务。

以城镇污水垃圾处理、火电厂烟气脱硫脱硝、危险废物及医疗废物处理处置为重点，推进环境保护设施建设和运营的专业化、市场化、社会化进程。大力发展环境投融资、清洁生产审核、认证评估、环境保险、环境法律诉讼和教育培训等环保服务体系，探索新兴服务模式。

四、重点工程

（一）重大节能技术与装备产业化工程。

围绕应用面广、节能潜力大的锅炉窑炉、电机系统、余热余压利用等重点领域，通过重大技术和装备产业化示范、规模化应用等，形成10～15个大型流化床锅炉、粉煤气化、蓄热式燃烧、高效换热器等以高效燃烧和换热技术为特色的制造基地；15～20个稀土永磁无铁芯电机、高压变频控制、无功补偿等高效电机及其控制系统产业化基地；5～10个低品位余热发电、中低浓度煤层气利用等余热余能利用装备制造基地。到2015年，高效节能技术与装备市场占有率由目前不足5%提高到30%左右，产值达到5000亿元。

（二）半导体照明产业化及应用工程。

整合现有资源，提高产业集中度，实现半导体照明技术与装备产业化。培育10～15家掌握核心技术、拥有较多自主知识产权和知名品牌的龙头企业；关键生产装备、重要原材料实现国产化，高端应用产品达到世界先进水平，建立具有国际先进水平的检测平台，建成一批产业链完善、创新能力强、特色鲜明的半导体照明新兴产业集聚区。逐步推广半导体照明产品。到2015年，通用照明产品市场占有率达到20%左右，液晶背光源达到70%以上，景观装饰产品达到80%以上，半导体照明产业产值达到4500亿元，年节电600亿千瓦时，形成具有国际竞争力的半导体照明产业。

（三）“城市矿产”示范工程。

建设50个国家“城市矿产”示范基地，支持回收体系、资源再生利用产业化、污染治理设施和服务平台建设，推动废弃机电设备、电线电缆、家电、汽车、手机、铅酸电池、塑料、橡胶等再生资源的循环利用、规模利用和高值利用。到2015年，形成资源再生利用能力2500万吨，其中再生铜200万吨、再生铝250万吨、废钢1000多万吨、黄金10吨，实现产值4300亿元。

（四）再制造产业化工程。

支持汽车零部件、工程机械、机床等再制造，完善可再制造旧件回收体系，重点支持建立5～10个国家级再制造产业集聚区和一批重大示范项目。到2015年，实现再制造发动机80万台，变速箱、起动机、发电机等800万件，工程机械、矿山机械、农用机械等20万台套，再制造产业产值达到500亿元。

（五）产业废物资源化利用工程。

以共伴生矿产资源回收利用、尾矿稀有金属分选和回收、大宗固体废物大掺量高附加值利用为重点，推动资源综合利用基地建设，鼓励产业集聚，形成以示范基地和龙头企业为依托的发展格局。 以铁矿、铜矿、金矿、钒矿、铅锌矿、钨矿为重点，推进共伴生矿产资源和尾矿综合利用；推进建筑废物和道路沥青再生利用。到2015年，新增固体废物综合利用能力约4亿吨，产值达1500亿元。

（六）重大环保技术装备及产品产业化示范工程。

推动重金属污染防治、污泥处理处置、挥发性有机物治理、畜禽养殖清洁生产等核心技术产业化；重点示范膜生物反应器（MBR）、垃圾焚烧及烟气处理、烟气脱硫脱硝等先进技术装备及能源、农业等行业清洁生产重大技术装备；推广城镇生活污水脱氮除磷深度处理设备、300兆瓦及以上燃煤电厂烟气脱硝技术装备、600兆瓦及以上燃煤电厂烟气脱硫及布袋或电袋复合除尘设备和高效垃圾焚烧炉等重大装备。拥有高性能膜、脱硝催化剂纳米级二氧化钛载体、高效滤料等污染控制材料生产的相关知识产权。到2015年，环保装备产值超过5000亿元，环保材料产值超过1000亿元，环保关键材料基本实现产业化，形成5～10个环保产业集聚区、10～15个环保技术及装备产业化基地。

（七）海水淡化产业基地建设工程。

培育由工程设计和装备制造企业、研究单位、大学、相关原材料生产企业等共同参与，集研发、孵化、生产、集成、检验检测和工程技术服务于一体的海水淡化产业基地。到2015年，建成2～3个国家级海水淡化产业化基地，关键技术与装备、相关材料研发和制造能力达到国际先进水平，海水淡化产能达到220万～260万吨/日，海水淡化及相关产业产值500亿元。

（八）节能环保服务业培育工程。

大力推行合同能源管理，到2015年，力争专业化节能服务公司发展到2000多家，其中年产值超过10亿元的节能服务公司约20家，节能服务业总产值突破3000亿元，累计实现节能能力6000万吨标准煤。建立全方位环保服务体系。积极培育具有系统设计、设备成套、工程施工、调试运行和维护管理一条龙服务能力的总承包公司，大力推进环保设施专业化、社会化运营，扶持环境咨询服务企业。到2015年，环保服务业产值超过5000亿元，其中年产值超过10亿元的企业超过50家，城镇污水垃圾处理及电力行业烟气脱硫脱硝等领域专业化、社会化服务占全行业的比例大幅提高。

五、政策措施

（一）完善价格、收费和土地政策。

加快推进资源性产品价格改革。研究制定鼓励余热余压发电及背压热电的上网和价格政策。完善电力峰谷分时电价政策。对能源消耗超过国家和地区规定的单位产品能耗（电耗）限额标准的企业和产品，实行惩罚性电价。严格落实脱硫电价，研究制定燃煤电厂脱硝电价政策。深化市政公用事业市场化改革，进一步完善污水处理费政策，研究将污泥处理费用逐步纳入污水处理成本，研究完善对自备水源用户征收污水处理费制度。改进垃圾处理收费方式，合理确定收费载体和标准，降低收取成本，提高收缴率。对于城镇污水垃圾处理设施、“城市矿产”示范基地、集中资源化处理中心等国家支持的项目用地，在土地利用年度计划安排中给予重点保障。

（二）加大财税政策支持力度。

各级政府要安排财政资金支持和引导节能环保产业发展。安排中央财政节能减排和循环经济发展专项资金，采取补助、贴息、奖励等方式，支持节能减排重点工程和节能环保产业发展重点工程，加快推行合同能源管理。中央预算内投资和其他中央财政专项资金，要加大对节能环保产业的支持力度。国有资本经营预算优先安排企业实施节能环保项目。严格落实并不断完善现有节能、节水、环境保护、资源综合利用税收优惠政策。全面改革资源税。积极推进环境税费改革。落实节能服务公司实施合同能源管理项目税收优惠政策。

（三）拓宽投融资渠道。

鼓励银行业金融机构在满足监管要求的前提下，积极开展金融创新，加大对节能环保产业的支持力度。按照政策规定，探索将特许经营权、收费权等纳入贷款抵押担保物范围。建立银行绿色评级制度，将绿色信贷成效作为对银行机构进行监管和绩效评价的要素。鼓励信用担保机构加大对资质好、管理规范的节能环保企业的融资担保支持力度。支持符合条件的节能环保企业发行企业债券、中小企业集合债券、短期融资券、中期票据等，重点用于环保设施和再生资源回收利用设施建设。选择若干资质条件较好的节能环保企业，开展非公开发行企业债券试点。支持符合条件的节能环保企业上市融资。研究设立节能环保产业投资基金。推动落实支持循环经济发展的投融资政策措施。鼓励和引导民间投资和外资进入节能环保产业领域，支持民间资本进入污水、垃圾处理等市政公用事业建设。

（四）完善进出口政策。

通过完善出口卖方信贷和买方信贷政策，鼓励节能环保设备由以单机出口为主向以成套供货为主的设备总承包和工程总承包转变；安排对外援助时，根据对外工作需要和受援国要求，积极安排公共环境基础设施、工业污染防治设施建设等节能环保项目。建立进口再生资源加工区，强化联合监管，积极完善与国际规则、惯例相适应，且有利于我国获取国际再生资源、促进国内节能环保产业健康发展的进口管理体制机制。对用于制造大型节能环保设备确有必要进口的关键零部件及原材料，研究免征进口关税和进口增值税。

（五）强化技术支撑。

发布国家鼓励的节能环保产业技术目录。在充分整合现有科技资源的基础上，在节能环保领域设立若干国家工程研究中心、国家工程实验室和国家产品质量监督检验中心，组建一批由骨干企业牵头组织、科研院所共同参与的节能环保产业技术创新平台，建立一批节能环保产业化科技创新示范园区，支持成套装备及配套设备研发、关键共性技术和先进制造技术研究。推进国产首台（套）重大节能环保装备的应用。

（六）完善法规标准。

完善以环境保护法律、节约能源法、循环经济促进法、清洁生产促进法等为核心，配套法规相协调的节能环保法律法规体系。研究建立生产者责任延伸制度，逐步建立相关废弃产品回收处理基金，研究制定强制回收产品目录和包装物管理办法。通过制（修）订节能环保标准，充分发挥标准对产业发展的催生促进作用。逐步提高重点用能产品能效标准，修订提高重点行业能耗限额强制性标准，建立能效“领跑者”标准制度，强化总量控制和有毒有害污染物排放控制要求，完善污染物排放标准体系。

（七）强化监督管理。

严格节能环保执法监督检查，严肃查处各类违法违规行为，加大惩处力度。落实节能减排目标责任，开展专项检查和督察行动。加强对重点耗能单位和污染源的日常监督检查，对污染治理设施实行在线自动监控。加强市场监督、产品质量监督，强化标准标识监督管理。落实招投标各项规定，充分发挥行业协会作用，加强行业自律。整顿和规范节能环保市场秩序，打破地方保护和行业垄断，打击低价竞争、恶性竞争等不正当竞争行为，促进公平竞争、有序竞争，为节能环保产业发展创造良好的市场环境。

六、组织实施

国务院有关部门要按照职能分工，制定完善相关政策措施，形成合力，确保本规划顺利实施。各地区要按照规划确定的目标、任务和政策措施，结合当地实际抓紧制定具体落实方案，确保取得实效。

发展改革委、环境保护部要加强对规划实施情况的跟踪分析和监督检查，及时开展后评估，针对规划实施中出现的新情况、新问题，适时提出解决办法，重大问题及时向国务院报告。

国务院

二〇一二年六月十六日

国务院关于大力推进信息化发展和切实保障信息安全的若干意见

国发〔2012〕23号

各省、自治区、直辖市人民政府，国务院各部委、各直属机构：

大力推进信息化发展和切实保障信息安全，对调整经济结构、转变发展方式、保障和改善民生、维护国家安全具有重大意义。近年来，各地区、各部门认真贯彻落实党中央、国务院决策部署，加快推进信息化建设，建立健全信息安全保障体系，有力地促进了经济社会发展。当前，世界各国信息化快速发展，信息技术的应用促进了全球资源的优化配置和发展模式创新，互联网对政治、经济、社会和文化的影响更加深刻，围绕信息获取、利用和控制的国际竞争日趋激烈，保障信息安全成为各国重要议题。但是，我国信息化建设和信息安全保障仍存在一些亟待解决的问题，宽带信息基础设施发展水平与发达国家的差距有所拉大，政务信息共享和业务协同水平不高，核心技术受制于人；信息安全工作的战略统筹和综合协调不够，重要信息系统和基础信息网络防护能力不强，移动互联网等技术应用给信息安全带来严峻挑战。必须进一步增强紧迫感，采取更加有力的政策措施，大力推进信息化发展，切实保障信息安全。为此，提出以下意见。

一、指导思想和主要目标

（一）指导思想。

以邓小平理论和“三个代表”重要思想为指导，深入贯彻落实科学发展观，以促进资源优化配置为着力点，加快建设下一代信息基础设施，推动信息化和工业化深度融合，构建现代信息技术产业体系，全面提高经济社会信息化发展水平。坚持积极利用、科学发展、依法管理、确保安全，加强统筹协调和顶层设计，健全信息安全保障体系，切实增强信息安全保障能力，维护国家信息安全，促进经济平稳较快发展和社会和谐稳定。

（二）主要目标。

重点领域信息化水平明显提高。信息化和工业化融合不断深入，农业农村信息化有力支撑现代农业发展，文化、教育、医疗卫生、社会保障等重点领域信息化水平明显提高；电子政务和电子商务快速发展，到“十二五”末，国家电子政务网络基本建成，信息共享和业务协同框架基本建立；全国电子商务交易额超过18万亿元，网络零售额占社会消费品零售总额的比重超过9%。

下一代信息基础设施初步建成。到“十二五”末，全国固定宽带接入用户超过2.5亿户，互联网国际出口带宽达到每秒6500吉比特（Gbit），第三代移动通信技术（3G）网络覆盖城乡，国际互联网协议第6版（IPv6）实现规模商用。

信息产业转型升级取得突破。集成电路、系统软件、关键元器件等领域取得一批重大创新成果，软件业占信息产业收入比重进一步提高。

国家信息安全保障体系基本形成。重要信息

系统和基础信息网络安全防护能力明显增强，信息化装备的安全可控水平明显提高，信息安全等级保护等基础性工作明显加强。

二、实施“宽带中国”工程，构建下一代信息基础设施

（一）加快发展宽带网络。实施“宽带中国”工程，以光纤宽带和宽带无线移动通信为重点，加快信息网络宽带化升级。推进城镇光纤到户和行政村宽带普遍服务，提高接入带宽、网络速率和宽带普及率。加强 3G 网络纵深覆盖，支持具有自主知识产权的 3G 技术 TD—SCDMA 及其后续演进技术 TD—LTE 产业链发展，科学统筹 3G 及其长期演进技术协调发展。加快下一代广播电视网络建设，推进广播电视网络数字化、双向化和互联互通改造。

（二）推进下一代互联网规模商用和前沿性布局。加快部署下一代互联网，抓紧开展 IPv6 商用试点，适时推动 IPv6 大规模部署和商用，推进国际互联网协议第 4 版（IPv4）向 IPv6 的网络演进、业务迁移与商业运营。完善互联网国家顶层网络架构，升级骨干网络，实现高速度高质量互联互通。重点研发下一代互联网关键芯片、设备、软件和系统，推动产业化步伐。加快未来网络体系架构关键理论和核心技术的研发，加强战略布局，建设面向未来互联网创新发展的示范平台。

（三）加快推进三网融合。总结试点经验，在确保信息和文化安全的前提下，大力推进三网融合，推动广电、电信业务双向进入，加快网络升级改造和资源共享，加强资源开发、信息技术和业务创新，大力发展融合型业务，培育壮大三网融合相关产业和市场。加快相关法律法规和标准体系建设，健全适应三网融合的体制机制，完善可管、可控的网络信息和文化安全保障体系。

三、推动信息化和工业化深度融合，提高经济发展信息化水平

（一）全面提高企业信息化水平。推广使用数字化研发设计工具，加快重点行业生产装备数字化和生产过程智能化进程，全面普及企业资源计划、供应链、客户关系等管理信息系统。实施重大信息化示范项目，引导企业业务应用向综合集成和产业链协同创新转变。继续实施中小企业信息化推进工程和制造业信息化科技工程，提高中小企业和制造业企业信息化水平。完善企业信息化和工业化融合水平评估认定体系，支持面向具体行业的信息化公共服务平台发展。

（二）推广节能减排信息技术。推动工业、建筑、交通运输等领域节能减排信息技术的普及和深入应用，加大主要耗能、耗材设备和工艺流程的信息化改造。建立健全资源能源综合利用效率监测和评价体系，提升资源能源供需双向调节水平。建立健全主要污染物排放监测和固体废弃物综合利用信息管理系统，完善污染治理监督管理体系。

（三）增强信息产业核心竞争力。加大国家科技重大专项对信息产业核心基础产品、网络共性关键技术开发的支持力度，加快推动新一代移动通信、基础软件、嵌入式软件以及制造执行系统、工业控制系统、大型管理软件等技术的研发和应用。加强统筹规划，积极有序促进物联网、云计算的研发和应用。实施工业电子产品提升工程，推进信息技术与工业技术融合创新，提高汽车、船舶、机械等产品智能化水平。推动电子信息产品制造企业由单纯提供产品向提供综合解决方案和信息服务转变。

（四）引导电子商务健康发展。健全安全、信用、金融、物流和标准等支撑体系，探索有效监管模式，建立规范有序的电子商务市场秩序。引导电子商务平台向提供涵盖信息流、物流、资

金流的全流程服务发展。鼓励大中型企业开展网络采购和销售，加强供应链协同运作，重点推动小型微型企业普及电子商务应用。实施移动电子商务试点示范工程，创建电子商务试点示范城市，创新电子商务发展模式，改善电子商务发展环境。

（五）推进服务业信息化进程。推动银行业、证券业和保险业信息共享，支持金融产品和服务创新，促进消费金融发展，提高面向小型微型企业和农业农村的金融服务水平。加快推进交通、旅游、休闲娱乐等服务业信息化。培育和发展地理信息产业，大力发展信息系统集成、互联网增值业务和信息安全服务。提高工业设计信息化水平。

四、加快社会领域信息化，推进先进网络文化建设

（一）提升电子政务服务能力。围绕提升服务和监管能力，促进政府管理创新，加强电子政务顶层设计。以互联互通为重点，形成统一的国家电子政务网络，完善项目建设管理、绩效评估和运行维护机制。扎实推进药品、食品、住房、能源、金融、价格等重要监管信息系统建设。推动重点领域信息共享和业务协同，加快电子政务服务向街道、社区和农村延伸，支持基层政府和社区开展管理和服务模式创新试点示范。加强地理空间和自然资源、人口、法人、金融、税收、统计等基础信息资源的开发利用，促进共享。全面提升电子政务技术服务能力，鼓励业务应用向云计算模式迁移。加强电子文件管理与应用。

（二）提高社会管理和城市运行信息化水平。建立全面覆盖的社会管理综合信息系统。完善人口信息共享机制，实现实有人口动态管理，提高人口信息动态监测和分析预测能力。建设公众诉求信息管理平台，改进信访工作方式。加强网络舆情分析，健全网上舆论动态引导管理机制。推动城市管理信息共享，推广网格化管理模式，加快实施智能电网、智能交通等试点示范，引导智慧城市建设健康发展。

（三）加快推进民生领域信息化。加快学校宽带网络建设，推动优质数字教育资源开发和共享，完善教育管理信息系统，构建面向全民的终身学习网络和服务平台，大力发展远程教育，形成教育综合信息服务体系。完善医疗服务与管理信息系统，加快建立居民电子健康档案和电子病历，加强国家和区域医药卫生信息共享，夯实远程医疗发展的基础。构建覆盖城乡居民的劳动就业和社会保障信息服务体系，全面推行社会保障卡应用，推动就业信息共享。推进减灾救灾、社会救助、社会福利和慈善事业等社会服务信息化。提高面向残疾人等特殊人群的信息服务能力。

（四）发展先进网络文化。鼓励开发具有中国特色和自主知识产权的数字文化产品，加强知识产权保护，壮大数字内容产业，培育数字内容与网络文化产业骨干企业，扩展数字内容产业链。加强重点新闻网站建设，规范管理综合性商业网站，构建积极健康的网络传播新秩序和网络氛围。积极推进数字图书馆等公益性文化信息基础设施建设，开发精品网络科普资源，完善公共文化信息服务体系。

五、推进农业农村信息化，实现信息强农惠农

（一）提高农业生产经营信息化水平。推动农业适用信息技术的研发应用，加快推进农业生产基础设施、装备与信息技术的融合。提高种植业、养殖业生产信息化和农村专业合作社、农产品批发市场经营信息化水平。加强农业生产环境监控、生产过程监测、行业发展监管，建立和完善农产品质量安全追溯体系。积极培育、示范、推广适用的农业信息化应用模式。

（二）完善农业农村综合信息服务体系。规范各类农业信息服务系统，建立全国农业综合信

息服务平台，鼓励发展专业信息服务，加快推进涉农信息资源开发、整合和综合利用。继续推进农村基层信息服务站和信息员队伍建设，形成村为节点、县为基础、省为平台、全国统筹的农村综合信息服务体系。

六、健全安全防护和管理，保障重点领域信息安全

（一）确保重要信息系统和基础信息网络安全。能源、交通、金融等领域涉及国计民生的重要信息系统和电信网、广播电视网、互联网等基础信息网络，要同步规划、同步建设、同步运行安全防护设施，强化技术防范，严格安全管理，切实提高防攻击、防篡改、防病毒、防瘫痪、防窃密能力。加大无线电安全管理和重要信息系统无线电频率保障力度。加强互联网网站、地址、域名和接入服务单位的管理，完善信息共享机制，规范互联网服务市场秩序。

（二）加强政府和涉密信息系统安全管理。严格政府信息技术服务外包的安全管理，为政府机关提供服务的数据中心、云计算服务平台等要设在境内，禁止办公用计算机安装使用与工作无关的软件。建立政府网站开办审核、统一标识、监测和举报制度。减少政府机关的互联网连接点数量，加强安全和保密防护监测。落实涉密信息系统分级保护制度，强化涉密信息系统审查机制。

（三）保障工业控制系统安全。加强核设施、航空航天、先进制造、石油石化、油气管网、电力系统、交通运输、水利枢纽、城市设施等重要领域工业控制系统，以及物联网应用、数字城市建设中的安全防护和管理，定期开展安全检查和风险评估。重点对可能危及生命和公共财产安全的工业控制系统加强监管。对重点领域使用的关键产品开展安全测评，实行安全风险和漏洞通报制度。

（四）强化信息资源和个人信息保护。加强地理、人口、法人、统计等基础信息资源的保护和管理，保障信息系统互联互通和部门间信息资源共享安全。明确敏感信息保护要求，强化企业、机构在网络经济活动中保护用户数据和国家基础数据的责任，严格规范企业、机构在我国境内收集数据的行为。在软件服务外包、信息技术服务和电子商务等领域开展个人信息保护试点，加强个人信息保护工作。

七、加快能力建设，提升网络与信息安全保障水平

（一）夯实网络与信息安全基础。研究制定国家信息安全战略和规划，强化顶层设计。落实信息安全等级保护制度，开展相应等级的安全建设和管理，做好信息系统定级备案、整改和监督检查。强化网络与信息安全应急处置工作，完善应急预案，加强对网络与信息安全灾备设施建设的指导和协调。完善信息安全认证认可体系，加强信息安全产品认证工作，减少重复检测和重复收费。

（二）加强网络信任体系建设和密码保障。健全电子认证服务体系，推动电子签名在金融等重点领域和电子商务中的应用。制定电子商务信用评价规范，建立互联网网站、电子商务交易平台诚信评价机制，支持符合条件的第三方机构开展信用评价服务。大力推动密码技术在涉密信息系统和重要信息系统保护中的应用，强化密码在保障电子政务、电子商务安全和保护公民个人信息等方面的支撑作用。

（三）提升网络与信息安全监管能力。完善国家网络与信息安全基础设施，加强网络与信息安全专业骨干队伍和应急技术支撑队伍建设，提高风险隐患发现、监测预警和突发事件处置能力。加强信息共享和交流平台建设，健全网络与信息安全信息通报机制。加大对网络违法犯罪活动的打击力度。进一步完善监管体制，充实监管

力量，加强对基础信息网络安全工作的指导和监督管理。倡导行业自律，发挥社会组织和广大网民的监督作用。

（四）加快技术攻关和产业发展。统筹规划，整合力量，进一步加大网络与信息安全技术研发力度，加强对云计算、物联网、移动互联网、下一代互联网等方面的信息安全技术研究。继续组织实施信息安全产业化专项，完善有关信息安全政府采购政策措施和管理制度，支持信息安全产业发展。

八、完善政策措施

（一）加强组织领导。在国家信息化领导小组和国家网络与信息安全协调小组的领导下，各有关部门要按照职责分工，认真落实各项工作任务，加强协调配合，形成合力，共同推进信息化发展和网络信息安全保障工作。各地区要将保障网络与信息安全列入重要议事日程，逐级建立并认真落实网络与信息安全责任制，明确主管领导，确定工作机构，负责督促落实网络与信息安全规章制度，组织制定应急预案，处理重大网络与信息安全事件等，并根据本地实际情况，建立省（区、市）、地（市）两级网络与信息安全协调机制。

（二）加强财税政策扶持。发挥财税政策的杠杆作用，加大对信息化和工业化深度融合关键共性技术研发与推广、公共服务平台、重大示范工程建设等的支持力度。完善农村通信普遍服务补偿机制，优先支持农村、欠发达地区综合信息基础设施建设和改造。整合利用现有资金渠道，中央财政加大投入，重点支持信息安全重要基础性工作。各地区、各部门要将基础性公益性网络与信息安全设施运行维护、安全服务和检查等费用纳入财政预算。

（三）加快法规制度和标准建设。完善信息化发展和网络与信息安全法律法规，研究制定政府信息安全管理、个人信息保护等管理办法。健全相关法规制度，明确并落实企事业单位和社会组织维护信息安全的责任。制定完善新一代信息技术在重点领域的应用标准，注重发挥标准对产业发展的技术支撑作用。培育国家信息安全标准化专业力量，加快制定三网融合、云计算、物联网等领域安全标准。积极参与制定信息安全国际行为准则、互联网治理等国际规则和标准。

（四）加强宣传教育和人才培养。开展面向全社会的信息化应用和信息安全宣传教育培训。支持信息安全与保密学科师资队伍、专业院系、学科体系、重点实验室建设。加强大中小学信息技术、信息安全和网络道德教育，在政府机关和涉密单位定期开展信息安全教育培训。各级财政要加大对信息安全宣传教育和培训等公益性活动的支持。加快培养创新型、应用型信息化人才。

国务院

二〇一二年六月二十八日

国务院关于深化流通体制改革加快流通产业发展的意见

国发〔2012〕39号

各省、自治区、直辖市人民政府，国务院各部委、各直属机构：

改革开放以来，我国流通产业取得长足发展，交易规模持续扩大，基础设施显著改善，新型业态不断涌现，现代流通方式加快发展，流通产业已经成为国民经济的基础性和先导性产业。但总的看，我国流通产业仍处于粗放型发展阶段，网络布局不合理，城乡发展不均衡，集中度偏低，信息化、标准化、国际化程度不高，效率低、成本高问题日益突出。为适应新形势下经济社会发展需要，加快推进流通产业改革发展，现提出如下意见：

一、指导思想、基本原则和主要目标

（一）指导思想。以邓小平理论和“三个代表”重要思想为指导，深入贯彻落实科学发展观，围绕提高流通效率、方便群众生活、保障商品质量、引导生产发展和促进居民消费，加快推进流通产业发展方式转变，着力解决制约流通产业发展的关键问题，有效降低流通成本，全面提升流通现代化水平。

（二）基本原则。坚持发挥市场作用与完善政府职能相结合。在更大程度上发挥市场配置资源的基础性作用，遵循价值规律和市场规则，强化企业在市场中的主体地位；提升政府公共服务、市场监管和宏观调控能力。坚持深化改革与扩大开放相结合。深化流通领域各项改革，为流通产业发展提供制度保障；继续推进流通产业对内对外开放，以开放促改革促发展。坚持促进发展与加强规范相结合，加大对重点领域和薄弱环节的支持力度，推动流通产业加快发展；强化规范市场秩序，提升行业发展质量，切实保障和改善民生。坚持立足当前与着眼长远相结合。既要紧密结合当前需要，着力降低流通成本，又要注重长远发展，建立流通引导生产、促进消费的长效机制。

（三）主要目标。到2020年，我国流通产业发展的总体目标是：基本建立起统一开放、竞争有序、安全高效、城乡一体的现代流通体系，流通产业现代化水平大幅提升，对国民经济社会发展的贡献进一步增强。

——流通领域提高效率降低成本效果显著，批发零售企业流动资产周转速度加快，全社会物流总费用与国内生产总值的比率明显降低。

——现代信息技术在流通领域得到广泛应用，电子商务、连锁经营和统一配送等成为主要流通方式，连锁化率达到22%左右，商品统一配送率达到75%左右，流通产业整合资源、优化配置的能力进一步增强。

——流通主体的竞争力明显提升，形成一批网络覆盖面广、主营业务突出、品牌知名度高、具有国际竞争力的大型流通企业。

——流通产业发展的政策、市场和法制环境更加优化，市场运行更加平稳规范，居民消费更加便捷安全，全国统一大市场基本形成。

二、主要任务

(四)加强现代流通体系建设。依托交通枢纽、生产基地、中心城市和大型商品集散地，构建全国骨干流通网络，建设一批辐射带动能力强的商贸中心、专业市场以及全国性和区域性配送中心。推动大宗商品交易市场向现货转型，增加期货市场交易品种。优化城市流通网络布局，有序推进贸易中心城市和商业街建设，支持特色商业适度集聚，鼓励便利店、中小综合超市等发展，构建便利消费、便民生活服务体系。鼓励大型流通企业向农村延伸经营网络，增加农村商业网点，拓展网点功能，积极培育和发展农村经纪人，提升农民专业合作社物流配送能力和营销服务水平。支持流通企业建立城乡一体化的营销网络，畅通农产品进城和工业品下乡的双向流通渠道。大力发展第三方物流，促进企业内部物流社会化。加强城际配送、城市配送、农村配送的有效衔接，推广公路不停车收费系统，规范货物装卸场站建设和作业标准。加快建设完整先进的废旧商品回收体系，健全旧货流通网络，促进循环消费。

(五)积极创新流通方式。大力推广并优化供应链管理，鼓励流通企业拓展设计、展示、配送、分销、回收等业务。加快发展电子商务，普及和深化电子商务应用，完善认证、支付等支撑体系，鼓励流通企业建立或依托第三方电子商务平台开展网上交易。创新网络销售模式，发展电话购物、网上购物、电视购物等网络商品与服务交易。统筹农产品集散地、销地、产地批发市场建设，构建农产品产销一体化流通链条，积极推广农超对接、农批对接、农校对接以及农产品展销中心、直销店等产销衔接方式，在大中城市探索采用流动售卖车。围绕节能环保、流通设施、流通信息化等关键领域，大力推进流通标准应用。鼓励商业企业采购和销售绿色产品，促进节能环保产品消费，支持发展信用消费。推动商品条码在流通领域的广泛应用，健全全国统一的物品编码体系。

(六)提高保障市场供应能力。支持建设和改造一批具有公益性质的农产品批发市场、农贸市场、菜市场、社区菜店、农副产品平价商店以及重要商品储备设施、大型物流配送中心、农产品冷链物流设施等，发挥公益性流通设施在满足消费需求、保障市场稳定、提高应急能力中的重要作用。完善中央与地方重要商品储备制度，优化储备品种和区域结构，适当扩大肉类、食糖、边销茶和地方储备中的小包装粮油、蔬菜等生活必需品储备规模。强化市场运行分析和预测预警，增强市场调控的前瞻性和预见性。加强市场应急调控骨干企业队伍建设，提高迅速集散应急商品能力，综合运用信息引导、区域调剂、收储投放、进出口等手段保障市场供求基本平衡。

(七)全面提升流通信息化水平。将信息化建设作为发展现代流通产业的战略任务，加强规划和引导，推动营销网、物流网、信息网的有机融合。鼓励流通领域信息技术的研发和集成创新，加快推广物联网、互联网、云计算、全球定位系统、移动通信、地理信息系统、电子标签等技术在流通领域的应用。推进流通领域公共信息服务平台建设，提升各类信息资源的共享和利用效率。支持流通企业利用先进信息技术提高仓储、采购、运输、订单等环节的科学管理水平。鼓励流通企业与供应商、信息服务商加强合作，支持开发和推广适用于中小流通企业的信息化解决方案。加强信息安全保障。

（八）培育流通企业核心竞争力。积极培育大型流通企业，支持有实力的流通企业跨行业、跨地区兼并重组。支持中小流通企业特别是小微企业专业化、特色化发展，健全中小流通企业服务体系，扶持发展一批专业服务机构，为中小流通企业提供融资、市场开拓、科技应用和管理咨询等服务。鼓励发展直营连锁和特许连锁，支持流通企业跨区域拓展连锁经营网络。积极推进批发市场建设改造和运营模式创新，增强商品吞吐能力和价格发现功能。推动零售企业转变营销方式，提高自营比重。支持流通企业建设现代物流中心，积极发展统一配送。加强知识产权保护，鼓励流通品牌创新发展。

（九）大力规范市场秩序。加强对关系国计民生、生命安全等商品的流通准入管理，形成覆盖准入、监管、退出的全程管理机制。充分利用社会检测资源，建立涉及人身健康与安全的商品检验制度。建立健全肉类、水产品、蔬菜、水果、酒类、中药材、农资等商品流通追溯体系。加大流通领域商品质量监督检查力度，改进监管手段和检验检测技术条件。依法严厉打击侵犯知识产权、制售假冒伪劣商品、商业欺诈和商业贿赂等违法行为。加强网络商品交易的监督管理。规范零售商、供应商交易行为，建立平等和谐的零供关系。加快商业诚信体系建设，完善信用信息采集、利用、查询、披露等制度，推动行业管理部门、执法监管部门、行业组织和征信机构、金融监管部门、银行业金融机构信息共享。细化部门职责分工，堵塞监管漏洞。

（十）深化流通领域改革开放。建立分工明确、权责统一、协调高效的流通管理体制，健全部门协作机制，强化政策制定、执行与监督相互衔接，提高管理效能。加快流通管理部门职能转变，强化社会管理和公共服务职能。在有条件的地区开展现代流通综合试点，加强统筹协调，加快推进大流通、大市场建设。消除地区封锁和行业垄断，严禁阻碍、限制外地商品、服务和经营者进入本地市场，严厉查处经营者通过垄断协议等方式排除、限制竞争的行为。鼓励民间资本进入流通领域，保障民营企业合法权益，促进民营企业健康发展。进一步提高流通产业利用外资的质量和水平，引进现代物流和信息技术带动传统流通产业升级改造。支持有条件的流通企业“走出去”，通过新建、并购、参股、增资等方式建立海外分销中心、展示中心等营销网络和物流服务网络。积极培育国内商品市场的对外贸易功能，推进内外贸一体化。

三、支持政策

（十一）制定完善流通网络规划。制定全国流通节点城市布局规划，做好各层级、各区域之间规划衔接。科学编制商业网点规划，确定商业网点发展建设需求，将其纳入城市总体规划和土地利用总体规划。乡镇商业网点建设纳入小城镇建设规划。各地制定控制性详细规划和修建性详细规划时应充分考虑商业网点建设需求，做好与商业网点规划的相互衔接。完善社区商业网点配置，新建社区（含廉租房、公租房等保障性住房小区、棚户区改造和旧城改造安置住房小区）商业和综合服务设施面积占社区总建筑面积的比例不得低于10%。地方政府应出资购买一部分商业用房，用于支持社区菜店、菜市场、农副产品平价商店、便利店、早餐店、家政服务点等居民生活必备的商业网点建设。严格社区商业网点用途监管，不得随意改变必备商业网点的用途和性质，拆迁改建时应保证其基本服务功能不缺失。各地可根据实际发布商业网点建设指导目录，引导社会资金投向。

（十二）加大流通业用地支持力度。按照土地利用总体规划和流通业建设项目用地标准，在土地利用年度计划和土地供应计划中统筹安排流通业各类用地。鼓励利用旧厂房、闲置仓库等建设符合规划的流通设施，涉及原划拨土地使用权转让或租赁的，经批准可采取协议方式供应。政府对旧城区改建需搬迁的流通业用地，在收回原国有建设用地使用权后，经批准可以协议出让方式为原土地使用权人安排用地。鼓励各地以租赁方式供应流通业用地。支持依法使用农村集体建设用地发展流通业。制定政府鼓励的流通设施目录，对纳入目录的项目用地予以支持。依法加强流通业用地管理，禁止以物流中心、商品集散地等名义圈占土地，防止土地闲置浪费。

（十三）完善财政金融支持政策。积极发挥中央政府相关投资的促进作用，完善促进消费的财政政策，扩大流通促进资金规模，重点支持公益性流通设施、农产品和农村流通体系、流通信息化建设，以及家政和餐饮等生活服务业、中小流通企业发展、绿色流通、扩大消费等。鼓励银行业金融机构针对流通产业特点，创新金融产品和服务方式，开展动产、仓单、商铺经营权、租赁权等质押融资。改进信贷管理，发展融资租赁、商圈融资、供应链融资、商业保理等业务。充分发挥典当等行业对中小和微型企业融资的补充作用。拓宽流通企业融资渠道，支持符合条件的大型流通企业上市融资、设立财务公司及发行公司（企业）债券和中期票据等债务融资工具。引导金融机构创新消费信贷产品，改进消费信贷业务管理方式，培育和巩固消费信贷增长点。

（十四）减轻流通产业税收负担。在一定期限内免征农产品批发市场、农贸市场城镇土地使用税和房产税。将免征蔬菜流通环节增值税政策扩大到有条件的鲜活农产品。加快制定和完善促进废旧商品回收体系建设的税收政策。完善并落实家政服务企业免征营业税政策，促进生活服务业发展。落实总分支机构汇总纳税政策，促进连锁经营企业跨地区发展。积极推进营业税改增值税试点，完善流通业税制。

（十五）降低流通环节费用。抓紧出台降低流通费用综合性实施方案。优化银行卡刷卡费率结构，降低总体费用水平，扩大银行卡使用范围。加快推进工商用电用水同价。落实好鲜活农产品运输“绿色通道”政策，确保所有整车合法装载运输鲜活农产品车辆全部免缴车辆通行费，结合实际完善适用品种范围。切实规范农产品市场收费、零售商供应商交易收费等流通领域收费行为。深入推进收费公路专项清理，坚决取缔各种违规及不合理收费，降低偏高的通行费收费标准。从严审批一级及以下公路和独立桥梁、隧道收费项目。按照逐步有序的原则，加快推进国家确定的西部地区省份取消政府还贷二级公路收费工作进度。

四、保障措施

（十六）完善流通领域法律法规和标准体系。推动制定、修改流通领域的法律法规，提升流通立法层级。抓紧修订报废汽车回收管理办法，积极推动修改商标法、反不正当竞争法、广告法和消费者权益保护法等法律，研究制定典当管理、商业网点管理、农产品批发市场管理等方面的行政法规。全面清理和取消妨碍公平竞争、设置行政壁垒、排斥外地产品和服务进入本地市场的规定。积极完善流通标准化体系，加大流通标准的制定、实施与宣传力度。

（十七）健全统计和监测制度。加快建立全国统一科学规范的流通统计调查体系和信息共享机制，不断提高流通统计数据质量和工作水平。加强零售、电子商务、居民服务、生产资料流通等重点流通领域的统计数据开发应用，提高服务宏观调控和企业发展的能力。扩大城乡市场监测体系覆盖面，优化样本企业结构，推进信息采集智能化发展，保证数据真实、准确、及时，加快监测信息成果转化。

（十八）发挥行业协会作用。完善流通行业协会的运行机制，引导行业组织制定行业规范和服务要求，加强行业自律和信用评价。支持行业协会为流通企业提供法律、政策、管理、技术、市场信息等咨询及人才培训等服务，及时反映行业诉求，维护企业合法权益。

（十九）强化理论体系、人才队伍和基层机构建设。深化流通领域理论和重大课题研究，完善我国现代流通产业发展的理论和政策研究体系。大力培养流通专业人才，加快形成高校、科研院所与部门、行业企业联合培养人才的机制，积极开展职业教育与培训，提高流通专业人才培养质量。加强干部队伍建设，提高基层干部的服务意识和监管执法能力。加强基层流通管理部门建设，充实一线力量，保证基层流通管理工作通畅有效。

（二十）加强组织领导。国务院有关部门、地方各级人民政府要高度重视加快流通产业改革发展的重要性，切实加强组织领导，根据要求抓紧制定具体实施方案，完善和细化政策措施，确保各项任务落实到位。建立由商务部牵头的全国流通工作部际协调机制，加强对流通工作的协调指导和监督检查，及时研究解决流通产业发展中的重大问题。各地要将加快流通产业改革发展作为调结构、转方式、惠民生的重要抓手，完善配套政策和监管措施，保障流通产业改革发展所需资金，促进流通产业持续健康发展。

国务院

二〇一二年八月三日

国务院关于促进企业技术改造的指导意见

国发〔2012〕44号

各省、自治区、直辖市人民政府，国务院各部委、各直属机构：

技术改造是企业采用新技术、新工艺、新设备、新材料对现有设施、工艺条件及生产服务等进行改造提升，淘汰落后产能，实现内涵式发展的投资活动，是实现技术进步、提高生产效率、推进节能减排、促进安全生产的重要途径。促进企业技术改造，对优化投资结构、培育消费需求、推动自主创新、加快结构调整、促进产业升级具有重要意义，是推进工业转变发展方式，实现科学发展的重要举措。长期以来，各地区、各部门、广大企业积极贯彻落实党中央、国务院决策部署，大力实施企业技术改造，取得明显成效，行业技术水平得到大幅提升，企业综合竞争能力大大增强，技术改造对推动我国工业持续健康发展发挥了重要作用。当前，我国经济发展内外部环境正在发生深刻变化，新时期、新形势对技术改造提出了更高的要求，企业技术改造工作尚存在认识有待深化、长效机制亟待建立、投资方向缺乏有效引导、管理体制需要进一步理顺等问题，必须采取切实措施，抓紧研究解决。现就进一步加快促进企业技术改造提出如下指导意见：

一、总体要求

以邓小平理论和“三个代表”重要思想为指导，深入贯彻落实科学发展观，以加快转变经济发展方式为主线，以促进工业转型升级、提升产业竞争力为主攻方向，以企业为主体、市场为导向、创新为动力，完善政策，加强管理，增强企业技术创新能力，加快创新成果产业化，加速改造提升传统产业，培育发展新兴产业，全面提升工业发展的质量和效益。

新时期企业技术改造工作要紧紧围绕工业发展的新要求，更加注重促进技术创新能力的增强和创新成果的产业化，提升产业核心竞争力；更加注重节能降耗减排治污，促进绿色发展；更加注重信息技术的集成应用，推进信息化与工业化深度融合；更加注重产业公共服务能力建设，夯实产业基础；更加注重产业转移和集聚发展，优化产业布局。

促进企业技术改造，要坚持市场主导与政府引导相结合，技术创新与技术改造相结合，改造传统产业与发展新兴产业相结合，突出重点与全面提升相结合。到2015年，技术改造投资占工业投资的比重明显提高，企业自主创新能力明显提升，工业新产品产值率明显提高，先进产能比重、资源能源利用效率、清洁生产和企业安全水平显著提高，推动企业技术改造的政策环境和体制机制更加健全，重点行业和骨干企业信息化应用达到国际先进水平。

二、重点任务

（一）推进技术创新和科技成果产业化。针

对关键领域和薄弱环节，突破一批共性关键技术，加快先进技术的产业化应用，提高基础原材料和基础零部件、重大装备和核心技术的国内保障能力，提高技术标准研究制定水平，促进技术创新能力提升。鼓励和支持企业技术中心、工程实验室、科技重大基础设施等创新载体的改造提升，培育一批研发基础好、知识产权多、行业带动性强的技术创新示范企业，加强开放合作，增强企业创新能力。推动建立以企业为主体，产学研用相结合的协同创新体系，积极探索以技术标准引领产业发展、围绕创新成果进行创业等模式，促进科研与生产紧密结合，充分发挥市场主体的创造性和积极性，加快科技成果产业化。

（二）提高装备水平。加快淘汰落后工艺技术和设备，推广应用自动化、数字化、网络化、智能化等先进制造系统、智能制造设备及大型成套技术装备。支持重点企业瞄准世界前沿技术，加快装备升级改造，推动关键领域的技术装备达到国际先进水平。实施装备创新工程，不断提高装备制造业技术水平。

（三）促进绿色发展。实施提升工业能效、清洁生产、资源综合利用等技术改造。加快推广国内外先进节能、节水、节材技术和工艺，推广工业产品绿色设计研发系统，提高能源资源利用效率。提高成熟适用清洁生产技术普及率。加强重金属和危险化学品污染防治。支持工业废物、废旧产品和材料回收利用以及低品位、共伴生矿产资源综合利用，积极发展循环经济和再制造产业。培育一批资源节约型、环境友好型示范企业。

（四）优化产品结构。加快产品升级换代，提高产品技术含量和附加值。推进精益制造，改进工艺流程，加强过程控制，提高制造水平。完善检验检测手段，推行先进质量管理，提高产品质量。发展先进产能，增加产品品种，提高新产品贡献率。加强品牌建设，培育一批国际知名品牌。

（五）推进信息化与工业化融合。深化信息技术在研发设计、生产制造、营销管理、回收再利用等产品生命周期各环节的应用，加快推广应用现代生产管理系统等关键共性技术，支持企业普及制造执行、资源计划、客户关系等管理信息系统的应用和综合集成。推进信息技术在工业产品上的嵌入式应用，提高工业产品的智能化水平。支持面向企业、区域和行业的信息服务平台建设。

（六）深化军民结合。提升总体设计、总装测试和系统集成等核心能力，推动核能、船舶、飞机、电子信息、民爆器材等军民结合型产业发展。发挥军工技术优势，引导与军工技术同源或工艺相近的节能环保、新材料、新能源、安防反恐装备等新兴产业发展。支持军民两用技术产业化和相互转化，鼓励在国防科技工业领域应用先进成熟的民用技术装备。

（七）促进安全生产。实施高风险工业产品、生产工艺和装备的技术改造，加强工业控制系统安全保障。加快安全生产管理与监测预警系统、应急处理系统、危险品生产储运设备设施等技术装备的升级换代，提高工业企业本质安全水平。

（八）提升产业集聚水平。鼓励产业集聚发展，引导企业、项目、要素向现有园区和基地集中，推动龙头企业及配套企业的协同改造，支持研发设计、生产制造、营销服务等环节的全产业链技术改造，促进工业布局向产业配套、专业化协作、要素集约高效、生态环保的方向发展。

（九）加强公共服务平台建设。支持重点工业园区的研发设计、质量认证、试验检测、信息服务、资源综合利用等公共服务平台的升级改造。整合相关资源，面向重点行业建设一批产业技术创新和服务平台、质量安全技术示范平台、企业诚信信息管理平台、综合信息服务平台等。加大对中小企业实施技术改造的支持力度，建立和完善一批中小企业公共服务平台和生产力促进中心。

三、保障措施

（一）强化政策规划引导。科学制定重点行业和领域发展规划，完善重点行业产业政策，加强规划和产业政策对技术改造工作的引导。研究制定技术改造投资指南，发布年度重点项目导向计划。完善工业技术标准体系，在重点行业、重点领域开展工业产品安全、能效、环保、卫生和可靠性达标等改造行动，健全对技术改造的激励和约束机制。

（二）加大财政支持力度。发挥政府投资对社会投资的引导作用，中央及地方财政进一步加大支持力度，增加技改投入，重点支持工业转型升级重点领域、关键环节的技术改造。不断创新和优化资金管理方式，灵活运用多种支持形式，提高财政资金的使用效益。

（三）完善税收优惠政策。用好现行有关税收优惠政策支持企业技术改造，包括增值税一般纳税人购进或者自制机器设备发生的增值税进项税额可按规定从销项税额中抵扣；企业所得税法规定的固定资产加速折旧，购置用于环境保护、节能节水、安全生产等专用设备的投资额可按一定比例实行税额抵免，研发费用加计扣除所得税，技术转让减免企业所得税，被认定为高新技术企业的享受企业所得税优惠；对从事国家鼓励发展的项目所需、国内不能生产的先进设备，在规定范围内免征进口关税；对国内企业为生产国家支持发展的重大技术装备而确有必要进口的关键零部件及原材料，享受进口税收优惠等。稳步推进营业税改征增值税改革，逐步将转让技术专利、商标、品牌等无形资产纳入增值税征收范围，支持企业技术改造。

（四）拓宽融资渠道。加强信贷政策与产业政策的协调配合，引导金融机构加大对企业技术改造的融资支持力度。大力推动金融产品和服务方式创新，发展适合企业技术改造资金需求特点的金融产品和服务模式。鼓励金融机构提高项目筛选、评估、定价、风险控制等综合服务能力，对技术改造项目提供多元化融资便利，通过财政贴息、知识产权质押等方式加大对技术改造项目的信贷投入，有针对性地支持国家重点和符合产业升级方向的技术改造项目。支持企业采用融资租赁等方式开展技术改造，积极引导和支持企业通过上市融资、发行公司债券、企业债券和中期票据等方式，扩大企业技术改造直接融资规模。规范发展产业投资基金、股权投资基金，引导民间资金支持企业技术改造。

（五）健全管理机制。建立职责明确、科学高效的企业技术改造工作管理机制，优化工作流程，提高技术改造工作管理水平。建立健全全国统一的工业技术改造投资统计体系，加强企业技术改造投资的监测、分析和信息发布工作。着眼企业的发展需要，强化职业教育，为企业技术改造和产业升级培养高素质的技能型人才。完善技术改造项目管理制度，建立投资效果考核机制，加强投资效益分析评价和政府投资项目的监督检查。

各地区、各部门要进一步统一思想，深刻认识促进企业技术改造的重要性和紧迫性，进一步加强组织领导，切实加大工作力度。各省（区、市）人民政府要把促进企业技术改造纳入政府重要议事日程，结合实际加快出台具体措施办法，并抓好落实。国务院有关部门要加强协调配合，强化工作指导和督促检查，保证各项政策措施落到实处。要进一步发挥行业协会的桥梁纽带作用，充分调动广大企业的积极性和主动性，形成合力，共同开创企业技术改造工作的新局面。

国务院

二〇一二年九月一日

国务院办公厅关于促进外贸稳定增长的若干意见

国办发〔2012〕49号

各省、自治区、直辖市人民政府，国务院各部委、各直属机构：

外贸稳定增长，关乎扩大就业、改善民生，关乎稳增长目标的实现。为促进今年外贸稳定增长，经国务院同意，现提出如下意见：

一、做好出口退税和金融服务

（一）加快出口退税进度。在货物贸易外汇管理制度改革的基础上，进一步加快出口退税进度，确保准确及时退税。

（二）扩大贸易融资规模。改善对进出口的金融服务，引导金融机构增加汇率避险产品。拓宽出口企业融资渠道，支持商业银行按照“风险可控、商业可持续”原则，增加对有订单、有效益、符合审慎信贷条件的出口企业贷款。鼓励商业银行开展进口信贷业务以及人民币贸易融资业务。

（三）降低贸易融资成本。深入落实银行业金融机构不规范经营专项治理工作的各项要求，严禁银行业金融机构发放贷款时附加不合理条件，严禁违规收取服务费用。努力为小微企业提供融资便利。

（四）加大出口信用保险支持力度。认真落实大型成套设备出口融资保险专项安排。扩大出口信用保险规模，提高出口信用保险覆盖面。发展对小微企业的信用保险，支持中小企业开拓国际市场。

二、提高贸易便利化水平

（五）提高通关效率。进一步改进海关、质检等部门的监管服务，简化审批手续，提高通关效率，降低企业通关成本。调整AA级企业评定标准。全面推开海关分类通关改革，加快无纸化通关改革。在保障有效监管的前提下，放宽“属地申报、口岸验放”的适用范围。

（六）落实外汇管理制度改革措施。认真落实货物贸易外汇管理制度改革的各项措施，进一步提高服务水平，促进贸易便利化，为外贸企业提供良好的政策支持和业务指导。

（七）调减法定检验检疫目录。认真落实2012年8月1日起实施的取消部分商品进出口检验检疫的规定，在确保出口质量安全的前提下，研究进一步调减法定检验检疫目录。

（八）规范和减少进出口环节收费。继续清理规范进出口环节行政事业性收费和经营服务性收费，取消不合理收费项目，减少收费环节，降低收费标准，减轻企业负担。认真落实取消出口收汇核销单、进口付汇单、出口报关单退税联打印费用的规定，取消海关监管手续费。自2012年10月1日起至2012年12月31日，对所有出入境货物、运输工具、集装箱及其他法定检验检疫物免收出入境检验检疫费。2013年1月1日起，执行新的降低后的检验检疫收费标准。

三、改善贸易环境

（九）积极应对贸易摩擦。做好贸易摩擦应对和世界贸易组织争端解决工作，引导企业和行业协会有效应对贸易摩擦，维护我出口企业合法权益。依法实施进口贸易救济，保护国内产业安全。

（十）深化多双边关系。深入参与二十国集团、上海合作组织等多边和区域、次区域合作机制，鼓励企业用好区域、次区域合作机制和已经生效的自由贸易协定。充分利用高层对话和双边经贸联（混）委会等平台，加强与主要贸易伙伴的经贸合作。加快推进与有关国家和地区的自由贸易协定谈判。

四、优化贸易结构

（十一）增加进口，促进贸易平衡。认真落实《国务院关于加强进口促进对外贸易平衡发展的指导意见》（国发〔2012〕15 号）精神，促进进出口协调发展。积极扩大进口，重点增加进口先进技术设备、关键零部件以及与人民群众密切相关的生活用品。

（十二）优化外贸国际市场布局和国内区域布局。支持企业开拓非洲、拉美、东南亚、中东欧等新兴市场。鼓励地方、行业、企业到新兴市场参展办展，开展贸易促进活动。扩大中西部地区对外开放，支持中西部地区发展开放型经济，推动边境省区加强与周边国家的经贸合作。

（十三）加快建设外贸基地、贸易平台和国际营销网络。依托特色产业集聚区，培育外贸生产基地。培育一批基础条件好辐射能力强的会展平台、内外贸结合的商品市场平台、电子商务平台和进口促进平台，鼓励企业建立国际营销网络。

（十四）优化出口商品结构。深入实施科技兴贸和以质取胜战略，扩大技术和资金密集型的机电产品、高技术高附加值产品和节能环保产品出口。支持企业技术改造，提高劳动密集型产品出口质量、档次和附加值。控制高耗能、高污染产品出口。

（十五）优化贸易方式结构。逐步扩大一般贸易比重。引导加工贸易从沿海向内陆地区转移和向海关特殊监管区域集中，鼓励加工贸易企业延伸产业链、增值链，提高本地增值和本地配套的比重。积极发展边境贸易。

五、加强组织领导

（十六）增强工作的针对性和主动性。各地区各部门要加强对外贸形势的分析，加强对进出口企业经营情况的监测，及时掌握企业经营成本、订单转移、产能转移、市场份额变化情况，增强工作的针对性和主动性。有关部门要改进作风，深入基层，强化对进出口企业特别是小微企业的服务，为企业抓订单、拓市场提供及时有效的支持。

国务院办公厅

二〇一二年九月十六日

关于印发鼓励和引导民营企业积极开展境外投资的实施意见的通知

发改外资〔2012〕1905号

国务院有关部门、直属机构，全国工商联，各省、自治区、直辖市及计划单列市、副省级省会城市、新疆生产建设兵团发展改革委、外事办公室、工业和信息化厅(局)、财政厅(局)、商务厅(局)、人民银行分行、各地海关、工商行政管理局(市场监督管理局)、质检局、银监局、证监局、保监局、外汇局：

为贯彻落实《国务院关于鼓励和引导民间投资健康发展的若干意见》(国发〔2010〕13号)，充分发挥民营企业在境外投资中的重要作用，鼓励和引导民营企业积极开展境外投资，我们研究制定了《关于鼓励和引导民营企业积极开展境外投资的实施意见》，现印发你们，请在工作中认真贯彻执行。

附件：《关于鼓励和引导民营企业积极开展境外投资的实施意见》

国家发展改革委
外交部
工业和信息化部
财政部
商务部
人民银行
海关总署
工商总局
质检总局
银监会
证监会
保监会
外汇局
二〇一二年六月二十九日

关于印发鼓励和引导民营企业积极开展境外投资的实施意见

当前我国正处于民营企业境外投资加快发展的重要阶段。为贯彻落实《国务院关于鼓励和引导民间投资健康发展的若干意见》（国发〔2010〕13号），充分发挥民营企业在境外投资中的重要作用，引导民营企业更好地利用“两个市场、两种资源”，加快提升国际化经营水平，推进形成我国民间资本参与国际合作竞争的新优势，推动民营企业境外投资又好又快发展，现提出以下实施意见：

一、大力加强对民营企业境外投资的宏观指导

（一）加强规划指导和统筹协调。充分发挥民营企业在境外投资中的重要作用，结合贯彻落实“十二五”规划和国务院办公厅转发发展改革委等部门关于加快培育国际合作竞争新优势的指导意见，引导民营企业有重点、有步骤地开展境外投资。加强跨部门的沟通协调，对民营企业开展境外投资进行专题研究，协调解决民营企业开展境外投资的重大问题。

（二）做好境外投资的投向引导。完善境外投资产业和国别导向政策，支持国内有条件的民营企业通过多种方式到具备条件的国家和地区开展境外能源资源开发，加强民营企业境外高新技术和先进制造业投资，促进国内战略性新兴产业发展，推动国内产业转型升级和结构调整。支持有实力的民营企业积极开展境外基础设施、农业和服务业投资合作。支持有条件的民营企业“走出去”建立海外分销中心、展示中心等营销网络和物流服务网络，鼓励和引导民营企业利用国际营销网络、使用自有品牌加快开拓国际市场。

（三）促进企业提高自主决策水平。引导民营企业根据国家经济发展需要和自身发展战略，按照商业原则和国际通行规则开展优势互补、互利共赢的境外投资活动。指导民营企业认真做好境外投资风险防范工作，积极稳妥开展境外投资。

（四）指导民营企业规范境外经营行为。加强民营企业境外投资企业文化建设，引导境外投资企业遵守当地法律法规，注重环境资源保护，尊重当地社会习俗，保障当地员工的合法权益，履行必要的社会责任。鼓励民营企业积极开展公共外交活动，加强对外沟通交流，树立中国企业依法经营、重信守诺、服务社会的良好形象。引导企业加强境外投资的协调合作，避免无序竞争和恶意竞争。

二、切实完善对民营企业境外投资的政策支持

（五）落实和完善财税支持政策。充分发挥现行专项政策的作用，加大对民营企业的支持力度。积极落实好企业境外缴纳所得税税额抵免政策，鼓励民营企业开展境外投资。

（六）加大金融保险支持力度。鼓励国内银行为民营企业境外投资提供流动资金贷款、银团贷款、出口信贷、并购贷款等多种方式信贷支持，积极探索以境外股权、资产等为抵（质）押提供项目融资。推动保险机构积极为民营企业境外投资项目提供保险服务，创新业务品种，提高服务

水平。拓展民营企业境外投资的融资渠道，支持重点企业在境外发行人民币和外币债券，鼓励符合条件的企业在境内外资本市场上市融资，指导和推动有条件的企业和机构成立涉外股权投资基金，发挥股权投资基金对促进企业境外投资的积极作用。

（七）深化海关通关制度改革。推动建立以企业分类管理和风险处置为基础的通关作业新模式，对符合条件的高资信民营企业的货物办理快速验放手续。深入推进区域通关一体化建设，研究扩大“属地申报，口岸验放”通关模式适用范围。调整海关相关作业制度和作业流程，推动监管证件联网核查，逐步建立起口岸部门间信息共享、联合监管的合作机制，启动通关作业无纸化改革试点工作。

三、简化和规范对民营企业境外投资的管理

（八）健全境外投资法规制度。根据境外投资形势需要，抓紧研究制定境外投资领域专门法规，完善现行有关境外投资管理的部门规章，加强部门规章的统筹与协调，积极引导民营企业开展境外投资，继续扩大人民币在企业境外投资中的使用。

（九）简化和改善境外投资管理。根据国务院关于投资体制改革的精神，结合民营企业境外投资发展新情况、新形势，简化审核程序，进一步推进境外投资便利化。

（十）改进和完善外汇管理政策。采取综合措施提升境外投资外汇汇出便利化水平。取消境外放款购付汇核准，企业办理相关登记手续后直接在银行办理资金购付汇。实行境外直接投资中债权投资与股权投资分类登记，为民营企业债权投资资金回流提供方便。为便于民营企业的境外关联公司获得融资，在境内机构提供对外担保时，允许与担保当事人存在直接利益关系的境内个人为该笔担保项下债务提供共同担保。

四、全面做好民营企业境外投资的服务保障

（十一）提升经济外交服务水平。加强外交工作为民营企业境外投资的服务和保障，积极利用多双边高层交往和对话磋商机制，创造民营企业境外投资有利的政治环境。驻外机构要加强与国内主管部门的沟通与配合，加强对当地中资企业的信息服务、风险预警和领事保护，积极帮助企业解决境外投资中遇到的困难和问题。继续推进与有关国家的领事磋商和领事条约谈判，进一步商签便利企业人员往来的签证协定，促进民营企业境外投资相关人员出入境便利化。

（十二）健全多双边投资保障机制。充分发挥好目前我国与有关国家和地区已签署的双边投资保护协定、避免双重征税协定以及其他投资促进和保障协定作用，进一步扩大商签双边投资保护协定和避免双重征税协定的国家范围，为民营企业境外投资合作营造稳定、透明的外部环境。加强与有关重点国家的投资合作和对话机制建设，积极为民营企业境外投资创造有利条件和解决实际问题。指导民营企业应对海外反垄断审查和诉讼。

（十三）提高境外投资通关服务水平。研究引入专业担保公司、机构参与提供海关税费担保，减轻民营企业融资困难。积极推广和优化全国海关税费电子支付系统，为民营企业提供准确、快捷、方便的税费网上缴纳和纳税期限内 14 天的银行担保服务。继续加大出口绿色通道和直通放行制度推广力度，使更多的民营企业享受绿色通道和直通放行制度带来的便利。全面推进检验检疫信息化建设和检验检疫窗口标准化建设，进一步提高办事效率和服务水平。

（十四）全面提升信息和中介等服务。有关部门定期发布对外投资合作国别（地区）投资环

境和产业指引，帮助民营企业了解投资目标国的政治、经济、法律、社会和人文环境及相关政策。以现有各类工业园区、产业集聚区和国家新型工业化产业示范基地等为依托，充分发挥现有各类公共服务平台的作用，强化为民营企业境外投资合作的综合服务。支持行业商（协）会积极发挥境外投资服务和促进作用。积极发挥境外中介机构作用，大力培育和支持国内中介机构。鼓励国内各类勘测、设计、施工、装备企业和认证认可机构为民营企业境外投资提供技术服务和支持。

（十五）引导民营企业实施商标国际化战略。引导民营企业通过品牌培育争创驰名商标、著名商标，切实加强对商标专用权的保护。加强对民营企业马德里国际商标注册的指导、宣传和培训，引导民营企业增强商标国际注册和保护意识，开展国际认证。建立健全海外商标维权机制，畅通海外维权投诉和救助渠道。加强商标国际注册统计工作，建立商标国际注册和维权数据库。

五、加强风险防范，保障境外人员和资产安全

（十六）健全境外企业管理机制。境内投资主体要加强对境外投资企业的监督和管理，健全内部风险防控制度，加强对境外企业在资金调拨、融资、股权和其他权益转让、再投资及担保等方面的约束和监督，加强对境外员工的安全教育和所在国法律法规、文化风俗等知识培训，防范境外经营和安全风险。

（十七）完善重大风险防范机制。有关部门进一步建立健全国别重大风险评估和预警机制，加强动态信息收集和反馈，及时警示和通报有关国家政治、经济和社会重大风险，提出应对预案，采取有效措施化解风险。在境外民营企业遭受重大损失时，通过法律、经济、外交等手段切实维护合法权益。

（十八）强化境外人员和财产安全保障。发挥境外中国公民和机构安全保护工作部际联席会议机制的作用，完善境外安全风险预警机制和突发安全事件应急处理机制，及时妥善解决和处置各类安全问题。提高民营企业安全意识和保障能力。加强境外安全生产监管工作。以上实施意见自发布之日起施行。

国务院办公厅关于印发进一步支持小型微型企业健康发展重点工作部门分工方案的通知

国办函〔2012〕141号

国务院有关部门：

《进一步支持小型微型企业健康发展重点工作部门分工方案》(以下简称《分工方案》)已经国务院同意，现印发给你们，请认真落实。

有关部门要认真贯彻落实《国务院关于进一步支持小型微型企业健康发展的意见》(国发〔2012〕14号)精神，按照《分工方案》要求，对涉及本部门的工作进一步分解细化，制定具体措施，明确进度安排，认真抓好落实。对工作分工中涉及多个部门的工作，部门间要密切协作，牵头部门要负总责，加强协调，其他有关部门要积极配合，形成工作合力。工业和信息化部要积极发挥职能作用，认真做好统筹协调，会同有关部门加强对有关工作落实情况的监督检查，重要情况及时向国务院报告。

国务院办公厅

2012年8月2日

进一步支持小型微型企业健康发展重点工作部门分工方案

一、进一步加大对小型微型企业的财税支持力度

（一）落实支持小型微型企业发展的各项税收优惠政策。

1. 加快推进营业税改征增值税试点，逐步解决服务业营业税重复征税问题。（财政部、税务总局负责）

2. 结合深化税收体制改革，完善结构性减税政策，研究进一步支持小型微型企业发展的税收制度。（财政部、税务总局负责）

（二）完善财政资金支持政策。

3. 充分发挥现有中小企业专项资金的支持引导作用，2012年将资金总规模由128.7亿元扩大至141.7亿元，以后逐年增加。(财政部负责)

4. 专项资金要体现政策导向，增强针对性、连续性和可操作性，突出资金使用重点，向小型微型企业和中西部地区倾斜。（财政部会同工业和信息化部、科技部、商务部负责）

（三）依法设立国家中小企业发展基金。

5. 中央财政安排资金150亿元，分5年到位，

2012年安排30亿元。基金主要用于引导地方、创业投资机构及其他社会资金支持处于初创期的小型微型企业等。（财政部、工业和信息化部会同发展改革委、科技部等部门负责）

6. 利用税收政策鼓励企事业单位、社会团体和个人等向基金捐赠资金。（财政部、税务总局负责）

（四）政府采购支持小型微型企业发展。

7. 安排不低于年度政府采购项目预算总额18%的份额专门面向小型微型企业采购。在政府采购评审中，对小型微型企业产品可视不同行业情况给予6%～10%的价格扣除。鼓励大中型企业与小型微型企业组成联合体共同参加政府采购，小型微型企业占联合体份额达到30%以上的，可给予联合体2%～3%的价格扣除。（财政部、工业和信息化部会同有关部门负责）

8. 推进政府采购信用担保试点，鼓励为小型微型企业参与政府采购提供投标担保、履约担保和融资担保等服务。（财政部、工业和信息化部负责）

（五）继续减免部分涉企收费并清理取消各种不合规收费。

9. 落实中央和省级财政、价格主管部门已公布取消的行政事业性收费。自2012年1月1日至2014年12月31日三年内对小型微型企业免征部分管理类、登记类和证照类行政事业性收费。清理取消一批各省（区、市）设立的涉企行政事业性收费。规范涉及行政许可和强制准入的经营服务性收费。继续做好收费公路专项清理工作，降低企业物流成本。加大对向企业乱收费、乱罚款和各种摊派行为监督检查的力度，严格执行收费公示制度，加强社会和舆论监督。完善涉企收费维权机制。（财政部、发展改革委、工业和信息化部、审计署、交通运输部、农业部等国务院减轻企业负担部际联席会议成员单位负责）

二、努力缓解小型微型企业融资困难

（六）落实支持小型微型企业发展的各项金融政策。

10. 银行业金融机构对小型微型企业贷款的增速不低于全部贷款平均增速，增量高于上年同期水平，对达到要求的小金融机构继续执行较低存款准备金率。商业银行应对符合国家产业政策和信贷政策的小型微型企业给予信贷支持。鼓励金融机构建立科学合理的小型微型企业贷款定价机制，在合法、合规和风险可控前提下，由商业银行自主确定贷款利率，对创新型和创业型小型微型企业可优先予以支持。建立小企业信贷奖励考核制度，落实已出台的小型微型企业金融服务的差异化监管政策，适当提高对小型微型企业贷款不良率的容忍度。优先支持符合条件的商业银行发行专项用于小型微型企业贷款的金融债。（银监会、人民银行负责）

11. 进一步研究完善小企业贷款呆账核销有关规定，简化呆账核销程序，提高小型微型企业贷款呆账核销效率。（财政部、人民银行、银监会负责）

12. 积极发展商圈融资、供应链融资等融资方式。（商务部、银监会负责）

13. 加强对小型微型企业贷款的统计监测。（人民银行、银监会负责）

（七）加快发展小金融机构。

14. 在加强监管和防范风险的前提下，适当放宽民间资本、外资、国际组织资金参股设立小金融机构的条件。（银监会、人民银行负责）

15. 适当放宽小额贷款公司单一投资者持股比例限制。（银监会、人民银行负责）

16. 支持和鼓励符合条件的银行业金融机构重点到中西部设立村镇银行。强化小金融机构主要为小型微型企业服务的市场定位，创新金融产品和服务方式，优化业务流程，提高服务效率。

引导小金融机构增加服务网点，向县域和乡镇延伸。（银监会、人民银行负责）

17. 符合条件的小额贷款公司可根据有关规定改制为村镇银行。（银监会、人民银行负责）

（八）拓宽融资渠道。

18. 搭建方便快捷的融资平台，支持符合条件的小企业上市融资。加快统一监管的场外交易市场建设步伐，为尚不符合上市条件的小型微型企业提供资本市场配置资源的服务。（证监会负责）

19. 支持符合条件的小企业发行债券，推进多层次债券市场建设，发挥债券市场对微观主体的资金支持作用。积极稳妥发展私募股权投资和创业投资等融资工具，完善创业投资扶持机制，支持初创型和创新型小型微型企业发展。（发展改革委牵头）

20. 逐步扩大小型微型企业集合票据、集合债券、集合信托和短期融资券等发行规模。（人民银行、发展改革委、银监会按照职责分工负责）

21. 支持小型微型企业采取知识产权质押、仓单质押、商铺经营权质押、商业信用保险保单质押、商业保理、典当等多种方式融资。鼓励为小型微型企业提供设备融资租赁服务。（银监会、人民银行、科技部、财政部、工业和信息化部、商务部、工商总局、知识产权局按照职责分工负责）

22. 积极发展小型微型企业贷款保证保险和信用保险。加快小型微型企业融资服务体系建设。（保监会牵头，人民银行、银监会参加）

23. 深入开展科技和金融结合试点，为创新型小型微型企业创造良好的投融资环境。（科技部、人民银行、银监会、证监会、保监会负责）

（九）加强对小型微型企业的信用担保服务。

24. 加大中央财政资金的引导支持力度，鼓励担保机构提高小型微型企业担保业务规模，降低对小型微型企业的担保收费。继续执行对符合条件的信用担保机构免征营业税政策。（财政部、工业和信息化部、税务总局负责）

25. 引导外资设立面向小型微型企业的担保机构，加快推进利用外资设立担保公司试点工作。（发展改革委、银监会、商务部、工业和信息化部负责）

26. 积极发展再担保机构，强化分散风险、增加信用功能。（银监会、工业和信息化部负责）

27. 改善信用保险服务，定制符合小型微型企业需求的保险产品，扩大服务覆盖面。（商务部、保监会负责）

28. 推动建立担保机构与银行业金融机构间的风险分担机制。（银监会、人民银行、工业和信息化部、人力资源社会保障部负责）

29. 加快推进企业信用体系建设，切实开展企业信用信息征集和信用等级评价工作。（人民银行、发展改革委牵头，工商总局、银监会、税务总局等部门参加）

（十）规范对小型微型企业的融资服务。

30. 除银团贷款外，禁止金融机构对小型微型企业贷款收取承诺费、资金管理费。开展商业银行服务收费检查。严格限制金融机构向小型微型企业收取财务顾问费、咨询费等费用，清理纠正金融服务不合理收费。（发展改革委、银监会按照职责分工分别牵头，人民银行、纠风办等部门参加）

31. 有效遏制民间借贷高利贷化倾向以及大型企业变相转贷现象，依法打击非法集资、金融传销等违法活动。严格禁止金融从业人员参与民间借贷。（银监会、人民银行、工商总局负责）

32. 研究制定防止大企业长期拖欠小型微型企业资金的政策措施。（工业和信息化部、工商总局、商务部、国资委负责）

三、进一步推动小型微型企业创新发展和结构调整

（十一）支持小型微型企业技术改造。

33. 中央预算内投资扩大安排用于中小企业技术进步和技术改造资金规模，重点支持小型企业开发和应用新技术、新工艺、新材料、新装备，提高自主创新能力、促进节能减排、提高产品和服务质量、改善安全生产与经营条件等。（发展改革委、工业和信息化部负责）

（十二）提升小型微型企业创新能力。

34. 完善企业研究开发费用所得税前加计扣除政策，支持企业技术创新。（财政部、税务总局牵头，科技部、发展改革委、工业和信息化部参加）

35. 实施中小企业创新能力建设计划。（工业和信息化部负责）

36. 鼓励有条件的小型微型企业建立研发机构，参与产业共性关键技术研发、国家和地方科技计划项目以及标准制定。鼓励产业技术创新战略联盟向小型微型企业转移扩散技术创新成果。支持在小型微型企业集聚的区域建立健全技术服务平台，集中优势科技资源，为小型微型企业技术创新提供支撑服务。鼓励大专院校、科研机构和大企业向小型微型企业开放研发试验设施。（发展改革委、科技部、工业和信息化部、农业部、教育部按照职责分工负责）

37. 实施中小企业信息化推进工程，重点提高小型微型企业生产制造、运营管理和市场开拓的信息化应用水平，鼓励信息技术企业、通信运营商为小型微型企业提供信息化应用平台。（工业和信息化部负责）

38. 加快新技术和先进适用技术在小型微型企业的推广应用，鼓励各类技术服务机构、技术市场和研究院所为小型微型企业提供优质服务。（工业和信息化部、科技部、发展改革委、农业部按照职责分工负责）

（十三）提高小型微型企业知识产权创造、运用、保护和管理水平。

39. 中小企业知识产权战略推进工程以培育具有自主知识产权优势小型微型企业为重点，加强宣传和培训，普及知识产权知识，推进重点区域和重点企业试点，开展面向小型微型企业的专利辅导、专利代理、专利预警等服务。（知识产权局、工业和信息化部、工商总局、商务部负责）

40. 加大对侵犯知识产权和制售假冒伪劣产品的打击力度，维护市场秩序，保护创新积极性。（全国打击侵犯知识产权和制售假冒伪劣商品工作领导小组办公室牵头）

（十四）支持创新型、创业型和劳动密集型的小型微型企业发展。

41. 鼓励小型微型企业发展现代服务业、战略性新兴产业、现代农业和文化产业，走“专精特新”和与大企业协作配套发展的道路，加快从要素驱动向创新驱动的转变。（发展改革委、工业和信息化部、科技部、商务部、农业部按照职责分工负责）

42. 充分利用国家科技资源支持小型微型企业技术创新，鼓励科技人员利用科技成果创办小型微型企业，促进科技成果转化。（科技部、发展改革委负责）

43. 实施创办小企业计划，培育和支持3000家小企业创业基地。（工业和信息化部、人力资源社会保障部、商务部、农业部按照职责分工负责）

44. 大力开展创业培训和辅导，鼓励创办小企业，努力扩大社会就业。（人力资源社会保障部、工业和信息化部、商务部、农业部按照职责分工负责）

45. 积极发展各类科技孵化器，到2015年，在孵企业规模达到10万家以上。（科技部负责）

46. 支持劳动密集型企业稳定就业岗位。（人力资源社会保障部负责）

（十五）切实拓宽民间投资领域。

47. 尽快出台贯彻落实国家有关鼓励和引导民间投资健康发展政策的实施细则，促进民间投资便利化、规范化，鼓励和引导小型微型企业进入教育、社会福利、科技、文化、旅游、体育、商贸流通等领域。各类政府性资金要对包括民间投资在内的各类投资主体同等对待。（发展改革委会同相关部门负责）

（十六）加快淘汰落后产能。

48. 严格控制高污染、高耗能和资源浪费严重的小型微型企业发展，防止落后产能异地转移。严格执行国家有关法律法规，综合运用财税、金融、环保、土地、产业政策等手段，支持小型微型企业加快淘汰落后技术、工艺和装备，通过收购、兼并、重组、联营和产业转移等获得新的发展机会。（工业和信息化部牵头，发展改革委、环境保护部、财政部等淘汰落后产能工作部际协调小组成员单位参加）

四、加大支持小型微型企业开拓市场的力度

（十七）创新营销和商业模式。

49. 鼓励小型微型企业运用电子商务、信用销售和信用保险，大力拓展经营领域。支持小型微型企业参加国内外展览展销活动，加强工贸结合、农贸结合和内外贸结合。建设集中采购分销平台，支持小型微型企业通过联合采购、集中配送，降低采购成本。引导小型微型企业采取抱团方式“走出去”。（商务部牵头，发展改革委、工业和信息化部、财政部、农业部、工商总局、质检总局参加）

50. 研究创新中国国际中小企业博览会办展机制，促进在国际化、市场化、专业化等方面取得突破。（工业和信息化部、发展改革委、财政部、商务部、工商总局、质检总局、银监会负责）

51. 培育商贸企业集聚区，发展专业市场和特色商业街，推广连锁经营、特许经营、物流配送等现代流通方式。（商务部牵头，发展改革委参加）

52. 加强对小型微型企业出口产品标准的培训。（商务部、质检总局负责）

（十八）改善通关服务。

53. 推进分类通关改革，积极研究为符合条件的小型微型企业提供担保验放、集中申报、24小时预约通关和不实行加工贸易保证金台账制度等便利通关措施。扩大“属地申报，口岸验放”通关模式适用范围。扩大进出口企业享受预归类、预审价、原产地预确定等措施的范围，提高企业通关效率，降低物流通关成本。（海关总署牵头，商务部、质检总局参加）

（十九）简化加工贸易内销手续。

54. 进一步落实好促进小型微型加工贸易企业内销便利化相关措施，允许联网企业“多次内销、一次申报”，并可在内销当月内集中办理内销申报手续，缩短企业办理时间。（海关总署负责）

（二十）开展集成电路产业链保税监管模式试点。

55. 允许符合条件的小型微型集成电路设计企业作为加工贸易经营单位开展加工贸易业务，将集成电路产业链中的设计、芯片制造、封装测试企业等全部纳入保税监管范围。（海关总署牵头，工业和信息化部参加）

五、切实帮助小型微型企业提高经营管理水平

（二十一）支持管理创新。

56. 实施中小企业管理提升计划，重点帮助和引导小型微型企业加强财务、安全、节能、环保、用工等管理。开展企业管理创新成果推广和标杆示范活动。（工业和信息化部、财政部、科技部负责）

57. 实施小企业会计准则，开展培训和会计代理服务。（财政部牵头）

58. 建立小型微型企业管理咨询服务制度，

支持管理咨询机构和志愿者面向小型微型企业开展管理咨询服务。（工业和信息化部、财政部负责）

（二十二）提高质量管理水平。

59. 落实小型微型企业产品质量主体责任，加强质量诚信体系建设，开展质量承诺活动。督促和指导小型微型企业建立健全质量管理体系，严格执行生产许可、经营许可、强制认证等准入管理，不断增强质量安全保障能力。大力推广先进的质量管理理念和方法，严格执行国家标准和进口国标准。加强品牌建设指导，引导小型微型企业创建自主品牌。鼓励制定先进企业联盟标准，带动小型微型企业提升质量保证能力和专业化协作配套水平。充分发挥国家质检机构和重点实验室的辐射支撑作用，加快质量检验检疫公共服务平台建设。（质检总局牵头，工业和信息化部、农业部参加）

（二十三）加强人力资源开发。

60. 加强对小型微型企业劳动用工的指导与服务，拓宽企业用工渠道。指导小型微型企业积极参与高技能人才振兴计划，加强技能人才队伍建设工作，国家专业技术人才知识更新工程等重大人才工程要向小型微型企业倾斜。围绕《国家中长期人才发展规划纲要（2010—2020 年）》确定的重点领域，开展面向小型微型企业创新型专业技术人才的培训。（人力资源社会保障部会同相关部门负责）

61. 实施国家中小企业银河培训工程和企业经营管理人才素质提升工程，以小型微型企业为重点，每年培训 50 万名经营管理人员和创业者。（工业和信息化部、国资委按照职责分工负责）

62. 完善小型微型企业职工社会保障政策。（人力资源社会保障部、财政部负责）

（二十四）制定和完善鼓励高校毕业生到小型微型企业就业的政策。

63. 对小型微型企业新招用高校毕业生并组织开展岗前培训的，按规定给予培训费补贴，并适当提高培训费补贴标准，具体标准由省级财政、人力资源和社会保障部门确定。对小型微型企业新招用毕业年度高校毕业生，签订 1 年以上劳动合同并按时足额缴纳社会保险费的，给予 1 年的社会保险补贴，政策执行期限截至 2014 年年底。（人力资源社会保障部、财政部负责）

64. 改善企业人力资源结构，实施大学生创业引领计划，切实落实已出台的鼓励高校毕业生自主创业的税费减免、小额担保贷款等扶持政策，加大公共就业服务力度，提高高校毕业生创办小型微型企业成功率。（人力资源社会保障部、税务总局负责）

六、促进小型微型企业集聚发展

（二十五）统筹安排产业集群发展用地。

65. 规划建设小企业创业基地、科技孵化器、商贸企业集聚区等，地方各级政府要优先安排用地计划指标。（国土资源部负责）

66. 经济技术开发区、高新技术开发区以及工业园区等各类园区要集中建设标准厂房，积极为小型微型企业提供生产经营场地。（商务部、科技部、工业和信息化部、发展改革委、农业部按照职责分工负责）

67. 对创办三年内租用经营场地和店铺的小型微型企业，符合条件的，给予一定比例的租金补贴。（人力资源社会保障部、商务部按照职责分工负责）

（二十六）改善小型微型企业集聚发展环境。

68. 建立完善产业集聚区技术、电子商务、物流、信息等服务平台。发挥龙头骨干企业的引领和带动作用，推动上下游企业分工协作、品牌建设和专业市场发展，促进产业集群转型升级。（工业和信息化部、商务部、工商总局按照职责分工负责）

69. 以培育农村二、三产业小型微型企业为

重点，大力发展县域经济。（农业部牵头）

70. 开展创新型产业集群试点建设工作。（科技部、工业和信息化部按照职责分工负责）

71. 支持能源供应、排污综合治理等基础设施建设，加强节能管理和“三废”集中治理。（发展改革委、工业和信息化部、环境保护部、能源局按照职责分工负责）

七、加强对小型微型企业的公共服务

（二十七）大力推进服务体系建设。

72. 到2015年，支持建立和完善4000个为小型微型企业服务的公共服务平台，重点培育认定500个国家中小企业公共服务示范平台，发挥示范带动作用。（工业和信息化部、科技部、商务部、质检总局按照职责分工负责）

73. 实施中小企业公共服务平台网络建设工程，支持各省（区、市）统筹建设资源共享、服务协同的公共服务平台网络。（工业和信息化部、财政部负责）

（二十八）加强指导协调和统计监测。

74. 充分发挥国务院促进中小企业发展工作领导小组的统筹规划、组织领导和政策协调作用，明确部门分工和责任，加强监督检查和政策评估，将小型微型企业有关工作列入各地区、各有关部门年度考核范围。（工业和信息化部会同国务院促进中小企业发展工作领导小组成员单位、政府绩效管理工作部际联席会议成员单位负责）

75. 进一步加强对小型微型企业的调查统计工作，尽快建立和完善小型微型企业统计调查、监测分析和定期发布制度。（统计局牵头，工商总局、农业部、人民银行、银监会、工业和信息化部参加）

关于物流企业大宗商品仓储设施用地城镇土地使用税政策的通知

财税〔2012〕13号

各省、自治区、直辖市、计划单列市财政厅(局)、地方税务局，西藏、宁夏、青海省(自治区)国家税务局，新疆生产建设兵团财务局：

为促进物流业健康发展，根据《国务院办公厅关于促进物流业健康发展政策措施的意见》(国办发〔2011〕38号)有关精神，现就物流企业大宗商品仓储设施用地城镇土地使用税政策通知如下：

一、自2012年1月1日起至2014年12月31日止，对物流企业自有的（包括自用和出租）大宗商品仓储设施用地，减按所属土地等级适用税额标准的50%计征城镇土地使用税。

二、物流企业是指为工农业生产、流通、进出口和居民生活提供仓储、配送服务的专业物流企业。

大宗商品仓储设施是指仓储设施占地面积在6000平方米以上的，且储存粮食、棉花、油料、糖料、蔬菜、水果、肉类、水产品、化肥、农药、种子、饲料等农产品和农业生产资料；煤炭、焦炭、矿砂、非金属矿产品、原油、成品油、化工原料、木材、橡胶、纸浆及纸制品、钢材、水泥、有色金属、建材、塑料、纺织原料等矿产品和工业原材料；食品、饮料、药品、医疗器械、机电产品、文体用品、出版物等工业制成品的仓储设施。

仓储设施用地，包括仓库库区内的各类仓房（含配送中心）、油罐（池）、货场、晒场（堆场）、罩棚等储存设施和铁路专用线、码头、道路、装卸搬运区域等物流作业配套设施的用地。

三、符合上述减税条件的物流企业需持相关材料向主管税务机关办理备案手续。

请遵照执行。

财政部　国家税务总局

二〇一二年一月二十日

关于加快推动我国绿色建筑发展的实施意见

财建〔2012〕167号

各省、自治区、直辖市、计划单列市财政厅(局)、住房城乡建设厅(委、局)，新疆建设兵团财务局、建设局：

按照《国务院关于印发“十二五”节能减排综合性工作方案的通知》(国发〔2011〕26号)统一部署，为进一步深入推进建筑节能，加快发展绿色建筑，促进城乡建设模式转型升级，特制定以下实施意见：

一、充分认识绿色建筑发展的重要意义

绿色建筑是指满足《绿色建筑评价标准》(GB/T 50378—2006)，在全寿命周期内最大限度地节能、节地、节水、节材，保护环境和减少污染，为人们提供健康、适用和高效的使用空间，与自然和谐共生的建筑。

我国正处于工业化、城镇化和新农村建设快速发展的历史时期，深入推进建筑节能，加快发展绿色建筑面临难得的历史机遇。目前，我国城乡建设增长方式仍然粗放，发展质量和效益不高，建筑建造和使用过程能源资源消耗高、利用效率低的问题比较突出。大力发展绿色建筑，以绿色、生态、低碳理念指导城乡建设，能够最大效率地利用资源和最低限度地影响环境，有效转变城乡建设发展模式，缓解城镇化进程中资源环境约束；能够充分体现以人为本理念，为人们提供健康、舒适、安全的居住、工作和活动空间，显著改善群众生产生活条件，提高人民满意度，并在广大群众中树立节约资源与保护环境的观念；能够全面集成建筑节能、节地、节水、节材及环境保护等多种技术，极大带动建筑技术革新，直接推动建筑生产方式的重大变革，促进建筑产业优化升级，拉动节能环保建材、新能源应用、节能服务、咨询等相关产业发展。

各级财政、住房城乡建设部门要充分认识到推动发展绿色建筑，是保障改善民生的重要举措，是建设资源节约、环境友好型社会的基本内容，对加快转变经济发展方式，深入贯彻落实科学发展观都具有重要的现实意义。要进一步增强紧迫感和责任感，紧紧抓住难得的历史机遇，尽快制定有力的政策措施，建立健全体制机制，加快推动我国绿色建筑健康发展。

二、推动绿色建筑发展的主要目标与基本原则

（一）主要目标。切实提高绿色建筑在新建建筑中的比重，到2020年，绿色建筑占新建建筑比重超过30%，建筑建造和使用过程的能源资源消耗水平接近或达到现阶段发达国家水平。“十二五”期间，加强相关政策激励、标准规范、技术进步、产业支撑、认证评估等方面能力建设，建立有利于绿色建筑发展的体制机制，以新建单体建筑评价标识推广、城市新区集中推广为手段，实现绿色建筑的快速发展，到2014年政府投资

的公益性建筑和直辖市、计划单列市及省会城市的保障性住房全面执行绿色建筑标准，力争到2015年，新增绿色建筑面积10亿平方米以上。

（二）基本原则。加快推动我国绿色建筑发展必须遵循以下原则：因地制宜、经济适用，充分考虑各地经济社会发展水平、资源禀赋、气候条件、建筑特点，合理制定地区绿色建筑发展规划和技术路线，建立健全地区绿色建筑标准体系，实施有针对性的政策措施。整体推进、突出重点，积极完善政策体系，从整体上推动绿色建筑发展，并注重集中资金和政策，支持重点城市及政府投资公益性建筑在加快绿色建筑发展方面率先突破。合理分级、分类指导，按照绿色建筑星级的不同，实施有区别的财政支持政策，以单体建筑奖励为主，支持二星级以上的高星级绿色建筑发展，提高绿色建筑质量水平；以支持绿色生态城区发展为主要抓手，引导低星级绿色建筑规模化发展。激励引导、规范约束，在发展初期，以政策激励为主，调动各方加快绿色建筑发展的积极性，加快标准标识等制度建设，完善约束机制，切实提高绿色建筑标准执行率。

三、建立健全绿色建筑标准规范及评价标识体系，引导绿色建筑健康发展

（一）健全绿色建筑标准体系。尽快完善绿色建筑标准体系，制（修）订绿色建筑规划、设计、施工、验收、运行管理及相关产品标准、规程。加快制定适合不同气候区、不同建筑类型的绿色建筑评价标准。研究制定绿色建筑工程定额及造价标准。鼓励地方结合地区实际，制定绿色建筑强制性标准。编制绿色生态城区指标体系、技术导则和标准体系。

（二）完善绿色建筑评价制度。各地住房城乡建设、财政部门要加大绿色建筑评价标识制度的推进力度，建立自愿性标识与强制性标识相结合的推进机制，对按绿色建筑标准设计建造的一般住宅和公共建筑，实行自愿性评价标识，对按绿色建筑标准设计建造的政府投资的保障性住房、学校、医院等公益性建筑及大型公共建筑，率先实行评价标识，并逐步过渡到对所有新建绿色建筑均进行评价标识。

（三）加强绿色建筑评价能力建设。培育专门的绿色建筑评价机构，负责相关设计咨询、产品部品检测、单体建筑第三方评价、区域规划等。建立绿色建筑评价职业资格制度，加快培养绿色建筑设计、施工、评估、能源服务等方面的人才。

四、建立高星级绿色建筑财政政策激励机制，引导更高水平绿色建筑建设

（一）建立高星级绿色建筑奖励审核、备案及公示制度。各级地方财政、住房城乡建设部门将设计评价标识达到二星级及以上的绿色建筑项目汇总上报至财政部、住房城乡建设部（以下简称“两部”），两部组织专家委员会对申请项目的规划设计方案、绿色建筑评价标识报告、工程建设审批文件、性能效果分析报告等进行程序性审核，对审核通过的绿色建筑项目予以备案，项目竣工验收后，其中大型公共建筑投入使用一年后，两部组织能效测评机构对项目的实施量、工程量、实际性能效果进行评价，并将符合申请预期目标的绿色建筑名单向社会公示，接受社会监督。

（二）对高星级绿色建筑给予财政奖励。对经过上述审核、备案及公示程序，且满足相关标准要求的二星级及以上的绿色建筑给予奖励。2012年奖励标准为：二星级绿色建筑45元/平方米（建筑面积，下同），三星级绿色建筑80元/平方米。奖励标准将根据技术进步、成本变化等情况进行调整。

（三）规范财政奖励资金的使用管理。中央

财政将奖励资金拨至相关省市财政部门，由各地财政部门兑付至项目单位，对公益性建筑、商业性公共建筑、保障性住房等，奖励资金兑付给建设单位或投资方，对商业性住宅项目，各地应研究采取措施主要使购房者得益。

五、推进绿色生态城区建设，规模化发展绿色建筑

（一）积极发展绿色生态城区。鼓励城市新区按照绿色、生态、低碳理念进行规划设计，充分体现资源节约环境保护的要求，集中连片发展绿色建筑。中央财政支持绿色生态城区建设，申请绿色生态城区示范应具备以下条件：新区已按绿色、生态、低碳理念编制完成总体规划、控制性详细规划以及建筑、市政、能源等专项规划，并建立相应的指标体系；新建建筑全面执行《绿色建筑评价标准》中的一星级及以上的评价标准，其中二星级及以上绿色建筑达到30%以上，2年内绿色建筑开工建设规模不少于200万平方米。

（二）支持绿色建筑规模化发展。中央财政对经审核满足上述条件的绿色生态城区给予资金定额补助。资金补助基准为5000万元，具体根据绿色生态城区规划建设水平、绿色建筑建设规模、评价等级、能力建设情况等因素综合核定。对规划建设水平高、建设规模大、能力建设突出的绿色生态城区，将相应调增补助额度。补助资金主要用于补贴绿色建筑建设增量成本及城区绿色生态规划、指标体系制定、绿色建筑评价标识及能效测评等相关支出。

六、引导保障性住房及公益性行业优先发展绿色建筑，使绿色建筑更多地惠及民生

（一）鼓励保障性住房按照绿色建筑标准规划建设。各地要切实提高公租房、廉租房及经济适用房等保障性住房建设水平，强调绿色节能环保要求，在制定保障性住房建设规划及年度计划时，具备条件的地区应安排一定比例的保障性住房按照绿色建筑标准进行设计建造。

（二）在公益性行业加快发展绿色建筑。鼓励各地在政府办公建筑、学校、医院、博物馆等政府投资的公益性建筑建设中，率先执行绿色建筑标准。结合地区经济社会发展水平，在公益性建筑中开展强制执行绿色建筑标准试点，从2014年起，政府投资公益性建筑全部执行绿色建筑标准。

（三）切实加大保障性住房及公益性行业的财政支持力度。绿色建筑奖励及补助资金、可再生能源建筑应用资金向保障性住房及公益性行业倾斜，达到高星级奖励标准的优先奖励，保障性住房发展一星级绿色建筑达到一定规模的也将优先给予定额补助。

七、大力推进绿色建筑科技进步及产业发展，切实加强绿色建筑综合能力建设

（一）积极推动绿色建筑科技进步。各级财政、住房城乡建设部门要鼓励支持建筑节能与绿色建筑工程技术中心建设，积极支持绿色建筑重大共性关键技术研究。加大高强钢、高性能混凝土、防火与保温性能优良的建筑保温材料等绿色建材的推广力度。要根据绿色建筑发展需要，及时制定发布相关技术、产品推广公告、目录，促进行业技术进步。

（二）大力推进建筑垃圾资源化利用。积极推进地级以上城市全面开展建筑垃圾资源化利用，各级财政、住房城乡建设部门要系统推行垃圾收集、运输、处理、再利用等各项工作，加快建筑垃圾资源化利用技术、装备研发推广，实行建筑垃圾集中处理和分级利用，建立专门的建筑垃圾集中处理基地。

（三）积极推动住宅产业化。积极推广适合住宅产业化的新型建筑体系，支持集设计、生产、施工于一体的工业化基地建设；加快建立建筑设

计、施工、部品生产等环节的标准体系，实现住宅部品通用化，大力推广住宅全装修，推行新建住宅一次装修到位或菜单式装修，促进个性化装修和产业化装修相统一。

各级财政、住房城乡建设部门要按照本意见的部署和要求，统一思想，提高认识，认真抓好各项政策措施的落实，要与发改、科技、规划、机关事务等有关部门加强协调配合，落实工作责任，及时研究解决绿色建筑发展中的重大问题，科学组织实施，推动我国绿色建筑快速健康发展。

财政部　住房和城乡建设部

二〇一二年四月二十七日

国务院办公厅关于清理整顿各类交易场所的实施意见

国办发〔2012〕37号

各省、自治区、直辖市人民政府，国务院各部委、各直属机构：

为贯彻落实《国务院关于清理整顿各类交易场所切实防范金融风险的决定》(国发〔2011〕38号，以下称国发38号文件)，进一步明确政策界限、措施和工作要求，扎实推进清理整顿各类交易场所工作，防范金融风险，维护社会稳定，经国务院同意，现提出以下意见：

一、全面把握清理整顿范围

遵循规范有序、便利实体经济发展的原则，准确界定清理整顿范围，突出重点，增强清理整顿各类交易场所工作的针对性、有效性。本次清理整顿的范围包括从事权益类交易、大宗商品中远期交易以及其他标准化合约交易的各类交易场所，包括名称中未使用“交易所”字样的交易场所，但仅从事车辆、房地产等实物交易的交易场所除外。其中，权益类交易包括产权、股权、债权、林权、矿权、知识产权、文化艺术品权益及金融资产权益等交易；大宗商品中远期交易，是指以大宗商品的标准化合约为交易对象，采用电子化集中交易方式，允许交易者以对冲平仓方式了结交易而不以实物交收为目的或不必交割实物的标准化合约交易；其他标准化合约，包括以有价证券、利率、汇率、指数、碳排放权、排污权等为标的物的标准化合约。

各类交易场所已设立的分支机构，按照属地管理原则，由各分支机构所在地省、自治区、直辖市人民政府（以下称省级人民政府）负责清理整顿。

依法经批准设立的证券、期货交易所，或经国务院金融管理部门批准设立的从事金融产品交易的交易场所不属于本次清理整顿范围。

二、准确适用清理整顿政策界限

违反下列规定之一的交易场所及其分支机构，应予以清理整顿。

（一）不得将任何权益拆分为均等份额公开发行。任何交易场所利用其服务与设施，将权益拆分为均等份额后发售给投资者，即属于“均等份额公开发行”。股份公司股份公开发行适用公司法、证券法相关规定。

（二）不得采取集中交易方式进行交易。本意见所称的“集中交易方式”包括集合竞价、连续竞价、电子撮合、匿名交易、做市商等交易方式，但协议转让、依法进行的拍卖不在此列。

（三）不得将权益按照标准化交易单位持续挂牌交易。本意见所称的“标准化交易单位”是指将股权以外的其他权益设定最小交易单位，并以最小交易单位或其整数倍进行交易。“持续挂牌交易”是指在买入后5个交易日内挂牌卖出同一交易品种或在卖出后 5 个交易日内挂牌买入同一交易品种。

（四）权益持有人累计不得超过 200 人。除法律、行政法规另有规定外，任何权益在其存续期间，无论在发行还是转让环节，其实际持有人累计不得超过 200 人，以信托、委托代理等方式代持的，按实际持有人数计算。

（五）不得以集中交易方式进行标准化合约交易。本意见所称的“标准化合约”包括两种情形 ：一种是由交易场所统一制定，除价格外其他条款固定，规定在将来某一时间和地点交割一定数量标的物的合约；另一种是由交易场所统一制定，规定买方有权在将来某一时间以特定价格买入或者卖出约定标的物的合约。

（六）未经国务院相关金融管理部门批准，不得设立从事保险、信贷、黄金等金融产品交易的交易场所，其他任何交易场所也不得从事保险、信贷、黄金等金融产品交易。

商业银行、证券公司、期货公司、保险公司、信托投资公司等金融机构不得为违反上述规定的交易场所提供承销、开户、托管、资产划转、代理买卖、投资咨询、保险等服务；已提供服务的金融机构，要按照相关金融管理部门的要求开展自查自清，并做好善后工作。

三、认真落实清理整顿工作安排

（一）排查甄别。各省级人民政府要按照国发 38 号文件和本意见要求，组织对本地区各类交易场所的交易品种、交易方式、投资者人数等是否违反规定，以及风险状况进行认真排查甄别。对违反国发 38 号文件规定的交易场所，严禁新增交易品种。

（二）整改规范。各类交易场所对自身存在问题纠正不及时、不到位的，有关省级人民政府要按照国发 38 号文件及本意见的要求，落实监管责任，对问题交易场所采取整改措施。交易规则违反国发 38 号文件规定的，不得继续交易；已暂停交易的，不得恢复交易，并依据相关政策规定修改交易规则，报本省（区、市）清理整顿工作领导小组批准。交易产品违反国发 38 号文件规定的，要取消违规交易产品并处理好善后问题；权益持有人累计超过 200 人的，要予以清理。

（三）检查验收。各省级人民政府应当组织对各类交易场所整改规范情况进行检查验收。重点核查交易场所章程、交易规则、交易品种、交易方式、投资者适当性、管理制度是否符合国发 38 号文件和本意见的规定，交易信息系统是否符合安全稳定性要求等。

（四）分类处置。各省级人民政府要对交易场所进行分类处置，该关闭的要坚决关闭，该整改的要认真整改，该规范的要切实规范。对确有必要保留的，要按照国发 38 号文件和本意见的要求履行相应审批程序。对于拒不整改、无正当理由逾期未完成整改的，或继续从事违法证券、期货交易的交易场所，各省级人民政府要依法依规坚决予以关闭或取缔。清理整顿过程中，各省级人民政府要采取有效措施确保投资者资金安全和社会稳定；对涉嫌犯罪的，要移送司法机关，依法追究有关人员的法律责任。

各省级人民政府要在清理整顿工作基本完成后，对清理整顿工作过程、政策措施、验收结果、日常监管和风险处置等情况进行全面总结，并书面报告清理整顿各类交易场所部际联席会议（以下简称联席会议）。

四、严格执行交易场所审批政策

（一）把握各类交易场所设立原则。

各省级人民政府应按照“总量控制、合理布局、审慎审批”的原则，统筹规划各类交易场所的数量规模和区域分布，制定交易场所品种结构规划和审查标准，审慎批准设立交易场所，使交易场所的设立与监管能力及实体经济发展水平相协调。

（二）严格规范交易场所设立审批。

1. 凡新设交易所的，除经国务院或国务院金融管理部门批准的以外，必须报省级人民政府批准；省级人民政府批准前，应取得联席会议的书面反馈意见。

2. 清理整顿前已设立运营的交易所，应当按照下列情形分别处理：

一是省级人民政府批准设立的交易所，确有必要保留，且未违反国发 38 号文件和本意见规定的，应经省级人民政府确认；违反国发 38 号文件和本意见规定的，应予清理整顿并经省级人民政府组织检查验收，验收通过后方可继续运营。各省级人民政府应当将上述两类交易所名单分别报联席会议备案。

二是未经省级人民政府批准设立的交易所，清理整顿并验收通过后，拟继续保留的，应按照新设交易场所的要求履行相关审批程序。省级人民政府批准前，应取得联席会议的书面反馈意见。

三是历史形成的从事车辆、房地产等实物交易的交易所，未从事违反国发 38 号文件和本意见规定，名称中拟继续使用“交易所”字样的，由省级人民政府根据实际情况处理，并将交易所名单报联席会议备案。

3. 从事权益类交易、大宗商品中远期交易以及其他标准化合约交易的交易场所，原则上不得设立分支机构开展经营活动。确有必要设立的，应当分别经该交易场所所在地省级人民政府及拟设分支机构所在地省级人民政府批准，并按照属地监管原则，由相应省级人民政府负责监管。凡未经省级人民政府批准已设立运营的经营性分支机构，要按照上述要求履行审批程序。违反上述规定的，各地工商行政管理部门不得为分支机构办理工商登记，并按照工商管理相关规定进行处理。

名称中未使用“交易所”字样的各类交易场所的监管办法，由各省级人民政府制定。

五、切实贯彻清理整顿工作要求

（一）统一政策标准。各省级人民政府在开展清理整顿工作中，要严格按照国务院、联席会议及有关部门的要求，统一政策标准，准确把握政策界限。实际执行中遇到疑难问题或对相关政策把握不准的，要及时上报联席会议。

（二）防范化解风险。各省级人民政府在清理整顿工作中，要制定完善风险处置预案，认真排查矛盾纠纷和风险隐患，及时掌握市场动向，做好信访投诉受理和处置工作。要加强与司法机关的协调配合，严肃查处挪用客户资金、诈骗等涉嫌违法犯罪行为，妥善处置突发事件，维护投资者合法权益，防范和化解金融风险，维护社会稳定。

（三）落实监管责任。各省级人民政府要制定本地区各类交易场所监管制度，明确各类交易场所监管机构和职能，加强日常监管，建立长效机制，持续做好各类交易场所统计监测、违规处理、风险处置等工作。相关省级人民政府要加强沟通配合和信息共享。联席会议成员单位和国务院相关部门要做好监督检查和指导工作。

国务院办公厅

二〇一二年七月十二日

国务院办公厅关于印发深化流通体制改革加快流通产业发展重点工作部门分工方案的通知

国办函〔2013〕69号

国务院有关部门：

《深化流通体制改革加快流通产业发展重点工作部门分工方案》(以下简称《分工方案》)已经国务院同意，现印发给你们，请认真落实。

有关部门要认真贯彻落实《国务院关于深化流通体制改革加快流通产业发展的意见》(国发〔2012〕39号)精神，按照《分工方案》的要求，将涉及本部门的工作进一步分解和细化，抓紧制定具体落实措施。同一项工作涉及多个部门的，牵头部门要加强协调，部门间要主动密切协作。商务部要认真做好统筹协调、督促检查工作。工作落实中的重大问题及时向国务院报告。

国务院办公厅

2012年5月30日

深化流通体制改革加快流通产业发展重点工作部门分工方案

一、加强现代流通体系建设

（一）依托交通枢纽、生产基地、中心城市和大型商品集散地，构建全国骨干流通网络，建设一批辐射带动能力强的商贸中心、专业市场以及全国性和区域性配送中心。（商务部、发展改革委、交通运输部、农业部、供销合作总社。列第一位者为牵头部门，下同）

（二）推动大宗商品交易市场向现货转型，增加期货市场交易品种。（商务部、证监会按职责分工负责）

（三）优化城市流通网络布局，有序推进贸易中心城市和商业街建设，支持特色商业适度集聚，鼓励便利店、中小综合超市等发展，构建便利消费、便民生活服务体系。鼓励大型流通企业向农村延伸经营网络，增加农村商业网点，拓展网点功能，积极培育和发展农村经纪人，提升农民专业合作社物流配送能力和营销服务水平。支持流通企业建立城乡一体化的营销网络，畅通农产品进城和工业品下乡的双向流通渠道。（商务部、农业部、工商总局、供销合作总社）

（四）大力发展第三方物流，促进企业内部物流社会化。加强城际配送、城市配送、农村配送的有效衔接，推广公路不停车收费系统，规范货物装卸场站建设和作业标准。（发展改革委、商务部、交通运输部、工业和信息化部按职责分工负责）

（五）加快建设完整先进的废旧商品回收体系，健全旧货流通网络，促进循环消费。（商务部、发展改革委、工业和信息化部、供销合作总社）

二、积极创新流通方式

（六）大力推广并优化供应链管理，鼓励流通企业拓展设计、展示、配送、分销、回收等业务。（商务部、工业和信息化部、发展改革委按职责分工负责）

（七）加快发展电子商务，普及和深化电子商务应用，完善认证、支付等支撑体系，鼓励流通企业建立或依托第三方电子商务平台开展网上交易。创新网络销售模式，发展电话购物、网上购物、电视购物等网络商品与服务交易。（商务部、发展改革委、工商总局、工业和信息化部、农业部、供销合作总社按职责分工负责）

（八）统筹农产品集散地、销地、产地批发市场建设，构建农产品产销一体化流通链条，积极推广农超对接、农批对接、农校对接以及农产品展销中心、直销店等产销衔接方式，在大中城市探索采用流动售卖车。（发展改革委、商务部、农业部、粮食局、供销合作总社按职责分工负责）

（九）鼓励商业企业采购和销售绿色产品，促进节能环保产品消费，支持发展信用消费。（财政部、发展改革委、商务部、工业和信息化部按职责分工负责）

（十）围绕节能环保、流通设施、流通信息化等关键领域，大力推进流通标准应用。推动商品条码在流通领域的广泛应用，健全全国统一的物品编码体系。（质检总局、商务部）

三、提高保障市场供应能力

（十一）支持建设和改造一批具有公益性质的农产品批发市场、农贸市场、菜市场、社区菜店、农副产品平价商店以及重要商品储备设施、大型物流配送中心、农产品冷链物流设施等，发挥公益性流通设施在满足消费需求、保障市场稳定、提高应急能力中的重要作用。（发展改革委、商务部、农业部、粮食局、供销合作总社按职责分工负责）

（十二）完善中央与地方重要商品储备制度，优化储备品种和区域结构，适当扩大肉类、食糖、边销茶和地方储备中的小包装粮油、蔬菜等生活必需品储备规模。（发展改革委、商务部、财政部、粮食局按职责分工负责）

（十三）强化市场运行分析和预测预警，增强市场调控的前瞻性和预见性。加强市场应急调控骨干企业队伍建设，提高迅速集散应急商品能力，综合运用信息引导、区域调剂、收储投放、进出口等手段保障市场供求基本平衡。（发展改革委、商务部、农业部、财政部、粮食局按职责分工负责）

四、全面提升流通信息化水平

（十四）将信息化建设作为发展现代流通产业的战略任务，加强规划和引导，推动营销网、物流网、信息网的有机融合。鼓励流通领域信息技术的研发和集成创新，加快推广物联网、互联网、云计算、全球定位系统、移动通信、地理信息系统、电子标签等技术在流通领域的应用。（工业和信息化部、商务部、发展改革委、粮食局）

（十五）推进流通领域公共信息服务平台建设，提升各类信息资源的共享和利用效率。（商务部、发展改革委、工业和信息化部、粮食局）

（十六）支持流通企业利用先进信息技术提高仓储、采购、运输、订单等环节的科学管理水平。鼓励流通企业与供应商、信息服务商加强合作，支持开发和推广适用于中小流通企业的信息化解决方案。（商务部、发展改革委、工业和信息化部、粮食局、供销合作总社）

（十七）加强流通领域信息安全保障。（工业和信息化部、公安部）

五、培育流通企业核心竞争力

（十八）积极培育大型流通企业，支持有实力的流通企业跨行业、跨地区兼并重组。支持中小流通企业特别是小微企业专业化、特色化发展，健全中小流通企业服务体系，扶持发展一批专业服务机构，为中小流通企业提供融资、市场开拓、科技应用和管理咨询等服务。（商务部、发展改革委、农业部、粮食局、供销合作总社）

（十九）鼓励发展直营连锁和特许连锁，支持流通企业跨区域拓展连锁经营网络。（商务部、供销合作总社）

（二十）积极推进批发市场建设改造和运营模式创新，增强商品吞吐能力和价格发现功能。推动零售企业转变营销方式，提高自营比重。（商务部、发展改革委、农业部、粮食局、供销合作总社按职责分工负责）

（二十一）支持流通企业建设现代物流中心，积极发展统一配送。（发展改革委、商务部、粮食局、供销合作总社按职责分工负责）

（二十二）加强知识产权保护，鼓励流通品牌创新发展。（商务部、工商总局、质检总局）

六、大力规范市场秩序

（二十三）加强对关系国计民生、生命安全等商品的流通准入管理，形成覆盖准入、监管、退出的全程管理机制。（商务部、工商总局、质检总局、公安部、工业和信息化部、食品药品监管总局、粮食局按职责分工负责）

（二十四）充分利用社会检测资源，建立涉及人身健康与安全的商品检验制度。加大流通领域商品质量监督检查力度，改进监管手段和检验检测技术条件。细化部门职责分工，堵塞监管漏洞。（质检总局、工商总局、商务部、公安部、粮食局）

（二十五）建立健全肉类、水产品、蔬菜、水果、酒类、中药材、农资等商品流通追溯体系。（商务部、农业部、供销合作总社）

（二十六）依法严厉打击侵犯知识产权、制售假冒伪劣商品、商业欺诈和商业贿赂等违法行为。加强网络商品交易的监督管理。规范零售商、供应商交易行为，建立平等和谐的零供关系。（商务部、发展改革委、公安部、工商总局、质检总局）

（二十七）加快商业诚信体系建设，完善信用信息采集、利用、查询、披露等制度，推动行业管理部门、执法监管部门、行业组织和征信机构、金融监管部门、银行业金融机构信息共享。（商务部、发展改革委、公安部、工商总局、质检总局、人民银行、银监会）

七、深化流通领域改革开放

（二十八）建立分工明确、权责统一、协调高效的流通管理体制，健全部门协作机制，强化政策制定、执行与监督相互衔接，提高管理效能。加快流通管理部门职能转变，强化社会管理和公共服务职能。在有条件的地区开展现代流通综合试点，加强统筹协调，加快推进大流通、大市场建设。（商务部、发展改革委、粮食局）

（二十九）消除地区封锁和行业垄断，严禁

阻碍、限制外地商品、服务和经营者进入本地市场。（商务部、税务总局会同发展改革委、工商总局等部门负责）

（三十）严厉查处经营者通过垄断协议等方式排除、限制竞争的行为。（发展改革委、工商总局等部门按职责分工负责）

（三十一）鼓励民间资本进入流通领域，保障民营企业合法权益，促进民营企业健康发展。（商务部、发展改革委）

（三十二）进一步提高流通产业利用外资的质量和水平，引进现代物流和信息技术带动传统流通产业升级改造。支持有条件的流通企业“走出去”，通过新建、并购、参股、增资等方式建立海外分销中心、展示中心等营销网络和物流服务网络。（发展改革委、商务部按职责分工负责）

（三十三）积极培育国内商品市场的对外贸易功能，推进内外贸一体化。（商务部牵头）

八、制定完善流通网络规划

（三十四）制定全国流通节点城市布局规划，做好各层级、各区域之间规划衔接。（商务部牵头）

（三十五）科学编制商业网点规划，确定商业网点发展建设需求，将其纳入城市总体规划和土地利用总体规划。乡镇商业网点建设纳入小城镇建设规划。各地制定控制性详细规划和修建性详细规划时应充分考虑商业网点建设需求，做好与商业网点规划的相互衔接。完善社区商业网点配置，新建社区（含廉租房、公租房等保障性住房小区、棚户区改造和旧城改造安置住房小区）商业和综合服务设施面积占社区总建筑面积的比例不得低于10%。严格社区商业网点用途监管，不得随意改变必备商业网点的用途和性质，拆迁改建时应保证其基本服务功能不缺失。各地可根据实际发布商业网点建设指导目录，引导社会资金投向。（住房城乡建设部、商务部、国土资源部）

九、加大流通业用地支持力度

（三十六）按照土地利用总体规划和流通业建设项目用地标准，在土地利用年度计划和土地供应计划中统筹安排流通业各类用地。鼓励利用旧厂房、闲置仓库等建设符合规划的流通设施，涉及原划拨土地使用权转让或租赁的，经批准可采取协议方式供应。鼓励各地以租赁方式供应流通业用地。支持依法使用农村集体建设用地发展流通业。依法加强流通业用地管理，禁止以物流中心、商品集散地等名义圈占土地，防止土地闲置浪费。（国土资源部、商务部、住房城乡建设部、发展改革委、农业部）

（三十七）制定政府鼓励的流通设施目录，对纳入目录的项目用地予以支持。（商务部、国土资源部、住房城乡建设部、发展改革委）

十、完善财政金融支持政策

（三十八）积极发挥中央政府相关投资的促进作用，完善促进消费的财政政策，扩大流通促进资金规模，重点支持公益性流通设施、农产品和农村流通体系、流通信息化建设，以及家政和餐饮等生活服务业、中小流通企业发展、绿色流通、扩大消费等。（发展改革委、财政部、商务部、农业部、工业和信息化部、粮食局、供销合作总社按职责分工负责）

（三十九）鼓励银行业金融机构针对流通产业特点，创新金融产品和服务方式，开展动产、仓单、商铺经营权、租赁权等质押融资。改进信贷管理，发展融资租赁、商圈融资、供应链融资、商业保理等业务。充分发挥典当等行业对中小和微型企业融资的补充作用。拓宽流通企业融资渠道，支持符合条件的大型流通企业上市融资、设立财务公司及发行公司（企业）债券和中期票据等债务融资工具。引导金融机构创新消费信贷产品，改进消费信贷业务管理方式，培育和巩固消费信贷增长点。（人民银行、银监会、发展改革委、商务部、证监会按职责分工负责）

十一、减轻流通产业税收负担

（四十）在一定期限内免征农产品批发市场、农贸市场城镇土地使用税和房产税。将免征蔬菜流通环节增值税政策扩大到有条件的鲜活农产品。加快制定和完善促进废旧商品回收体系建设的税收政策。完善并落实家政服务企业免征营业税政策，促进生活服务业发展。落实总分支机构汇总纳税政策，促进连锁经营企业跨地区发展。积极推进营业税改增值税试点，完善流通业税制。（财政部、税务总局）

十二、降低流通环节费用

（四十一）抓紧出台降低流通费用综合性实施方案。优化银行卡刷卡费率结构，降低总体费用水平，扩大银行卡使用范围。加快推进工商用电用水同价。切实规范农产品市场收费、零售商供应商交易收费等流通领域收费行为。（发展改革委、人民银行、银监会、商务部、粮食局）

（四十二）落实好鲜活农产品运输“绿色通道”政策，确保所有整车合法装载运输鲜活农产品车辆全部免缴车辆通行费，结合实际完善适用品种范围。（交通运输部、发展改革委、财政部、商务部）

（四十三）深入推进收费公路专项清理，坚决取缔各种违规及不合理收费，降低偏高的通行费收费标准。从严审批一级及以下公路和独立桥梁、隧道收费项目。按照逐步有序的原则，加快推进国家确定的西部地区省份取消政府还贷二级公路收费工作进度。（交通运输部、发展改革委、财政部、监察部、国务院纠正行业不正之风办公室）

十三、完善流通领域法律法规和标准体系

（四十四）推动制定、修改流通领域的法律法规，提升流通立法层级。抓紧修订报废汽车回收管理办法，积极推动修改商标法、反不正当竞争法、广告法和消费者权益保护法等法律，研究制定典当管理、商业网点管理、农产品批发市场管理等方面的行政法规。全面清理和取消妨碍公平竞争、设置行政壁垒、排斥外地产品和服务进入本地市场的规定。（法制办、商务部、发展改革委、公安部、工商总局、农业部、质检总局、粮食局）

（四十五）积极完善流通标准化体系，加大流通标准的制定、实施与宣传力度。（质检总局、商务部）

十四、健全统计和监测制度

（四十六）加快建立全国统一科学规范的流通统计调查体系和信息共享机制，不断提高流通统计数据质量和工作水平。加强零售、电子商务、居民服务、生产资料流通等重点流通领域的统计数据开发应用，提高服务宏观调控和企业发展的能力。（统计局、商务部、发展改革委、粮食局、供销合作总社）

（四十七）扩大城乡市场监测体系覆盖面，优化样本企业结构，推进信息采集智能化发展，保证数据真实、准确、及时，加快监测信息成果转化。（商务部、粮食局）

十五、加强组织领导

（四十八）建立由商务部牵头的全国流通工作部际协调机制，加强对流通工作的协调指导和监督检查，及时研究解决流通产业发展中的重大问题。（商务部牵头）

国务院办公厅关于清理整顿各类交易场所切实防范金融风险的决定

国发〔2011〕38号

各省、自治区、直辖市人民政府，国务院各部委、各直属机构：

近年来，一些地区为推进权益(如股权、产权等)和商品市场发展，陆续批准设立了一些从事产权交易、文化艺术品交易和大宗商品中远期交易等各种类型的交易场所(以下简称交易场所)。由于缺乏规范管理，在交易场所设立和交易活动中违法违规问题日益突出，风险不断暴露，引起了社会广泛关注。为防范金融风险，规范市场秩序，维护社会稳定，现作出如下决定：

一、高度重视各类交易场所违法交易活动蕴藏的风险

交易场所是为所有市场参与者提供平等、透明交易机会，进行有序交易的平台，具有较强的社会性和公开性，需要依法规范管理，确保安全运行。其中，证券和期货交易更是具有特殊的金融属性和风险属性，直接关系到经济金融安全和社会稳定，必须在经批准的特定交易场所，遵循严格的管理制度规范进行。目前，一些交易场所未经批准违法开展证券期货交易活动；有的交易场所管理不规范，存在严重投机和价格操纵行为；个别交易场所股东直接参与买卖，甚至发生管理人员侵吞客户资金、经营者卷款逃跑等问题。这些问题如发展蔓延下去，极易引发系统性、区域性金融风险，甚至影响社会稳定，必须及早采取措施坚决予以纠正。

各地人民政府和国务院有关部门要统一认识，高度重视各类交易场所存在的违法违规问题，从维护市场秩序和社会稳定的大局出发，切实做好清理整顿各类交易场所和规范市场秩序的各项工作。各类交易场所要建立健全规章制度，严格遵守信息披露、公平交易和风险管理等各项规定。建立与风险承受能力、投资知识和经验相适应的投资者管理制度，提高投资者风险意识和辨别能力，切实保护投资者合法权益。

二、建立分工明确、密切协作的工作机制

为加强对清理整顿交易场所和规范市场秩序工作的组织领导，形成既有分工又相互配合的监管机制，建立由证监会牵头，有关部门参加的“清理整顿各类交易场所部际联席会议”（以下简称联席会议）制度。联席会议的主要任务是，统筹协调有关部门和省级人民政府清理整顿违法证券期货交易工作，督导建立对各类交易场所和交易产品的规范管理制度，完成国务院交办的其他事项。联席会议日常办事机构设在证监会。

联席会议不代替国务院有关部门和省级人民

政府的监管职责。对经国务院或国务院金融管理部门批准设立从事金融产品交易的交易场所，由国务院金融管理部门负责日常监管。其他交易场所均由省级人民政府按照属地管理原则负责监管，并切实做好统计监测、违规处理和风险处置工作。联席会议及相关部门和省级人民政府要及时沟通情况，加强协调配合，齐心协力做好各类交易场所清理整顿和规范工作。

三、健全管理制度、严格管理程序

自本决定下发之日起，除依法设立的证券交易所或国务院批准的从事金融产品交易的交易场所外，任何交易场所均不得将任何权益拆分为均等份额公开发行，不得采取集中竞价、做市商等集中交易方式进行交易；不得将权益按照标准化交易单位持续挂牌交易，任何投资者买入后卖出或卖出后买入同一交易品种的时间间隔不得少于5个交易日；除法律、行政法规另有规定外，权益持有人累计不得超过200人。

除依法经国务院或国务院期货监管机构批准设立从事期货交易的交易场所外，任何单位一律不得以集中竞价、电子撮合、匿名交易、做市商等集中交易方式进行标准化合约交易。

从事保险、信贷、黄金等金融产品交易的交易场所，必须经国务院相关金融管理部门批准设立。

为规范交易场所名称，凡使用“交易所”字样的交易场所，除经国务院或国务院金融管理部门批准的外，必须报省级人民政府批准；省级人民政府批准前，应征求联席会议意见。未按上述规定批准设立或违反上述规定在名称中使用“交易所”字样的交易场所，工商部门不得为其办理工商登记。

四、稳妥推进清理整顿工作

各省级人民政府要立即成立领导小组，建立工作机制，根据法律、行政法规和本决定的要求，按照属地管理原则，对本地区各类交易场所，进行一次集中清理整顿，其中重点是坚决纠正违法证券期货交易活动，并采取有效措施确保投资者资金安全和社会稳定。对从事违法证券期货交易活动的交易场所，严禁以任何方式扩大业务范围，严禁新增交易品种，严禁新增投资者，并限期取消或结束交易活动；未经批准在交易场所名称中使用“交易所”字样的交易场所，应限期清理规范。清理整顿期间，不得设立新的开展标准化产品或合约交易的交易场所。各省级人民政府要尽快制定清理整顿工作方案，于2011年12月底前报国务院备案。

联席会议要切实负起责任，加强组织指导和督促检查，切实推动清理整顿工作有效、有序开展。商务部要在联席会议工作机制下，负责对大宗商品中远期交易市场清理整顿工作的监督、检查和指导，抓紧制定大宗商品交易市场管理办法，确保大宗商品中远期交易市场有序回归现货市场。联席会议各有关部门要按照职责分工，加强沟通，相互配合，相互支持，尽职尽责做好工作。金融机构不得为违法证券期货交易活动提供承销、开户、托管、资金划转、代理买卖、投资咨询、保险等服务；已提供服务的金融机构，要及时开展自查自清，做好善后工作。

国务院办公厅

二〇一一年十一月十一日

商务部办公厅关于进一步做好流通标准化工作的通知

商办流通函〔2012〕479号

各省、自治区、直辖市、计划单列市及新疆生产建设兵团商务主管部门，有关事业单位、行业协会、标准化技术委员会：

为深入落实《商务领域标准化管理办法(试行)》(商务部令2012年第5号，以下简称《办法》)和《商务部办公厅关于“十二五”时期流通标准化建设的指导意见》(商流通发〔2011〕430号)，进一步做好流通标准化工作，现就有关事项通知如下：

一、提高做好标准化工作的认识

流通标准是规范和引导流通行业发展的技术规则、管理规则和行为规则，是流通业发展的重要技术基础和保障，也是流通业发展水平的重要标志。改革开放30多年来，我国流通业标准化取得了积极成效，标准化工作机制日益健全，标准制修订不断加快，标准实施力度进一步加大，促进了流通业快速健康发展。但由于基础薄弱，标准化建设仍存在一些突出问题，主要表现在：国家标准和强制性标准比例偏低，一些流通行业标准涵盖面窄，基础类、通用类标准少，地方标准配套和工作组织体系不完善，标准化队伍亟待加强等，制约了流通技术进步及其效能的提升。

各地区、有关单位要深刻领会《办法》内容和核心要义，切实履行好《办法》赋予的各项职责，从促进流通业科学发展的战略高度，充分认识做好流通标准化工作对提升产业发展层次、普及先进技术、规范交易行为、提高行业管理水平等方面的重要意义，加强组织领导，完善工作体系，以标准化引领和带动行业发展，将标准化建设作为流通工作的重要基础和加强行业管理的重要手段，切实抓紧抓好，以加快实现我国流通业规范化、集约化、现代化和国际化的发展目标。

二、明确流通标准化工作的目标和任务

2012—2013年流通标准化工作要遵循实施应用标准与健全标准体系并举的原则，以标准宣传贯彻、推广应用为统领，以《办法》实施为保障，全面提升流通标准化工作质量与水平。加大标准推广实施力度，提高现有标准执行率和应用水平。根据标准应用实践，有针对性、有重点地做好标准制修订工作，完善各行业标准体系。构建以政府部门为主导，各标准化技术委员会和行业协会为依托，企业为实施主体，措施配套、协调联动的标准化工作机制，确保“十二五”期间流通标准化建设任务取得重要阶段性成果。

三、加强对流通标准化工作的组织协调

商务部将加强流通标准体系顶层设计和标准化工作统筹协调，建立健全相关工作制度和标准宣传贯彻绩效评价机制，制定流通标准宣传贯彻总体方案及各行业重点，研究完善支持流通标准

化建设相关政策，会同国家标准委等部门共同加强流通标准体系建设。地方商务主管部门要按照标准化工作总体要求，制定相应工作方案，细化目标任务，加大流通领域国家标准、行业标准的宣传贯彻和推广应用，加强对标准实施情况的监督、监测和信息反馈，并结合实际加快完善流通业地方标准。各专业技术委员会和行业协会要充分发挥在行业标准化工作中的组织指导作用，保质高效完成相关标准制修订和宣传贯彻任务，引导流通企业把相关标准落实到企业经营管理的各个环节。

四、大力推进流通标准应用

为使相关标准真正落到实处，切实发挥应有的规范和引导作用，2012—2013年各级商务主管部门要围绕流通领域质量安全、节能环保、供应链管理、行业准入、流通设施、流通信息化建设等关键环节，大力推进流通标准的推广应用工作。商务部将制定各领域、各行业重点推广标准目录，明确宣传贯彻要求和量化考核目标。同时，选择部分大中城市在重点行业和骨干企业开展标准化示范建设，及时总结推广经验，引导相关领域和行业提高标准应用水平。各地区、各协会要结合实际抓紧制定标准推广应用工作方案，明确各年度标准推广应用重点，采取多种措施推动标准实施，引导广大企业积极投身流通标准化示范建设，全面提高企业标准应用及经营管理和服务水平。商务部将对各地区、各行业标准推广应用工作进行绩效考评，适时开展执行情况检查，及时通报有关情况，对先进地区和行业结合相关政策予以支持。

五、加强标准体系建设及重点领域、基础环节的标准制修订工作

各级商务主管部门、相关行业协会和专业技术委员会要根据地区、行业特点及标准化建设实际，进一步加强标准体系研究和完善，以及重点领域、基础环节的标准制修订工作，逐步形成各行业标准健全完备，不同行业间标准紧密衔接，企业、地方标准与行业、国家标准协调配套的流通标准体系。要将各行业标准实际应用程度作为制修订标准、完善标准体系的重要依据，通过标准宣传贯彻及时发现现有标准体系的薄弱环节，根据行业管理需要和轻重缓急，有针对性地做好标准制修订工作，增强标准的适用性和有效性。当前要着力加强商贸物流、农产品流通、金融仓储、商贸功能区、生产资料流通、餐饮、家政等商贸服务业、特行管理、电子商务等领域急需标准的制修订，抓紧完善相关标准体系，同时积极推荐相关行业标准上升为国家标准，将推荐性标准上升为强制性标准。要做好相关标准项目的预研和项目储备，及时把行业急需的标准项目纳入制修订计划，切实提高标准立项的质量和水平。商务部将采取标准制修订与课题研究结合等形式，推动重点基础性、公益性标准项目的实施。

六、积极开展标准宣传和培训

各级商务主管部门、相关行业协会和专业技术委员会要制定年度标准宣传计划，将标准宣传与促进流通发展的相关工作及支持政策有机结合，加大对重点行业标准的宣传力度，通过在网络和报纸开设专栏、利用电视媒体宣传、组织标准宣传贯彻会、举办“标准化宣传月”等多种方式，扩大流通标准的影响力和认知度，营造“学标准、用标准”的浓厚氛围。要大力组织开展标准化工作培训，针对各行业特点和实际分别制定培训计划，编发面向企业的学习培训教材，保证培训效果与质量，提升流通标准化工作队伍素质和各行业、广大企业的标准执行力。近期培训内容要与贯彻落实《办法》紧密结合，增强各方面依法推进流通标准化工作的自觉性和主动性，切实将《办法》要求落实到各项工作中，全面提高

流通标准化工作的规范化、法制化水平。

七、完善标准化工作保障条件

各地商务主管部门要健全流通标准化工作组织机构，明确专门处（科）室、配备专门人员负责标准化工作。研究出台流通标准化工作配套政策，安排、落实相关工作经费，保障各项工作顺利开展。要加强对当地标准化工作相关事业单位、行业协会的指导，密切与当地标准化行政管理部门的工作沟通，形成各方面协同推进的良好局面。各地区、各行业标准化技术委员会、有关协会要创造条件，抓紧建立本地区、本行业流通标准化信息管理平台，实现标准工作的动态管理和信息共享；尽快建立本地区、本行业流通标准专家库，为工作开展提供智力支持；制定完善包括标准制修订、宣传、应用等重点内容的工作绩效考评制度，确保流通标准化各项工作扎实推进、取得实效。

请各单位于7月10日前将本单位2012—2013年流通标准化工作方案报送商务部（流通发展司），工作进展情况、存在问题及建议等及时上报。

商务部办公厅

二〇一二年六月十一日

商务部关于“十二五”期间推进生产资料流通现代化的指导意见

商流通发〔2012〕474号

各省、自治区、直辖市、计划单列市及新疆生产建设兵团商务主管部门：

生产资料流通直接服务于农业生产和基础建设，是生产性服务业的重要组成部分。提高生产资料流通现代化水平，对于组织和引导生产、保障市场供给、优化资源配置、平抑价格波动、降低流通成本等具有重要意义。根据国家“十二五”规划纲要、《国内贸易发展规划(2011—2015)》和《商贸物流发展专项规划》(商商贸发〔2011〕67号)，现就“十二五”期间租金生产资料流通现代化发展提出如下意见：

一、“十一五”时期我国生产资料流通的主要特点

（一）市场规模不断扩大。随着我国经济快速发展、经济总量不断增加，我国生产资料市场规模不断扩大，生产资料销售总额从2006年的17.7万亿元增长到2010年的36.1万亿元，行业就业人数年均增长4.4%。2010年，生产资料流通行业增加值占国内生产总值比重达到5.1%，完成税收收入占第三产业的17.7%。

（二）多主体、多渠道流通格局共存。改革开放以来，我国国有生产资料流通企业逐步完成股份制改造，建立了现代企业制度，成为生产资料流通的骨干企业；一批民营企业异军突起，在生产资料流通中发挥“生力军”作用；大型生产企业通过建立销售网络，逐步向流通领域延伸，形成了国有、民营、外资多元化的生产资料流通主体共同发展，流通企业经销、经销商代理、生产企业自营等多种流通渠道并存的生产资料流通格局。

（三）新型交易方式快速发展。现货交易、期货交易等多种交易方式相互补充的生产资料交易方式，较好地满足了多元化、多层次的市场需求；连锁经营方式逐步引入生产资料流通行业，提高了经营组织化水平。批发市场成为我国生产资料流通的重要载体，同时，以互联网为载体的生产资料网上交易快速发展。

（四）服务功能进一步拓宽。生产资料流通企业逐渐从传统的交易功能向供应链上下游延伸，通过拓展仓储、展示、配送功能，逐步向现代物流中心转变，为生产和建设活动提供专业化、个性化服务，扩大增值服务范围。生产资料供应链融资快速发展，为解决中小企业资金短缺、融资难等发挥了积极作用。

（五）国内外市场联动趋势明显。我国生产

资料市场与国际市场的联系日益紧密，国内外市场联动效应日趋明显，一些重要的生产资料品种如铜、钢铁等，国内市场对国际市场价格的影响越来越大，“两个市场、两种资源”对调剂国内余缺、平衡供需、促进国民经济健康发展的作用日益突出。

尽管我国生产资料流通现代化水平快速提升，但行业发展中存在的一些深层次问题不容忽视，主要表现在：企业规模小，组织方式落后；流通基础设施缺乏整体规划和布局，投入严重不足；电子交易模式、供应链融资等新型交易方式和服务模式缺乏政策引导和法律规范。这些问题在一定程度上制约了生产资料流通行业的健康发展，亟待转型升级，推进生产资料流通现代化。

二、指导思想和目标

（一）指导思想。按照科学发展观要求，适应我国转变经济发展方式和生产性服务业发展需要，以供应链管理为纽带，以科技为支撑，推进生产资料流通组织现代化、交易方式现代化、基础设施现代化和企业管理现代化，引导和推动生产料流通企业与生产、加工、配送、金融等相关企业融合发展，进一步降低流通成本，优化流通组织化程度，提高生产资料流通效率，促进国民经济健康、稳步发展。

（二）基本目标。通过大力推进生产资料流通现代化工作，促进形成有中国特色的统一开放、竞争有序、安全高效、低碳环保的生产资料流通体系。到“十二五”末，重点生产资料流通企业平均流动资产周转次数由目前的3.1次提高到4.6次、存货周转率由目前的11.1次提高到13.6次，平均库存总额占销售额比例由目前的8.7%降低到6.2%；大中型生产资料流通企业的销售额占全行业销售额的比例从目前的34%提高到39%；销售额超过千亿元的大型生产资料流通企业由目前的6家发展到16家；形成一批以互联网为载体的国际或区域性生产资料交易中心。

三、主要任务

（一）发展连锁经营，提高行业组织化和规模化水平。根据商品特点、区域特点和企业实际情况，支持具备条件的生产资料流通企业以品牌和成熟的经营管理体系为依托，以现有门店和经营网点为基础，吸收中小企业加盟，建立规模化、集约化的连锁经营模式，培育一批主业突出、经营规模大、网络覆盖广、核心竞争力强、现代化水平高的大型生产资料流通企业。建立健全覆盖县级区域和中心乡镇的公共物流配送网络，为农资流通提供有力支撑。

（二）强化物流服务功能，拓展增值服务范围。支持生产资料流通企业在中心城市、交通枢纽、经济开发区和工业园区建设大宗生产资料现代物流基地和物流园区，促进生产资料流通集聚式发展。鼓励生产资料流通企业强化物流服务功能，从单一的交易中心向展示、仓储、交易、加工、配送等多功能、多业态发展，形成一批集多功能于一体的专业化、综合性生产资料物流配送中心。建立科学的仓储货物监管制度，制订质押仓库资质认定办法，规范仓单质押行为，促进供应链融资服务健康、有序发展。

（三）促进产业融合发展，降低流通成本。鼓励生产资料流通企业向上游产业延伸，进入生产领域掌握生产环节需求信息； 向相关产业延伸，在投融资、信息、科研等领域拓展；向下游产业延伸，通过提供个性化服务，帮助终端客户创造价值，在部分重点品种形成上控资源、中联物流、下建网络的产业链，拓宽企业发展空间，稳定和保障资源供应，提高渠道控制力和议价能力。

（四）培育市场主体，推动大中小企业协调发展。鼓励具有竞争优势的生产资料生产、流通企业通过参股、控股、兼并、收购等方式，跨地区、跨行业进行资源整合。鼓励具备条件的生产资料生产、流通企业拓展内外贸结合的经营模式，建立跨国采购和销售网络。同时，重视发挥中小企业在满足市场多层次、个性化需求方面的重要作用，引导中小企业运用信息技术和现代流通技术，提高企业核心竞争力。

（五）提高现代科技应用水平，增强企业竞争力。顺应物联网和互联网融合发展趋势，加大生产资料流通领域信息化改造力度，支持生产资料流通企业应用供应商管理系统、库存管理系统、客户关系管理系统等供应链管理系统，提高企业管理水平。鼓励发展生产资料电子商务交易方式，重点规范、培育一批市场覆盖面广、交易规范的区域或国际性生产资料电子商务交易平台。加强数字化行业共用信息平台发展，实现上下游企业之间的信息共享和资源协同配置。大力推进托盘共用、自动化包装装卸、流通加工、计量检测等应用，提高生产资料流通装备技术水平。

（六）加强节能减排工作，促进绿色低碳发展。按照国家“十二五”节能减排的总体要求，鼓励各类生产资料流通企业、物流配送中心等推广应用先进适用的节能技术，加大设施节能改造投入，优化用能设备配置。推广绿色物流，合理组织、配置物流资源，优化配送路径，促进低碳经济发展。进一步加大散装水泥、预拌混凝土、预拌砂浆推广力度。

四、保障措施

（一）开展示范、试点，加强政策引导。将促进生产资料流通现代化作为服务业特别是生产性服务业发展的一项重要内容，通过开展现代服务业综合试点、生产资料流通经营模式创新示范等工作，提高生产资料流通现代化水平。完善生产资料重点联系企业制度。协调相关部门，解决生产资料流通业发展面临的融资难、税负高等问题，创新企业融资方式，争取相关政策支持。

（二）加强法规、标准体系建设，改善市场环境。加强法规建设，规范生产资料流通管理措施，形成公平、有序、竞争、高效的生产资料流通市场环境。制订符合经济社会发展需要的生产资料电子商务交易规则。完善生产资料流通标准体系，健全相关市场准入制度。广泛开展“诚信经营”和行业信用评价，探索建立企业信用和从业人员资质分级分类管理制度，形成诚信激励、失信惩戒机制。

（三）完善行业监测、统计体系，做好服务工作。进一步完善煤炭、石油、天然气、钢材、有色金属、木材、橡胶、塑料、再生资源等重要生产资料市场监测体系，及时掌握生产、需求、库存、进出口和价格变化情况和发展变化趋势。加强生产资料流通行业统计工作，全面了解行业发展状况，及时反映生产资料流通现代化发展中出现的新情况、新问题、新趋势。编制发布重点生产资料流通发展报告，为社会和投资者提供相关的信息服务。

（四）加大研究力度，把握行业发展方向。重点联系一批理论造诣深、实践结合能力强的生产资料生产、流通方面的专家队伍，以生产资料流通重点行业、关键领域、突出问题为突破口，加大行业研究力度，做好行业发展分析研究工作，准确把握生产资料流通现代化发展方向，逐步形成政府部门、行业协会、科研咨询机构、企业和专家群体共同推进生产资料流通行业发展的工作格局。

（五）充分发挥行业协会作用，形成行业发展合力。充分发挥行业协会连接政府和企业的桥梁纽带作用，制订行规行约，加强行业自律，指导企业创新经营模式，提高流通现代化水平。充分发挥行业协会在行业统计、课题研究、咨询服务、资质认证、人才培训等方面的积极作用，引导行业健康发展。指导或委托行业协会做好国内外市场行情跟踪、信息收集、趋势研究等工作，共同推进生产资料流通现代化。

（六）加强组织领导，健全工作机制。各地商务主管部门要提高认识，转变观念，加强组织领导，健全生产资料流通行业管理机构，明确工作职责，加强行业指导、管理和服务，因地制宜地抓好“十二五”时期推进生产资料流通现代化工作，确保取得成效。

中华人民共和国商务部

二〇一一年十二月十四日

商务部关于鼓励和引导民间资本进入商贸流通领域的实施意见

商流通发〔2012〕207号

各省、自治区、直辖市、计划单列市及新疆生产建设兵团商务主管部门：

改革开放30多年来，我国商贸流通领域对民间资本开放已取得积极成效，目前，民营企业已占我国商贸流通经营单位总数的93%，在繁荣城乡市场、促进生产、扩大消费中起着举足轻重的作用。为深入贯彻落实《国务院关于鼓励和引导民间投资健康发展的若干意见》(国发〔2010〕13号)和《国务院办公厅关于鼓励和引导民间投资健康发展重点工作分工的通知》(国办函〔2010〕120号)精神，进一步发挥好民间投资在我国商贸流通领域中的积极作用，现提出以下实施意见：

一、鼓励和引导商贸流通领域民间投资又好又快发展

（一）鼓励和引导工业消费品流通领域民间投资又好又快发展。鼓励和引导民间资本建设面向社会服务的区域性仓储和配送中心，为工业消费品短途统一配送提供支撑。鼓励民间资本参与城乡便利店以及社区配套商业设施建设，引导民间资本规范有序参与厂家直销中心（奥特莱斯）、城市商业综合体建设，实现健康发展。支持民营流通企业与拥有品牌优势的生产企业紧密合作，努力发展成为工业消费品总代理商、总经销商。

（二）鼓励和引导生产资料流通领域民间投资又好又快发展。支持民营生产资料流通企业强化供应链管理功能，向上下游产业延伸，发展集原料采购、流通加工、物流配送、产品销售和再生资源回收于一体的集成服务。鼓励和引导民间资本在中心城市、交通枢纽、经济开发区和工业园区建设大宗生产资料现代物流基地和物流园区，促进生产资料流通集聚发展。

（三）鼓励和引导农产品流通领域民间投资又好又快发展。深入贯彻落实《国务院办公厅关于加强鲜活农产品流通体系建设的意见》（国办发〔2011〕59号）等文件精神，积极引导农产品流通领域民间资本参与建设和改造农产品批发市场和农贸市场、菜市场、社区菜店、生鲜超市、平价商店等鲜活农产品零售网点。支持大型民营农产品流通企业向生产领域和零售环节延伸经营链条，提高产业集中度和产销一体化水平。

（四）鼓励和引导餐饮住宿行业民间投资又好又快发展。鼓励民间资本参与各地早餐工程建设，开展厨房改造、主食加工配送中心建设，为居民提供安全、便利、实惠的早餐服务。支持民间资本参与餐厨垃圾回收利用体系建设，发展经济型酒店，创建绿色饭店，全面提升餐饮、住宿

卫生安全水平。鼓励民营餐饮企业进行资本运作和战略重组，推进集约化生产，加快集团化发展，积极拓展国际市场。

（五）鼓励和引导其他生活服务和商务服务领域民间投资又好又快发展。鼓励民间资本投资和经营家政服务网络中心、社区便民服务店、大众浴池、生活服务网络平台等满足大众需求的基础服务设施。支持会计、审计、广告、法律、管理咨询、市场调查等商务服务领域的民营企业加快发展，进一步健全服务功能。支持经营规范、运作良好的民营生活服务企业开展兼并重组，实现跨区域连锁经营。

二、继续发挥好民间资本在发展现代流通方式中的重要作用

（一）鼓励民间资本发展连锁经营和特许经营。积极鼓励和引导民间资本在商贸流通领域发展直营连锁、特许连锁和自愿连锁。推动连锁经营从传统零售业、餐饮业向生产资料流通等领域拓展。对具有发展潜力和经营特色的民营企业发展特许体系，提供管理咨询、信息化改造、物流体系建设等方面的支持。发掘一批经营模式成熟、市场接受度高、扩展能力强的优秀特许经营品牌，支持其开展品牌建设和加盟宣传。

（二）鼓励民间资本发展商贸物流。鼓励民营企业整合现有工业、商业、仓储和运输等物流信息资源，大力发展第三方物流，推进第四方物流。引导民间资本加强冷链物流、物流电子商务平台、商贸物流园区建设，促进民营物流企业发展。支持民营资本在大中城市推进现代物流技术应用和共同配送工作，发展日用消费品和生产资料共同配送、鲜活农产品低温配送，支持民营企业物流配送模式创新，开展托盘及集装单元系统建设、运营，提高物流配送自动化、标准化、信息化和组织化水平。

（三）鼓励民间资本发展电子商务。支持有实力的民营企业与大型国有流通企业采用强强联合、兼并重组、股份制改革等合作方式，发展或转型成为行业特色突出、创新能力和带动性强的电子商务龙头企业。支持民间资本参与行业电子商务平台建设和改造，推进其由信息流服务向信息流、商流、物流综合服务发展。支持民营百货、超市企业依托现有商业资源开展网络零售业务，发展集电子商务、电话订购和城市配送为一体的同城购物。

三、引导民间资本进入商贸流通领域特种行业

（一）支持民间资本有序进入国内成品油市场。引导民间资本有序参与原油与成品油储运及零售网络建设，扶持有条件的民营企业进入成品油分销市场。鼓励支持具备一定实力的大型民营油企通过兼并、收购、联营等方式，进一步壮大实力，建立以资产为纽带的独立石油公司或技术服务型石油公司，发展成为主业突出、市场竞争力强的大公司大集团；支持民营油企采取多种形式获得稳定的油源、技术和管理服务。

（二）引导民间资本规范发展典当业务。加快典当业立法步伐，研究制订相关标准，引导民间资本规范发展典当业务。促进民营典当企业规范化、品牌化经营，鼓励有条件的民营典当企业做大做强，开展品牌建设，发展连锁经营。推动建立典当企业之间、典当企业与银行、担保公司等其他社会融资机构之间的合作机制，支持民营典当企业拓宽融资渠道。积极研究出台有利于典当业务发展的支持政策，争取获得与小额贷款公司等非银行金融机构同等待遇。

（三）支持民间资本发展融资租赁业务。加快融资租赁业立法步伐，建立健全行业标准体系，完善金融、财政、税务、外汇、海关等政策，加强行业监管，支持符合条件的民营企业规范发展融资租赁业务。鼓励民营融资租赁企业为中小微

企业、“三农”企业提供交通运输工具、生产设备、工程机械、农用机械等融资租赁服务，通过设备融资租赁方式参与铁路、电信、电力、石油天然气、水利工程等基础产业建设。支持民营融资租赁企业加强与各类金融机构合作，拓宽融资渠道。

（四）支持民间资本拓展拍卖业务领域。以市场化和专业化为目标，支持民营拍卖企业开拓新市场，调整业务结构，大力拓展社会委托资源，采取相关配套和保障措施，积极发展机动车拍卖、无形资产拍卖等业务领域。探索开展农产品拍卖，选择具备条件的农产品品种开展拍卖交易，逐步推动拍卖成为大宗农产品流通的重要交易方式。

（五）引导民间资本有序开展直销经营。加强对直销法规政策的宣传，引导民间资本有序进入直销市场。完善监管制度，配合有关部门严厉打击传销，引导直销企业规范经营。支持民营企业学习借鉴国外先进经验，积极探索适合中国国情的直销经营理念和管理方式。推动成立行业协会等中介组织，搭建企业交流合作平台，促进行业自律。

四、为民营商贸流通企业发展创造良好政策环境

（一）改善民营商贸流通企业融资环境。贯彻落实《国务院关于进一步支持小型微型企业健康发展的意见》（国发〔2012〕14 号）支持小型微型企业发展的各项金融政策，创新金融产品和服务，拓宽融资渠道，努力缓解小型微型民营商贸流通企业融资困难。继续采取财政补助方式，支持民营中小商贸流通企业通过融资性担保机构获得融资，支持其投保国内贸易信用险，鼓励保险机构帮助企业进行保单融资。

（二）支持民营企业承担由财政资金引导的重点工程。支持民营企业参与再生资源回收体系建设，以龙头企业为载体，分品种规划建设覆盖全国的再生资源回收网络。支持民营企业承担“早餐工程”、“家政服务体系建设”、“标准化菜市场”等民生服务项目，进一步完善城市社区便民服务设施。在“万村千乡市场工程”以及“农超对接”、“双百工程”、“南菜北运”、“西果东送”等农产品现代流通综合试点工作中，积极考虑将更多的民营企业作为试点承办单位继续加以扶持。

（三）建立民营中小商贸流通企业服务体系。推动落实国家关于扶持中小企业的政策措施，优化民营中小商贸流通企业发展环境。开展中小商贸流通企业服务体系建设试点，建立以公共平台为核心、专业机构为主体，信息咨询、科技应用等为主要服务内容的服务体系。以组织中小企业参展和开展特许经营为重点，帮助中小企业开拓市场，健全营销渠道。

五、为民间资本进入商贸流通领域完善组织保障

（一）加强组织领导。各地商务主管部门要积极会同有关部门，抓紧建立鼓励和引导民间资本进入商贸流通领域的部门协调机制，形成工作合力，推动各项措施的具体落实，切实将鼓励和引导民间资本进入流通商贸领域作为一项意义深远的专项工作来推进。

（二）强化监督检查。各地商务主管部门要在本实施意见公布后一个月内，研究制定本地具体工作方案，并报商务部备案。商务部将会同有关部门组成联合督查组，赴各地开展督察工作，对工作成绩突出的地区给予表扬，对工作落实不力的地区予以通报。

（三）发挥商协会的作用。充分发挥商贸流通领域相关行业协会、商会的桥梁作用，在企业信用体系建设、企业做大做强、与国有公司的合作共赢方面，加强沟通协调与行业自律，推动民营经济有序健康发展。

（四）加强宣传引导。充分运用商务系统网站和报刊，大力宣传各级政府关于鼓励和引导民间资本进入商贸流通领域的方针政策，及时公开相关产业政策、发展规划、投资项目、优惠措施、资金扶持等政策措施。建立产业项目和民间资本的对接机制，每年筛选一部分重点示范工程和示范项目，作为民间资本投资重点招商项目库，定期向社会公开。

各地商务主管部门要充分认识鼓励和引导民间资本进入商贸流通领域的重要性和紧迫性，认真贯彻落实国家相关政策，积极协调有关部门切实采取有效措施，支持民间资本投资商贸流通领域。要密切关注本地区商贸流通领域利用民间资本情况，认真分析商贸流通领域民间资本的发展趋势和存在问题，及时总结经验和做法，研究提出促进民营商贸流通企业发展的政策措施，努力构建促进商贸流通领域民间资本发展的长效机制。

中华人民共和国商务部

二〇一二年六月十八日

商务部关于贯彻落实国务院决定推动大宗商品市场有序转型的通知

商建发〔2012〕59号

各省、自治区、直辖市、计划单列市及新疆生产建设兵团商务主管部门：

为贯彻落实《国务院关于清理整顿各类交易场所切实防范金融风险的决定》(国发〔2011〕38号，以下简称《决定》)，根据2012年2月2日召开的清理整顿各类交易场所工作会议暨部际联席会议(以下简称联席会议)第一次会议的有关要求，推动大宗商品中远期交易市场(以下简称大宗商品市场)有序转型，现就有关事项通知如下：

一、高度重视，全力配合牵头部门开展工作

开展对各类交易场所的清理整顿工作，是维护市场经济秩序、防范系统性风险的内在要求，是调整经济结构和转变发展方式的良好契机，是健全市场体系、维护社会稳定的客观需要。各地商务主管部门要高度重视，充分认识清理整顿工作的重要意义，把思想认识统一到国务院决策部署上来，在省级清理整顿交易场所工作领导小组（以下简称省级领导小组）的领导下，切实履行职责，密切配合，形成合力，有效促进商品交易市场健康有序发展。

二、准确把握，全面落实清理整顿各项政策

《决定》对清理整顿的工作范围和政策界限作了明确规定，联席会议第一次会议又进行了进一步的阐述，各地商务主管部门要认真学习，仔细研读，正确理解专业术语，准确把握政策界限。大宗商品市场一律不得以集中竞价、电子撮合、匿名交易、做市商等集中交易方式进行标准化合约交易。清理整顿不以交易场所的名称作为界定标准，实际经营活动中涉嫌违法期货的大宗商品市场，也应按照规定纳入清理整顿范围，防止部分交易场所通过更改名称规避清理整顿。

三、培育典型，着力推动大宗商品市场有序转型

各地商务主管部门要积极引导和推动大宗商品市场有序转型，及时总结转型经验和做法。推广和完善协议转让、拍卖、电子商务等交易模式。在交易商准入、风险控制、资金结算和便利交收等方面加强规范管理。选择重点行业重要品种，围绕培育品牌、优化链条、科技创新等发展战略，通过典型示范、分类引导、整合资源、政策促进等方式，搭建集商流、物流、资金流、信息流于

一体的现货购销平台，形成一批大宗商品现货转型示范市场，带动和促进商品交易市场规范健康发展。

四、掌握情况，建立大宗商品市场转型信息报送制度

各地商务主管部门要在省级领导小组的领导下，明确专门机构，指定联络人，完善责任制，建立大宗商品市场转型信息定期报送制度。要通过各种途径，了解掌握当地大宗商品市场的数量、规模、交易规则、管理制度等信息，及时跟踪总结大宗商品市场转型的方式、方法、成效等情况，每月5日前，将上月主要信息通过商品交易市场监管平台上报商务部（有关事项另行通知），遇有重大情况第一时间上报。

五、监测预警，积极防范可能出现的风险

各地商务主管部门要从维护市场秩序和社会稳定大局出发，从经济社会长远发展出发，按照省级领导小组的统一部署，协助牵头部门，密切关注大宗商品市场清理整顿、转型发展有关情况，及时发现问题，主动向牵头部门通报相关信息，加强风险研判，做好大宗商品市场的风险预警工作，有效化解矛盾和潜在风险。

商务部

二〇一二年二月二十四日

专题篇

中国木门行业发展轨迹

20世纪90年代后期，中国的木业以令世人瞩目的速度全面发展着，并跻身世界木业强国。而木门恰似木业界的一枝奇葩傲立群芳，昂首阔步进入家装市场，在木制品生产中起步晚，但起点高，而且后势强劲。

一、木门行业的崛起

自从人类有了住所以来，就有了特定意义上的门，传承演绎至今，其形式与内涵已经不可同日而语。门作为建筑构件最核心、最精彩的装饰，最终定格为建筑的一部分。门从完全的使用功能向使用与装饰功能并重方向转化。门不再是简简单单遮风挡雨、保障安全、隔绝小环境与大环境的屏障，而是已经成为居室的一种装饰、一道风景线，体现了一种文化，具有很大的观赏性。门涵盖了时尚与古典、抽象与复杂、简约与厚重、具体与模糊、国际与民族、传统与现代等多重元素，设计理念不断更新。中国是一个多民族的人口大国，地区的差异，消费习惯、兴趣、爱好的差异，最终使门形成琳琅满目、色彩纷呈，不同风格、不同款式的多元化门世界，可谓争奇斗艳、百花竞放。大千世界千变万化，木门设计的风格与发展也永无止境。小小一扇门体现了门前的艺术，门后的故事，门里的文化和门外的人生。

木材是一种性能优良的建筑装饰材料，最亲近人类，既环保又可再生，木门以其自然温馨、隔音保暖、节能减排、高贵典雅的特性受到广大消费者的青睐，同时由于采用了国内外先进工艺、技术和材料，理所当然受到消费者的追捧。随着生活水平的提高，人们的消费意识及消费理念也逐步改变，要营造一个完美的居室环境，门的款式和风格起着决定作用，同时门的造型和整个空间互相呼应，共同创造出某种风格和氛围。选择一扇坚固、耐用、美观、得体的门，不仅能呵护好爱居，同时也彰显主人的品位和情趣。木门美化了居室环境，装饰了人们的生活空间，成为人们生活中不可或缺的伴侣。巨大的市场需求使木门企业犹如雨后春笋般涌现，又如万马奔腾般向前。

近年来，随着生活水平的提高、居住环境的改善，木门这枝奇葩作为一个起步晚、起点高的新兴行业，继传统、汇中西、创特色，全面进入机械化、工厂化生产，开始了一个蓬勃的发展期。

木门行业从早期的白坯门到今天的成品套装门，时间也就十余年。正是这十余年，木门行业经历了一场具有划时代意义的深刻“变革”。正是这场变革，以迅雷不及掩耳之势将整个行业推向一个全新的整合时代。

木门行业的发展，可谓“十年磨一剑”：从过去的区域性发展到而今初步形成的产业化发展，从过去小规模的作坊式生产到今天的大规模成品化、集成化、品牌化发展，其时间跨度之短、发展之迅猛，即便是业界自身也缺乏“思想准备”。

木门行业的发展，与住宅产业的发展有着十分密切的关系。城市化进程及住宅产业化趋势直接影响到木制品企业的发展。《2008年中国木门行业调查报告》显示，当前我国每年完成房屋建筑面积在16亿平方米以上，按照门占10%，木门占其中的2/3计算，每年就有1亿平方米的木门潜在市场，这么大的一个市场，为木门行业的发展提供了广阔的空间。

二、行业组织的成立

随着木门行业的发展，木门生产企业、木门营销企业对成立木门行业组织发出了迫切的心声，成立中国木门行业的全国性组织势在必行，而且大有可为。

2002年，中国木材流通协会开始着手筹建木门专业委员会。2002年10月26日，在中国木材流通协会第四届理事会议上，一致通过了关于拟成立木门专业委员会的决议。之后，按程序上报中国物流与采购联合会、国资委、民政部。审批过程中，得到了政府有关部门的高度重视和大力支持。2004年6月15日完成国资委、民政部审批登记工作，至此，中国木材流通协会木门专业委员会以合法身份和社会地位公开亮相，中国的木门行业有了自己的全国性组织，机构设置及各项工作正式全面展开。木门专业委员会工作的方针是：依法办事，规范运作，稳步发展，全方位为木门企业服务，积极宣传贯彻国家的有关政策、法规，向政府有关部门反映企业的呼声和要求，促进行业健康有序发展，规范市场行为，诚信经营，把更多更好的木门产品奉献给社会，让消费者满意。

木门专业委员会正式成立后，立即在行业里引起反响，知名家居网首先邀请木门专业委员会与他们联手开展活动，针对木门行业的现状和走势，2004年8月12日成功举办“2004年木门行业发展研讨会”网上直播活动。活动中木门专家、企业家与进入现场的消费者坦诚对话，场内外互动，共同就木门热点话题进行交流，给消费者带来了套装木门环保与科学的理念。

三、行业发展方向的明确

2004年4月28日，木门专业委员会召开了中国木门发展高级论坛。有关专家做了题为《木质门在中国的发展前景》《木质门防火技术要求及发展对策》的技术报告以及《木质门销售支持体系和服务支持体系》《木质门快速发展呼唤行业组织诞生》的演讲。会场气氛热烈，企业家们聆听专家讲话，争先恐后地向专家咨询、索取资料并表示加入木门专业委员会的意愿。与会代表普遍反映，专家的发言技术含量高、信息量大，通过参加论坛得到很大收益。

由木门专业委员会主办的中国居室门发展趋势高层论坛于2004年8月22日顺利进行。国内外专家会聚讲坛，以居室门的新材料、新工艺、新技术为主题，对中国居室木门的发展趋势、木门行业标准化建设进程与内容做了详尽阐述。

2005年年初，木门专业委员会会长会议在北京召开，会议就行业的发展方向以及木门委员会工作目标达成共识：建立行业核心，明确工作方向；打造木门知名品牌，规范木门流通市场；开好2005年中国木门行业年会和周年庆典大会；办好门业展览会，筹划木门供需见面会；完成《木质门》行业标准，提升行业标准化水平；加强专家部建设，提供技术服务；筹建《中国木门网》，征集木门专业委员会会标；加强市场调查与疏理出口渠道。

2007年12月26日（木门）中国名牌高峰论坛会成功召开。中国木门作为一个行业，现在越来越引起中国以及世界上各国的注意，而且是作为一个新兴的行业，发展很快，现在中国木门企业以每年30%以上的增长幅度在发展，市场上的木门品牌比比皆是，鱼龙混杂，质量有好有坏，协会要净化市场、规范市场，同时促进行业的健康有序发展，提出全力打造木门行业的骨干队伍，使产品质量、售后服务有保证的，对消费者、社会能够负责的企业，形成中国木门行业的主流。

由中国木材流通协会、浙江省江山市人民政府联合主办的“2008中国（江山）木门行业高峰论坛”、“2010中国（江山）木门行业高峰论坛”在浙江省江山市隆重举行。浙江省林业厅副厅长吴鸿，衢州市委常委、组织部部长李剑飞出席开幕式并致辞。江山市委书记傅根友、市长陈锦标等领导，国内知名林业科研院校专家，全国近20个省（市）的木门企业主，中央、省市以及相关行业的20多家新闻媒体共40多名记者应邀参会。会议期间，来自全国各地的木门企业欢聚一堂，交流经验、传递信息、探讨行业发展方向，有效提高了企业管理水平，明确了前进方向。

数次木门论坛的成功举办，快速提高了木门专业委员会的知名度和影响力，木门专业委员会的工作也在良好的基础上健康而全面地开展起来，有力地促进了行业的发展，建立了行业中的主流队伍，通过共同探讨，明确了行业前进方向。

四、行业规范的提升

制约企业发展的最大瓶颈是行业标准相对滞后，在木门行业高速发展的同时，由于没有一个统一的木门产品标准，直接影响了产品的质量，而在遭遇纠纷之后，更找不到一个可以共同参照解决问题的依据，因此，木门进入流通市场，厂家、商家、消费者都迫切需要有一个共同的技术指标与交易规范。木门专业委员会从筹备期间就感到木门行业标准制定的紧迫性。2003年10月，经争取，行业标准《木质门》被列入国家发展和改革委员会标准编制计划而正式立项。木门专业委员会正式成立后，标准起草组加快工作速度，广泛征求意见，几易其稿，参考多家企业标准，完成征求意见稿。2006年8月1日开始实施的中国首部木门标准《木质门》推进木门产业化进程，将一些杂牌木门产品拒绝在市场之外，同时对一些品牌厂商在选材用料、门缝尺寸、甲醛含量等方面全面符合国家标准起到促进作用。2012年经商务部立项、批准，《木门企业等级划分规范》SB/T 10844—2012、《木质门安装规范》SB/T 10725—2012和《木质门修理、更换和退货规范》SB/T 10726—2012、《实木复合门》SB/T 10952—2012，分别于2013年3月1日、2013年6月1日、2013年9月1日正式实施。从此，木门从生产、销售到安装、服务整个产业链都将真正走向规范，标准体系逐步建立与完善，对行业健康发展、规范市场，以及产业成本的控制、营销渠道、技术创新等都将起到极大促进作用，也利于市场的优胜劣汰。

五、行业主流的形成

企业产品质量售后服务双承诺活动（以下简称中国木门30家），中国木材与木制品流通协会木门窗专业委员会开展的木门品牌活动。

2005年3月20日中国木材流通协会木门专业委员会会员大会暨全国30家木门企业“产品质量、售后服务”双承诺诚信宣言活动在北京人民大会堂隆重召开。诚信宣言的内容对于企业产品质量，售前、售中、售后服务做了明确的规定，木门为环保产品，绝不损害使用者的健康；均以机械化、工厂化大生产为前提，技术先进，质量可靠，内部结构公开，饰面材料规范；质量不符者，无条件退货；对产品负责到底，提供两年售后服务；对于木门的质量，企业无条件接受中国木材流通协会木门专业委员会监督裁决，为此，专业委员会将设立投诉热线电话，消费者若有不满意之处，可拨打投诉热线，企业48小时内及时处理质量问题等条款成为宣言的主要内容。从此中国木门30家走向辉煌发展的光辉历程，从2005年到2013年，中国木门30家企业由最初的30家发展到120家，9年来，中国木门30家从当初的单一实木门企业演变为现在的实木门、实木复合门、钢木门、模压门等企业踊跃加入，百花齐放，百家争鸣，处处焕发一片勃勃生机。中国木门行业的骨干与核心团队形成，木门品牌意识逐步提升。30家活动促进了行业的发展，规范了市场秩序，受到广大木门企业与消费者的拥护和支持。2010年，经中共中央、国务院同意，国资委下发国资厅发纪检〔2010〕21号文件，明确保留该项活动。有效地使这项活动保持了强劲的生命力，正是由于信得过的质量，良好的售后服务，提升了30家企业社会形象和知名度。品牌木门的社会地位日渐提高，成为消费者以及工程项目的首选。经过十年的培育，已经成为一个品牌，一个标志，一种优秀产品质量和服务的象征，在行业和市场中享有很高声誉，得到广大木门企业积极支持和参与。

六、区域集群的崛起

2008年11月26日至28日，在中国木材流通协会、浙江省江山市人民政府联合主办的“2008中国（江山）木门行业高峰论坛”期间，浙江江山市获得“中国木门之都”称号。截止到2012年，小小的县级市，木门产值一举越过70亿元，木门企业超过百家，已经成为江山市支柱型产业，为促进江山市的经济发展作出积极的贡献。

2008年全国木门行业500亿元的产值中，重庆的产值是50亿元，全国34个省市自治区直辖市中重庆市已占10%。星星公司在1994年的时候就提出套装门的概念，而以星星、美心为“龙头”的木门企业不仅是重庆地区的领头羊，而且在全国的影响力也非常大。总的来说，重庆的木门行业正以欣欣向荣的态势，快速发展，上升的趋势非常好。重庆市政府、重庆市经济委员会都对木门行业给予了高度重视，在政策和其他方面都有一定的扶持和帮助。而重庆成为城乡改革实验区的政策对重庆的经济发展都有极高的提升作用。正是因为木门自身的发展和外在政策经济环境的支撑，重庆的木门行业将可能成为重庆的朝阳产业，为重庆的经济建设做贡献。重庆获得“中国套装门之都”的荣誉称号，既是对重庆木门行业既往努力的肯定，也是对行业的鼓励，对木门行业将来的发展意义重大。2012年，重庆市木门行业产值突破百亿元大关。

厦门市同安区原木门制作历史悠久，选材严格、工艺独特、造型美观、质量精湛，在全国高端门业市场中享有盛誉。近几年，随着中国的木门行业快速发展的大好形势，厦门市的近百家原木门企业也在技术不断创新的推动下取得令人瞩目的成绩，形成以同安为中心的原木门产业聚集区，产品畅销海内外，品牌影响力不断提高，为进一步推动同安区原木门产业的发展，为中国木门行业的发展以及当地经济建设作出新的贡献。根据厦门市同安区政府的申请，经专家考察论证，中国木材与木制品流通协会木门窗专业委员会决定授予同安区“中国原木门之乡”称号。

2013年7月15日授予浙江南浔中国木门之都称号。在南浔人民政府的重视和支持下，木门行业蓬勃发展，目前，全区木门生产企业已达180余家，年产各类木门500多万套，产品销往全国各地及多个国家和地区。众多木门企业发展势头良好，集群化生产对解决城乡就业，促进地区经济起到了积极作用，为木门、木制品行业的发展做出了积极贡献，在全国具有很高的影响力。

为推动南浔木门产业健康有序发展，经研究，同意授予南浔“中国木门之都”称号。

七、行业亮点的彰显

（一）展会

近年来，我国展会经济发展非常活跃，不同区域的综合性展会、专业展会蓬勃开展，不仅代表了国民经济的发达程度，同时更带动相关产业的发展。行业展会在展示产品和技术、拓展渠道、促进销售、传播品牌、促成企业间合作等方面起着不容忽视的作用。体现了产业链对接、品牌塑造、贸易配对、信息交流、行业表彰、创新产业、国际合作等多项功能为一体的作用。

当前，全球性金融危机正渐渐隐退，木门企业也在实施全新的发展战略。适时参加行业内的专业性展会，并将自己的品牌推向一个更宽广的舞台，这不失为木门企业谋求发展的重要策略之一。而能否准确地选择并适时地参加含金量高的专业性展会，对发展中的广大木门企业来讲是尤为关键的。木门展会对一个企业的经营，品牌的宣传，互相学习交流，促进整个行业的进步与发展都起到了至关重要的作用。展会是木门行业的风向标，企业在展会上的一举一动可以说都昭示着中国木门行业的发展水平及未来发展动向。从2005年开始至2013年中国木材与木制品流通协会木门窗专业委员会已经先后主办了北京、上海、青岛三地多次专业木门展，加之展会期间各项配套专项活动，在社会上形成很大影响，有力地提升了行业影响力和品牌知名度。

（二）CTC产品质量和健康认证。

2007年下半年起，协会与中国建材检验认证质量合作，以木制品行业为基础，对产品进行有效认证和监督，首批23家企业通过认证，并在钓鱼台召开新闻发布会。之后，不断有企业参与到这一活动中来，至今获得CTC认证的企业已超过百家。

（三）木门设计大赛

创新是企业发展的原动力，而其中木门款式、风格的研发、创新则是丰富产品，丰富市场，满足社会不同层面的需求，提升市场占有率的有效途径之一。中国木门设计大赛是中国木材与木制品流通协会木门窗专业委员会及其官方网站中国木门网(www.cndoor.org)每年例行的活动之一。旨在提高木门行业产品设计档次，消除产品同质化。此活动至今已成功举办四届，受到了木门企业的广泛欢迎及消费者的大力关注，有力地促进了企业木门产品研发和创新，每次大赛都会有一批新品问世，也有效地遏制了日益严重的产品同质化现象。

（四）木门委更名——开辟新的领域

在木门行业发展的同时，木门的同宗兄弟——木窗也在快步发展之中，为拓宽木门领域，促进木窗行业健康有序发展，与国际接轨，经民政部批准，2011年5月，中国木材与木制品流通协会木门专业委员会正式更名为：中国木材与木制品流通协会木门窗专业委员会。至此，木门委又承担起引领木窗发展的历史重任。

（五）经销商星级店活动

为进一步净化市场环境，推动市场营销服务规范化进程，更好地为消费者提供优质满意的服务，体现协会为会员企业服务深度延伸，配合木门经销商在激烈的市场竞争中树品牌、创业绩。在征求会员及重点经销商同意后，从2012年开始，展开中国木门窗星级店评选活动，至今已有149家经销商获得不同级别的星级店。

（六）工程资质

随着木门行业的快速发展，近几年来国家大力推行精装修房，促使木门工程施工队伍迅速壮大，由于工程量大、时间要求紧，施工人员素质参差不齐，为了赶工期，降低了对施工人员的要求，往往是老人带新人，对于如此庞大的从业群体，却没有相关组织对其进行专业引导和约束，缺乏完善而统一的服务、安装和验收规范。同时，各地建设单位、监理部门，特别是一些大的工程和国家级重点工程，纷纷提出对木门施工企业的资质要求，为了提高木门工程施工行业的管理水平和技术水平，不断完善行业标准和行规行约，净化市场，促进行业的健康发展，加强木门施工工程企业群体的综合能力，提升从业人员的综合素质，确保工程质量，在得到了协会主管部门国务院国资委行业协会联系办公室同意后，木门委出台了《木门工程施工资质等级管理》具体办法，从2011年开始实施，迄今为止，为66家木门企业颁发了不同级别的木门工程施工资质等级证书。

（七）驰名商标

在全球经济一体化的今天，中国企业已进入品牌竞争的时代，品牌成为支撑企业做大做强的基础。创立和拥有具有影响力和号召力的品牌，就意味着拥有巨额财富和无形资产，就能抢占市场的制高点。中国驰名商标是中国企业品牌的最高荣誉，可为企业参与国际国内市场竞争奠定坚实的基础。已经获得驰名商标的企业都表示，荣誉的获得只是一个起点，他们将积极培育自主品牌，实现可持续发展的品牌战略。未来，将从生产研发、产品质量、渠道网络、售后服务、企业文化等方面持续改善，在更高层次上延伸他们的品牌价值，为广大消费者带来中国木门品牌最优秀的产品和最完善的服务。获得中国木门行业“中国驰名商标”的企业有：广州润成创展木业有限公司（润成创展）、浙江梦天木业有限公司（梦天）、重庆美心美家木业有限公司（美心）、宜昌盼盼木业有限公司（盼盼）、华鹤集团有限公司（华鹤）、德清县德艺门业有限公司（兔宝宝）、山东鑫迪木业有限公司（鑫迪）、广东宜华集团（宜华）、吴江市金丰木门厂（金丰）、浙江世友木业有限公司（世友）、湖北永和安集团（永和安）、浙江春天门业有限公司（春天）。

八、国际差距的认识

中国已经成为木门生产大国，但也存在很多不足和问题，与木门制造发达国家如德国、意大利等国家相比还有很大差距，从设备、工艺、技术和管理方面，都有很多值得我们学习和借鉴的地方。为缩小这种差距，尽快提高我国木门发展水平，使我国产品走进国际市场，每年中国木门专业委员会都会组织企业走出国门，外出学习。近几年，专委会先后组织企业考察了德国、意大利、中国台湾的著名木门生产企业，参观了法国、意大利、德国等国际知名展会，通过学习和交流，开阔了眼界，增长了知识，找到了差距，认清了发展的方向，对我国的木门事业起到了一定的促进作用。

（中木协木门窗专业委员会，张国林）

中国木门行业发展现状及存在问题

中国现在初步达到工厂化生产木质套装门的企业已逾6000家，并呈增加态势。其中生产值超过500万元，有能力达到《木质门》行业标准要求的企业达4000家。我国木门已基本形成了京津环渤海地区、东北地区、长三角地区、珠三角和西南地区五大生产区域。

中国木门行业起步较晚，近十年来发展非常迅速。2010年以前中国木门产值一直保持稳定增长的趋势，增长幅度超过20%。2012年中国木门产值为940亿元，同比2011年增幅为6.82%，增速大幅减少。

一、发展现状

就中国木门企业分布的特点来看，地域性差异较为明显：东、南、北部地区分布最广，产区相对集中；中、西部地区相对来说企业数量、集群分布较少，产区比较分散。总体而言，全国木门生产区大致可划分为珠三角地区、长三角地区、大京津地区、东北地区和西南地区五大区域。以机械化为主、具有一定规模的木门企业大约5000家（不含作坊式、无品牌的小企业）。据行业机构初步预计，年产值在3000万元以下的约占40%；3000万～5000万元的约占30%；5000万～1亿元的约占30%；产值过亿的不超过50家，近三年来企业数目呈现平稳增加态势，整体呈现出企业规模小、市场集中度低的产业结构分布特点。

行业发展现状可以概括为：①快增长。十年来，井喷式发展，每年增长幅度超过20%以上。②大热点。市场热点、投资热点，各路资本纷纷涌进。③散、杂、乱。企业规模参差不齐，实力大小不一，品牌众多。④无巨头。目前，市场尚无主导大品牌，到目前为止还没有一个企业市场占有率达到1%。

根据木门用材以及消费档次分类，行业主要细分市场分为实木门、实木复合门以及夹板门三类，其均价分别在5000元、2000元和1000元上下，对应了高端市场、中高端市场和中低端市场三个层次。在欧美等发达国家，实木复合门是市场最主要的产品，占有率在80%以上，而我国由于消费水平相对较低，实木复合门占有率与中低端的夹板门持平。但随着我国居民消费水平的提高，实木复合门占有率逐年提高，而夹板门逐年下降，目前实木复合门已成为木门消费市场的主体，占比为50%左右，而针对低端市场的夹板门市场占比则维持在40%；对于实木门而言，针对的是高端市场，2011年其占有率一直在10%左右波动。

东北地区包括黑龙江、辽宁等省，以齐齐哈尔、哈尔滨、长春、沈阳、大连为中心。具有较好的工业基础和木材资源优势，木业加工为传统产业，加之邻近俄罗斯，进口木材便利，国内进口木材有很大一部分通过东北地区海关进入国内流通市场，地域性优势促进了本地区木业的发展，本地区大型木门企业分布较广。

珠三角地区是我国东南部沿海地区，以广州、东莞、深圳、佛山、厦门、福州为中心，木门生产企业众多，不乏实力雄厚、资金活跃、规模较大的木门生产企业，且不少企业实施外销为主策略（近年开始转战国内市场）。本地区木门加工起步较早，产业链较长，主要原因除受消费水平拉动外，也因木质门现多采用进口木材有关。

长三角地区以上海、浙江、江苏为中心。处于我国东部沿海，是我国经济最发达的地区，也是我国木业最发达的地区之一。由于其江海交汇的地理优势,长三角地区又成为对外开放的前沿,木门行业也随之迅猛发展，木门企业数量和规模增速很快。

西南地区以成都、重庆、昆明、陕西为中心。本地区是国家西部大开发、扩大对外开放的前沿地带。乘发展与开放的东风，本地区的木门企业正在集中力量快速发展、壮大。但由于地处西、南、北部，相对于我国东南地区来说，总体消费水平偏低，所以很多企业的产品大多以中低价位介入市场。近两年，中高档木门产品逐步增多。

大京津环渤海地区以北京、天津、河北、山东为中心（含中原山西、河南）。本地区大部分地区木门产品销量较大，由于地处京城和京城周边地带，大京津地区的消费水平较高，木门的价位偏高。基于家装卖场众多，交通发达，整个大京津地区开始连成了一个木门销售大网络。

随着木门市场的大发展，各地涌现了一批在全国都叫得响的品牌，如润城创展、TATA、万家园、金迪、星星、梦天、华鹤、孟氏、千川、博亮等品牌。这些品牌带动了木门生产的工业化和标准化，推动了行业的发展。

二、存在的问题

作为一个新兴产业，中国木门市场的前景是美好的，但在发展中存在一些弊端也是必然的。行业繁荣的背后，我们也必须看到隐藏的问题。

（一）木门行业由于迅猛发展，大量企业加盟，规模迅速扩大，产能快速提高，木门企业的入门门槛比较低，众多经济实力不强、技术和管理模式落后、工艺品质低下的企业不约而同抢滩木门市场，不懂工艺、技术、管理、营销，靠着一些资金蜂拥而上，有不少老板原来是经销商代理，也有的是先给别人打工，有了一定的实际工作经验之后，自己拉起一支队伍，甚至一夜之间梦想成为木门行业中的巨头，这些人往往不了解木门产品关键部位的技术、工艺和处理技巧，脑子里更没有清晰的品牌战略规划概念，以及市场营销策略，专靠模仿，不会创新，进入市场盲目参与广告战、价格战，在战争中学习战争，边打边学，走一步说一步，没有长远发展规划，结果，聪明的成功了，学习成绩不好的下来了。同时社会上也存在个别职业道德、职业技能低下的职业经理人，这些人通常会三拍，一是刚来时拍胸脯，向企业保证如何发展、如何包装，说得神乎其神;二是拍脑袋，这个行业形成时间不长，还没有造就这方面的能人，一些职业经理人生产经营无章法、无条理，事到临头拍脑袋；三是拍屁股，完不成任务，糟蹋得差不多，待不下去了，拍屁股走人，害人不浅。现在就有不少企业出现组织不力，协调失控，成本增加，制度实施不到位，效率下降。一是意识不到，二是无能为力。

（二）木门企业之间竞争加剧，价格成为、竞争的有效砝码,虽然在表面上赢得了部分市场,但也陷入了恶性循环的怪圈。一些木门企业迫于竞争生存压力，不得不以偷工减料换取暂时的价格优势，最终败坏了木门行业的形象，同时也让一些经销商和消费者对企业失去信心，企业走上绝境。

（三）不少木门企业品质管理意识淡薄，没有完善的质量管理制度，连最基本的专业质检岗位都没有设立，更谈不上品质管理。

（四）高级管理人才的短缺，我们有多少老板是高学历？很少。企业在达到一定规模的时候再发展，自身的知识、管理能力就力不从心了。目前企业中的老板多是半路出家，有实战经验，把企业搞得有声有色,但是企业发展到一定程度,要想向高深进军，成为大型现代化企业，就感到力不从心。由于缺乏专业的高管人才，制约了发展，也造成仅有的一些只是经验稍丰富的生产技术人员、营销人员被挖来挖去，千军可得，一将难求。

（五）企业面临着原辅材料价格上涨，劳动力资源紧缺，造成产品成本增加，利润空间下降，管理、销售人力不足等问题。

三、发展趋势

房地产业是我国国民经济支柱产业之一，根据国家规划，今后仍将以扩大城市居民普通商品住房的建设规模为重点；中国木门市场就像一个巨大的蛋糕，里面蕴藏着无数的商机，据住建部政策研究室主任陈淮专家预测，未来的10～20年内，是我国居住需求的高涨期，我国现有住房约130亿平方米，预计2020年左右城镇住房总面积将达到280亿～300亿平方米，平均每年增加10亿～20亿平方米，同时每年还要有8亿～10亿平方米的建筑更新，未来20年内将有一半的住宅要拆和重建，可以长期保存的一些建筑物是1999年到现在10年间建的房。中国城镇发展中有三个阶段是在特殊的不正常的历史背景下形成的，这就决定了20年内现有中国城镇的住房就是得拆一半，当然，不一定非要拆，但翻建、改造是必需的。1949年以前的房子除了有历史文物价值的要拆，六七十年代的简易房要拆，1979年至1999年建的成套住宅已有30年房龄，老百姓有改善住房的需求，这些房需要改造。中国的城市化、乡镇化发展高潮应该在15～20年，之后，每年还将有10亿平方米增长量，强大的市场需求，拉动着我国木门生产迅猛的发展。当然，我们不能夸大这种刚性需求，也不要完全依赖这种刚性需求。应该让更多的社会需求转化为有效需求，促进市场成交活跃，以此带动建材市场的繁荣。

新一届政府在十八大精神的指引下，将会围绕促发展，惠民生，2020年建成小康社会，保持国民经济健康持续发展、科学发展等总体目标做出经济政策上的调整。从2013年开局的情况看，我国经济已经企稳，房地产在国家政策调控下，市场开始升温，成交放量。同时我们更应该看到：我国国民经济20年来持续高速发展，特别是进入21世纪后，百姓收入大幅增加，生活水平和居住环境有了极大的提高和改善，这一切都奠定了中国民众巨大的消费能量，13亿人的市场潜力、市场能量绝不可低估。因此，我们有理由对木门行业充满信心、对市场充满信心、对国民经济继续发展充满信心。

但竞争也会进一步加剧，扩张过猛会导致产能过剩提前到来，对此，木门企业需要有清醒的认识。未来木门行业的发展，势必会在一些核心品牌的推动下，形成一浪高过一浪的整合风。资源的整合、渠道的整合、品牌的整合、售后服务的整合将是行业即将出现的一道亮丽风景线。未来市场是以品牌制胜的市场，而具备品牌知名度和美誉度的企业肯定是不断创新的企业，也是善于整合各种资源的新型企业。总之，木门行业在经历高速发展期后，随着市场的稳定和成熟，行业发展逐步趋于理性和平缓。木门行业从竞争走向竞合，将进入全面跨越时代发展。

（中木协木门窗专业委员会，张国林）

中国木地板行业发展现状及存在问题

自2008年全球金融危机以来，木地板企业就一直处在调整、转型、脱困、应对“双反”的生死抉择关口，2011年，席卷全国的房产限购政策又使困难重重的木地板行业雪上加霜，对于存在诸多不确定因素的2012年，脱困仍是木地板行业面临的重大课题。鉴于以上原因，中国木材与木制品流通协会木地板流通专业委员会走访、调研了全国有代表性的企业，总结了行业存在的问题并汇集了一些解决建议。

一、发展现状

自1995年以来，我国木地板行业快速发展，产量稳步提升，实现了从小到大、由弱到强的发展，已形成一个具有多种类、多规格和多档次的产品，从生产、销售到售后服务相配套的产业体系。目前，我国木地板产量居世界第一位。据不完全统计，2012年我国地板产销量约3.77亿平方米。其中，强化木地板产销量约2.11亿平方米；实木复合地板产销量约8600万平方米；实木地板产销量约4170万平方米；竹地板产销量3500万平方米；竹木复合地板产销量1000万平方米；其他地板产销量约350万平方米。

木地板行业在我国大发展已经近20年，目前已有5000家左右企业，从业人数达500万人，年产值达700亿元。其中99.9%以上的企业为民营企业，有98%的企业为中小企业。

在我国排前10位的木地板企业中，每家企业的员工按1500人算；每家企业的专卖店在1000家左右，每个店面按店长、销售员、铺装人员合计5人计算，前10位企业合计从业人口为65000人以上；我国木地板企业约5000家，直接从业人数超过500万人，涉及近300万个家庭，如果加上从事与木地板相关行业人员如锯材、实木复合胶合板、油漆、设备、砂带、纸箱、物流、销售与售后等，则更多；而且，木地板行业在我国仍属于传统制造业，从业人口多但受教育程度普遍较低，多数来自中西部的农村。在木地板企业从事一个稳定的工作，是关系到数百万家庭生活质量的大事，是关系到国家经济、社会稳定的大事。

二、存在的问题

（一）受房地产政策调控影响，企业举步维艰

2010年以前，我国木地板产业均以20%以上的速度增长，进入2011年，这一情况发生了明显变化：据统计，2011年上半年，我国实木地板与实木复合地板产销量达1.63亿平方米，比2010年同期实现增长11.11%；2011年1—8月，我国实木地板产销量达到7421.6万平方米，比2010年同期增长13.11%；复合地板（包括实木复合地板和强化地板）产销量为2.32亿平方米，比2010年同期增长11.95%。但据不完全统计，2011年8—12月，木地板行业产品销量整体比2010年同期水平下滑20%～50%。

2010年10月21日，美国硬木地板商联盟对我国多层实木复合地板商发起了一场“双反”调查，建议征收242.2%的反倾销关税；同时要求对我国产木地板征收汇率反补贴关税。经过一年的漫长应诉，2011年10月13日，在全国多层木地板出口企业中，只有78家应诉企业赢得了低于5%的“双反”税率，而未应诉的企业，

反倾销税率则高达58.84%，反补贴税率高达26.73%，如此高的税率，实际上是将他们逐出了美国市场，国内市场竞争更加惨烈。

（二）木地板产品税收政策问题突出

2006年财政部和国家税务总局实行的财税〔2006〕33号关于调整和完善消费税政策的通知中明确规定对实木地板和实木复合地板及实木指接地板加征5%的消费税。该税率实行5年多来，国家关于此项的税收收入寥寥无几，原因在于规范经营的企业均能如实缴纳，其他企业则以种种手法予以规避。因此，木地板企业均认为应该进行调整，特别是近两年来木地板行业遭遇了前所未有的生存和发展压力。

强化地板基材为中高密度纤维板，多年来，国家对纤维板产品一直进行不同额度的退税政策，致使一些木地板企业延长生产链，投资并购密度板厂，甚至投资林业，形成在企业内调剂税费补贴，从而在木地板行业造成不公平竞争。

（中木协木地板流通专业委员会，李佳峰）

中国红木行业发展现状及存在问题

伴随改革开放30年，红木行业快速发展至今，目前已步入产业升级和结构调整的关键时期，一些行业性的新问题不期而至，需要我们一一解决。例如：国家宏观政策调控、红木资源短缺与限制、企业资金紧张、原材料和人员成本快速上升、生产及销售技术人才缺乏、红木市场疲软、企业利润率降低、行业不公平竞争激烈、企业缺乏创新发展的动力等诸多问题。

一、发展现状

（一）红木行业第一产业（资源进口）现状

第一产业(primary industry)，又称第一次产业，通常指产品直接取自自然界的产业部门。由于红木资源基本处于国外，这里就是指红木资源的进口情况。

在这一领域内，当前我国木材等大宗原材料整体进口数量和价值双下降；而红木资源进口国别不断增加，红木资源进口数量和价格双上升。

根据统计，2012年累计进口珍贵阔叶林木材648.86万立方米，同比增长70.5%，总金额达178.65亿元，同比增长61.64%。木材进口形势则相反：2012年我国进口木材5845.86万立方米，同比下降了8.43%，总金额达789.26亿元，下降2.1%。而2012年红木进口数量同比上升30.37%，进口86.28万立方米，增加20万立方米，进口金额达57.03亿元，同比增长10.85%，反映出红木市场的消费需求能力也有一定的提升。可以说，红木进口资源渠道是多元化和稳定的。

目前存在的主要问题是：资源总量匮乏，单位产出率低，缺乏集约经营，进口依存度大，面临环保制约。

（二）红木行业第二产业现状

红木行业的第二产业就是红木行业的产品制造业。

这一领域里，请重点关注一喜一忧两个问题：一喜是红木行业发展很快，企业数量倍增；一忧是行业企业发展同质化十分严重。

红木行业从20世纪80年代开始，经历了30年飞速发展。80年代不足百家，90年代不足500家，2000年约6000家，2010年2万余家。红木行业从零散分布的作坊，逐步形成规模化、区域性的产业聚集地。红木企业的单体规模也由30年前普遍的家庭作坊性小型企业，发展成为几百人，甚至上千人的较为现代化的工厂。红木企业数量迅速增加，红木企业单体规模不断扩大，红木行业各产业聚集地形成和壮大。

当前存在的主要问题是：企业同质化严重，企业规模偏小，技术人才缺乏，创新能力不够，品牌规模不足，装备水平偏低。同质化表现在很多企业从树种、设计、加工工艺风格、营销对象和方式等都比较雷同。

（三）红木行业第三产业现状

红木行业的第三产业，也就是服务业。

这一领域内最突出的问题是：红木第三产业虽然发展起步较晚，但发展较快；呈现快速发展，快速转型之势。但存在重产区、轻销区的不平衡发展问题。

2000年以后，红木行业的第三产业才开始发展，一些企业从生产型转向销售型，从批发型步入批零型，产区内不仅有后厂，更有前店，而且这些店越来越大，越来越豪华，由点到片，由片到街，甚至十里长街。早前的小店铺如今已发展成为展示、批发、零售等相结合的大卖场、大市场，更融进了与之配套的物流、检测、培训等服务体系。

目前一些产业聚集地正在规划百亩、千亩的红木产业园区，实质上已形成一个多元化核心产区服务业。但是红木销区的形势不为乐观：多数红木企业还是依托建材等非红木专业市场，采取加盟店的方式进行营销和服务活动。销区弱势局面比较突出，整体规划欠缺，缺乏行业规范，整合度差。

二、存在的问题

在过去30年中，红木行业快速发展最主要的原因是：行业企业家是体制改革的先行者，也是体制改革红利的最大受益人。红木行业在三个产业层面中都取得了快速、长足的发展。但应该清醒地认识到：也正是由于30年的快速发展，我们的行业产生、积累了诸多问题。例如：国家宏观政策调控、红木资源短缺与限制、企业资金紧张、原材料和人员成本快速上升、生产及销售技术人才缺乏、红木市场疲软、企业利润率降低、行业不公平竞争激烈、企业缺乏创新发展的动力等。特别是在人口红利、改革红利、资源红利逐渐消退，经济结构由劳动力驱动向生产力驱动转型的系统性风险期，行业中的一些问题集中于近期爆发，红木行业从2011开始发展趋缓，步入一个结构调整阶段。行业企业也在这一阶段内出现分化发展的局面。

红木行业需要有一个清晰和准确的行业定位。红木行业的长远发展方向，应由珍稀资源的家具制造业加快转向拥有现代经济要素和管理的文化产业，红木行业利润重心和发展趋向将是具有高度文化附加值、高度体验附加值、高度服务附加值的第三产业。

三、发展趋势

红木行业从成长期渐入成熟期，在内需坍缩、产能跃升、竞争充分的现状下，结合资本、整合资源、重塑产业、创新模式是必经之路。

1. 部分领军型企业如果抓住“机制改革”的机遇，如果能够率先走出一步，创新驱动，吸收和结合金融、地产、信息等优势经济产业元素，将继续扩大优势，形成“航母级”的企业。

2. 中等规模企业在稳定资源渠道，能采用不同材质、不同工艺、不同风格，差别化生产，锁定消费人群，细分市场，提升服务，针对市场销售，将稳步发展。

3. 还有一些小型企业，缺乏稳定的资源渠道，没有稳定销售渠道，缺乏核心竞争力和产品设计体系，单纯生产加工型小作坊企业，将面临最激烈竞争和最大风险，有些企业将关、停、并、转，会被大企业兼并，或转向第三产业。

（中木协红木流通专业委员会，车畅、毛传伟）

中国木皮行业十年发展历程

中国木材与木制品流通协会木皮专业委员会成立于2007年，它是市场经济的产物，是木皮行业发展的产物。在社会文明、经济高速发展、人民生活水平不断提高的今天，发展环保经济的木皮行业、创建节约型社会、造福人民是历史使命赋予我们的机遇和挑战。在近十年里，木皮行业经历了简单加工到精细加工，由小范围使用到广泛应用的发展过程。从市场情况看木皮行业的发展，前途是光明的，道路是曲折的。

一、发展状况

木皮与装饰业紧密相关，起步于20世纪50年代，在近20年来，随着我国家具、装饰、木门、木地板等行业的跳跃式增长，促进了木皮行业的快速发展。木皮是一种环保极佳的表面装饰材料，在我国是近十年才迅速发展的新兴产业，虽然国内生产、市场营销已初具规模，但发展过快，大多数木皮企业技术水平低、规模小、管理较差、品牌意识不强等现象一时还得不到有效改观，产业发展还不是很成熟，企业间的差距也很大，有待改进和提高。

目前，全球性木材资源缺乏越来越严重，特别是珍贵木材资源匮乏，在大力倡导节约环保型社会的今天，作为木材节约及原木代用材料的木皮，极大地保护和利用了木材资源，木皮这个行业也就显得尤其重要。木皮企业需要加强企业生产管理，提高原材料利用率，提高技术水平，加强品牌的创建与宣传。

二、组织建设

木皮作为一个行业迅速发展，急需有一个良好的市场环境、规范的行业管理以及正确的组织引导。为了规范市场，提高产品品质，保证木皮行业健康发展，我们于2006年开始筹备，2007年经国资委、民政部批准成立了中国木材与木制品流通协会木皮专业委员会。专业委员会成立后，致力于木皮企业与相关行业的交流与合作，传递与木皮相关的各种信息，关注国内外木皮贸易、技术动态，支持新产品开发，积极为会员企业发展提供服务。据不完全统计，目前国内木皮生产、销售企业达一千余家，其中装饰用木皮的总产量达1亿多平方米。

三、品牌打造

在开放的市场经济大潮中，优胜劣汰是历史的规律。打造木皮行业知名品牌、规范木皮流通市场，把伪劣产品阻隔于市场之外是协会首要的工作任务。2010年年底德华集团与洛舍镇政府共同建设的木皮市场项目，对整个木制品行业产生了巨大的影响。中国木材与木制品流通协会同意德清县洛舍镇规划建设开发占地600亩的木皮市场冠名为“中国木皮市场”。在组织企业开展树立名优产品形象的活动中，向市场重点推出质量、信誉有保障的知名品牌，做好宣传工作，使品牌产品成为市场的主流。在2010年10月为部分经销商颁发了“全国木皮诚信经销商”证书；2008年授予凯源木业、德华木业等优秀企业为“全国市场木皮企业产品质量、诚信经营示范企业”；2008年10月专业委员会专家组专程赴浙江德清洛社镇实地考察调研，并授予洛社镇“中国木皮之乡”称号。2008年还在全国范围内，对从事木皮行业生产经营活动多年、对木皮行业的发展作出积极推动作用的10个企业家进行了表彰，并授予“中国木皮行业十大风云人物”称号。木皮专业委员会通过积极组织开展活动，有效地引导行业走规范化道路，使行业稳步发展。

四、标准化建设

为了规范木皮的生产及在市场上的流通与管理，使产品质量有章可循，保证产品的生产、流通及售后服务一体化、规范化、科学化。中木协木皮专业委员会组织起草制定我国首部木皮行业标准——《装饰薄木》。标准规定了装饰薄木的基本尺寸、外观质量要求、含水率和甲醛释放限量指标。该标准的实施，可以让所有装饰薄木（木皮）生产人员、经销人员、采购人员和技术人员有一个统一的参考标准，为消费者提供选择尺度，扭转目前市场打价格战等无序竞争的局面，维护生产者和消费者的合法权益。

《装饰薄木》标准前期编制工作已经完成，通过了专家审定形成了报批稿，已经上报到商务部，预计等待商务部近期即可发布实施。

五、前景

在资源逐渐减少、大力提倡建立节约型和环境友好型社会的今天，木皮作为一种原木代用材料已逐渐被各领域生产企业、市场和广大消费者所接受。现今，木皮广泛应用于家具、地板、门窗、装饰板材、木线、橱柜、室内墙体装饰及汽车内饰、飞机内饰、船舶、高级琴器饰面、工具手柄、封边条等领域，时时刻刻出现在人们生活的视线中。无论是在原材料市场、家具商城或家具展会，都很容易发现各类木皮及其加工产品。

随着木材资源的日益紧张，以及人们的环保意识和审美情趣的提升，贴木皮制品的兴起已成为木材加工行业不可逆转的潮流。市场对木皮产品的需求将得到进一步扩大，木皮和贴木皮制品也将变得更加流行。大家知道，国家的宗旨是建立资源节约型社会，提倡节约资源、保护环境。这对于木皮行业来说，正好符合了国家节约资源的政策导向。因此，即便在当前困境中，木皮行业的发展仍是曲折向好的趋势。

（中木协木皮专业委员会，谢春林）

中国纤维板行业发展现状及存在问题

近年来，我国人造板工业发展迅速，其中纤维板无论在生产方面还是在进出口贸易方面都呈现高速增长。在当前宏观环境复杂的情况下，纤维板行业发展中还存在诸多亟须解决的问题，迫切需要纤维板生产企业乃至行业采取一些有针对性的应对措施。

一、发展历程

我国纤维板工业开始于20世纪50年代，大致经历了四个发展阶段：20世纪50～70年代为开拓阶段，主要生产湿法纤维板；20世纪80年代初至80年代末为转型初始阶段，湿法纤维板工业生产势头渐微，干法纤维板进入工业化生产；20世纪80年代末至90年代末为起步、波动增长阶段，其间制定和规范了干法中密度纤维板(MDF)产品标准，并将干法高密度纤维板(HDF)用于强化木地板等装饰装修材料中，用途扩大而受到市场青睐并高速发展，至1999年我国已成为全世界中/高密度纤维板生产的第一大国；2000—2007年为超高速发展阶段，这一阶段，随着国内外对纤维板的需求量不断增加，国家出台优惠政策鼓励纤维板工业发展，为我国纤维板业的大发展创造了极好的条件，加上市场总体形势好，中/高密度纤维板企业经济效益普遍较好，行业发展比较快。近两年来，我国纤维板发展也非常迅速。2011年，我国纤维板总产量达到5562.12万立方米；2012年，我国纤维板业年生产能力超过6100万立方米。由于湿法纤维板没有甲醛释放的问题，所以湿法纤维板的生产又有抬头迹象。

二、发展现状

（一）生产现状

十几年来，我国纤维板产量和消费量一直呈现快速增长态势。2002—2011年，我国纤维板产量年均复合增长率达25.58%。受国际金融危机影响，2008年9月以来纤维板产品需求急剧下降，对纤维板产量与销售带来较大影响，2008年纤维板产量同比仅增长6.47%，为近十年来最低。尽管如此，纤维板产量增长速度在人造板行业内依然位居前列。随着我国扩大内需政策的出台，纤维板行业开始整体复苏，2009年、2011年纤维板产量及销售重拾升势，产量同比增长率分别恢复到20.0%和24.8%，价格也较2008年度同比有所上升。

经过近十年的发展，突出表现在四个方面：一是企业数量增加。民营企业崛起，从事纤维板生产的企业数量大幅增加。二是纤维板已成为人造板市场主流消费品种。由于纤维板生产主要以次小薪材为原料，资源供给矛盾不突出，加上中/高密度纤维板具有材质细密、性能稳定等优点，其应用领域不断扩大，纤维板生产量和消费量逐年上升，已成为人造板市场需求的主流。三是地域分布广。由于中/高密度纤维板生产利润率较高，政府对中/高密度纤维板生产给予许多政策优惠，加上产品销售的市场空间广阔，引起各方对投资纤维板产业的浓厚兴趣。目前，在我国大陆的31个省、市和自治区中，除了西藏、宁夏回族自治区和青海省外，都有规模不等、先进程度不同的中/高密度纤维板生产线。近年来，除了华东和华南地区外，东北和西南地区纤维板产业发展也很快，尤其四川省不仅发展速度快，而且新上生产线质量也很高。四是产能进一步扩大。至2011年，我国纤维板生产线产能已超过5600万立方米。

（二）贸易现状

我国纤维板自20世纪90年代中期开始出口，2004年纤维板进出口贸易首次出现贸易顺差，此后一直保持此种发展势头，现已成为纤维板出口第一大国；与此同时，我国纤维板进口规模自2004年起逐年下降。

从纤维板出口规模变动情况来看，我国纤维板出口量自2003年开始连续4年以较大增幅攀升，年增长率多保持在50%以上。2008—2009年，受国际金融危机影响，国际市场需求下滑，纤维板出口量减少。随着国际市场转暖，2010—2011年我国纤维板出口量以年均29%的速度增长，2011年全年出口量达250.23万吨，出口金额达143560.4万美元；2012年1月至4月，出口量达84.36万吨，出口金额达48093.5万美元。较之其他品种的人造板出口而言，我国纤维板出口总量仍呈较大增长态势。我国纤维板出口的较快恢复和增长，得益于政府的有关扶持政策。在财税〔2001〕72号文《关于以三剩物和次小薪材为原料生产加工的综合利用产品增值税优惠政策的通知》2008年年底到期后，2011年11月21日财政部、国家税务总局又出台了《关于调整完善资源综合利用产品及劳务增值税政策的通知》（财税〔2001〕115号），规定对用三剩物、次小薪材、农作物秸秆生产的中/高密度纤维板、刨花板和农作物秸秆板实现的增值税，享受增值税即征即退的税收优惠政策，退税比例为80%。在2008年对木材及其木制品出口退税率的调整中，由于木质纤维板属于木材综合利用产品，出口退税税率由原来的5%调高至9%。因此，在国际金融危机后我国人造板行业整体出口较上年大幅回落的情况下，纤维板仍保持较高的出口增长额。

从我国纤维板出口国别分布情况来看，2011年排前十名的输出国家分别为美国、俄罗斯、加拿大、沙特阿拉伯、伊朗、阿联酋、韩国、越南、日本和印度，分别占全国纤维板出口总额的20.54%、9.82%、7.69%、7.60%、7.44%、4.31%、2.84%、2.61%、2.21%和2.19%。其中，高密度纤维板主要出口到北美、欧洲、中东和亚太地区；中密度和低密度纤维板主要出口到中东和亚太地区。

从我国纤维板进口情况来看，虽然国产纤维板产量逐年增长，但由于我国高质量纤维板，尤其中密度纤维板无论是数量还是质量都无法完全满足家具和强化木地板等行业的需求，因此每年仍要进口大量的中密度纤维板。进口的国家主要有泰国、马来西亚、澳大利亚、新西兰、印度尼西亚和意大利等国。2011年进口量为20.29万吨，进口金额为10711.4万美元；2012年1月至4月，进口量为3.96万吨，进口金额为2542.4万美元。

三、面临的问题

（一）纤维板用材资源受到制约

纤维板虽然是以次小薪材为原料生产加工的综合利用产品，但由于其经济效益较好，致使一些地方和企业为了经济利益盲目发展，严重脱离森林可供资源和市场的承受能力。据统计，2011年年初全国在建纤维板生产线84条，总生产能力达到874万立方米，其中连续平压生产线39条，合计生产能力为562万立方米，占在建纤维板生产能力的64%。这些在建纤维板生产线陆续在2011年至2012年投入运行。至2011年年底全国纤维板总生产能力已突破5600万立方米，所需木材将超过7500万立方米，部分企业木材需求缺乏可靠保障。因此，森林可供资源是全国纤维板生产企业面临的非常棘手的问题，盲目发展对森林资源保护不利，同样对企业本身也会造成严重的经济损失。

（二）纤维板行业集中度较低，产品结构性过剩

产业集中度较低，竞争激烈。我国纤维板行业目前还处于快速发展阶段，纤维板企业达600余家，行业龙头的市场占有率不足4%，产业集中度较低。尤其是对以三剩物和次小薪材为原料的资源综合利用加工生产实施增值税即征即退的政策扶持，客观上支持了纤维板行业快速发展，同时也使得大量生产规模较小、生产设备落后、产品质量低劣的纤维板企业存在利润空间。2009年国内纤维板总产量3489万立方米，按700条生产线估算，单线产能不足5万立方米，低于现行有效的《产业结构调整指导目录（2011年本）》规定的5万立方米的达标产能。由此可见，我国纤维板行业中落后产能所占比较高。这些数量较多的小企业存在技术设备落后、甲醛释放量超标、原材料利用率低的状况，市场上也往往采取低价恶性竞争的手段。随着我国《节能减排“十二五”规划》的出台，为确保到2015年实现单位国内生产总值能耗比2010年下降16%的硬性指标，纤维板行业淘汰落后产能的呼声越来越高，产业整合也势在必行。

（三）产品档次较低，缺少附加值较高的高端产品

虽然我国纤维板生产已经取得了举世瞩目的成就，但在产品开发方面科技含量仍然较低，经济效益较差，尤其是在甲醛释放量方面，真正符合国家E1级标准的产品较少，产品质量参差不齐，产品档次较低，缺少附加值较高的高端产品，产品利润空间小。这种状况已经很难适应国内外纤维板市场的发展变化：一是纤维板市场内部已开始分化，环保等级较高、产品质量稳定的纤维板产品供不应求，阻燃、防潮等功能型纤维板细分市场增长迅速，利润空间较大。相反，低端产品的市场需求将日趋减少，利润空间将进一步受到挤压。从我国纤维板进出口情况来分析，近几年我国的贸易条件在逐渐恶化，进口价格不断攀升，而出口价格却不断下降。二是目前世界各国对环保标准的要求越来越高，国外贸易壁垒日益加强，尤其对于中密度纤维板、地板基材等出口要求更加严格。我国出口的很多纤维板产品还达不到欧洲国家的质量认证要求，在我国人造板行业实施FSC和CE等国际认可的标准还有一定的难度。而且，近年来人民币一直持续升值，这对我国纤维板能否继续扩大出口造成了严峻威胁。“内忧外患”下许多纤维板厂家倍感压力，未来一段时期我国出口纤维板将更加艰难。

（四）纤维板生产企业管理和技术人才短缺，抗风险能力差

近年来我国一些纤维板企业的生产规模在不断扩大，建设复线或多线的企业越来越多，但总体来讲，除一些大型纤维板企业的管理水平和管理手段已基本同国际接轨，有些已达到国际先进水平外，大多数企业存在硬件设施很好，但相应软件不配套的情况。因缺乏优秀的管理人员和技术人员，致使生产缺乏科学有效安排，导致生产设施效能无法发挥、产品质量低、原材料消耗和生产成本高等问题，缺少核心竞争力；这对企业产品质量的提升、生产效率的提高、原材料和能源的节约以及环境保护等方面均产生不利影响，也导致企业抗风险能力差，直接影响到企业的生存。

（摘自《中国人造板》，作者王凡非）

中国家具行业发展现状及存在问题

近十多年以来，我国家具行业取得了较好的成绩。目前，中国是世界家具的生产大国和出口大国，我国家具产值占世界家具产值37%，家具出口居世界第一位。由于国内需求不断增长，国内家具消费逐年增加。虽然经历了2008年以来世界金融危机的影响，造成2009年家具出口负增长，但进入2010年后家具出口呈现了恢复性的增长态势，我国家具外贸竞争力较强，具有一定优势。2011年，根据国家统计局数据，规模以上家具企业4125家，完成了工业总产值5195.64亿元，比2010年同期增长25.28%；家具全行业总产值为10100亿元；家具出口388.82亿美元，比2010年增长15.31%。2012年1—11月，家具行业规模以上企业累计完成工业总产值5041.39亿元，同期增长17.19%；1—10月，家具行业累计出口402.96亿美元，同比增长31.77%；累计进口19.32亿美元，同比增长6.01%。中国家具生产出口同步增长，同时家具行业投资也保持较高增长，为行业持续发展夯实了基础。

一、中国家具行业发展现状

（一）企业实力不断增强，品牌建设积极推进

近年来，我国家具行业中已涌现出一批产品设计水平较高、生产技术能力较强、规模较大、产品质量有保证的品牌家具企业，企业实力不断增强，发展形势良好，增速加快。家具企业品牌意识提升，积极提高自主创新能力，力图从设计、生产、质量、服务等诸多方面提高品牌的知名度和美誉度，企业市场占有率不断提高，品牌销售增长明显，家具品牌减少了同质化竞争，开辟了差异化竞争方式，经济效益明显好转。

（二）先进技术广泛应用，科技水平显著提升

家具行业的技术主要体现在设计研发和制造工艺两方面。近年来，我国家具从模仿家具传统制造国的设计风格，逐步向蕴含中华独特文化内涵的自主设计转变；同时，企业注重对新材料、新工艺、新技术的研发与应用，通过引进国外先进设备和改进国内机械设备来提高生产效率，并在生产中广泛运用了信息化和自动化技术，在一些家具产品中采用了智能化技术。

（三）行业标准化步伐加速，逐步与世界接轨

目前，全球竞争已从质量竞争技术竞争品牌竞争上升到各种标准之间的竞争，标准化将成为行业的准入门槛，也将是企业的竞争利器和利润新增长点。我国家具行业为适应新材料、新工艺、新技术的不断应用，加快了产品在质量、安全、环保等方面标准的制修订。目前，我国家具行业标准化体系建设已经完成，标准化工作的开展将加快我国家具标准与国际接轨步伐，提升我国家具标准的国际地位，提高我国家具产品质量和技术水平。

（四）产业规模持续扩大，产业集群作用突显

中国家具行业经过多年的高速发展，在各地出现了一些产业密集地区，形成了家具产业的特色。由于这些地方企业相对集中，容易形成一定规模，因而促进了整个行业的发展。家具行业产业集群和特色区域对中国家具业持续发展具有重

要意义。这些特色区域所形成的成熟产业集群，不仅产品特色鲜明，最重要的是企业力量集中并具有较强的辐射能力，能充分利用当地资源，从而降低了生产管理和运营成本，实现了专业化生产与合作，迅速提升了区域品牌效应。

（五）家具流通迅速增长，形成具有中国特色的家具销售模式

家具市场规模大，销售方式多样，市场呈多元化格局。除了家具卖场之外，有品牌专卖店、自营家具卖场、古旧家具市场、家具连锁店和网络销售等，每个销售渠道都各有特色。家具流通市场的快速增长，具有中国特色的家具销售模式极大地促进了家具流通业的发展。随着我国城市化进程的加快，县以下农村家具市场逐渐形成，市场面积和销售额同步增长，家具三级市场销售形势良好。除了家居卖场在各大城市迅速建成以外，在全国还形成了很多大型家具销售集散中心，规模越来越大，促进了家具行业的大发展。

二、面临的问题及成因

（一）面临的问题

近年来，中国家具行业在发展过程中碰到了不少问题，简要概括如下：

1. 外部问题

外部问题主要包括：①房地产市场调控，影响到家具的销售；②劳动力短缺，且劳动力成本大幅提高；③家具原材料价格上涨，运输成本上升；④市场销售增幅缩小，销售成本上涨；⑤国际市场形势不见好转，国际订单减少，人民币升值压力依然存在等诸多问题。

2. 内部问题

内部问题主要包括：①家具行业由于发展快，人才缺乏，在岗工人缺少专业培训，中高层管理人才和高级技工不能满足需求；②尽管家具设计水平有了很大提高，企业重视产品开发，但抄袭仿冒现象时有发生，知识产权保护还需要加强；③家具产品出口价格偏低，结构不够合理，家具行业出口预警机制尚不健全。

（二）原因

1. 稳中求进

2012 年中央经济工作会议明确提出经济工作的主基调是稳中求进。所谓“稳”，主要体现在保持宏观经济政策的基本稳定，保持经济平稳较快发展，保持物价总水平基本稳定，保持社会大局稳定。所谓“进”，就是要在发展方式转变上取得新进展，在改革开放上取得新突破，在改善民生上取得新成效。但中国家具行业依然面临比较严峻的形势。

2. 欧美债务危机的影响

受美国欧洲债务危机的影响，发达经济体的经济增长可能陷入长期低迷。作为家具出口第一大国，中国受到了影响和冲击。2011 年家具出口 388.82 亿美元，增长 15.31％；2012 年 1—10 月，家具行业累计出口 402.96％亿美元，同比增长 31.77％，尽管目前家具出口有所缓解，但总体仍会受欧美债务危机的影响。我国的家具出口比例不高必将影响到整个行业的发展。

3. 经济增速减缓的影响

我国经济进入了高速发展的后期，持续高速增长将结束，我国经济的基本面正在发生变化，中国潜在的经济增长率将下降，中国人口结构发生变化，正步入老龄化社会，年轻人比例下降，社会成本提高，社会活力减弱，社会消费也会减弱，劳动力供给不能满足需求的局势还会加剧，这必将对家具行业产生较大的影响。

4. 不确定因素的影响

中国的总需求面临着下行的压力，同时面临三个不确定因素：一是世界经济形势不确定，全球有再度陷入危机之中的可能；二是国内房地产的走势不确定，当房价由上涨变成下跌，持币待购将会产生，与房地产相关的家具建材装修等行业直接受影响；国家基础设施投资能否保持高速

增长的态势不确定，没有投资拉动，将会造成经济下行。

5. 形势严峻

我国家具行业保持了持续高速发展，形成了很强的生产能力，在世界上占有37%的份额，而且每年以20%左右的速度增长。随着基数的增大，增幅会收窄，生产的发展比市场需求发展快，一定范围内的“产能过剩”和“市场过剩”也是存在的，所以家具行业增速的下降也是正常的。

三、发展趋势

（一）刚性需求拉动家具产业快速增长

家具行业作为一个“常青行业”，与人们的生活息息相关。当我国居民生活水平不断提高，国家城镇化建设步伐不断加快，保障房建设力度加大，国内家具市场潜力依然很可观。在国家重大项目不断投入，服务业不断发展的情况下，家具作为人们工作生活耐用消费品，未来需求仍然会持续增长。

（二）扩大内需政策促使家具持续发展

我国“十二五”规划中提出，将扩大消费需求作为扩大内需的战略重点和经济增长的第一大驱动力，这是我国为克服外需依赖型经济的脆弱性和风险性，增强经济增长的稳定性和安全性的一大重要措施。“十八大”又提出2020年实现国内生产总值（GDP）和城乡居民人均收入比2010年翻一番的“双倍增计划”。分析国内经济发展环境，主要有六方面因素可以带动国内家具行业消费：一是结婚人口是家具消费的重点；二是大规模保障房建设促进家具销售；三是房屋二次装修推动家具消费增加；四是儿童家具消费升温，市场发展前景广阔；五是农民消费观念改变，农村市场需求量大；六是城镇化进程加快，居住生活方式改变，需求量增加。

（三）国际需求保证海外市场平稳发展

在国际市场上，家具与服装、家用电器和汽车是国际贸易中的四大消费性商品。我国已成为世界第一大家具出口贸易国，我国家具的海外市场依然广阔，虽然金融危机之后，全球经济受到重创，国际市场需求增长动力不足，但国际市场家具需求依然保持平稳，国际市场仍然是我国家具行业的主要市场之一，我国家具产品在国际市场上仍占有一定优势。

（四）转型升级促进家具行业健康发展

为实现中国家具由大到强的转变，我国家具行业迈出了转型升级的步伐，已经从依靠资源要素等低成本竞争向提高产品科技含量及附加值转变。“十八大”报告指出：“坚持走中国特色新型工业化、信息化、城镇化、农业现代化道路，推动信息化与工业化深度融合、工业化与城镇化良性互动、城镇化和农业现代化相互协调，促进工业化、信息化、城镇化农业现代化同步发展”。家具行业作为我国的一个“民生产业”和“常青产业”，转型升级是其发展的必由之路，家具企业要在生产技术上积极进行革新，在提高家具产品环保性的同时，加强企业管理，降低生产技术与劳动力的成本，提高产品质量和附加值，保证行业可持续健康发展。

（摘自《家具》，作者朱长岭）

中国人造板机械制造行业现状及发展趋势

人造板机械制造业是我国制造业的重要组成部分，也是现代林业产业的重要组成部分。人造板机械制造行业，是以人造板机械产品开发、生产、制造、销售、服务为中心，包括生产使用、维修、管理、科研、设计、标准、检测、教育等企业、事业单位组成的一个社会经济学系统，服务对象是人造板加工业。新中国成立以来，经过60多年的持续发展，我国人造板产量从1949年的1.69万立方米发展到2004年的5446.49万立方米，增长了3222.8倍，成为世界第一大人造板生产国。

按照国家标准（GB/T 18003—1999）“人造板机械设备型号编制方法”，人造板机械的范畴包括削片机、铺装机、压机、砂光机、剥皮机、旋切机、刨切机、拼板机等39类产品。这些设备中，有些属于切削加工设备，如旋切机、刨切机、剪板机、削片机、刨片机、裁边机和砂光机等；有些属于压力加工设备，如各种人造板热压机和模压机等；有些属于水热处理、干燥设备，如木段蒸煮设备，单板、纤维和刨花的干燥设备，涂腻、涂漆和浸胶后的干燥设备，纤维板的加湿和热处理设备等；有些设备类似于造纸机械，如湿法生产纤维板所用的纤维分离设备和湿板坯成型设备等；有些设备类似于印刷机械，如各种木纹或图案的印刷设备；还有些设备如气流分选、气流干燥和气流铺装成型类设备的基础理论与流体力学、空气动力学密切相关。人造板机械包括生产胶合板、纤维板和刨花板等各种人造板及其表面装饰加工（又称二次加工）等的机械设备。

一、行业现状

从1956年沈阳重型机器厂生产出第一台热压机开始，中国人造板机械制造业已经走过了50多年的历程。50多年来，在几代同人的努力下，从无到有、从小到大，成功开发了刨花板、胶合板、中/高密度纤维板生产线的成套设备，定向、石膏、水泥刨花板生产线的成套设备以及人造板二次贴面生产线的设备，基本能够满足人造板行业的生产要求，形成了一个完整的工业体系。目前，我国有13所高等院校设有人造板机械课程并从事相关的科研工作；有23个科研院所从事人造板机械的科研、设计工作；有一个全国人造板机械标准化技术委员会从事相关标准的制订和修订工作；有一个国家木工机械质量监督检验中心负责行业的产品质量监督检验工作；有约180家生产人造板机械的企业分布在全国21个省、市、自治区（见表1），能为人造板行业提供39类1000多种产品，2010年人造板机械年销售额超过40.3亿元人民币。从业人员约6万人，其中技术人员约0.6万人。

有资料表明，截至2007年，以国产设备为主体的胶合板设备已占胶合板总产能的96%，以国产设备为主体的刨花板生产线已占刨花板总产能的76%，以国产设备为主体的中/高密度纤维板生产线已占中/高密度纤维板总产能的80%。“十一五”期间，国内市场销售中占据主要地位、比较公认的名牌人造板设备有上海人造板机器厂有限公司生产的中密度纤维板多层压机装卸机组、BW1111/15热磨机组，信阳木机械股份有限公司生产的液压双卡轴旋切机，昆明人造板机器厂生产的大直径转子式刨花干燥机，沈阳重型机器制造厂生产的8×40的大幅面单层热压机，苏福马机械有限公司生产的双面定厚宽带砂光机、浸渍涂布干燥机、低压短周期贴面机组，镇江中福马机械有限公司生产的削片机、刨片机和BW1111/15热磨机组。

表1　中国人造板机械制造企业及教学科研设计单位统计表

省市	生产企业	科研设计单位	高等院校	省市	生产企业	科研设计单位	高等院校
北京	3	6	1	安徽	4		1
上海	14	2		福建	8		1
天津	1	1		江西	3		
重庆	2			山东	15		
河北	16			河南	18		
山西	1			湖北	1		
内蒙古	1	2	1	湖南	2	2	1
辽宁	10	2		广东	5		1
吉林	3		1	广西	3		
黑龙江	17	4	2	四川	14		
江苏	28		1	云南	4		1
浙江	2		1	陕西	5		1
新疆		1					

现在以国产设备为主体的胶合板企业的生产能力已达到年产20万立方米，上海人造板机器厂有限公司能够提供年产40万立方米以上中密度纤维板和刨花板的连续平压机，苏福马机械有限公司和镇江中福马机械有限公司能够提供年产8万～15万立方米的中/高密度纤维板生产套设备，信阳木工机械股份有限公司、昆明人造板机器厂能够提供年产10万立方米的刨花板成套设备，镇江中福马机械有限公司能够提供年产10万～20万立方米进口中/高密度纤维板生产线的备料工段设备，敦化市亚联机械制造有限公司提供日产350立方米中密度纤维板和刨花板的GY42系列连续辊压热压机。

上海捷成白鹤木工机械有限公司开发的年产3万立方米的连续式辊压机于2006年4月在江苏连云港市通过省级鉴定。国产连续压机研制成功大大缩小了中国人造板机械与世界先进水平的差距。

进入20世纪90年代以来，国外人造板机械的先进技术和生产销售基本掌握在几个大型跨国公司的手里。在激烈的国际竞争之后，最近几年，形成了目前的国际人造板机械行业的两大巨头Diefen-bacher、Siempelkamp公司。这两家公司近几年的人造板机械销售总额达到13亿欧元，占全世界人造板机械总销售额的80%左右，接近垄断全球。我国人造板机械制造行业总体规模所占比例较小。虽然我国的人造板产量居世界第一位，但我国人造板设备的生产能力和上述两家公司相比相差甚远。我国的人造板产量在20年中，始终以年增长率20%以上的增速发展。在我国人造板工业发展的过程中，我国人造板设备生产企业也获得长足发展。销售额相差大与国产设备和国外设备价格相差太多有关。（见表2）

表2　近10年中国人造板机械制造行业的产业规模

销售额（亿元）	27.57	27.9	32.84	34.84	38.7	39.5	47.5	56.4	48.1	40.3
企业数量（家）	66	70	78	87	108	122	138	152	169	180
从业人数（万人）	4.3	4.5	4.7	4.8	5.1	5.3	5.5	5.6	5.8	6
技术人员（万人）	0.25	0.27	0.3	0.32	0.39	0.41	0.46	0.51	0.55	0.6

二、发展趋势

未来十年，中国人造板机械制造行业应向集团化、大型化、自动化、数控化和应用高新技术、扩大原材料范围、提高原料利用率和产品质量、节能和开发新能源以及注重环境保护等方向发展。

（一）加速集团化重组，提升核心竞争力

未来十年，中国人造板机械制造行业，为了应对国际市场的激烈竞争，应进一步实现企业大型化，即集团化重组，以提升中国人造板机械制造行业的核心竞争力。预计在2020年，按照“全国林业机械装备2011—2020年发展规划”的要求，中国人造板机械制造行业应有180多家生产企业，从业人员10万人左右，其中技术人员3万人左右 ；年销售额约100亿元；龙头企业的数量、规模和实力有一个质的提升；除了极少数装备需求依赖国外技术外，大部分主要装备将实现自给自足，并有部分高端设备实现出口；重点产品，如连续平压机、58英寸以上大型热磨机、大型通道刨花干燥机、大产量刨片机、在线闭环调供胶系统、宽幅精确铺装机、宽幅柔性砂光锯切生产线、全自动贴面压机等的技术水平达到国际先进水平。

（二）大力采用高新技术，使人造板机械设备自动化、数控化程度不断提高

进入21世纪以来，世界发达国家提供的人造板生产线，基本都采用计算机集中控制，通过现场总线系统，实现在总控制室完成全线检测与控制，一般每班只需要生产人员7～8名，所有控制均通过人机界面来完成；通过连续监控和不断调整实现最优的生产过程，通过高度自动化和高度灵活性实现经济性生产。未来十年，人造板生产线的机械化、自动化、数控化程度越来越高，广泛采用各种高新技术，实现自动检测、自动调节、自动控制、自动信号连锁、自动保护和自动化管理，从而提高劳动生产率、设备利用率和产品质量。

（三）扩大原材料范围和板种范围，提高其利用率和产品质量

未来十年，为了适应木材资源不足，充分利用农作物秸秆资源、“三剩”物以及次小薪材资源，满足人造板产品品种不断增加和产品结构不断变化的要求，不断提高木材利用率和产品质量，中国人造板机械制造行业将陆续研制出一些新型的人造板机械设备（以废弃木材和防火阻燃人造板为加工对象的生产线），其设备性能、制造精度和产品质量不断提高，结构不断改进。

（四）开发低碳节能环保型产品生产线

中央明确指出“切实走新型工业化道路，坚持节约发展、清洁发展、安全发展，实现可持续发展。”根据中央精神，结合人造板机械设备是“耗电大户、耗能大户、污染大户”的客观情况，未来十年开发的人造板机械产品要以提高产能、提高性能、提高控制水平、提高可靠性和安全性，以低消耗、低能耗、低成本、高效率、高性能为主要目标，注意废气、废水、噪声、粉尘等环境指标的控制，使其严格控制在国家标准规定范围之内。实现人造板行业的节能化与环境化，争取实现零碳排放，建设环境友好型、资源节约型人造板企业。

（摘自《第十一届全国人造板工业发展研讨会论文集》，作者齐英杰、赵越、曲文、王炳宇）

中国胶合板产业发展历程及现状

经过改革开放 30 多年的发展，我国已成为全球主要胶合板生产国和出口国。其主要原因，一是胶合板是劳动力密集型产品，非常适合在我国发展；二是杨树和桉树等速生丰产林在我国迅速发展，为胶合板生产发展提供了丰富的原料保障。

一、发展历程

我国胶合板生产至今已有 90 年历史，发展历程大致经历了六个阶段。

第一阶段：1920—1957 年为启蒙阶段，期间胶合板生产使用的胶黏剂为动植物蛋白胶，主要是血胶、豆胶。使用动植物蛋白胶生产的胶合板优点是环保，产品无毒无害，最大的缺点是耐水性差，胶合强度低。此期间发展速度很慢，1951 年产量不足 1.7 万立方米，1957 年产量不足 7 万立方米。

第二阶段：1957—1980 年为缓慢增长阶段，年产量从 7 万立方米增加到 33 万立方米，年均增长近 1.13 万立方米。该时期胶合板工业发展得益于我国化工工业的发展和合成树脂胶的应用。

第三阶段：1980—1993 年为波动增长阶段，年产量从 33 万立方米增加到 212 万立方米，年均增长近 14 万立方米。该时期的胶合板工业发展较快，首先得益于新生产工艺的应用和技术装备的进步，引进国外先进设备，提高国产设备的技术水平；其次是改革开放带来国内市场需求量的大幅度提高。

第四阶段：1993—2003 年为飞速发展阶段，年产量从 212 万立方米增加到 2010 万立方米，年均增长近 180 万立方米。快速发展的原因如下：该时期胶合板市场的巨大需求和西方发达国家工业的结构性调整；印度尼西亚因木材资源不足，胶合板产量大幅度下降，为我国胶合板生产发展提供了空间；加上当时胶合板生产利润较高，我国劳动力资源丰富，使得我国成为劳动密集型的胶合板产业生产基地。为适应市场需要，提高产品质量，不少企业引进了芬兰、意大利、日本和中国台湾等国家和地区先进的胶合板生产线；有的厂家不仅胶合板的底面板和芯板选用了进口原料，而且可以生产 4′ ×8′ 幅面的高质量胶合板，改变了我国原来生产的胶合板幅面较小，质量较差的状况。我国胶合板产品质量的提升，得到发达国家的广泛认可，期间大量欧美胶合板进口商在进口中国胶合板业务中获得了巨大利益。

第五阶段：2004—2008 年为平稳发展阶段，该阶段我国胶合板工业呈现稳定态势，期间产量变化不大国内外市场趋于平稳虽然进口大径材日趋减少，但是国内人工林小径木取代进口大径材，小型加工设备取代了大型加工机械和进口成套设备，市场分工呈现多元化并日趋合理受 2008 年金融危机影响，我国关停了 45%的胶合板企业，另有 20%～30%艰难维持。表 1 是 2008 年国家林业局统计的部分省（区）关停胶合板企业数量。

表 1　2008 年关停胶合板企业统计

地区		企业总数量（家）	关停企业数（家）	关停比例（%）
山东省	临沂地区	2200	1200	55
	费县	800	400	50
	菏泽	600	300	50
江苏省	邳州	250	120	48
浙江省	嘉善	400	300	75
上海市		20	2	10
辽宁省	大连地区	80	30	37.5
	抚顺地区	80	30	37.5
河北省		1800	100	55
广西	南宁地区	300	150	50
	柳州地区	200	100	50
	贵港	200	130	65
	容县	100	90	90
福建省	漳州地区	1000	500	50

第六阶段：2009年至今为理性发展阶段。胶合板产业主要表现特征：①产品质量有所提升，特别是美国推出CARB认证以后，以自制脲醛树脂胶生产的小型胶合板企业生存艰难，这些企业或者采用低醛环保胶黏剂或者采购市场上大品牌高档环保胶黏剂来维持生产。②产业分工更趋市场化，具体表现是单板旋切工序和热压成板工序分开，旋切工序更靠近原料基地，热压成板工序更靠近市场。③地板基材用胶合板产量骤增，受多层实木复合地板行业发展的影响，特别是南方速生桉树单板用于生产地板基材，带动了胶合板产业的发展。④由于我国装饰装修行业的发展，一大批小型胶合板企业改为生产细木工板。⑤部分技术装备稍好的企业，改普通胶合板生产为生产非结构单板层积材，以满足快速发展的家具、木质门行业框架材料的需求。我国胶合板产业已经步入结构性调整期，受国际市场持续疲软、人民币升值压力增大、生产成本持续增加的影响，那些技术力量弱、产品质量差及没有市场开发能力的企业将失去继续生存和发展的机会，我国胶合板产业将依靠科技创新和技术进步求得理性回归和持续发展。

二、产业现状

通常所说的我国胶合板企业遍地开花，实际上是指单板旋切企业，这些所谓的胶合板企业数量庞大，初步统计超过万家。目前，我国胶合板产业具备生产线的企业3000多家，还在继续生产的胶合板企业数量约2000家，全国已经取得胶合板生产许可证的企业约1462家。

（一）区域分布

我国胶合板生产区域相对集中，山东、河北、江苏、浙江、广西、广东取得胶合板生产许可证企业1167家，占取证企业总量的80%，表2为取得生产许可证企业分布情况。

表2 各省（区）取得胶合板生产许可证数量

省（区）	山东	河北	江苏	广西	浙江	广东	其他
取证企业数（家）	553	117	258	63	75	101	295

数据来源：国家质量监督检验检疫总局生产许可证查询网站，截至2010年12月25日。

各省（区）相继形成了大型胶合板产区：河北邢台中国胶合板城、正定胶合板基地、左各庄胶合板生产聚集区，山东全国最大的临沂胶合板基地、菏泽胶合板生产基地，浙江嘉善台资胶合板生产基地，江苏邳州杨木胶合板生产基地、泗阳—宿迁杨木胶合板产区，福建漳州松木胶合板生产基地，广西南宁周边桉树胶合板生产聚集区等。

（二）主要原料

昔日利用国产椴木、桦木、水曲柳生产胶合板的时代随着其资源紧缺已一去不返；利用进口材生产胶合板曾一度成为淘金行业，从20世纪80年代到90年代初，吸引了一批投资者涌入并快速致富；人工林杨树、桉木在胶合板行业的利用，带动了我国千家万户农民致富，民营胶合板企业如雨后春笋，星罗棋布。目前，我国杨木胶合板产量占总量的50%，桉木胶合板占20%左右，其原料结构比例，如图1所示。

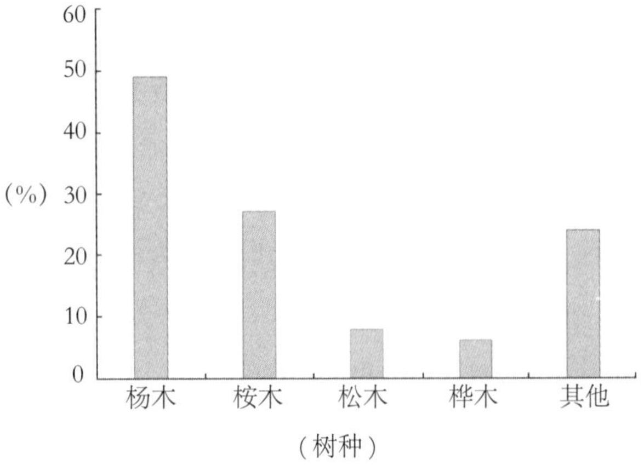

图1　我国胶合板原料结构比例

（三）劳动生产率情况

我国胶合板企业属于劳动密集型企业，这也是我国胶合板在国际市场上占据优势的原因之一。我国胶合板企业的劳动生产率相对较低，2005—2007年，劳动生产率呈逐年上升趋势；2008年，受金融危机影响，部分工厂开工不足，造成劳动生产率降低；2009年，因为金融危机时期淘汰部分落后产能，企业个人劳动生产率有所提高。

（四）劳动力成本的变动

胶合板企业属于劳动密集型企业，人力成本占有较大的比重，劳动要素成本的上升对企业生产成本影响较大。2009年以来，大部分企业都出现了招工难的问题，因胶合板生产对工人的技能水平要求不高，工人的流动性较大。进入2010年，工人工资继续上扬，目前，华东、华南地区胶合板企业一线工人月平均工资超过3000元，图2是江苏地区2005—2013年的工资变动情况。

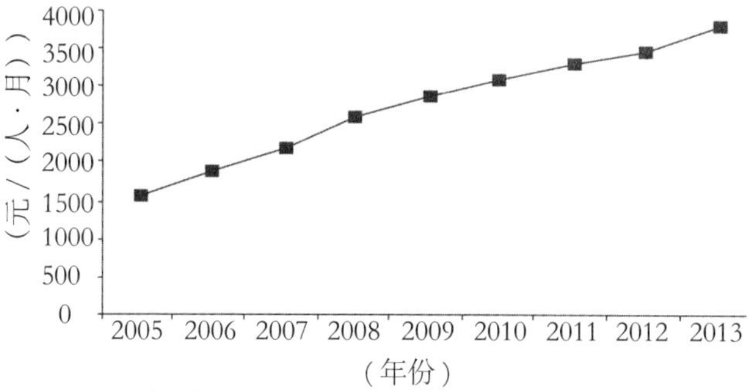

图2 江苏地区2005—2013年胶合板工人月平均工资

（五）生产现状

我国胶合板产业发展极不平衡，并且市场变化较大。以河北省为例，20世纪80年代末的邢台中国胶合板城现在已经名存实亡；正定胶合板基地曾经报道有1000多家胶合板企业，现仅剩60多家；左各庄胶合板生产聚集区曾报道有1865家生产企业，目前还在生产胶合板的企业不足百家，总体上河北目前还在生产胶合板的企业数量约200家。

浙江嘉善胶合板聚集区曾经是我国胶合板的代表符号，曾一时引领我国胶合板行业的发展，但由于市场的变化，胶合板产业绝大多数已经转移，继续生产胶合板的企业大部分是给本地深加工企业配套。

山东临沂是我国最大的胶合板聚集区，起步于1991年，曾有说法“世界胶合板业看亚洲，亚洲胶合板业看中国，中国胶合板业看临沂”。临沂胶合板企业大多聚集在兰山区，兰山区有人造板企业1070家，旋切单板相关企业共计2906家，列入区统计的胶合板龙头企业126家，2012年实现销售收入251亿元，占木业产业销售收入72%。

江苏邳州地区曾有胶合板生产企业400多家，目前还在生产的胶合板企业约130家，2012年出口额为8.5亿美元，胶合板总产量约350万立方米。

广西胶合板产业是我国胶合板行业的后起之秀，得益于本地桉树人工林的大力发展。目前江苏、山东、浙江部分胶合板企业都在广西采购桉木单板生产胶合板，且大多用于生产地板基材。目前，广西生产胶合板企业有300多家，加上旋切单板企业1000多家，运出广西的单板量大大超过在广西生产的胶合板量。

综上所述，我国胶合板产业共有单板生产企业超过万家，胶合板生产企业3000多家，目前仍然在生产胶合板的企业约2000家，胶合板实际产量约4500万立方米。

（摘自《中国人造板》，作者陈天全、毛秋芳、揭昌亮、张禄森）

中国木材与木制品行业发展现状

2012年，中国经济下行压力加大，国内经济发展放缓；同时国际金融危机深层次影响继续显现，特别是欧洲主权债务危机深化、蔓延，世界经济复苏明显减速，国际市场需求下滑。面对复杂严峻的内外部环境，全年我国木材与木制品行业积极调整产业结构、加快转变发展方式、努力开拓新兴市场，各项经济指标达到稳中有进，发展趋势向好。其中，进出口贸易基本稳定，木制品出口继续增长，库存回落，总体价格稳中有降。

一、2012年木材与木制品行业发展现状

（一）行业生产形势良好

2012年，在欧美经济疲弱，国内房地产调控，以及要素成本不断上涨等多重因素作用下，我国木材与木制品行业在生产方面整体仍然呈向好发展趋势。

据国家林业局统计数据显示，2012年我国国内商品木材产量为8174.87万立方米，与2011年基本持平。人造板行业产量较快增长，但增速低于往年，我国全年累计生产人造板22335.79万立方米，同比增长6.77%，增速比上年下降29.42个百分点；其中胶合板同比增长11.26%，下降27个百分点；纤维板同比增长4.28%，下降23.45个百分点；刨花板下降8.2%，下降110.65个百分点；其他人造板同比增长9.44%，下降3.08个百分点。受国际市场萎缩和国内房地产调控影响，人造板下游产业放慢了发展速度，全年生产木家具2.39亿件，比2011年减少2.14%；据不完全统计，2012年我国地板产销量约3.77亿平方米，同比下降约5个百分点，这是继2008年我国地板行业产量销量出现首次下滑后的第三次下降；据中国木材与木制品流通协会初步统计，2012年我国木门产值940亿元，同比增长6.82%，增速比上年下降近10个百分点。2011—2012年我国木材与木制品产量统计情况见表1所示。

表1　2011—2012年主要木材与木制品产量

种类	单位	2011年	2012年	同比增减（%）
木材	万立方米	8145.92	3502.55	10.08
人造板	万立方米	23862	28568	19.72
胶合板	万立方米	10802	12865	19.10
刨花板	万立方米	1202	1289	7.24
纤维板	万立方米	4911	5554	13.10
木家具	亿件	2.44	2.39	-2.14
木门	亿元	880	940	6.82
木地板	亿平方米	3.97	3.77	-5.04
强化木地板	亿平方米	2.35	2.11	-10.21
实木复合地板	万平方米	9070	8600	-5.18
实木地板	万平方米	4260	4170	-2.11
竹地板	万平方米	2510	2500	-0.40
其他地板	万平方米	323	350	8.36
纸及纸板	万吨	10869.57	11375	4.65

（二）市场消费总体下降

我国是木材与木制品生产和消费大国。2012年，就表观消费量（表观消费量＝产量＋进口量－出口量）而言，我国原木消费量小幅下降3.4%；在主要木制品中，人造板和木门仍有小幅度增长，其中胶合板增幅最大，为11.9%，而木家具、木地板、刨花板等木制品均呈不同程度下降，其中木家具降幅达12.3%（见表2）。

表2　2011—2012年我国主要木材与木制品市场消费情况

种类	单位	2011年	2012年	同比增减（%）
原木	万立方米	11680.8	11283.3	-3.4
人造板	万立方米	16905.3	17987.4	6.4
胶合板	万立方米	8931.2	9995.8	11.9
纤维板	万立方米	5391.5	5620.5	4.2
刨花板	万立方米	2582.5	2371.2	-8.2
木家具	万件	5065.5	4440.3	-12.3
木门	亿元	842.6	901.3	6.9
木地板	亿平方米	3.3	3.1	-6.7

（三）全年木材市场价格在缓降中回升

图1所示，2012年我国木材市场价格整体缓慢下滑，但从第四季度开始小幅回升，从年初至年末价格上涨4.4%。前三季度，国内木材市场持续低迷，市场存在着供应过剩、需求不足、交易平淡的窘境，木材市场一直处于消化库存的过程中，各品种的价格不断下跌或相对稳定，仅有少部分品种价格由于货源紧张而上升。第四季度国内经济企稳回升，但由于市场短期信心偏弱，木材贸易商和加工户态度谨慎，木材市场行情没有出现大幅增长。第四季度因国外木材价格上涨、货源略显紧张，港口木材货船到港数量减少，主要货场库存都创下了阶段性新低，因此国内市场价格也相应出现了上涨行情。

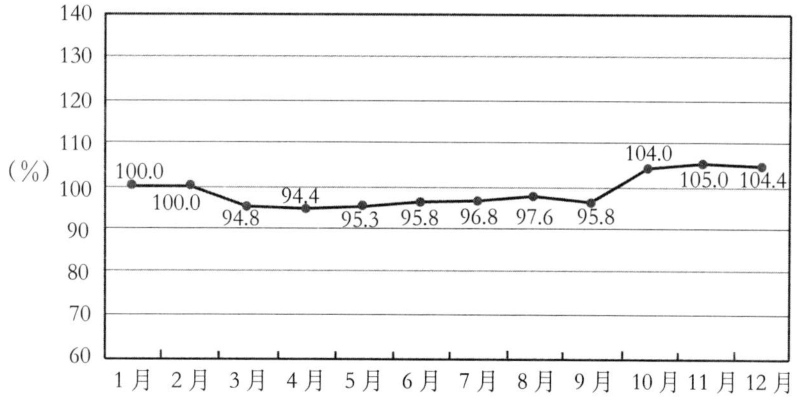

图1　中国木材市场价格综合指数

二、2012年我国木材与木制品进出口贸易情况

2012年，国际市场需求萎缩、政治经济环境复杂多变，我国木材与木制品外贸规模仍然保持了平稳发展态势（见图2）。其中，进口贸易回落，出口贸易小幅增长。

2012年，我国木材与木制品进出口贸易总额为637.33亿美元，同比上年小幅下降0.73%，基本呈平稳发展态势。其中，出口总额为317.32亿美元，同比增长6.91%，增速比上年回落 4 个百分点；进口总额为 320.01 亿美元，同比下降 7.30%，增速比上年回落 45 个百分点；贸易逆差收窄为 2.69 亿美元，比上年减小 45.71 亿美元。出口占贸易比重为 49.79%，比上年提升 3.56 个百分点，贸易结构朝向好方向发展。分季度看，一、二、三、四季度进出口贸易额分别同比增长 2.65%、3.53%、-5.43% 和 -3.02%。

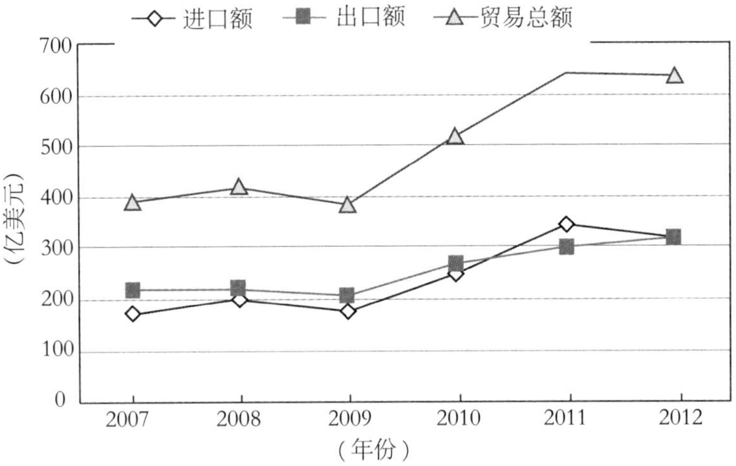

图 2　木材与木制品进出口贸易额变化情况

（一）进口情况

2012 年我国主要进口品种原木、锯材、薪材、木片、木浆、纸及纸板等进口额比例如图 3 所示。与 2011 年相比，2012 年我国原木和木浆、废纸及纸板进口比重下降 1 个百分点，而锯材和木片进口比重分别增加 1 个百分点。

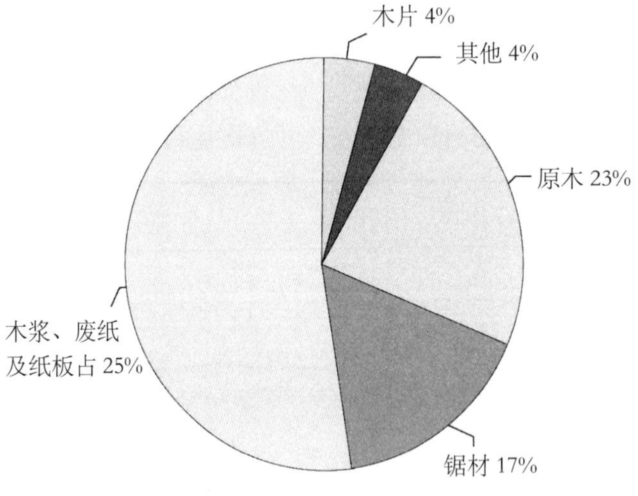

图 3　2012 年我国木材与木制品进口额比例

2012 年，我国进口木材（原木+锯材）6709.2 万立方米（原木材积），同比下降 7.94%。其中，进口原木 3789.27 万立方米，同比下降 10.47%，其进口额占我国木材与木制品进口总额的比例为 23%；进口锯材 2056.59 万立方米，同比减少 4.43%；木片和木浆、废纸及纸板进口量分别增长 15.44% 和 11.74%。

值得注意的是，2012 年薄板进口量增速惊人（见图 4）。因其进口份额不大，全年进口额占我国木材与木制品进口总额的比重仅为 0.42%，因此对我国木材进口的整体情况影响较小。1—12 月薄板进口量为 25.72 万吨，增长 71.29%；3 月单月进口量创造了 3.0 万吨的历史最高纪录，同比上年增速达 360%。

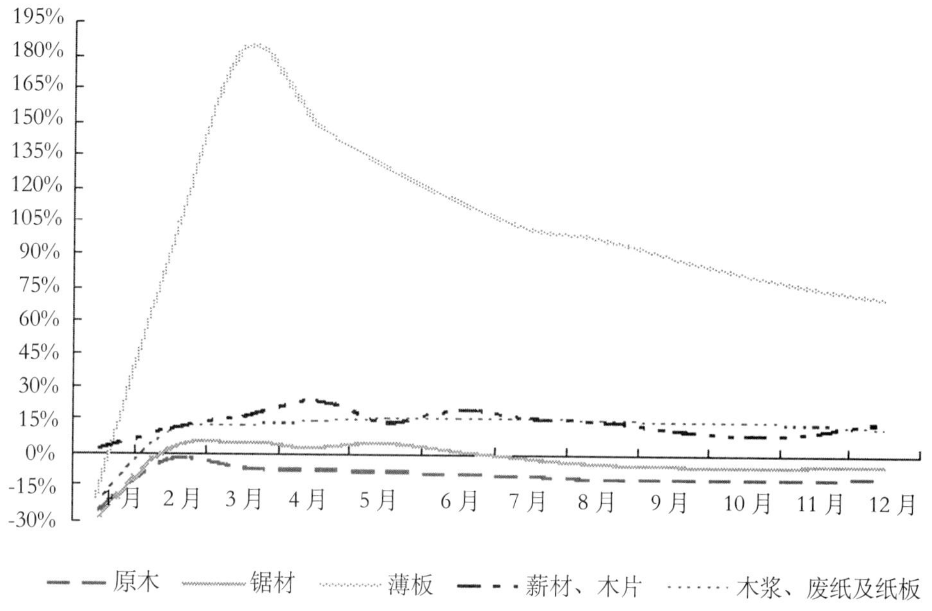

图4　2012年主要进口木材产品进口数量增速变化

（二）出口情况

2012年，我国木材与木制品出口总金额为317.32亿美元（不含松香等林产品），同比增长6.91%。木制品出口主要以木家具、木框架坐具和胶合板出口为主，2012年这三者出口值占总出口值的比重达72.8%（见图5）。

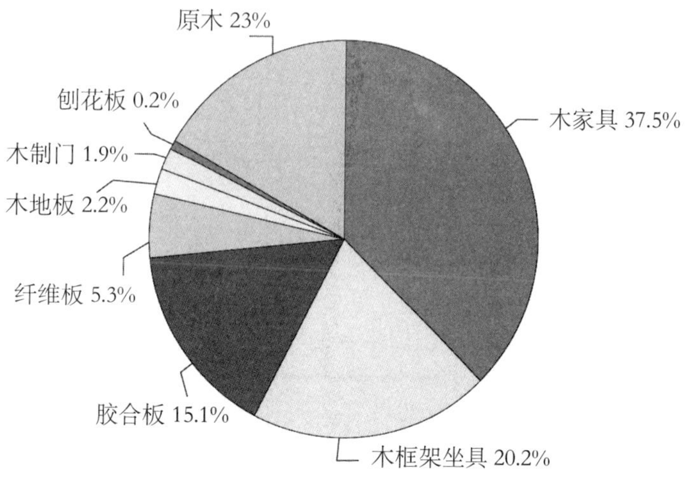

图5　2012年我国主要木制品出口额比例

2012年，我国木家具累计出口2亿件，同比再次小幅下降0.86%；出口金额119.11亿美元，增长5.21%，低于同期木材与木制品整体出口增速1.7个百分点，比上年增速下降2.02个百分点。木框架坐具出口量基本与上年持平；出口金额64.2亿美元，增长10.73%，增速比上年上升7.2个百分点。木地板出口量出口额同比上年分别增长3.96%和9.93%。2011年美国对我国胶合板出口发起“反倾销”调查，但是我国胶合板出口量和出口额还是有增长，但出口量额增速分别比2010年下降了22个百分点和17个百分点。纤维板和刨花板出口量额均呈增长态势，但出口增速均有较大幅度下降。2011—2012年我国主要木制品出口情况见表3所示。

表 3　2011—2012 年主要木制品出口统计表

种类	单位	2011 年	2012 年	同比增减（%）
木家具	出口量（万件）	20159	19984.67	-0.86
	出口额（亿美元）	113.21	119.11	5.21
木地板	出口量（万吨）	40	41.53	3.96
	出口额（亿美元）	6.30	6.93	9.93
木框架坐具	出口量（万件）	8757	8714.44	-0.48
	出口额（亿美元）	57.98	64.20	10.73
木制门	出口量（万吨）	31	32.13	4.45
	出口额（亿美元）	5.79	6.19	6.85
胶合板	出口量（万立方米）	957	1003.26	4.81
	出口额（亿美元）	43.40	47.96	10.51
纤维板	出口量（万吨）	242	253.24	4.62
	出口额（亿美元）	15.48	16.70	7.89
刨花板	出口量（万吨）	12	13.52	8.97
	出口额（万美元）	5039.07	6328.57	25.59

美国是我国木制家具第一大出口市场，2012 年占全国出口量的 32.4%，在国际经济形势不好的情况下，比 2011 年仍然增长了 1.89%（见表 4）。近年来我国已经取代加拿大、意大利等国成为美国木制家具市场的第一大提供者。2006 年到 2012 年，美国木制家具进口前五名的国家里，排在第一位的是中国，其次是加拿大、马来西亚、印尼和意大利。虽然 2008 年、2009 年的时候，受金融危机和贸易壁垒的影响，中国出口美国的木制家具总额有所减少，但仍比其他国家出口到美国的多，且自 2010 年开始，该数据又再次往上提升。欧洲是中国家具出口第二大市场，且其份额呈现不断增长的趋势。日本也在中国家具出口市场中占据重要位置，2012 年木家具出口数量出现 0.86% 的小幅下降，主要是由于占我国木家具出口市场第二大份额的日本市场萎缩造成的，全年其进口量下降了 3.89%。

表 4　2012 年我国主要出口木制品——木家具前 10 位出口国情况

国　家	2012 年（万件）	2011 年（万件）	增减数量（万件）	同比增长（%）
总计	19982.86	20156.49	-173.63	-0.86
美国	6481.03	6360.52	120.51	1.89
日本	1887.12	1963.58	-76.46	-3.89
英国	1103.06	1001.06	102.00	10.19
德国	962.86	925.19	37.67	4.07
澳大利亚	950.04	904.33	45.71	5.05
法国	716.92	642.80	74.12	11.53
加拿大	714.20	694.30	19.90	2.87
荷兰	506.57	421.11	85.46	20.29
沙特阿拉伯	435.23	406.72	28.50	7.01
阿拉伯联合酋长国	397.34	—	—	—

木家具出口仍以广东为龙头，占全国出口量的1/3（见图6），但福建和江苏发展都很快，在国际经济形势不好，总体家具出口下降的情况下，分别增长了12%和15%。广东省不但出口数量位居全国第一位，出口单价也相对较高，2012年出口平均单价比全国平均单价高出27.4美元。

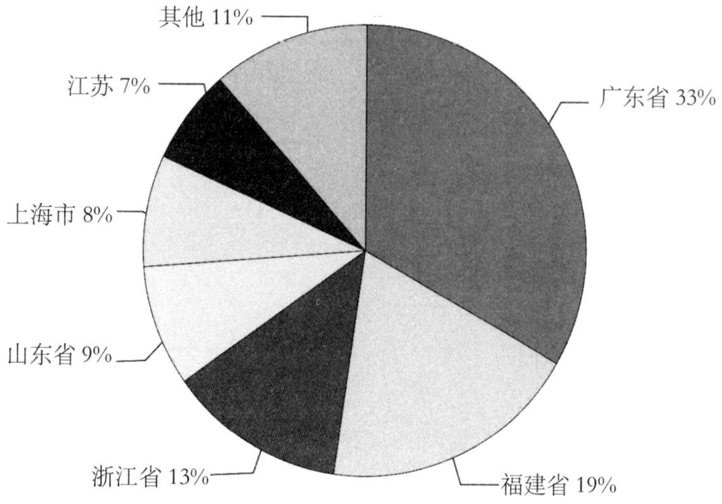

图6　2012年木家具出口地区比例

（三）木材进口价格平稳走低

2012年，中国木材进口价格综合指数呈缓慢下降趋势，从1月到12月综合指数下降9.5个点，如图7所示。其中，原木进口价格下降了10.2个点，锯材下降4.2个点；针叶木材价格下降9.8个点，阔叶木材价格下降8.9个点。整体而言，2012年原木进口价格下降幅度较大，锯材进口价格变化较为平稳；针叶木材由于2011年进口量升幅较大，因此2012年进口价格经市场调整相对下滑明显。

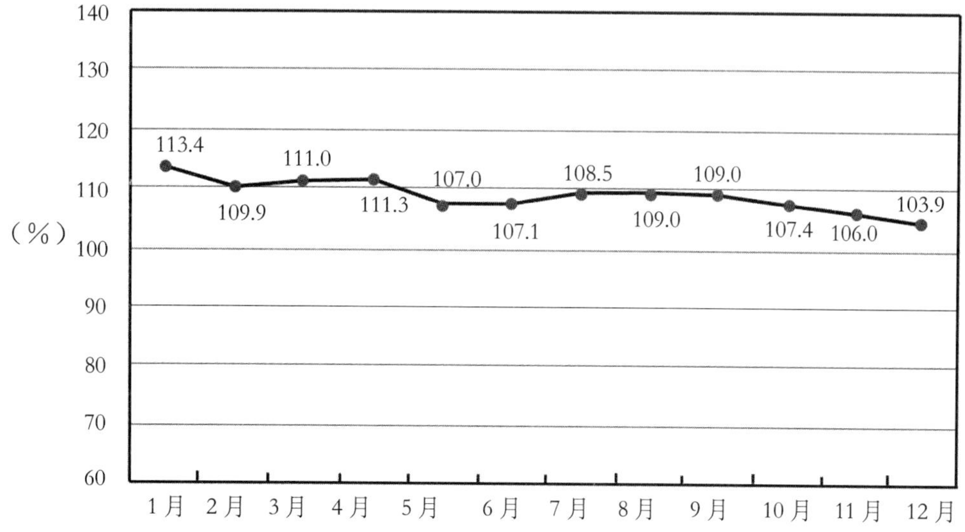

图7　2012年木材进口价格综合指数走势

（中国木材与木制品流通协会，谢满华）

中国木材进口现状及存在问题

中国是一个森林资源稀缺型国家，随着天然林保护工程的实施，这种稀缺性表现得更为明显。近年，随着中国经济持续快速发展及房地产业的高速发展，木材需求呈现出膨胀性的发展态势，国内木材供需矛盾不断升级。虽然可以通过种植资源回收、废旧木材回收利用、寻找木材替代品及其他方式来调整、缓解国内木材供需矛盾，但由于受时间、技术等客观因素的限制，短期内最直接、最有效的途径还是木材进口。正是基于此，中国政府实施了鼓励性的木材进口贸易政策措施，推动了中国木材进口贸易的快速增长，中国木材供给的对外依存度不断增强。随着世界各国环保意识逐渐加深，世界木材主产国开始纷纷出台了限制或禁止木材出口的政策措施。中国木材进口贸易也因此受到了国外政策因素的影响，这必将危及中国木材工业安全发展。因此，探讨中国木材进口的现状及存在的主要问题，提出相应的对策建议，对中国未来木材进口贸易保持健康、可持续发展具有非常重要的现实意义。

一、中国木材进口现状

（一）进口规模

中国是世界上的木材进口大国。随着国内房地产开发的不断加快，木材消费呈现出膨胀性发展态势，从而带动了木材进口贸易的快速增长。如表 1 所示，木材进口量已从 2002 年的 3199.5 万立方米，上升到 2012 年的 6709.6 万立方米，翻了一番；进口金额由 2002 年的 32.9 亿美元，上升到 2012 年的 127.3 亿美元，增长近三倍。2011 年折合成原木材积的木材进口数量占进口木材和国产木材总量的比重达到历史峰值，进口材几乎占到一半。从进口木材结构看，原木进口始终占据较大比重，但是锯材进口增长速度非常快，经过 2002 年至 2012 年 10 年的时间，中国锯材进口量增长了 2.8 倍，其比重也由 2002 年的 23.9%上升到 2012 年的 43.5%。

表 1　2002—2012 年中国原木、锯材进口数量

年份	进口原木		进口锯材		折合进口木材（原木材积）	国内木材产量（万立方米）	进口木材量所占比重（%）
	进口金额（亿美元）	进口量（万立方米）	进口金额（亿美元）	进口量（万立方米）	进口金额（亿美元）		
2002	21.4	539.6	11.6	3199.5	32.8	4436.1	41.9
2003	24.5	551.2	11.9	3328.3	36.4	4758.9	41.2
2004	28.0	600.4	13.8	3476.9	41.8	5197.3	40.1
2005	32.4	597.3	15.1	3784.9	47.5	5560.3	40.5
2006	39.3	606.8	16.9	4076.9	56.2	6611.8	38.1
2007	53.5	649.1	17.6	4630.7	71.1	6976.7	39.9
2008	51.8	705.3	20.0	3958.5	71.8	8108.3	32.8
2009	40.8	986.3	23.1	4206.5	63.9	7068.3	37.3
2010	60.7	1471.2	38.4	5523.8	99.1	8089.6	40.6
2011	82.7	2151.8	56.9	7288.2	139.6	8145.9	47.2
2012	72.5	2056.6	54.8	6709.6	127.3	8174.9	45.1

注：1. 折合木材中，1 立方米锯材等于 1.42 立方米原木。　2. 数据来源于中国海关数据。

（二）进口来源国

从进口来源国看，中国分别从 100 多个国家进口原木和锯材。2012 年，前 4 位木材（包括原木和锯材）进口来源国依次为俄罗斯（30%）、加拿大（17%）、新西兰（14%）和美国（10%），4 个国家进口量占中国年度总进口量的 71%。其中中国原木进口前 6 位货源国是俄罗斯、新西兰、美国、巴布亚新几内亚、加拿大和所罗门群岛，分别占原木总进口量的 33%、25%、11%、8%、7%和 6%，加蓬从 2010 年 1 月起完全禁止原木出口后，中国从其进口原木量几乎为零；中国锯材进口前 4 位货源国（加拿大、俄罗斯、美国、泰国）占中国锯材年度进口量的 80%。可见中国木材进口的集中度较高，不利于中国木材进口的可持续发展及市场风险的控制。

（三）进口价格

2002—2012 年，中国原木和锯材进口价格整体呈不断上升趋势。2009 年因受美国金融危机蔓延影响，原木和锯材进口价格均出现下调，尤其锯材回落较大，而在后面的 3 年里回升相对缓慢。总的来看，原木价格涨幅明显大于锯材，2008 年的原木进口价格为 175.2 美元 / 立方米，较 2002 年增长 99.2%，几乎翻了一番；2009 年的原木进口价格较上年回落了 17.0%；2010 年和 2011 年又快速回升，2012 年的原木进口单价达到 191.3 美元 / 立方米，较 2011 年小幅下降 2.1%，较 2002 年上涨 117.6%。2012 年中国锯材进口单价较 2002 年仅上涨 23.9%（见图 1）。

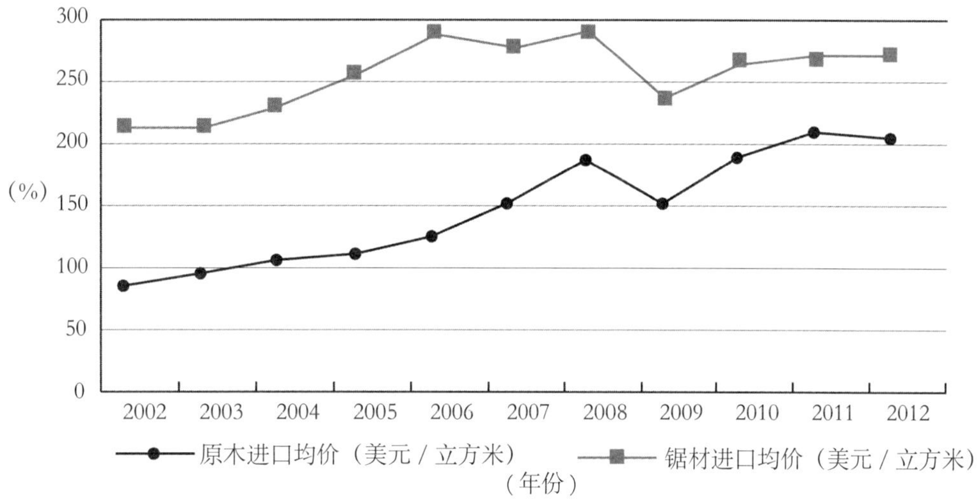

图 1　中国原木、锯材进口均价变化情况

注：数据来源于中国海关数据。

二、中国木材进口贸易存在的主要问题

（一）进口秩序混乱，信息不对称现象严重

在国内木材需求快速增长的预期下，众多的中小经营者纷纷涉足木材进口业务，企业各自为战，彼此信息不通，盲目进口、集中进口现象严重，尽管中国木材进口总量大，但在国际贸易中却缺少话语权。同时由于恶性竞争，比拼价格，导致对外哄抬了供应商销售价格，对内压低了国内销售价格，利润空间不断缩小。如 2011 年，中国木材进口企业对形势把握不准，过大估计国内市场需求，盲目扩大进口，导致出现价格倒挂、库存积压严重、企业普遍亏损的局面。

（二）木材进口资源受到限制

近年，世界各林业资源丰富国家相继出台法

规禁止或限制原木的出口，以达到大力发展本国木材深加工产业，改善产业结构的目的，从而令全球木材供应紧张。例如，2006年1月1日开始，俄罗斯对未加工原木的出口关税提高6.5%，而后期对外贸易和关税协调委员会又公布2007年7月1日起提高到20%，从2008年4月起税率则再次提高至25%；加蓬于2007年开始实施原木出口配额制度，2010年1月开始完全禁止原木出口，并修改了《森林法》；传统的木材出口地大洋洲和东南亚也进一步出台了保护本国森林资源的政策，限制木材出口，缅甸政府宣布自2014年4月1日起该国将停止原木的出口。各原木生产国出台限制原木出口政策是导致近些年中国从原产材国进口量减少的主要原因。国际原木供应量日趋减少、原料价格的急剧上涨对中国木材市场供给带来了很大的安全问题。

（三）非法采伐木材给中国木材进口贸易带来负面影响

2012年年底，总部设在英国伦敦的NGO组织——环境调查署发表题为“毁灭的欲望——中国非法木材贸易”的报告，指责中国在2011年进口了至少1850万立方米、价值37亿美元的非法采伐木材。虽然这个报告缺少事实依据，并带有妖魔化中国的意味，但部分第三世界国家由于自身管理不善，导致把部分非法采伐的木材低价出口给中国仍是事实，而近几年国际上禁止非法采伐的呼声很高，中国可能以后就买不到这些低价木材了，并在中短期内将给中国正常的木材进口贸易带来负面影响。

（四）进口木材市场流通渠道不畅

1990年林业部依据《森林法》及《森林法实施细则》在全国实行木材凭证运输管理制度，目的是禁止非法砍伐，防止植物病虫害扩散。但各地运输证管理超出了《森林法》及《森林法实施细则》确定的“从林业运出的非国家调拨木材需要运输证”规定范围，对进口木材以及经过加工处理过的人造板、家具半成品、防腐木等也要求办理运输证，不仅延误经营商机，而且出现多头管理、重复取证、重复收费现象，增加了流通时间和流通成本。最近，国家林业局印发了《关于规范木材运输检查监督管理有关问题的通知》，取消了运输直达的进口木材、人造板和木制品凭证运输的规定，但仍要求再次运输的进口木材凭证运输，这无疑不利于促进木材进口贸易。

（国家物资储备局物资储备研究所，刘小航；
中国木材与木制品流通协会，谢满华）

2012年中国红木进口现状

2012年是经济形势异常复杂的一年。国际上，世界经济增长放缓，国际贸易增速回落，各类金融债务危机影响尤甚，全球经济复苏持续乏力；从国内来看，政府实施“稳经济、调结构、控通胀”的经济发展思路，实施积极的财政政策和稳健的货币政策，国内经济总体保持稳健增长的态势。

2012年中国木材进口总量及进口总额均发生下滑，但珍贵阔叶木材（指单价在400美元/立方米以上，下同）在进口量和进口额上都较上一年度有了大幅增长。具体分析如下：

一、珍贵阔叶木材进口情况

2012年国家海关木材进口数据显示，2012年我国累计进口珍贵阔叶木材648.86万立方米（以原木材积计，下同），同比增长70.58%；总金额达178.65亿元人民币（以1美元兑换6.20元人民币的汇率计算，下同），同比增长61.64%，见图1。

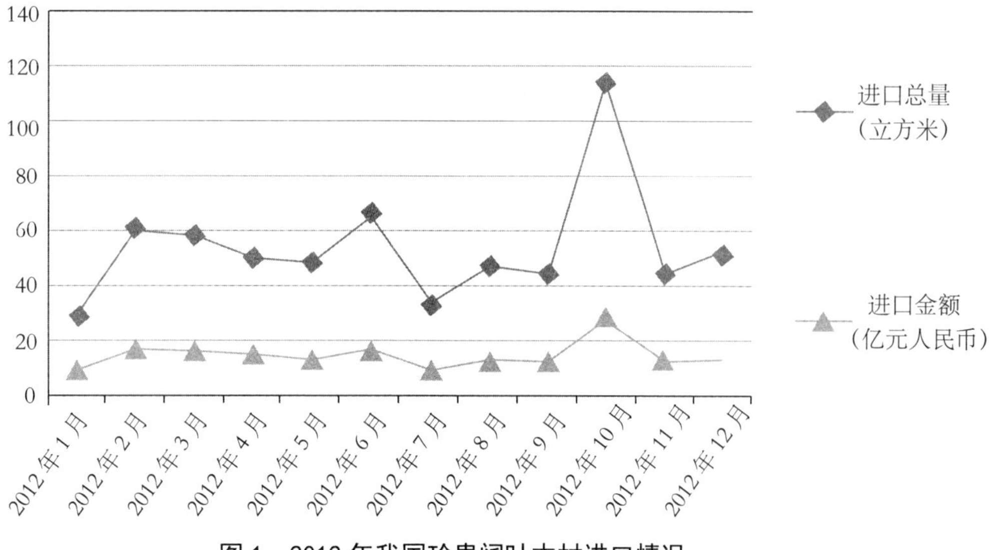

图1　2012年我国珍贵阔叶木材进口情况

（一）进口珍贵阔叶原木的情况

2012年，我国珍贵阔叶木材原木累计进口276.98万立方米，同比增长16.52%；总金额达人民币97.22亿元，同比增长9.27%，但原木进口单价较2011年下降了6.2%。

（二）进口珍贵阔叶锯材的情况

2012年，我国珍贵阔叶木材锯材累计进口261.89万立方米，同比增长160.65%；进口总额达人民币78.55亿元，同比增长123.06%，持续大幅上升；而进口单价较去年下降了14.34%。

（三）进口珍贵木材来源地区情况

从珍贵阔叶原木来源地看，非洲依旧是我国最重要的珍贵阔叶原木来源地，约占67%（2011年约为62%）；传统“南洋地区”（包括东南亚、南亚、大洋洲部分国家）约占进口珍贵阔叶原木进口的29%（2011年约为37%）；中南美洲地区占总量的4%（2011年约为1%），见图2。

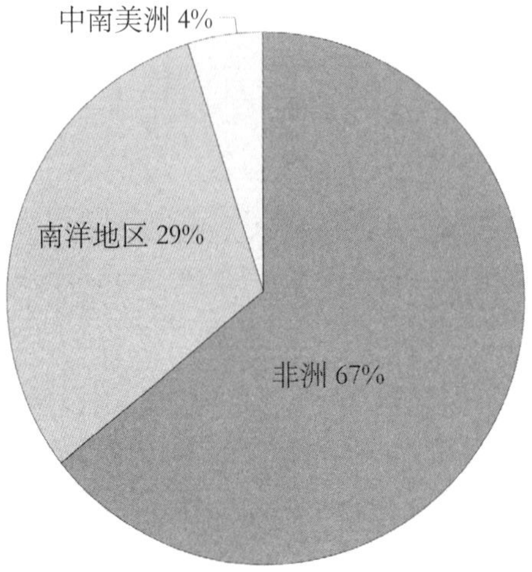

图 2　2012 年我国珍贵阔叶原木进口地区构成

从珍贵阔叶锯材来源地看，传统“南洋地区”保持对我国珍贵阔叶锯材出口第一的位置，约占75%，较 2011 年上升了超过 40%；而非洲地区所在比重约为 22%，与 2011 年相比略有下降；中南美洲地区则发生较大下滑，仅占 3%，见图 3。

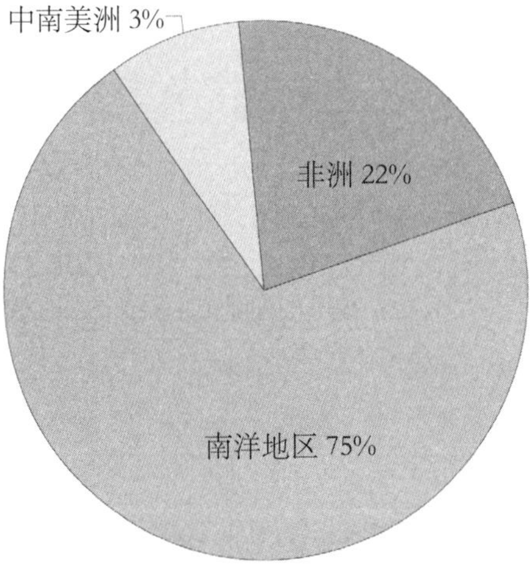

图 3　2012 年我国珍贵阔叶锯材进口地区构成

2012 年我国珍贵阔叶木材进口总量和总金额都取得较快增长，但较往年上涨幅度则稍有放缓趋稳。

二、我国海关红木类进口数据分析

2012 年我国海关木材类进口数据显示，2012 年我国累计进口红木达 86.28 万立方米，同比增长 30.37%，增加了 20 万立方米；其中红木原木进口 75.72 万立方米，同比增长 34%，增加了近 20 万立方米；锯材进口 7.44 万立方米，同比增长 9.1%。红木进口总金额达 57.03 亿元人民币，同比增长 10.85%。在进口单价上，红木原木进口单价较 2011 年下降了 17.71%，而锯材单价则上涨了 5.32%。

从红木原木进口省份情况来看，广东、云南、上海、江苏位列我国红木原木进口前四位，占进口总量的 95% 以上，仅广东一省就占 70% 以上，见图 4。

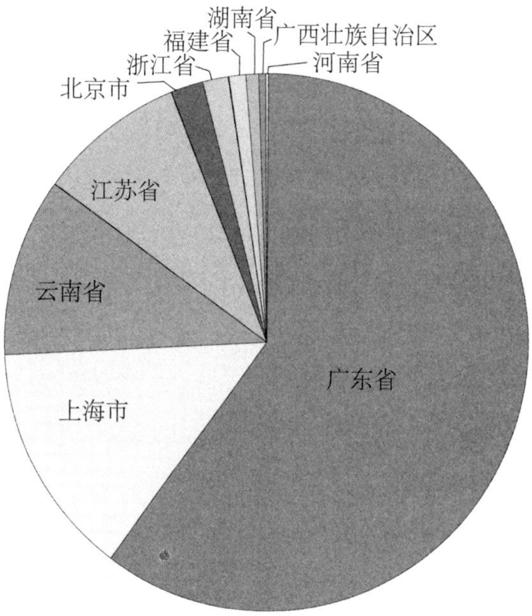

图 4　2012 年我国红木原木进口省份情况

从红木锯材进口省份来看，进口总量排名前列的有上海、广东、云南、江苏、浙江和北京。以上六省市共占红木锯材进口的 98% 以上，见图 5。

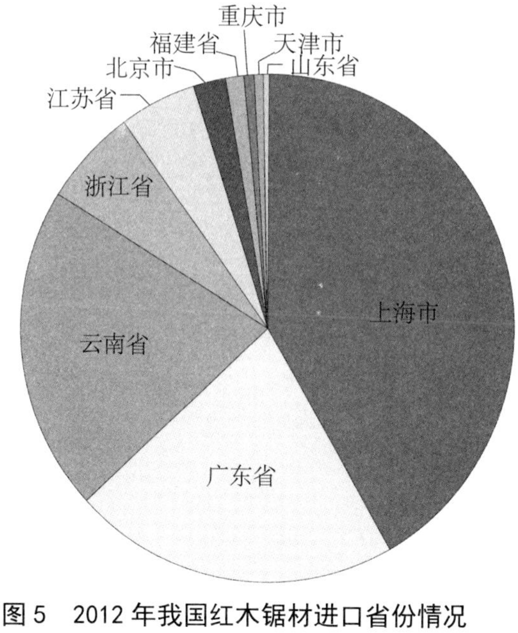

图 5　2012 年我国红木锯材进口省份情况

以上地区均为我国主要的红木产业聚集区，其产值规模也与此排名相当。

根据海关进口数据研究显示，2012 年我国进口木材 5845.86 万立方米，同比下降了 8.43%；但我国红木原木与红木锯材进口仍然保持强劲势头，这与国内红木市场需求巨大与广阔的发展前景有着必然联系。

三、总结

从 2012 年我国红木进口形势分析中可以看出，2012 年我国红木市场基本上是处于回升趋稳的发展态势。期间起伏变化较大主要是受到市场需求与国家宏观经济政策的影响。红木行业经历一个高速时期后，大量资金涌入，行业发展过快，产量激增。近年来受到国家宏观经济政策、市场，以及人工成本增加等因素的共同影响，一些结构上失衡问题集中表现出来，导致部分行业企业准备不足，应对失策。当前要尽快摆脱这种局面，实现红木行业的健康发展，其一，需要我们做好产业规划及结构调整，以创新驱动行业发展；其二，我们要做好行业自律，以“诚信”和“文化”为旗帜，培育红木终端市场，增加消费者信心，是解决当前所谓红木制品产能相对过剩的根本之道；其三，红木行业要积极探索红木进口模式的调整创新，改变红木进口在国际市场上的被动局面。

（中木协红木流通专业委员会，车畅、毛传伟）

全球木材贸易一体化与多元化战略大数据分析与风险管控

一、全球经济一体化与中国木材贸易的大市场理论

随着全球经济发展，全球经济联系日益密切，国际经济发展和各国之间经济竞争逐渐加剧，共享国际经济大市场，国际贸易一体化应运而生。国际贸易一体化是世界经济发展的趋势和潮流，也是国际经济发展的必然结果。随着中国经济的高速发展，与世界经济融合的愈加紧密，我国企业在日益成熟的市场环境下迅速崛起，已成为全球第二大经济体。

（一）中国木材资源状况

中国森林面积 1.95 亿公顷，森林覆盖率 20.36%，人均森林面积 0.145 公顷，不足世界人均占有量的 1/4，森林覆盖率只有全球平均水平的 2/3，且中国森林出材率不高，木材出材率仅为 25%。中国森林资源人均占有量不足、分布不均、质量不高，中、幼龄林占绝大多数，木材资源无论从数量还是从质量都无法满足中国国内生产消费的需要。

（二）中国大宗贸易中为何木材贸易独秀鹤立

全球大宗贸易的贸易量、价格都处于阴霾中，现阶段中国、美国、欧洲、日本的宏观经济实际情况均不支持与实体相关的大宗贸易继续上涨。对于木材及木制品而言，我国木材产品总供求快速增长，总消费达 5.1 亿立方米，市场需求为 4.2 亿立方米，我国木质林产品进口折合木材 2.3 亿立方米，占总消耗量的 45%，占市场需求的 55%。中国是世界林产品生产、加工和进出口贸易最大国之一。林木产品进出口贸易增长高于全国进出口贸易增长水平。中国主要木材原料进口及木制品出口的“两头在外”格局仍在延续，中长期刚性需求依然走强。2015 年我国林产品进出口贸易总额目标为 1700 亿美元。

（三）国际贸易一体化促成中国木材贸易的世界大卖场

真正拉开世界木材大量进口中国大幕的主因包括这几个方面：天保工程实施，1998 年开始和 2011 年继续加大天保工程国策，东北四大家主要森工集团木材生产量，年采伐量只有 375 万立方米。中国经济一枝独秀，2008 年国际金融危机后，再加上欧债危机所产生的叠加影响，造成美国、欧洲、日本等国家经济和房地产市场受到严重的影响，因此，北美、南美、欧洲、非洲、大洋洲等开始大量出口木材进入中国，凸显世界木材贸易中国的一体化。中国是“世界工厂”，木制品出口世界第一大国。中国木材资源和材质，现主要以人工、速生、低质、小径材为主要木材原料，而加拿大、美国、欧洲、南美洲材质优良、资源丰富，可永续利用。加拿大 BC 省遭受大面积病虫害，木材急需寻找大卖场，SPF 在中国大力推广，并得到很好的应用，加快了中国成为世界木材大卖场的推动力。

（四）国际贸易一体化推动中国木材贸易的发展

目前，国际贸易一体化的趋势越来越明显，对国际各个国家的影响也越来越显著，可以说，国际贸易一体化在全世界的发展势头不可阻挡，

是国际经济发展的主要趋势。木材贸易企业要认清形势，顺势而为。企业要迎头而上，抓住国际机遇，主动迎接挑战，这样才能在国际经济一体化的今天站稳脚跟，稳步前进。

二、中国木材贸易特征与多元化经营

由于中国经济快速发展，每年 4.2 亿立方米木材的市场消耗，木材资源长期短缺，随着经济的高速发展，供需矛盾更加突出，世界木材必然大举进入中国。现在中国木材市场环境发生了深刻变化，由单边木材贸易发展成多边贸易。中国木材价格主导权为卖方市场决定已经形成。当前大部分产品供过于求，市场竞争加剧，平均利润率下降。在这样的市场环境下，企业必须要从事多元化经营。

（一）多元化战略——单边市场（单样材种经营）向多边贸易（多样材种经营）发展已成为中国木材市场的必然趋势

中国是世界大卖场，不同材种、不同国家及区域在不同时间段都有各自的优势，多元化市场经营已是贸易发展的必然，多元化经营可以达到利润的最大化，也是企业摆脱困境的最有效战略。现实中的企业往往在原有产业具有一定的优势，已具备良好的核心专长。多元化经营必须有十分清楚合理的目的，多元化经营面临着一个难以把握的问题，即准确判断市场走势，找出最佳的切入点。如盲目进入，必然导致自己处于不利的竞争地位，必须认真分析市场，把握市场变化的脉搏。

（二）中国木材贸易进程概述——中俄木材贸易

第一阶段从 20 世纪 80 年代至 1998 年，主要以边境贸易为主；第二阶段从 1998 年到 2008 年，中俄木材贸易步入了稳步快速发展的轨道，2007 年到达历史顶峰 2539.65 万立方米，占我国当年全部木材进口总量的 68.47%；第三阶段从 2009 年至今。2009 年俄罗斯木材出口关税增加，鼓励木制品出口，总量开始减少，2013 年的上半年中国进口木材，只有俄罗斯原木进口量下降，原木减少了 12.5%。

（三）中国木材贸易进程概述——美洲木材贸易

北美木材贸易风生水起，发展势头迅猛；中国与北美市场互补性与日俱增，形成了双向循环的木材产业链。北美原木和锯材的出口量连年攀升成为必然趋势。

美国相关制度严格完备，北美企业主动出击抢占市场，并通过各种方式降低成本， 提升北美木材的竞争力。当传统木材大国纷纷控制原木出口时，美加两国木材商却加大在华推销力度。近些年， 美元对人民币汇率不断贬值也使得北美木材购买成本有所下滑， 提升了北美木材在国际市场的价格竞争力。

另外，中国从智利（2013 年上半年增长 70%）和阿根廷（2013 年上半年增长 108%）的锯材进口量也大幅增加——所有这些都是由于 SPF 价格上涨所致。

（四）中国木材贸易进程概述——大洋洲木材贸易

新西兰首次取代俄罗斯成为中国最大的原木供应商，2013 年上半年向中国进口原木 510 万立方米（占总量的 24%），针叶原木占中国针叶原木总进口量的 34%，而此数值在 2012 年同期为 29%， 2011 年为 27%， 2008 年只有 7%。

新西兰原木出口总量 82% 进入中国（2012 年原木出口总量为 1380 万立方米）， 随着俄罗斯原木出口量的持续下滑，新西兰木材在中国的市场份额将日趋提高。

下一个十年新西兰的森林采伐量有望增加 40%，达到 3500 万立方米， 因为 1990 年种植的人工林将迎来采伐季。新西兰木材理事会的目标是到 2022 年林木产品出口额翻番至 120 亿新元。中国对新西兰原木的需求很旺盛，原木的出口形势看好，但是木片和人造板的出口面临着一些挑战。

（五）中国木材贸易进程概述——欧盟木材贸易

欧盟是我国木制品出口的第二大市场，2012年出口欧盟的木制品占中国木制品当年出口总额的近 1/4。

由于北美 SPF 的“超级黄金周期”现象，特别是受到 2012 年和 2013 年第一季度疯狂价格的推动，欧洲等国家木材优势愈加明显，加快了进入中国的步伐，2013 年上半年从乌克兰进口的原木大幅增加，增长率为 367%，达 48.5 万立方米。从瑞典进口木材同比增加 266%、芬兰增加 191%，欧洲高等级云杉锯材迅速增加、抢占中国市场。上半年中国的锯材进口商主要从欧洲供应商进口以满足日益扩大的木材需求，中国市场以充分佐证了市场多元化的真实事实。

三、木材贸易的大数据分析与风险管控

对于木材贸易企业，许多人认为大数据与本企业无关，其实大数据时代已悄悄地来到我们身边，木材贸易作为最传统而古老的商业行为，大多数经销商都是凭借敏感的商业嗅觉，多年的商业经验来判定市场方向、市场风险及出进货源。企业决策和风险管控越来越依赖于数据，人们亟须快速从积累的业务数据以及无处不在的网络信息中获得洞察市场、预判市场发展态势。

当今是数据大爆炸的时代，大数据分析和运用势不可当，数据分析，似乎在不久前还是一个流行词汇，而现在正迅速成为一个被广泛采用的企业核心战略。比以往任何时候都敏锐的洞察力，使得企业能够制定更明智、更有效的决策；从综合国力角度看，大数据是未来的新能源；从企业的层面看，数据的分析能力正成为企业的核心竞争力；平台经济的大力发展，使“内容为王”延伸到“服务为王”。

中国经济运行总体上保持平稳，但经济环境更加错综复杂。实体经济真正进入下行通道，金融资本运营正在吸干实体经济血汗，实体经济已陷入恶性循环。

在经济下行压力和产能过剩矛盾并存、各项生产经营成本急剧上升与创新能力不足、金融领域存在潜在风险以及经济增长受资源与环境的约束日益加剧等众多因素影响。出口马车渐渐熄火，因地方的投资驱动导致的地方债务问题却在上半年浮现，为投资拉动敲响了警钟。2013 年 6 月 PMI 指数为 50.1%，为四个月来最低，7 月、8 月持平。汇丰 PMI 指数也显示中国经济的下行趋势。大宗贸易产品总体形态：高供应、高库存、低需求、低价格。

（一）中国经济面临的主要问题

在全球经济复苏乏力的“后危机时代”，作为“世界工厂”的中国面临着钢铁、水泥、平板玻璃、电解铝等产能严重过剩、新兴经济体的“承接转移”、发达国家的“再工业化”、中国大陆民间资本“脱离”实体经济、中国的自然资源禀赋制约“中国制造”的空间。必须调整经济结构，有效益的增长，中国劳动低成本优势已无法支撑经济的可持续发展。

（二）全球房地产的软性崩盘

房地产总体处于：2008 年的金融海啸和债务危机的阴影下，缓慢崩盘之中，各地区冷热不一。欧洲等国处于急速下坠的过程中，而美国房地产市场处于温和反弹过程中。

（三）大宗贸易进口必须面对亏损和高风险

从美国、欧洲到亚洲大宗商品价格下行，其中铁矿石、焦炭、有色金属都跌入近三年的低谷。超发货币、宽松货币对经济、股票和房地产都是一时的强针剂，日本经济低迷二十年了。

（四）2013 年上半年进出口总体形式

上半年，中国整体经济增速进一步放缓。面

对上半年不容乐观的经济形势，上半年中国外贸进出口额出现双降，其中出口1743.2亿美元，下降3.1%，为三年来最大跌幅。进口1471.9亿美元，下降0.7%。上半年PPI（工业品出厂价格指数）同比下跌2.7%，指标连续16个月下跌，这些都显示中国经济趋向疲软，需求不足。

四、木材贸易的发展方向和战略

准确把握行情走势合理规划产品结构，无论什么木材都难以保持长久的畅销势头，销售行情总会有波折起伏，贸易商应准确预判市场走向。

切忌恶性竞争，避免导致多输的局面。许多木材经销商热衷于跟风追涨，什么赚钱做什么，这种思路的一大弊端就是后知后觉、追涨杀跌，必然出现降价即甩卖、大打价格战，整个市场都将受到冲击。SPF价格被不断抬升，都具有盲目性和局限性。

（一）大数据推动营销模式的演变——“谁读懂时代，谁就拥有未来”

营销1.0时代是工业化时代，工业制造是核心技术，当时的营销就是把工厂的产品全部卖给有支付能力的人；营销2.0时代出现于信息时代，其核心技术是信息科技，即以消费者为导向的时代。现在，我们正目睹营销3.0时代的到来，即价值驱动营销时代的兴起。消费者寻求的产品和服务不但要满足自己在功能和情感上的需要，还要满足在精神方面的 需要。

（二）企业发展战略——“蓝海战略”还是“红海战略”

传统竞争极端激烈的市场是“红海”，与红海相对，“蓝海”是一个未知的市场空间，是亟待开发的市场空间，它代表着创造新需求，代表着高利润增长的机会，蓝海是从红海产业边界外创建或者从红海内部拓展产业边界开拓出来的崭新的市场领域。创新并不是从无到有，而是对生产要素的从新整合。

（三）大数据分析成为企业的核心竞争力

全面的数据，有利于提高竞争情报的真实性；分析数据，有利于提高竞争情报的精准性；即时传播的数据，有利于提高竞争情报的实时性。传统商业就犹如坐在自己车里，通过后视镜看后面发生的情况；而大数据分析则像是向前看的望远镜，通过望远镜能够看到未来可能会发生的情况。

（四）迎接电商时代的到来

全球经济一体化是世界经济发展的主要趋势与重要特征。电子商务既是全球经济一体化的产物，也是全球经济一体化发展的重要推动力。只有勇敢地面对这一挑战，才能搭上21世纪电子商务的“快车”。从近些年来我国信息产业迅速发展的历程来看，可以肯定电子商务将在我国出现一个跳跃式发展，并在21世纪成为我国经济发展的增长点。传统木材贸易优势被电子商务取代，随着信息时代的发展，使不对称信息变得对称，贸易利润曲线更加扁平，摊薄。

（北新建材集团，赵君）

市场篇

2012年中国木材市场供需现状

木材是绿色、环保、可再生性材料，具有吸音、绝缘、美观、易于加工、优质纤维含量高等优良特性，是国民经济建设的主要生产资料和人民生活不可缺少的生活资料。随着经济发展，人们生态环保意识不断提高，对木材的消费需求日趋扩大。作为快速成长的发展中国家，中国木材生产和消费水平也在不断提高，目前，已经成为世界木材生产大国、加工大国和消费大国。但是，木材与木制品贸易市场不景气，出口增速大幅回落至个位数，进口下降；木材产品市场总供给（总消费）减少。

据国家林业局统计数据，2012年全国木材产品市场总供给为49491.59万立方米，比2011年增长2.88%。其中：国内商品材产量为8174.87万立方米，木质刨花板和纤维板折合木材（扣除与薪材供给的重复计算）13629.01万立方米，农民自用材和烧柴产量为3969.88万立方米，进口原木及其他木质林产品折合木材23496.70万立方米，2011年库存、超限额采伐等形式形成的木材供给为221.13万立方米。2012年，全国木材产品消耗总量为49491.59万立方米，比2011年增长3.68%。其中：工业与建筑用材消耗量为37801.94万立方米，农民自用材（扣除农民建房用材）和烧柴消耗量为2833.97万立方米，出口原木及其他木质林产品折合木材8855.68万立方米。

一、国内木材供给情况

我国是一个森林资源稀缺型国家。据全国第七次森林资源清查统计（2004—2008年），我国森林覆盖率只有全球平均水平的2/3，排在世界第139位；人均森林面积仅为0.145公顷，不足世界平均占有量的1/4；人均森林蓄积量为10.151立方米，仅为世界平均水平的14.58%（国家林业局，2008）。从木材供给来源看，长期以来，中国木材资源供给一直建立在天然林资源基础之上。从保护大环境的角度出发，政府果断实施了天然林资源保护工程，对主要木材产区，如西南国有林区、东北及内蒙古等国有林区天然林实施了禁伐、限伐政策。在天然林木材资源供给能力迅速下降的同时，国内木材资源的供给压力便集中于人工林上。尽管我国人工林保存面积达到0.53亿公顷，居世界首位，但由于人工用材林单产低、质量差、林龄结构不合理、树种过于单一等问题的客观存在，其实际木材供给能力非常有限。综合天然林和人工林的资源现状，我国森林资源稀缺的现实在短期内还难以改变，木材供给能力非常有限。

二、国内木材需求情况

中国作为人口大国，也是林产大国，目前的木制产品需求还远未形成供求正比，也预示着林产加工业巨大的市场动力。据最新数字统计，目前国内木制产品人均使用只有0.28立方米，而世界平均水平是0.58立方米，美国、欧洲等发达国家达到了1立方米，中国木质产品的需求还不到世界平均水平的一半，要达到世界平均水平，我国还要翻一番，这是个巨大的市场需求。市场的巨大需求，是林产行业过去15年取得成绩的根源，也是未来若干年取得进一步成绩的有力保障。

三、木材市场对外依存度情况

由于国内木材资源稀缺，进口成为国内木材资源供给的重要途径。原木是中国进口的第三大林木产品，近年来锯材进口量也迅速增长。2012年原木进口量达到3789.3万立方米，锯材进口量达到2056.6万立方米，原木和锯材总进口量（折合原木材积）为6709.6万立方米，占到国内木材总供给量的47.2%，2002年这个数字为41.9%。国内木材市场供需矛盾不断加剧，大径级材、硬阔叶材，尤其是珍贵阔叶材严重匮乏，从而推动了木材进口的快速增长。由于国内木材供给能力相对不足，进口木材在中国木材总供给中占有越来越重要的位置。中国木材资源对外依存度不断提高，由1996年的12%迅速上升至2012年的47.2%。原木、锯材进口对于解决中国木材供给短缺，促进中国木材产业发展具有重要的现实和战略意义。

（中国木材与木制品流通协会信息中心）

2012年中国木材与木制品生产现状

一、原木、锯材生产情况

2012年，全国商品材总产量为8174.87万立方米，与上年基本持平。在全部木材产量中，原木产量7494.37万立方米，薪材产量680.50万立方米。商品材产量较大的省份都集中在我国集体林区，分别是广西、广东、福建、山东、云南、安徽、湖南，这些省区的商品材产量都超过400万立方米。2012年我国锯材产量5568.19万立方米，比2011年增长24.84%。木片、木粒加工产量2906.93万实积立方米，比2011年增长29.93%。

二、人造板生产情况

2012年全国规模以上人造板制造行业企业数量近5000家，人造板制造行业资产合计2486亿元，同比增加16.78%；实现销售收入5917亿元，同比增加19.33%；完成利润总额406.6亿元，同比增加20.82%；人造板制造行业整体从业人数7500万人，同比增长4.75%。目前，我国是世界人造板生产、消费和进出口贸易第一大国，年产量和进出口贸易额均占世界总量的1/4。尤其是我国加入WTO以后，人造板与板式家具共赢市场，成为全球家具的生产和消费中心。（见图1）

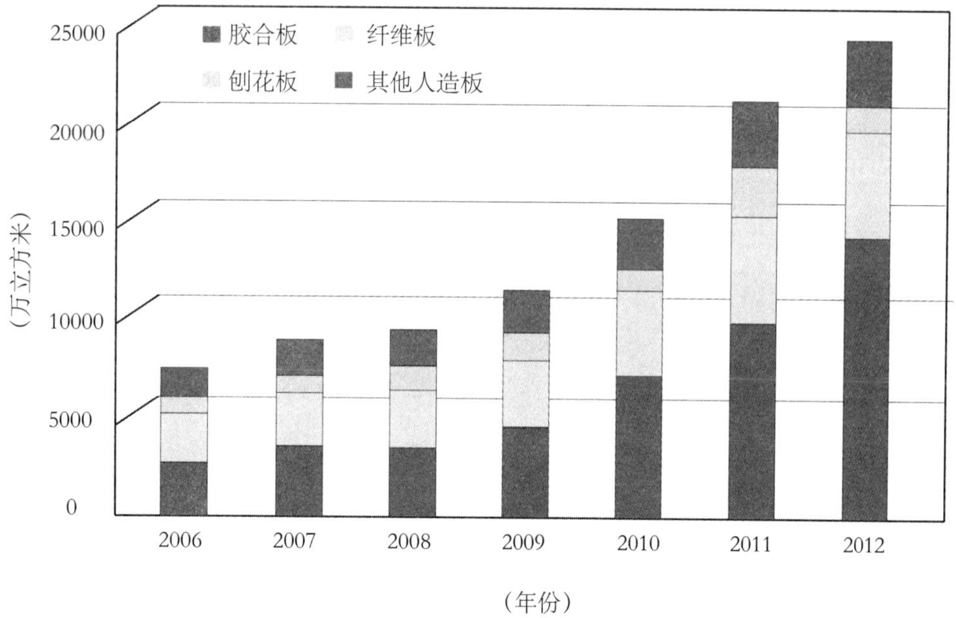

图1 人造板年产量情况

回首2012年，我国拉动经济增长的三驾马车都现踌躇之态。在欧美经济疲弱，国内房地产调控，以及要素成本不断上涨等多重因素作用下，我国人造板行业2012年遭受到严峻挑战，增长幅度低于往年。1—12月，累计生产人造板22335.8万立方米，同比增长6.77%，增速比2011年下降29.42个百分点。其中：刨花板2349.55万立方米，同比下降8.2%；纤维板5800.35万立方米，同比增长4.28%；胶合板10981.17万立方米，同比增长11.26%；其他人造板3204.71万立方米，同比增长9.44%。

我国人造板工业主要由胶合板（普通胶合

板、特种胶合板、竹胶合板)、纤维板(硬质纤维板、中/高密度纤维板)、刨花板(普通刨花板、定向刨花板和石膏刨花板等)、其他人造板(细木工板、集成指接板)4大类板种构成。2012年全年我国胶合板、纤维板、刨花板和其他人造板产品所占比例分别为58.45%、22.8%、5.29%和13.46%。其中,胶合板的比重上升了7个百分点。

从分省情况看,人造板生产主要集中在东、中部地区,人造板产量全国排名前10个省总量为24232.09万立方米,占全国总产量的84.8%。山东、湖北、江苏、河南、广西、安徽、福建、湖南前8个省的产量均超过1000万立方米;其中山东超过5000万立方米,同比增长26.7%;湖北和江苏均突破4000万立方米大关,全年湖北产量增长79.5%,跃居全国第二位。

(一)胶合板

我国现有胶合板生产企业6000多家,主要分布在山东、江苏、河南、广西、湖南、福建等省区,其中90%的企业规模在年产1万立方米以下,只有少数企业年产量超过2万立方米。

目前,胶合板依然是我国人造板的主体产品,产量比例占人造板总量的58.45%,比2011年的51.43%又提高了7个百分点。2012年1—12月胶合板产量整体仍然呈上升趋势,且每月产量比2011年同期都有增长,但增速呈减小趋势。12月单月产量达1435.3万立方米,创全年月度产量最高纪录,比上年同期增长14%。全年累计胶合板产量比上年同期增长18.3%。因此,2012年胶合板产量将再创历史新高。

2012年全年山东省胶合板产量增长较大,增速为27.6%,稳坐我国胶合板生产大省第一把交椅。值得注意的是,安徽省2012年产量增长最大,超过了四川省产量。

(二)纤维板

2012年纤维板产量仍然呈较快速度增长,全年累计纤维板产量为5554万立方米,比上年增长13.08%。1—12月单月对比上年同期都有不同程度的增长,其中最高增幅达46.8%。

2012年广西纤维板产量为793.6万立方米,排名全国第一位。在纤维板产量前10个省中,只有河南省产量下降了12.6%,其他省市均有较大幅度的增长,河北省产量增长最大,达51%。

(三)刨花板

2012年全国累计生产刨花板1289万立方米,同比增长7.2%,其中福建省生产刨花板221.65万立方米,在全国排名第一位,同比上年减少了1.8%,河南、广东、吉林、四川等省刨花板产量均有较大幅度增长,吉林增幅最大,为46.8%,相反,山东省刨花板产量下降了8.9%。

(四)其他人造板

2012年全年累计生产人造板表面装饰板2.86亿平方米,比2011年增长4%。前十大生产省市中,湖北省增长最大,几乎比上年翻了一番,排名全国第四位;广东省和北京市产量却出现了较大幅度的下滑,分别同比下降了31.8%和19.4%。

三、木家具生产情况

自2011年以来,受各种“内忧外患”因素影响,国内家具行业步入“寒冬”。一方面,国内由于房地产行业的调控导致住房成交量大幅减少,国内市场明显萎缩;另一方面,受外需疲软、技术壁垒、成本上涨、汇率波动等多重不利因素的综合影响,国外订单减少。

2012年我国木家具产量全年累计生产2.39亿件,同比2011年减少2.14%。其中,山东省是我国木家具第一制造大省,2012年产量为6383万件,同比减少了11.9%,紧随其后的是广东省,2012年生产木家具4744万件,同比减少了7.34%。值得关注的是,2012年江西省木家具产量增长惊人，比2011年增加了383万件，增幅达42.33%。

四、木门生产情况

我国现初步达到工厂化生产木质套装门的企业已愈6000家，并呈增加态势。其中生产值超过500万元，现有能力达到《木质门》行业标准要求的企业达4000家。我国木门已基本形成了京津环渤海地区、东北地区、珠三角地区、珠三角和西南地区五大生产区域。

我国木门行业起步较晚，近十年来发展非常迅速。2010年以前中国木门产值一直保持稳定增长的趋势，增长幅度超过20%（见图2)。2011年同比增长幅度为15.8%，2012年增幅为6.82%，增速大幅降低。

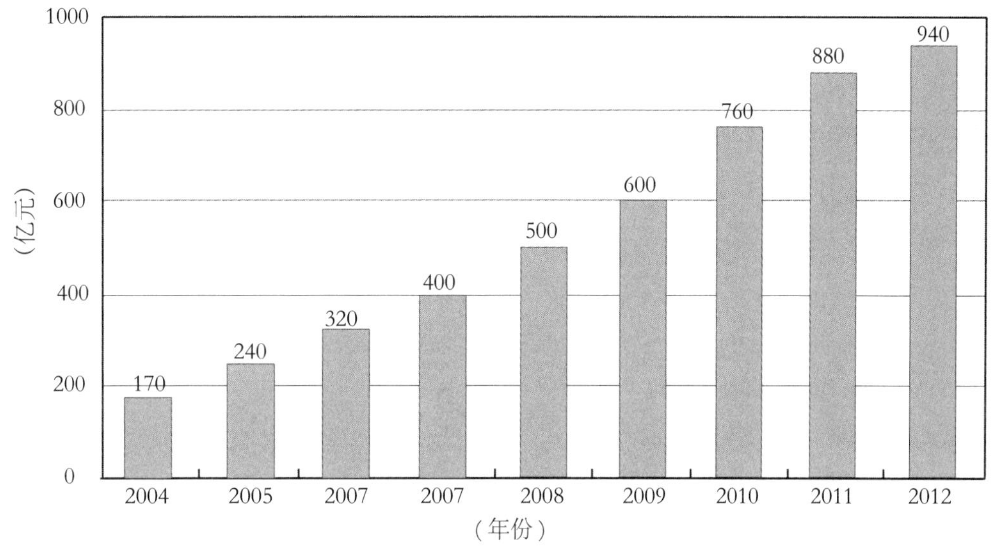

图2　2004—2012年我国木门产值变化情况

五、木地板生产情况

2012年我国经济增长7.8%，创出2000年以来的年度GDP增速最低值，房地产调控政策依然保持着“高姿态”，木材进口环境也日益紧张，在这样的大背景下，与房地产行业密切相关的地板行业深受影响。

我国木地板行业虽起步较晚，但发展速度很快，在短短20年的时间已形成了多种类、多规格的产业体系。目前，我国的实木地板企业有6000多家，主要分布在浙江、广东、吉林、辽宁、黑龙江、上海、河北、河南、安徽、四川等地。复合木地板企业主要分布在江苏、辽宁、山东、浙江、上海、吉林、湖北等地，其中江苏省是复合木地板第一生产大省，远远超过其他省产量。

2012年，受国际市场萎缩和国内房地产调控影响，人造板下游产业放慢了发展速度。据不完全统计，2012年我国木地板产销量约3.77亿平方米，同比下降约5个百分点，这是继2008年我国木地板行业产量销量出现首次下滑后的第三次下降。

2012年我国强化木地板产销量约2.11亿平方米，同比下降10.2%；实木复合地板产销量约8600万平方米，同比下降5.2%；实木地板产销量约4170万平方米，同比下降2.1%。竹地板2012年产销量3500万平方米。其中，全竹地板2500万平方米，与2011年相比基本持平，竹木复合地板产量1000万平方米；其他地板约350万平方米。

（中国木材与木制品流通协会信息中心）

2012年中国木材与木制品贸易现状

一、 木材进口情况

2012年我国进口木材（原木＋锯材）6709.2万立方米（原木材积），同比下降7.94%，其中进口原木3789.3万立方米，下降10.47%，进口锯材2056.6万立方米（折原木材积2919.9万立方米），下降4.43%。进口薄板25.7万吨，增长71.29%，增速与上年基本相当。进口木材（原木＋锯材）货源地主要国家见图1，我国主要从俄罗斯、加拿大、新西兰、美国、巴布亚新几内亚等国进口木材，其进口量占我国进口木材总量的比例分别为29.8%、17.3%、13.9%、10.1%和3.9%。与上年相比，俄罗斯进口木材比例下降1.6个百分点，加拿大材所占比例上升0.7个百分点，新西兰材比例上升1.7个百分点，美国材所占比例下降1.9个百分点。

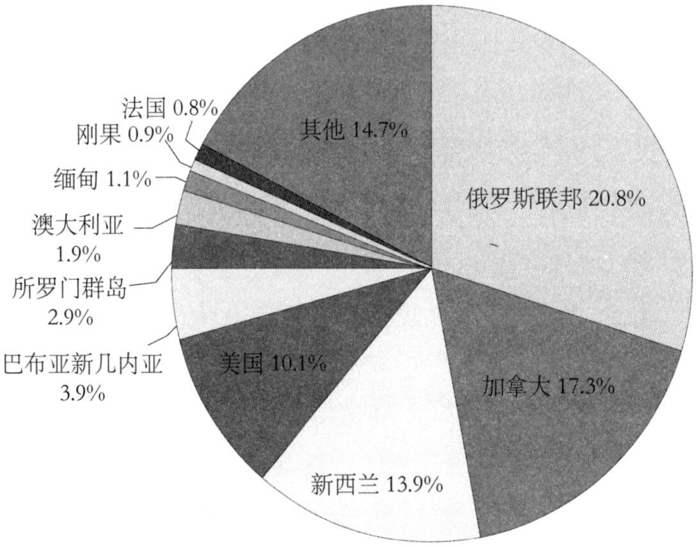

图1　2012年进口木材货源地主要国家及所占比重

（一）原木

2012年1—12月我国原木累计进口3789.3万立方米，其中进口防腐剂处理的原木8.4万立方米，进口针叶原木2668.5万立方米，进口阔叶原木1112.4万立方米。2012年全年原木总进口量比2011年减少443.3万立方米，降幅10.47%；其中针叶木原木进口量比上年减少476.2万立方米，降幅为15%；阔叶木原木进口量比上年增加26.3万立方米，增长2.4%。全年原木进口价值金额为72.5亿美元，比2011年全年下降12.4%。2012年，在原木进口价值金额中，针叶材所占比重首次下降，由2011年的59%下降到52%。针叶原木进口下降原因：一是由于针叶原木主要用于基本建设及少部分家具用材，2012年投资增幅只有20%，是近5年最低，2012年家具产量6.54亿件，同比下降2.4%，影响了针叶木材的消费；二是由于2011年进口过热，针叶原木比2010年增长了30%，超出需求，库存量大 ，必然影响其2012年的进口。

进口价格方面，2012年进口原木价格走低，口岸均价191美元/立方米，同比下降2.2%，其中针叶原木140美元/立方米，下降9.2%，阔叶原木313美元/立方米，与2011年进口平均单价持平；热带原木336美元/立方米，上升1.8%，其中红木1042美元/立方米，下降17.7%。

我国原木进口主要国家有：俄罗斯、新西兰、美国、巴布亚新几内亚、加拿大、所罗门群岛、澳大利亚、缅甸、刚果等国家。其中针叶原木主要进口国有俄罗斯、新西兰、美国、加拿大和澳大利亚。从2007年开始，俄罗斯进口原木数量便逐年减少，而新西兰进口原木数量则迅速增加。2010年后，包括美国、加拿大的北美原木也开始快速进入中国市场。从进口树种看，自2006年开始，伴随着辐射松原木进口量的逐年增多，红松和樟子松原木进口量呈现了明显的同比下降趋势。

2012年我国主要原木品种进口量出现了不同程度的放缓趋势，原木主要进口国家和进口平均单价均有不同程度的下降。其中，从俄罗斯和美国进口原木数量下降非常明显，分别进口1118万立方米（占原木总进口量的30%）和364万立方米（占原木总进口量的9.6%），分别下降21%和26%。相反，从新西兰进口原木数量同比还增长了5%。总的趋势，俄罗斯原木比重逐年下降，新西兰原木上升。

从我国原木进口地区看，长三角、环渤海和山东地区进口木材快速增长，是木材产业增长的亮点地区。江苏省是我国原木进口最大的省份，2012年全年进口量为1162万立方米（占我国原木总进口量的31%），比2011年下降3.9%。福建省进口量增幅较大，为28.37%。上海市、广东省原木进口量也有一定的增长。其他省份进口量均有不同程度下降。

毗邻俄罗斯的黑龙江、内蒙古地区，受俄罗斯出口原木政策调整限制，原木进口量逐年下降，2011年由于我国进口针叶木原木大幅增加，因此2011年黑龙江、内蒙古地区原木进口量同样有所增加，2012年进口量大幅下降，这两地区进口量降幅均达近60%。

（二）锯材

2012年进口锯材2057万立方米，同比下降4.4%，其中针叶锯材1422万立方米，占69%，下降4.7%，阔叶锯材635万立方米，占31%，下降3.7%，其中热带锯材380万立方米，占阔叶锯材的60%，下降7.3%。

2012年进口锯材口岸均价266美元/立方米，与上年基本持平，其中针叶锯材201美元/立方米，下降3.4%，阔叶锯材414美元/立方米，上升5.4%。其中热带锯材398美元/立方米，增长9.5%。

据近几年统计数据显示，我国锯材主要进口国家有：俄罗斯、加拿大、美国、泰国、新西兰、印度尼西亚、马来西亚、巴西、智利、德国等国家。其中针叶锯材主要进口国有俄罗斯、加拿大、美国、新西兰、智利等国。从2006年开始，俄罗斯、加拿大锯材进口数量逐年放大。2010年后，来自加拿大、美国的北美锯材已可与俄罗斯锯材平分中国市场，且SPF锯材进口量快速增长并超越红松和樟子松锯材进口数量，成为我国主要的进口锯材树种。

2012年，从前8个国家进口的锯材占锯材总进口量的90%。俄罗斯、智利、新西兰、加蓬锯材进口量增加，其他国家进口均减少。俄罗斯锯材生产和出口受该国政策鼓励，近年来发展很快，中国、日本及瑞典等国的一些企业在俄罗斯投资购买林地建加工厂，逐步形成生产能力，其主要市场在中国，预计今后俄罗斯锯材在中国的市场将会迅速扩大。智利辐射松锯材也有很好的前景，智利森林面积1554万公顷，是新西兰的2倍多，资源丰富，2011年向中国出口木材（以锯材为主）折原木材积75万立方米，仅及新西兰向中国出口量的8%，发展潜力很大。

从我国锯材进口省份和地区看，内蒙古进口锯材405万立方米，广东省作为家具制造大省，进口锯材347万立方米，进口平均价格较高。内蒙古和江苏省进口的锯材主要作为建筑口料和结构房屋，使用等级较低，价格稍微低一些。

（三）原木和锯材进口趋势对比

我国木材进口一直以原木进口为主，但自2007年以来，锯材进口比重逐年上升，2012年锯材进口比重为35.2%，比2011年的33.4%上升了1.8个百分点。随着世界各国陆续出台政策限制原木出口，我国锯材进口比重还将继续上升。

（四）针叶木和阔叶木进口趋势对比

2012年进口原木减少主要是针叶原木进口下降了15%，阔叶原木还略有上升，增加了3%。因此，针叶原木所占的比重也由上年的74%下降到71%，减少了3个百分点。针叶原木下降原因：一是由于针叶原木主要用于基本建设及少部分家具用材，2012年投资增幅只有20%，是近5年最低，2012 年家具产量6.54亿件，同比下降2.4%，影响了针叶木材的消费；二是由于2011年进口过热，针叶原木比2010年增长了30%，超出需求，库存量大，必然影响2012年的进口。

我国针叶原木主要是从俄罗斯、新西兰、美国、加拿大和澳大利亚5个国家进口，进口数量占我国针叶原木进口数量的96%。

2012年针叶锯材和阔叶锯材进口数量均有减少，针叶锯材占进口锯材总量的比重为69.1%，与上年比重变化不大。我国针叶锯材主要从加拿大、俄罗斯、美国、新西兰、智利等国进口，阔叶锯材主要从泰国、美国、印度尼西亚、俄罗斯、菲律宾等国进口。从进口树种来看，针叶锯材材种也发生了较大变化，红松、樟子松锯材比重下降，白松锯材（SPF）大幅上升，已成为中国进口锯材中最主要的树种，5年增长了近20倍。

二、人造板进出口情况

受国际市场萎缩和国内房地产调控影响，人造板产业放慢了发展速度。2012年1—12月，我国人造板进出口贸易比较顺利，1—12月三大板出口量和出口额均创新高。虽然受“双反”影响，胶合板出口量只有1003.26万立方米，增幅收窄为4.81%；但纤维板和刨花板的出口量及出口额均有较大幅度增长，纤维板出口253.24万吨，增长4.62%，金额约16.7亿美元，同比增长为7.87%；刨花板出口13.52万吨，同比增长约9%，出口额6328.6万美元，同比增长25.59%。全年进口量，刨花板与去年基本持平，为35.12万吨，胶合板为17.87万立方米，小幅下降5.12%，纤维板大幅下降，进口量不到7万吨，同比下降近两成。

（一）胶合板

2012年我国胶合板出口量突破千万立方米，达1003万立方米，同比小幅增长4.8%，出口均价达478美元/立方米，同比上涨了5.44%。我国胶合板主要出口国家及地区包括：美国、日本、韩国、英国、泰国、阿拉伯联合酋长国、沙特阿拉伯和中国香港等。排名第一的美国胶合板进口量达163.8万立方米，同比增加了20.75%，日本胶合板进口数量下降了8.6%。

从我国出口胶合板主要地区看，山东省和江苏省仍然是主要的出口集散地，特别是山东临沂市和江苏宿迁市，分别达到452.8万立方米和301.1万立方米，山东省有一定的增量，同比增加8%，江苏省与上年基本持平。值得注意的是，浙江省胶合板出口均价达839美元/立方米，吉林省胶合板出口均价达1575美元/立方米，产品附加值远远高于山东省和江苏省。

（二）刨花板

1. 进口情况

2012年我国刨花板进口量价齐跌，进口量为35.12万吨，同比小幅下降了1.14%，平均进口价格为331.82美元/吨，价格同比下跌了3.37%。表明我国刨花板产业产量、品质都有较大提升，对进口刨花板的需求有所下降。

我国进口刨花板中近80%来自泰国、马来西亚和罗马尼亚。2012年从泰国进口15.8万吨，同比增加35%，占全部进口刨花板的45%；从马来西亚进口减少了15%，占比23.9%；罗马尼亚从1.96万吨增长到3.52万吨，增幅80%，占比从2011年的5.5%快速提升到10%。

从进口省市看，差不多有近一半刨花板从广东省进口，2012年广东省共进口16.7万吨，增长8.6%；天津市进口涨幅很大，增幅达95.77%，所占比重提升了10个百分点，成为我国刨花板进口第二大省市；相比之下，去年上海市刨花板进口量大幅减少，降幅34%，排名由2011年的第二位退居到第三位。

2. 出口情况

刨花板出口从2011年开始量价双升，表明我国刨花板产品质量近两年来有了大的提升，再度逐渐受到市场的青睐。13.52万吨，增长9%；出口平均单价从2011年的406美元/吨上涨到468美元/吨，涨幅达15.25%，比上年又提升了4.3个百分点。

2012年出口俄罗斯3.75万吨，增长7.72%，占我国刨花板出口比重27.7%。紧随其后的是塔吉克斯坦、蒙古、韩国等国，分别同比增长7.87%、19.17%和20%。山东和黑龙江两省的出口量占到我国刨花板出口的半壁江山，2012年其出口所占份额分别是33.6%和21.6%。

3. 进出口对比情况

我国刨花板产品由于质量较差，一直不太受市场欢迎，因此一直都是靠进口质量较高、环保性能较好的刨花板产品来满足市场的需求，然而，近年我国刨花板生产企业通过引进国外先进的生产设备和技术，生产的刨花板质量有了大的提升，因此刨花板进口比重有所下降，出口比重也开始同步提升。2012年刨花板进口量在其贸易中的比重为72%，比2011年下降了2个百分点（见图2）。就进出口单价而言，出口单价高出进口单价136美元/吨。

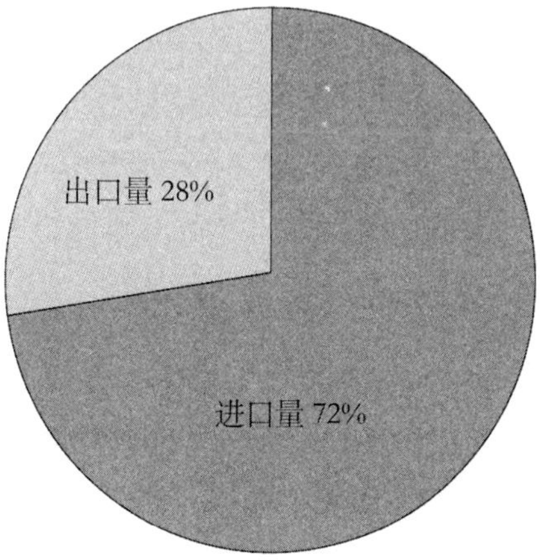

图2 2012年我国刨花板进出口比例

（三）纤维板

1. 进口情况

2012年纤维板进口数量继续呈下降趋势，降幅保持上年水平，为18.43%。进口平均单价也仍然呈上升趋势，但在2009年后价格涨幅逐渐减小。我国纤维板主要从新西兰、澳大利亚、泰国、瑞士、比利时、德国、印度尼西亚等国家进口。2012年印度尼西亚纤维板进口下降非常大，全年进口减少了4784吨，降幅达84%；其次是泰国，从其进口量减少了4678吨，降幅达

47.7%。广东省也是我国纤维板进口量最多的省份，全年进口2.15万吨，同比下降了27个百分点，占我国纤维板进口总量的40%。

2. 出口情况

2012年纤维板出口数量和平均出口单价均有小幅增长，其中出口量同比增长4.6%，出口单价同比2011年上涨3.1%。纤维板主要出口到美国、俄罗斯、加拿大和伊朗等国，江苏省是我国纤维板出口量最大的省份，其出口量占到我国纤维板总出口量的64%。

3. 进出口对比情况

我国纤维板贸易与胶合板相似，主要以出口贸易为主，进口仅占到贸易量的3%；贸易价格也是进口价格高于出口价格（见图3）。

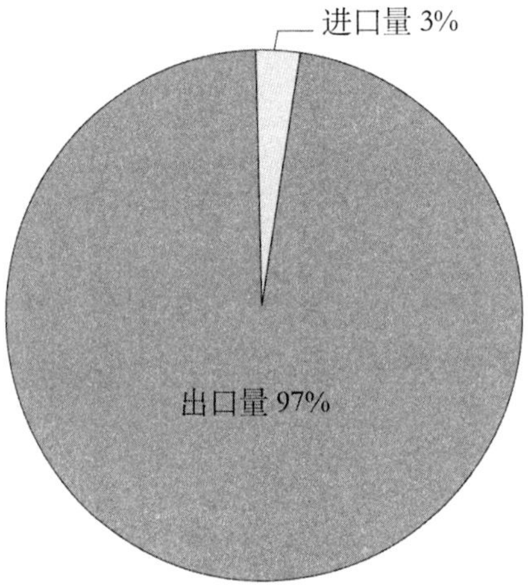

图3　2012年纤维板进出口量比例

三、木家具出口情况

中国是世界家具生产和出口大国，其中，木制家具的生产和出口占了最大比例。从2004年起，中国就成功超越了意大利，成为世界上木制家具出口量第一的国家。

2012年我国木家具出口略有减少，全年累计出口2.0亿件，下降0.86%，出口平均单件价格为59.6美元，同比小幅上涨6.13%。木家具出口仍以广东为龙头，占全国出口量的1/3，但福建和江苏发展都很快，在国际经济形势不好，总体家具出口下降的情况下，分别增长了12%和15%。广东省不但出口数量位居全国第一，而且出口单价也相对较高，2012年出口平均单件价格比全国平均单件价高出27.4美元。

美国是中国木制家具第一大出口市场，2012年占全国出口量的32.4%，在国际经济形势不好的情况下，比2011年仍然增长了1.89%。近年来中国已经取代加拿大、意大利等国成为美国木制家具市场的第一大提供者。2006年到2012年期间，美国木制家具进口前五名的国家里，首当其冲的是中国，其次是加拿大、马来西亚、印度尼西亚和意大利。虽然2008年、2009年的时候，受金融危机和贸易壁垒的影响，中国出口美国的木制家具总额有所减少，但仍比其他国家出口到美国的多，且自2010年开始，该数据又再次往上提升。欧洲是中国家具出口第二大市场，且其份额呈现不断增长的趋势。日本也在中国家具出口市场中占有重要的位置。

四、木门进出口情况

我国木门进口非常少，对我国的木门产业发展几乎不构成任何影响，2012年虽然进口量增长了43.5%，但也只有846吨，进口金额仅536万美元。一直以来，木门出口市场似乎没有任何突破的迹象，2012年累计出口32.13万吨，小幅增长4.45%，出口金额6.19亿美元，增长

6.85%，出口价格也仅仅小幅上升了2.3%，可以说，我国木门出口量价均无大的起色。表明我国木门产业发展目前仍然主要依靠内需。

由于木门进口数量非常少（进口量仅占贸易总量的0.26%），因此进口价格比较高，远远高于木门出口价格。同时，5年来木门出口价格也几乎没什么变化。

木门出口中，约1/3出口自浙江省，辽宁省出口价格最高，其次是上海市，远远高于全国平均出口价格。我国木门主要出口的国家和地区是美国、日本、罗马尼亚和中国香港等。

五、木地板进出口情况

木地板产业为我国少数完全经受市场经济洗礼的产业之一，是为数不多的民营经济产业集群。自2007年以来，全球金融危机、欧美债务危机、国外“双反”调查、国家房地产限购等一系列不利因素带给我国木地板行业前所未有的挑战。

2012年，尽管国内外经济环境复杂，世界经济复苏减缓，国际市场需求下滑，但是我国木地板进出口贸易仍出现了小幅增长。全年共进口木地板1.4万吨，增长2.31%；出口41.53万吨，增长3.95%。进出口价格同样呈现出上涨态势，其中出口价格同比2011年上涨了5.75%，涨幅比2011年提高了1.7个百分点。这些成绩是我国出口企业努力深入推进市场多元化，以及积极推进产业结构调整和促进产品升级的结果。

（中国木材与木制品流通协会信息中心）

2012年中国木材与木制品市场消费现状

我国是木材及木制品生产和消费大国。2012年，我国原木消费量维持上年水平或略有小幅增长，增幅在3%左右；在主要木制品中，除了木门产品消费量仍然呈增长外，人造板、木家具和木地板消费量却同比下降。

文中所列消费量数据均由生产量与进口量之和再减去出口量所得，其中包括积压的库存量，仅仅是一种表观消费量。根据此指标可以侧面反映我国的市场发展情况。

一、中国木材市场消费状况

2007年以来，我国原木消费量基本维持在1亿立方米左右。2009年因金融危机的影响，市场消费量下降了10个百分点；2010年经济环境好转，市场回暖，原木消费量快速回升，达到1.1亿立方米。2011年，因国内木材产量调减，及整体经济环境再度放缓，使得我国原木消费增长速度下滑了11个百分点。2012年，由于国内外经济环境仍然复杂多变，预计原木消费量基本维稳或有小幅上升。（见图1）

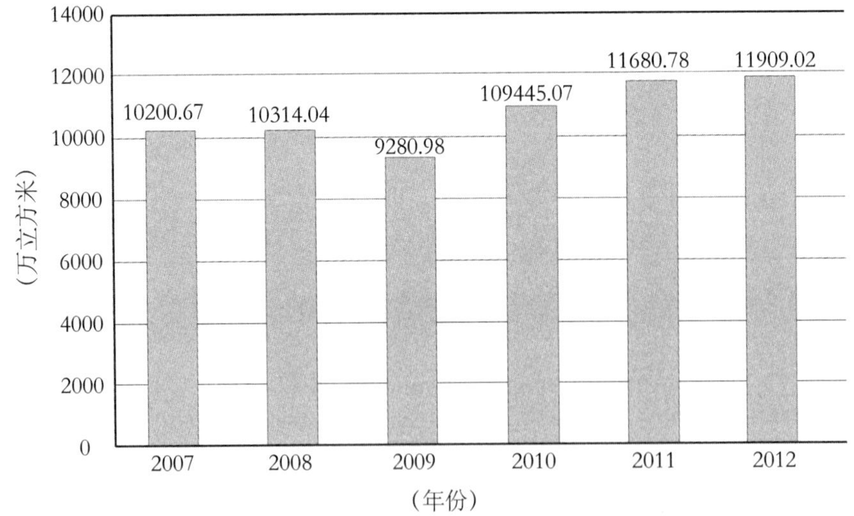

图1 2007—2012年我国原木消费情况

二、中国人造板市场消费状况

2012年，人造板（三板）市场消费出现了小幅下降，降幅约为7%。其中，胶合板消费仍然有3.65%的增长；同期纤维板消费量基本维持稳定，仅下降0.3%；相反，刨花板下降较大，降幅达49%（见图2）。

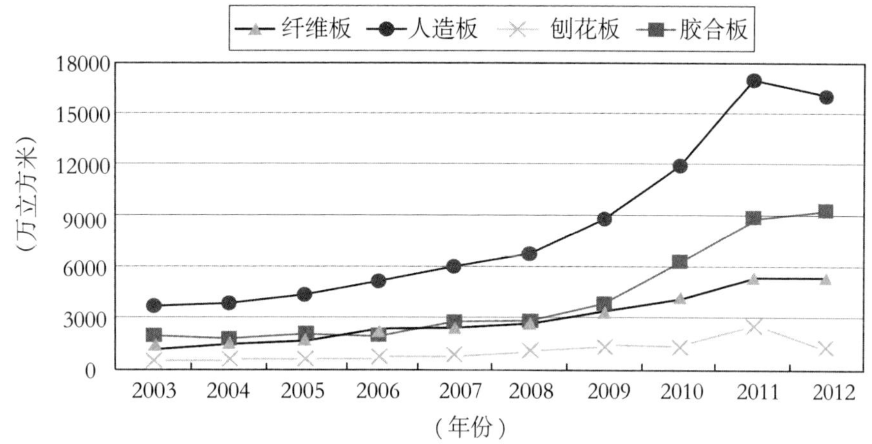

图 2　我国人造板市场消费趋势图

三、中国家具市场消费状况

2012 年，我国木家具消费再次出现了下降。2012 年我国木家具市场消费量为 4440 万件，同比回落 12.34 个百分点。今年木家具消费量出现较大幅度下滑，主要是由于去年产量增长较大，而出口下滑，导致市场积压较为严重，因此今年根据市场规律下调了产量（见图 3）。

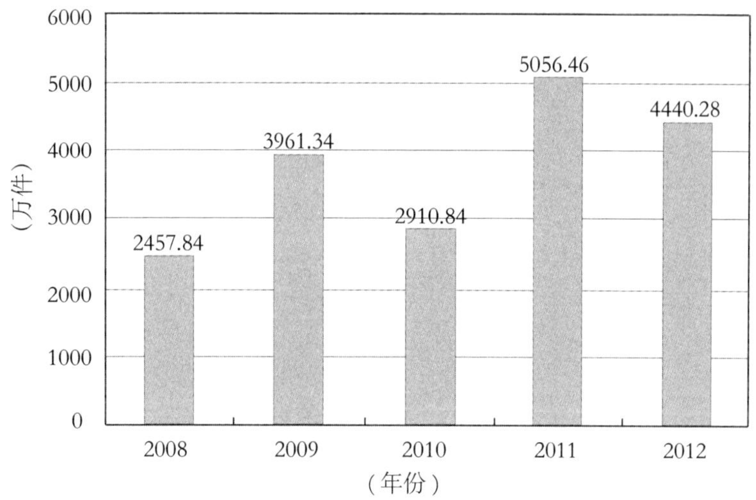

图 3　我国木家具表观消费量

四、中国木门市场消费状况

我国木门消费一直呈快速递增趋势，说明我国国内木门市场发展空间较大，仍然处于快速发展期。但从图 4 可以看出，自 2005 年以来，木门消费增长速度呈曲折下滑之势，由 2006 年 32.7%的增长速度下降到了 2012 年的 6.93%。受大环境的影响，我国木门行业发展速度明显减缓，2012 年木门消费值达到 901.29 亿元人民币，增速比 2011 年回落了近 10 个百分点。（见图 4）

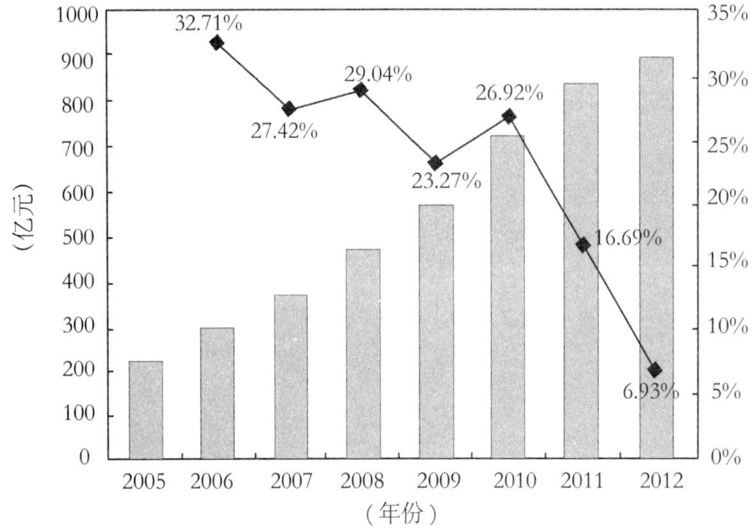

图 4　我国木门消费趋势图

五、中国地板市场消费状况

从图 5 可以看出，2006 年以来，2013 年我国木地板市场消费量出现了继 2008 年的第二次下滑，同比上年下降 6.73%，降幅超过 2008 年。表明我国木地板行业发展已开始略显疲态。

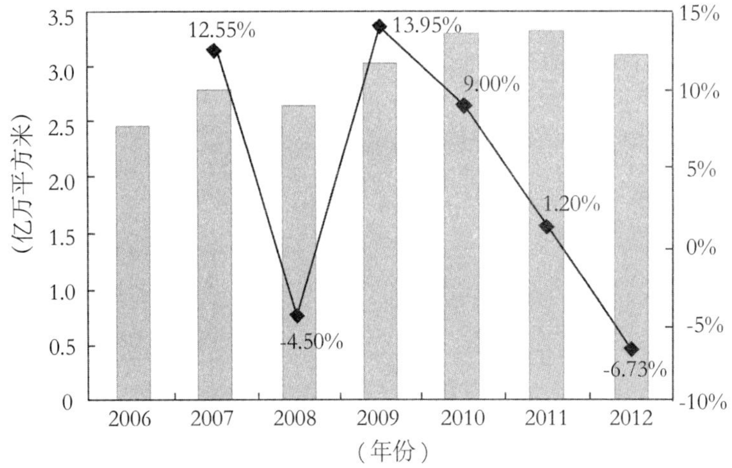

图 5　我国木地板消费量

（中国木材与木制品流通协会信息中心）

2013年1—12月中国木材进口价格指数

1月

2013年1月，中国进口木材综合价格指数为107.9%，同比去年1月下降5.6个百分点。其中，原木进口价格同比下降6.3个百分点，锯材进口价格同比下降2.8个百分点；针叶木材价格同比下降4.5个百分点，阔叶木材同比下降6.5个百分点。

中国进口木材价格总水平环比回升3.95个百分点。其中，原木价格环比上升3.9个百分点，进口锯材价格环比上升1.4个百分点；针叶木材环比上升5.25个百分点，阔叶木材环比上涨2.4个百分点。

一、各类木材进口价格同比变动情况

针叶原木进口价格同比下跌5.1个百分点，影响中国木材进口价格总水平同比下跌约1.5个百分点。其中，白松（云杉和冷杉）进口价格下降7.5个百分点；落叶松价格下降30.2个百分点；辐射松价格上升10.5个百分点；红松和樟子松价格下降14.6个百分点。

阔叶原木价格同比下降8.0个百分点，影响中国木材进口价格总水平同比下降约2.2个百分点。其中，柚木原木进口价格同比上涨36.5个百分点，影响中国木材进口价格总水平同比上涨约0.45个百分点；奥克曼价格同比下降9.7个百分点，影响中国木材进口价格总水平同比下降约0.2个百分点；波罗格价格同比下跌5.5个百分点；红木价格同比下降28.5个百分点，影响中国木材进口价格总水平同比下降约1.8个百分点；水曲柳价格同比下降14.6个百分点；栎木（橡木）进口价格同比上涨10.2个百分点；山毛榉原木价格同比上涨2.5个百分点；北美硬阔叶木价格同比下降7.3个百分点。

针叶锯材价格同比下降1.8个百分点，影响中国木材进口价格总水平同比下降约0.4个百分点。其中，红松和樟子松价格同比下降10.6个百分点；白松价格同比上涨12.9个百分点；辐射松价格同比下降9.9个百分点；花旗松价格同比上涨8.0个百分点。

阔叶锯材价格同比下降3.2个百分点，影响中国木材进口价格总水平下降约0.6个百分点。其中，热带木锯材价格同比上涨32.7个百分点（柚木锯材价格同比上涨14.2个百分点；波罗格锯材价格同比下降5.0个百分点；其他热带木锯材价格同比上涨21.0个百分点）；其他阔叶木锯材价格同比下降6.8个百分点（栎木价格同比上涨1.2个百分点，山毛榉价格上涨5.4个百分点，樟木、楠木、红木锯材价格同比下降30.2个百分点，北美硬阔叶木锯材价格下跌1.2个百分点，其他非针叶木锯材价格上涨1.8个百分点）。

二、各类木材进口价格环比变动情况

针叶原木进口价格环比上涨6.8个百分点，影响中国木材进口价格总水平环比上涨约2.0个百分点。其中，白松（云杉和冷杉）进口价格上涨9.8个百分点；落叶松价格上涨1.0个百分点；辐射松价格上涨2.0个百分点；红松和樟子松价格下跌0.7个百分点。

阔叶原木价格环比上涨2.1个百分点，影响

中国木材进口价格总水平环比上涨约 0.57 个百分点。其中，柚木原木进口价格环比上涨 21.8 个百分点；奥克曼价格环比下降 12.8 个百分点；波罗格价格与上月持平；红木价格环比上涨 2.2 个百分点；水曲柳价格环比下跌 2.2 个百分点；栎木（橡木）进口价格环比下跌 3.5 个百分点；山毛榉原木价格环比上涨 0.8 个百分点；北美硬阔叶木价格环比下降 8.0 个百分点。

针叶锯材价格环比上涨 0.9 个百分点，影响中国木材进口价格总水平环比上涨约 0.2 个百分点。其中，红松和樟子松价格环比上涨 2.9 个百分点；白松价格环比上涨 2.0 个百分点；辐射松价格环比下跌 2.3 个百分点；花旗松价格环比下跌 0.4 个百分点。

阔叶锯材价格环比上涨 1.7 个百分点，影响中国木材进口价格总水平上涨约 0.3 个百分点。其中，热带木锯材价格上涨 23.1 个百分点（柚木锯材价格环比上涨 9.2 个百分点；波罗格锯材价格下跌 0.7 个百分点；其他热带木锯材价格上涨 6.2 个百分点）；其他阔叶木锯材价格环比下跌 0.2 个百分点（栎木价格下滑 0.4 个百分点，山毛榉价格上升 1.5 个百分点，樟木、楠木、红木锯材价格环比上涨 20.5 个百分点，北美硬阔叶木锯材价格下降 0.7 个百分点，其他非针叶木锯材价格下跌 3.3 个百分点）。

2 月

2013 年 2 月，中国木材进口价格综合指数为 108.6%，同比下降 1.3 个百分点，环比上涨 0.78 个百分点。其中，原木进口价格同比下降 5.5 个百分点，环比下降 2.0 个百分点；锯材进口价格同比上涨 5.6 个百分点，环比上涨 3.1 个百分点；针叶木材价格同比下降 0.4 个百分点，环比上涨 0.57 个百分点；阔叶木材价格同比下降 2.0 个百分点，环比上涨 1.0 个百分点。

据中国木材与木制品流通协会谢满华博士解读，木材进口综合指数在年初连续两月上扬，主要是由于美国市场回暖推动了国际木材价格上涨。2012 年四季度开始，美国房屋市场逐渐回暖，12 月美国政府又将进口木材关税下调至零，进一步鼓励了加拿大木材向美国的出口，大量的加拿大 SPF 板材及美国本地原木在美国本地消化，中国市场所需的木材处于和美国本地竞争当中，只有出口的价格高于美国本地的价格，出口到中国的原木数量才会增加，同时北美材价格的上涨也推动了俄材报价的上涨。中国木材进口价格因受资源供应影响在 2 月春节淡季期间仍有上涨行情。

一、各类木材进口价格同比变动情况

针叶原木进口价格同比下跌 3.0 个百分点，影响中国木材进口价格总水平同比下跌约 0.8 个百分点。其中，白松（云杉和冷杉）进口价格下降 8.0 个百分点；落叶松价格下降 28.3 个百分点；辐射松价格上涨 10.7 个百分点；红松和樟子松价格下降 13.4 个百分点。

阔叶原木价格同比下降 7.6 个百分点，影响中国木材进口价格总水平同比下降约 2.5 个百分点。其中，柚木原木进口价格同比下降 13.1 个百分点，影响中国木材进口价格总水平同比下降约 0.03 个百分点；奥克曼价格同比下降 14.7 个百分点，影响中国木材进口价格总水平同比下降约 0.2 个百分点；波罗格价格同比上涨 10.9 个百分点；红木价格同比下降 15.7 个百分点，影响中国木材进口价格总水平同比下降约 1.3 个百分点；水曲柳价格同比下降 19.4 个百分点；栎木（橡木）进口价格同比下降 4.2 个百分点；山毛榉原木价格同比上涨 7.5 个百分点；北美硬阔叶木价格同比上涨 14.5 个百分点。

针叶锯材价格同比上涨 5.5 个百分点，影响中国木材进口价格总水平同比上涨约 1.2 个百分点。其中，红松和樟子松价格同比下降 12.5 个百分点；白松价格同比上涨 15.6 个百分点；辐

射松价格同比下降 0.4 个百分点；花旗松价格同比上涨 9.2 个百分点。

阔叶锯材价格同比上涨 7.7 个百分点，影响中国木材进口价格总水平上涨约 1.3 个百分点。其中，热带木锯材价格同比下降 4.2 个百分点（柚木锯材价格同比下降 5.5 个百分点；波罗格锯材价格同比上涨 1.8 个百分点；其他热带木锯材价格同比下降 1.0 个百分点）；其他阔叶木锯材价格同比上涨 9.1 个百分点（栎木价格同比下降 1.0 个百分点，山毛榉价格上涨 0.8 个百分点，樟木、楠木、红木锯材价格同比上涨 50.9 个百分点，北美硬阔叶木锯材价格下降 0.9 个百分点，其他非针叶木锯材价格上涨 5.2 个百分点）

二、各类木材进口价格环比变动情况

针叶原木进口价格环比下降 1.2 个百分点，影响中国木材进口价格总水平环比下降约 0.3 个百分点。其中，白松（云杉和冷杉）进口价格下跌 13.2 个百分点；落叶松价格上涨 1.2 个百分点；辐射松价格上涨 3.0 个百分点；红松和樟子松价格上涨 0.5 个百分点。

阔叶原木价格环比下跌 1.2 个百分点，影响中国木材进口价格总水平环比下跌约 0.4 个百分点。其中，柚木原木进口价格环比下降 43.3 个百分点；奥克曼价格环比上涨 14.9 个百分点；波罗格价格上涨 15.2 个百分点；红木价格环比下降 11.7 个百分点；水曲柳价格环比上涨 3.1 个百分点；栎木（橡木）进口价格环比上涨 5.7 个百分点；山毛榉原木价格环比上涨 3.4 个百分点；北美硬阔叶木价格环比上涨 13.5 个百分点。

针叶锯材价格环比上涨 3.3 个百分点，影响中国木材进口价格总水平环比上涨约 0.7 个百分点。其中，红松和樟子松价格环比下降 1.2 个百分点；白松价格环比上涨 2.9 个百分点；辐射松价格环比下跌 0.9 个百分点；花旗松价格环比下跌 1.5 个百分点。

阔叶锯材价格环比上涨 3.8 个百分点，影响中国木材进口价格总水平上涨约 0.6 个百分点。其中，热带木锯材价格下跌 23.2 个百分点（柚木锯材价格环比下降 5.9 个百分点；波罗格锯材价格上涨 5.2 个百分点；其他热带木锯材价格下跌 12.5 个百分点）；其他阔叶木锯材价格环比上涨 6.6 个百分点（栎木价格下跌 2.5 个百分点，山毛榉价格下跌 3.8 个百分点，樟木、楠木、红木锯材价格环比下跌 3.3 个百分点，北美硬阔叶木锯材价格环比下跌 2.2 个百分点，其他非针叶木锯材价格环比上涨 3.0 个百分点）。

3 月

2013 年 3 月，中国木材进口价格综合指数为 110.5%，同比下跌 0.5 个百分点，环比上涨 1.75 个百分点。其中，原木进口价格同比下跌 5.4 个百分点，环比上涨 3.0 个百分点；锯材进口价格同比上涨 5.1 个百分点，环比上涨 0.7 个百分点；针叶木材同比上涨 1.3 个百分点，环比上涨 2.08 个百分点；阔叶木材同比下跌 2.4 个百分点，环比上涨 1.4 个百分点。

一、各类木材进口价格同比变动情况

针叶原木进口价格同比上涨 0.3 个百分点，影响中国木材进口价格总水平同比上涨约 0.1 个百分点。其中，白松（云杉和冷杉）进口价格下跌 0.8 个百分点；落叶松价格下跌 24.5 个百分点；辐射松价格上涨 6.8 个百分点；红松和樟子松价格下跌 12.5 个百分点。

阔叶原木价格同比下跌 10.8 个百分点，影响中国木材进口价格总水平同比下降约 3.2 个百分点。其中，柚木原木进口价格同比下跌 13.8 个百分点，影响中国木材进口价格总水平同比下跌约 0.11 个百分点；奥克曼价格同比下跌 23.2 个百分点，影响中国木材进口价格总水平同比下降约 0.6 个百分点；波罗格价格同比上涨 8.8 个百分点；红木价格同比下跌 30.4 个百分点，影响中国木材进口价格总水平同比下降约 2.4 个百分点；水曲柳价格同比下跌18.9个百分点；栎木（橡木）进口价格同比上涨9.1个百分点；山毛榉原木价格同比上涨3.5个百分点；北美硬阔叶木价格同比下跌3.4个百分点。

针叶锯材价格同比上涨3.3个百分点，影响中国木材进口价格总水平同比上涨约0.7个百分点。其中，红松和樟子松价格同比下跌12.7个百分点；白松价格同比上涨18.1个百分点；辐射松价格同比下跌5.6个百分点；花旗松价格同比上涨10.8个百分点。

阔叶锯材价格同比上涨7.8个百分点，影响中国木材进口价格总水平上涨约1.5个百分点。其中，热带木锯材价格同比上涨64.3个百分点（柚木锯材价格同比上涨3.9个百分点；波罗格锯材价格同比上涨3.5个百分点；其他热带木锯材价格同比上涨13.5个百分点）；其他阔叶木锯材价格同比上涨2.7个百分点（栎木价格同比上涨7.9个百分点，山毛榉价格上涨0.2个百分点，樟木、楠木、红木锯材价格同比下跌4.1个百分点，北美硬阔叶木锯材价格下跌1.5个百分点，其他非针叶木锯材价格上涨8.0个百分点）。

二、各类木材进口价格环比变动情况

针叶原木进口价格环比上涨2.6个百分点，影响中国木材进口价格总水平环比上涨约0.8个百分点。其中，白松（云杉和冷杉）进口价格上涨10.3个百分点；落叶松价格上涨4.0个百分点；辐射松价格基本持平；红松和樟子松价格上涨0.3个百分点。

阔叶原木价格环比上涨2.2个百分点，影响中国木材进口价格总水平环比上涨约0.64个百分点。其中，柚木原木进口价格环比下跌1.2个百分点；奥克曼价格环比下跌3.1个百分点；波罗格价格环比下跌13.6个百分点；红木价格环比上涨9.5个百分点；水曲柳价格环比上涨1.2个百分点；栎木（橡木）进口价格环比上涨9.7个百分点；山毛榉原木价格环比下跌1.9个百分点；北美硬阔叶木价格环比下跌16.0个百分点。

针叶锯材价格环比上涨0.1个百分点，影响中国木材进口价格总水平环比上涨约0.02个百分点。其中，红松和樟子松价格环比下跌0.5个百分点；白松价格环比上涨1.6个百分点；辐射松价格环比上涨0.7个百分点；花旗松价格环比上涨5.1个百分点。

阔叶锯材价格环比上涨0.3个百分点，影响中国木材进口价格总水平上涨约0.1个百分点。其中，热带木锯材价格上涨62.4个百分点（柚木锯材价格环比上涨6.0个百分点；波罗格锯材价格上涨0.6个百分点；其他热带木锯材价格上涨6.7个百分点）；其他阔叶木锯材价格环比下跌6.0个百分点（栎木价格上涨6.0个百分点，山毛榉价格上涨4.6个百分点，樟木、楠木、红木锯材价格环比下跌17.5个百分点，北美硬阔叶木锯材价格下跌0.9个百分点，其他非针叶木锯材价格上涨1.7个百分点）。

4月

2013年4月，中国木材进口价格综合指数为112.4%，同比上涨1.1个百分点，环比上涨1.9个百分点。其中，原木进口价格同比基本持平，环比上涨4.1个百分点；锯材进口价格同比上涨1.8个百分点，环比下降1.7个百分点；针叶木材同比上涨3.1个百分点，环比上涨2.6个百分点；阔叶木材同比下降1.2个百分点，环比上涨0.9个百分点。

一、各类木材进口价格同比变动情况

针叶原木进口价格同比上涨2.1个百分点，影响中国木材进口价格总水平同比上涨约0.7个百分点。其中，白松（云杉和冷杉）进口价格上涨7.8个百分点；落叶松价格下降18.9个百分点；辐射松价格上涨11.3个百分点；红松和樟子松价格下降12.6个百分点。

阔叶原木价格同比下降3.1个百分点，影响中国木材进口价格总水平同比下降约 0.9 个百分点。其中，柚木原木进口价格同比下降 0.1 个百分点；奥克曼价格同比下降 12.6 个百分点，影响中国木材进口价格总水平同比下降约 0.1 个百分点；波罗格价格同比上涨 12.1 个百分点；红木价格同比下降 18.2 个百分点，影响中国木材进口价格总水平同比下降约 1.5 个百分点；水曲柳价格同比下降 12.2 个百分点；栎木（橡木）进口价格同比下降 6.5 个百分点；山毛榉原木价格同比上涨 3.6 个百分点；北美硬阔叶木价格同比下降 16.2 个百分点。

针叶锯材价格同比上涨 3.4 个百分点，影响中国木材进口价格总水平同比上涨约 0.8 个百分点。其中，红松和樟子松价格同比下降 13.1 个百分点；白松价格同比上涨 18.7 个百分点；辐射松价格同比上涨 2.3 个百分点；花旗松价格同比上涨 5.0 个百分点。

阔叶锯材价格同比上涨 1.0 个百分点，影响中国木材进口价格总水平上涨约 0.2 个百分点。其中，热带木锯材价格同比上涨 16.5 个百分点（柚木锯材价格同比上涨 11.2 个百分点；波罗格锯材价格同比下降 2.7 个百分点；其他热带木锯材价格同比上涨 7.2 个百分点）；其他阔叶木锯材价格同比下降 0.2 个百分点（栎木价格同比上涨 4.6 个百分点，山毛榉价格上涨 2.1 个百分点，樟木、楠木、红木锯材价格同比上涨 8.5 个百分点，北美硬阔叶木锯材价格下跌 6.8 个百分点，其他非针叶木锯材价格上涨 1.8 个百分点）。

二、各类木材进口价格环比变动情况

针叶原木进口价格环比上涨 3.0 个百分点，影响中国木材进口价格总水平环比上涨约 1.0 个百分点。其中，白松（云杉和冷杉）进口价格上涨 6.7 个百分点；落叶松价格上涨 0.6 个百分点；辐射松价格上涨 3.1 个百分点；红松和樟子松价格下跌 0.2 个百分点。

阔叶原木价格环比上涨 4.3 个百分点，影响中国木材进口价格总水平环比上涨约 1.18 个百分点。其中，柚木原木进口价格环比下降 0.9 个百分点；奥克曼价格环比上涨 2.1 个百分点；波罗格价格上涨 9.4 个百分点；红木价格环比上涨 15.4 个百分点；水曲柳价格环比上涨 1.0 个百分点；栎木（橡木）进口价格环比下跌 11.3 个百分点；山毛榉原木价格环比下跌 0.4 个百分点；北美硬阔叶木价格环比上涨 3.5 个百分点。

针叶锯材价格环比上涨 1.5 个百分点，影响中国木材进口价格总水平环比上涨约 0.34 个百分点。其中，红松和樟子松价格环比下降 0.8 个百分点；白松价格环比上涨 2.4 个百分点；辐射松价格环比上涨 3.4 个百分点；花旗松价格环比下跌 2.8 个百分点。

阔叶锯材价格环比下跌 4.4 个百分点，影响中国木材进口价格总水平下跌约 0.8 个百分点。其中，热带木锯材价格下跌 41.2 个百分点（柚木锯材价格环比上涨 0.7 个百分点；波罗格锯材价格下跌 5.5 个百分点；其他热带木锯材价格上涨 3.3 个百分点）；其他阔叶木锯材价格环比下跌 0.8 个百分点（栎木价格环比下跌 0.4 个百分点，山毛榉价格下跌 0.3 个百分点，樟木、楠木、红木锯材价格环比上涨 16.2 个百分点，北美硬阔叶木锯材价格环比微跌 0.2 个百分点，其他非针叶木锯材价格环比下跌 3.9 个百分点）。

5 月

2013 年 5 月，中国木材进口价格综合指数为 111.8%，同比上涨 4.8 个百分点，环比下降 0.54 个百分点。其中，原木进口价格同比上涨 5.43 个百分点，环比上涨 0.3 个百分点；锯材进口价格同比上涨 3.4 个百分点，环比微涨 0.1 个百分点；针叶木材同比上涨 13.0 个百分点，环比上涨 0.93 个百分点；阔叶木材同比下降 3.7 个百分点，环比下降 2.3 个百分点。

一、各类木材进口价格同比变动情况

针叶原木进口价格同比上涨15.1个百分点，影响中国木材进口价格总水平同比上涨约4.8个百分点。其中，白松（云杉和冷杉）进口价格上涨19.7个百分点；落叶松价格下降3.1个百分点；辐射松价格上涨11.7个百分点；红松和樟子松价格下降4.2个百分点。

阔叶原木价格同比下降5.3个百分点，影响中国木材进口价格总水平同比下降约1.3个百分点。其中，柚木原木进口价格同比下跌6.9个百分点；奥克曼价格同比下降27.6个百分点，影响中国木材进口价格总水平同比下降约0.3个百分点；波罗格价格同比上涨17.1个百分点；红木价格同比下降6.6个百分点，影响中国木材进口价格总水平同比下降约0.4个百分点；水曲柳价格同比下降4.1个百分点；栎木（橡木）进口价格同比上涨2.9个百分点；山毛榉原木价格同比上涨3.8个百分点；北美硬阔叶木价格同比下降12.8个百分点。

针叶锯材价格同比上涨6.2个百分点，影响中国木材进口价格总水平同比上涨约1.5个百分点。其中，红松和樟子松价格同比下降8.6个百分点；白松价格同比上涨19.4个百分点；辐射松价格同比微涨0.8个百分点；花旗松价格同比上涨7.1个百分点。

阔叶锯材价格同比略降0.1个百分点。其中，热带木锯材价格同比上涨21.6个百分点（柚木锯材价格同比上涨2.4个百分点；波罗格锯材价格同比下降3.9个百分点；其他热带木锯材价格同比下降1.5个百分点）；其他阔叶木锯材价格同比下跌1.9个百分点（栎木价格同比上涨7.0个百分点，山毛榉价格上涨0.6个百分点，樟木、楠木、红木锯材价格同比微跌0.8个百分点，北美硬阔叶木锯材价格下跌2.1个百分点，其他非针叶木锯材价格略涨0.2个百分点）。

二、各类木材进口价格环比变动情况

针叶原木进口价格环比上涨1.9个百分点，影响中国木材进口价格总水平环比上涨约0.6个百分点。其中，白松（云杉和冷杉）进口价格下跌0.6个百分点；落叶松价格下跌1.3个百分点；辐射松价格下跌0.3个百分点；红松和樟子松价格下跌1.5个百分点。

阔叶原木价格环比下跌1.9个百分点，影响中国木材进口价格总水平环比下跌约0.47个百分点。其中，柚木原木进口价格环比下降2.1个百分点；奥克曼价格环比下降13.2个百分点；波罗格价格下降4.2个百分点；红木价格环比下降4.2个百分点；水曲柳价格环比下降6.9个百分点；栎木（橡木）进口价格环比上涨0.8个百分点；山毛榉原木价格环比下跌0.4个百分点；北美硬阔叶木价格环比下跌2.9个百分点。

针叶锯材价格环比上涨1.1个百分点，影响中国木材进口价格总水平环比上涨约0.26个百分点。其中，红松和樟子松价格环比下降0.4个百分点；白松价格环比上涨2.8个百分点；辐射松价格环比上涨1.4个百分点；花旗松价格环比上涨3.8个百分点。

阔叶锯材价格环比下跌1.5个百分点，影响中国木材进口价格总水平下跌约0.3个百分点。其中，热带木锯材价格上涨2.6个百分点（柚木锯材价格环比下跌3.0个百分点；波罗格锯材价格上涨1.8个百分点；其他热带木锯材价格下跌6.1个百分点）；其他阔叶木锯材价格环比下跌1.8个百分点（栎木价格环比下跌0.6个百分点，山毛榉价格与上月基本持平，樟木、楠木、红木锯材价格环比上涨6.2个百分点，北美硬阔叶木锯材价格微跌0.1个百分点，其他非针叶木锯材价格下跌1.2个百分点）。

6月

2013年6月，中国木材进口价格综合指数为117.8%，同比上涨10.7个百分点，环比上涨6.02个百分点。其中，原木进口价格同比上

涨 14.78 个百分点，环比上涨 8.0 个百分点；锯材进口价格同比上涨 4.3 个百分点，环比上涨 2.4 个百分点； 针叶木材同比上涨 11.8 个百分点，环比微涨 0.16 个百分点；阔叶木材同比上涨 10.0 个百分点，环比上涨 12.6 个百分点。

数据显示中国木材进口价格综合指数 6 月涨幅较大，尤其是热带木材及红木等阔叶木材涨幅非常明显，大大高于前几个月。中国木材与木制品流通协会谢满华博士分析认为，本月“指数”出现较大涨幅，一方面是由于国际木材市场价格及海外木材报价仍然有上涨趋势；另一方面也是最主要的就是，6 月全国海关进行完税估价时普遍偏高，大大高于实际进口交易价格，从而导致海关统计数据失真，也因此导致了以海关数据为基础数据的本“指数”偏离实际值，涨幅偏大。

一、各类木材进口价格同比变动情况

针叶原木进口价格同比上涨15.3个百分点，影响中国木材进口价格总水平同比上涨约 4.4 个百分点。其中，白松（云杉和冷杉）进口价格上涨 10.2 个百分点；落叶松价格下降 2.0 个百分点；辐射松价格上涨 13.1 个百分点；红松和樟子松价格下降 2.0 个百分点。

阔叶原木价格同比上涨 14.7 个百分点，影响中国木材进口价格总水平同比上涨约 4.3 个百分点。其中，柚木原木进口价格同比下跌 6.6 个百分点，影响中国木材进口价格总水平同比下跌约 0.09 个百分点；奥克曼价格同比下降 23.7 个百分点，影响中国木材进口价格总水平同比下降约 0.3 个百分点；波罗格价格同比下跌 22.1 个百分点；红木价格同比上涨 39.3 个百分点，影响中国木材进口价格总水平同比上涨约 4.1 个百分点；水曲柳价格同比上涨 5.0 个百分点；栎木（橡木）进口价格同比上涨 4.6 个百分点；山毛榉原木价格同比上涨 8.6 个百分点；北美硬阔叶木价格同比下降 26.9 个百分点。

针叶锯材价格同比上涨 4.9 个百分点，影响中国木材进口价格总水平同比上涨约 1.1 个百分点。其中，红松和樟子松价格同比下降 5.4 个百分点；白松价格同比上涨 15.7 个百分点；辐射松价格同比下降 3.1 个百分点；花旗松价格同比上涨 7.1 个百分点。

阔叶锯材价格同比上涨 3.2 个百分点，影响中国木材进口价格总水平上涨约 0.64 个百分点。其中，热带木锯材价格同比上涨 42.2 个百分点（柚木锯材价格同比上涨 7.3 个百分点；波罗格锯材价格同比上涨 10.3 个百分点；其他热带木锯材价格同比上涨 7.6 个百分点）；其他阔叶木锯材价格同比下跌 0.8 个百分点（栎木价格同比上涨 10.3 个百分点，山毛榉价格上涨 1.8 个百分点，樟木、楠木、红木锯材价格同比下跌 12.5 个百分点，北美硬阔叶木锯材价格同比下跌2.0个百分点，其他非针叶木锯材价格下跌1.0 个百分点）。

二、各类木材进口价格环比变动情况

针叶原木进口价格环比上涨1.9 个百分点，影响中国木材进口价格总水平环比上涨约 0.6 个百分点。其中，白松（云杉和冷杉）进口价格下跌 1.7 个百分点；落叶松价格下跌 3.5 个百分点；辐射松价格上涨 3.9 个百分点；红松和樟子松价格下跌 0.3 个百分点。

阔叶原木价格环比上涨 16.0 个百分点，影响中国木材进口价格总水平环比上涨约 4.66 个百分点。其中，柚木原木进口价格环比上涨 1.8 个百分点；奥克曼价格环比上涨 3.2 个百分点；波罗格价格下跌 5.4 个百分点；红木价格环比上涨 38.3 个百分点；水曲柳价格环比下跌 2.2 个百分点；栎木（橡木）进口价格环比上涨 3.7 个百分点；山毛榉原木价格环比上涨0.6个百分点；北美硬阔叶木价格环比下降 6.3 个百分点。

针叶锯材价格环比下跌 2.0 个百分点，影响中国木材进口价格总水平环比下跌约 0.43 个百分点。其中，红松和樟子松价格环比下降 0.6 个百分点；白松价格环比下跌 2.1 个百分点；辐射松价格环比下跌 1.9 个百分点；花旗松价格环比下跌 1.4 个百分点。

阔叶锯材价格环比上涨 6.6 个百分点，影响中国木材进口价格总水平上涨约 1.3 个百分点。其中，热带木锯材价格上涨 16.7 个百分点（柚木锯材价格环比上涨 2.1 个百分点；波罗格锯材价格上涨 13.4 个百分点；其他热带木锯材价格下跌 2.1 个百分点）；其他阔叶木锯材价格环比上涨 5.5 个百分点（栎木价格环比上涨 3.8 个百分点，山毛榉价格下跌 0.1 个百分点，樟木、楠木、红木锯材价格环比下跌 1.8 个百分点，北美硬阔叶木锯材价格环比上涨 1.9 个百分点，其他非针叶木锯材价格上涨 4.6 个百分点）。

7 月

2013 年 7 月，中国木材进口价格综合指数为 114.2%，同比增长 5.7 个百分点，环比下跌 3.61 个百分点。其中，原木进口价格同比增长 8.37 个百分点，环比下跌 5.8 个百分点；锯材进口价格同比增长 2.9 个百分点，环比微增 0.9 个百分点；针叶木材同比增长 7.9 个百分点，环比下跌 2.15 个百分点；阔叶木材同比增长 3.2 个百分点，环比下跌 5.0 个百分点。

7 月中国木材进口价格指数虽然比 6 月下降了 3.61 个百分点，但比 2013 年的最高点 4 月的 112.4 点仍然高出 1.8 个百分点。中国木材与木制品流通协会谢满华博士分析认为，7 月指数下调主要原因是 6 月指数在非自然因素影响下涨幅过大，偏离了正常值，目前国际木材市场价格整体仍呈上升走势，中国木材进口价格指数若去除 6 月非自然因素的影响，其走势完全符合木材市场实际走势规律，仍然在继续上扬。

一、各类木材进口价格同比变动情况

针叶原木进口价格同比上涨 10.8 个百分点，影响中国木材进口价格总水平同比上涨约 3.3 个百分点。其中，白松（云杉和冷杉）进口价格上涨 16.7 个百分点；落叶松价格下跌 6.7 个百分点；辐射松价格上涨 10.3 个百分点；红松和樟子松价格下跌 1.3 个百分点。

阔叶原木价格同比上涨 5.5 个百分点，影响中国木材进口价格总水平同比上涨约 1.4 个百分点。其中，柚木原木进口价格同比下跌 39.3 个百分点，影响中国木材进口价格总水平同比下跌约 0.12 个百分点；奥克曼价格同比下跌 6.9 个百分点，影响中国木材进口价格总水平同比下跌约 0.1 个百分点；波罗格价格同比下跌 2.5 个百分点；红木价格同比上涨 17.1 个百分点，影响中国木材进口价格总水平同比上涨约 1.3 个百分点；水曲柳价格同比上涨 11.6 个百分点；栎木（橡木）进口价格同比上涨 0.5 个百分点；山毛榉原木价格同比上涨 10.3 个百分点；北美硬阔叶木价格同比下跌 21.9 个百分点。

针叶锯材价格同比上涨 3.7 个百分点，影响中国木材进口价格总水平同比上涨约 0.8 个百分点。其中，红松和樟子松价格同比下跌 4.3 个百分点；白松价格同比上涨 9.7 个百分点；辐射松价格同比下跌 0.5 个百分点；花旗松价格同比上涨 4.1 个百分点。

阔叶锯材价格同比上涨 0.9 个百分点，影响中国木材进口价格总水平上涨约 0.19 个百分点。其中，热带木锯材价格同比上涨 10.6 个百分点（柚木锯材价格同比下跌 1.6 个百分点；波罗格锯材价格同比上涨 19.0 个百分点；其他热带木锯材价格同比上涨 4.0 个百分点）；其他阔叶木锯材价格同比上涨 0.2 个百分点（栎木价格同比上涨 9.0 个百分点，山毛榉价格上涨 3.5 个百分点，樟木、楠木、红木锯材价格同比下跌 39.6

个百分点，北美硬阔叶木锯材价格同比下跌 1.5 个百分点，其他非针叶木锯材价格上涨 7.8 个百分点）。

二、各类木材进口价格环比变动情况

针叶原木进口价格环比下跌 3.6 个百分点，影响中国木材进口价格总水平环比下跌约 1.1 个百分点。其中，白松（云杉和冷杉）进口价格下跌 0.2 个百分点；落叶松价格下跌 3.2 个百分点；辐射松价格下跌 1.7 个百分点；红松和樟子松价格上涨 0.8 个百分点。

阔叶原木价格环比下跌 8.9 个百分点，影响中国木材进口价格总水平环比下跌约 2.23 个百分点。其中，柚木原木进口价格环比上涨 7.7 个百分点；奥克曼价格环比上涨 6.7 个百分点；波罗格价格上涨 5.5 个百分点；红木价格环比下跌 27.3 个百分点；水曲柳价格环比上涨 2.7 个百分点；栎木（橡木）进口价格环比下跌 7.4 个百分点；山毛榉原木价格环比上涨 1.1 个百分点；北美硬阔叶木价格环比上涨 1.3 个百分点。

针叶锯材价格环比下跌 0.5 个百分点，影响中国木材进口价格总水平环比下跌约 0.11 个百分点。其中，红松和樟子松价格环比上涨 0.8 个百分点；白松价格环比下跌 4.3 个百分点；辐射松价格环比上涨 1.8 个百分点；花旗松价格环比上涨 1.1 个百分点。

阔叶锯材价格环比上涨 2.0 个百分点，影响中国木材进口价格总水平上涨约 0.4 个百分点。其中，热带木锯材价格下跌 25.2 个百分点（柚木锯材价格环比下跌 9.1 个百分点；波罗格锯材价格上涨 7.2 个百分点；其他热带木锯材价格上涨 11.8 个百分点）；其他阔叶木锯材价格环比上涨 4.7 个百分点（栎木价格环比上涨 0.1 个百分点，与上月基本持平，山毛榉价格环比上涨 1.3 个百分点，樟木、楠木、红木锯材价格环比下跌 13.1 个百分点，北美硬阔叶木锯材价格环比上涨1.7 个百分点，其他非针叶木锯材价格上涨7.0 个百分点）。

8 月

2013 年 8 月，中国木材进口价格综合指数为 115.8%，同比上涨 6.8 个百分点，环比上涨 1.55 个百分点。其中，原木进口价格同比上涨 10.6 个百分点，环比上涨 3.1 个百分点；锯材进口价格同比上涨 1.3 个百分点，环比下降 1.5 个百分点；针叶木材同比上涨 5.7 个百分点，环比基本持平；阔叶木材同比上涨 9.3 个百分点，环比上涨 4.1 个百分点。

一、各类木材进口价格同比变动情况

针叶原木进口价格同比上涨 9.2 个百分点，影响中国木材进口价格总水平同比上涨约 3.1 个百分点。其中，白松（云杉和冷杉）进口价格上涨 11.1 个百分点；落叶松价格下降 0.3 个百分点；辐射松价格上涨 9.2 个百分点；红松和樟子松价格下降 1.4 个百分点。

阔叶原木价格同比上涨 12.3 个百分点，影响中国木材进口价格总水平同比上涨约 2.9 个百分点。其中，柚木原木进口价格同比下跌 18.4 个百分点，影响中国木材进口价格总水平同比下跌约 0.02 个百分点；奥克曼价格同比下降 5.3 个百分点，影响中国木材进口价格总水平同比下降约 0.1 个百分点；波罗格价格同比下跌 11.6 个百分点；红木价格同比上涨 25.2 个百分点，影响中国木材进口价格总水平同比上涨约 1.7 个百分点；水曲柳价格同比上涨 8.1 个百分点；栎木（橡木）进口价格同比上涨 0.4 个百分点；山毛榉原木价格同比上涨 19.4 个百分点；北美硬阔叶木价格同比下降 24.2 个百分点。

针叶锯材价格同比下降 0.2 个百分点，影响中国木材进口价格总水平同比下降约 0.05 个百分点。其中，红松和樟子松价格同比下降 3.7

个百分点；白松价格同比上涨 4.3 个百分点；辐射松价格同比下降 3.3 个百分点；花旗松价格同比上涨 0.1 个百分点。

阔叶锯材价格同比上涨 5.6 个百分点，影响中国木材进口价格总水平上涨约1.05个百分点。其中，热带木锯材价格同比下跌0.2个百分点（柚木锯材价格同比下跌 35.5 个百分点；波罗格锯材价格同比上涨 15.9 个百分点；其他热带木锯材价格同比上涨 13.6 个百分点）；其他阔叶木锯材价格同比上涨 5.8 个百分点（栎木价格同比上涨 5.7 个百分点，山毛榉价格上涨 6.3 个百分点，樟木、楠木、红木锯材价格同比上涨 6.1 个百分点，北美硬阔叶木锯材价格同比下跌 3.5 个百分点，其他非针叶木锯材价格同比上涨 9.1 个百分点）。

二、各类木材进口价格环比变动情况

针叶原木进口价格环比上涨 1.3 个百分点，影响中国木材进口价格总水平环比上涨约 0.4 个百分点。其中，白松（云杉和冷杉）进口价格上涨 3.2 个百分点；落叶松价格上涨 3.3 个百分点；辐射松价格下跌 0.5 个百分点；红松和樟子松价格下跌 0.1 个百分点。

阔叶原木价格环比上涨 5.4 个百分点，影响中国木材进口价格总水平环比上涨约 1.29 个百分点。其中，柚木原木进口价格环比上涨 6.6 个百分点；奥克曼价格环比下跌 2.0 个百分点；波罗格价格下跌 5.0 个百分点；红木价格环比上涨 3.0 个百分点；水曲柳价格环比上涨 0.8 个百分点；栎木（橡木）进口价格环比下跌 6.6 个百分点；山毛榉原木价格环比上涨 4.6 个百分点；北美硬阔叶木价格环比基本持平。

针叶锯材价格环比下跌 2.6 个百分点，影响中国木材进口价格总水平环比下跌约 0.6 个百分点。其中，红松和樟子松价格环比上涨 0.3 个百分点；白松价格环比下跌 5.2 个百分点；辐射松价格环比上涨 0.3 个百分点；花旗松价格环比下跌 5.2 个百分点。

阔叶锯材价格环比上涨 2.0 个百分点，影响中国木材进口价格总水平上涨约 0.4 个百分点。其中，热带木锯材价格下跌 12.3 个百分点（柚木锯材价格环比下跌 30.1 个百分点；波罗格锯材价格下跌 3.2 个百分点；其他热带木锯材价格上涨 6.3 个百分点）；其他阔叶木锯材价格环比上涨 2.9 个百分点（栎木价格环比上涨 0.7 个百分点，山毛榉价格上涨 1.3 个百分点，樟木、楠木、红木锯材价格环比上涨 15.5 个百分点，北美硬阔叶木锯材价格环比下跌 1.6 个百分点，其他非针叶木锯材价格上涨 3.4 个百分点）。

9 月

2013 年 9 月，中国木材进口价格综合指数为 114.9%，同比上涨 5.9 个百分点，环比下跌 0.94个百分点。其中，原木进口价格同比上涨9.9个百分点，环比下跌 1.6 个百分点；锯材进口价格同比下跌 0.5 个百分点，环比下跌 0.9 个百分点；针叶木材同比上涨 6.6 个百分点，环比上涨 0.84个百分点；阔叶木材同比上涨5.7个百分点，环比下跌 3.4 个百分点。

一、各类木材进口价格同比变动情况

针叶原木进口价格同比上涨11.0个百分点，影响中国木材进口价格总水平同比上涨约 3.9 个百分点。其中，白松（云杉和冷杉）进口价格上涨 14.6 个百分点；落叶松价格下跌 3.2 个百分点；辐射松价格上涨 7.1 个百分点；红松和樟子松价格下跌 3.7 个百分点。

阔叶原木价格同比上涨 7.9 个百分点，影响中国木材进口价格总水平同比上涨约 1.8 个百分点。其中，柚木原木进口价格同比下跌 45.6 个百分点，影响中国木材进口价格总水平同比下跌约 0.09 个百分点；奥克曼价格同比下跌 10.2 个百分点，影响中国木材进口价格总水平同比下跌约 0.2 个百分点；波罗格价格同比上涨 0.7

个百分点；红木价格同比上涨 27.0 个百分点，影响中国木材进口价格总水平同比上涨约 1.9 个百分点；水曲柳价格同比上涨 3.0 个百分点；栎木（橡木）进口价格同比下跌 0.4 个百分点；山毛榉原木价格同比上涨 15.8 个百分点；北美硬阔叶木价格同比下跌 26.2 个百分点。

针叶锯材价格同比下跌 1.5 个百分点，影响中国木材进口价格总水平同比下跌约 0.34 个百分点。其中，红松和樟子松价格同比下跌 4.0 个百分点；白松价格同比上涨 2.5 个百分点；辐射松价格同比下跌 1.5 个百分点；花旗松价格同比下跌 1.2 个百分点。

阔叶锯材价格同比上涨 2.8 个百分点，影响中国木材进口价格总水平上涨约0.52个百分点。其中，热带木锯材价格同比下跌 26.5 个百分点（柚木锯材价格同比下跌 40.4 个百分点；波罗格锯材价格同比上涨 16.5 个百分点；其他热带木锯材价格同比下跌 2.9 个百分点）；其他阔叶木锯材价格同比上涨 5.0 个百分点（栎木价格同比上涨 4.8 个百分点，山毛榉价格上涨 4.1 个百分点，樟木、楠木、红木锯材价格同比上涨 9.0 个百分点，北美硬阔叶木锯材价格同比下跌 3.9 个百分点，其他非针叶木锯材价格同比上涨 8.6 个百分点）。

二、各类木材进口价格环比变动情况

针叶原木进口价格环比上涨 0.6 个百分点，影响中国木材进口价格总水平环比上涨约 0.2 个百分点。其中，白松（云杉和冷杉）进口价格上涨 0.8 个百分点；落叶松价格下跌 0.7 个百分点；辐射松价格下跌 2.8 个百分点；红松和樟子松价格下跌 0.5 个百分点。

阔叶原木价格环比下跌 5.6 个百分点，影响中国木材进口价格总水平环比下跌约 1.30 个百分点。其中，柚木原木进口价格环比下跌 7.3 个百分点；奥克曼价格环比下跌 1.2 个百分点；波罗格价格上涨 8.4 个百分点；红木价格环比下跌 5.1 个百分点；水曲柳价格环比上涨 1.0 个百分点；栎木（橡木）进口价格环比下跌 4.1 个百分点；山毛榉原木价格环比上涨 1.6 个百分点；北美硬阔叶木价格环比下跌 2.6 个百分点。

针叶锯材价格环比下跌 1.6 个百分点，影响中国木材进口价格总水平环比下跌约 0.4 个百分点。其中，红松和樟子松价格环比下跌 0.5 个百分点；白松价格环比下跌 1.2 个百分点；辐射松价格环比上涨 0.2 个百分点；花旗松价格环比下跌 3.1 个百分点。

阔叶锯材价格环比下跌 0.5 个百分点，影响中国木材进口价格总水平下跌约 0.1 个百分点。其中，热带木锯材价格下跌 3.2 个百分点（柚木锯材价格环比下跌 13.3 个百分点；波罗格锯材价格上涨 2.3 个百分点；其他热带木锯材价格下跌 7.2 个百分点）；其他阔叶木锯材价格环比下跌 0.2 个百分点（栎木价格上涨 0.3 个百分点，山毛榉价格下跌 0.3 个百分点，樟木、楠木、红木锯材价格环比下跌 8.8 个百分点，北美硬阔叶木锯材价格环比上涨 1.4 个百分点，其他非针叶木锯材价格环比上涨 0.6 个百分点）。

10 月

2013 年 10 月，中国木材进口价格综合指数为 113.0%，同比上涨 5.6 个百分点，环比下跌 1.9 个百分点。其中，原木进口价格同比上涨 7.7 个百分点，环比下跌 3.0 个百分点；锯材进口价格同比上涨 3.0 个百分点，环比上涨 2.0 个百分点；针叶木材同比上涨 4.1 个百分点，环比下跌 3.3 个百分点；阔叶木材同比上涨 7.8 个百分点，环比下跌 0.3 个百分点。

一、各类木材进口价格同比变动情况

针叶原木进口价格同比上涨 7.0 个百分点，影响中国木材进口价格总水平同比上涨约 2.2 个百分点。其中，白松（云杉和冷杉）进口价格上涨 14.1 个百分点；落叶松价格上涨 0.4 个百

分点；辐射松价格上涨 7.5 个百分点；红松和樟子松价格下跌 1.8 个百分点。

阔叶原木价格同比上涨 8.6 个百分点，影响中国木材进口价格总水平同比上涨约 1.9 个百分点。其中，柚木原木进口价格同比上涨 63.0 个百分点，影响中国木材进口价格总水平同比上涨约 0.71 个百分点；奥克曼价格同比下跌 1.1 个百分点；波罗格价格同比下跌 35.2 个百分点；红木价格同比上涨 19.8 个百分点，影响中国木材进口价格总水平同比上涨约 1.1 个百分点；水曲柳价格同比下跌 4.4 个百分点；栎木（橡木）进口价格同比下跌 9.2 个百分点；山毛榉原木价格同比上涨 16.3 个百分点；北美硬阔叶木价格同比下跌 21.2 个百分点。

针叶锯材价格同比上涨 0.1 个百分点，影响中国木材进口价格总水平同比上涨约 0.02 个百分点。其中，红松和樟子松价格同比下跌 1.3 个百分点；白松价格同比上涨 3.9 个百分点；辐射松价格同比上涨 0.4 个百分点；花旗松价格同比下跌 0.9 个百分点。

阔叶锯材价格同比上涨 7.1 个百分点，影响中国木材进口价格总水平上涨约1.52个百分点。其中，热带木锯材价格同比上涨5.4个百分点（柚木锯材价格同比上涨 11.7 个百分点；波罗格锯材价格同比上涨 20.3 个百分点；其他热带木锯材价格同比下跌 12.4 个百分点）；其他阔叶木锯材价格同比上涨 7.2 个百分点（栎木价格同比上涨 7.6 个百分点，山毛榉价格同比上涨 5.6 个百分点，樟木、楠木、红木锯材价格同比上涨 0.5 个百分点，北美硬阔叶木锯材价格同比上涨 1.5 个百分点，其他非针叶木锯材价格同比上涨 8.1 个百分点）。

二、各类木材进口价格环比变动情况

针叶原木进口价格环比下跌 3.2 个百分点，影响中国木材进口价格总水平环比下跌约 1.0 个百分点。其中，白松（云杉和冷杉）进口价格下跌 0.3 个百分点；落叶松价格下跌 1.0 个百分点；辐射松价格上涨 0.5 个百分点；红松和樟子松价格下跌 0.3 个百分点。

阔叶原木价格环比下跌 2.3 个百分点，影响中国木材进口价格总水平环比下跌约 0.52 个百分点。其中，柚木原木进口价格环比上涨 71.5 个百分点；奥克曼价格环比上涨 4.3 个百分点；波罗格价格下跌 8.6 个百分点；红木价格环比下跌 12.5 个百分点；水曲柳价格环比下跌 1.0 个百分点；栎木（橡木）进口价格环比上涨 7.5 个百分点；山毛榉原木价格环比上涨 1.2 个百分点；北美硬阔叶木价格环比下跌 2.8 个百分点。

针叶锯材价格环比上涨 0.5 个百分点，影响中国木材进口价格总水平环比上涨约 0.1 个百分点。其中，红松和樟子松价格环比上涨 0.2 个百分点；白松价格环比上涨 0.3 个百分点；辐射松价格环比上涨 2.2 个百分点；花旗松价格环比上涨 1.8 个百分点。

阔叶锯材价格环比上涨 2.5 个百分点，影响中国木材进口价格总水平上涨约 0.5 个百分点。其中，热带木锯材价格上涨 17.9 个百分点（柚木锯材价格环比上涨 47.4 个百分点；波罗格锯材价格下跌 0.9 个百分点；其他热带木锯材价格下跌 2.0 个百分点）；其他阔叶木锯材价格环比上涨 1.4 个百分点（栎木价格环比上涨 2.8 个百分点，山毛榉价格环比上涨0.6个百分点，樟木、楠木、红木锯材价格环比上涨 8.4 个百分点，北美硬阔叶木锯材价格环比上涨 2.5 个百分点，其他非针叶木锯材价格环比下跌 3.3 个百分点）。

11 月

2013 年 11 月，中国木材进口价格综合指数为 117.9%，同比上涨 11.9 个百分点，环比上涨 5.0 个百分点。其中，原木进口价格同比上涨 12.6 个百分点，环比上涨 4.5 个百分点；锯材进口价格同比上涨 10.0 个百分点，环比上涨 4.2

个百分点；针叶木材同比上涨 8.4 个百分点，环比上涨 3.5 个百分点；阔叶木材同比上涨 16.4 个百分点，环比上涨 6.9 个百分点。

一、各类木材进口价格同比变动情况

针叶原木进口价格同比上涨10.9个百分点，影响中国木材进口价格总水平同比上涨约 3.7 个百分点。其中，白松（云杉和冷杉）进口价格上涨 16.1 个百分点；落叶松价格上涨 4.3 个百分点；辐射松价格上涨 9.4 个百分点；红松和樟子松价格下跌 1.5 个百分点。

阔叶原木价格同比上涨 14.5 个百分点，影响中国木材进口价格总水平同比上涨约 3.4 个百分点。其中，柚木原木进口价格同比上涨 19.8 个百分点，影响中国木材进口价格总水平同比上涨约 0.20 个百分点；奥克曼价格同比上涨 7.8 个百分点，影响中国木材进口价格总水平同比上涨约 0.1 个百分点；波罗格价格同比上涨 0.1 个百分点；红木价格同比上涨 33.9 个百分点，影响中国木材进口价格总水平同比上涨约 2.4 个百分点；水曲柳价格同比上涨 1.9 个百分点；栎木（橡木）进口价格同比下跌 0.9 个百分点；山毛榉原木价格同比上涨 16.1 个百分点；北美硬阔叶木价格同比下跌 16.5 个百分点。

针叶锯材价格同比上涨 2.3 个百分点，影响中国木材进口价格总水平同比上涨约 0.51 个百分点。其中，红松和樟子松价格同比上涨 0.4 个百分点；白松价格同比上涨 3.5 个百分点；辐射松价格同比上涨 0.2 个百分点；花旗松价格同比上涨 1.7 个百分点。

阔叶锯材价格同比上涨 18.5 个百分点，影响中国木材进口价格总水平上涨约 3.75 个百分点。其中，热带木锯材价格同比上涨 84.9 个百分点（柚木锯材价格同比上涨 2.4 个百分点；波罗格锯材价格同比上涨 21.1 个百分点；其他热带木锯材价格同比上涨 13.9 个百分点）；其他阔叶木锯材价格同比上涨 12.9 个百分点（栎木价格同比上涨 10.0 个百分点，山毛榉价格同比上涨 5.5 个百分点，樟木、楠木、红木锯材价格同比上涨 21.0 个百分点，北美硬阔叶木锯材价格同比上涨 1.0 个百分点，其他非针叶木锯材价格同比上涨 8.8 个百分点）。

二、各类木材进口价格环比变动情况

针叶原木进口价格环比上涨 3.1 个百分点，影响中国木材进口价格总水平环比上涨约 1.1 个百分点。其中，白松（云杉和冷杉）进口价格上涨 5.2 个百分点；落叶松价格上涨 4.7 个百分点；辐射松价格上涨 1.7 个百分点；红松和樟子松价格与 10 月基本持平。

阔叶原木价格环比上涨 6.2 个百分点，影响中国木材进口价格总水平环比上涨约 1.44 个百分点。其中，柚木原木进口价格环比下跌 44.1 个百分点；奥克曼价格环比上涨 4.1 个百分点；波罗格价格上涨 1.5 个百分点；红木价格环比上涨 20.4 个百分点；水曲柳价格环比上涨 2.1 个百分点；栎木（橡木）进口价格环比下跌 2.1 个百分点；山毛榉原木价格环比上涨 2.2 个百分点；北美硬阔叶木价格环比上涨 3.3 个百分点。

针叶锯材价格环比上涨 0.7 个百分点，影响中国木材进口价格总水平环比上涨约 0.2 个百分点。其中，红松和樟子松价格环比下跌 0.2 个百分点；白松价格环比上涨 1.8 个百分点；辐射松价格环比下跌 1.4 个百分点；花旗松价格环比上涨 1.0 个百分点。

阔叶锯材价格环比上涨 7.6 个百分点，影响中国木材进口价格总水平上涨约 1.5 个百分点。其中，热带木锯材价格上涨 73.4 个百分点（柚木锯材价格环比下跌 2.5 个百分点；波罗格锯材价格微涨 0.2 个百分点；其他热带木锯材价格上涨 4.4 个百分点）；其他阔叶木锯材价格环比上涨 2.1 个百分点（栎木价格环比上涨 2.5 个百分点，山毛榉价格上涨 0.6 个百分点，樟木、楠木、红木锯材价格环比上涨 7.9 个百分点，北美硬阔叶木锯材价格下跌 2.3 个百分点，其他非针叶木锯材价格微涨 0.2 个百分点）。

12 月

2013 年 12 月，中国木材进口价格综合指数为 120.8%，同比上涨 16.9 个百分点，环比上涨 2.9 个百分点。其中，原木进口价格同比上涨 15.8 个百分点，环比上涨 1.3 个百分点；锯材进口价格同比上涨 15.7 个百分点，环比上涨 5.0 个百分点；针叶木材同比上涨 8.4 个百分点，环比下跌 2.1 个百分点；阔叶木材同比上涨 25.1 个百分点，环比上涨 6.6 个百分点。

一、各类木材进口价格同比变动情况

12 月，针叶原木进口价格同比上涨 10.1 个百分点，影响中国木材进口价格总水平同比上涨约 3.0 个百分点。其中，白松（云杉和冷杉）进口价格上涨 13.6 个百分点；落叶松价格上涨 2.1 个百分点；辐射松价格上涨 10.7 个百分点；红松和樟子松价格下跌 2.1 个百分点。

阔叶原木价格同比上涨 23.4 个百分点，影响中国木材进口价格总水平同比上涨约 6.6 个百分点。其中，柚木原木进口价格同比下跌 15.3 个百分点，影响中国木材进口价格总水平同比下跌约 0.1 个百分点；奥克曼价格同比下跌 5.4 个百分点，影响中国木材进口价格总水平同比下跌约 0.1 个百分点；波罗格价格同比上涨 3.0 个百分点；红木价格同比上涨 49.2 个百分点，影响中国木材进口价格总水平同比上涨约 4.9 个百分点；水曲柳价格同比上涨 0.8 个百分点；栎木（橡木）进口价格同比下跌 5.9 个百分点；山毛榉原木价格同比上涨 10.2 个百分点；北美硬阔叶木价格同比下跌 14.1 个百分点。

针叶锯材价格同比上涨 2.7 个百分点，影响中国木材进口价格总水平同比上涨约 0.6 个百分点。其中，红松和樟子松价格同比下跌 0.1 个百分点；白松价格同比上涨 3.3 个百分点；辐射松价格同比上涨 3.3 个百分点；花旗松价格同比下跌 0.8 个百分点。

阔叶锯材价格同比上涨 26.4 个百分点，影响中国木材进口价格总水平上涨约 5.7 个百分点。其中，热带木锯材价格同比上涨 94.8 个百分点（柚木锯材价格同比上涨 2.2 个百分点；波罗格锯材价格同比上涨 20.9 个百分点；其他热带木锯材价格同比上涨 3.2 个百分点）；其他阔叶木锯材价格同比上涨 20.3 个百分点（栎木价格同比上涨 23.5 个百分点，山毛榉价格上涨 7.0 个百分点，樟木、楠木、红木锯材价格同比上涨 26.3 个百分点，北美硬阔叶木锯材价格上涨 6.6 个百分点，其他非针叶木锯材价格上涨 11.5 个百分点）。

二、各类木材进口价格环比变动情况

12 月，针叶原木进口价格环比下跌 3.2 个百分点，影响中国木材进口价格总水平环比下跌约 0.9 个百分点。其中，白松（云杉和冷杉）进口价格下跌 6.4 个百分点；落叶松价格下跌 2.9 个百分点；辐射松价格上涨 1.6 个百分点；红松和樟子松价格下跌 0.2 个百分点。

阔叶原木价格环比上涨 6.9 个百分点，影响中国木材进口价格总水平环比上涨约 2.0 个百分点。其中，柚木原木进口价格环比下跌 25.9 个百分点；奥克曼价格环比下跌 8.4 个百分点；波罗格价格下跌 0.5 个百分点；红木价格环比上涨 21.2 个百分点；水曲柳价格环比上涨 1.2 个百分点；栎木（橡木）进口价格环比上涨 1.7 个百分点；山毛榉原木价格环比下跌 2.6 个百分点；北美硬阔叶木价格环比上涨 2.9 个百分点。

针叶锯材价格环比上涨 1.2 个百分点，影响中国木材进口价格总水平环比上涨约 0.2 个百分点。其中，红松和樟子松价格环比下跌 0.2 个百分点；白松价格环比上涨 2.2 个百分点；辐射松价格环比下跌 0.3 个百分点；花旗松价格环比上涨 0.6 个百分点。

阔叶锯材价格环比上涨 6.2 个百分点，影响中国木材进口价格总水平上涨约 1.3 个百分点。其中，热带木锯材价格上涨 3.8 个百分点（柚木锯材价格环比上涨 0.6 个百分点；波罗格锯材价格上涨 0.4 个百分点；其他热带木锯材价格下跌 5.7 个百分点）；其他阔叶木锯材价格环比上涨 6.1 个百分点（栎木价格上涨 11.1 个百分点，山毛榉价格上涨 1.6 个百分点，樟木、楠木、红木锯材价格环比下跌 3.9 个百分点，北美硬阔叶木锯材价格上涨 7.0 个百分点，其他非针叶木锯材价格环比上涨 2.6 个百分点）。

（商务部流通业发展司和中国木材与木制品流通协会联合发布）

2013年3—12月中国木材市场价格指数

3月

2013年3月，中国木材市场价格综合指数为111.2%，同比上涨16.4个百分点，环比上涨1.3个百分点。其中，国产木材价格同比上涨17.6个百分点，环比上涨1.70个百分点；进口木材价格同比上涨17.1个百分点，环比上涨0.93个百分点；原木价格同比上涨17.6个百分点，环比上涨1.08个百分点；锯材价格同比上涨11.3个百分点，环比上涨2.32个百分点。

今年以来，国内木材市场价格指数持续上涨。一方面是由于需求的拉动，春节后的3月，木材加工企业及建筑工地都陆续开工，且随着经济回暖，房地产行情有所松动，木制品制造业总体生产形势继续向好发展，木材需求量扩大；另一方面从2012年12月开始国外木材市场价格快速上涨，受此影响，推动了国内木材市场价格连续走升，尤其是锯材，涨势明显。但随着东北国产木材及进口木材货船到港数量增加，木材商家库存加大，预计后市木材价格上涨幅度将放缓。

一、各类木材市场价格同比变动情况

国产针叶原木价格比2012年同期上涨4.4个百分点。分树种看，白松价格上涨6.2个百分点；落叶松价格同比上涨5.8个百分点；马尾松价格上涨15.0个百分点；红松和樟子松价格分别上涨6.6个百分点和下降2.1个百分点；云杉价格上涨15.0个百分点；冷杉价格同比下降3.9个百分点。

国产阔叶原木价格同比上涨18.7个百分点。从树种看，杨木、桉树和胡桃楸木分别同比上涨23.3个百分点、15.0个百分点和5.9个百分点；柳木价格上涨3.4个百分点；柞木、桦木和榆木分别同比下跌11.0个百分点、13.3个百分点和6.9个百分点；水曲柳同比下跌了2.2个百分点；椴木也小幅下跌了1.1个百分点；栎类木价格同比小幅上涨1.1个百分点。

国产针叶锯材和阔叶锯材市场价格分别同比上涨13.0个百分点和6.9个百分点。从树种看，白松、落叶松和冷杉价格同比上涨较大，分别为18.9个百分点、15.6个百分点和16.5个百分点；云南松和云杉上涨幅度相对较小，分别为5.6个百分点和2.5个百分点。与此相反，胡桃楸木、柞木、桦木和榆木等阔叶木锯材价格同比分别下降了13.1个百分点、6.2个百分点、9.8个百分点和5.5个百分点。

对于进口木材而言，针叶木材价格同比上涨幅度较大。进口的针叶原木和针叶锯材市场价格分别同比上涨25.7个百分点和24.9个百分点；而进口的阔叶原木和阔叶锯材仅分别小幅上涨3.6个百分点和2.3个百分点。

二、各类木材市场价格环比变动情况

从环比看，3月木材价格比2月涨幅不大。整体而言，国产木材涨幅略高于进口木材，锯材涨幅高于原木。其中，国产针叶锯材涨幅最高，为3.7个百分点；进口阔叶原木涨幅最小，仅上涨0.2个百分点。值得关注的是，3月国内产柞木和桦木原木价格比2月分别下降了13.9个百分点和13.9个百分点，而国产胡桃楸木锯材却比2月回升了15.3个百分点。进口木材中，4月阔叶原木价格浮动非常小，可以说基本与3月持平，而部分阔叶锯材涨跌幅相对大一些，如山毛榉锯材环比上涨了12.7个百分点，而红木锯材环比下降了9.7个百分点。

4月

2013年4月，中国木材市场价格综合指数为114.2%，同比上涨19.9个百分点，环比上涨3.07个百分点。其中，国产木材价格同比上涨16.6个百分点，环比上涨0.28个百分点；进口木材价格同比上涨23.6个百分点，环比上涨6.20个百分点；原木价格同比上涨20.0个百分点，环比上涨1.75个百分点；锯材价格同比上涨15.6个百分点，环比上涨3.04个百分点。

根据数据显示，4月木材市场价格延续了一季度的涨势，分析认为，美国经济回升、房地产市场转暖导致的木材需求增大，仍是4月中国木材市场价格指数延续上涨趋势的主要推动力，国际木材市场缓慢回暖，海外价格持续攀升，使得我国木材进口成本大幅增加，进口木材在国内的市场价格也因此水涨船高，而这在一定程度上也带动了国产木材价格上扬；另外，3月3日欧盟木材法案正式生效，此法案的实施将给木材进口带来一定的附加成本，从而也会对木材市场价格上升产生助推作用。

一、各类木材市场价格同比变动情况

国产针叶原木价格同比上涨4.1个百分点。分树种看，白松价格上涨7.3个百分点；落叶松价格基本相当；马尾松价格上涨16.0个百分点；红松和樟子松价格分别上涨5.9个百分点和1.3个百分点；云杉价格上涨7.5个百分点；冷杉价格同比下降7.5个百分点。

国产阔叶原木价格同比上涨20.6个百分点。从树种看，杨木、桉树和胡桃楸木分别同比上涨25.6个百分点、15.0个百分点和7.4个百分点；柳木价格上涨3.4个百分点；柞木、桦木和榆木分别同比下跌11.6个百分点、8.2个百分点和6.0个百分点；水曲柳也同比小幅下跌了1.4个百分点；椴木和栎类木价格分别同比小幅上涨0.2个百分点和0.7个百分点。

国产针叶锯材和阔叶锯材市场价格分别同比上涨15.9个百分点和10.0个百分点。从树种看，落叶松和杉木价格同比上涨幅度超过20个百分点，分别为21.3个百分点和20.03个百分点；红松、白松、马尾松和冷杉价格同比上涨幅度也分别达到10个百分点以上；其他市场常见针叶树种锯材同比也均有不同程度上涨。与此相反，胡桃楸木、柞木和榆木等阔叶木锯材价格同比分别下降了10.2个百分点、6.4个百分点和5.2个百分点。

对于进口木材而言，针叶木材价格同比上涨幅度较大。进口的针叶原木和针叶锯材市场价格分别同比上涨32.2个百分点和34.8个百分点；而进口的阔叶原木和阔叶锯材仅分别小幅上涨2.1个百分点和2.2个百分点。

二、各类木材市场价格环比变动情况

国产木材价格整体与3月基本持平，涨幅非常小，其中针叶锯材环比涨幅是最高的，也仅为1.1个百分点。就单个树种而言，月度价格涨跌幅也都处于3个百分点以内。相比之下，进口木材市场价格比3月有较大幅度上涨，进口木材综合价格环比上涨6.2个百分点。而进口木材市场价格的上涨却主要归因于针叶材价格的快速上涨，其中进口针叶原木价格环比上涨7.7个百分点，进口针叶锯材上涨10.9个百分点，相反，阔叶原木价格环比下降0.3个百分点，阔叶锯材也仅小幅上涨0.5个百分点。分树种看，进口樟子松和白松环比涨幅较大，樟子松原木和白松原木分别环比上涨28.7个百分点和8.2个百分点，樟子松锯材和SPF板材分别环比上涨13.1个百分点和12.8个百分点。

5月

2013年5月，中国木材市场价格综合指数为114.6%，同比上涨19.2个百分点，环比上涨0.36个百分点。其中，国产木材价格同比上涨18.5个百分点，环比上涨0.48个百分点；进

口木材价格同比上涨16.5个百分点，环比上涨0.23个百分点；原木价格同比上涨18.5个百分点，环比上涨0.47个百分点；锯材价格同比上涨16.3个百分点，环比基本持平。

5月木材市场价格继续呈上涨趋势，但是上涨幅度明显低于4月，综合指数环比涨幅下滑了2.6个百分点。国外木材市场行情仍然处于快速上升通道，我国木材进口成本还在不断上涨，从而推动了我国木材市场价格继续上升，但是随着3月初我国房地产行业出台的“国五条”政策对家装行业的影响逐渐显现，以及3月、4月原木、锯材进口量快速反弹对国内木材市场价格大幅上涨产生平抑作用，加上国内也开始逐渐进入木材生产性季节，因而5月国内木材市场价格综合指数未再出现大幅上涨，快速上涨势头有所遏制。

一、各类木材市场价格同比变动情况

国产针叶原木价格同比上涨4.9个百分点。分树种看，白松价格上涨4.6个百分点；落叶松价格上涨5.0个百分点；马尾松价格上涨34.0个百分点；红松和樟子松价格分别上涨4.6个百分点和微跌0.4个百分点；云杉价格上涨8.3个百分点；冷杉价格同比下跌0.3个百分点。

国产阔叶原木价格同比上涨17.9个百分点。从树种看，杨木、桉树和胡桃楸木分别同比上涨22.2个百分点、14.0个百分点和8.9个百分点；柳木价格上涨3.4个百分点；柞木、桦木和榆木分别同比下跌11.6个百分点、8.7个百分点和6.5个百分点；水曲柳和椴木也分别同比小幅下跌了0.5个百分点和0.2个百分点；栎类木价格同比小幅上涨1.3个百分点。

国产针叶锯材和阔叶锯材市场价格分别同比上涨17.2个百分点和10.6个百分点。从树种看，红松和白松价格同比上涨幅度超过20个百分点，分别为21.7个百分点和24.2个百分点；落叶松、马尾松、樟子松、南方的杉木和冷杉价格同比上涨幅度也均达到10个百分点以上；其他的市场常见针叶树种锯材同比也均有不小幅度上涨。与此相反，胡桃楸木、柞木和榆木等阔叶木锯材价格同比分别下降了9.8个百分点、5.2个百分点和6.1个百分点。

对于进口木材而言，针叶木材价格同比上涨幅度较大，并远远大于阔叶材涨幅。进口的针叶原木和针叶锯材市场价格分别同比上涨31.9个百分点和36.1个百分点；而进口的阔叶原木和阔叶锯材仅分别小幅上涨2.4个百分点和1.9个百分点。

二、各类木材市场价格环比变动情况

国产木材和进口木材价格整体与4月基本持平，涨幅非常小。在各分类指数中，进口针叶锯材环比涨幅最高，也仅为1.3个百分点，其他分类指数环比涨跌幅均不超过1.0个百分点。就单个树种而言，除了进口的阔叶树种锯材价格波动较大，其他树种月度价格涨跌幅均处于3个百分点以内。进口的阔叶锯材中，山毛榉锯材价格涨幅较大，5月比4月上涨11.3个百分点；进口枫木和白蜡木锯材也分别环比上涨了6.8个百分点和2.7个百分点；而进口的红木锯材却比4月下跌了10.3个百分点之多，进口樱桃木和栎木锯材价格也分别下跌了5.2个百分点和4.0个百分点。

6月

2013年6月，中国木材市场价格综合指数为113.7%，同比上涨17.8个百分点，环比下跌0.93个百分点。其中，国产木材价格同比上涨16.6个百分点，环比下跌1.40个百分点；进口木材价格同比上涨14.0个百分点，环比微跌0.41个百分点；原木价格同比上涨16.6个百分点，环比下跌0.89个百分点；锯材价格同比上涨14.6个百分点，环比下跌1.66个百分点。

中国木材市场价格综合指数从年初开始连续5个月上涨后，6月出现小幅下滑，国产锯材价格从5月开始率先松动，在6月盘面指数普遍下滑的情况下，进口锯材指数仍然保持坚挺，但涨幅出现了明显下降趋势。6月国家公布的PMI、CPI、PPI等数据反映了我国制造业仍然保持增长态势，但增速可能继续回落，同时也反映出了我国经济下行压力增大、经济运行状况错综复杂。2013年上半年中国房地产市场研究报告显示，受“国五条”新政落的影响，二季度房屋成交量高位持续回落，但环比降幅逐步收窄，“国五条”影响逐步消退，上半年全国商品房销售面积和销售额同比大幅增长，绝对水平为历史同期新高，房地产业投资平稳增长，增速维持在20个百分点以上，新开工面积与去年基本持平，增幅较年初收窄14个百分点，预测下半年房屋供应量释放力度较大，将促进成交量企稳上升。下半年，随着房屋成交量的平稳上升，必将带动房屋装修市场发展，推动木材与木制品的市场需求，预计木材价格方面将以稳为主，尤其是进口的优质木材还有进一步上升的空间，但也不排除在资金紧张和供应过剩情况下出现局部下调的可能。

一、各类木材市场价格同比变动情况

国产针叶原木价格同比上涨5.5个百分点。分树种看，白松价格上涨8.5个百分点；落叶松价格上涨6.7个百分点；马尾松价格上涨36.0个百分点；红松价格上涨3.9个百分点；樟子松价格下跌1.7个百分点；云杉价格上涨10.0个百分点；冷杉价格与上年同期基本持平。

国产阔叶原木价格同比上涨15.0个百分点。从树种看，杨木、桉树和胡桃楸木分别同比上涨18.9个百分点、11.0个百分点和8.9个百分点；柳木价格上涨10.2个百分点；柞木、桦木和榆木分别同比下跌13.3个百分点、12.8个百分点和1.6个百分点；水曲柳也同比下跌了2.5个百分点；椴木价格同比小幅下跌1.3个百分点；栎类木价格小幅上涨1.5个百分点。

国产针叶锯材和阔叶锯材市场价格分别同比上涨22.2个百分点和6.0个百分点。从树种看，红松、白松和樟子松价格同比上涨幅度超过20个百分点，分别为20.4个百分点、20.8个百分点和41.6个百分点；落叶松、马尾松、杉木和冷杉价格同比上涨幅度也分别达到10个百分点以上；其他市场常见针叶树种锯材同比也均有不同程度上涨。与此相反，国产阔叶锯材中，除了水曲柳、杨木、柳木和黄菠萝木等价格出现上涨外，胡桃楸木、柞木、桦木和榆木等阔叶木锯材同比分别下降了7.6个百分点、5.5个百分点、6.4个百分点和3.9个百分点。

对于进口木材而言，针叶木材价格同比上涨幅度较大。进口的针叶原木和针叶锯材市场价格分别同比上涨32.9个百分点和37.2个百分点；而进口的阔叶原木价格同比下降了1.2个百分点，进口阔叶锯材价格同比也仅小幅上涨1.6个百分点。

二、各类木材市场价格环比变动情况

木材价格整体小幅下滑。分树种而言，基本是跌得多，涨得少。国产木材中，马尾松、云南松、云杉、榆木、柳木等原木价格继续小幅反弹，红松、白松、落叶松、桉树等原木价格继续小幅回落，另外，本月杨木、桦木价格也出现了小幅回调，其他品种木材原木与5月基本波动不大。进口木材中，山毛榉锯材、白蜡木锯材和枫木锯材延续了5月快速上涨的势头，涨幅相对较大，涨幅分别为13.0个百分点、4.1个百分点和6.1个百分点；红松、樟子松原木及锯材仍然延续了弱势上涨趋势；值得注意的是，红木原木和锯材均出现了较大幅度下跌，尤其是红木锯材在5月下跌的基础上又大幅下跌了18.2个百分点；另外，樱桃木锯材和橡木锯材价格也均继续回落，跌幅分别为4.9个百分点和3.8个百分点。

7月

2013年7月，中国木材市场价格综合指数

为114.0%，同比上涨17.2个百分点，环比上涨0.37个百分点。其中，国产木材价格同比上涨16.0个百分点，环比上涨1.33个百分点；进口木材价格同比上涨13.3个百分点，环比下跌0.73个百分点；原木价格同比上涨16.0个百分点，环比上涨0.49个百分点；锯材价格同比上涨14.6个百分点，环比上涨1.25个百分点。

7月中国木材市场价格保持相对稳定。从环比数据看，TPI环比上涨0.37个百分点，结束了6月的下降趋势出现小幅回升。本月指数的变化趋势与7月居民消费价格保持相对稳定、制造业PMI略有回升等较为吻合，表明近期出台的一系列稳增长、调结构和促改革举措的政策效应有所显现。如取消和下放部分行政审批权限，激发了民间经济活力；放开贷款利率管制、减轻小微企业税收负担、扩大信息消费、支持实体经济发展和促进进出口稳定增长等措施，改善了企业运行环境和发展预期。

一、各类木材市场价格同比变动情况

国产针叶原木价格同比上涨5.5个百分点。分树种看，白松价格上涨幅度最小，为0.4个百分点；落叶松价格上涨4.2个百分点；马尾松价格上涨了37.0个百分点；红松和樟子松价格分别上涨5.9个百分点和0.8个百分点；云杉价格上涨17.5个百分点；杉木价格上涨8.9个百分点；冷杉价格同比上涨1.5个百分点。

国产阔叶原木价格同比上涨14.3个百分点。从树种看，杨木、桉树和胡桃楸木分别同比上涨17.8个百分点、14.0个百分点和9.6个百分点；柳木价格上涨13.6个百分点；黄菠萝木和栎类木价格分别小幅上涨2.3个百分点和0.5个百分点；柞木、桦木和榆木分别同比下跌11.8个百分点、4.1个百分点和4.8个百分点；水曲柳和椴木同比分别小幅下跌了2.0个百分点和0.6个百分点。

国产针叶锯材和阔叶锯材市场价格分别同比上涨15.8个百分点和8.4个百分点。从树种看，红松、白松和冷杉价格同比上涨幅度均达到20个百分点及以上，分别为21.7个百分点、20.3个百分点和20个百分点；落叶松、马尾松和杉木价格同比上涨幅度也分别达到10个百分点以上；其他市场常见针叶树种锯材同比也均有不同程度上涨。与此相反，胡桃楸木、柞木、桦木和榆木等阔叶木锯材价格同比分别下降了4.4个百分点、5.3个百分点、6.0个百分点和5.2个百分点。

对于进口木材而言，针叶木材价格同比上涨幅度较大。进口的针叶原木和针叶锯材市场价格分别同比上涨31.2个百分点和34.3个百分点；而进口的阔叶原木和阔叶锯材仅分别小幅上涨0.7个百分点和2.0个百分点，但从树种看，柚木价格同比上涨幅度相对较大，柚木原木和柚木锯材分别同比上涨了7.2个百分点和24.6个百分点。

二、各类木材市场价格环比变动情况

7月，国产木材市场价格综合指数为105.8%，比6月小幅上升1.33个百分点，其中阔叶锯材环比涨幅最大，为3.0个百分点；针叶锯材价格与6月基本持平。就单个树种而言，杨木锯材和胡桃楸锯材涨幅较为明显，分别上涨3.8个百分点和2.2个百分点；落叶松、马尾松、柳木和桉树等树种原木的市场价格比6月也有一定上涨。相比之下，进口木材市场价格比6月呈现出了小幅下滑趋势，进口木材综合价格环比回落0.73个百分点。而本月进口木材市场价格的回落却主要归因于针叶材价格的回落，其中进口针叶原木价格环比下滑0.5个百分点，进口针叶锯材价格下降2.3个百分点，相反，阔叶原木价格和阔叶锯材价格分别小幅上扬0.3个百分点和0.8个百分点。分树种看，针叶木材中红松、樟子松、辐射松和花旗松原木与锯材价格比6月均出现了下滑；阔叶木材中，印茄木、山毛榉和水曲柳原木价格比6月均有所上涨，而柚木锯材、山毛榉锯材和白蜡木锯材涨幅较大，上涨幅度达到了10个百分点以上，红木锯材价格却出现了较大幅度的回调。

8月

2013年8月，中国木材市场价格综合指数为115.6%，同比上涨18.0个百分点，环比上涨1.59个百分点。其中，国产木材价格同比上涨14.9个百分点，环比上涨1.55个百分点；进口木材价格同比上涨11.2个百分点，环比上涨1.62个百分点；原木价格同比上涨14.9个百分点，环比上涨1.24个百分点；锯材价格同比上涨19.1个百分点，环比上涨2.42个百分点。

8月中国木材市场价格指数创今年来新高。汇丰中国8月制造业PMI重返50荣枯线上方，进一步预示了中国经济复苏态势延续，另据中国木材与木制品流通协会对全国木制品制造业重点企业采购经理人调查问卷显示，木制品制造业经济稳步回升，企业原材料补库存活动加强，因此在国家经济稳增长政策刺激以及木制品制造企业原材料补库存活动拉动下，木材市场需求加大，另外海外木材报价及7月中国木材进口价格指数仍延续上升趋势。在国内需求和外部价格的双重推动下，中国木材市场价格继续稳步上升。预计未来几个月中国木材市场价格上涨的力度仍然主要取决于国内木材市场需求以及国外木材价格变化情况。

一、各类木材市场价格同比变动情况

国产针叶原木价格同比上涨8.0个百分点。分树种看，白松价格上涨9.2个百分点；落叶松价格上涨11.7个百分点；马尾松价格上涨41.0个百分点；红松和樟子松价格分别上涨9.2个百分点和微降0.8个百分点；云杉价格上涨6.3个百分点；冷杉价格同比上涨4.1个百分点。

国产阔叶原木价格同比上涨11.6个百分点。从树种看，杨木、桉树和胡桃楸木分别同比上涨14.4个百分点、15.2个百分点和10.9个百分点；柳木价格上涨8.0个百分点；柞木、桦木和榆木分别同比下跌9.2个百分点、7.2个百分点和4.0个百分点；水曲柳也同比小幅下跌了2.0个百分点；椴木和栎类木价格分别同比小幅下跌0.6个百分点和上涨1.1个百分点。

国产针叶锯材和阔叶锯材市场价格分别同比上涨17.2个百分点和14.9个百分点。从树种看，红松、白松、落叶松和冷杉价格同比上涨幅度均超过20个百分点，分别为22.6个百分点、22.6个百分点、21.9个百分点和20.3个百分点；马尾松和杉木价格同比上涨幅度也分别达到10个百分点以上；其他市场常见针叶树种锯材同比也均有不同程度上涨。与此相反，胡桃楸木、柞木、桦木和榆木等阔叶木锯材价格同比分别下降了5.1个百分点、4.8个百分点、4.3个百分点和3.9个百分点。

对于进口木材而言，针叶木材价格同比上涨幅度较大。进口的针叶原木和针叶锯材市场价格分别同比上涨34.4个百分点和37.4个百分点；而进口的阔叶原木价格同比下跌了3.3个百分点，阔叶锯材也仅小幅上涨3.3个百分点。

二、各类木材市场价格环比变动情况

国产木材价格与进口木材价格比7月均有小幅上涨。国产木材中，阔叶锯材价格涨幅最大，为3.1个百分点；针叶原木、阔叶原木和针叶锯材8月涨幅均在1%～2%之间。分树种看，8月马尾松原木价格涨幅最大，达6个百分点，其他树种价格均有上涨，涨幅都在3个百分点以内，其中樟子松木材价格与黄菠萝木材价格与7月相比基本没有什么变化。进口木材中，针叶木材涨幅大于阔叶木材，原木和锯材价格涨幅基本相当。分树种看，除了樱桃木锯材、栎木锯材和黑胡桃木锯材价格比7月有所下调外，其他树种木材价格均有不同程度上涨，其中山毛榉锯材和白蜡木

锯材涨幅较大，分别为14.4个百分点和11.0个百分点。

9月

2013年9月，中国木材市场价格综合指数为118.3%，同比上涨22.5个百分点，环比上涨2.71个百分点。其中，国产木材价格同比上涨23.2个百分点，环比上涨4.22个百分点；进口木材价格同比上涨22.5个百分点，环比上涨1.01个百分点；原木价格同比上涨23.2个百分点，环比上涨3.6个百分点；锯材价格同比上涨17.6个百分点，环比上涨2.06个百分点。

纵观全国木材市场价格，9月木材价格普遍涨多跌少，尤其国产木材单月涨幅较大，其综合价格指数环比8月上涨了4.22个百分点。从8月中旬开始北美的高湿气候基本结束，逐渐进入干燥气候季节，原木采伐量增大，锯材干燥周期加快，因此进入市场的木材销量及出口量增加，我国从北美进口木材量继续快速增长，但因进口木材价格一直以来涨幅较大且长期高位运行，从而导致国内进口木材市场需求量增长相对缓慢，同时由于国内东北天气逐渐变冷，木材采伐开始进入淡季，国产木材生产量缩减，且8月、9月开始又进入了我国木材销售的传统旺季，因此综合各方面原因，木材市场价格将继续上扬，而国产木材价格涨幅相对高于进口木材价格。

一、各类木材市场价格同比变动情况

国产针叶原木价格同比上涨7.3个百分点。分树种看，白松价格上涨13.8个百分点；落叶松价格上涨7.9个百分点；马尾松价格上涨34.0个百分点；红松和樟子松价格分别上涨7.9个百分点和下跌3.8个百分点；云杉价格上涨15.0个百分点；冷杉价格同比上年同期微跌0.3个百分点。

国产阔叶原木价格同比上涨24.3个百分点。从树种看，杨木、桉树和胡桃楸木分别同比上涨30.0个百分点、15.0个百分点和7.8个百分点；柳木价格上涨10.2个百分点；柞木、桦木和榆木分别同比下跌10.6个百分点、8.2个百分点和4.4个百分点；水曲柳也同比小幅下跌了1.5个百分点；椴木价格同比小幅上涨0.6个百分点，栎类木价格同比上年基本持平。

国产针叶锯材和阔叶锯材市场价格分别同比上涨17.9个百分点和12.1个百分点。从树种看，红松、白松、落叶松和冷杉价格同比上涨幅度均达到20个百分点及以上，分别为21.3个百分点、23.7个百分点、22.8个百分点和20.0个百分点；马尾松、樟子松、云南松和杉木价格同比上涨幅度也分别达到10个百分点以上；其他市场常见针叶树种锯材同比也均有不同程度上涨。与此相反，胡桃楸木、柞木、桦木和榆木等阔叶木锯材价格同比分别下降了10.2个百分点、3.6个百分点、3.0个百分点和2.3个百分点。

对于进口木材而言，针叶木材价格同比上涨幅度较大。进口的针叶原木和针叶锯材市场价格分别同比上涨35.9个百分点和37.4个百分点；而进口的阔叶原木和阔叶锯材仅分别小幅上涨1.4个百分点和2.2个百分点。其中，红木原木和红木锯材分别同比下跌5.5个百分点和6.2个百分点。

二、各类木材市场价格环比变动情况

国产木材价格比8月上涨4.22个百分点，进口木材价格比8月上涨1.01个百分点。分树种种类而言，国产木材中，针叶木材涨幅较小，阔叶木材涨幅较大；进口木材中针叶木材涨幅较大，阔叶木材涨幅略小。从国产木材看，国产阔叶原木涨幅最大，为5.4个百分点，另外是国产阔叶锯材，涨幅为2.9个百分点，国产针叶原木和国产针叶锯材环比涨幅均未超过1个百分点。就单个树种而言，9月价格涨跌幅最大的是杨木，其次是云南松，涨幅均超过4个百分点。从进口木材看，进口木材价9月涨幅整体相对较小，针

叶原木价格涨幅最大，也仅达到 1.5 个百分点，阔叶原木价格基本与 8 月变化不大；针叶锯材和阔叶锯材分类指数环比涨幅均未超过 1 个百分点。分单个树种看，9 月辐射松原木和锯材市场价格均有一定涨幅，涨幅在 3 个百分点左右；山毛榉锯材涨幅仍然较大，达到了 15.6 个百分点；9 月红木锯材价格继续以 18.8 个百分点的较大幅度快速下跌。

10 月

2013 年 10 月，中国木材市场价格综合指数为 115.7%，同比上涨 11.6 个百分点，环比下跌 2.67 个百分点。其中，国产木材价格同比上涨 10.3 个百分点，环比下跌 0.47 个百分点；进口木材价格同比上涨 12.2 个百分点，环比下跌 5.14 个百分点；原木价格同比上涨 10.3 个百分点，环比下跌 3.23 个百分点；锯材价格同比上涨 12.8 个百分点，环比上涨 0.47 个百分点。

指数数据显示，中国木材市场价格综合指数 10 月有所回落，差不多又回落到了 8 月的水平。10 月指数的回落主要是由于 9 月下旬末至 10 月上旬这段时间里红松、白松、辐射松等主要针叶材价格下调幅度较大，尤其是俄罗斯材在本段时间里市场价格下降明显，而此后又逐渐回升，本指数的数据采集点基本固定在每月的上半月，因此 10 月俄材及辐射松等针叶材的价格波动导致了盘面指数的下滑。但整体而言，近三个月来木材价格基本仍然呈上升趋势，且市场中大部分木材品种价格只有上升没有下降。

一、各类木材市场价格同比变动情况

国产针叶原木价格同比上涨 8.4 个百分点。分树种看，红松价格小幅上涨 3.3 个百分点；白松价格下跌 7.7 个百分点；落叶松价格同比下跌 27.5 个百分点；马尾松价格上涨 33.0 个百分点；樟子松和云南松价格分别上涨 50.0 个百分点和 13.3 个百分点；云杉价格与 2012 年同期基本相当；冷杉价格同比下跌 36.3 个百分点。

国产阔叶原木价格同比上涨 12.7 个百分点。从树种看，柞木、榆木和椴木同比涨幅较大，分别同比上涨 30.6 个百分点、38.3 个百分点和 51.8 个百分点；杨木、桦木、柳木价格比 2012 年同期涨幅也均超过 10 个百分点；栎类木价格与 2012 年同期基本持平；然而，桉树价格同比降幅较大，比 2012 年同期下跌了 52 个百分点，黄菠萝木和胡桃楸木价格也分别同比下跌了 20.9 个百分点和 10.7 个百分点。

国产针叶锯材和阔叶锯材市场价格分别同比上涨 10.6 个百分点和 9.4 个百分点。从树种看，国产针叶锯材中，樟子松和冷杉价格同比涨幅最大，分别达到 50.3 个百分点和 28 个百分点；马尾松和云南松价格同比涨幅也分别达到 10 个百分点以上；但落叶松价格同比跌幅较大，为 22.5 个百分点；白松、杉木、云杉价格同比均有小幅下跌。国产阔叶锯材中，水曲柳、柞木和椴木价格同比涨幅相对较大，分别达到了 22.2 个百分点、35.5 个百分点和 48.3 个百分点；柳木价格也同比上涨了 13.3 个百分点；相反，桉树价格同比大幅下跌，跌幅为 45.3 个百分点；桦木价格也同比下跌了 8.5 个百分点；其他常见国产阔叶锯材与上年同期价格变化不大。

对于进口木材而言，针叶锯材价格同比上涨幅度最大，达 24.7 个百分点；针叶原木和阔叶锯材价格同比上涨幅度基本相当，分别为 8.6 个百分点和 8.1 个百分点； 阔叶原木同比涨幅较小，仅为 1.8 个百分点。从树种看，辐射松原木价格同比跌幅最大，为 18.9 个百分点；红木原木和红木锯材分别同比下跌了 4.7 个百分点和 6.2 个百分点；其他常见进口木材树种价格同比均有不同程度上涨。

二、各类木材市场价格环比变动情况

木材市场价格综合指数比上月下跌 2.67 个百分点，国产木材和进口木材呈现双回落，分别

环比下跌0.47个百分点和5.14个百分点。从原木和锯材看，原木价格回落较大，锯材价格回落较小，其中国产锯材价格分类指数比9月仍然上升了1.96个百分点。分树种种类而言，国产木材中，针叶原木和阔叶原木分类指数均小幅回落，针叶锯材和阔叶锯材指数均继续小幅上升；从树种看，常见阔叶树种锯材价格本月普遍呈现小幅上涨。从进口木材看，本月针叶原木价格回落较大，回落幅度达到9.5个百分点；阔叶原木指数小幅回落0.8个百分点；针叶锯材价格指数也较大幅度回落了4.7个百分点；而阔叶锯材价格指数却仍然以1.8个百分点的较大幅度继续上扬。分单个树种看，10月进口的红松、白松、辐射松原木和锯材市场价格均有较大幅度回落，其中辐射松原木价格回落了21.1个百分点；阔叶材中，山毛榉原木回落10个百分点，红木锯材继续回落21个百分点，其他多数常见阔叶锯材价格继续出现不同程度上扬。

11月

2013年11月，中国木材市场价格综合指数为116.5%，同比上涨11.5个百分点，环比上涨0.83个百分点。其中，国产木材价格同比上涨10.1个百分点，环比上涨1.6个百分点；进口木材价格同比上涨12.3个百分点，环比持平；原木价格同比上涨10.1个百分点，环比上涨1.2个百分点；锯材价格同比上涨12.6个百分点，环比上涨0.7个百分点。

11月，对于传统的中国木材市场而言，“金九银十”的木材旺季应该已经过去，但是11月指数仍高于10月指数0.83个百分点，延续了木材市场价格持续攀升的格局。2013年受木材原产国出口政策及航运时间差的影响，木材原材供应紧张，市场商家库存迅速减少，价格持续上升；随着传统旺季的离去，11月部分品种市场氛围有所下降，但由于国产木材价格一直处于较低位运行状态，在近期兴安岭实施新一轮禁伐措施的推动下，国产材尤其是东北材价格涨势明显，延续了9月、10月旺季的向好势头，同时因进口的山毛榉木、白蜡木和枫木等阔叶木材供应告紧，使其市场价格涨幅较大，在国内外双重因素的推动下，11月中国木材市场价格综合指数平稳走升，市场总体行情表现旺热。

一、各类木材市场价格同比变动情况

国产针叶原木价格同比上涨9.1个百分点。分树种看，红松价格小幅上涨4.6个百分点；白松价格下跌9.2个百分点；落叶松价格下跌25.0个百分点；马尾松价格上涨35.0个百分点；樟子松和云南松价格分别上涨50.0个百分点和14.7个百分点；云杉价格同比基本持平；冷杉价格同比下跌33.5 个百分点。

国产阔叶原木价格同比上涨12.7个百分点。从树种看，柞木、榆木和椴木同比涨幅较大，分别同比上涨31.8个百分点、38.7个百分点和51.6个百分点；杨木、桦木、柳木价格比上年同期涨幅也均超过10个百分点；栎类木价格与2012年同期基本持平，仅微幅下跌1.5个百分点；然而，桉树价格同比降幅较大，比2012年同期下跌了54个百分点，黄菠萝木和胡桃楸木价格也分别同比下跌了21.6个百分点和9.6个百分点。

国产针叶锯材和阔叶锯材市场价格分别同比上涨10.9个百分点和8.6个百分点。从树种看，国产针叶锯材中，樟子松和冷杉价格同比涨幅最大，分别达到48.7个百分点和30.0个百分点；马尾松和云南松价格同比涨幅也分别达到10个百分点以上；但落叶松价格同比跌幅较大，为19.4个百分点；云杉价格同比基本持平；白松和杉木价格同比均有小幅下跌。国产阔叶锯材中，水曲柳、柞木和椴木价格同比涨幅相对较

大，分别达到了22.8个百分点、34.8个百分点和47.8个百分点；柳木价格也同比上涨了13.3个百分点；相反，桉树价格同比大幅下跌，跌幅为50.8个百分点；桦木价格也同比下跌了10.2个百分点；其他常见国产阔叶锯材与2012年同期价格变化不大。

对于进口木材而言，针叶锯材价格同比上涨幅度最大，达25.8个百分点；针叶原木和阔叶锯材价格同比上涨幅度基本相当，分别为7.6个百分点和7.0个百分点；阔叶原木同比涨幅较小，仅为1.9个百分点。从树种看，辐射松原木价格同比跌幅最大，为26.3个百分点；红木原木和红木锯材分别同比下跌了4.7个百分点和10.4个百分点；其他常见进口木材树种价格同比均有不同程度上涨。

二、各类木材市场价格环比变动情况

木材市场价格综合指数比上月小幅回升0.83个百分点，国产木材回升1.56个百分点，进口木材价格保持稳定，与10月基本持平。从原木和锯材看，原木价格回升幅度大，锯材价格反弹乏力，其中国产锯材价格分类指数比10月继续上升了1.12个百分点。分树种种类而言，国产木材中，针叶原木和阔叶原木分类指数均出现了反弹，针叶锯材和阔叶锯材指数均继续上扬；从树种看，常见针叶原木和针叶锯材价格11月普遍呈现不同程度上涨。从进口木材看，11月针叶原木、针叶锯材和阔叶锯材价格指数均出现小幅回落，回落幅度均未超过0.5个百分点；阔叶原木指数却以小幅回升。分单个树种看，本月进口的红松、白松、山毛榉原木和锯材市场价格均出现较大幅度反弹，其中山毛榉锯材价格上涨了18.3个百分点；但是，本月辐射松价格继续呈现回落态势，其原木和锯材分别下跌2.1个百分点和2.2个百分点；阔叶锯材中，红木锯材继续以较大幅度回落25.6个百分点，樱桃木、栎木和黑胡桃11月也出现了不同程度回落。

12月

2013年12月，中国木材市场价格综合指数为116.9%，同比上涨12.5个百分点，环比上涨0.4个百分点。其中，国产木材价格同比上涨10.5个百分点，环比下跌1.7个百分点；进口木材价格同比上涨10.8个百分点，环比上涨2.8个百分点；原木价格同比上涨10.5个百分点，环比下跌1.2个百分点；锯材价格同比上涨14.0个百分点，环比上涨2.2个百分点。

12月木材市场价格综指微幅上升，基本企稳。2013年木材供应紧缺，价格持续上涨成了木材市场一个普遍问题，但是临近年底，木制品制造企业对木材采购意愿冷淡，导致市场行情整体表现平稳，因此木材价格也难以再大幅上涨。但是，由于进口针叶木材，尤其是北美针叶木材具有相对较为稳定的货源供应，而使其具有强而有力的市场竞争优势，市场前景依旧被看好，在市场预期信心较强的情况下，12月进口针叶材市场价格仍然普遍上扬。

一、各类木材市场价格同比变动情况

国产针叶原木价格同比上涨7.8个百分点。分树种看，白松价格下跌7.7个百分点；落叶松价格同比大幅下跌22.5个百分点；马尾松价格上涨19.0个百分点；樟子松价格同比大幅上涨了44.2个百分点；红松价格上涨7.2个百分点；云杉价格上涨4.2个百分点；冷杉价格同比跌幅最大，达39.0个百分点。

国产阔叶原木价格同比上涨11.2个百分点。从树种看，柞木、榆木和椴木同比涨幅较大，分别同比上涨19.6个百分点、27.4个百分点和50.1个百分点；杨木、桦木、柳木价格比2012年同期涨幅也均超过10个百分点；水曲柳和栎类木价格分别同比小幅下跌5.9个百分点和4.9

个百分点；然而，桉树价格同比降幅较大，比2012年同期下跌了53.0个百分点，黄菠萝木和胡桃楸木价格也分别同比下跌了21.3个百分点和10.7个百分点。

国产针叶锯材和阔叶锯材市场价格分别同比上涨12.4个百分点和10.0个百分点。从树种看，国产针叶锯材中，樟子松和冷杉价格同比涨幅最大，分别达到47.1个百分点和29.5个百分点；红松、马尾松和云南松价格同比涨幅也较大，分别为8.7个百分点、8.2个百分点和8.7个百分点；云杉价格也同比上涨了5.1个百分点；而落叶松价格同比跌幅较大，为19.4个百分点；白松和杉木价格同比变化不大。国产阔叶锯材中，柞木和椴木价格同比涨幅相对较大，分别达到了17.6个百分点和42.1个百分点；水曲柳、杨木、柳木价格同比涨幅在10个百分点左右；黄菠萝木价格小幅上涨2.4个百分点；相反，桉树价格同比仍然大幅下跌了46.9个百分点；桦木价格也同比下跌了7.7个百分点；其他常见国产阔叶锯材比2012年同期价格均小幅下跌。

对于进口木材而言，针叶锯材价格和针叶原木价格同比上涨幅度较大，分别为28.5个百分点和15.5个百分点；阔叶锯材价格同比上涨5.0个百分点；阔叶原木同比小幅下跌了2.2个百分点。从树种看，辐射松原木、樱桃木、黑胡桃价格均有不同程度下跌；红木原木和红木锯材分别同比下跌了5.3个百分点和12.7个百分点；其他常见进口木材树种价格同比均有不同程度上涨。

二、各类木材市场价格环比变动情况

国产木材价格综合指数环比下降了1.7个百分点，综合指数的下降主要是由于原木价格下降造成的，12月原木价格指数下降了3.1个百分点，而锯材指数仍然上升了1.8个百分点；就单个树种而言，12月马尾松价格下降明显，其原木和锯材价格分别下跌了15.0个百分点和7.1个百分点；樟子松、云南松、杉木和冷杉价格也都不同程度地下跌了。相比之下，进口木材市场价格比11月仍有一定幅度的上涨，进口木材综合价格环比上涨2.8个百分点，而进口木材市场价格的上涨主要归因于针叶材价格的快速上涨，其中进口针叶原木价格环比上涨4.9个百分点，进口针叶锯材上涨4.6个百分点，相反，阔叶原木价格环比下跌了2.3个百分点，阔叶锯材也小幅回落0.3个百分点。分树种看，常见针叶木材价格均普遍上涨，其中辐射松和花旗松价格涨幅较大；阔叶木材中，樱桃木、栎木、异翅香、黑胡桃和红木价格都呈不同程度的下降，其中红木锯材继续以27.2个百分点的较大幅度下滑。

（商务部流通业发展司和中国木材与木制品流通协会联合发布）

2013年3—12月木制品制造行业景气度报告

3月

据木制品制造业采购经理人调查问卷显示，木制品制造业处于生产扩张期，生产形势良好，原材料采购、企业人员招工等与生产密切相关的活动还在加大；国内订单量较上期有较大增加，出口订单也有所增长，出口市场处于稳步回升过程中；产成品库存压力较小，且还在进一步下降；原材料采购价格继续攀升；主要原材料库存较上期有少量增加或基本持平；当前突出问题仍然表现在木材资源供应较为紧张，市场价格呈快速回升态势。

2013年一季度，木材与木制品行业发展呈现出向好发展趋势，市场整体呈稳步回升态势。木制品生产量增加，需求平稳增长，库存下降，供求基本平衡。但是，原材料价格快速回升，自2012年年底以来均有较大涨幅，尤其原木价格，由于海外报价节节上涨，导致国内木材市场价格同步快速攀升。我们预测当前及今后一段时间内木材资源供应将更加紧张，木材价格还有进一步上升空间。

生产量：2013年3月，反馈的问卷有七成的企业生产量增加，近三成企业与上期基本持平，没有企业反映产量减少。数据显示3月木制品制造企业正处于加大生产的过程中。

产品订货：3月来自客户的产品订货数量较上期增加的占七成，与上期基本持平的企业占三成。反馈的问卷中没有企业反映订货减少。数据显示3月订货量显著增加，市场需求增强。

出口订货：被调查的企业40%多没有出口业务。有出口业务的企业超过70%的出口订货与上期基本持平，两成企业出口订货增加，不到一成企业出口订货减少。数据显示出口市场在继续回升。

现有订货：存有但尚未交付客户的产品订货数量一成多的企业反映不好估计，不到五成企业维持2月数量，两成多企业增加，一成企业减少。数据反映2013年3月市场需求进一步回暖。

产品成品库：3月企业产品库存量愈六成企业与上期基本持平，愈一成企业增加，近三成企业减少。数据显示企业产成品库存压力小，市场供需基本平衡。

采购量：主要原材料采购量较上期一成多企业减少，比上期增加的企业占近四成，四成多的企业与上期基本持平。表明3月制造业原材料采购活动活跃，多数企业正在扩大生产。

进口：参加问卷的企业四成多没有主要原材料进口业务，有进口业务的企业比上期增加的占三成多，五成多企业与上期基本持平，一成多企业反映减少。数据显示2013年3月企业进口原材料数量也处在扩张期。

购进价格：七成多的企业反映主要原材料购进价格较上期变化不大，两成多的企业反映原材料购进价格上涨，没有企业反映原材料购进价格下降。数据显示原材料购进价格还在上涨。

购进的主要原材料中价格上升的有：部分木门及木地板制造企业反映木皮、柚木、原木等原材料价格上升。部分企业反映主要原材料购进价格基本持平。

购进的主要原材料价格下降的有：有少数企业反映2013年3月栎木、番龙眼原木等原材料价格下降。大部分企业反映原材料采购价格基本无下降。

主要原材料库存：七成多企业反映与上期基本持平，近两成的企业反映增加，不到一成企业反映减少。数据表明本期主要原材料库存量比上期有所增加。

生产经营人员：近六成企业反映生产经营人员较上期基本持平，近四成企业生产经营人员较上期增加，不到一成企业反映用工减少。数据显示企业用工人员正在扩充，企业招工活动较强。

供应商配送时间：主要供应商交货时间与一个月前比较，60%的企业反映差别不大，基本上没有加快也没有放慢，配送时间稳定，36%的企业反映供货商交货时间加快，4%的企业反映交货时间放慢。表明交货时间较上期加快，市场交易活动频繁。

国内采购的生产用原材料提前订货天数：原材料国内采购需提前一个月的企业占60%，随用随买的企业约占30%，表明国内采购原材料比较方便，生产用原材料供应比较充足。

进口的生产用原材料：采购进口原材料随用随买的约占36%，需要1个月的占30%多，需要2个月的占20%多，需要3个月的占不到10%，根据数据表明，目前我国木材进口资源有紧缩的趋势，进口原材料订货时间需延长。

主要原材料中，本月出现供应短缺的有：柚木、圆盘豆、朴木、齿接档、齿接板、高质量标准的多层实木板、密度板等。

企业提出原材料采购中遇到的主要问题或困难是：

(1) 齿接档、齿接板等含水率不稳定；

(2) 供货质量不稳定；

(3) 原材料供应减少，质量等级下降；

(4) 随市场形式原材料价格上涨；

(5) 价格浮动太大，生产成本无法预计；

(6) 物流成本、生产成本等增加；

(7) 进口木材交易时间较长，订货数量的浮动影响客户交期；

(8) 不同批次之间原材料质量差异较大。

4月

4月，据中国木材与木制品流通协会信息中心对全国木制品制造业重点企业采购经理人调查问卷显示，木制品制造业仍处于生产扩张期，生产形势良好，但快速增长势头有所减缓；原材料采购、企业人员招工等与生产密切相关的活动较为频繁；国内订单量仍有较大增长，出口订单与上期相比有明显回落；产成品库存量进一步减小，市场供需达到基本平衡；原材料采购价格继续上升；主要原材料库存量与上期基本持平，但有下行的趋势。当前问题集中表现在木材资源供应存在进一步趋紧势头，木材采购价格继续快速上升，木制品出口市场突现较大阻力，行业发展下行压力较大，亟须及时调整产业结构、加速转型升级，提升发展质量。

生产量：2013年4月，反馈的问卷有五成多的企业生产量增加，四成企业与上期基本持平，个别企业反映产量减少。数据显示4月木制品制造企业仍在扩张生产。

产品订货：4月来自客户的产品订货数量较上期增加的占七成，与上期基本持平的企业占1/4。反馈的问卷中少数企业反映订货减少。数据显示4月订货量增加，市场需求较旺。

出口订货：被调查的企业一半没有出口业务。有出口业务的企业超过50%的出口订货与上期基本持平，两成多企业出口订货增加，两成企业出口订货减少。

现有订货：存有但尚未交付客户的产品订货数量一成多的企业反映不好估计，四成企业维持3月数量，两成多企业增加，两成企业减少。数据反映2013年4月市场需求快速回升的势头减缓。

产品成品库：4月企业产品库存量六成企业与上期基本持平，不到一成企业增加，三成多企业减少。数据显示企业产成品库存进一步减小，市场供需基本平衡。

采购量：主要原材料采购量较上期一成多企业减少，比上期增加的企业占近四成，四成多的企业与上期基本持平。表明4月制造业原材料采购活动仍然活跃，多数企业还在加大生产。

进口：参加问卷的企业近六成没有主要原材料进口业务，有进口业务的企业比上期增加的占1/4，近六成企业与上期基本持平，一成多企业反映减少。数据显示2013年4月企业进口原材料数量增长减缓。

购进价格：80%多的企业反映主要原材料购进价格较上期变化不大，一成多的企业反映原材料购进价格上涨，没有企业反映原材料购进价格下降。数据显示原材料购进价格还在继续上涨。

购进的主要原材料中价格上升的有：部分木门、木地板制造企业反映多层板、密度板、杉木指接档、中纤板、柚木、实木木材等原材料价格上升，人造板企业反映木片、甲醛、原木等原材料价格上升。

购进的主要原材料价格下降的有：2013年4月栎木、番龙眼原木、包装材料、胶水、玻璃、尿素等原材料价格下降。大部分企业反映原材料采购价格基本无下降。

主要原材料库存：七成多企业反映与上期基本持平，不到一成的企业反映增加，一成多企业反映减少。数据表明本期主要原材料库存量比上期减少。

生产经营人员：约五成企业反映生产经营人员较上期基本持平，愈三成企业生产经营人员较上期增加，一成多企业反映用工减少。数据显示企业用工人员还在扩充，企业招工活动频繁。

供应商配送时间：主要供应商交货时间与一个月前比较，近70%的企业反映差别不大，基本上没有加快也没有放慢，配送时间稳定，愈两成企业反映供货商交货时间加快，一成企业反映交货时间放慢。表明交货时间较上期加快，市场交易活动较为频繁。

国内采购的生产用原材料提前订货天数：原材料国内采购需提前一个月的企业占45%，随用随买的企业占50%，表明国内原材料采购更加方便，生产用原材料供应速度较快。

进口的生产用原材料：采购进口原材料随用随买的占比超过40%，需要1个月的占不到30%，需要2个月的占12%，需要3个月的占20%，数据表明，目前我国木材进口资源还在进一步趋紧，进口原材料订货时间需延长。

主要原材料中，4月出现供应短缺的有：多层板、密度板、杉木指接档、柚木、圆盘豆、朴木等。

企业提出原材料采购中遇到的主要问题或困难是：

(1) 供货商目前给予账期太短，企业资金压力大；

(2) 因原材料涨价、人工费用增长导致材料采购价格增长；

(3) 主要原材料品质保障平均水平与期望值的差距明显；

(4) 原材料供应减少，质量等级下降；

(5) 价格上涨，生产成本增加；

(6) 原材料供应发货需及时，物流速度需加快；

(7) 不同批次之间原材料差异大，质量不稳定。

5月

5月，据中国木材与木制品流通协会对全国木制品制造业重点企业采购经理人调查问卷显示，木制品制造业仍处于生产扩张期，生产形势较好；原材料采购、企业人员招工等与生产密切相关的活动仍然比较频繁，但活跃程度比4月有所下降；国内订单量仍有较大增长，出口订单与上期基本持平，出口市场形势不太乐观；产成品库存量还在继续减小，市场供需结构进一步优化；原材料采购价格继续呈上升趋势；主要原材料库存量与上期基本持平或略有增长。当前突出问题集中表现在木材资源供应趋紧，木材采购价格继续小幅上扬，木制品出口市场无转机，行业发展面临的压力和挑战较大，亟须加快调整产业结构、促进转型升级、提升发展质量。

生产量：2013 年 5 月，反馈的问卷有八成的企业生产量增加，两成企业与上期基本持平，没有企业反映产量减少。数据显示 5 月木制品制造企业还在扩张生产。

产品订货：5 月来自客户的产品订货数量较上期增加的企业占八成多，与上期基本持平的企业占近两成。反馈的问卷中没有企业反映订货减少。数据显示 5 月订货量增加，市场需求较旺。

出口订货：被调查的企业约一半没有出口业务。有出口业务的企业近 70％的出口订货与上期基本持平，两成多企业出口订货增加，近一成企业出口订货减少。数据显示出口市场形势不太乐观。

现有订货：存有但尚未交付客户的产品订货数量一成多的企业反映不好估计，四成企业维持上月数量，三成多企业增加，一成企业减少。数据反映 2013 年 5 月市场需求快速回升的势头减缓。

产品成品库：5 月企业产品库存量近七成企业与上期基本持平，不到一成企业增加，两成多企业减少。数据显示企业产成品库存进一步减小，市场供需基本平衡。

采购量：主要原材料采购量较上期两成企业占减少，比上期增加的企业占近三成，五成企业与上期基本持平。表明 5 月制造业原材料采购活动与 4 月相当，仍然较活跃。

进口：参加问卷的企业四成没有主要原材料进口业务，有进口业务的企业比上期增加的和与上期基本持平的数量一样多，占调查企业的四成多，一成多企业反映减少。数据显示 2013 年 5 月企业进口原材料数量呈增长态势。

购进价格：九成企业反映主要原材料购进价格较上期变化不大，一成的企业反映原材料购进价格上涨，没有企业反映原材料购进价格下降。数据显示原材料购进价格还在继续小幅上涨。

购进的主要原材料中价格上升的有：部分木门、木地板制造企业反映多层板、密度板、中纤板、柚木、实木木材等原材料价格上升。

购进的主要原材料价格下降的有：2013 年 5 月栎木、番龙眼原木等原材料价格下降。大部分企业反映原材料采购价格基本无下降。

主要原材料库存：七成多企业反映与上期基本持平，一成多的企业反映增加，不到一成企业反映减少。数据表明本期主要原材料库存量比上期增加。

生产经营人员：约七成企业反映生产经营人员较上期基本持平，近三成企业生产经营人员较上期增加，少数企业反映用工减少。数据显示企业用工人员还在少量扩充，企业招工活动频繁程度较 4 月有所减小。

供应商配送时间：主要供应商交货时间与一个月前比较，70％的企业反映差别不大，基本上没有加快也没有放慢，配送时间稳定，愈两成企业反映供货商交货时间加快，不到一成企业反映交货时间放慢。表明交货时间较上期加快，市场交易活动较为频繁。

国内采购的生产用原材料提前订货天数：原材料国内采购需提前一个月的企业占 60％，随用随买的企业占 36％，表明国内原材料采购时间有所延长，生产用原材料供应速度有减慢趋势。

进口的生产用原材料：采购进口原材料随用随买的占近 40％，需要 1 个月的占 20％多，需要 2 个月的占 20％多，需要 3 个月的占 15％，数据表明，目前我国木材进口资源还在进一步趋紧，进口原材料订货时间需延长。

主要原材料中，本月出现供应短缺的有：齿接档、齿接板、柚木、圆盘豆、朴木、密度板等。

企业提出原材料采购中遇到的主要问题或困难是：

(1) 齿接档、齿接板等含水率不稳定；

(2) 原材料价格上涨，生产成本增加；

(3) 需要发货及时；

(4) 对现有主要材料上下浮动比较大；

(5) 原材料质量不稳定；

(6) 原材料供应减少，质量等级下降；

(7) 物流问题等。

6 月

6 月，据中国木材与木制品流通协会对全国木制品制造业重点企业采购经理人调查问卷显示，木制品制造业仍处于生产扩张期，生产形势较好，但生产增速较上月减缓；原材料采购、企业人员招工等与生产密切相关的活动仍然比较频繁，尤其是原材料采购还在进一步加强；国内订单量仍有一定增长，但增长程度与 5 月比有所下滑；出口订单与上期基本持平或略有增加，出口市场形势仍未出现大的好转；产成品库存量基本保持持平或小幅下降，市场供需保持基本平衡；原材料采购价格基本稳定或微幅上升；主要原材料库存量与上期基本持平或略有增长。当前突出问题集中表现在木材购进价格高位运行，且仍略有上涨，行业生产成本较高，木制品出口市场仍未好转，生产企业利润压缩，行业发展面临的压力和挑战较大，需加快宏观调控，调整产业结构、促进转型升级、提升发展质量。

生产量：2013 年 6 月，反馈的问卷有愈五成的企业生产量增加，近五成企业与上期基本持平，没有企业反映产量减少。数据显示 6 月木制品制造企业生产量继续增加，但生产增速放缓。

产品订货：6 月来自客户的产品订货数量较上期增加的不到五成，与上期基本持平的企业占五成多。反馈的问卷中没有企业反映订货减少。数据显示 6 月订货量继续增加，市场需求强度较上期减弱。

出口订货：被调查的企业一半多没有出口业务。有出口业务的企业 70% 的出口订货与上期基本持平，30% 的企业出口订货增加，没有企业反映出口订货减少。数据显示出口订货与上期基本持平，出口市场形势仍不见大的好转。

现有订货：存有但尚未交付客户的产品订货数量近一成的企业反映不好估计，四成企业维持 5 月数量，三成多企业增加，一成企业减少。数据反映 2013 年 6 月市场需求平稳增加。

产品成品库：6 月企业产品库存量近七成企业与上期基本持平，超过一成企业增加，两成企业减少。数据显示企业产成品库存与上期基本持平，市场供需保持基本平衡。

采购量：主要原材料采购量较上期两成企业减少，比上期增加的企业占近四成，四成企业与上期基本持平。表明 6 月制造业原材料采购活动比 5 月还在加强，仍然较活跃。

进口：参加问卷的企业四成没有主要原材料进口业务，有进口业务的企业比上期增加的和与上期基本持平的数量一样多，占调查企业的四成多，一成多企业反映减少。数据显示 2013 年 6 月企业进口原材料数量仍呈增长态势。

购进价格：近九成企业反映主要原材料购进价格较上期变化不大，愈一成的企业反映原材料购进价格上涨，没有企业反映原材料购进价格下降。数据显示原材料购进价格基本持平或小幅上升。

购进的主要原材料中价格上升的有：20 毫米厚度的杉木指接材、红橡实木、柚木；很多企业反映基本持平或略有上升。

购进的主要原材料价格下降的有：2013 年 6 月栎木、番龙眼原木等原材料价格有所下降。大部分企业反映原材料采购价格基本无下降。

主要原材料库存：七成多企业反映与上期基本持平，一成多企业反映增加，一成多企业反映减少。数据表明本期主要原材料库存量与上期基本持平或小幅增加。

生产经营人员：六成多企业反映生产经营人员较上期基本持平，三成多企业生产经营人员较上期增加，少数企业反映用工减少。数据显示企业用工人员还在少量扩充，企业招工活动还算频繁。

供应商配送时间：主要供应商交货时间与一个月前比较，70%的企业反映差别不大，基本上没有加快也没有放慢，配送时间稳定，愈两成企业反映供货商交货时间加快，少数企业反映交货时间放慢。表明交货时间较上期加快，市场交易活动比较频繁。

国内采购的生产用原材料提前订货天数：原材料国内采购需提前一个月的企业占60%，随用随买的企业约占36%，表明国内原材料采购时间有所延长，生产用原材料供应速度有减慢趋势。

进口的生产用原材料：采购进口原材料随用随买的占近40%，需要1个月的占20%多，需要2个月的占20%多，需要3个月的占15%，数据表明，目前我国木材进口资源还在进一步趋紧，进口原材料订货时间需延长。

主要原材料中，6月出现供应短缺的有：杉木指接板、柚木、圆盘豆、梨花木、朴木、密度板等。

企业提出原材料采购中遇到的主要问题或困难是：

(1) 指接材能达到所要求的质量标准的比较稀少，且供货质量不稳定；

(2) 因人工、物价上涨导致的原材料价格上涨；

(3) 资金问题和材料价格上涨；物流问题，需要发货及时；

(4) 采购市场庞大，选择较困难，担心质量问题和售后问题；

(5) 现有主要材料价格上下浮动比较大，质量不稳定，生产成本增加；

(6) 原材料供应减少，质量等级下降，质量不稳定。

企业提出的建议：

(1) 同行统一批量采购，减少成本；

(2) 有好的资源第一时间共享；

(3) 希望国家采取宏观调控，加强信贷。

7月

7月，据中国木材与木制品流通协会对全国木制品制造业重点企业采购经理人调查问卷显示，木制品制造业继续处于生产扩张状态，生产量比上期增长较大；与生产密切相关的原材料采购活动非常活跃，一半以上的企业原材料采购量在增长，企业人员招工等与生产相关的活动也比较频繁，生产经营人员数量呈小幅增长趋势；国内订单量比上期大幅增长；出口订单与上期基本持平，出口市场形势很不乐观，持续弱势趋势；产成品库存量继续保持小幅下降趋势，市场供需保持基本平衡；原材料采购价格继续小幅上升；主要原材料库存量比上期继续呈增长态势。当前突出问题集中表现在木材购进价格高位运行，且仍呈上升趋势，行业生产成本较高，木制品出口市场疲弱且下行压力较大，内需成为拉动行业经济发展的主要动力，行业利润较低。

生产量：2013年7月，反馈的问卷有八成企业生产量增加，两成企业与上期基本持平，没有企业反映产量减少。数据显示7月木制品制造企业生产量增加。

产品订货：7月来自客户的产品订货数量较上期增加的占七成多，与上期基本持平的企业占两成多。反馈的问卷中没有企业反映订货减少。数据显示7月订货量进一步增加，市场需求加强。

出口订货：被调查的企业近六成没有出口业务。有出口业务的企业60%的出口订货与上期基本持平，20%的企业出口订货增加，20%的企业反映出口订货减少。数据显示出口订货与上期基本持平，出口市场形势仍然疲软，且下行趋势较强。

现有订货：存有但尚未交付客户的产品订货数量近一成的企业反映不好估计，近五成企业维持6月数量，三成多企业增加，不到一成企业减少。数据反映2013年7月市场需求稳定。

产品成品库：7月企业产品库存量近六成企业与上期基本持平，一成多企业增加，近三成企业减少。数据显示企业产成品库存与上期基本持平或略呈减少趋势，市场供需保持基本平衡。

采购量：主要原材料采购量较上期近一成企业减少，比上期增加的企业占愈五成，四成企业与上期基本持平。表明7月制造业原材料采购活动比6月还在加强，仍然较活跃。

进口：参加问卷的企业五成没有主要原材料进口业务，有进口业务的企业比上期增加的占调查企业的1/3，与上期基本持平的占一半，一成多企业反映减少。数据显示2013年7月企业进口原材料数量仍呈增长态势，但增速趋缓。

购进价格：八成企业反映主要原材料购进价格较上期变化不大，两成企业反映原材料购进价格上涨，没有企业反映原材料购进价格下降。数据显示原材料购进价格呈稳步上扬趋势。

购进的主要原材料中价格上升的有：木材、中密度纤维板、柚木；多数企业反映基本持平或略有上升。

购进的主要原材料价格下降的有：2013年7月栎木、番龙眼原木等原材料价格有所下降。大部分企业反映原材料采购价格基本无下降或变动不大。

主要原材料库存：七成企业反映与上期基本持平，1/4的企业反映增加，少量企业反映减少。数据表明本期主要原材料库存量与上期基本持平或呈小幅增加。

生产经营人员：七成企业反映生产经营人员较上期基本持平，25%的企业生产经营人员较上期增加，少数企业反映用工减少。数据显示企业用工人员还在少量扩充，企业招工活动较好。

供应商配送时间：主要供应商交货时间与一个月前比较，不到70%的企业反映差别不大，基本上没有加快也没有放慢，配送时间稳定，愈两成企业反映供货商交货时间加快，不到一成企业反映交货时间放慢。表明交货时间较上期加快，市场交易活动比较频繁。

国内采购的生产用原材料提前订货天数：原材料国内采购需提前一个月的企业占50%，随用随买的企业约占44%，表明国内原材料采购时间有所延长，生产用原材料供应速度有减慢趋势。

进口的生产用原材料：采购进口原材料随用随买的占近40%，需要1个月的占近50%，需要2个月的占5%，需要3个月的占5%，根据数据表明，目前我国进口原材料订货时间有缩短趋势。

主要原材料中，7月出现供应短缺的有：花梨木、柚木、朴木、密度板等。

企业提出原材料采购中遇到的主要问题或困难是：

(1) 随市场形式原材料价格上涨；

(2) 原材料价格随机上涨，给企业生产成本带来很大的控制难度，如木材、油漆、黏合剂等；

(3) 质量不稳定；

(4) 生产成本增加；

(5) 原材料供应减少，质量等级下降，价格上涨；

(6) 物流问题等。

8月

8月，据中国木材与木制品流通协会对全国木制品制造业重点企业采购经理人调查问卷显示，木制品制造业生产仍在增加；与生产密切相关的原材料采购活动活跃，60%的企业原材料采购量在增长，企业人员招工等与生产相关的活动也比较频繁，生产经营人员数量继续增长；国内订单量比上期继续增长；出口订单比上期下降明显，出口市场形势极不乐观，外部需求继续转弱；产成品库存量较上期出现小幅增长，库存消化期已基本结束；原材料采购价格仍然延续上升趋势；部分企业开始加大主要原材料的储存量。当前突出问题集中表现在木材购进价格高位运行，且仍在向上攀升，行业生产成本较高，木制品出口市场持续弱势运行，外部市场环境下行趋势明显，内需仍然是拉动行业经济发展的主要动力。

生产量：2013年8月，反馈的问卷有六成企业生产量增加，三成多企业与上期基本持平，少数企业反映产量减少。数据显示8月木制品制造企业生产量继续增加。

产品订货：8月来自客户的产品订货数量较上期增加的占五成，与上期基本持平的企业占近五成。反馈的问卷中个别企业反映订货减少。数据显示8月订货量仍有增加，市场需求稳定。

出口订货：被调查的企业六成多没有出口业务。有出口业务的企业55%的出口订货与上期基本持平，没有企业出口订货增加，45%的企业反映出口订货减少。数据显示出口订货在下降，出口市场形势非常不乐观，外部市场需求较弱。

现有订货：存有但尚未交付客户的产品订货数量近一成的企业反映不好估计，愈五成企业维持7月数量，愈三成企业增加，不到一成企业减少。数据反映2013年8月市场需求稳定。

产品成品库：8月企业产品库存量愈五成企业与上期基本持平，1/3的企业增加，愈一成企业减少。数据显示企业产成品库存比上期有所增加，2013年以来的库存消耗期已基本结束。

采购量：主要原材料采购量较上期近一成企业减少，比上期增加的企业占六成，愈三成企业与上期基本持平。表明8月木制品制造业原材料采购活动比7月仍在加强，采购量逐渐增加。

进口：参加问卷的企业近五成没有主要原材料进口业务，有进口业务的企业比上期增加的占调查企业的近四成，与上期基本持平的企业占近一半，一成多企业反映减少。数据显示2013年8月企业进口原材料数量仍呈增长态势。

购进价格：近七成企业反映主要原材料购进价格较上期变化不大，近三成企业反映原材料购进价格上涨，个别企业反映原材料购进价格下降。数据显示原材料购进价格仍然呈缓慢上升趋势。

购进的主要原材料中价格上升的有：有不少企业反映与木材相关的所有原材料价格都有不同程度上浮，如印茄木、香脂木豆、柞木、红橡木、樱桃木、朴木等；地板坯料；地板面板；木质板材；木皮；热能胶、油漆等辅助材料。

购进的主要原材料价格下降的有：2013年8月包装箱等原材料价格有所下降。绝大部分企业反映原材料采购价格基本无下降或普遍在上涨。

主要原材料库存：六成企业反映与上期基本持平，近三成企业反映增加，愈一成企业反映减少。数据表明本期主要原材料库存量与上期基本持平或呈小量增加。

生产经营人员：近五成企业反映生产经营人员较上期基本持平，四成企业生产经营人员较上期增加，愈一成企业反映用工减少。数据显示企业用工人员呈扩充趋势，企业招工活动较好。

供应商配送时间：主要供应商交货时间与一个月前比较，超过70%的企业反映差别不大，基本上没有加快也没有放慢，配送时间稳定，一成多企业反映供货商交货时间加快，一成多企业反映交货时间放慢。数据表明交货时间与上期基本相当，变化不大。

国内采购的生产用原材料提前订货天数：原材料国内采购需提前一个月的企业占50%，随用随买的企业占40%，表明国内原材料采购时间基本稳定，没有多大变化。

进口的生产用原材料：采购进口原材料随用随买的占20%多，需要1个月的占近40%，需要2个月的占10%多，需要3个月的占20%多，数据表明，目前我国进口原材料订货时间有延长趋势。

主要原材料中，8月出现供应短缺的有：锁具；木皮、集成材；柞木、红橡、香脂木豆、重蚁木；沙比利；美国宾州红橡、樱桃木、朴木等。

企业提出原材料采购中遇到的主要问题或困难是：

(1) 供应商供货时间缓慢，影响生产进度；

(2) 原材料价格不断上涨，供应质量不定；

(3) 进口板材价格不稳定，基本没有下降，且不断上涨；

(4) 性价比低，即等级下降，但价格依然居高；

(5) 供货不及时，主要是原材料的源头供应困难，同时工厂加工慢；

(6) 物流问题等。

9月

9月，据中国木材与木制品流通协会对全国木制品制造业重点企业采购经理人调查问卷显示，木制品制造企业仍在扩张生产；与生产密切相关的原材料采购活动较活跃，企业人员招工等与生产密切相关的活动也比较频繁，生产经营人员数量继续小幅增长；国内订单量比上期继续增长；出口订单量与上期基本持平，出口市场形势仍未见明显好转，外部市场需求疲弱；产成品库存量基本维持上期水平或小幅增长；原材料采购价格仍然延续上升趋势；行业中企业原材料补库存活动较为强烈，部分企业加大了原材料采购量。当前突出问题集中表现在木材购进价格高位运行，但质量等级在下降，且供应不稳定；制造企业生产成本较高，木制品出口市场仍持续弱势运行，行业发展缺乏新的突破点。

生产量：2013年9月，反馈的问卷有超七成的企业生产量增加，两成多企业与上期基本持平，没有企业反映产量减少。数据显示9月木制品制造企业继续保持扩张生产。

产品订货：9月来自客户的产品订货数量较上期增加的占愈六成，与上期基本持平的企业占近三成。反馈的问卷中少数企业反映订货减少。数据显示9月订货量继续增加，市场需求增强。

出口订货：被调查的企业近四成没有出口业务。有出口业务的企业四成多出口订货与上期基本持平，1/3的企业出口订货增加，愈两成的企业反映出口订货减少。数据显示出口订货基本与上期持平，出口市场形势仍未见明显好转，外部市场需求疲弱。

现有订货：存有但尚未交付客户的产品订货数量近一成的企业反映不好估计，三成多企业维持8月数量，愈五成企业增加，不到一成企业减少。数据反映2013年9月市场需求稳定增强。

产品成品库：9月企业产品库存量愈五成企业与上期基本持平，两成多企业增加，两成多企业减少。数据显示企业产成品库存与上期基本持平，市场供需基本稳定。

采购量：主要原材料采购量较上期少数企业减少，比上期增加的企业占近六成，三成多企业与上期基本持平。表明9月木制品制造业原材料采购活动比8月仍在加强，采购量逐渐增加。

进口：参加问卷的企业愈五成没有主要原材料进口业务，有进口业务的企业比上期增加的占近三成，与上期基本持平的企业占近六成，一成多企业反映减少。数据显示2013年9月企业进口原材料数量呈少数增长态势。

购进价格：愈五成企业反映主要原材料购进价格较上期变化不大，近五成的企业反映原材料购进价格上涨，没有企业反映原材料购进价格下降。数据显示原材料购进价格仍然在呈上升趋势。

购进的主要原材料中价格上升的有：有不少企业反映与木材相关的所有原材料价格都有不同程度上浮，如圆盘豆、印茄木、香脂木豆、柞木、红橡木、樱桃木、朴木等；地板坯料；木质板材；木皮；耐磨纸等辅助材料。

购进的主要原材料价格下降的有：2013 年 9 月包装箱等原材料价格有所下降。绝大部分企业反映原材料采购价格基本无下降或普遍在上涨。

主要原材料库存：七成企业反映与上期基本持平，三成企业反映增加，没有企业反映减少。数据表明本期主要原材料库存量比上期有所增加。

生产经营人员：近五成企业反映生产经营人员较上期基本持平，四成企业生产经营人员较上期增加，愈一成企业反映用工减少。数据显示企业用工人员呈扩充趋势，企业招工活动较好。

供应商配送时间：主要供应商交货时间与一个月前比较，近六成企业反映差别不大，基本上没有加快也没有放慢，配送时间稳定，三成企业反映供货商交货时间加快，一成多企业反映交货时间放慢。数据表明交货时间与上期基本相当，但有加快趋势。

主要原材料中，9 月出现供应短缺的有：高平整度、不脱层起皮变型、允许直接贴木皮的多层板；柚木、圆盘豆等。

企业提出原材料采购中遇到的主要问题或困难是：

(1) 原材料价格不断上涨，供应质量不稳定；

(2) 进口板材价格不稳定，基本没有下降，且不断上涨；

(3) 性价比低，即等级下降，但价格依然居高；

(4) 物流问题等。

10 月

10 月，据中国木材与木制品流通协会对全国木制品制造业重点企业采购经理人调查问卷显示，木制品制造企业仍在扩张生产；与生产密切相关的原材料采购、企业人员招工等活动相对活跃，生产经营人员数量继续小幅增长；国内订单量比上期继续小幅增长；出口订单量与上期变化不大，出口市场形势仍较低迷，外部市场需求不旺；产成品库存量基本维持上期水平或小幅增长；原材料采购价格较上期变化不大，趋于平稳，行业中企业原材料采购难度加大，木材资源供应偏紧。当前突出问题集中表现在木材购进价格高位运行，但质量等级在下降，且供应资源日益紧缺，市场价格不稳定；制造企业生产成本、原料采购成本增加，木制品出口市场仍持续弱势运行，行业发展需淘汰落后产能、促进高附加值产业发展。

生产量：2013 年 10 月，反馈的问卷有六成的企业生产量增加，三成多企业与上期基本持平，少数企业反映产量减少。数据显示 10 月木制品制造企业生产量继续增加。

产品订货：10 月来自客户的产品订货数量较上期增加的占五成，与上期基本持平的企业占近五成。反馈的问卷中个别企业反映订货减少。数据显示 10 月订货量仍有增加，市场需求稳定。

出口订货：被调查的企业六成多没有出口业务。有出口业务的企业 55% 的出口订货与上期基本持平，没有企业出口订货增加，45% 的企业反映出口订货减少。数据显示出口订货在下降，出口市场形势非常不乐观，外部市场需求较弱。

现有订货：存有但尚未交付客户的产品订货数量近一成的企业反映不好估计，愈五成企业维持 9 月数量，愈三成企业增加，不到一成企业减少。数据反映 2013 年 10 月市场需求稳定。

产品成品库：10月企业产品库存量愈五成企业与上期基本持平，1/3的企业增加，愈一成企业减少。数据显示企业产成品库存比上期有所增加，2013年以来的库存消耗期基本结束。

采购量：主要原材料采购量较上期近一成企业减少，比上期增加的企业占六成，愈三成企业与上期基本持平。表明10月木制品制造业原材料采购活动比9月仍在加强，采购量逐渐增加。

进口：参加问卷的企业近五成没有主要原材料进口业务，有进口业务的企业比上期增加的占调查企业的近四成，与上期基本持平的企业占近一半，一成多企业反映减少。数据显示2013年10月企业进口原材料数量仍呈增长态势。

购进价格：近七成企业反映主要原材料购进价格较上期变化不大，近三成的企业反映原材料购进价格上涨，少数企业反映原材料购进价格下降。数据显示原材料购进价格变化不大，与上期基本持平。

购进的主要原材料中价格上升的有：有少数企业反映与木材相关的所有原材料价格有不同程度上浮，如圆盘豆、印茄木等；地板坯料；耐磨纸等辅助材料。

购进的主要原材料价格下降的有：2013年10月包装箱等原材料价格有所下降。绝大部分企业反映原材料采购价格基本持平。

主要原材料库存：六成企业反映与上期基本持平，近三成的企业反映增加，愈一成企业反映减少。数据表明本期主要原材料库存量与上期基本持平或呈少量增加。

生产经营人员：近五成企业反映生产经营人员较上期基本持平，四成的企业生产经营人员较上期增加，愈一成企业反映用工减少。数据显示企业用工人员呈扩充趋势，企业招工活动较好。

供应商配送时间：主要供应商交货时间与一个月前比较，超过70%的企业反映差别不大，基本上没有加快也没有放慢，配送时间稳定，一成多企业反映供货商交货时间加快，一成多企业反映交货时间放慢。数据表明交货时间与上期基本相当，变化不大。

国内采购的生产用原材料提前订货天数：原材料国内采购需提前一个月的企业占50%，随用随买的企业占40%，表明国内原材料采购时间基本稳定，没有多大变化。

进口的生产用原材料：采购进口原材料随用随买的占20%多，需要1个月的占近40%，需要2个月的占10%多，需要3个月的占20%多，数据表明，目前我国进口原材料订货时间有延长趋势。

主要原材料中，10月出现供应短缺的有：高平整度、不脱层起皮变型、允许直接贴木皮的多层板；柚木、圆盘豆等。

企业提出原材料采购中遇到的主要问题或困难是：

(1) 原材料价格不断上涨，供应质量不稳定；

(2) 木材原材料供应紧缺，价格上升浮动大；

(3) 进口板材价格不稳定，基本没有下降，且不断上涨；

(4) 多品种小订单导致原材料备货和库存压力增大；

(5) 性价比低，即等级下降，但价格依然居高；

(6) 物流问题、资金较为紧张等。

11月

11月，据中国木材与木制品流通协会对全国木制品制造业重点企业采购经理人调查问卷显示，木制品制造业生产仍呈扩张态势；原材料采购量大幅增加，生产经营人员数量与上期基本持平；国内订单量比上期继续增加；出口订单量比上期小幅增长，出口市场形势仍较低迷，但出现改善迹象；产成品库存量基本维持上期水平或小幅增长，市场供需处于基本平衡状态；原材料采购价格较上期继续小幅上涨，采购难度加大，木材资源供应趋紧。根据数据分析，总体来说，当前木制品制造业经济增长走稳态势初步确立，且预计增长势头在未来几个月仍将持续，如果出口持续改善，则延续回暖时间将更长一些。行业当前面临的突出问题是：木材购进价格偏高，且供应资源日益紧缺，木材原材料采购困难加大，企业采购成本及生产成本增加，资金紧张，融资困难。

生产量：2013 年 11 月，反馈的问卷有七成企业生产量增加，三成企业与上期基本持平，没有企业反映产量减少。数据显示 11 月木制品制造企业生产量仍在增加。

产品订货：11 月来自客户的产品订货数量较上期增加的占六成多，与上期基本持平的企业占三成多。反馈的问卷中个别企业反映订货减少。数据显示11月订货量仍在增加，市场需求稳定。

出口订货： 被调查的企业四成没有出口业务。有出口业务的企业近六成出口订货与上期基本持平，三成多企业出口订货增加，不到一成企业反映出口订货减少。数据显示出口订货少量增加，出口市场略有好转，但外部市场需求仍然较弱，继续处在弱势运行区间。

现有订货：存有但尚未交付客户的产品订货数量少数企业反映不好估计，愈五成企业维持10月数量，愈四成企业增加，没有企业反映减少。数据反映 2013 年 11 月市场需求比较稳定。

产品成品库：11 月企业产品库存量四成多企业与上期基本持平，1/3 的企业增加，两成企业减少。数据显示企业产成品库存比上期略有增加或基本持平，市场供需基本平衡。

采购量：主要原材料采购量较上期少量企业减少，比上期增加的企业占近八成，一成多企业与上期基本持平。表明 11 月木制品制造业原材料采购活动比 10 月还在加强，采购活动非常活跃。

进口：参加问卷的企业愈四成没有主要原材料进口业务，有进口业务的企业比上期增加的占调查企业的三成多，与上期基本持平的企业占近六成，不到一成企业反映减少。数据显示 2013 年 11 月企业进口原材料数量仍呈增长态势。

购进价格：愈六成企业反映主要原材料购进价格较上期变化不大，近四成的企业反映原材料购进价格上涨，没有企业反映原材料购进价格下降。数据显示原材料购进价格仍在稳步上升。

购进的主要原材料中价格上升的有：有少数企业反映与木材相关的所有原材料价格有不同程度上浮，如黑胡桃、圆盘豆、柚木等；地板坯料；热能胶、耐磨纸等辅助材料。

购进的主要原材料价格下降的有：2013 年 11 月包装箱、铝锭等原材料价格有所下降。绝大部分企业反映原材料采购价格没有下降或基本持平。

主要原材料库存：近八成企业反映与上期基本持平，近两成的企业反映增加，少数企业反映减少。数据表明本期主要原材料库存量与上期基本持平或呈小量增加。

生产经营人员：六成多企业反映生产经营人员较上期基本持平，1/4 的企业生产经营人员较上期增加，近一成企业反映用工减少。数据显示企业用工人员较上期基本持平，企业招工活动减少。

供应商配送时间：主要供应商交货时间与一个月前比较，六成多的企业反映差别不大，基本上没有加快也没有放慢，配送时间稳定，三成企业反映供货商交货时间加快，个别企业反映交货时间放慢。数据表明交货时间与上期大部分基本相当，少部分有加快供货速度的趋势。

国内采购的生产用原材料提前订货天数：原材料国内采购需提前一个月的企业占 50%，随用随买的企业占 40%，表明国内原材料采购时间基本稳定，没有多大变化。

进口的生产用原材料：采购进口原材料随用随买的占20%多，需要1个月的占近40%，需要2个月的占10%多，需要3个月的占20%多，数据表明目前我国进口原材料订货时间有延长趋势。主要原材料中，11月出现供应短缺的有：11月有企业反映红樱桃木有出现供应短缺现象。

企业提出原材料采购中遇到的主要问题或困难是：

(1) 木皮有色差，应挑选使用；

(2) 部分PVC原材料质量不稳定，并有部分违约现象；

(3) 原材料价格不稳定；

(4) 木材原材料供应紧缺，价格上升浮动大；

(5) 多品种小订单导致原材料备货和库存压力增大；

(6) 性价比低，即等级下降，但价格依然居高。

12月

12月，据中国木材与木制品流通协会对全国木制品制造业重点企业采购经理人调查问卷显示，木制品制造业生产仍呈扩张态势；原材料采购量大幅增加，生产经营人员数量与上期基本持平；国内订单量比上期继续增加；出口订单量比上期有较大增长，出口市场形势有所回暖；产成品库存量比上期明显降低，市场消费需求加强；原材料采购价格较上期仍以小幅上涨，采购难度加大，木材资源供应趋紧。根据分析，总体来说，当前木制品制造业经济增长走稳态势基本确立，出口市场回暖迹象明显，预计增长势头在未来几个月仍将持续。但行业当前面临的突出问题是：木材购进价格偏高且仍在不断上涨，木材供应资源日益紧缺，木材原材料采购困难加大，企业采购成本及生产成本增加，资金紧张，回款账期长，融资困难。

生产量：2013年12月，反馈的问卷有近七成的企业生产量增加，近两成企业与上期基本持平，超一成企业反映产量减少。数据显示12月木制品制造企业生产量仍在增加。

产品订货：12月来自客户的产品订货数量较上期增加近六成，与上期基本持平的企业占三成多。反馈的问卷中个别企业反映订货减少。数据显示12月订货量仍在增加，市场需求也在增加。

出口订货：被调查的企业近六成没有出口业务。有出口业务的企业超过五成出口订货量比上期增加，四成多企业与上期基本持平，无企业反映出口订货减少。数据显示出口订货量较小，出口市场需求较弱，但外部市场需求略有好转，整体继续处在弱势运行区间。

现有订货：存有但尚未交付客户的产品订货数量少数企业反映不好估计，愈三成企业维持11月数量，愈四成企业增加，愈一成企业反映减少。数据反映2013年12月市场需求比较稳定。

产品成品库存：12月企业产品库存量近四成多企业与上期基本持平，近两成企业增加，愈四成企业减少。数据显示企业产成品库存比上期明显降低，市场供小于求。

采购量：主要原材料采购量较上期少量企业减少，比上期增加的企业愈六成，两成多企业与上期基本持平。表明12月木制品制造业原材料采购活动比11月还在加强，采购活动非常活跃。

进口：参加问卷的企业愈四成没有主要原材料进口业务，有进口业务的企业比上期增加的占调查企业的四成，与上期基本持平的企业占六成，无企业反映减少。数据显示2013年12月企业进口原材料数量仍呈增长或持平态势。

购进价格：愈六成企业反映主要原材料购进价格较上期变化不大，近四成的企业反映原材料购进价格上涨，没有企业反映原材料购进价格下降。数据显示原材料购进价格仍在稳步上升。

购进的主要原材料中价格上升的有：有少数企业反映与木材相关的所有原材料价格有不同程度上浮，如木皮、水曲柳、柞木、桦木、黑胡桃、圆盘豆、柚木等；密度板、门扇雕花、套板、地板坯料；油漆、耐磨纸等辅助材料。

购进的主要原材料价格下降的有：个别企业反映2013年12月煤等原材料价格有所下降。绝大部分企业反映原材料采购价格没有下降或基本持平。

主要原材料库存：近六成企业反映与上期基本持平，愈两成的企业反映增加，一成多企业反映减少。数据表明本期主要原材料库存量与上期基本持平或呈小量增加。

生产经营人员：近七成企业反映生产经营人员较上期基本持平，1/4的企业生产经营人员较上期增加，近一成企业反映用工减少。数据显示企业用工人员较上期基本持平，企业招工活动减少。

供应商配送时间：主要供应商交货时间与一个月前比较，六成多的企业反映差别不大，基本上没有加快也没有放慢，配送时间稳定，三成企业反映供货商交货时间加快，个别企业反映交货时间放慢。数据表明交货时间与上期大部分基本相当，少部分有加快供货速度的趋势。

国内采购的生产用原材料提前订货天数：原材料国内采购需提前一个月的企业占50%，随用随买的企业占40%，表明国内原材料采购时间基本稳定，没有多大变化。

进口的生产用原材料：采购进口原材料随用随买占20%多，需要1个月的占近40%，需要2个月的占10%多，需要3个月的占20%多，数据表明，目前我国进口原材料订货时间有延长趋势。

主要原材料中，12月出现供应短缺的有：12月有企业反映原木、门皮、水曲柳、板方有出现供应短缺现象。

企业提出原材料采购中遇到的主要问题或困难是：

(1) 木皮有色差，应控制来料，挑选使用；

(2) 原材料价格不稳定；

(3) 原木价格上涨及下游客回款账期长；

(4) 流动资金短缺。

（中国木材与木制品流通协会信息中心）

大事记

2009—2012年中国木材与木制品流通行业大事记

2009年

2009 年“全国木门 30 家”新闻发布会

3 月 24 日，2009 年“全国木门 30 家”活动首次隆重推出“十大示范品牌”。在“中国名牌”评选活动令人迷茫之际，木门协会为加大榜样企业的示范作用，真正带动木门行业的健康发展，在优秀的“全国木门 30 家”企业中再挑出十大示范企业，即“2009 年全国市场、工程木门企业产品质量、售后服务双承诺活动——十大示范品牌”。这在对十大品牌的自身实力、业界知名度表示肯定的同时，也对它们未来一年能对行业的健康发展做出更多贡献寄予了厚望。

中国木门行业会长会议在广州召开

4 月 16 日，来自全国各地的木门协会副会长齐聚广东佛山，召开“2009 年中国木门协会副会长会议”。会上中国木材与木制品流通协会木门专业委员会向各副会长单位提出六大议题，分别是《木门展管理规范》、《中国木门行业 5 周年庆典》、《木门协会团体会员管理办法（草案稿）》、《2009 年中国原创木门设计大赛》等。

中俄木材贸易促进交流会在京召开

4 月 24 日，应俄罗斯经济投资促进会的邀请，商务部流通产业促进中心与中国木材与木制品流通协会共同在京组织召开了“中俄木材贸易促进交流会”。10 余家单位 20 多位主要领导参加了本次会议。会议旨在全面交流中俄木材合作发展战略，为中俄木材经贸往来搭建平台，积极促进中俄两国企业在木材贸易对话、项目投资以及双边长期发展战略等务实领域建立和巩固合作基础。双方还就中俄木材投资环境、法律环境、劳务派遣、价格波动以及关税政策等多个方面诚恳地交换了意见。

2009 年中国木材行业年会在乌鲁木齐召开

6 月 12 日，由中国木材与木制品流通协会主办的“2009 年中国木材行业年会暨搏击国际金融海啸中国木业十大领军人物颁奖典礼”在新疆乌鲁木齐市隆重召开。协会会员单位及来自全国人造板、地板、木门、木皮生产企业，进出口木材贸易企业，木业口岸，海关，木业生产出口基地和其地方政府，木业媒体，著名林业大学，国际木业机构和驻华使馆的代表共计 160 人见证了此次盛会。

河北文安人造板产业发展研讨会在京召开

7月7日，文安县人民政府与中国木材与木制品流通协会在北京前门建国饭店共同举办了“河北文安人造板产业发展”研讨会。这次会议对文安县人造板业摆脱国际金融危机的不利影响，化危机为转机，加速优化产业结构调整步伐，加快产品升级换代，推动人造板业持续、健康和快速发展，实现二次腾飞具有现实的指导意义和深远的产业意义。会后，文安县政府拟出台《文安县加快推进工业区产业功能区建设实施意见》以及《文安县人造板产业发展扶持意见》等政策。

中国木门行业五周年庆典

7月21日，中国木门行业五周年庆典的颁奖仪式在吉林省长春市的吉隆坡大酒店隆重开幕，这次颁奖仪式共设六大类奖项：品牌类奖项、企业类奖项、产品类奖项、人物类奖项、优秀经销商类奖项、其他类奖项。重点表彰行业里优秀品牌、企业、人物，并以此为契机，促进行业继续健康发展。

2009第三届中国（上海）国际门业博览会

7月29日至7月31日，由中国木材与木制品流通协会木门专业委员会主办的“2009中国（上海）国际门业博览会”在上海新国际博览中心隆重举行。该展会是华东地区最具专业性的木门展。与此同时，“2009第二届CTC杯中国原创木门设计大赛”评选结果亦于展会期间揭晓，8个奖项的24件获奖作品在展会上同步亮相，引起业内外瞩目。

木质门、钢木门“中国环境标志产品认证（十环认证）”正式启动

国家财政部于2006年颁布了关于政府实施“绿色采购”《关于环境标志产品政府采购实施的意见》的90号文件，要求各级政府、国家机关、事业单位和团体组织用财政性资金进行采购的，要优先采购绿色环境标志产品。为了进一步加大实施的力度，国务院在《关于印发节能减排综合性工作方案的通知》中将“节能、节水、环境标志产品”由政府优先选购改为强制性购买。

此次“绿办”推广的中国环境标志产品认证是国内最高标准的绿色环保认证，也是我国唯一由政府颁布的最权威的环保产品标志。

中俄木业合作发展论坛在牡丹江召开

8月18日，中国（牡丹江）—俄罗斯（远东）国际木业合作发展论坛在美丽的世界地质公园——牡丹江镜泊湖畔隆重举行，来自国内外的100多名嘉宾就木业产业如何应对金融危机展开交流探讨，共同寻求合作共赢的新机遇。本次国际木业合作发展论坛邀请了俄罗斯国家林业署、俄滨海边疆区政府、俄全国木业协会、俄方木业企业负责人以及中方林业及木业产业各界领导嘉宾，以“国际金融危机形势下中俄木业合作与发展”为主题，通过演讲、参观考察、座谈等形式进行广泛的交流与探讨，进一步推动中俄两国木业又好又快发展。

会上，由中国木材与木制品流通协会、中国林业产业协会联合授予牡丹江市“中国国际木业之都”称号。

中国国际木材交易市场隆重开市

9月16日，在北京市朝阳区望京南湖东园

博泰国际大厦10层，“中国国际木材交易市场”的开市仪式隆重举行。中央电视台作为新闻媒体前来采访报道。北京中通恒基集团董事长王子龙先生代表集团对其旗下——中国国际木材交易市场的开市运营表示亲切问候和美好祝愿。

中木协木材防腐专业委员会成立大会（预备会议）在扬州召开

9月26—27日，中国木材与木制品流通协会木材防腐专业委员会成立大会（预备会议）在扬州举行。来自中国木材防腐行业骨干企业的负责人和专家近80位代表参加了会议。会议讨论通过了协会章程、内部机构设置方案、会员管理办法、会员缴费办法等。会议还讨论通过了专业委员会副会长、常务理事、理事及专业委员会专家指导委员会和标准化工作委员会委员推荐名单。

中国木材与木制品流通协会木材防腐专业委员会是我国政府部门批准成立的国内唯一一家木材防腐行业性社团组织，它的成立对加强行业自律，推进我国木材防腐行业科学发展，合理高效利用木材资源，保护生态环境将发挥积极作用和极大影响。

第二届国际木材贸易协会研讨会

10月8—10日，中国木材与木制品流通协会领导应邀出席了在瑞士日内瓦召开的第二届国际木材贸易协会研讨会。来自19个国家的27个木材及木制品行业协会和12家全球木材企业出席，它们积极地参与到辩论和讨论之中。与会机构代表了全球10000家企业。

中木协应邀出席沉香木产业和贸易合作研讨会

10月11—15日，应印度尼西亚林业部邀请，中木协会领导参加了由国家林业局濒管办组织的代表团，出席了雅加达召开的“沉香木产业和贸易合作研讨会”。此次出访后，国家林业局确定了“协调中国木材与木制品流通协会，会同印度尼西亚沉香木协会，组织两国企业互访，促进产销直接对接;以中印沉香木直接贸易合作为基础，逐步开通其他热带木材的直接贸易往来，促进热带木材国际贸易的健康发展”等内容的工作方案。

2010“门博会”北京新闻发布会召开

10月16日，2010中国（北京）门博会新闻发布会暨上海国际门博会合作签约仪式在北京·国家会议中心酒店举行。200余人参加了此次盛会。此次“门博会”的举办，正好抓住了机遇，对促进“木门与木制品”流通起着积极作用，并为全国企业提供了一个良好的跨区域沟通、招商、合作平台，助推各区域企业提升整体品牌形象，向全国化渠道发展。

泗阳获“中国绿色板材之乡”称号

10月25日，江苏省泗阳县在泗阳经济开发区木业园区隆重举行“中国绿色板材之乡”揭牌仪式。中共县委赵深书记和中国木材与木制品流通协会林夏萍副秘书长共同为“中国绿色板材之乡”揭牌。江苏省泗阳县已被中国木材与木制品流通协会于2009年3月授予“中国绿色板材之乡”称号。

第四届中国(临沂)人造板产业博览会暨国际贸易洽谈会成功召开

10月26—28日，由中国木材与木制品流通协会、山东省工商行政管理局、山东省个体私营企业协会和临沂市人民政府共同主办，临沂市兰山区人民政府、临沂市工商行政管理局承办，临沂市工商行政管理局兰山分局、临沂市木业板材行业协会具体实施，有着中国人造板产业“广交会”之称的中国(临沂)人造板产业博览会暨国际贸易洽谈会在临沂市中国商城会展中心隆重举行。

由来自美国、澳大利亚、俄罗斯、韩国等21个国家和地区的70名外商，来自国内的3000多名采购商、参展商，临沂市直有关部门和兰山区各级有关部门的负责同志，以及相关企业人员组成的16个方队参加了开幕式。本届洽谈会共签约外商投资项目18个，投资总额43.26亿元，合同利用外资41.76亿元。贸洽会达成交易额9.9亿元，其中实现成交额3.8亿元，达成采购意向6.1亿元。

木材合理利用“产、学、研”发展论坛在张家港举行

10月29日，木材合理利用“产、学、研”发展论坛暨签约揭牌仪式在张家港举行。此次论坛旨在为进口木材贸易单位、加工企业、科研教学部门、监督管理部门更好地了解木材合法贸易、合理利用、有效监管和防控的政策及技术进展，探讨相关的解决机制提供新的契机。

会上，张家港检验检疫局与中国木材与木制品流通协会签订了“木材检验师职业技能培训基地”合作备忘录，同时还分别与南京林业大学、扬州大学签订了木材技术人才培养基地合作协议，与中国木材电子交易市场、苏州仟禧坊红木家具有限公司签订了技术服务协议。

中日木材与木制品贸易研讨会在广州举行

11月16日，中国木材与木制品流通协会与日本全国木材联合会、广东省木材行业协会在广州召开“中日木材与木制品贸易研讨会”。会上

中日两国木制品贸易政策专家和中日两国木材行业协会的领导就有关日本合法木材供应体制、绿色采购政策、日本对进口木制品的质量要求、中国森林认证推动进展情况以及中国木材行业协会对合法木材贸易的态度及对策进行了演讲。

2009 年 CTC 杯中国原创木门设计大赛发布会

11 月 25 日召开了由中国木材与木制品流通协会和中国建筑材料检验认证中心共同主办的“2009 年 CTC 杯中国原创木门设计大赛”发布会。在 2009 年有 22 家木门企业通过严格的资料审查、现场审核、产品检测三道大关，最终通过并获得备受木门行业瞩目的 CTC 木门产品质量和健康双认证证书。

中国木文化研讨会暨云南木文化展示会在昆明召开

11 月 28 日，由国际木文化学会主办，西南林学院和国际木文化学会中国分会共同承办的“2009 年中国木文化研讨会暨云南木文化展示会”在中国昆明西南林学院召开。来自国内科研机构、高等院校、行业协会、民俗研究机构、非政府环保公益组织、产业界、文艺界等相关单位的代表及海外专家共 55 个单位的 100 余人参加了会议。

本次会议是国际木文化学会在中国有关木文化专题方面的第四次研讨会，本次会议对木文化事业的健康发展起到积极的作用和深远的影响。

朱光前会长出席 2009 年合法木材推进国际研讨会

12 月 9 日，中国木材与木制品流通协会会长朱光前应邀出席了在日本东京举行的 2009 年合法木材推进国际研讨会，并作了题为《中国出口日本木制品简况及推进合法木材的意见》的演讲。朱光前会长表明了中国坚决反对进口非法木材和出口木制品使用非法木材的态度，并表示中国木材与木制品流通协会将积极加强与相关国家和组织合作，为促进国际木材与木制品的合法贸易共同努力。

国家统计局批准中木协组织实施木材与木制品流通行业统计报表制度

12 月 14 日，国家统计局以国统制〔2009〕106 号文件形式审批通过四个全国性行业协会的统计报表制度，即《木材与木制品流通行业统计报表制度》、《全国汽车流通信息统计报表制度》、

《拆船行业统计报表制度》、《废旧物资回收行业统计报表制度》。这增加了统计数据信息工作制度的保障,提高了此项工作的严肃性和准确性。

齐齐哈尔家居装饰业商会成立

12月19日，齐齐哈尔家居装饰业商会成立大会在齐齐哈尔嫩江宾馆隆重召开。会议审议通过了商会《章程》(草案)；审议通过了《齐齐哈尔市家居装饰业商会第一届一次会员大会选举办法》(草案)；审议通过第一届理事、常务理事、副会长、执行会长、会长及商会秘书长、副秘书长、监事、监事长人选。

2010年

重庆市木门行业协会举行换届大会

1月13日，在重庆召开了重庆市木门行业协会的第二届换届选举大会，与会人数达到130余人。

福建省木门窗商会在福州成立

2010年新春伊始，福建省木门窗商会首届大会在福州市隆重召开。陈金吉被任命为商会会长。福建省木门窗商会的成立，得到了各级领导和业界人士的大力支持，中国木材与木制品流通协会木门专业委员会张国林会长到场祝贺。

“2010年全国市场、工程木门企业产品质量、售后服务双承诺活动新闻发布会”暨“中国木门行业年会”在京召开

3月2日，中国木材与木制品流通协会木门专业委员会在国家会议中心举办“2010年全国市场、工程木门企业产品质量、售后服务双承诺活动新闻发布会”。来自全国各地的400多位木门企业家、采购商、新闻媒体人参加了此次盛会。

新闻发布会宣布了2010年“全国市场、工程木门企业产品质量、售后服务双承诺”活动入选的全国木门双承诺示范企业、双承诺荣誉企业、双承诺优秀企业和双承诺明星企业，有关领导为这些企业颁发了证书和铜牌。

2010中国（北京）门业博览会盛大开幕

3月3—6日，2010年中国（北京）门业博览会在北京“鸟巢”国家会议中心展馆开幕。本届展会面积达4.5万平方米，展位2200余个，预计专业观众10万余人，参展企业逾300家。

主办单位致力于打造“北京门展、奥运品质”理念。提升北京门展的国际性、专业性和导向性，为参展商带来全面的国内外观众资源，满足参展商开拓业务的需求，使其成为行业理念、技术、新品、趋势发布的良好交流平台。

推动合法、可持续的木材贸易信息交流会在北京召开

3月30—31日，推动合法且可持续的木材贸易信息交流会在北京召开。来自20多个国家的100多名中外代表出席了会议。

中国国家林业局、林科院、相关协会，美国司法部，印尼国家林业局及相关协会，马来西亚木材认证委员会，越南等国家政府部门、协会、环保组织、科研、企业等方面的领导和专家分别介绍了中国合法性认定体系研究项目进展，美国雷斯法案，欧盟森林执法、施政与贸易(FLGT)及欧盟尽责调查法案最新动态；欧盟—印尼VPA经验和最新进展；VPA与中国的相关性；森林及林产品贸易分析；中国非洲贸易最新分析；越南、老挝林产品贸易分析、越南林业产业应对新的市场要求分析；印尼林业产业对各主要消费国（欧洲、美国、日本）新政策动向等情况。

2010年首都大学生绿桥活动在北京启动

4月3日，在第26个首都义务植树日来临之际，2010年绿桥、绿色长征活动暨第四届全国青少年生态环保社团骨干培训在我国最高绿色学府北京林业大学隆重开幕。启动仪式中发出倡议——弘扬生态文明，共建绿色校园。

出席本次“绿桥”活动的嘉宾有国家林业局、北京林业大学领导，中国木材与木制品流通协会木地板委员会领导和协会、企业（包括上海华泾地板有限公司、融汇地板、徐家地板、浙江裕华木业）代表和各界来宾，参加了此次盛会。本次活动还邀请了影视演员宋佳、雷佳、白雪，相声演员奇志，奥运冠军肖钦、高凌、滕海滨等各界明星担任首都大学生绿色形象大使。

仪式上，全国30家地板界企业代表向首都大学生绿桥活动捐赠人民币10万元。

2010中国木材批发交易市场产业年会在沈阳召开

4月24日，2010中国木材批发交易市场产业年会在北方工业重镇辽宁沈阳市召开。

中国木材与木制品流通协会朱光前会长率团访问印尼

5月8—16日，中国木材与木制品流通协会

朱光前会长率中国木业代表团对印尼进行了为期8天的访问。

此次出访，是应印度尼西亚驻华使馆、印尼林业部、印尼沉香木协会、印尼锯木及木制品协会向中国木材与木制品流通协会发出的邀请。代表团成员均为国内从事木材进口贸易、木门、重组装饰材、制香、家具、木雕生产企业的高层管理人员及广东省微生物研究所沉香木研究专家。

此次出访活动增进了中印两国协会和企业间的相互了解和友谊，企业找到了可信任的合作伙伴；双方对如何开展两国林产品直接贸易、打击非法贸易等具体问题进行了深入探讨，提出了一些可操作的措施。这些措施的实施，对推动中国与印尼林产品贸易的可持续发展有着十分重要意义。

中国木材与木制品行业年会暨中国、新西兰和澳大利亚木业贸易年大会在厦门召开

5月25—27日，由中国木材与木制品流通协会、漳州市人民政府、澳大利亚国际商会、新西兰国际交流中心共同主办的以“开启中国进口辐射松贸易和生产应用的新时代”为主题的“2010年中国木材与木制品行业年会暨中国、新西兰和澳大利亚木业贸易年”在厦门宾馆隆重召开。近200人见证了此次盛会。

第六届中国（青岛）国际木门展开幕

7月17日，在青岛国际会展中心由中国木材与木制品流通协会木门专业委员会主办的第六届中国（青岛）国际木门展览会开幕。

2010年，第六届青岛国际木门展将更加关注渠道与工程市场，更充分发挥青岛独特的区位优势、经济辐射力和全球知名度，以中国北方木门业的飞速发展为产业基础，以有效提升参展品牌的市场占有率为目的，通过全面的产业链群展示和悉心打造的配套活动，为参展企业和采购商打造点面结合的有效对接平台，在全球范围内寻找最佳合作伙伴。

展会过程中，在现场还举办了“齐鲁门业品牌联盟启动仪式”。

中加第二届双边植物检疫会谈在太仓举行

8月，中加第二届双边植检会谈在太仓举行。参加会谈的加方代表6人，由加拿大食品检验署首席植检官Greg Stubbings先生任团长；中方代表11人，由国家质检总局动植司黄冠胜司长任团长。

为期5天的会谈中，中加双方的代表就我国水果、花卉输加和加拿大原木、水果及农产品输华的检验检疫问题进行了磋商，并就合作开展防范外来有害生物跨境传播等议题进行了讨论。会谈期间，会议代表还参观了太仓港及进境原木检疫除害处理区。

本次会谈的成果将进一步促进中加之间农产品进出口贸易的发展，其中加拿大原木输华议定书的修订有望促成加拿大原木从太仓港进口。

木门专业委员会常务副会长会议在五台山召开

8月3日，中国木材与木制品流通协会木门专业委员会在山西五台山云峰宾馆召开了常务副会长会议。本次会议由木门专业委员会秘书处牵头，由山西孟氏实业有限公司承办，邀请了全国各地的常务副会长出席。

可持续林业与市场发展国际研讨会在京召开

9月7—8日，可持续林业与市场发展国际研讨会在北京港澳中心隆重召开。来自中国国家林业局、欧盟委员会环境部、中国林业科学研究院、美国驻北京大使馆等的300多名政府官员、林业领域的专家、国际金融机构、行业协会、木制品生产商、采购商和贸易商以及非政府组织的代表参加了此次会议。

中国地板遭美“双反”调查

10月21日，美国国内企业再次向美国国际贸易委员会和美国商务部提出申请，要求针对中国的复合地板提起反倾销和反补贴调查。美国国际贸易委员会在当天已经立案，并已向中方发出通知。

美国地板企业协会准备了一份将近200家中国企业的指控名单，但不管是否被列入原告指控的名单，凡是在2010年4月1日—9月30日对美国出口了复合地板的企业都属于反倾销被调查企业，凡是在2009年1月—12月出口复合地板产品并进入美国海关的企业都是反补贴调查的对象。

江山市被授予“浙江省低碳木业产业基地”

10月22日，全国木门行业的一次盛会——2010中国（江山）木门行业高峰论坛在江山市隆重开幕。

本次论坛由中国木材与木制品流通协会、江山市人民政府联合主办。国内知名林业科研院校专家，全国近20个省（市）的木门企业主，中央、省市以及相关行业的20多家新闻媒体共1000多人应邀参会。

会上，江山市被授予“浙江省低碳木业产业基地”称号。与会人员充分肯定了近年来江山市木业发展所取得的令人瞩目的成绩，勉励江山市把握机遇，加强区域合作，优化资源配置，强化科技支撑，进一步打响“中国木门之都”品牌。

第五届中国（临沂）人造板产业博览会暨国际贸易洽谈会在临沂召开

10 月 26—28 日，由中国木材与木制品流通协会、山东省工商行政管理局、山东省个体私营企业协会、临沂市人民政府主办，临沂市兰山区人民政府和临沂市工商局承办的第五届中国（临沂）人造板产业博览会暨国际贸易洽谈会在临沂市中国商城会展中心隆重举行。

本届贸洽会确定了“巩固国际市场，扩大国内市场”的指导思想和“创新发展、壮大产业、塑造品牌”的办会主题，适应了当前产业发展形势和企业需求。

木门企业组团赴欧洲考察

11 月 17—29 日，应德国豪迈（HOMAG）集团邀请，中国木材与木制品流通协会木门专业委员会组织了 15 人考察团，赴欧洲进行商务考察。

在与 HOMAG 专家 Marko 的探讨中，双方互相分析了中、外木门市场的现状以及发展趋势。豪迈木门项目负责人 Marko 表示，豪迈（HOMAG）的中、外专家愿意为中国木门生产企业提供技术支持。

全国体育标准化技术委员会设施设备分技术委员会在京成立

11 月 18 日，国家体育总局体育经济司在北京组织召开“全国体育标准化技术委员会设施设备分技术委员会成立大会暨第一届第一次全体委员会议”。

全国体育标准化技术委员会设施设备分技术委员会是由国家体育总局和全国体育标准化技术委员会审批、筹建，经国家标准化管理委员会批复成立的专业标准化技术组织，编号为 SAC/TC456/SC1，主要负责体育设施设备的技术、产品、性能要求、检测方法等领域（不含运动器材制造）的标准化工作。

北京市工商业联合会木业商会成立

11 月 28 日，来自国家、部委以及京闽两地的各级领导及在京木业家具界企业精英的 800 多人欢聚在中国大饭店的会议大厅，共同庆祝北京福建企业总商会木业家具商会两周岁生日，共同见证京城木业家具产业迈向新的高度，木业家具商会踏上新的征程。

2011年度全国木门双承诺活动评审会在京举行

12月，2011年度全国木门双承诺活动评审会在北京林业大学顺利召开。本次双承诺活动依然采用专家评审的方式，专家组由行业专家、优秀企业代表和媒体三方组成。

专家评审会的顺利举行预示着2011年的木门双承诺活动将更上一层楼，以更强的品牌效应和社会影响力有力地推动行业发展。

2011年

2011 年地板行业形势分析研讨会

3 月 21 日，中国木材与木制品流通协会木地板流通专业委员会组织全国木地板“30 家”双承诺企业，在上海举行了“2011 年地板行业形势分析研讨会”。会议内容是对地板市场形势进行剖析，“30 家”双承诺企业一致认为“30 家”要携手应对市场严峻形势。

2011 年全国市场、工程木门企业产品质量、售后服务双承诺活动新闻发布会暨中国木门年会

4 月 6 日，由中国木材与木制品流通协会木门专业委员会主办的 2011 年全国市场、工程木门企业质量、售后服务双承诺活动新闻发布会在人民大会堂举行。行业领导及优秀企业家代表参加了本次盛会。行业领导为获奖企业的代表颁发象征着中国木门行业最高荣誉的“全国市场、工程木门企业产品质量、售后服务双承诺活动”获奖证书。

2011 年全国市场、工程木门企业产品质量、售后服务双承诺活动新闻发布会在人民大会堂圆满结束后，木门专业委员会随即在北京亚奥国际酒店召开了 2011 年木门行业年会。本次年会，不仅解决了困扰企业的标准问题，还突出了未来将成为主流的环保问题。

2011 中国（北京）门业博览会

4 月 7—9 日，由中国木材与木制品流通协会、全国工商联家具装饰业商会主办，中国木材与木制品流通协会木门专业委员会、全国工商联家具装饰业商会钢木门专委会和中国木门 30 家双承诺企业协办，亚太传媒、北京贵天楼展览有限公司、中国木材与木制品流通协会展览部联合承办的中国（北京）门业博览会在国家会议中心展馆举行。本届门博会整合了协会、企业、经销商、专家、设计师、房地产商、媒体等多方资源，致力于将该会打造成为国内最精品化、最实效化、最具权威性和影响力的门博会之一。

本届参展企业 300 多家，展出面积 60000 平方米，专业观众 10 万余人次，30 家企业、一线品牌企业及众多颇具实力的企业鼎力入展，代表了行业的发展风向与主力阵容。

中木协第五届十三次常务理事扩大会议在京召开

4 月 9 日，中国木材与木制品流通协会第五届十三次常务理事扩大会议在北京西苑饭店举行。第五届理事会常务理事和第六届理事会换届工作筹备组全体人员及各专业委员会会长、副会长、秘书长、常务理事等110位代表参加了会议。

会议讨论通过了《中国木材与木制品流通协会章程》和《中国木材与木制品流通协会会费收取办法》两个修订案；讨论通过了《中国木材与木制品流通协会第六届理事会候选人产生办法》、《中国木材与木制品流通协会换届选举工作暂行办法》、《中国木材与木制品流通协会会员代表大会代表产生办法》和《组建中国木材与木制品流通协会专家委员会、标准委员会计划方案》等换届选举工作方案；讨论通过了第六届理事会人选名单。

中国木材合法性培训会在广东厚街召开

4月26日，中国木材合法性培训会议在广东厚街召开，会议由中国木材与木制品流通协会、全球森林与贸易网络（WWF）、国际野生物贸易研究组织（TRAFFIC）和中国国际木业共同组织。

为帮助中国企业更多地了解雷斯法案和欧盟木材法案的进展情况以及帮助其客户遵从雷斯法案的要求，美国司法部律师顾问、欧盟欧洲森林研究所政策分析师、国际全球森林贸易项目负责人、国家林业局官员等针对木材合法性的诸多问题进行了讲解释疑。

2011年中国木门会长会议在成都成功召开

5月17日，中国木门行业精英——中国木材与木制品流通协会木门专业委员会常务副会长齐聚成都加州花园酒店，参加中国木门会长会议。这次活动是中国木门行业最核心的、最骨干的成员会议。会议对当前行业存在的问题、今后如何开展活动以及未来发展方向进行了细致的探讨。

2011年中国木材与木制品行业年会暨中国木材与木制品流通协会第六届会员代表大会在西安成功召开

5月28—30日，2011年中国木材与木制品行业年会暨中国木材与木制品流通协会第六届会员代表大会在西安成功召开。相关单位及企业代表350多人参加了会议。

中国木材与木制品流通协会第六届会员代表大会讨论通过了第五届理事会工作报告和协会《章程》、《会费收取办法》等议案。会议通过无记名投票方式选举产生了中国木材与木制品流通协会第六届理事会。刘能文同志当选为会长，陶以明同志当选为副会长兼秘书长，张国林等25位同志当选为副会长。会议一致推举朱光前、姚昌恬、陈燕海三位同志为中国木材与木制品流通协会名誉会长。

中俄木材供应与采购交易大会

6月14—19日，第22届哈洽会中俄木材供应与采购商交易大会暨2011中国·黑龙江万象国际木雕节在中俄木材交易中心举行。通过此论坛，中俄木材交易中心对俄方经济特区和工业园区的发展导向、开发建设模式、投资环境有了进一步的了解，双方建立了工作联系合作机制。

此次交易大会的成功举办，对落实两国元首《中国东北地区与俄远东及东西伯利亚地区合作规划纲要》，推进黑龙江省与俄罗斯有关州区的经贸科技合作协议的有效实施，发展中俄两国睦邻友好和战略协作伙伴关系，推动双边经贸合作向多方位、宽领域、多层次、高质量和高水平发展，有着重大意义。

商务部召开生产资料流通工作座谈会

6月17日，商务部在北京召开生产资料流通工作座谈会。邀请在京的部分生产资料流通相关行业协会负责人及部分企业代表出席会议。会议主要就我国生产资料流通行业的发展现状及问题、未来五年生产资料流通行业的发展趋势、生产资料流通行业管理的重点及内容、促进生产资料流通行业发展的政策建议进行了座谈。

《装饰薄木》行业标准审定会

7月12日，行业标准《装饰薄木》（以下简称“标准”）审定会在北京召开。会议由商务部市场体系建设司主持。包括各高校及业界代表在内的9位专家组成审定组对标准进行了认真的审定。标准起草单位中国木材与木制品流通协会木皮专业委员会的代表参加了会议。

“第六届中国地板工程监理班”在京举行

7月13日，为迎接“十二五”期间国家投资建设3600万套节能环保保障房的大好形势，提高企业精装修地板工程中标率，适应建设部工程监理制的实施；为提高企业木地板售后服务水平和地板工程投诉纠纷处理能力，逐步实现木地板工程管理规范化，应地板企业的要求，在“地板工程监理培训班”连续五期成功举办的基础上，中木协木地板流通专业委员会继续与建设部中国建筑装饰协会联合在北京举办了第六期全国“地板工程监理证培训班”。

中国人造板流通重点企业（华北区）座谈会

8月5日，中国木材与木制品流通协会在北京召开了中国人造板流通重点企业（华北区）座谈会。会议围绕中国人造板流通行业发展趋势与流通模式的变革等问题进行了专题研讨。会议还就组建人造板流通联盟、编制健康板材标准等问题进行了座谈。

2011年助理木材检验师培训班

8月14日，助理木材检验师培训班在福建

莆田圆满结束。培训班由中木协会员发展与培训部举办，历时五天。由国内木材行业专家广西大学林学院徐峰教授、上海普检熏蒸中心主任杨秀明领衔担纲主讲，原中国木材与木制品流通协会副会长林夏萍担任顾问。培训严格按照国家职业标准执行，主要内容是木材树种识别和木材检量。

参加本次培训的44名学员，分别来自莆田、日照、蓬莱、天津、上海等主要木材进口地区，均为从事木材检验行业的一线人员。

全国木地板营销创新论坛在京召开

8月24日，由中国木材与木制品流通协会木地板流通专业委员会主办的全国木地板营销创新论坛在北京南集美大会议室举行。出席会议的有30多个地板品牌代表。此次论坛主题是地板营销创新。论坛总结营销创新的要素是：①营销终端创新；②品牌服务创新；③网络营销创新。

中国木门行业会长会议在北京召开

9月6日，中国木门行业会长会议在北京林业大学召开，行业领导与企业精英齐聚一堂共商行业大事。会议对2011年中国木门（汇龙涂料杯）设计大赛产品进行了评审。

中国木材与木制品流通协会秘书长陶以明介绍了《木质门窗行业准入条件及企业等级划分规范》，该规范颁发后将有效控制行业内部恶性竞争和作坊式生产的局面。

本次会长会议展现了协会核心队伍的凝聚力，体现了会员办会、大家参与、行业大事集体研究决定的精神。

首届世界针叶木材应用技术研讨与贸易洽谈会在天津成功召开

9月14—16日，由中国木材与木制品流通协会主办、加拿大国际木材市场集团公司协办的首届世界针叶木材应用技术研讨与贸易洽谈会在天津成功召开。来自世界主要木材出口国和中国国内主要进口企业的代表等共280多人参加了会议。

本次会议是国内外针叶木材进出口商的一次群英会，为中国与世界针叶木材贸易商搭建了面对面进行应用技术交流和贸易洽谈的平台，也为国内外木材贸易商提供了新的商机，对加强国内外木材行业技术交流与贸易合作也将产生积极影响。

中国木材与木制品流通协会木材进出口商分会筹备会在天津召开

9月15日，中国木材与木制品流通协会木材进出口商分会筹备会在天津举行。参加会议的

主要有来自中国木材进出口30家企业的代表及有关省市木材行业协会、木材加工、贸易商的代表。会议一致同意由中国木材与木制品流通协会负责分会筹备工作，并推举中国木材与木制品流通协会陶以明秘书长为分会负责人，通过了分会筹备工作下一阶段工作计划。同时，会议针对当前我国木材进出口业务中存在的问题及对策进行了探讨。

2011木门生产技术研讨会在上海举行

9月25日，由中国木材与木制品流通协会木门窗专业委员主办的木门生产技术研讨会在上海顺利举行，本次研讨会由在木门生产技术方面颇有建树的金田豪迈木业机械有限公司木门产品部经理邳春生担纲主讲，他对木门生产中包覆、组坯等环节的新技术进行了介绍并对木门生产过程中容易遇到的开裂、翘曲等问题进行了回答。

2011上海门业博览会暨2011年中国木门（汇龙涂料杯）设计大赛

9月26—28日，第五届上海门业博览会在上海新国际展览中心举行。展会吸引了来自美国、加拿大、瑞典、菲律宾、土耳其、沙特、阿联酋、澳大利亚、日本、韩国、智利、伊朗、乌干达、马来西亚、中国香港、中国台湾等20多个国家和地区及国内的专业观众3万余人次，其中，国外参观者超过3500人次，参观人员主要以门业生产企业、门业经销商、房地产开发商、建筑工程公司、装修设计公司、设计院校等行业相关专业人士为主。展会展示了国内外优秀原创木门、复合实木门、工艺门、模压门、门窗锁具、制作辅料、生产加工设备、门禁技术配件等。同时，在木门博览会答谢晚宴上举行了2011年中国木门（汇龙涂料杯）设计大赛颁奖典礼，宣布了本次设计大赛150余件优秀的木门作品。

第六届中国（临沂）人造板产业博览会暨国际贸易洽谈会在山东闭幕

10月26—28日，由中国木材与木制品流通协会、山东省工商行政管理局、临沂市人民政府、山东省个体私营企业协会主办，临沂市兰山区人民政府和临沂市工商局承办的第六届中国（临沂）人造板产业博览会暨国际贸易洽谈会在中国临沂商城国际会展中心隆重举行。大会突出“合作、升级、发展”主题，组织周密，服务到位，取得了显著效果，整体展会水平超过了前五届。

经过连续6年的举办，中国（临沂）人造板产业博览会暨国际贸易洽谈会作为全国唯一的以人造板为主题的展会，已成为我国人造板产业的知名展会。这一展会的举办，进一步提升了临沂人造板产业基地在国内、国际产业界的地位，为临沂人造板产品进一步扩大市场、提高竞争力起到了极大的促进作用。

2011年中国地板企业家峰会暨中木协木地板流通专业委员会第三届理事会扩大会议

11月9日，由中国木材与木制品流通协会主办的“2011年中国地板企业家峰会暨中国木材与木制品流通协会木地板流通专业委员会第三届理事会扩大会议”在苏州隆重举行。与会嘉宾包括中国地板企业领导人、行业嘉宾近200人。

经会议代表表决，选举产生了中国木材与木制品流通协会木地板流通专业委员会第三届理事会。李佳峰当选为第三届理事会会长兼秘书长。圣象、大自然、升达、格尔森、洛基五家地板企业当选为中第三届理事会执行会长单位。上海安信地板有限公司等23家企业当选第三届理事会副会长单位。聘请高志华教授为第三届理事会名誉会长、江苏省地板协会会长傅峰为木地板流通专业委员会顾问。聘任李玉明为第三届理事会常务副秘书长，李文元、胡会军为副秘书长。

会议还讨论通过了《2012年木地板行业30家企业或品牌评选条件》、《木地板企业等级划分规范》标准草案等议案。

刘能文会长会见雨林联盟访华团及日本海外林业咨询协会领导

11月11日，中国木材与木制品流通协会会长刘能文在京会见了雨林联盟森林认证项目培训经理Michael J.Thiemann先生和可持续林业顾问jeff Cao先生一行。双方就加强在森林认证领域的沟通与合作进行了会谈。

11月15日，中国木材与木制品流通协会会长刘能文在京会见了日本海外林业咨询协会研究部长黄胜泽博士。双方共同商议了关于举办“第三届中日木材与木制品贸易研讨会”相关事宜。

中国人造板流通业发展论坛暨中国人造板流通领域十年卓越贡献奖颁奖大会

11月29—30日，由中国木材与木制品流通协会主办、北京市翔菲市场调研有限公司承办的“中国人造板流通业发展论坛暨中国人造板流通领域十年卓越贡献奖颁奖大会”在北京成功举行。来自全国人造板流通领域及部分人造板生产领域的企业代表、行业专家及新闻媒体的代表150余人参加了会议。与会专家和企业代表在发言中共同分析了当前宏观经济形势和行业市场发展趋势，共同探讨了我国人造板流通行业和企业未来发展模式。会议对近十年为促进我国人造板流通

业发展做出卓越贡献的企业和个人进行了表彰。

第三届中日木材与木制品贸易研讨会在临沂举行

11月30日，第三届中日木材与木制品贸易研讨会在山东省临沂市成功举行。会议主题为“中日携手推进合法性木材与木制品采购与供给”，由中国木材与木制品流通协会和日本全国木材组合联合会共同主办。来自全国主要人造板生产基地的企业代表和中日两国木业专家及媒体等单位的代表近200人参加了大会。此次会议对加强中日两大木材协会交流与合作，共同推进中日两国合法木材与木制品进出口贸易更好的发展将产生积极影响。必将对构筑中日两国协会间和企业间相互交流与合作的平台，扩大中日两国木材与木制品贸易及合法木材与木制品的推广与应用产生积极的影响。

第46届国际热带木材理事会召开

12月13—18日，第46届国际热带木材理事会在日本横滨召开。国际热带木材理事会就ITTO的活动诸如关于世界热带木材贸易及热带木材可持续经营及ITTO运营及预算等事项进行了讨论。大会取得如下成果。

(1)2006年国际热带木材协定（新协定）的生效。

(2) 联合国气候变化框架公约(UNFCCC)中关于森林的讨论报告。理事会报告了关于森林与气候变化的减缓和适应的UNFCCC讨论进展，就ITTO在削减毁林排放(REDD)中的活动和作用进行了提案，指出ITTO在气候变化对策领域具有较高的潜力，对促进投资及在高度关心气候变化对策的民间方面开展宣传活动是必要的。

(3) 国际生物多样性年和国际森林年。发表了ITTO 2010年国际生物多样性年的活动报告及2011年国际森林年的活动计划。

(4) 项目筹资。此次理事会上，各国表明将为总额328万美元的10个项目筹资。

(5) 决定第47届和第48届理事会分别于2011年11月在危地马拉、2012年11月在日本横滨市召开。

太仓市木材与木制品流通协会成立

12月22日，太仓市木材与木制品流通协会在太仓召开成立大会并举行了成立庆典，这标志着太仓市木材与木制品流通协会的正式成立。太仓码头被推举并当选为会长单位。

太仓市木材与木制品流通协会将致力于构建沟通、信息、交易三大平台，推动太仓木材业的规范运营和发展，营造太仓木材业和谐有序的行业环境，扩大太仓木材业对于国内外木材市场的影响力。

2012年

中木协递交《关于促进我国木材与木制品流通行业健康发展的意见》

2012年1月，中国木材与木制品流通协会为了集中反映会员行业企业诉求，推进行业健康和可持续发展，在调查研究的基础上，向商务部报送了《关于促进我国木材与木制品流通业健康发展的意见》。

商务部主持召开行业形势分析会

2月17日，商务部流通业发展司在京召开了行业形势分析会。商务部电子商务司、市场秩序司、市场建设司等有关领导出席会议。会议邀请中国物流与采购联合会、中国木材与木制品流通协会等12家国家级协会介绍了2011年各行业及企业发展情况、特点、面临问题、困难及成因，并对2012年行业发展趋势进行了分析、判断。中国木材与木制品流通协会副会长兼秘书长陶以明出席会议，并就如何推进中国木材与木制品流通业健康发展提出了政策建议。

中国木材与木制品流通协会六届二次理事会在北京举行

2月18日，中国木材与木制品流通协会六届二次理事会在北京举行。会议讨论通过了中国

木材与木制品流通协会刘能文会长作的《中国木材与木制品流通协会2011年工作报告》，讨论通过了《关于编制2020年木材与木制品流通行业发展规划的议案》、《关于成立专家委员会及特邀专家的议案》，以及《中国木材与木制品流通协会分支机构管理办法》、《中国木材与木制品流通协会会员管理办法》等。

中国木材与木制品商大会暨中国木材与木制品行业年会在京召开

2月19日，中国木材与木制品流通协会在北京召开了"2012年中国木材与木制品商大会暨中国木材与木制品行业年会"。大会的主题是"携手应对市场低迷，提升行业发展品质"，目的是帮助会员及时了解行业发展趋势，更好地把握国内外最新市场动态，积极采取应对措施，转变增长方式，提升企业发展质量，在困境中谋求高品质发展。

会议同期举行了"2012年中国木门行业年会"、"全国市场工程木门企业产品质量和售后服务双承诺新闻发布会"、"2012中国地板行业年会"、"2012中国木材市场行业年会"、"中国木材与木制品流通协会红木流通专业委员会成立大会筹备会"、"中国木材与木制品流通协会

专家委员会成立大会”、“中国人造板流通联盟工作会”。

2012年全国市场工程木门企业“产品质量售后服务双承诺”活动新闻发布会在京召开

2月19日下午，由中国木材与木制品流通协会木门窗专业委员会主办的“2012年全国市场、工程木门企业产品质量、售后服务双承诺活动新闻发布会”在人民大会堂新闻发布厅隆重举行。中国物流与采购联合会、中国工业和信息化部、国资委、商务部等领导参加会议并为获奖企业颁奖。

2012中国（北京）门业博览会

2月20日，由中国木材与木制品流通协会、中国木材与木制品流通协会木门窗专业委员会主办，中国木门30家双承诺企业协办的中国（北京）门业博览会在北京农业展览馆盛大开幕。国内贸易部原副部长陆江、国家林业局原总工程师姚昌恬、中国工业和信息化部原材料工业司司长陈燕海、中国木材与木制品流通协会会长刘能文、中国木材与木制品流通协会木门窗专业委员会会长张国林等行业领导出席开幕式。

本次展会中国木门行业30家企业集中亮相，企业主要来自华北、东北，以及西南、华东地区，有润成创展、TATA 、星星、万家园、孟氏、天河、千川、天天、龙甲、三和、伯艺、富友、富煌、九州阳光、好门面等成品企业，也包括海诗蔓五金、汇龙涂料、福师力等配套企业。

中木协领导会见加蓬共和国恩科经济特区客人

3月19日，中国木材与木制品流通协会副会长兼秘书长陶以明在北京会见了来访的加蓬共和国恩科经济特区总协调员 Théophile Ogandaga 先生和市场部经理 Madina Yoraud 女士，双方就促进中国与加蓬木材加工和贸易行业间的交流与合作、帮助中国企业深入和全面了解加蓬投资的相关情况和潜在商机进行了商谈。

2012年中国木门行业常务副会长会议在广州召开

3月22日，由中国木材与木制品流通协会木门窗专业委员会组织的“2012年中国木门行业常务副会长会议”在广东鹤山成功召开。会议宗旨是议行业大事，并对协会未来工作计划进行了探讨。

柏尔地板“中国地板30家暨地热实木地板王牌”新闻发布会

3月27日，浙江柏尔木业公司“中国地板30家暨地热实木地板王牌”新闻发布会于上海新国际展览中心E2H20展位盛大召开。柏尔木业以其双锁扣实木地热地板的科研成果，获得中国木材与木制品流通协会木地板流通专业委员会特别授予的“中国地板30家”及“中国实木地热地板王牌”的荣誉称号。会议现场同时进行了“2012年产品质量和售后服务双承诺木地板30家企业”的授牌仪式。

《商用木材及其木制品标志》国家标准编制工作会议在京召开

3月27日，《商用木材及其木制品标志》国家标准编制工作会议在北京召开。木材节约发展中心标准与规范处、中国木材与木制品流通协会标准部、信息中心及木门窗专业委员会、木材市场专业委员会、木皮专业委员会、红木专业委员会、北京林业大学材料学院、上海怡黄木业有限公司、廊坊华日家具股份有限公司、重庆星星套装门有限公司等单位的领导和专家参加了会议。

中加木材进出口贸易促进座谈会在北京召开

3月29日， 由中国木材与木制品流通协会举办的“中加木材进出口贸易促进座谈会”在北京举行。商务部美洲大洋洲司张帆处长出席了会议，并就加拿大原木出口限制对中加木材贸易的影响听取了与会30余名中加企业代表的意见。

中木协组织专题调研木材运输证、检疫证等问题

4月7—10日，中国木材与木制品流通协会对会员反映的木材运输证、检疫证等问题进行了专题调研。中国木材与木制品流通协会会长刘能文率工作组实地考察上海、浙江、江苏的木材市场和港口，对企业反映强烈的一些问题召开座谈会听取意见。

欧盟木材法案与中国木业发展研讨会在北京召开

4月15日，中国人民大学农业与农村发展学院在北京召开了欧盟木材法案与中国木业发展研讨会。数十家机构的领导、专家以及相关工作负责人出席了会议。此次研讨会结合农发院课题组承担的由欧洲森林研究所FLEGT亚洲项目资助开展的项目——《欧盟木材法案对中国中小企业的影响评价》和《中国中小企业应对欧盟木材法案能力建设需求评估》的阶段性研究成果，与业内专家一同思考了中国木业近20年来非凡的发展历程及其内在逻辑，评估了欧盟木材法案对中小企业的多方面影响，探讨了在国际市场对木材合法性要求的背景下中国木业可持续发展的基本方略与应对之策。

《绿色板材采购规范》专家讨论会在北京举行

4月15日，商务部《绿色板材采购规范》专家讨论会在北京召开，会议由中国木材与木制品流通协会、木材节约发展中心主办，中国人造板流通联盟秘书处承办。卫生部空气质量安全监测室、中国室内装饰协会、中国消费者协会、中国物流与采购联合会木材保护质量监督检验测试中心、世界自然基金会等有关方面负责人到会指导，中国人造板流通联盟成员企业积极参与，并提出了很多宝贵的意见和建议。

会议原则通过了《绿色板材采购规范编制大纲》、《绿色板材采购规范（讨论稿）》，以及该标准实施后的市场监管办法等。

木材进出口商分会批准成立

4月16日，民政部下发通知书（民社登〔2012〕第6079号），正式批准中国木材与木制品流通协会木材进出口商分会成立登记。木材进出口商分会的成立，有利于帮助企业规避国际木材进出口贸易风险，维护国家利益和会员的合法权益,促进我国木材进出口贸易健康有序发展。

首届全国农林院校林产品贸易学术研讨会在北京召开

4月20日，由北京林业大学经济管理学院主办，北京林业大学经济管理学院国际贸易系承办的首届全国农林院校林产品贸易学术研讨会在北京召开。来自全国农林院校、科研单位及相关协会的专家学者围绕我国对外投资以及贸易问题、中国林产品贸易现状与政策、林产品贸易与市场学科的国际科研趋势与动向等话题展开了深入研讨。

会议还提出成立全国农林院校林产品贸易教研协作组，以推动全国农林院校林产品贸易各单位之间的交流和合作，加强林产品贸易研究与政府政策、企业战略之间的结合，进一步振兴林业经济管理学科，繁荣和发展现代林业。

《木质门安装规范》、《木质门修理、更换和退货规范》两项标准通过专家审定

4月27日，《木质门安装规范》、《木质门修理、更换和退货规范》两项行业标准通过专家审定。《木质门安装规范》、《木质门修理、更换和退货规范》行业标准均为商务部批准的标准计划，并由中国木材与木制品流通协会木门窗专业委员会负责组织起草。这两项标准对木门行业的安装及保修环节做出了严格的要求，日后在这两个环节中企业与消费者都将有章可循。

《红木商用名称》、《红木制品等级》标准通过专家审定

5月5日，商务部流通业发展司在京组织召开《红木商用名称》、《红木制品的等级》两项标准专家审定会。审定组对标准文本和送审资料

进行了认真的审查，并一致通过了审定意见。审定组认为该两项标准具有适用性、科学性、先进性和可操作性，达到了国内领先水平。此两项标准均由中国木材与木制品流通协会红木流通专业委员会负责组织起草。

中木协领导会见加拿大艾伯塔省林业官

5月15日，中国木材与木制品流通协会名誉会长朱光前，中国木材与木制品流通协会副会长兼秘书长、中国木材与木制品流通协会木材进出口商分会负责人陶以明在北京会见了到访的加拿大艾伯塔省可持续资源发展林业部丹·威尔金森先生和加拿大艾伯塔省政府中国办事处商务官员孙伟雁女士。双方就今后加强合作谈了自己的意见和建议，都希望今后加强木材贸易方面的合作，共同为促进中加两国木材贸易健康发展作出努力。

木地板经销商培训会在沈阳举办

5月18日，中国木地板流通专业委员会会长兼秘书长李佳峰奔赴沈阳参加东北地区以“钢铁终端，从产品武装到营销”为主题的培训活动。该培训活动由中国木地板流通专业委员会主办，辽宁省家具协会和北京毅然凯华文化传播有限公司协办和承办，活动聚集了全国知名品牌在东北地区的近200位经销商。

中木协递交《关于减免木地板消费税的建议》

5月24日，中国木材与木制品流通协会木地板专业委员会分别向国家发展改革委资源节约与环境保护司、财政部税政司递交了《关于减免木地板消费税的建议》（中木协〔2012〕11号），建议相关部门减免木地板消费税，研究制定木材地板行业综合利用鼓励政策，以促进行业快速发展。

智利木业代表团到访中国木材与木制品流通协会

5月28日，由智利木材行业中小企业协会会长Fernando Rosselot Tellez先生带领的智利木业产业代表团一行到访中国木材与木制品流通协会。中国木材与木制品流通协会副会长兼秘书长陶以明、名誉会长朱光前、国际交流与合作部执行主任高雅及信息中心相关负责人接待了代表团。智利驻华商务参赞Gonzalo Matamala先生陪同智利木业代表团一同到访。

会谈中，智利代表团成员纷纷发言，介绍了

各自企业的情况及经营的木材产品品种，并表达了希望两国木材与木制品产业更加紧密合作的美好愿望。此次会晤为中智两国木材与木制品行业的合作打下了良好基础。

中智木业团考察天津嘉宇工贸有限公司

5 月 30 日，中国木材与木制品流通协会应智利驻华使馆商务处的委托协助智利木材出口企业在华北地区进行考察。陶以明副会长兼秘书长亲自陪同智利驻华商务参赞 Gonzalo Matamala 先生、智利木材行业中小企业协会会长 Fernando Rosselot Tellez 先生以及 10 家智利木材企业前往天津嘉宇工贸有限公司考察。

此次考察的目的是促进中国木业企业与国外同行的商贸往来，中木协将与智利同行业协会共同努力让中国市场更加了解智利的辐射松产品，并将中国企业所需要的智利木材引进到国内市场。

中木协工程木制材料专业委员会成立大会

6 月 9 日，中国木材与木制品流通协会工程木制材料专业委员会成立大会在山东烟台成功召开。中国木材与木制品流通协会名誉会长朱光前，建筑工业技术情报研究所副所长崔源声、住房和城乡建设部建筑节能与科技司侯文峻等领导和嘉宾到会祝贺。会议选举中国木材与木制品流通协会名誉会长朱光前为名誉会长，《建筑建材装饰》杂志社社长杨正华为会长，木材节约发展中心行业管理办公室副主任党文杰为秘书长，建筑材料工业技术情报研究所建筑建材发展研究中心副主任李洋为副秘书长。

中国木材与木制品流通协会工程木制材料专业委员会是民政部早在 2006 年批准成立的全国唯一一个工程木与木屋行业专业组织，会员主要来自工程木结构、集成材、复合板材、木制工字梁和单板层积材材料与设备生产经营企业，木结构与木屋设计、施工单位，以及建筑建材科研院所和高校。中国木材与木制品流通协会工程木制材料专业委员会的正式成立，标志着我国工程木结构和木屋产业发展已经初具规模，也必将有利于推进我国工程木结构和木屋技术创新和产业升级及行业自律。

2012 国际木结构建筑产业技术交流大会在山东烟台举行

6 月 9—11 日，由中国木材与木制品流通协会、建筑材料工业技术监督研究中心、中国木材保护工业协会共同主办的“2012 年国际木结构建筑产业技术交流大会”在山东烟台召开，来自工程木与木结构行业的 180 多名代表参加了此次会议。

此次会议的召开，将对加速木结构产业全产业链的融合与发展起到重要的作用，也将对推动

木结构与木屋产业技术创新、标准规范及品牌化发展产生积极影响。

2012年全国木材与木制品行业信息工作会议在北京召开

6月30日，2012年“全国木材与木制品行业信息工作会议”在北京林业大学召开，行业领导及全国各地企业代表参加了此次会议。会议由中国木材与木制品流通协会和木材节约发展中心联合主办，旨在提高木材与木制品行业统计及宣传水平。

中国人造板流通联盟一届三次理事会在成都召开

7月5日“中国人造板流通联盟一届三次理事会”在成都顺利召开。会议参会人员30余人。在大会上联盟成员一致表决通过上海德翔木业和成都大亚商贸有限公司加入联盟，成为副会长单位。会议对人造板市场进行了分析，并提出了相应措施，讨论了欧洲考察工作安排以及下半年工作计划。

此次会议，对于中国人造板流通联盟2012年工作具有承前启后的重要意义，并对联盟工作起到了重要的指导作用。

2012年中俄木材与木制品贸易投资洽谈会暨中俄木材贸易投资峰会成功举行

7月17—22日，“2012年中俄木材与木制品贸易投资洽谈会暨中俄木材贸易投资峰会”在绥芬河成功举行。来自中国、俄罗斯、瑞典、加拿大木材贸易或加工企业、行业协会、木业新闻媒体等方面的代表近300人参加了会议。会议还对荣获“中国10强俄罗斯原木进口商”和“中国10强俄罗斯锯材进口商”的企业进行了表彰。

商务部召开2012年上半年行业形势分析会

7月18日，商务部流通发展司在北京召开了2012年上半年行业形势分析会。国务院国有资产监督管理委员会行业协会联系办公室、商务部流通发展司及有关司局领导出席了会议。会议邀请中国物流与采购联合会、中国木材与木制品流通协会等9家国家级协会介绍了2012年上半年各行业及企业发展情况、特点、面临问题、困难及成因，并对2012年下半年行业发展趋势进行了分析、预测。同时听取了相关行业协会对进一步加强行业管理、推进商贸流通业发展的政策建议。

第四届中非企业家大会

7月18日，第四届中非企业家大会在人民大会堂金色大厅举行，国务院总理温家宝出席开幕式并发表主旨演讲，提出坚持“政府引导、企业主体、市场运作、互利共赢”方针，“促进中非贸易平衡发展，进一步加强投资合作”。

7月19日，中非企业洽谈会在北京饭店举行，作为第四届中非企业家大会的重要组成部分，此次洽谈会吸引了近百家中非企业参会，会议内容涉及中非经济往来的各个领域，如贸易、投资、法律。

《木材加工企业职业健康技术规范》标准编制会议

7月31日，《木材加工企业职业健康技术规范》标准编制会议在北京召开。《木材加工企业职业健康技术规范》是第一部由国家安全生产监督管理总局组织编制的系统规范木材与木制品行业职业健康安全管理的标准。会议对《木材加工企业职业健康技术规范》征求意见稿进行了认真讨论和修改，并要求编制组依照会议所提意见对标准进行认真修改后于近期反馈给各专家及企业代表。在形成统一意见后，上报国家安全生产监督管理总局向全社会征集意见。

《红木商用名称》、《红木制品等级》标准发布实施

8月1日，商务部正式发布由中国木材与木制品流通协会红木流通专业委员会负责组织起草的SB/T 10758—2012《红木商用名称》与SB/T 10759—2012《红木制品等级》两项标准（商务部公告2012年第47号），并于2012年11月1日正式实施。两项标准的实施有利于规范红木市场秩序，保护消费者合法权益，推动行业的健康稳定发展。

《儿童家具通用技术条件》发布实施

8月1日，由国家质检总局、国家标准化管理委员会联合发布的《儿童家具通用技术条件》宣布正式实施。这是我国首个针对儿童家具的国标，是中国儿童的福音。

《儿童家具通用技术条件》是家具行业中为数不多的强制性国家标准之一，填补了国内儿童家具通用技术要求的空白。标准明确规定了儿童家具为供3～14岁儿童使用的家具产品。

中国木门窗行业8周年庆典暨表彰大会

8月6日，中国木门窗行业8周年庆典暨表彰大会在贵阳嘉华酒店如期举行。贵州省丹寨县县委常委、副县长徐刘蔚，昆明市招商局局长宋绍明，中国木材与木制品流通协会代表以及众多木门企业代表参加本次会议。中国木门窗行业从无到有的这8年，企业家以及协会同人一起经历，何种考验都没有阻拦前进的步伐，8周年庆典为一个新的开始，中国木门窗行业在未来的道路上将越走越辉煌！

2012中国木门（嘉宝莉杯）设计大赛

8月6日，2012中国木门（嘉宝莉杯）设计大赛颁奖晚会在贵阳顺利举行。2012中国木门（嘉宝莉杯）设计大赛是前两届中国木门设计大赛的延续，继承了前届公益性、权威性、公正性的原则，以及为企业服务的态度。

本次参赛企业提交的作品有以下几个特点：一是专业性增强，同质性降低；二是作品名称新颖，富有内涵；三是受关注度高，投票火热。

“鼓励和引导民营企业积极开展境外投资”座谈会

8月20日，由全国工商联与中国民营经济国际合作商会主办的“鼓励和引导民营企业积极开展境外投资座谈会”召开。此次座谈会邀请了全国具有一定代表性的百余家企业代表。中国木材与木制品流通协会红木专业委员会应邀出席了会议。

国家发改委外资司司长孔令龙指出，目前民营企业已成为我们境外投资的一支重要力量，国家相关部门对此相当重视，并制定出相应的扶持政策。面对变化的国际形势，民营企业应趋利避害，积极跟进国家政策。规避相关风险。

中木协领导会见英国国际发展部驻华代表处顾问专家

8月22日，中国木材与木制品流通协会副会长兼秘书长陶以明在北京会见了到访的英国国际发展部中国代表处农业及自然资源顾问张愫女士、国际专家董柯女士和Stefan Mann先生。双方就建立中国木材合法性验证体系交换了意见。

“绿色家居 健康中国”活动在京启动

8月28日，由中国木材与木制品流通协会与中国室内装饰协会共同发起并组织的“绿色家居 健康中国”活动启动仪式在北京长城饭店举行。会议还发布了《绿色板材评价标准（征求意见稿）》，并举行了“绿家居”联盟成立仪式。来自首批“绿家居”的联盟成员企业及部分新闻媒体的代表出席了会议。

这些绿色新标准的出台，对规范家居板材生产、提升木制品质量、肃清行业乱象、促进木制品绿色生产和健康消费都具有重要意义。“绿家居”联盟的成立又是一个有意义的创举。对于企业来说，可以有效降低品牌建设成本，扩大品牌影响力。而对于产业而言，可以通过较为严格的标准自律，强化行业健康发展，提升产品质量，反哺广大消费者。

电视节目《中国红》在广州开机

9月，中国首部以“红木”为主题的系列电视节目《中国红》在广东电视台录制。来自中国木材与木制品流通协会、全国工商联家具装饰业商会及各地红木商会的有关领导、红木专家、红木商家负责人150多人到现场参加了录制。

录制《中国红》电视节目旨在挖掘和展示红木文化价值，助推红木行业健康发展。

最新绿色板材标准解读与绿色板材消费趋势发布论坛举行

9月12日，由中国木材与木制品流通协会和中国人造板流通联盟联合举办的“最新绿色板材标准解读与绿色板材消费趋势发布论坛”在第十八届中国国际家具原辅材料展览会期间隆重举行。

本次会议通过分析、研讨中国绿色板材市场

发展的未来趋势，解读木材与木制品交易市场管理规范的行业标准及绿色板材标准规范的制定，旨在保证行业优秀制造供应商及下游市场的利益，特别是维护消费者的权益，积极进行绿色板材宣传及推广活动，以指导消费者区分、鉴别健康板材产品，提高优质板材及其家居制品的溢价能力，推动行业向标准化、专业化和国际化的方向发展，提升国内板材在国际上的地位和影响力。

《中国建材报·木业周刊》创办

9月19日，由中国木材与木制品流通协会与中国建材报社联合创办的《中国建材报·木业周刊》正式出版发行，它是目前唯一面向全国发行，权威报道木业全产业链新闻资讯的专业报刊。

《木材防腐行业准入条件》颁布实施

10月1日，《木材防腐行业准入条件》正式颁布实施。

木材防腐生产企业已由2000年前10多家发展到现在的400多家，但目前我国木材防腐工业行业准入门槛偏低，企业规模小，技术工艺落后，环境安全问题严重，缺乏有效的市场监管，这些问题不仅影响了产品质量和行业声誉，更有可能危及人民健康和生命安全。因此，规范我国木材防腐产业的发展已经非常紧迫。《木材防腐行业准入条件》的颁布实施，将是我国木材防腐行业的一次洗牌。

中国木业代表团赴马来西亚和文莱参会考察

10月2日，由中国木材与木制品流通协会组织的中国木业代表团赴马来西亚参加了由欧洲森林研究所欧盟森林执法、施政与贸易（FLEGT）亚洲项目和欧洲木材贸易联合会（ETTF）联合举办的“国际木材与木制品市场规则研讨会”，刘能文会长做了《中国木材与木制品市场发展现状》的主题演讲。会后，中国木材与木制品流通协会被邀请加入“国际木材贸易论坛”。代表团先后拜访了沙捞越木材协会、沙巴木材工业协会山打根分会和文莱伐木商协会，并考察了当地数十家从事木材采伐、加工和出口的企业。

中国人造板流通联盟企业考察欧洲市场

10月12—18日，中国人造板流通联盟组织联盟企业前往欧洲考察当地的人造板企业与市场，并参与由欧洲人造板联盟主办的第八届欧洲人造板论坛。联盟考察团参观考察了德国和比利时的工业园区，人造板制造工厂、贴面厂、地板厂等企业。取得了丰硕的成果。

中国木门窗欧洲考察团

10月16—28日，由中国木材与木制品流通协会木门窗专业委员会组织的木门企业考察团对德国、意大利进行为期14天的商务考察。考察团先后到德国门企BORNER、意大利门企BERTOLOTTO和LAMALEGNO进行参观考察，并且在意大利米兰停留期间参观了Made Expo国际建材展会。

第七届中国（临沂）国际人造板产业博览会成功举行

10月26—28日，由中国木材与木制品流通协会、山东省工商行政管理局、临沂市人民政府及山东省个体私营企业协会主办的“第七届中国（临沂）国际人造板产业博览会”在临沂市隆重举行。中国木材与木制品流通协会副会长兼秘书长陶以明出席开幕式并宣布大会开幕。本届板博会共实现交易额11.6亿元，比去年增长了15.5%；与11家国外采购商签订订购合同680万美元。板博会期间，中国木材与木制品流通协会、中国人造板联盟联合主办了以“绿色发展、行业未来”为主题的最新绿色认证标准解读及人造板产业发展论坛。

陶以明副会长会见加拿大西方林业公司

10月31日，中国木材与木制品流通协会陶以明副会长兼秘书长在北京会见了加拿大西方林业公司原木营销部副总裁John Kelvin先生、亚洲区木材市场经理Blair Rodgers先生和金杜律师事务所肖谨律师的拜访。

张家港市木材行业协会成立

11月22日，张家港市木材行业协会第一次会员大会暨成立大会在港务集团会议室隆重召开，共70余人参加了大会。会上，市民政局领导宣读了《关于准予张家港市木材行业协会注册登记的批复》；张家港市邵军民副市长与中国木材与木制品流通协会陶以明副会长共同为张家港市木材行业协会揭牌。

中木协六届三次理事会

11月27日，中国木材与木制品流通协会六届三次理事会在江苏太仓召开。会议讨论通过了《中国木材与木制品流通协会2012年工作报告》、《中国木材与木制品流通行业2012—2020年发展规划（纲要）》、《2013年中国木材与木制品流通行业年会计划方案》等议案。会议还增选车畅、金樟溪、江昌政、初汶泽4位同志为中国木材与木制品流通协会副会长。

第二届世界木材与木制品贸易大会

11月27—29日，由中国木材与木制品流通协会主办的“第二届世界木材与木制品贸易大会”在江苏太仓成功举行。来自联合国粮农组织、世界自然基金会、欧洲木材贸易联合会等国际组织和中国、美国、加拿大、俄罗斯、英国、日本、马来西亚、澳大利亚、瑞典、巴西、智利、乌拉圭等世界主要贸易国的350多位代表参加了会议。江苏太仓市领导到会祝贺。

中木协木材进出口商分会成立大会

11 月 27—28 日，中国木材与木制品流通协会木材进出口商分会会员大会暨成立大会在江苏太仓举行。会议讨论通过了《中国木材与木制品流通协会木材进出口商分管理办法》、《中国木材与木制品流通协会木材进出口商分会行业自律公约》等议案。会议选举产生了中国木材与木制品流通协会木材进出口商分会第一届理事会。陶以明同志当选为中国木材与木制品流通协会木材进出口商分会会长。

《商用木材与木制品标识》国家标准和《实木复合门》等 6 项行业标准通过专家审定

12 月 1—3 日，《商用木材与木制品标识》国家标准和《实木复合门》、《木门企业 等级划分规范》、《木材与木制品交易市场管理规范》、《绿色板材采购规范》、《人造板经销商等级划分规范》及《木地板清洁剂》6 行业标准审定会在北京召开并顺利通过专家审定。

第四届中国对外投资合作洽谈会在京举行

12 月 4 日，第四届中国对外投资合作洽谈会在北京举行。此次洽谈会经中国国家发展和改革委员会批准，在国务院相关部委和有关国际组织的支持下，由中国产业海外发展和规划协会和国家开发银行共同主办，于 12 月 3 日至 4 日在中国国际贸易中心举行。第四届“外洽会”以展示洽谈、论坛会议、投资推介和高端会晤为架构，汇聚了全球各地实体企业、金融机构、服务单位、政府部门、国际组织、商协学会和研究机构等相关机构，蕴含诸多投资契机与合作前景。

2012 中国人造板市场发展年度盛典

12 月 5 日，由中国人造板流通联盟主办的以“资本助力 绿色升级”为主题的“2012 中国人造板市场发展年度盛典”在四川成都隆重举办，同时，还举办“第七届中国人造板市场发展论坛”、“首届国际绿色板材供需见面会”、“2012 中国人造板十佳诚信企业颁奖大典”等活动，通过企业聚首，建立合作、交流平台，推动人造板与家居行业的绿色发展。

中木协木门窗专委会第二次常务副会长会议暨2013年全国市场、工程木门企业产品质量、售后服务双承诺评审会

12月15日，中国木材与木制品流通协会木门窗专业委员会在广东佛山召开了2012年木门窗专业委员会第二次常务副会长会议暨2013年全国市场、工程木门企业产品质量、售后服务双承诺评审会。

北京市木业商会2012年度会员大会暨庆典

12月16日，中国木材与木制品流通协会会长刘能文应邀出席了北京市木业商会在北京中国大饭店召开的2012年度会员代表大会暨周年庆典。本次大会有政府领导及京闽两地木业企业代表、知名工商人士、金融机构代表及媒体单位等500多人参加。

木门窗考察团赴台湾考察

12月16—22日，由中国木材与木制品流通协会秘书长陶以明、木门窗专业委员会会长张国林带队，国内木门行业精英企业家组成的木材考察团，对台湾进行了为期7天的商务考察，并同台湾当地的木材行业同业会以及当地企业建立了联系，策划召开了“第一届海峡两岸木材与木制品行业交流会”。通过本次考察，大家对台湾木材资源及发展现状有了进一步了解，对宝岛木门生产企业及木工机械企业的产品有了更为深刻的认识，为今后海峡两岸互动开展木材行业相关合作奠定了有利的基础。

科技篇

我国木质门标准现状与存在问题

一、我国木质门标准现状

截至2010年，我国形成了以3个木质门产品标准为基础，9个木门检测方法标准和4个木质门相关标准为支撑的较为完整的木质门标准体系。

（一）我国木质门产品标准

截至2010年，我国已经颁布实施的木质门产品标准有3个，分别是住房与城乡建设部发布的JG/T 122—2000《建筑木门、木窗》、WB/T 1024—2006《木质门》和国家林业局发布的LY/T 1923—2010《室内木质门》。

1.3个木质门产品标准的主要内容

(1)JG/T 122—2000《建筑木门、木窗》。

JG/T 122—2000按照木门的构造和开启方式进行了详细分类，按照用材及质量要求分成3个等级，从材料（分为木材、人造板和辅助材料3类）、加工工艺质量（包括结构、零部件的拼接与胶贴、表面粗糙度、修补、成品的形位公差等）和物理力学性能（包括表面胶合强度、顺纹抗剪强度、风压变形性能、保温性能、空气声隔声性能等指标）3个方面进行了规定。该标准还对各物理力学性能检测的试验方法作了规定。

(2)WB/T 1024—2006《木质门》。

WB/T 1024—2006按照门的开启方式、构造、饰面形式3方面对木质门进行分类，该标准主要从材料（分为木材、胶合材、胶黏剂、油漆、玻璃、饰面材料、密封材料、五金件、附件、紧固件等）的性能、木质门允许偏差、留缝限值、表面外观要求（分为装饰贴面和漆饰表面两类）、含水率、甲醛释放量、重金属类有害物质限量7个方面对木质门质量指标及检验方法作出了规定。

(3)LY/T 1923—2010《室内木质门》。

LY/T 1923—2010提出以门扇芯材结构、木质门的材料构成、饰面形式以及表面涂饰方式进行分类，其中按材料构成不同将木质门分为实木门、实木复合门和木质复合门。此外，该标准从木质门外观质量、门扇和门框加工精度、木质门的组装精度、理化性能（含水率、表面胶合强度、表面抗冲击、漆膜附着力、漆膜硬度、表面耐洗涤液、浸渍剥离、门扇整体抗冲击强度、空气隔声性能、阻燃性、反复启闭可靠性、甲醛释放量、重金属含量）等方面对木质门进行了详细的指标设置，并对各性能检测方法、试件取样以及产品检验规则等作出了详细规定。

2.3个木质门产品标准存在的主要问题

(1)JG/T 122—2000《建筑木门、木窗》。

JG/T 122—2000对木门和木窗同时进行了标准规定，内容比较全面。该标准定义的木门既包括室内用木门，也包括户外木门，包含木门种类较全面。

JG/T 122—2000存在的主要问题如下。

①对木门的加工工艺质量提出了较多的要求，按照产品标准应满足使用需要的要求，标准中应多设置使用性能的指标，而不宜过多地涉及加工工艺质量。

②在可操作性和科学性方面存在一些问题，如标准中缺少对木门产品的外观质量要求，却对材料进行了较多的限制要求（因木门是成型产品，对于内部材质及结构的检验，实际操作很难）；标准中对木材的含水率做了限制（标准中

含水率的检验方法是采用木材含水率检测仪检测，这种粗略快速检测法在产品标准中出现显得不够严谨），却未对木门产品的含水率、表面装饰质量等做出要求；标准中缺少木门的安装质量要求和偏差要求。

③对于各性能指标的检验方法缺少试件取样部位和数量的要求。

④未涉及与门扇相配的门框的质量要求。

⑤因制定时间较早，标准内容没有涉及对木门的甲醛释放量等环保性能、安全性能、阻燃性能、功能性能的要求。

(2)WB/T 1024—2006《木质门》。

WB/T 1024—2006 总体较简单，仅描述了对木质门最基本的质量要求，操作较方便，指标少，企业比较愿意用该标准组织生产。

WB/T 1024—2006 存在的主要问题如下。

①木质门外观质量要求部分仅对装饰面贴面和漆饰表面外观作了要求，规定较简略，并未按照木门饰面材料（如实木、单板、饰面纸、PVC 等）对木质门外观质量作具体规定。

②对木质门作出要求的指标量过少，仅设定了外观质量、允许偏差、含水率、甲醛释放量、有害物质限量等指标，对木质门的表面理化性能、安全性能、阻燃性能、功能性能等均未涉及。

③对于门框的规定偏少，仅涉及门框与门扇的尺寸偏差，而未涉及门框的理化性能等。

④在检验方法部分未对试件的取样部位和数量作出要求。

(3) LY/T 1923—2010《室内木质门》。

LY/T 1923—2010 对门扇和门框的质量都作了要求，并对两者的指标要求和检测方法作了详细规定。该标准检测指标设置较合理，既有木门的基本指标，又有功能性、安全性和环保性指标，同时标准中还对试件的取样部位和数量作出要求，整体的逻辑性和可操作性较强。该标准按材料构成对木门进行了分类，这样能够较好地解决消费者在采购木质门时由于树种材料引起的纠纷。

LY/T 1923—2010 存在的主要问题如下。

①仅涉及室内木质门，对户外木门和分户木门未作要求。

②该标准的功能性指标设置未涉及木门的保温性能、防霉性能、屏蔽性能等更多的木门功能要求。

③直接引用 GB 18580—2001《室内装饰装修材料人造板及其制品中甲醛释放限量》中对甲醛释放量的规定，但对检测方法和取样部位等还未明确要求。同时，该标准未涉及对木质门的总有机挥发物含量（TVOC）的规定。

（二）我国木质门主要的检测方法标准

(1)GB/T 14155—2008《整樘门 软重物体撞击试验》。

本标准规定了门扇、门框和有关五金配件安装成整樘门后的软重物体撞击试验方法。

基本试验方法：在门扇一侧表面预定的一个或几个薄弱部位上，用一个总质量 30kg、直径约 350mm 的球状布袋（袋中装有表观密度约 1500kg/m^3 的沙子）垂直于门扇平面进行撞击试验，检验整樘门是否损坏。球状布袋可以根据门扇的不同撞击部位进行高度调节。

(2)GB/T 8485—2008《建筑门窗空气声隔声性能分级及检测方法》。

本标准规定了建筑门窗空气声隔声性能的分级、检测方法等内容。检测装置由实验室和测量设备两部分组成。实验室由两间相邻的混响室（声源室和接收室）组成，两室之间为测试洞口。测量设备包括声源系统和接收系统。根据声源室内平均声压级和接收室平均声压级的差值、试件洞口面积、接收室内吸声量等计算出隔声量值。

(3)GB/T 8484—2008《建筑外门窗保温性能分级及检测方法》。

本标准规定了建筑外门、外窗保温性能分级

及检测方法。检测装置主要由热箱、冷箱、试件框、控湿系统和环境空间5部分组成。本标准基于稳定传热传质原理，采用标定热箱法检测建筑外门、外窗的传热系数和抗结露因子。

(4) GB/T 7106—2008《建筑外门窗气密、水密、抗风压性能分级及检测方法》。

本标准规定了建筑外门窗的气密、水密及抗风压性能的术语和定义、分级、检测装置、检测准备、气密性能检测、水密性能检测、抗风压性能检测等内容。

基本检测方法如下。

①气密性能检测。试件安装在检测装置上，分别按顺序进行预备加正压、检测加正压、预备加负压、检测加负压等操作过程，试件采取密封方式按上述操作过程检测附加空气渗透量；去除试件上所加密封措施后按上述过程再检测空气总渗透量。通过公式计算空气渗透量 q_t(m^3/h)，并将其换算成标准状态下的空气渗透量 q' (m^3/h)，通过 q' 值计算出单位开启缝长空气渗透量 q_1' (m^3/(m•h)) 或单位面积的空气渗透量 q_2' (m^3/(m^2•h))，然后再根据 q_1' 或 q_2' 计算出分级指标值。

②水密性能检测。检测分为稳定加压法和波动加压法，根据工程地域的不同可采取不同的检测方法。试验过程：试件密封在检测装置上，对整个试件均匀地淋水，淋水量为2L/(m^2 • min)或3L/(m^2 • min)（检测方法不同，淋水量不同）。在淋水的同时加压，定级检测时逐级加压至出现严重渗漏为止；工程检测时，直接加压到水密性能指标值，压力作用时间为15min或出现严重渗漏为止。在逐级升压及持续作用过程中，观察渗漏状态和部位。结果表述：记录每个试件的严重渗漏压力差值，以严重渗漏压力差值的前一级检测压力差值作为该试件水密性能检测值。

③ 抗风压性能检测。抗风压性能检测分为3个检测项目：变形检测、反复加压检测、定级检测或工程检测。变形检测：检测试件在逐步递增的风压作用下，测试杆件相对面法线挠度的变化，得出检测压力差 P_1。反复加压检测：检测试件在压力差 P_2（定级检测时）或 P_2' （工程检测时）的反复作用下，是否发生损坏和功能障碍。定级检测或工程检测：检测试件在瞬间风压作用下，抵抗损坏和功能障碍的能力。定级检测是为了确定产品的抗风压性能分级的检测，检测压力差为 P_3；工程检测是考核实际工程的外门窗能否满足工程设计要求的检测，检测压力差为 P_3' 。

(5)HJ 459—2009《环境标志产品技术要求 木质门和钢质门》。

本标准规定了木质门和钢质门环境标志产品的基本要求、技术内容和检验方法。其中规定木质门的甲醛释放量不得大于0.12mg/m^3；外门的空气声隔声性能应≥25dB；气密性能（在10Pa压力差下）单位缝长空气渗透量 q_1 ≤ 1.5m^3(/m•h) 或单位面积空气渗透量 q_2 ≤ 4.5m^3/(m^2•h)。

(6)GB/T 22635—2008《门扇湿度影响稳定性检测方法》。

本标准规定了环境条件持续不变时，受湿度影响的门扇稳定性的检测方法。

基本试验方法如下。

①初始测量。将门扇置于温度(20±2)℃，相对湿度(65±5)%或温度(23±2)℃，相对湿度(50±5)%的环境条件下处理至少7天后，按照GB/T 22636—2008《门扇尺寸、直角度和平面度检测方法》测量其高度、宽度、整体平面度，必要时测量门的局部平面度。

② 高湿环境试验。将门扇置于温度(23±2)℃，相对湿度(85±5)%的环境条件下，每隔2天测量一次试样的整体平面度，当连续两次测量结果变化不超过1%或者试样已经达到湿度平衡（每隔2天对试样的质量测量一次，连续两次测量的质量差小于最初质量的0.1%）时，则停止试验，再次测量门扇的高度、宽度、整体

平面度及门扇的质量，必要时可再次测量其局部平面度。

③低湿环境试验。试验操作同② 高湿环境试验，环境条件改为温度 (23±2)℃，相对湿度 (30±5)%。

④结果表示应包括门扇的高度、宽度、整体平面度及门扇质量的初始测量值和变化值。

(7)GB/T 22636—2008《门扇尺寸、直角度和平面度检测方法》。

本标准规定了门扇的高度、宽度、厚度、直角度及门扇整体和局部平面度的检测方法。

(8)GB/T 22632—2008《门扇抗硬物撞击性能检测方法》。

本标准规定了硬物撞击对门扇造成损坏的检测方法。基本试验方法：将门扇在温度 15℃～30℃，相对湿度 25%～75%环境条件下水平固定放置，标准中规定 4 种撞击方式，选择其中一种方式在门扇的表面标上 15 个撞击点（详见标准图示），将一个直径为 (50±1)mm 的钢球在一定高度（由所需的冲击能量决定）垂直落下至门扇表面，产生 15 个撞击点。撞击 30 min 后，测量撞击凹印最大深度和最大直径，测量破裂区域的最大直径。结果表述：每个凹印测量点的最大深度和最大直径，破裂区域的最大直径，以及应用的冲击能量（单位为焦耳）等。

(9)JG/T 192—2006 《建筑门窗反复启闭性能检测方法》。

本标准规定了建筑门、窗反复启闭性能检测的术语和定义、试验原理、试验设备、试件要求、试验环境、试验准备、试验步骤等内容。基本试验方法：模拟正常使用的方法，对建筑门进行一定次数的反复开启和关闭试验，比较试验前后整樘门及其五金配件的性能。在试件安装装置上把门扇、门框和五金配件安装固定成正常的使用状态，在门扇关闭状态下，测定门扇相对于门框的初始位置及门扇对角线长度；再在一定的启闭作用力下，开动反复启闭操作（反复启闭速度为 5～20 次 /min)，在完成规定的循环次数的反复启闭后，在门扇关闭状态下，再次测量门扇相对于门框的相对位置和门扇对角线长度值。结果表述：初始位置和最终检测测量值的变化量，启闭次数和速度，启闭的作用力大小，试验结束后试件变形或损伤的观察结果，建筑门的启闭有无障碍以及其他异常情况等。

（三）我国与木质门相关的标准

(1)GB/T 5823—2008《建筑门窗术语》规定了人行门的通用术语和定义，包括门扇、门框及其部件，门的种类、开启方式等术语和定义。

(2)GB/T 5824—2008《建筑门窗洞口尺寸系列》规定了建筑门洞术语和定义，建筑门洞口的尺寸系列，建筑门洞口宽、高定位线的确定等内容。

(3)GB 5825—1986《建筑门窗扇开、关方向和开、关面的标志符号》规定了门扇的开启方向、开关面的要求及其标志符号，以便于建筑门在建筑设计、加工制作、安装施工工程中统一。

(4)GB 12955—2008《防火门》规定了防火门的分类、代号与标记、要求、试验方法、检验规则、标志、包装、运输和储存等内容。本标准适用于平开式木质、钢质、钢木质防火门和其他材质防火门。该标准是 GB/T 14101—1993《木质防火门通用技术条件》的替代版本，新版标准引入了“部分隔热防火门”和“非隔热防火门”的概念和要求；同时，将原来的甲、乙、丙级防火门的耐火极限调整为 1.5h、1.0h 和 0.5h，丰富了我国防火门产品的种类，增加了实际应用的选择余地，对于仅需要防火门具有部分隔热性或耐火完整性要求的应用场合，可以选用部分隔热或非隔热的防火门。新版标准还规定门扇内若填充材料，应采用对人体无毒无害的防火隔热材料，减少对人身健康的影响。同时，新版标准还增加了钢木质防火门和其他材质防火门的内容和要求，为新材料、新技术应用和新型防火门的生产、检验提供了技术依据，拓展了防火门生产企业的发展空间。

二、我国木质门标准体系存在的主要问题和发展方向

（一）我国木质门标准体系存在的主要问题

(1) 门洞尺寸偏差大。GB/T 5824—2008《建筑门窗洞口尺寸系列》根据GBJ 2—1986《建筑模数协调统一标准》规定的建筑模数数列，选定了建筑门洞口宽、高的一系列标志尺寸及由它们组成的指定规格。根据标准要求，我国的建筑门洞应该是模数化的，即同批建筑物的门洞尺寸理论上是一样的，但在实际情况中由于建筑施工误差和监督管理不力，导致建筑门洞尺寸不一，建筑门窗洞口施工精度偏差约20mm～30mm，而木门加工精度偏差为1mm～2mm，两者相差几十倍，因此装配时就会出问题，木门被迫形成了“定制化”的产品了。因此，若出台建筑木门洞口尺寸强制标准，能够统一建筑木门洞口的尺寸，有望解决木门产品定制化的问题。

(2) 标准各自为政。我国木质门国家或行业标准涉及多个部委，如住房与城乡建设部、国家发展和改革委员会、国家林业局，甚至某些联合会或协会等均制定木门标准，自成体系，但不成系统。

(3) 木质门相关联的标准还有缺失。木质门配件的标准还不完善，铰链（合页）、密封条、启闭器、把手、门锁、防撞器、装饰条等相应标准还很不完善。

(4) 木质门安装标准和验收标准还未出台。到“十二五”初，我国还未出台木门安装和验收方面的标准。木质门产品没有安装之前，严格来说只是半成品，只有经过安装验收后才能交付消费者使用。因此，制定木质门安装和验收标准是非常重要的。

(5) 功能木质门标准还很不完善。到“十二五”初，真正意义的功能木质门标准只有GB 12955—2008《防火门》，今后应制定功能性木门标准，如防腐木门标准、保温木门标准、静音木门标准、屏蔽木门标准等，以满足人们不断丰富的家居需求。

（二）我国木质门标准体系的发展方向

整体目标：形成以木质门产品和安装标准为基础，木质门检测方法标准、木质门关联标准、功能木质门标准为支撑的更为完善的木质门标准体系。解决建筑门洞口施工尺寸偏差过大的问题，改进目前木门的生产定制化现状，为我国木质门企业做大做强、更好地参与国际竞争做准备。

（摘自《中国人造板》，作者朱一军，付跃进，王彩霞，伍艳梅）

构建我国木家具标准体系

近年来我国家具行业发展迅速，我国已经成为家具生产和出口大国。按照使用材料不同，家具可分为木家具、金属家具、软体家具、塑料家具和其他家具（包括玻璃家具、竹藤家具、石材家具）等，其中木家具是家具中重要的组成部分，约占80%，深受广大消费者喜爱。木家具是指主要部件中除装饰件、配件外，其余采用木材、人造板等木质材料制成的家具。

一、我国现行木家具标准情况介绍

目前发达国家已经建立了家具标准体系，但是我国家具行业标准化工作一直处于无序发展状态。从现行的家具标准来看，标准数量不少，但是各个标准之间不协调，重复交叉现象严重，甚至部分标准之间互相冲突，在某种程度上影响了行业发展。自全国家具标准化技术委员会（简称家具标委会）成立伊始，为了有效指导我国家具标准化工作科学有序的发展，家具标委会一直致力于我国家具标准体系的研究，初步建立了标准体系框架。2011 年 6 月 28 日经全国家具行业标准化工作会议暨全国家具标准化技术委员会一届三次委员大会会议审定通过，《我国家具标准体系》（试行）正式发布，标准体系共设立了通用基础、木家具、金属家具、塑料家具、软体家具、竹藤家具、玻璃石材家具、资源节约与综合利用 8 个类目，木家具是家具标准体系中的一个重要类目，我国的木家具现行标准有 34 个。

二、木家具标准体系存在的问题

（一）标准体系不完善，部分产品无标可依

木家具在家具行业发展过程中可谓是发展最快和最为成熟的一个类别，不管是生产量还是出口量都是最多的，但是与之不相适应的是标准化的建设。相对于金属家具、软体家具、塑料家具、竹藤家具和玻璃石材家具的标准数量来讲，虽然木家具的标准数量最多，但是对于木家具行业的发展速度而言，标准还是不够全面，检验项目不齐全，没有形成完善的标准体系，部分产品无标可依。如木制梳妆台、整体衣柜、木制中药柜和木制多媒体会议桌等没有具体的产品标准，只能套用 GB/T 3324—2008《木家具通用技术条件》、QB/T 1951.1—2010《木家具质量检验及质量评定》、QB/T 2530—2011《木制柜》或 QB/T 2384—2010《木制写字桌》等标准，有些产品特有功能的质量得不到有效监控，无法指导生产、消费和贸易。

（二）标龄过长，滞后于行业发展

为了适应并在一定程度上促进行业发展，一般国家行业标准在实施 5 年内进行复审，根据行业的发展现状和趋势对标准进行修订，但是综观木家具的标准，很多标准的标龄都在 10 年左右，有些甚至已经达到 15 年；在 1985—1990 年的标准有 9 个，在 1991—1995 年的标准有 5 个，在 1996—2000 年的标准有 4 个，在 2001—2005 年的标准有 5 个，在 2006—2011 年的标准有 10 个。一些标准的技术内容在某种程度上已经不适应行业发展的需要，甚至在某种程度上阻碍了行业的发展，如 QB/T 2603—2003《木制宾馆家具》、GB/T 4893.4—1985《家具表面漆膜附着力交叉切割测定法》、GB/T 4893.5—1985《家具表面漆膜厚度测定法》、

GB/T 4893.6—1985《家具表面漆膜光泽测定法》、GB/T 4893.7—1985《家具表面漆膜耐冷热温差测定法》、GB/T 4893.8—1985《家具表面漆膜耐磨性测定法》、GB/T 4893.9—1992《家具表面漆膜抗冲击测定法》等标准。标龄过长的标准亟须修订，以适应行业的发展。

（三）标准之间不协调，部分标准冲突

由于家具标委会成立以前的标准项目申报和立项没有标准体系的正确引导，没有相应的标准计划来衡量申请的标准项目，使得现行的标准之间不协调，甚至部分标准之间冲突，导致标准体系混乱，标准之间达不到协调、互补的效果。目前标准体系是按照材料划分的，但是现有标准中又有按照使用场所进行划分的，如GB/T 14532—2008《办公家具木制柜架》、QB/T 2530—2011《木制柜》和QB/T 2603—2003《木制宾馆家具》都包括木制柜，但是它们对木制柜的要求不一样，各有各的指标，这三个标准之间存在严重的冲突现象，最终标准使用者不知道该执行哪个标准，严重影响了行业的发展。

（四）采标率低，未与国际接轨

目前我国家具标准化工作还处于逐步与国际标准或主要先进国家标准接近的初始阶段，标准化工作受到诸多基本条件的限制，如资金、技术、人员等，参与国际标准化工作的交流不多，与先进国家在标准方面的交流、合作几乎为空白，对国外同行的信息了解不够，更谈不上深入。目前获得标准的途径主要通过标准化信息网和购买，与国外同行交流的途径比较单一。

在标准化工作开展方面，由于我国家具标准化工作起步较晚，并受到实验室有关检测能力、条件、经费、标准化人员专业能力等方面制约，在采标过程中，由于按照国际标准或先进标准进行试验，所需要的检测设备资金投入大、试验周期长、检测成本高等原因，导致一些标准不能等效采用。最终造成了很多项目在国内无标可依，无法检测，企业只能发货到国外检测，造成天价检测费用。因此应该提高国内标准采标率，尽快与国际接轨，以促进国际贸易发展。

三、建立木家具标准体系的必要性

（一）木家具行业发展的需求

我国家具产业在国际家具生产、技术和贸易中已占有一定的地位，特别是木家具发展最为迅速，技术发展最为成熟。在经历了美国反倾销、欧盟技术壁垒等贸易战之后，众多厂家已意识到若要参与国际化竞争，必须启动家具国际标准化战略。我国木家具标准化工作只有顺应市场需要、顺应时势所趋， 才能引导家具产业的健康持续发展。

（二）规范市场的需求

木家具是家具产品中产量最大的一个类别，和人们的日常生活密切相关，关系着国计民生，但是一些不法企业为了降低成本、提高利润，偷工减料或者使用劣质原辅材料生产，主要表现在木工要求、理化性能、力学性能、甲醛释放量和重金属含量方面不合格。有些家具产品甚至没有相应的产品标准，或者标准项目不全，或者标准之间不协调，一些企业利用标准中存在的漏洞制造伪劣产品并流入市场，损害了消费者利益。所以木家具标准化工作的当务之急是制定缺少的标准，修订现有标准，以形成完善的标准体系，使各个标准之间互为补充、互相协调，规范市场，促进木家具行业有序健康发展。

（三）产业技术进步的需求

木家具行业发展迅速，新技术不断产生，新产品不断涌现，标准化工作也应该随之发展，解决部分产品无标可依、某些产品特殊功能的质量不能检测等问题；木家具标准的标龄过长，很多标准的技术内容已经不适应现在的技术发展，在某种程度上阻碍了行业的发展。所以应该加快木家具的标准化发展，以适应木家具产业的技术进步。

（四）开展国际贸易的需求

我国是家具出口大国，自加入WTO以来，对全世界贸易敞开了大门。虽然经济全球化的发展扩大了市场，导致世界平均关税持续下降，但是作为贸易技术壁垒的技术标准或法规、法令，却有增无减，很多贸易障碍因这些技术壁垒而生。由于我国家具标委会成立较晚，木家具标准的基础研究十分落后，几乎没有专业机构和专业人才，而国外家具标准发展十分迅速，ISO标准、ASTM标准、EN标准、DIN标准、IS标准均有较完整家具标准化体系，所以我国应该加快木家具标准化的发展，积极采用国际标准或国外先进标准，尽快完善木家具的标准体系，减少国际贸易中的损失和争端，以促进木家具的国际贸易发展。

四、构建木家具标准体系

综上所述，我国木家具标准体系尚未完善，存在很多问题，不管是行业发展、市场规范、产业技术进步、国际贸易的需求，还是标准的所有使用者，都需要一个完善的木家具标准体系，所以建立木家具标准体系对于木家具行业来说已迫在眉睫，建立木家具标准体系可以从以下几个方面着手。

（一）以国家标准为主，行业标准为辅。

国家标准以基础通用、安全环保、方法标准为主，行业标准以产品标准为主，重要的产品也可以制定国家标准，严格把关标准项目的立项，做到有依据、有计划、有目标，使国家标准和行业标准之间达到互为补充、互相协调的效果。

（二）重新对现行标准进行评估整理。

因为目前现行的标准杂乱无章，难以形成一个科学合理的标准体系，所以要对现行标准进行评估整理，特别是对有冲突的标准，进行修订或废止，不应该作为国家标准的转为行业标准，可以作为国家标准的行业标准转为国家标准。

（三）积极采用国际和国外先进标准。

为了消除国际贸易上的技术壁垒，我国大力提倡采用国际和国外先进标准，提高采标率。但是也不能盲目采用，要结合我国的基本国情以及家具行业的特点、发展现状和趋势，制定出符合我国家具行业发展的标准，以提高我国家具的整体质量水平。

（四）提高标准的质量水平。

木家具标准相对于其他家具标准在数量上还是比较多的，但是标准的质量水平相对偏低，这也是整个家具标准的薄弱之处，表现为部分技术内容设置不合理，不够全面，可操作性不强。一方面应该充分调动企业、消费者、质检机构、科研院校等相关人员的综合力量，大力培养家具标准化人才，进一步提高家具标准的质量；另一方面提高修订标准征求意见阶段和审查阶段的效率和效力，标准发布之前要有足够的验证试验，保证标准的可操作性。最终达到以标准推动行业健康快速发展的目的。

（摘自《中国人造板》，作者王红强，海凌超，花铁果）

中国木材与木制品行业相关标准汇总

一、木材相关标准	
GB/T 29563—2013	木材保护管理规范
GB/T 29406.2—2012	木材防腐工厂安全规范 第 2 部分：操作
GB/T 29407—2012	阻燃木材及阻燃人造板生产技术规范
GB/T 29406.1—2012	木材防腐工厂安全规范 第 1 部分：工厂设计
GB/T 29409—2012	木材储存保管技术规范
GB/T 29399—2012	木材防虫（蚁）技术规范
GB 50828—2012	防腐木材工程应用技术规范（附条文说明）
GB/T 27655—2011	木材防腐剂性能评估的野外埋地试验方法
GB/T 27654—2011	木材防腐剂
GB/T 27653—2011	防腐木材中季铵盐的分析方法 两相滴定法
GB/T 27652—2011	防腐木材化学分析前的预处理方法
GB/T 15035—2009	木材干燥术语
GB/T 13942.1—2009	木材耐久性能 第 1 部分：天然耐腐性实验室试验方法
GB/T 6043—2009	木材 pH 值测定方法
GB/T 1943—2009	木材横纹抗压弹性模量测定方法
GB/T 1942—2009	木材抗劈力试验方法
GB/T 1941—2009	木材硬度试验方法
GB/T 1940—2009	木材冲击韧性试验方法
GB/T 1939—2009	木材横纹抗压试验方法
GB/T 1938—2009	木材顺纹抗拉强度试验方法
GB/T 1937—2009	木材顺纹抗剪强度试验方法
GB/T 1936.2—2009	木材抗弯弹性模量测定方法
GB/T 1936.1—2009	木材抗弯强度试验方法
GB/T 1935—2009	木材顺纹抗压强度试验方法
GB/T 1934.2—2009	木材湿胀性测定方法
GB/T 1934.1—2009	木材吸水性测定方法
GB/T 1933—2009	木材密度测定方法
GB/T 1932—2009	木材干缩性测定方法
GB/T 1931—2009	木材含水率测定方法
GB/T 1930—2009	木材年轮宽度和晚材率测定方法
GB/T 1929—2009	木材物理力学试材锯解及试样截取方法
GB/T 1928—2009	木材物理力学试验方法总则
GB/T 1927—2009	木材物理力学试材采集方法
GB/T 23229—2009	水载型木材防腐剂分析方法
GB 22280—2008	防腐木材生产规范
GB/T 22102—2008	防腐木材

续表

GB/T 20458—2006	林业机械 铰接臂式木材装卸机 鉴别词汇、分类和构件名称
GB/T 14732—2006	木材工业胶黏剂用脲醛、酚醛、三聚氰胺甲醛树脂
GB/T 14074—2006	木材胶黏剂及其树脂检验方法
GB 14192—2005	木材采伐运输安全通则
GB/T 18959—2003	木材保管规程
GB/T 18513—2001	中国主要进口木材名称
GB/T 18260—2000	木材防腐剂 对白蚁毒效实验室试验方法
GB/T 18261—2000	防霉剂防治木材霉菌及蓝变菌的试验方法
GB/T 18000—1999	木材缺陷图谱
GB/T 17658—1999	阻燃木材燃烧性能试验 火传播试验方法
GB/T 17660—1999	木材缓冲容量测定方法
GB/T 16734—1997	中国主要木材名称
GB/T 15777—1995	木材顺纹抗压弹性模量测定方法
GB/T 15780—1995	竹材物理力学性质试验方法
GB 4814—1984	原木材积表
LY/T 2153—2013	森林工程 木材物流规划设计符号
LY/T 2152—2013	木材抗冲击压痕性能的测定方法
LY/T 2147—2013	木材除湿干燥工艺规程
LY/T 2103—2013	根径立木材积表编制技术规程
LY/T 2151—2013	木材综纤维素和酸不溶木质素含量测定 近红外光谱法
SB/T 10896—2012	结构木材 加压法阻燃处理
SN/T 3376—2012	木材及木制品中有机氯杀虫剂的测定气相色谱法
SN/T 3361—2012	木材及木制品中有机锡化合物的测定气相色谱－质谱法
LY/T 2153—2013	森林工程 木材物流规划设计符号
QB/T 4374—2012	家具制造 木材拼板的作业和工艺
LY/T 2072—2012	木材干燥生产综合能耗
LY/T 1284—2012	木材防腐剂对软腐菌毒性实验室试验方法
LY/T 2053—2012	木材的近红外光谱定性分析方法
SN/T 3025—2011	木材防腐剂杂酚油及杂酚油处理后木材、木制品取样分析方法杂酚
SB/T 10628—2011	建筑用加压处理防腐木材
SB/T 10606—2011	木材保护实验室操作规范
SB/T 10605—2011	木材防腐企业分类与评价指标
LY/T 2002—2011	木材工业气力输送系统验收通则
LY/T 2000—2011	废旧木材破碎机
LY/T 1283—2011	木材防腐剂对腐朽菌毒性实验室试验方法
LY/T 1601—2011	水基聚合物－异氰酸酯木材胶黏剂
LY/T 1985—2011	防腐木材和人造板中五氯苯酚含量的测定方法
LY/T 1975—2011	木材和工程复合木材的持续负载和蠕变影响评定
SN/T 1877.8—2011	木材及木制品中多环芳烃的测定 气相色谱－质谱法
SN/T 2679—2010	木材及木制品中砷含量的测定 氢化物发生－原子荧光光谱法
HG/T 2727—2010	聚乙酸乙烯酯乳液木材胶黏剂
SB/T 10558—2009	防腐木材及木材防腐剂取样方法
SB/T 10544—2009	木材节约代用品分类
LY/T 1925—2010	防腐木材产品标识

续表

SN/T 2406—2009	玩具中木材防腐剂的测定
SN/T 2308—2009	木材防腐剂与防腐处理后木材及其制品中铜、铬和砷的测定 原子吸收光谱法
LY/T 1862—2009	木材工业气力运输与除尘系统节能技术规范
LY/T 1822—2009	废弃木材循环利用规范
SN/T 2145—2008	木材防腐剂与防腐处理木材及其制品中五氯苯酚的测定 气相色谱法
SB/T 10502—2008	铜铬砷（CCA）防腐剂加压处理木材
SB/T 10503—2008	铜氨（胺）季铵盐（ACQ）防腐剂加压处理木材
LY/T 1806—2008	木材工业气力除尘（运输）系统设计规范
LY/T 1788—2008	木材性质术语
WB/T 1038—2008	中国主要木材流通商品名称
JB/T 9387—2008	液压式木材万能试验机技术条件
LY/T 1280—2008	木材工业胶黏剂术语
SB/T 10440—2007	真空和（或）压力浸注（处理）用木材防腐设备机组
SB/T 10432—2007	木材防腐剂 - 铜氨（胺）季铵盐（ACQ）
SB/T 10433—2007	木材防腐剂 - 铜铬砷（CCA）
SB/T 10434—2007	木材防腐剂 - 铜硼唑 -A 型（CBA-A）
SB/T 10435—2007	木材防腐剂 - 铜唑 -B 型（CA-B）
SN/T 1796—2006	进出口木材及木制品中砷、铬、铜的测定 电感耦合等离子体原子发射光谱法
WB/T 1025—2006	木材交易市场管理规范
SB/T 10405—2006	防腐木材化学分析前的湿灰化方法
LY/T 1680—2006	木材综合利用规范
LY/T 1444.1—2005	林区木材生产能耗 第 1 部分：综合能耗
LY/T 1444.2—2005	林区木材生产能耗 第 2 部分：油锯燃料消耗量
LY/T 1444.3—2005	林区木材生产能耗 第 3 部分：集材机械燃料消耗量
LY/T 1444.4—2005	林区木材生产能耗 第 4 部分：绞盘机装车燃料消耗量
LY/T 1444.5—2005	林区木材生产能耗 第 5 部分：汽车运材燃料消耗量
LY/T 1444.6—2005	林区木材生产能耗 第 6 部分：贮木场生产能源消耗量
LY/T 1635—2005	木材防腐剂
LY/T 1636—2005	防腐木材的使用分类和要求
SB/T 10383—2004	商用木材及其制品标志
JT/T 29.19—2004	交通行业职业技能要求港口第 19 部分木材防火喷涂工
JJG 986—2004	木材含水率测量仪检定规程
SN/T 1126—2002	进出境木材检疫规程
LY/T 1603—2002	木材干燥室（机）型号编制方法
WB/T 1015—2000	木材交易市场开业技术条件
JB/T 50179—1999	木材蒸汽干燥室能耗分等（内部使用）
YB/T 5168—2000	木材防腐油
LY/T 1567—1999	环式木材剥皮机
LY/T 1148—1993	装载机木材抓具
LY/T 1124—1993	木材采运企业安全性评价
YB/T 5173—1993	木材防腐油试验方法 流动性测定方法
YB/T 5171—1993	木材防腐油试验方法 40℃结晶物测定方法
YB/T 5172—1993	木材防腐油试验方法 闪点测定方法
LY/T 1097—1993	木材生产机械产品命名及型号编制规则

续表

LY/T 1095—1993	木材生产机械设备配属规范
LY/T 1047—1991	轮胎式木材装载机
JJG 474—1986(2005)	木材万能试验机检定规程
TB/T 1134—1974	货车木材技术条件
DB51/T 1462—2012	柳杉二元立木材积表、单木出材率表
DB51/T 1466—2012	马尾松二元立木材积表、单木出材率表
DB51/T 1465—2012	云南松二元立木材积表、单木出材率表
DB13/T 1147—2009	河北省杨树立木材积计算规范
CNS 6717—2011	木材防腐剂之性能基准
CNS 3000—2011	木材之加压注入防腐处理方法
CNS 14730—2011	防腐处理木材之防腐剂吸收量测定方法
CNS 14495—2011	木材防腐剂
CNS 11667—2010	商用木材名称
CNS 453—2005	木材抗压试验法
CNS 6716—2005	木材劈裂试验法
CNS 456—2005	木材抗拉试验法
CNS 457—2005	木材冲击抗弯强度试验法
CNS 450—2005	木材之物理与强度试验之取样方法与一般要求
CNS 451—2005	木材密度试验法
CNS 452—2005	木材含水率试验法
CNS 454—2005	木材抗弯试验法
CNS 458—2005	木材磨耗试验法
CNS 459—2005	木材尺度收缩率试验法
CNS 460—2005	木材硬度试验法
CNS 6719—2005	木材钉着力试验法
CNS 6713—2005	木材平均年轮宽度试验法
CNS 6714—2005	木材吸水量试验法
CNS 6715—2005	木材吸湿性试验法
CNS 7173—2005	木材潜变试验法
CNS 12884—2005	纸浆用木材取样与调制法及化学分析用木材之制备法
CNS 14907—2005	木材中酸不溶性木质素试验法
CNS 14908—2005	木材中二氯甲烷萃取物试验法
CNS 4713—2005	木材中乙醇甲苯萃取物试验法
二、原木相关标准	
GB/T 11717—2009	造纸用原木
GB/T 11716—2009	小径原木
GB/T 143—2006	锯切用原木
GB/T 15779—2006	旋切单板用原木
GB/T 15787—2006	原木检验术语
GB/T 155—2006	原木缺陷
GB/T 15106—2006	刨切单板用原木
GB/T 4812—2006	特级原木
GB/T 144—2003	原木检验

续表

GB/T 17659.1—1999	原木锯材批量检查抽样、判定方法 第1部分：原木批量检查抽样
GB/T 17659.2—1999	原木锯材批量检查抽样、判定方法 第2部分：锯材批量检查抽样
GB 142—1995	直接用原木坑木
GB 4814—1984	原木材积表
LY/T 1371—2013	原木归楞
LY/T 1294—2012	直接用原木 电杆
SN/T 2771—2011	进境原木船舶熏蒸操作规程
LY/T 1503—2011	加工用原木 枕资
LY/T 1369—2011	次加工原木
LY/T 1506—2008	短原木
LY/T 1793—2008	木纤维用原木
SN/T 1724—2006	进境针叶树原木、木制品和木质包装材料中松材线虫的检疫操作规程
SN/T 1484—2004	进境原木火车熏蒸操作规程
SN/T 1380—2004	进境非洲原木检验规程
SN/T 1373—2004	进境欧洲水青冈原木检验规则
LY/T 1511—2002	原木产品 标志 号印
三、锯材相关标准	
GB/T 28993—2012	结构用锯材力学性能测试方法
GB/T 6491—2012	锯材干燥质量
GB/T 449—2009	锯材材积表
GB/T 153—2009	针叶树锯材
GB/T 4817—2009	阔叶树锯材
GB/T 17659.1—1999	原木锯材批量检查抽样、判定方法 第1部分：原木批量检查抽样、判定方法
GB/T 17659.2—1999	原木锯材批量检查抽样、判定方法 第2部分：锯材批量检查抽样、判定方法
GB/T 17661—1999	锯材干燥设备性能检测方法
GB/T 4822—1999	锯材检验
GB/T 4823—1995	锯材缺陷
LY/T 2148—2013	脱脂松木锯材
LY/T 1069—2012	锯材气干工艺规程
LY/T 1296—2012	载重汽车锯材
LY/T 2054—2012	锯材机械加工性能评价方法
LY/T 1295—2012	铁路货车锯材
LY/T 1513—2012	乐器锯材 钢琴锯材
LY/T 1068—2012	锯材窑干工艺规程
LY/T 1352—2012	毛边锯材
QB/T 4220—2011	乐器用材 提琴锯材
LY/T 1184—2011	橡胶木锯材
LY/T 1285—2011	船舶锯材
LY/T 1974.1—2011	民族乐器锯材 第1部分：古琴用材
LY/T 1974.2—2011	民族乐器锯材 第2部分：琵琶用材
LY/T 1798—2008	锯材干燥设备通用技术条件
QB/T 2979—2008	乐器用材 钢琴锯材
LY/T 1062—2006	锯材生产综合能耗

续表

四、红木相关标准	
GB 28010—2011	红木家具通用技术条件
GB/T 18107—2000	红木
SB/T 10758—2012	红木商用名称
DB31/T 602—2012	红木家具零售经营企业服务规范
SB/T 10759—2012	红木制品等级
DB22/T 1588—2012	青杨脊虎天牛、白杨准透翅蛾、红木蠹象检疫技术规范
DB31/181—2007	红木家具产品标识规定
五、防腐木相关标准	
GB 50828—2012	防腐木材工程应用技术规范（附条文说明）
GB/T 27653—2011	防腐木材中季铵盐的分析方法 两相滴定法
GB/T 27651—2011	防腐木材的使用分类和要求
GB/T 27652—2011	防腐木材化学分析前的预处理方法
GB 22280—2008	防腐木材生产规范
GB/T 22102—2008	防腐木材
SB/T 10628—2011	建筑用加压处理防腐木材
LY/T 1985—2011	防腐木材和人造板中五氟苯酚含量的测定方法
SB/T 10558—2009	防腐木材及木材防腐剂取样方法
LY/T 1925—2010	防腐木材产品标识
TB/T 3172—2007	防腐木枕
SB/T 10405—2006	防腐木材化学分析前的湿灰化方法
LY/T 1636—2005	防腐木材的使用分类和要求
六、人造板相关标准	
GB/T 29407—2012	阻燃木材及阻燃人造板生产技术规范
GB/T 28995—2012	人造板饰面专用纸
GB/T 18259—2009	人造板及其表面装饰术语
GB/T 23898—2009	木质平托盘用人造板
GB/T 23825—2009	人造板及其制品中甲醛释放量测定 气体分析法
GB/T 19367—2009	人造板的尺寸测定
GB/T 21129—2007	竹单板饰面人造板
GB/T 15102—2006	浸渍胶膜纸饰面人造板
GB/T 15104—2006	装饰单板贴面人造板
GB/T 18514—2001	人造板机械安全通则
GB 18580—2001	室内装饰装修材料 人造板及其制品中甲醛释放限量
GB/T 18262—2000	人造板机械通用技术条件
GB/T 18263—2000	人造板机械 热压机术语
GB/T 18003—1999	人造板机械设备型号编制方法
GB/T 17657—1999	人造板及饰面人造板理化性能试验方法
LY/T 1033—2013	人造板制胶钢制焊接容器设备
LY/T 1287—2012	人造板热压机节能监测方法

续表

LY/T 1985—2011	防腐木材和人造板中五氯苯酚含量的测定方法
LY/T 1983—2011	铜箔、铝箔饰面人造板
LY/T 1982—2011	人造板及其制品甲醛释放量检测用大气候室
HJ 571—2010	环境标志产品技术要求 人造板及其制品
HG/T 4105—2009	人造板 防水剂
SN/T 2307—2009	人造板及其制品中甲醛释放量的快速测定 气体分析法
LY/T 1831—2009	人造板饰面专用装饰纸
SN/T 2163—2008	进出口木制品检验规程 人造板
LY/T 1382—2008	人造板机械分类术语
LY/T 1794—2008	人造板木片
LY/T 1279—2008	聚氯乙烯薄膜饰面人造板
LY/T 1717—2007	人造板抽样检验指导通则
HJ/T 315—2006	清洁生产标准 人造板行业（中密度纤维板）
LY/T 1658—2006	直接印刷人造板
LY/T 1659—2006	人造板工业生产性粉尘控制技术规程
LY/T 1660—2006	竹材人造板术语
LY/T 1070.1—2004	不饱和聚酯树脂装饰人造板 第 1 部分：技术条件
LY/T 1070.2—2004	不饱和聚酯树脂装饰人造板 第 2 部分：试验方法
LY/T 1857—2009	软木饰面板
LY/T 1697—2007	饰面木制墙板
（一）胶合板	
GB/T 24311—2009	组合式包装箱用胶合板
GB/T 22350—2008	成型胶合板
GB/T 22349—2008	木结构覆板用胶合板
GB/T 17656—2008	混凝土模板用胶合板
GB/T 13144—2008	包装容器 竹胶合板箱
GB/T 9846.1—2004	胶合板 第 1 部分：分类
GB/T 9846.2—2004	胶合板 第 2 部分：尺寸公差
GB/T 9846.3—2004	胶合板 第 3 部分：普通胶合板通用技术条件
GB/T 9846.4—2004	胶合板 第 4 部分：普通胶合板外观分等技术条件
GB/T 9846.5—2004	胶合板 第 5 部分：普通胶合板检验规则
GB/T 9846.6—2004	胶合板 第 6 部分：普通胶合板标志、标签和包装
GB/T 9846.7—2004	胶合板 第 7 部分：试件的锯制
GB/T 9846.8—2004	胶合板 第 8 部分：试件尺寸的测量
GB/T 13010—2006	刨切单板
GB/T 19536—2004	集装箱底板用胶合板
GB/T 20241—2006	单板层积材
GB/T 21128—2007	结构用竹木复合板
GB/T 211040—2007	指接材 非结构用
GB/T 13123—2003	竹编胶合板
GB 18101—2000	难燃胶合板
LY/T 2167—2013	胶合板热压机
LY/T 1529—2012	胶合板生产综合能耗

续表

LY/T 2074—2012	竹材胶合板生产综合能耗
LY/T 2062—2012	防虫胶合板
JGJ 96—2011	钢框胶合板模板技术规程（附条文说明）
LY/T 1417—2011	航空用桦木胶合板
LY/T1613—2004	挤压木塑复合板材
LY/T1654—2006	重组装饰单板
LY/T1655—2006	重组装饰材
LY/T1787—2008	集成材 非结构用
LY/T1815—2009	非结构用竹集成材
LY/T 1860—2009	非甲醛类热塑性树脂胶合板
LY/T 1738—2008	实木复合地板用胶合板
BB/T 0040—2007	拼装式胶合板箱
LY/T 1364—2006	铁路客车用胶合板
JG/T 156—2004	竹胶合板模板
LY/T 1055—2002	汽车车厢底板用竹材胶合板
LY/T 1574—2000	混凝土模板用竹材胶合板
LY/T 1575—2000	汽车车厢底板用竹篾胶合板
LY/T1599—2011	旋切单板
LY/T1600—2012	混凝土模板用浸渍胶膜纸贴面胶合板
JG/T 3059—1999	钢框竹胶合板模板
SN/T 0503—1995	出口商品运输包装竹胶合板箱检验规程
LY/T 1170—1995	茶叶包装箱用胶合板
JB/T 6564—1993	出口机床竹胶合板包装箱
GB/T7911—1999	热固性树脂浸渍纸高压装饰层积板（HPL）
LY/T1055—2002	汽车车厢底板用竹材胶合板
LY/T1072—2002	竹篾层积材
LY/T1278—2011	电工层压木板
（二）纤维板准	
GB 50822—2012	中密度纤维板工程设计规范（附条文说明）
GB/T 18002—2011	中密度纤维板生产线验收通则
GB/T 11718—2009	中密度纤维板
GB/T 12626.1—2009	湿法硬质纤维板 第1部分：定义和分类
GB/T 12626.2—2009	湿法硬质纤维板 第2部分：对所有板型的共同要求
GB/T 12626.3—2009	湿法硬质纤维板 第3部分：试件取样及测量
GB 19434.7—2004	危险货物纤维板中型散装容器检验安全规范 性能检验
GB/T 18958—2003	难燃中密度纤维板
GB/T 12626.4—1990	硬质纤维板 检验规则
GB/T 12626.5—1990	硬质纤维板 产品的标志、包装、运输和贮存
GB/T 12626.6—1990	硬质纤维板 含水率的测定
GB/T 12626.7—1990	硬质纤维板 密度的测定
GB/T 12626.8—1990	硬质纤维板 吸水率的测定
GB/T 12626.9—1990	硬质纤维板 静曲强度的测定
LY/T 1611—2011	地板基材用纤维板

续表

JG/T 260—2009	建筑幕墙用高压热固化木纤维板
LY/T 1795—2008	椰壳纤维板
LY/T 1451—2008	纤维板生产综合能耗
LY/T 1718—2007	轻质纤维板
HJ/T 315—2006	清洁生产标准 人造板行业（中密度纤维板）
SN/T 0987.7—2001	出口危险货物中型散装货物包装容器性能检验规则 纤维板中型散货
CNS 9911—2006	轻质纤维板
CNS 10468—2006	吸音用轻质纤维板
CNS 9907—2006	硬质纤维板
CNS 9909—2006	中密度纤维板
（三）刨花板	
GB/T 28996—2012	涂装水泥刨花板
GB 50827—2012	刨花板工程设计规范（附条文说明）
GB/T 24312—2009	水泥刨花板
GB/T 21723—2008	麦（稻）秸秆刨花板
GB/T15105.1—2006	模压刨花制品 第1部分：室内用
GB/T 4897.1—2003	刨花板 第1部分：对所有板型的共同要求
GB/T 4897.2—2003	刨花板 第2部分：在干燥状态下使用的普通用板要求
GB/T 4897.3—2003	刨花板 第3部分：在干燥状态下使用的家具及室内装修用板要求
GB/T 4897.4—2003	刨花板 第4部分：在干燥状态下使用的结构用板要求
GB/T 4897.5—2003	刨花板 第5部分：在潮湿状态下使用的结构用板要求
GB/T 4897.6—2003	刨花板 第6部分：在干燥状态下使用的增强结构用板要求
GB/T 4897.7—2003	刨花板 第7部分：在潮湿状态下使用的增强结构用板要求
GB/T 18264—2000	刨花板生产线验收通则
LY/T 1530—2011	刨花板生产综合能耗
LY/T 1979—2011	刨花板生产节材和减排技术规范
LY/T 1598—2011	石膏刨花板
LY/T 1580—2010	定向刨花板
LY/T 1842—2009	竹材刨花板
LY/T 1856—2009	挤压法空心刨花板
LY/T 1802—2008	水泥（石膏）刨花板压机通用技术条件
LY/T 1804—2008	石膏刨花板生产线验收通则
LY/T 1057.1—1991	船用贴面刨花板 定义和分类
LY/T 1057.2—1991	船用贴面刨花板 技术要求
LY/T 1057.3—1991	船用贴面刨花板 检验规则
（四）细木工板	
GB/T 5849—2006	细木工板
LY/T 2071—2012	细木工板生产综合能耗
CCGF 306.1—2010	细木工板、胶合板、实木地板、竹地板、浸渍纸层压木质地板抽查规范

续表

七、木地板相关标准	
GB/T 28997—2012	舞台用木质地板
GB/T 28992—2012	热处理实木地板
GB/T 27649—2011	竹木复合层积地板
GB/T 26912—2011	竹木复合地板生产线验收通则
GB/T 26390—2011	浸渍纸层压木质地板用表层耐磨纸
GB/T 24599—2009	室内木质地板安装配套材料
GB/T 24509—2009	阻燃木质复合地板
GB/T 24507—2009	浸渍纸层压板饰面多层实木复合地板
GB/T 24508—2009	木塑地板
GB/T 15036.1—2009	实木地板 第 1 部分：技术要求
GB/T 15036.2—2009	实木地板 第 2 部分：检验方法
GB/T 23899—2009	实木复合地板生产综合能耗
GB/T 23136—2008	家用和类似用途地板抛光机性能测试方法
GB/T 23471—2009	浸渍纸层压秸秆复合地板
GB/T 18102—2007	浸渍纸层压木质地板
GB/T 20240—2006	竹地板
GB/T 20238—2006	木质地板铺装、验收和使用规范
GB/T 20239—2006	体育馆用木质地板
GB/T 19995.2—2005	天然材料体育场地使用要求及检验方法 第 2 部分：综合体育场馆木地板场地
GB/T 11982.1—2005	聚氯乙烯卷材地板 第 1 部分：带基材的聚氯乙烯卷材地板
GB/T 4085—2005	半硬质聚氯乙烯块状地板
GB/T 19260—2003	低地板及低入口城市客车结构要求
GB 18586—2001	室内装饰装修材料 聚氯乙烯卷材地板中有害物质限量
GB/T 18103—2000	实木复合地板
GB/T 11982.2—1996	聚氯乙烯卷材地板 第 2 部分：有基材有背涂层聚氯乙烯卷材地板
QB/T 4437—2012	水性聚合物乳液型地板上光剂
CJ/T 417—2012	低地板有轨电车车辆通用技术条件
WB/T 1049—2012	阻燃木质地板
LY/T 2073—2012	浸渍纸层压木质地板生产综合能耗
LY/T 2058—2012	实木地板坯料
HG/T 3747.1—2011	橡塑铺地材料 第 1 部分：橡胶地板
YB/T 4244—2011	防静电地板用冷轧钢带
WB/T 1050—2012	木地板铺设辅料
WB/T 1052—2012	木地板养护油精
LY/T 1330—2011	抗静电木质活动地板
LY/T 1611—2011	地板基材用纤维板
LY/T 1614—2011	实木集成地板
LY/T 1986—2011	直接印刷木地板
LY/T 1984—2011	重组木地板
QB/T 4035—2010	浸渍纸层压木质地板用表层耐磨纸
LY/T 1926—2010	抗菌木（竹）质地板 抗菌性能检测方法与抗菌效果
LY/T 1861—2009	户外用木地板

续表

LY/T 1854—2009	室内高湿场所用木地板
LY/T 1858—2009	涂饰浸渍纸层压木质地板
JC/T 550—2008	聚氯乙烯块状塑料地板胶黏剂
WB/T 1037—2008	地面辐射供暖木质地板铺设技术和验收规范
LY/T 1738—2008	实木复合地板用胶合板
LY/T 1739—2008	装饰单板层压木质地板
LY/T 1700—2007	地采暖用木质地板
LY/T 1703—2007	实木地板 生产综合能耗
WB/T 1017—2006	木地板保修期内面层检验规范
WB/T 1030—2006	木地板铺设技术与质量检测
HG/T 3747.3—2006	橡塑铺地材料 第 3 部分 阻燃聚氯乙烯地板
LY/T 1657—2006	软木类地板
CECS 191—2005	木质地板铺装工程技术规程（附条文说明）
CJ/T 207—2005	无障碍低地板、低入口城市客车技术要求
CECS 155—2003	防静电瓷质地板地面工程技术规程（附条文说明）
WB/T 1016—2002	木地板铺设面层验收规范
SJ/T 10796—2001	防静电活动地板通用规范
TB/T 2706.5—1996	铁路客车冷弯型钢系列之五 波纹地板
JC/T 636—1996	木地板胶黏剂
JG/T 5068—1995	地板磨光机
QB/T 1647—1992	无基材聚氯乙烯塑料卷材地板
FZ/T 01022—1992	纺织地板覆盖物 静电性能评定 人体行走试验法
QB/T 1256—1991	聚氯乙烯无纺布基地板革
HG/T 2004—1991	水泥地板用漆
DB33/T 394—2009	木质地板安装验收规范
DB33/T 651—2007	地板钉通用技术条件
DB33/T 393—2003	实木地板用材名称标识规范
DB13/T 569—2004	地板采暖发泡水泥绝热层技术规程
DB13/T 910—2007	地板采暖用轻质复合槽板
八、木门相关标准	
SB/T 10844—2012	木门企业等级划分规范
JC/T 2081—2011	实木门窗
JG/T 122—2000	建筑木门、木窗
J/T 602—1997	上海市建筑产品推荐性通用图集 15 HL 装饰木门
CNS 856—1989	木门窗用金属制品总则
CNS 874—1989	木门窗用金属制品检验法
SB/T 10726—2012	木质门修理、更换和退货规范
SB/T 10725—2012	木质门安装规范
WB/T 1048—2012	木质门修理、更换和退货规范
WB/T 1047—2012	木质门安装规范
LY/T 1923—2010	室内木质门
HJ 459—2009	环境标志产品技术要求 木质门和钢质门
WB/T 1024—2006	木质门

续表

九、木家具相关标准	
GB 28010—2011	红木家具通用技术条件
GB/T 3324—2008	木家具通用技术条件
GB 18584—2001	室内装饰装修材料 木家具中有害物质限量
SN/T 3068—2011	出境木家具检验检疫操作规程
QB/T 1951.1—2010	木家具 质量检验及质量评定
QB/T 2385—2008	深色名贵硬木家具
DB31/T 602—2012	红木家具零售经营企业服务规范
DB31 181—2007	红木家具产品标识规定
GB/T 3326—1997	家具 桌、椅、凳类主要尺寸
GB/T 3327—1997	家具 柜类类主要尺寸
GB/T 3328—1997	家具 床类主要尺寸
GB 5296.6—2004	消费品使用说明 第 6 部分：家具
GB/T 26694—2011	家具绿色设计评价规范
GB/T 28202—2011	家具工业术语
GB/T 2913.1—2007	板式家具成品名词术语 第 1 部分：柜架类家具成品名词术语
GB/T 2913.2—2007	板式家具成品名词术语 第 2 部分：桌（台）类家具成品名词术语
GB/T 2913.3—2007	板式家具成品名词术语 第 3 部分：床类家具成品名词术语
GB/T 14532—2008	办公家具 木制柜、架
十、木楼梯相关标准	
GB/T 28994—2012	木质楼梯
LY/T 1789—2008	居住建筑套内用木质楼梯
十一、木结构相关标准	
GB/T 50772—2012	木结构工程施工规范（附条文说明）
GB/T 50329—2012	木结构试验方法标准（附条文说明）
GB 50206—2012	木结构工程施工质量验收规范（附条文说明）
GB/T 50708—2012	胶合木结构技术规范（附条文说明）
GB/T 22349—2008	木结构覆板用胶合板
GB 50005—2003	木结构设计规范（附条文说明）（包含局部修订条文 1 份）
GB 50005—2003(2005)	木结构设计规范（2005 年版）（附条文说明）
GB 50165—1992	古建筑木结构维护与加固技术规范（条文说明）
LY/T 2059—2012	木结构用钢钉
JB/T 8137.2—1999	电线电缆交货盘 第 2 部分：全木结构交货盘
LY/T 1523—1999	拆装式钢木结构活动房屋技术条件
LY/T 1524—1999	拆装式钢木结构活动房屋 房板检测方法
JTJ 025—1986	公路桥涵钢结构及木结构设计规范（附条文说明）
CNS 5113—1980	垫圈（木结构用）
十二、木制品相关标准	

续表

GB 16487.3—2005	进口可用作原料的固体废物环境保护控制标准－木、木制品废料
SN/T 3361—2012	木材及木制品中有机锡化合物的测定 气相色谱－质谱法
SN/T 3376—2012	木材及木制品中有机氯杀虫剂的测定 气相色谱法
SN/T 3026—2011	木制品和家具产品中甲醛释放量的测定 气候箱法
SN/T 3025—2011	木材防腐剂杂酚油及杂酚油处理后木材、木制品取样分析方法 杂酚
SN/T 2875—2011	进出口室内木制品及木制家具安全技术规范
SN/T 1877.8—2011	木材及木制品中多环芳烃的测定 气相色谱－质谱法
CECS 288—2011	建筑装饰工程木制品制作与安装技术规程（附条文说明）
SN/T 2679—2010	木材及木制品中砷含量的测定 氢化物发生－原子荧光光谱法
SN/T 2611—2010	食品接触材料 木制品中游离甲醛的测定 气相色谱法
SN/T 2500—2010	进出口木制品、家具检验规程 抽样与制样
SN/T 2369—2009	进出境木制品检疫规程
SN/T 2370—2009	木制品家具检疫除害处理方法
SN/T 2203—2008	食品接触材料 木制品类 食品模拟物中多环芳烃的测定
SN/T 2204—2008	食品接触材料 木制品类 食品模拟物中五氯苯酚的测定 气相色谱
SN/T 2163—2008	进出口木制品检验规程 人造板
QB/T 2991—2008	木制品上光蜡
SN/T 1791.3—2006	进口可用作原料的废物检验检疫规程 第 3 部分：木、木制品废料
SN/T 1796—2006	进出口木材及木制品中砷、铬、铜的测定 电感耦合等离子体原子发射光谱法
SN/T 1724—2006	进境针叶树原木、木制品和木质包装材料中松材线虫的检疫操作规程
十三、原辅材料及其他相关标准	
LY/T 1987—2011	木制踢脚线
LY/T 1855—2009	木制百叶窗帘和百叶窗用叶片
LY/T 1927—2010	集成材理化性能试验方法
LY/T 1143—2006	饰面用浸渍胶膜纸
LY/T 1171—2006	单板用湿黏性胶纸带
LY/T 1206—2008	木工用氯丁橡胶胶黏剂
LY/T 1579—2000	单板内贴式有孔胶纸带
LY/T 1612—2004	甲醛释放量检测用 $1m^3$ 气候箱
LY/T 1740—2008	木器用不饱和聚酯漆
LY/T 1977—2011	木制板材用热熔胶线
LY/T 1980—2011	挥发性有机化合物及甲醛释放量检测箱
LY/T 1981—2011	甲醛释放量气体分析法检测箱
LY/T 1180—1995	脲醛预缩液

中国木材与木制品行业相关专利汇总

一、木门最新专利

申请号： 201210254821.9

发明名称： 一种木纤维复合材料整体式木门的制造设备

公开号： CN102785278A

申请人： 宁波大世界家具研发有限公司；中国科学院宁波材料技术与工程研究所

摘要： 本发明提供了一种木纤维复合材料整体式木门的制造设备，该设备包括木纤维风送计量装置、施胶施蜡装置、管道干燥装置、真空铺装预压装置以及模压成型装置，分别实现了木纤维风送计量、施胶施蜡、干燥、铺装预压成坯以及模压成型工艺，最终一体化制造得到整体式木门。本发明革新了现有的木门制造设备，提供了一种全新的木门制造方式，突破了现有木纤维材料的应用领域，实现了工业化木纤维复合材料整体式木门的快速、高效生产，极大地推动了木门行业的发展。

申请号： 201110241935.5

发明名称： 防辐射木门

公开号： CN102953656A

申请人： 吴江市金丰木门厂

摘要： 本发明涉及一种防辐射木门，其包括门板，所述门板包括构成木门外形的木板和穿设在所述木板内沿木板的长度方向延伸的金属编织层。本发明在传统的木板内增设的金属编织层，能够屏蔽和隔离辐射源，赋予门板抗辐射性能；同时，金属编织层的设置还一定程度上增加了门板的破坏难度，使得木门具有一定的防盗功能。而且，金属编织层设置在木板内部，不会影响到门板整体的外观。

申请号： 201110242968.1

发明名称： 一种尺寸稳定防火隔音木门的制造方法

公开号： CN102294726A

申请人： 吴义强；姚春花；杨光伟；卿彦；胡云楚；彭万喜；李新功；李贤军

摘要： 一种尺寸稳定防火隔音木门的制造方法，具体步骤依次为：表板浸渍聚磷酸、氧化钙、碳酸钠；凹凸棒土、聚磷酸铵、三聚氰胺脲醛树脂混合均匀并用偶联剂处理，该混合物料作为无机增强层铺装于表板上；木骨架浸渍聚磷酸铵，木骨架间孔隙中填充膨胀珍珠岩、凹凸棒土、少量三聚氰胺脲醛树脂和植物碎料；木骨架上面放置封闭层木板；按照七层结构——表板、无机增强层、封闭层木板、龙骨与隔音层、封闭层木板、无机增强层、表板的顺序组坯、加压、固化，即得到一种尺寸稳定防火隔音木门。本发明表板浸渍聚磷酸铵后进行炭化及涂饰清漆，达到稳定尺寸、阻燃及增加美观的效果；表板表面炭化，两步法浸渍 CaO 和 Na_2CO_3，表板下面设计无机增强层，三者共同保证尺寸稳定及门的强度，降低成本；含膨胀珍珠岩隔音层保证了良好的隔音效果。

申请号： 201110058026.8

发明名称： 一种防污木门生产加工方法

公开号： CN102179852A

申请人： 施雁鸣

摘要：本发明公开了一种防污木门生产加工方法，其包括配料、白坯加工、组装和喷涂四个主要工艺步骤，其中喷涂步骤中采用“三底两面”正压喷涂工艺对木门进行喷涂加工，并采用了PU面漆，使根据本发明所生产出的木门具有极高的硬度和耐刮性、耐化学品性、耐腐蚀性、温度稳定性、易清洁性和阻隔作用，污迹难以沾染，并易于清洁。

申请号：201110218242.4

发明名称：木门静电涂装的生产工艺

公开号：CN102266846A

申请人：广东润成创展木业有限公司

摘要：本发明公开了一种木门静电涂装的生产工艺，其工序包括上料、除尘、加湿、喷涂、流平预热、固化、下料，其特征如下。所述除尘工序中，利用积放链将工件输送到密闭的除尘室中，通过旋转的毛刷对工件的两侧进行除尘，并通过吸风罩将工件上扫下来的灰尘吸附并集中到装有水的集尘箱中。所述喷涂工序中，采用静电喷涂的方式，利用兰氏静电旋杯将聚氨酯紫外光固化涂料喷涂在工件上。该涂装方式可以提高涂料的使用效率，比空气喷枪上漆率提高了30%～45%，大大减少了油漆的浪费，降低涂料VOC排放量，获得更均匀的油漆涂层，使产品质量得到了提高，具有节能、环保、降耗的特点。

申请号：201110078364.8

发明名称：一种新型铝木门窗木中连接机构

公开号：CN102199976A

申请人：浙江瑞明节能门窗股份有限公司

摘要：本发明涉及建筑物门窗制造领域，尤其涉及一种新型铝木门窗木中挺连接机构。其特征在于：包括定位榫棒和U型钉；外框与中挺在二者的连接位置分别铣有对应的外框榫孔和中挺榫孔，所述定位榫棒的两头分别插在外框榫孔和中挺榫孔内，限定外框与中挺的相对位置；外框与中挺的接缝用U型钉固定。在外框和中挺连接之前先用定位榫棒限定二者的相对位置，再用U型钉加以固定，连接坚固的同时还防止了因为错位产生的木材开裂；使用燕尾榫拉紧外框与中挺，使得二者的连接更加坚实。

申请号：201110241920.9

发明名称：木门门套开槽加工装置

公开号：CN102950630A

申请人：吴江市金丰木门厂

摘要：本发明涉及一种木门门套开槽加工装置，其包括位于两侧的侧支架、连接在两侧的侧支架之间且相互之间平行的多个悬架、悬挂在各悬架上的多个电动刀具以及用于输送待加工的木门门套经过电动刀具而实现开槽的输送机构。本发明的木门门套开槽加工装置，能够实现木门门套的自动开槽，工作效率和加工精度均大幅提高。此外，本发明结构简单、操作方便。

申请号：201020585810.5

发明名称：一种表面贴木皮的家具、木门

公开号：CN201894378U

申请人：唐善学

摘要：本实用新型涉及一种贴木皮的家具、木门，由木质内坯，其上木皮、底漆、面漆构成，含有下凹，或上凸，或弯曲弧形面等异形面构件或部位的木皮与木质内坯黏合之前，木皮上预先涂装有砂磨好的底漆。本实用新型解决了异形面人工手工砂磨劳动强度大、生产效率低、粉尘污染严重的问题，极大地提高了这类家具、木门的生产效率，具有重大应用前景。

申请号：201120018003.X

发明名称：一种空心门边的实木门

公开号：CN201963139U

申请人：大连华夏家具有限公司

摘要：一种空心门边的实木门，包括门边、档头、堵头以及门芯板，门边和档头均为两块，两块长宽相同的条形面板之间设有两端分别与两面板垂直相连的两个相同的夹条；在门边的上下两端设有与面板和夹条之间的空隙对应的实心堵头，档头与门边结构相同，两块档头的两端分别与门边的上下两端垂直相连，在档头和门边的内部填充门芯板。本实用新型与现有技术相比具有实用性强、使用寿命长、生产成本低、耗材少等优点。

申请号：201120011695.5

发明名称：木门门锁安装孔加工设备

公开号：CN201979573U

申请人：殷增谦

摘要：本实用新型公开了一种木门门锁安装孔加工设备，包括底座，其特征在于：所述底座上设置木门压紧装置、标尺和横向、竖向移动总成，所述横向、竖向移动总成包括两立柱及竖向钻削机构，在两立柱之间连接横梁，横梁上设置有可导向竖向钻削机构沿横梁移动的导向轴，立柱上设有驱动竖向钻削机构横向移动的气缸，所述竖向钻削机构包括活动滑板座及与活动滑板座配合滑动的电动机座，所述电动机座上设置电动机，电动机转轴上连接变速钻组，所述电动机座上连接有驱动其沿活动滑板座上下移动的升降气缸。底座上设置垫板、标尺及木门压紧装置，使木门在加工时更加稳固，定位更加准确，采用横梁与竖向钻削机构进行加工，大大提高了生产效率及加工精度，降低了劳动量。

申请号：201020596036.8

发明名称：一种贴木皮的原木门的门框

公开号：CN201981957U

申请人：朱红

摘要 ：本实用新型公开了一种贴木皮的原木门的门框，包括上层板、中层板和下层板，上层板和下层板是由两条或两条以上的指接板条拼接而成的指接拼板，中层板是多层板或是由两条或两条以上的指接板条拼接而成的指接拼板；该中层板夹在上层板与下层板之间并通过拼板胶固接在一起；上层板与下层板的周边尺寸相一致并相互对齐，中层板的至少一边凹入或凸出上层板与下层板的一侧对齐边而形成榫槽或凸榫；在上层板的上表面和下层板的下表面还分别包覆有一层以优质木材制作而成的木皮层。利用该门板和门框来组装成原木门，既缓解了现有优质木材紧缺的现状，达到了节能、环保的要求，又具有原木门的外在特征，同时，低廉的价格而使得产品极具竞争力。

申请号：201120056457.6

发明名称：高密封性的仿古式木门木窗

公开号：CN201981971U

申请人：姚殿景

摘要：本实用新型涉及一种高密封性的仿古式木门木窗。高密封性的仿古式木门包括有相对应的门体、门套，门套具有对应于门体边缘的直角内挡，在门体的外沿设置有与门套相适应的丁字挡，丁字挡一侧与门体外沿紧密固接，另一侧则贴装有对应于门套内沿的毛条，在门套的直角内挡内还安装有对应于门体的密封体；高密封性的仿古式木窗的密封设计方式与上述高密封性的仿古式木门类同。该高密封性的仿古式木门木窗与现有仿古式木门木窗相比，密封性能大大提高，挡风效果佳。

申请号：201120082497.8

发明名称：新型建筑木门预埋连接装置

公开号：CN202000825U

申请人：中国三冶集团有限公司管道工程公司

摘要：本实用新型涉及一种新型建筑木门预埋连

接装置，包括预埋块和插销部分，预埋块预埋于墙体内，插销部分包括插接件、螺丝孔、粘贴面，插销部分通过螺钉及粘贴面与门框连接，插销部分与预埋块通过插接件插入预埋件的槽孔相结合。所述的预埋块和插销部分均采用 PVC 材料制成。与现有技术相比，本实用新型的有益效果是：连接牢固、安装方便、耐腐、环保、节省材料。

申请号：201120050944.1

发明名称：木门门套

公开号：CN201991367U

申请人：王龙伏

摘要：一种木门门套，包括主门框、副门框和门套线。主门框一侧设有供副门框插入的插接槽，主门框另一侧设有供门套线插入的开槽，主门框上设有用于安装墙体固定螺钉的安装部。所述的副门框一侧与主门框插接配合，副门框另一侧设有供门套线插入的开槽；副门框由副门框内侧板和副门框外侧板拼合而成，副门框外侧板的宽度大于副门框内侧板的宽度，副门框外侧板遮挡主门框上的螺钉安装部。由于主门框上设有用于安装墙体固定螺钉的安装部，螺钉安装部与门扇安装处距离较近，使得主门框连接更牢靠。由于主门框和副门框上都设有供门套线插入的开槽，门套线固定无须钉子，使得木门门套的外观更美观。

申请号：201120091994.4

发明名称：一种实木门榫卯连接结构

公开号：CN202055697U

申请人：庞军

摘要：本实用新型公开了一种实木门榫卯连接结构，包括两块相对接的实木板，两实木板的对接面中部分别设有相适配的凹槽和凸榫，两实木板的对接面上凹槽和凸榫的两侧还设有两个相适配的副榫卯，副榫卯包括分别设置在凹槽两侧的副凸榫和分别设置在凸榫两侧的副凹槽，两实木板通过在凹槽和凸榫以及副凸榫和副凹槽的配合面上施胶再相互配合连接为一体。本实用新型增加两个副榫卯可以增加胶黏表面积，胶黏强度可以大大提高。副榫卯还有一定的美观效果，在凹槽和凸榫两边对称形成辅助之势，使连接更加牢靠。副榫卯在一定程度上减少了门边卡头裂缝的比例，提高了木块连接的稳定性和可靠性。

申请号：201020688505.9

发明名称：一种抗裂型实木门板

公开号：CN202064786U

申请人：袁天凯

摘要：本实用新型公开了一种抗裂型实木门板，主要由门框和门芯组成，其特征在于：在门框内侧的四条侧边上分别设有嵌接槽，且在每条嵌接槽内部还内嵌有伸缩胶条，门芯的四边则嵌入在门框的四条嵌接槽内并与伸缩胶条紧密相连。本实用新型在门框内侧的四条侧壁上分别设有一道嵌接槽，且在每道嵌接槽内部还设有伸缩胶条，因此当门芯内嵌在嵌接槽内部时便存在一定的伸缩位距，这样不仅可以确保门框与门芯的紧密连接，而且还能确保在门板因吸水膨胀收缩时能自行调节其位置，实现门板不开裂的目的。

申请号：201220186227.6

发明名称：一种门芯板式木门

公开号：CN202788506U

申请人：钭礼俊

摘要：实木门有一个很大的缺点，随着环境湿度的增加而膨胀，随着环境湿度的降低而收缩。这个缺点容易使容器好的实心木门在门边与门芯板的相接处开裂，这将大大影响木门的美观性。本实用新型提供一种门芯板式木门，包括金属镶边、门芯板、门边，其中，金属镶边与门芯板相连接；金属镶边通过螺丝与门边相连接，进而把门芯板与门边间接地连接起来。本实用新型提供的一种门芯板式木门，利用金属镶边把门芯板与门边连接起来，避免了门芯板与门边的直接相连，从而避免了热胀冷缩时门芯板与门边连接处开裂的现象，保证了木门的美观和质量。

申请号：201220514889.1

发明名称：一种具有防水结构的铝包木门窗

公开号：CN202810513U

申请人：上海凯庭新型建材有限公司

摘要：本实用新型涉及一种具有防水结构的铝包木门窗，包括门窗边框型材、门窗开扇型材，在所述门窗边框型材和门窗开扇型材之间设置有密封胶条，其中，在所述门窗边框型材上设置有滴水凸线和止水沿口，在窗扇型材上设置有导水槽口。本实用新型结构简单，通过上述设计，能够有效地阻止雨水流入室内。

申请号：201220611023.2

发明名称：隐藏式边条实木门

公开号：CN202970304U

申请人：广东圣堡罗门业有限公司

摘要：本实用新型涉及一种隐藏式边条实木门，旨在提供一种造型美观、有效防止门变形的隐藏式边条实木门。其技术方案是这样的：该隐藏式边条实木门包括门主体，所述的门主体两侧设有实木装饰板，门主体四周设有装饰条，装饰条的左右两侧刚好完全被实木装饰板覆盖。属于门设计技术领域。

申请号：201220536073.9

发明名称：玉浮雕木门

公开号：CN202970338U

申请人：姜凤岐

摘要：一种玉浮雕木门，包括木质芯板、高密板、仿玉料层和仿玉浮雕块。上述玉浮雕木门的内层设置木质芯板，在木质芯板的外围设置高密板，高密板与木质芯板相互固定并将木质芯板包围。在上述高密板的外部整体涂覆仿玉料，形成包覆在高密板外侧的仿玉料层；至少有一块仿玉浮雕块设置在仿玉料层的外表面上。本实用新型中的玉浮雕木门在保证木门整体强度的前提下，使木门的外观更具美感，提升了木门整体的视觉效果，使玉浮雕木门更加高雅华贵，从而提升了产品的市场竞争力。

二、木地板最新专利

申请号：201110109252.4
发明名称：一种重蚁木地板的上漆工艺方法
公开号：CN102179360A
申请人：广东省宜华木业股份有限公司
摘要：一种重蚁木地板的上漆工艺方法，包括如下步骤：首先，将重蚁木规格坯料放入干燥窑中进行升温加湿，在温度及湿度达到设定值后，保持一段时间，使重蚁木规格坯料脱脂和去除黄钟花醌；其次，将表层完全脱脂和去除了黄钟花醌的重蚁木规格坯料在室温下平衡养生一段时间后加工成重蚁木地板素板；再次，在重蚁木地板素板上喷涂PU水性底漆，并让其自然干燥；最后，在喷涂了PU水性底漆的重蚁木地板素板上依次涂布UV底漆、腻子及UV面漆，完成重蚁木地板的上漆。本上漆工艺方法能有效地达到脱脂、去除和封堵重蚁木地板板面油脂及黄钟花醌的目的，从而增强木地板表面油漆附着力，并确保了其表观质量及板面油漆效果，且油漆干燥时间短、生产效率高。

申请号：201110125562.5
发明名称：一种新型钙木地板及其生产方法
公开号：CN102260057A
申请人：石维春；石细英
摘要：一种新型钙木地板及其生产方法，属于建材加工技术领域。用70%～80%重质碳酸钙、15%～30%聚氯乙烯树脂、1%～3%硼酸锌和3%～6%复合钙锌改性剂为原料，经过高温相容混合，改变高分子性能后，造粒形成粒状，运用专用设备模具挤出成型，成型钙木地板条状基材，且对钙木地板基材两端开出安装拆卸用的凹凸槽，再经表面花色印刷工艺生产出各种精美木纹纹理的板材，再经环保耐磨地板表面涂装处理，形成一种似木优于木的新型钙木地板产品。

申请号：201010211953.4
发明名称：抗伸缩的实木地板及其制作方法
公开号：CN102287042A
申请人：李濬箴
摘要：本发明涉及一种抗伸缩的实木地板及其制作方法，该实木地板包含一本体，该本体由数个由原木制成的地板块拼合而成，这些地板块具有相对的上下两个板面及两组相对的侧壁，这两个板面与树木生长方向平行，其中沿树木生长方向形成的一组侧壁为拼合面，而沿树木年轮方向形成的一组侧壁为年轮侧壁，各地板块借助对应的拼合面相互拼合形成地板，且各年轮侧壁位于该地板的两侧边。依据树木在生长方向的伸缩度远小于其年轮方向的伸缩度的特性，使所形成的地板在宽度方向上不易伸缩变形，同时在地板块的上下两个板面上形成伸缩槽，以吸收地板在长度方向上的伸缩变形，从而避免地板铺装后产生的起翘、变形、起拱等缺陷。

申请号：201110140895.5
发明名称：一种模压强化超原木地板
公开号：CN102296780A
申请人：冷涛；李容毅
摘要：本发明公开了一种模压强化超原木地板，属于地板加工技术领域。其特征在于：通过改变第三代（多层复合）木地板基材的生产工艺，提供了一种使胶贯穿于板材厚度的并使密度比原木材提高的渗胶地板基材，进而采用第二代（强化纤维基材）木地板的面层处理工艺，在其表面热固化上三聚氰胺纸面层，制成第四代属于模压强化的超原木地板。其创新性和实用性即以新开发的渗胶地板基材取代了第三代用胶粘贴而成的地板基材，从而弥补了现有技术的不足，进而利用了第二代木地板先进的面层处理工艺改进了第三代木地板面层处理的各项性能指标，同时降低了生产成本、提高了制品的性能价格比，使木地板产业跨入了第四代制品的发展阶段。

申请号：201110277029.0
发明名称：一种新型六边形拼接木地板
公开号：CN102359255A
申请人：苏州雍阳装饰材料有限公司
摘要：本发明公开了一种新型六边形拼接木地板，该地板由若干木地板块拼接而成，所述木地板块为正六边形；所述木地板块的一侧面设有凸缘，与之相拼接的另一木地板块的侧面设有与凸缘相配合的凹槽，各个地板块侧面的凸缘和凹槽相互拼接在一起构成地板；所述木地板块的凸缘和凹槽的横断面形状均为长方形；所述木地板块的凸缘和凹槽的高度与所述木地板块的高度相同。本发明的拼接木地板通过各侧面的凸缘和凹槽相配合，环环相扣，连接牢固；同时不使用粘胶，经济环保，安装方便；地板不会有翘起、开裂等缺陷，延长了地板的使用寿命。

申请号：201110277046.4
发明名称：一种新型菱形拼接木地板
公开号：CN102359256A
申请人：苏州雍阳装饰材料有限公司
摘要：本发明公开了一种新型菱形拼接木地板，该木地板由若干木地板块拼接而成，所述木地板块为菱形；所述木地板块的一侧面设有两个凸缘，另一侧面设有与凸缘相配合的两个凹槽，各个地板块各侧面的凸缘和凹槽相互拼接在一起构成地板；所述木地板块的凸缘和凹槽的横断面形状均为长方形；所述木地板块的凸缘和凹槽的高度与所述木地板块的高度相同。本发明的拼接木地板通过各侧面的凸缘和凹槽相配合，环环相扣，连接牢固；同时不使用粘胶，经济环保，安装方便；地板不会有翘起、开裂等缺陷，延长了地板的使用寿命。

申请号：201110277093.9
发明名称：一种新型三角形拼接木地板
公开号：CN102359258A
申请人：苏州雍阳装饰材料有限公司
摘要：本发明公开了一种新型三角形拼接木地板，该地板由若干木地板块拼接而成，所述木地板块为正三角形；所述木地板块的一侧面设有凸条体，与之相嵌接的木地板块设有与凸条体相配合的凹槽，各个地板块侧面的凸条体和凹槽相互嵌接在一起构成地板；所述木地板块的凸条体和凹槽的横断面形状均为长方形；所述木地板块的凸条体和凹槽的厚度为木地板块厚度的一半。本发明的拼接木地板通过四周侧面的凸条体和凹槽相配合，环环相扣，连接牢固；同时不使用粘胶，经济环保，安装方便；地板不会有翘起、开裂等缺陷，延长了地板的使用寿命。

申请号：201110267319.7
发明名称：密实化速生材制造实木地板的方法
公开号：CN102407548A
申请人：南京林业大学
摘要：本发明涉及利用速生材作为原料生产实木地板的方法，属于实木地板制备技术领域。通过压缩密实化和高温热处理的方法使密实化的板材在厚度方向具有一定的密度梯度，提高速生材的表面密度及整体密度、力学性能和密实化木材的尺寸稳定性及防腐性，改变速生材不能直接作为实木地板的局面，扩大速生材在实木地板行业中的应用范围，提高其使用价值。此外，采用速生材生产实木地板，一方面可以替代珍贵木材，保护我国的天然林资源，满足人们不断增长的需求；另一方面可以在一定程度上缓解由于珍贵原料短缺而造成的实木地板发展的瓶颈，促进我国实木地板的发展。

申请号：201110313729.0
发明名称：一种抗潮透气木地板及其制作工艺
公开号：CN102418411A
申请人：季资清；叶昌海
摘要：本发明公开了一种抗潮透气木地板以及制作工艺，包括四面企口后的木地板，木地板上表面设置有若干通孔，任一个通孔的中心轴均垂直于木地板表面；任一个通孔所在木地板的上表面处还设置有一个与通孔具有同一中心轴的盲孔，盲孔的孔径比通孔的孔径大 10mm，盲孔的深度为 3mm。上述木地板的制作工艺如下：首先在木地板上设置通孔和盲孔，然后干燥、油饰并装上铆钉。工艺中用到了由桐油、蓖麻油和雪松油组成的特制防潮油。本发明的木地板具有抗潮透气、抗菌以及保健按摩的优点。

申请号：201110247977.X
发明名称：一种印花木地板
公开号：CN102425289A
申请人：苏州潮盛印花制版实业有限公司
摘要：本发明公开了一种印花木地板，它包括木地板基材，粘贴在木地板基材上的印花薄膜，涂覆在印花薄膜上的防水粉末涂料层。本发明提供的印花木地板，结构设计合理，尤其在木地板表面增设有印花薄膜后，印花可以是平面或立体印花，且颜色可调不易褪色，美观度好，并且具有很好的防水性能，坚固耐用。

申请号：201110386732.5
发明名称：一种水曲柳木地板基材的干燥方法
公开号：CN102494519A
申请人：宁波蓝鼎电子科技有限公司
摘要：本发明提供一种水曲柳木地板基材的干燥方法，它包括以下步骤：水曲柳木地板基材放入干燥窑内，按每小时 0.8℃～1.6℃的速度升温至 50℃～56℃，保温 7.5～8 h；干燥窑内喷入 120℃～180℃的水蒸气，水蒸气气流速度为 6～12m/s，将温度升至 60℃，相对湿度升至 60%～65%；保持干燥窑内 60℃的稳定温度，进行排湿，排湿时间为 4～7 天，将相对湿度均匀降低 3%～10%；检测水曲柳木地板基材的含水量，当含水量停止降低时，干燥窑内加入水蒸气至相对湿度升至 60%～65%，然后保持温度和相对湿度 3～4 天；重复前两个步骤，直至水曲柳木地板基材的含水量达到合格线。该方法干燥效果好、成品率高、次品率低。

申请号：201010568175.4
发明名称：软木地板块、制造方法及软木地板
公开号：CN102486043A
申请人：张家港爱丽塑料有限公司
摘要：本发明公开一种软木地板块及制造方法，包括至少两层结构，其特征在于：所述上层结构是由软木构成的软木层，所述下层结构是由塑料或橡胶制品构成的基材层，所述上下层结构之间经胶水错位拼接而成。本发明同时公开了一种由该软木地板块铺设而成的软木地板。

申请号：201210128244.9
发明名称：牡丹祥云拼花木地板的制作工艺
公开号：CN102626943A
申请人：茌平县华德木地板厂
摘要：本发明涉及牡丹祥云图案木地板的制作工艺，包括以下步骤：手工绘画出牡丹和祥云图案；以图案为模版，制成凹印钢胶版；用上述凹印钢胶版，采用水溶性油墨，将牡丹祥云图案印制在

地板面纸上；将印有牡丹祥云图案的地板面纸浸泡在尿醛树脂中10～15秒后捞出，烘干，裁切成24cm×810cm每幅；在高温高压情况下将平衡纸、面纸、耐磨纸压贴在密度板的表面；将整块的地板进行分割，分割时必须按地板的图案设计进行定向锯板。开榫就是在分割好的地板四周开挖拼接槽，为了图案的拼接，开榫时从正面看左右长边的公母榫要各占一半；根据图案设计和客户所需地板的平方数将地板分拣装箱。本发明设计多种图案，弘扬传统文化，美观大方。

申请号：201210077372.5

发明名称：强化木地板彩色固体封蜡及其制备方法

公开号：CN102627862A

申请人：嘉兴学院；浙江东腾蜡业有限公司

摘要：一种强化木地板彩色固体封蜡，它的成分及其重量百分比为：石蜡50%～85%，高分子材料10%～45%，有机颜料1%～8%，表面改性剂1%～8%。制备方法为：按比例称取所需原料，将原料熔融混合，然后冷却。运用这种强化木地板彩色固体封蜡处理木地板的锁扣处，不仅具备传统石蜡处理之后的防潮、润滑的效果，而且对地板锁扣处基材进行有效遮盖，可以根据地板表面颜色配置出与地板表面颜色统一的彩色固体封蜡，获得颜色均一的效果，极大地提高了地板的整体美观程度。

申请号：201110344034.9

发明名称：一种新型加热拼接木地板块

公开号：CN102505827A

申请人：浙江红高梁木业有限公司

摘要：本发明公开了一种新型加热拼接木地板块，所述木地板块上表面成型有一个凹腔，所述的凹腔内安装有一电加热膜；所述木地板块的侧面设有公槽和一直角钩，相对侧面设有与木地板块的侧面上的公槽和直角钩相配合的母槽和一直角钩；各个地板块四周相互拼接在一起构成地板。本发明采用电加热膜发热来取代以往的循环水供热，所发的热量都会聚集在房间内，所以热量散失少，供热效果好，而且电加热膜脚踩上去比较柔软，发出的声音也小。同时，拼接木地板之间相互咬合，连接牢固；不使用粘胶，经济环保，安装方便；地板不会有翘起、开裂等缺陷，延长了地板的使用寿命。

申请号：201110343965.7

发明名称：一种带防腐层的拼接木地板

公开号：CN102505829A

申请人：浙江红高梁木业有限公司

摘要：本发明公开了一种带防腐层的拼接木地板，所述木地板块的上表面有一碳化层；所述木地板块的一侧面设有公槽和一直角钩，与之相拼接木地板块的侧面设有相配合的母槽和一直角钩；各个地板块四周相互拼接在一起构成地板；所述的碳化层厚度为0.1mm～0.5mm；所述的公槽的底面边线和所述的直角钩的侧面边线构成的角度为90°；所述的木地板块的直角钩和与之相拼接木地板块的直角钩配合安装后其总高度与木地板块的厚度相同。本新型的地板其上有一碳化层，这样就能够起到防腐蚀的作用；木地板之间相互拼接咬合，连接牢固；同时，不使用粘胶，经济环保，安装方便；地板不会有翘起、开裂等缺陷，延长了地板的使用寿命。

申请号：201210274831.9

发明名称：一种浮雕强化木地板及其制造方法、浮雕模压模板

公开号：CN102767274A

申请人：湖南圣保罗木业有限公司

摘要：一种浮雕强化木地板及其制造方法、浮雕模压模板。使用专用浮雕模压模板，由平衡纸、高密度纤维板、粉纸、耐磨纸经热压固化而成。

所述粉纸由木纹纸经使用三聚氰胺甲醛树脂浸渍和干燥、单面再使用耐磨胶液涂布和干燥制得，耐磨胶液为由100重量份三聚氰胺甲醛树脂、3～4重量份气相二氧化硅、10～12重量份凹凸棒土、30～32重量份刚玉粉、0.5～0.7重量份分散剂、0.3～0.4重量份三聚氰胺甲醛树脂的固化剂、0.2～0.3重量份消泡剂制得。在保证产品木纹图案清晰度良好的前提下，可以生产耐磨值2万转以上的浮雕强化木地板，特别适用于在人流量大的公众场所装饰使用。

申请号：201210288476.0

发明名称：双屏稳定实木地板生产工艺

公开号：CN102794808A

申请人：浙江上臣地板有限公司

摘要本发明公开了一种双屏稳定实木地板生产工艺，在坯板上依次采用常规的砂光、定厚、上下表面刨平以及两侧分别开榫头和榫槽，并形成上、下表平面木纹相称、应力相等的基板。特点是：在基板的正面、背面以及四周进行油漆封闭，封堵基板中的水分，以控制水分的变化达到稳定的目的。本发明不仅可提高地板的稳定性，使地板不易变形，而且更为美观，还能减少地板安装后的响声问题。本发明省去了背面开背槽的工艺，节能降耗，减少加工步骤，提高了生产效率。

申请号：201210312932.0

发明名称：一种杉木地板料的处理方法

公开号：CN102837344A

申请人：中南林业科技大学

摘要：本发明公开了一种杉木地板料的处理方法，采用如下步骤：(1)配制调色液：按照质量比草酸：马来酸：10∶3～10∶7，将草酸与马来酸均匀混合，然后配制质量百分比浓度为1.5%～9.5%的水溶液，配制成调色液。(2)装罐：按照体积比木材：调色液＝1∶0.5～1∶1.3将调色液和木材装入处理罐。(3)调色处理：在温度20℃～40℃、压力0.7～1.2MPa下，保温9h～12h，然后排出液体，得到调色木。(4)将调色木在120℃～140℃水蒸气中进行处理0.5h～1.5h，然后冷却、卸压，打开处理罐，卸出木材即可。本发明易于实现、操作方便、生产成本低、环保。

申请号：201210546916.8

发明名称：保温节能复合木地板

公开号：CN102979291A

申请人：张仕霖

摘要：本发明公开了一种保温节能复合木地板，属于复合木地板领域，包括底部的木质基板、中间的保温层、外层的透明耐磨层，以及耐磨层与保温层之间的增透层，所述保温层通过以下方式制备：将N-甲基咪唑与溴代正烷烃得到溴代1-甲基-3烷基咪唑离子液体纯产品，将石墨或铜粉按质量比1∶3～1∶4的配比加入到离子液体中，加热至熔融并搅拌均匀，最后将木质基板浸泡于该熔融液中吸收熔融液在表层形成保温层。所述增透层通过以下方式制备：将按质量份数如下的成分组成的混合液涂敷于保温层上-醇、SiO_2、MgF_2H_4、ZnO，所述耐磨层为氧化铝。本发明是一种冬季时不再冰凉刺肤，且能够储存热量，降低暖气、地暖能耗的保温节能复合木地板。

申请号：200910101611.4

发明名称：一种实木地板

公开号：CN101660342

申请人：浙江世友木业有限公司

摘要：本发明涉及一种实木地板的结构。它包括有表层以及与表层木材质连接的次层，所述的表层密度为次层密度的1.5倍以上。上述结构可提高表层各项性能，提高木材强重比，使用者使用的感觉与实木地板无异，提高了地板的附加值。

申请号：200910308719.0
发明名称：一种柚木地板的改色方法
公开号：CN101670603
申请人：浙江久盛地板有限公司
摘要：本发明公开了一种柚木地板的改色方法。它是将表面浸湿过的柚木地板通过波长为280nm～400nm的紫外光照射，实现柚木地板的改色。这种改色方法不受场地和天气限制，改色时间短、效率高，而且改色效果优越，改色后柚木地板表面的黑纹和斑点明显减少。

申请号：200910145550.1
发明名称：一种石木地板及其生产方法
公开号：CN101691804A
申请人：石维春
摘要：属于建材加工技术领域。以60%～80%重质碳酸钙、12%～18%植物粉、15%～30% PVC树脂和1%～3%复合钙锌改性剂为原料，经过高温聚合，改变高分子性能后，形成石木地板粒状基材；粒状基材运用专用模具设备挤出成型，形成石木地板状基材。再经表面热转印工艺生产出各种精美木纹纹理的板材，再经环保耐磨处理，形成一种似木优于木的石木地板产品。

申请号：200910308949.7
发明名称：一种木地板的底面上漆方法及其装置
公开号：CN101693231A
申请人：浙江久盛地板有限公司
摘要：本发明公开了一种木地板底面上漆方法及其装置。本发明将油漆以雾状形态从喷枪喷出，对木地板的底面进行上漆；通过在喷枪下方设置输送装置，实现木地板的输入和输出；通过在输送装置两侧设置收集油漆的挡油板，在挡油板下方设置聚油抽屉，以收集散漏的油漆；通过在机罩下方设置风机，风机的排风口连接回收管道，使聚油抽屉中的油漆输送到回收管道，回收管道连接喷枪的储油箱，使散漏的油漆实现再利用。本发明涂饰均匀、渗透性较强、涂饰效果比较理想。本发明采用自动化上漆的方法，既提高了工作效率，又减少了人力成本；另外，本发明可以将上漆时散漏的油漆收集后回收利用，大大降低了企业的生产成本。

申请号：200910211064.5
发明名称：复合软木地板及其生产方法
公开号：CN101701491A
申请人：江苏森豪仕软木有限公司
摘要：本发明公开了一种复合软木地板及其生产方法。产品包括上、下软木层，上、下软木层之间设置由至少3层木皮复合而成的实木材料层或由至少3层竹皮复合而成的竹材料层。实木材料层或竹材料层的上下表层的纹路方向一致，且至少有一层中间层的纹路与上下表层的纹路呈纵横交错的形式，在实木材料层或竹材料层的四周分别开有槽或榫，与相邻地板呈锁扣连接的形式结合。生产方法包括复合、开锁扣等步骤。本发明结构合理，安装方便，辅料少，不用打龙骨，不破坏地面结构，不增加地面重量，为四周全部为锁扣的全锁扣地板，能长久保持整体效果，不易变形，稳定性好，环保，同时具有软木地板的优点。

申请号：20091 0264485.4
发明名称：木地板用刨光板的加工方法
公开号：CN101716788A
申请人：项庆瑜
摘要：本发明涉及木地板用刨光板的加工方法。包括以下步骤：(1)干燥地板用木板；(2)定厚半干木板；(3)热压半干木板，从而去除水分并将变形部分整平，得到木地板用刨光板。在步骤(1)中，干燥是采用风干方法自然干燥，干燥半干木板的含水率为15%～25%。在步骤(2)中，砂光定厚半干木板。在步骤(3)中，热压的压力为0.4～2.0MPa，温度为160℃～280℃，时间为6～14min，随着材种、含水率、季节和地区不同而有所变化。作为本发明的优选方案，地板用木板的厚度为20.8mm～21.5mm，制成木地板用刨光板的厚度为20mm。本发明具有工艺简单、投资省、出材率高的优点。

申请号：200910170268.9
发明名称：曲线复合木地板
公开号：CN101713249A
申请人：李忠鹏
摘要：一种曲线复合木地板，包括一复合纤维层。其特征在于所述曲线复合木地板的长度方向的侧边为连续曲线结构，曲线复合木地板的边缘设置有卡榫和卡槽，所述长度方向的侧边设置的卡榫上有一凸出于侧壁的凸筋，相应的卡槽的一侧壁开设有与凸筋相配合的凹槽。该曲线复合木地板的抗外力、抗高温性能佳，其结构设计合理，AqS—高温下抗变形能力强，地板与地板之间结合紧密，能够通过改变地板形状有效消除因高温产生的地板张力问题，适用于各种地暖取暖区域的地面装饰。

申请号：200910214332.9
发明名称：一种强化木地板
公开号：CN101718140A
申请人：广东盈然木业有限公司
摘要：一种强化木地板，包括地板本体。其特征在于所述地板本体的底面设有弹性气垫层，该弹性气垫层覆盖地板本体的整个底面。本发明在地板本体下设置一覆盖其整个底面的弹性气垫层，因为弹性气垫层具有优良的支撑力和极好的弹力，从而使原来没有较好韧性的强化木地板具有了非常好的弹性，弹性的增加使强化木地板具有良好的脚感，给消费者带来舒适的享受。

申请号：200910103068.1
发明名称：原木横切木地板的加工工艺
公开号：CN101462292
申请人：杨绪斌
摘要：本发明公开了一种原木横切木地板的加工工艺。其加工包括如下步骤：(1) 横切下料；(2) 干燥；(3) 拼装；(4) 表面处理；(5) 裁切开槽。本发明只有一层，厚度达2cm～3cm，强度高，耐磨性好；而且，该发明直接对去皮后的芯材横切，再拼装，最大程度地保留了树木的天然纹理，而且，接合处为弧形，美感强，满足了高档用户的需求；此外，本发明对原木树干或树枝或树根直径的要求低，且加工过程几乎不产生废料，有利于节约木材。

申请号：200810026744.5
发明名称：一种填充式改性木基材实木地板及其制造方法
公开号：CN101463647
申请人：胡斌
摘要：本发明涉及一种填充式改性木基材实木地板及其制造方法。改性木基材实木地板包括低密度木纤维的速生实木基材，该速生实木基材具有纤维管孔，其纤维管孔内填充有近似纳米级的改性填充物，填充物与基材紧密连接构成整体。其制造方法主要是：(1) 先按照地板规格，将低密度木纤维的速生实木基材坯料分割，备用；(2) 将上述分割好的速生实木木纤维基材坯料放入反应罐进行高温高压处理，并将近似纳米级的改性填充物填入速生实木基材的纤维管孔，使填充物与基材紧密连接构成整体。该发明利用经过填充式改性处理的低能耗木材以及免漆工艺，克服了传统实木地板高能耗、高成本、易变形开裂等弊端，同时能保证实木自然美观的纹理效果，天然的温湿调控功能，卓越的环保性能以及舒适、厚重的脚感。

申请号：200910060740.3

发明名称：便携式木地板开槽机

公开号：CN101474811

申请人：武汉科技学院

摘要：本发明提供一种便携式木地板开槽机。其结构包括铣刀装置、进给装置、夹持定位装置和机架。铣刀装置和进给装置安装在机架上，夹持定位装置安装在进给装置上，铣刀装置的铣刀在水平面内旋转，夹持定位装置在进给装置带动下作直线往复运动。夹持定位装置主要由偏心轮、偏心轮手柄、拉杆轴、拉杆、支板、上夹板、下夹板、弹簧和导向杆组成。进给装置主要由进给电机、进给电机支座、联轴器、丝杆前支承、丝杆、丝杆螺母、直线导轨、滑块和丝杆后支承组成。铣刀装置主要由铣刀、支架、刀架、底座、铣刀电机、调节旋钮、顶杆、调节轮和夹紧片组成。这种木地板开槽机重量轻、结构简单、操作方便、造价低、便于携带。

申请号：200810068621.8

发明名称：实木地板的铺装方法及铺装结构

公开号：CN101487338

申请人：浙江世友木业有限公司

摘要：本发明公开了一种实木地板的铺装方法及铺装结构。它采用金属连接件使实木地板与木龙骨固定连接，并利用实木地板的母槽/公槽与另一片实木地板进行拼接。其铺装结构包括实木地板、木龙骨，在实木地板的背面用平头螺钉固定有金属薄片，该金属薄片的另一端用平头螺钉固定在木龙骨上；实木地板之间通过其上的公槽/母槽的配合互相拼接在一起。本发明在安装时不需要用锤子击打，避免了锤子击打时强大的冲击力；地板不易开裂、无暗伤；不论安装还是拆卸，整个过程均可用电动工具轻松完成，具有装拆方便、轻松、省时、省力且不伤地板的特点；拆下的地板还可重复再利用，具有很好的经济性和环保性。

申请号：200910143363.X

发明名称：一种无醛强化木地板的制作方法

公开号：CN101549511

申请人：朱君山；朱勇

摘要：本发明涉及室内装饰用强化木地板的制作技术领域，是一种无游离甲醛释放的强化木地板的制作方法。该制备方法包括选材、制备甲醛清除液及基材处理等步骤。经过本发明方法处理的强化木地板基材，采用GB/T 11718—1999《中密度纤维板》规定检测强化木地板基材的各项物理指标，和没经处理的强化木地板基材比较，各项物理指标比处理之前毫不降低。这是因为甲醛清除液主要是高分子物质，和甲醛反应不但起到清除甲醛的作用，而且还达到了增加胶合强度和耐水性的目的。

申请号：200910302132.9

发明名称：一种青花瓷工艺木地板的生产方法

公开号：CN101632982

申请人：浙江贝亚克木业有限公司

摘要：本发明公开了一种青花瓷工艺木地板的生产方法，包括以下生产步骤：(1) 刷水性附着剂，红外线干燥，上封闭底漆，刮弹性加硬腻子；(2) 上封闭底漆，刷弹性加硬底漆，砂光；(3) 淋涂底漆，流平，收板开榫；(4) 刷第一道耐磨底漆，UA半固化后再刷第二道耐磨底漆；(5) 刷弹性加硬底漆，砂光；(6) 淋涂底漆，流平；(7) 上第一道弹性加硬面漆，UA半固化后上第二道弹性加硬面漆。采用本发明生产的地板在油漆表面形成一层质坚色清的瓷釉漆面，呈现青花瓷般的自然动感和质感，地板表面纹理清晰、绚丽，漆膜硬度高、耐磨性和耐刮擦性好，整体铺装效果光色和谐，抗紫外线，不易褪色。

申请号：200910306288.4

发明名称：木地板制备工艺及其真空注液处理装置和使用方法

公开号：CN101637934

申请人：陈桂晖

摘要：本发明涉及一种木地板制备工艺及其真空注液处理装置和使用方法。通过对原木切割、脱脂、烘干、制取毛坯，再利用所述装置对毛坯板材进行真空高压注入胶体，最后进行烘干、精加工一整套简单的工艺，完成木地板的制作。该种木地板强度高，不易弯曲变形，具有较好的使用价值。

申请号：200910181906.7

发明名称：防水三层实木地板

公开号：CN101644101

申请人：麦道地板（苏州）有限公司

摘要：本发明公开了一种防水三层实木复合地板。基材板为三层实木复合板，包括面层板、中间层板和底层板，三层层间通过黏结剂黏结热压合成整体。基材板面层板的上部有防水性能好的热固性树脂装饰层饰面，热固性树脂装饰层饰面表面有三氧化二铝耐磨层；底层板为实木单板；中间层板为拼接板或指接板。本发明材质稳定，不易胀缩、变形，防水效果好，遇水不会发泡涨大，适合在家庭或公共场所使用；地板表面硬度高、耐磨度高；花式品种多，装饰效果丰富多彩；生产速度快，成本低，利于推广；既能满足人们的使用需求，又能保护森林资源和环境。

申请号：200810198146.6

发明名称：强化木地板

公开号：CN101660338

申请人：东莞富尔玛木业科技有限公司

摘要：强化木地板是一种强化复合地板，包括耐磨层、装饰层、表层、基材层、柔软弹性结构层和平衡层。平衡层是木皮结构层，木皮结构层由1层以上的木皮层组成，木皮层可以是天然木皮制品；木皮层又可以是无纺布木皮制品；木皮层也可以是染色木皮制品，木皮层还可以是天然漂白木皮制品。本发明以木皮层代替传统的平衡层，以克服浸渍三聚氰胺的平衡层很硬、使用上没有舒适脚感的缺点；而柔软弹性结构层使强化木地板本身的厚度有所增厚，弹性脚感也随地板厚度的增加而提高了，这必然彻底改变以往强化木地板脚感单薄、生硬、缺乏弹性和韧性、噪声较大的弊端。本发明地板适宜在住宅和宾馆中使用。

申请号：200910145103.6

发明名称：防水多层实木地板

公开号：CN101660340

申请人：麦道地板（苏州）有限公司

摘要：本发明公开了一种防水多层实木地板。它包括基材板，基材板为多层实木复合板，多层实木复合板的相邻实木单板的木纹纵横向交错，层间通过黏结剂黏结热压合成整体；基材板上部有防水性能好的浸渍纸饰面，浸渍纸饰面表面有三氧化二铝耐磨层；地板上表面两侧边缘为经压力机构一次加工成型的向下弯曲的弧形边。地板弧形边一次加工成型压力机构可采用多种形式，如压辊式或压板式压力机构。本发明地板材质稳定、防水效果好；表面硬度高，耐磨度高，花式品种多，装饰效果丰富多彩；具有弧形边设计，能防止地板铺设时的高度差，减小磨损度，增加美观性，且生产工艺简便，生产速度快，造价低。

申请号：200910196362.1

发明名称：远红外线热能木地板及其制造方法和铺装方法

公开号：CN101660803

申请人：陆上驰；董兵

摘要：本发明涉及一种远红外线热能木地板，

其碳晶电热材料片分别贴合木地板表板的第二表面和木地板基板的第三表面。木地板表板是气干密度为0.5～0.7m^{3}的阔叶树材板，厚度2mm～4mm，含水率6%～8%；碳晶电热材料片厚度0.2mm～0.5mm；木地板基板是气干密度0.3～0.6g/cm^{3}的针叶树材板，厚度13mm～16mm，含水率6%～8%。包括偶数层木板，各木板依次贴合且纹理纵横交错，木地板基板的第四表面上设置有空气导流槽，还提供了制造方法及铺装方法。本发明设计巧妙、安全、环保、节能、自动调节温度，突破了木地板的天然功能，将远红外线热能发热体与木地板有机结合，在地热采暖材料的使用寿命、节能、安全、环保、健康、理疗等方面均有重大突破，是国际木地板产业的一次革命。

申请号：200910305954.2

发明名称：一种耐磨木地板

公开号：CN101666155

申请人：浙江久盛地板有限公司

摘要：本发明公开了一种耐磨木地板。它的涂饰工艺是先在木地板的底面涂覆6层普通油漆，然后在木地板的表面涂覆1层普通油漆，再在木地板的表面涂覆1层纳米耐磨油漆。本发明的耐磨性能优越，漆面附着力和耐刮力较好，生产成本较低，而且本发明的油漆涂层细腻均匀，美观协调。

申请号：200910308224.8

发明名称：木地板安装方法及其固定组件

公开号：CN101672095

申请人：浙江方圆木业有限公司

摘要：本发明公开了一种木地板安装方法及其固定组件。该方法通过在木地板与木地板间设置固定组件，实现木地板间的安装固定，所述固定组件为“Z”字形扣件，扣件上部与木地板的榫槽相扣，扣件下部开设定位孔，通过螺钉使扣件与木龙骨固定，以实现木地板的固定。本发明通过固定组件紧密相扣木地板，使其固定在龙骨木上，不同于普通的木龙骨钉子铺设法需将钉子直接钉入木地板，不仅保证了木地板的完整性，而且也保证了木地板的外表美观。采用本发明安装的木地板有活动空间，在气候发生变化后，不会因为热胀冷缩导致翘曲，延长了木地板的使用寿命。另外，本发明拆卸、维护十分方便，大大提高了工人的工作效率。

申请号：200810027485.8

发明名称：一种抗菌的聚氨酯木地板漆

公开号：CN101555380

申请人：方学平

摘要：本发明公开了一种抗菌的聚氨酯类木地板漆，它由羟基组分和NCO组分两部分组成。其特征在于羟基组分是由椰子油醇酸树脂、蓖麻油醇酸树脂、环己酮、乙酸正丁酯、二甲苯、抗菌剂、消泡剂、流平剂和催干剂混合后经高速分散而成；NCO组分是由二甲苯、乙酸正丁酯、甲苯二异氰酸酯和三羟甲基丙烷共聚物溶液混合搅拌均匀后保温1h得到；两种组分的质量比为1∶0.8～1∶1.2。本发明的目的是克服现有技术中的不足之处，提供一种抗菌性能优异，涂层耐磨、耐冲击、附着力好，具有良好的施工性，有害物质含量低的聚氨酯木地板漆。

申请号：200810023939.4

发明名称：一种余料再利用木地板及其制造方法

公开号：CN101565999

申请人：苏州德胜住宅研究院有限公司

摘要：本发明涉及一种余料再利用木地板及其制造方法，属于建筑物的装修工程技术领域。该木地板包括自上而下相互胶黏压制的拼花面层和基板层，且拼花面层和基板层均为木地板余料构成。

其制造方法包括，选择尺寸类似的木地板余料作为单板，对各单板涂胶，构成多层单板；压制多层单板，合成基板层；在拼花面层和基板层间涂胶，压制拼花面层和基板层；基板层开设应力吸收槽；打磨木地板边缘或者在木地板边缘开设凹槽和卡条。本发明从真正意义上实现了木地板余料的再利用，节省了大量宝贵的木料资源，宜于业内推广应用。

申请号： 200810026866.4

发明名称： 集装箱用木地板

公开号： CN101531014

申请人： 广东顺安达太平货柜有限公司

摘要： 本发明公开了一种集装箱用木地板。所述集装箱用木地板从上到下依次分布有面层、上夹心层、芯层、下夹心层和底层。面层和底层均由一层顺纹表板和连续多层长中板顺纹层积而成。所述芯层是由连续多层长中板顺纹层积而成。所述上夹心层和下夹心层均按照长中板和短中板纵横交错排列而成。任意相邻两层木单板之间使用胶黏剂进行黏合。本发明可利用人工林速生材，具有资源丰富、价格低廉的优势，从而减少了对天然林的消耗，降低了生产成本，提高了生产效率。

申请号： 200910099264.6

发明名称： 木地板炭化加工方法

公开号： CN101570031

申请人： 周发荣

摘要： 本发明涉及木地板加工领域 ，具体涉及木地板炭化加工方法。木地板炭化加工方法包括以下步骤。(1) 前期处理：将木材切割成地板的形状，得到地板坯。(2) 热压炭化：将地板坯放入热压机中进行高温炭化，得到炭化木地板坯。(3) 冷却：将炭化木地板坯置于热压机中，通过热压机的冷油装置冷却至 160℃以下。(4) 成品：将冷却后的炭化木地板坯从热压机中取出，并进行后期加工即可得炭化地板成品。本方法直接在热压机内完成热压炭化和冷却的步骤，使工人操作简单、方便，使整个炭化过程都安全可控，提高了成品率，更提升了成品地板的质量。

申请号： 200910038290.8

发明名称： 活性生态木地板及其制造方法

公开号： CN101575903

申请人： 广东盈然木业有限公司

摘要： 本发明属于环保木地板技术领域，特别涉及能够释放负离子的活性生态木地板及其制造方法。本发明的活性生态木地板，至少一面涂装释放负离子的涂料，所述涂料包括以下组分：由环氧丙烯酸树脂、脂肪族聚氨酯、三羟甲基丙烯酸酯、活性稀释剂构成的 A 组分；由丙烯酸羟乙酯、滑石粉、光引发剂、流平剂、阻聚剂构成的 B 组分；由负离子粉构成的 C 组分。本发明的活性生态木地板使用时，在紫外线光及自然光的照射下，光与涂料中的负离子会产生光合作用，使木地板表面的负叠离子释放出来，在空气中持续产生负离子。本发明的制造方法可用于生产制造实木地板、多层复合地板。可在木地板 UV 涂装生产线上大批量生产。

申请号： 200910099262.7

发明名称： 一种隔音导热木地板

公开号： CN101581144

申请人： 杨梓良

摘要： 一种隔音导热木地板，其特征是在地板上设置多个隔音导热孔，隔音导热孔开口于地板背面，隔音导热孔之间通过水平槽和水平孔相通；地板背面覆盖平整的柔性物。由于柔性物和孔洞的设置，能削减地板正反两面之间声音的传播，有效地提高木地板的隔音效果，通过水平槽和水平孔将导热孔连通，能在增强木地板隔音性能的同时大幅度改善木地板的导热性。因此，除了可以隔音以外，本发明很好地解决了传统木地板导热性能差、导热木地板结构复杂、加工困难、机械强度低且容易变形翘裂等问题。

申请号：200910303329.4

发明名称：一种防水渗蜡环保木地板及其生产方法

公开号：CN101581146

申请人：浙江方圆木业有限公司

摘要：本发明公开了一种防水渗蜡环保木地板及其生产方法。该木地板由里至外为两层结构，第一层为基板，第二层为蜡质防水层。在基板内部及木材的纤维导管中填充的是EM纳米乳化蜡。该木地板在生产过程中经过地板开片、干燥处理，熔蜡，浸渍，冷却，精加工等生产步骤后包装入库。用本发明生产的木地板不会出现热胀冷缩现象，适合于全球不同纬度地区差异的要求，适应范围广，在全世界范围内均可应用，而且其防水性能非常优越，不怕水泡，不怕水浸。由于在生产过程中免除了油漆涂装工序，不但节约了油漆成本，而且环保性好，地板中不含任何甲醛等有害物质，是真正的原生态环保木地板。

申请号：200910303696.4

发明名称：真空氨处理制造环保型强化木地板的方法

公开号：CN101585203

申请人：湖南康派木业有限公司

摘要：真空氨处理制造环保型强化木地板的方法，将E2级地板基材放入真空箱内，使箱内产生-0.06～-0.08MPa的真空，向箱内通入的单位板材耗氨量为0.67～1.43kg/m的液氨，当液氨气化并完全吸附在纤维板内后，解除真空，取出氨含量为5～15mg/100g的板材，将此板材与浸渍耐磨纸、浸渍装饰纸及浸渍平衡纸组坯，在压机内热压，再将成型后的板材分切成一定规格的地板半成品，经养生平衡、开槽榫、封蜡、包装，制成环保型强化木地板。本方法具有降醛效果好、工艺简单、操作方便、生产效率高、成本低、无环境污染等优点，在强化木地板和浸渍胶膜纸饰面人造板制造业中应用具有显著的经济效益、社会效益和环境效益。

申请号：200810022627.1

发明名称：余料构成的竹木地板块及其制造方法

公开号：CN101629448

申请人：苏州德胜住宅研究院有限公司

摘要：本发明涉及一种余料构成的竹木地板块及其制造方法，属于建筑物的装修工程技术领域。其特点是该竹木地板块包括自上而下相互胶粘压制的装饰层、受力层和基板层；装饰层与基板层由单层单板水平横向拼接构成，受力层由多层单板 相互压合构成的受力单元块相互拼接构成，且单 板为竹木地板余料混合构成。制造方法包括备料、切割、打磨、压合、拼接成型。能将在家装过程中原本充当废弃物的竹木地板余料重新加工利用，制成新的竹木地板块。新制成的竹木地板块对于铺设的适应能力更高，不仅防滑耐磨，而且具有目前竹地板或者木地板所达不到的自然拼花美观效果。由此，本发明为本领域的技术进步拓展了空间，实施效果好。

申请号：200910027957.4

发明名称：实木地板及其快速无损安装方法

公开号：CN101629449

申请人：南京林业大学；蔡家斌；丁涛；董会军；李涛

摘要：本发明提供一种实木地板及其安装方法。使用该实木地板可快速完成地板铺设，安装不会损坏实木地板，在拆除后地板可以重复利用。在该地板横向的两个侧面设置有搭接部，两侧的搭接部上分别具有相配合的凸起部和凹入部。当两块地板搭接在一起，凸起部伸入凹入部，以限制一块地板相对于另一块地板在横向方向上平移。在地板纵向的两个端面，分别设置有相互配合的平榫和平槽，在地板背面上分别靠近两端面处设置有沟槽。安装时，在纵向上，将一地板的平榫与另一地板的平槽配合，将弹性夹伸入两块实木地板的沟槽内，用弹性夹的弹性力将两块实木地板纵向连接；在横向上，将一块实木地板的搭接部与另一块实木地板的搭接部搭接。

申请号：200910031100.X

发明名称：饰面防水多层实木地板

公开号：CN101619615

申请人：麦道地板（苏州）有限公司

摘要：本发明公开了一种饰面防水多层实木地板。它包括基材板，基材板为多层实木复合板，它的上部设置有防水性能好的塑料耐磨 PVC 饰面，塑料耐磨 PVC 饰面表面设置有 Al_2O_3 耐磨层。塑料耐磨 PVC 饰面可以采用各种木纹、竹纹及美观的适合做地板表面的各种花式。多层实木复合板的相邻实木单片层板的木纹纵横向交错，层间通过胶黏剂黏结热压合成整体。本发明材质稳定，不易涨缩、变形，防水效果好，遇水不会发泡涨大，适合在家庭或公共场所使用；地板表面硬度高、耐磨度高；花式品种多，装饰效果丰富多彩；生产速度快，造价成本低，利于推广；既能满足人们的使用需求，又能保护森林资源、保护环境。

申请号：200910063173.7

发明名称：多功能实木地板再开槽机

公开号：CN101612748

申请人：武汉科技学院

摘要：本发明提供一种多功能实木地板再开槽机，包括切削装置、进给装置、夹紧定位装置、纵向调节装置、机架，其特征在于包括切断装置。切削装置安装在纵向调节装置上，进给装置、纵向调节和切断装置安装在机架的底板上，夹紧定位装置安装在进给装置上。进给装置包括导轨、齿条、齿轮、齿轮支座、齿轮轴、四角支撑、齿条垫块和导轨垫块；夹紧定位装置包括夹具垫板、垫块、夹具关联、中间连接块、导向杆、夹紧旋钮、夹紧挡块、丝杠、夹紧手轮和夹紧块；切削装置包括铣刀、花键芯轴、花键套筒、被动带轮和主动带轮；切断装置包括圆锥齿轮、齿轮轴、锯片和轴承座。此木地板再开槽机集开槽和锯断功能于一体，结构简单，造价低，操作方便，质量轻，便于携带。

申请号：200810114542.6

发明名称：烘干单元、木地板加工系统及加工方法

公开号：CN101603773

申请人：中国国际海运集装箱（集团）股份有限公司；天津中集集装箱有限公司

摘要：本发明公开了一种烘干单元，具有该烘干单元的木地板加工系统，以及利用该烘干单元加工木地板的方法。所述烘干单元包括罩体，它具有顶壁和两个侧壁，所述罩体的两端分别设有入口和出口；传送装置，设置在所述罩体内，包括传送链和用于驱动传送链的链轮，传送链上间隔设置有多个工作表面相对于传送链倾斜的托板组；加热装置，用于使罩体内的温度保持在预定的范围；支撑架，用于支撑罩体、传送链装置和加热装置。与其他烘干设备相比较，在满足单位时间产量的前提下，利用本发明的烘干单元，能够大幅度缩短烘干设备的长度。

申请号：200810115777.7

发明名称：木地板涂装方法

公开号：CN101614067

申请人：陆丰松脉木业有限公司

摘要：本发明涉及一种木地板涂装方法。该涂装方法包括以下步骤：在木地板素板表面涂布至少

4遍底漆；在涂布有底漆的木地板表面涂布至少3遍面漆。本发明还提供了优选的技术方案，其包括在木地板表面涂布9遍底漆和3遍面漆的步骤。利用本发明提供的木地板涂装技术获得的木地板漆膜具有较好的硬度和耐磨性，同时，漆膜柔韧性也大大提升，耐冲击能力明显改善，耐磨、抗刮划能力得到较大提高。

申请号：200910103068.1

发明名称：原木横切木地板的加工工艺

公开号：CN101462292

申请人：杨绪斌

摘要：本发明公开了一种原木横切木地板的加工工艺。其加工包括如下步骤：(1) 横切下料；(2) 干燥；(3) 拼装；(4) 表面处理；(5) 裁切开槽。本发明只有一层，厚度达2cm～3cm，强度高，耐磨性好。本发明直接对去皮后的芯材横切，之后再拼装，最大程度地保留了树木的天然纹理，而且，接合处为弧形，美感强，满足了高档用户的需求；此外，本发明对原木树干或树枝或树根直径的要求低，且加工过程几乎不产生废料，有利于节约木材。

申请号：200810163199.4

发明名称：预应力结构的层压木地板

公开号：CN101463644

申请人：吴元新

摘要：一种预应力结构的层压木地板，它至少由上下两层中密度纤维板经高压低温黏合而成，所述的上下两层中密度纤维板之间夹置有至少一件呈立体结构的高弹性能塑料构件，且该高弹性能塑料构件被嵌接在至少一中密度纤维板里侧开设的沟槽内；所述的高弹性能塑料构件为纵向筋条和横向筋条构成的一立体框架，且所述纵向筋条和横向筋条形成有向上或向下凸起的弧度，该高弹性能塑料构件被平置于上下两层中密度纤维板之间并形成芯板。它具有结构强度好、结构性能更稳定、有效地保证了地板产品在使用过程中不易受环境变化影响、延长了使用寿命、使该产品加工易行、能上规模、能大量节约木材资源、成本更低等特点。

申请号：200810026744.5

发明名称：一种填充式改性木基材实木地板及其制造方法

公开号：CN101463647

申请人：胡斌

摘要：本发明涉及一种填充式改性木基材实木地板及其制造方法。改性木基材实木地板包括低密度木纤维的速生实木基材，该速生实木基材具有纤维管孔，其纤维管孔内填充有近似纳米级的改性填充物，填充物与基材紧密连接构成整体。其制造方法主要是：(1) 先按照地板规格，将低密度木纤维的速生实木基材坯料分割，备用；(2) 将上述分割好的速生实木木纤维基材坯料放入反应罐中进行高温高压处理，并将近似纳米级的改性填充物填充入速生实木基材的纤维管孔内，使填充物与基材紧密连接，构成整体。该发明利用经过填充式改性处理的低能耗木材以及免漆工艺，克服了传统实木地板高能耗、高成本、易变形开裂等弊端，同时能保证实木自然美观的纹理效果，天然的温湿调控功能，卓越的环保性能以及舒适、厚重的脚感。

申请号：200910060740.3

发明名称：便携式木地板开槽机

公开号：CN101474811

申请人：武汉科技学院

摘要：本发明提供了一种便携式木地板开槽机。其结构包括铣刀装置、进给装置、夹持定位装置和机架。铣刀装置和进给装置安装在机架上，夹持定位装置安装在进给装置上，铣刀装置的铣刀在水平面内旋转，夹持定位装置在进给装置带动下作直线往复运动。夹持定位装置主要由偏心轮、偏心轮手柄、拉杆轴、拉杆、支板、上夹板、下夹板、弹簧和导向杆组成；进给装置主要由进给电机、进给电机支座、联轴器、丝杆前支承、丝杆、丝杆螺母、直线导轨、滑块和丝杆后支承组成；铣刀装置主要由铣刀、支架、刀架、底座、铣刀电机、调节旋钮、顶杆、调节轮和夹紧片组成。这种木地板开槽机重量轻、结构简单、操作方便、造价低、便于携带。

申请号：200810068621.8

发明名称：实木地板的铺装方法及铺装结构

公开号：CN101487338

申请人：浙江世友木业有限公司

摘要：本发明公开了一种实木地板的铺装方法及铺装结构。它采用金属连接件使实木地板与木龙骨固定连接，并利用实木地板的母槽／公槽与另一片实木地板进行拼接。其铺装结构包括实木地板、木龙骨，在实木地板的背面用平头螺钉固定有金属薄片，该金属薄片的另一端用平头螺钉固定在木龙骨上，实木地板之间通过其上的公槽／母槽的配合互相拼接在一起。本发明在安装时不需要用锤子击打，避免了锤子击打时强大的冲击力；地板不易开裂、无暗伤；不论是安装还是拆卸，整个过程均可用电动工具轻松完成，具有装拆方便、轻松、省时、省力且不伤地板的特点；拆下的地板还可重复再利用，具有很好的经济性和环保性。

三、防腐木最新专利

申请号：201110442628.3
发明名称：一种防裂防腐木的生产方法及浸注液
公开号：CN103171007A
申请人：福建省漳平木村林产有限公司
摘要：本发明公开了一种防裂防腐木的生产方法及浸注液，该方法包括以下步骤。步骤1，用于配制浸注液，浸注液包含木材防裂药液和ACQ木材防腐剂，木材防裂药液为水溶性氟—硅表面活性复合材料水溶液。步骤2，采用浸注方式使木材吸收浸注液。步骤3，用于固化木材，使浸注液有效成分在木材内固着。它具有如下优点：用一种水溶性氟—硅表面活性复合材料及水配制而成木材防裂药液，与ACQ木材防腐剂一起真空加压浸注木材，浸注液有效成分固化后，能对木材进行深度的防裂保护。

申请号：201220472376.9
发明名称：一种防腐木
公开号：CN202767477U
申请人：浙江奥灵格建材系统有限公司
摘要：本发明公开了一种防腐木，包括泡沫，其特征在于所述的泡沫外面包裹有水泥层，水泥层外面包裹有涂料层。本发明所述的防腐木，结构简单，制造成本低，质量轻，防腐烂，抗冲击。

申请号：201010288688.X
发明名称：防腐木塑复合型材
公开号：CN101914295A
申请人：杭州市萧山区党山新世纪装饰卫浴研发中心
摘要：本发明公开了一种防腐木塑复合型材，由如下重量份的原料制成：30～60份木质纤维、27～66份聚合物基体、1～3份润滑剂、1～5份有机硼酸化合物和2～5份相容剂。本发明还公开了该防腐木塑复合型材的制备方法，将木质纤维和有机硼酸化合物先在高速混合机中加热预混，接着加入聚合物基体、相容剂和润滑剂，再熔融混合挤出、成型，制得防腐木塑复合型材。该复合型材制造方便，具有优良的力学性能、持续的耐菌蚀及防腐性能。

申请号：201010531213.9
发明名称：墙面铁艺或防腐木实施立体绿化做法
公开号：CN102067798A
申请人：张利民
摘要：本发明涉及一种墙面铁艺或防腐木实施立体绿化做法，是在墙面用铁艺或防腐木做成横向或纵向不同形状的造型，再实施立体绿化的做法。在墙面用铁艺或防腐木做成的造型包括横向壁挂造型和纵向壁挂造型。种植植物选择有观赏价值的草本植物或藤本植物。本发明方法还可以广泛应用于城市的各个地方，如道路旁护栏、立交桥、电线杆、阳台等。该发明改善了城市的整体景观，有利于打造具有美好立体绿化景致的美丽城市。

申请号：201110009200.X
发明名称：防腐木板及其制备方法和用途以及由其制成的篮球板
公开号：CN102581899A
申请人：曹光达
摘要：本发明涉及一种防腐木板及其制备方法和用途以及由其制成的篮球板。所述防腐木板包括层压板，所述层压板的表面为通过渗透有桐油和稀料的混合液而形成的渗透层，所述渗透层中桐油和稀料的混合液在层压板表面处于饱和状态，所述渗透层的表面包覆有腻子层，所述腻子层的表面包覆有油漆层。本发明中的防腐木板采用的层压板选用优质圆木经过剥皮、水煮、烘干制成的单板，用酚醛胶纵横交错热压而成，因此具有板面平整、整体性强、胶合强度高、耐气候、不怕风吹雨打、弹性好的优点，解决了传统木板容易断裂的问题。选用桐油作为防腐剂，使涂覆有桐油的层压板板面能和油漆牢牢抓在一起而不掉漆，达到了密封的目的，延长了防腐木板的使用寿命。

申请号：201310156368.2
发明名称：一种利用废弃防腐木材制备环保木塑复合材料的方法
公开号：CN103213234A
申请人：安徽龙华竹业有限公司；安徽农业大学
摘要：本发明公开了一种利用废弃防腐木材制备环保木塑复合材料的方法，其特征在于，将废弃防腐木材破碎并磨成粉末状木纤维，将其浸没至竹醋液中，于温度40℃～80℃条件下振荡萃取24～48小时，然后将木纤维干燥处理后按一定的重量比与热塑性材料、马来酸酐接枝聚丙烯混合挤压成型制成木塑地板。本发明利用废弃防腐木材制备木塑复合材料，充分利用废弃CCA防腐木材生产户外园林景观、建筑材料，不仅可以保护木材资源，而且可以消除污染、净化环境，有利于发展各地经济及节约大量木材，对可持续发展战略的实施具有重要意义。通过该方法制备的板材具有较好、较强的颜色稳定性和耐腐朽以及力学性能，且优于市售多数木塑复合材料。

申请号：201310254133.7
发明名称：一种将泡桐木加工成防腐木的工艺方法
公开号：CN103302707A
申请人：余学林
摘要：一种将泡桐木加工成防腐木的工艺方法，其步骤如下：(1) 脱色；(2) 防腐处理；(3) 表面炭化；(4) 表面刷漆；(5) 烘干。与传统技术相比，本发明制成的防腐木在使用过程中不产生裂缝，稳定性好，防腐性好，拓宽了泡桐木的应用范围。

申请号：201020224055.8
发明名称：防腐木材
公开号：CN201728710U
申请人：中南林业科技大学
摘要：本实用新型公开了一种防腐木材，包括木材本体，在所述的木材本体的表层涂有一层硅油。本实用新型是一种不会发生霉腐且使用寿命长的防腐木材。

申请号：201020580428.5
发明名称：外墙防腐木装饰体系
公开号：CN201826474U
申请人：中建二局第三建筑工程有限公司
摘要 ：一种外墙防腐木装饰体系，包括防腐木板、挂件，以及连接在外墙上的龙骨架，所述防腐木板由防腐木条板并排拼接成面板，面板背面由背板将各防腐木条板纵向连接为整块；防腐木条板与背板之间由螺丝固定；背板上下两端各由螺丝固定一个连接木块，位于上端的连接木块开有敞口朝上的挂件安装槽，位于下端的连接木块上开有敞口朝下的挂件安装槽，上下相邻两块防腐木板的挂件安装槽形状均为长条形，且位置上下对应；上下相邻两块防腐木板由嵌入挂件安装槽内的挂件与横龙骨连接。本实用新型施工工期短，不受气候和环境因素的影响，而且废料少，易于清理，可保持施工环境的整洁，从而降低施工成本。本实用新型集功能性、装饰性于一体，可广泛应用于建筑外墙装饰施工。

申请号：201120052908.9
发明名称：凹槽式防腐木垫块

公开号：CN201954197U

申请人：宁波建工股份有限公司

摘要：本实用新型涉及一种凹槽式防腐木垫块，有利于解决因保温层与防腐木垫块连接处胶水老化，导致保温层脱开，且引起冷凝水结露漏水的技术问题。该凹槽式防腐木垫块，包括防腐的木垫块，该木垫块沿内圈直径拆分为两部分；其设计要点在于所述的内圈两端设有凹槽。本实用新型结构简单，通过将保温层嵌入所述凹槽内，能有效防止保温层因脱胶而与管道脱离，适合作为现有同类技术的结构改进。

申请号：201120013205.5

发明名称：一种防腐木板及其制成的防腐篮球板

公开号：CN202029199U

申请人：曹光达

摘要：本实用新型涉及一种防腐木板及其制成的防腐篮球板。所述防腐木板包括层压板，所述层压板的表面为通过渗透有桐油和稀料的混合液而形成的渗透层，所述渗透层中桐油和稀料的混合液在层压板表面处于饱和状态，所述渗透层的表面包覆有腻子层，所述腻子层的表面包覆有油漆层。本实用新型防腐木板采用的层压板由于选用优质圆木经过剥皮、水煮、烘干制成的单板再用酚醛胶纵横交错热压而成，因此具有板面平整、整体性强、胶合强度高、耐气候、不怕风吹雨打、弹性好的优点，解决了传统木板容易断裂的问题；通过选用桐油作为防腐剂，使涂覆有桐油的层压板板面能和油漆牢牢抓在一起而不掉漆，达到了密封的目的，延长了防腐木板的使用寿命。

申请号：201220143038.0

发明名称：新型防腐木型材

公开号：CN202825990U

申请人：翟云升

摘要：本实用新型属于建材领域，特别是公开了一种新型防腐木型材。新型防腐木型材分为A型和B型两种。A型防腐木型材以木材为基材，中间是含有钛酸酯偶联剂的热熔胶，木塑板为表面层，经过热压机热压而成。B型防腐木型材是以木材为基材和木塑复合材料为表面层，分别通过基材加热推进器和木塑注塑机，共用一套模具挤出成型。其优点是：没有任何化学药剂，无毒无害；耐水防潮，不变形，不开裂；能100%回收利用，没有环境污染；经久耐用，性价比高。该型材是替代传统防腐木的好产品。

申请号：201010522607.8

发明名称：外墙防腐木装饰体系及其施工方法

公开号：CN101984199A

申请人：中建二局第三建筑工程有限公司

摘要：一种外墙防腐木装饰体系及其施工方法，该体系包括防腐木板、挂件，以及连接在外墙上的龙骨架，所述防腐木板由防腐木条板并排拼接成面板，面板背面由背板将各防腐木条板纵向连接为整块；防腐木条板与背板之间由螺丝固定；背板上下两端各由螺丝固定一个连接木块，位于上端的连接木块开有敞口朝上的挂件安装槽，位于下端的连接木块上开有敞口朝下的挂件安装槽，上下相邻两块防腐木板的挂件安装槽形状均为长条形，且位置上下对应；上下相邻两块防腐木板由嵌入挂件安装槽内的挂件与横龙骨连接。本发明施工工期短，不受气候和环境因素的影响，可保持施工环境的整洁，降低施工成本。本发明集功能性、装饰性于一体，可广泛应用于建筑外墙装饰施工。

申请号：200820157900.7

发明名称：双真空浸注用防腐木材生产装置

公开号：CN201325104

申请人：上海大不同木业科技有限公司

摘要：本实用新型公开了一种双真空浸注用防腐

木材生产装置，包括浸注罐，其特征在于，所述浸注罐设置至少一个活动门，浸注罐内底部设置有车轨，所述浸注罐与真空泵连通，浸注罐与液体储存罐通过出液管连通，所述的浸注罐上设置有测量浸注罐内真空度的真空表，浸注罐设置有排气管，排气管上安装有一阀门。本实用新型的有益效果是：不需要使用压力容器的浸注罐和加压泵，设备结构简单，造价低，效率高，能耗低，使用方便，非常适合有机防腐剂和阻燃剂处理细木工工业用木材和薄板板皮等，当处理后的木材从浸注罐中取出时，其表面相当干净，可以立即搬运。另外，木材处理后只要几天就可以进行胶接、油漆或砂光等加工。

申请号：200910086772.0

发明名称：一种利用废弃防腐木材合成的酚醛树脂胶黏剂及其制备方法

公开号：CN101597469

申请人：北京林业大学

摘要：本发明公开了一种利用废弃防腐木材制备的酚醛树脂胶黏剂及其制备方法，该方法首先将经过防腐剂处理的防腐木材和苯酚在催化剂、阻聚剂的作用下进行液化处理，得到防腐木材液化物；其次将防腐木材液化物与甲醛在碱性溶液中进行聚合反应，得到酚醛树脂胶黏剂。本发明制备的酚醛树脂胶黏剂与采用常规方法合成的酚醛树脂相比，具有更高的活性，在胶合强度上可以达到国家胶合板标准规定的相应强度大于0.7MPa的质量指标。以废弃的防腐木材为原料生产酚醛树脂胶黏剂，不但节约了源于石化资源的苯酚，降低了毒性，同时也减少了废弃防腐木材对自然环境的污染，降低了生产成本。

申请号：200910013463.0

发明名称：环保型防腐木的制备工艺

公开号：CN101992489A

申请人：焦永彬

摘要：本发明涉及一种无毒无害的环保型防腐木的制备工艺，主要适用于对环保性、耐久性要求很高的装修领域。其包括预处理、注入防腐剂、高温处理、风干及涂油步骤。本发明不含任何有毒有害物质；耐久，耐擦，耐脏，防霉变，防水，性能稳定，色泽亮丽持久，高尚雅观，涂刷方便，价格适中；不龟裂、不起翘剥落；尺寸稳定性及吸湿膨胀性均优于柚木；保持了木材的弹性和健康，防止木材干裂，使木材依然可以自由地呼吸。

申请号：200810239091.9

发明名称：对木材进行防腐处理方法及由该方法制备的防腐木材

公开号：CN101422913

申请人：北京林业大学

摘要：本发明公开了一种利用含硼元素的复合型防腐剂对木材进行防腐处理的方法及由该方法制备的防腐木材。防腐处理方法步骤如下。将木材在防腐剂中进行至少两次真空加压浸注处理：首先对木材进行减压抽真空处理，使木材充分吸收硼基防腐剂；其次对木材进行加压处理：使防腐剂充分渗入木材。本发明方法处理木材工艺简单，操作方便；制备的木材中硼的流失率低，抗流失性能显著提高，硼的保持率高达75%～100%，防腐效果明显增强。

申请号：200810030704.8

发明名称：一种微纳米硅炭化超疏水防腐木竹及其制备方法

公开号：CN101234495

申请人：中南林业科技大学

摘要：本发明公开了一种微纳米硅炭化超疏水防腐木竹，木材本体形成一层微纳米硅炭化超疏水薄膜，为密实多孔薄膜，薄膜由直径为

1μm～4μm的硅、碳化硅和二氧化硅混合组成的微球组成，孔隙直径10nm～10μm。制备步骤包括：(1)将待处理材放入模具中；(2)称取粒径应小于500nm的微纳米硅粉末，加入到模具中直至淹没待处理材，在压力机上将模具中压力升到50～100MPa，并保持2～10h；卸压到0MPa，取出敲开，并用砂光机砂除表面的硅，得到硅木材；(3)将硅木材放入热压力机中，将热压力机快速闭合，升压至1～6MPa，保压1～10min，热压力机热压板温度为300℃～600℃，取出即得微纳米硅炭化超疏水防腐木竹。制备方法操作工艺简单、可控性好、成本低、无须复杂的化学处理、也不需要昂贵的设备，易于产业化。

申请号：200810030687.8

发明名称：一种液态硅系炭化防腐木竹的制备方法

公开号：CN101234497

申请人：中南林业科技大学

摘要：本发明公开了一种液态硅系炭化防腐木竹的制备方法，制备步骤包括：(1)将竹材放入高压罐中；(2)称取一定量的液态硅系化合物，或任意比例的硅系混合物，加入到高压罐中直至淹没竹材，然后将高压罐中压力升到5～100MPa，并保持1～24h，浸注时的温度为10℃～70℃；然后卸压到1～0.3MPa，取出竹材，得到硅系浸注竹；(3)将硅系浸注竹放入炭化炉中，并密封炭化炉、压入惰性气体，迅速升温到200℃～800℃，保持10～180min，然后缓慢降温至80℃以下，取出竹材，竹材表面形成超疏水碳化硅和二氧化硅薄膜，即得到液态硅系炭化防腐木竹。本发明提供的方法操作工艺简单、可控性好、成本低，无须复杂的化学处理，也不需要昂贵的设备，易于产业化。

申请号：200810030706.7

发明名称：一种碳化硅超疏水防腐木竹及其制备方法

公开号：CN101234500

申请人：中南林业科技大学

摘要：本发明公开了一种碳化硅超疏水防腐木竹，表面为密实多孔薄层，薄层由直径为1μm～4μm的由碳化硅组成的微球组成，孔隙直径10nm～10μm。制备步骤包括：(1)将待处理材放入模具中；(2)称取任意比例的微纳米硅和硅化镁的粉末，与添加量为质量百分比0.01%～1.5%的催化剂搅拌均匀，微纳米硅粉末和硅化镁粉末、催化剂的粒径小于500nm，加入到模具中并淹没待处理材，在压力机上将模具中压力升到50～100MPa，并保持2～10h；卸压到0MPa，取出敲开并用砂光机砂露表面，得到处理材；(3)将处理材放入热压力机中，将热压力机快速闭合、升压至1～6MPa，保压1～120min，热压板 温度为200℃～600℃，即得碳化硅超疏水防腐木竹。本发明提供的方法操作工艺简单、可控性好、成本低，无须复杂的化学处理，也不需要昂贵的设备，易于产业化。

四、工程木最新专利

申请号：200610152437.2

发明名称：新的工程木纤维制品基材及通过激光加工形成基材的方法

公开号：CN1966224

申请人：达里尔•J. 科斯廷；小达里尔•J. 科斯廷

摘要：激光用来形成表示载体件表面上的图案的信息，其中载体件由压缩的木纤维制品基材制成。图案可以是木纹。增加激光范围，以便能够同时激光加工更多的材料。根据一种具体实例，以一种并不降低激光加工分辨率的方式来增加所述范围。

申请号：200610161244.3

发明名称：建筑工程木塑模板

公开号：CN1987018

申请人：徐肖虎

摘要：本发明涉及一种建筑工程木塑模板材料。包含至少两层木塑基板和一层网格材料，模板基材与网格材料间隔层叠，且外表层放置木塑基板，通过施予一定的压力和网格材料表层涂布的黏结剂使各层次的木塑基板和网格材料连接成一体。木塑基板主要以植物纤维、玻璃纤维、塑料为填充料和以碳酸钙、机械性能改性剂、偶联剂、润滑剂为助剂组合而成。制作步骤为：(1) 填充料的表面处理；(2) 填充料、助剂分别加入混合机进行混合；(3) 混合后的复合木塑原料输送到位于各层次上的木塑挤塑机挤塑成木塑基板，处于对应各间隔层次上的网格材料被涂布黏结剂；(4) 木塑基板和网格材料间隔层叠后压接、冷却、切割成规定尺寸的所述模板。优点是：可反复多次使用，价格低，节约资源。

申请号：200780034531.0

发明名称：用于高性能结构的工程木结构系统

公开号：CN101583768

申请人：预应力木材有限公司

摘要：一种建筑物包括连接部分，所述连接部分在建筑物的工程木承重构件，比如柱、梁或承重墙板与建筑物的另一承重构件或基础之间。至少一个预应力筋将多个承重构件或者一个承重构件与基础系结在一起。在承重构件和基础之间可更换地连接一个或多个消能装置，当荷载事件造成连接部分相对运动时吸收能量。工程木构件可以是多层胶合木构件、平行细木丝构件或胶合层压木构件。通常建筑物的全部承重构件将是工程木构件。建筑物可以是单层或多层。建筑物系统使建筑物重量轻、成本低，其消能装置在极端荷载之后可以更换。建筑物可以预制。

申请号：200780042469.X

发明名称：工程木制品

公开号：CN101594986

申请人：马拉德克里科聚合物公司；持久解决方案公司（SSI）

摘要：公开了工程木制品，该产品的制造方法，包括该产品的层压件和包括该工程产品或复合材料的制品。该产品包括木材和其他纤维素纤维，并且可以包括非纤维素纤维，该非纤维素纤维的全部或部分可以源自工业后或用户后材料。该产品还包括黏结剂，如胶乳分散体，以及疏水性材料，加工助剂、着色剂等。该产品可以呈片材、三维制品或许多层压片形式，并且可以包括一个或多个附加层，如面漆层、增强层、缓冲层、木饰面板层和附加产品层。该产品可以用作地板，也可以用于构造、橱柜等。

申请号：200620165149.6

发明名称：建筑工程木塑模板

公开号：CN201013081

申请人：徐肖虎

摘要 ：本实用新型涉及一种建筑工程木塑模板材料。包含至少两层木塑基板和一层网格材料，模板基材与网格材料间隔层叠，且外表层放置木塑基板，各层次的木塑基板和网格材料相互连接成一体。其优点是：(1) 可大量节约资源，降低生产成本，产生较好的经济效益的同时还能取得良好的社会效益。(2) 防水性好，从而可反复多次使用，无须维修。(3) 制造精度高，浇筑水泥制品时能做到严丝合缝，以减少或消灭漏浆的现象，同时它与水泥不亲和，便于浇筑好制品后的拆卸工作，有利于保护水泥预制品的表面质量，提高建筑工程质量。(4) 木塑模板采用的原料是无毒无害的材料，所以建筑工程木塑模板是一种绿色环保产品。(5) 具有较好的强度和韧性。

申请号：200720201748.3

发明名称：工程木连接卡

公开号：CN201137299

申请人：中建二局第三建筑工程有限公司；中国建筑第二工程局有限公司

摘要：一种工程木连接卡，主筋是两个平行设置的Π形钢筋，在每根Π形主筋的中部各连有一根横筋，在两个主筋之间连有四根纵筋，其中两根腰部纵筋紧靠横筋两端，并分别连接在两主筋的腰部外侧，两根脚部纵筋分别连接在两主筋的下端部外侧。上述工程木连接卡在横筋以下部分为下部卡口，在横筋以上部分为上部卡口，下部卡口与上部卡口的开口方向相互垂直，可应用于主龙骨和次龙骨的连接。施工时不用钉钉子，具有连接容易、拆卸方便、工效高、损耗低、可周转使用的优点。既可省料、省工，又能加快支、拆模速度，提高了工程木的使用寿命。

申请号：201220625496.8

发明名称：一种建筑工程木模板垂直度检查专用工具

公开号：CN202885822U

申请人：王正申

摘要：本实用新型涉及一种建筑工程木模板垂直度检查专用工具，包括线坠固定杆、把手，线坠固定杆和把手相连接，线坠固定杆前设有向下的固定斜杆，线坠固定杆上设有缆线器，缆线器上绕设有线坠。本实用新型有益的效果是：结构合理，使用方便，可满足不同高度的检查需要，且方便固定。

申请号：200520140304.4

发明名称：箱式工程木

公开号：CN2895972

申请人：茅渠渊

摘要：本实用新型公开了一种箱式工程木，包括木材体，木材体中设置一排矩形空腔，木材体是条状小木材拼接体。本实用新型结构合理，充分利用边角料为原材料，废物利用，成本低，采用中间空腔形式，可有效避免木材整体的变形，强度大。

五、红木最新专利

申请号：201110330742.7

发明名称：一种新型红木写字台

公开号：CN102415692A

申请人：常熟市福达红木家具厂

摘要：本发明公开了一种新型红木写字台，该红木写字台包括桌面、桌体和底脚。所述的桌面中部设置一横拉板，其内设有储物格；所述的储物格设置在桌体内，其内包含一弹出机构；所述的弹出机构由面板、弹簧组件、弹性锁扣、开关以及相关联动机构组成。本发明揭示了一种新型红木写字台，该红木写字台桌体内添设的储物格结构用于存放笔记本电脑，且该储物格内设有弹出机构，使用时笔记本电脑可自动弹出，使用完毕笔记本电脑可直接存放在储物格内，避免空气中的灰尘堆积或进入笔记本电脑，能确保笔记本电脑良好的使用性能及外观性能。

申请号：201110330753.5

发明名称：一种舒适型红木椅子

公开号：CN102415728A

申请人：常熟市福达红木家具厂

摘要：本发明公开了一种舒适型红木椅子，该红木椅子包括椅背、坐板、椅脚和扶手。所述的椅脚之间设有踏板；所述的踏板与椅脚通过拧紧螺钉进行连接，踏板可相对椅脚翻转，其翻转角度为0°～90°，所述的踏板由左、右竖板、顶板和隔板组成。该红木椅子结构设计合理，功能独特，其椅脚间设置的踏板可按照人们的使用需要进行展开和收起，有效提高了人们休息时的舒适度；同时，该踏板上的隔板可滚动，可对足底起到良好的按摩保健作用，丰富了该红木椅子的实用性。

申请号：201110330746.5

发明名称：一种具有净化二手烟功能的红木餐椅

公开号：CN102499527A

申请人：常熟市福达红木家具厂

摘要：本发明公开了一种具有净化二手烟功能的红木餐椅，该红木餐桌包括桌体和桌腿，所述的桌体内置吸烟装置，该吸烟装置主要由风机组、抽风管道、吸烟管、单片机、控制面板、电源线和主控电路组成，所述的吸烟管设置在红木餐椅半圆形面板与矩形面板的结合处，在吸烟装置内与抽风管道连通，所述的吸烟装置的运行状态均由单片机控制，人们通过控制面板向单片机发送指令。本发明揭示了一种具有净化二手烟功能的红木餐椅，该红木餐桌结构合理，功能独特，其桌体内设置的吸烟装置，可有效净化用餐环境中二手烟，优化用餐环境，使用餐者的身心健康得到保障；同时，该吸烟装置操作简便、能耗低，使用过程中可确保红木餐桌良好的外观性能。

申请号：201110330737.6

发明名称：防水的红木家具

公开号：CN102501279A

申请人：常熟市福达红木家具厂

摘要：本发明公开了一种防水的红木家具，该红木家具包括本体和防水层。所述的本体为红木家具，所述的防水层由防水材料制成，所述的防水材料由硝化棉、醇酸树脂、增塑剂及有机溶剂市制材料制成，上述材料制成的防水层，可以保护家具在水中浸泡之后不腐烂，木质不变松，增强家具的安全性、牢固性。

申请号：201210305938.5
发明名称：持久光亮的红木家具
公开号：CN102814271A
申请人：常熟市福达红木家具厂
摘要：本发明公开了一种持久光亮的红木家具，包括红木家具本体、封闭层、着色层和烫蜡层。所述封闭层涂覆于所述红木家具本体上，所述着色层涂覆于所述封闭层的外侧表面，所述烫蜡层涂覆于所述着色层的外侧表面，所述烫蜡层为黄蜂蜡层。通过上述方式，本发明能够提高红木家具的光泽度，使其持久保持光亮，且易于保养和打理。

申请号：201120237351.6
发明名称：红木排箫
公开号：CN202142280U
申请人：戈建林
摘要：红木排箫，包括有数个中空吹管，吹管内的空腔为圆柱状，所有吹管的长度及其吹管内空腔的直径均不相同，吹管按照由长至短且空腔直径由大至小的顺序排列在一起，各吹管顶端并排在一条直线上，并在各吹管顶端设有吹嘴，且在各个吹管内按照音调分别设有堵蜡。其特征在于：所有吹管为红木吹管，且所有吹管为一体成型。本实施例中的所有吹管为一体成型，因此外部不需要用绳子、竹篾片等对吹管进行连接，不仅方便制作，而且排箫的外表光滑，外形美观。

申请号：201120237353.5
发明名称：红木尺八
公开号：CN202142281U
申请人：戈建林
摘要：本实用新型提供一种乐器，特别提供一种加工方便的红木尺八，技术方案：具有中空管状本体，本体壁上开设有吹孔，吹口设在本体顶端，所述本体为红木本体，本体顶端和底端分别为喇叭状，从本体底端到顶端，其本体内部空腔部分的截面积为锥形。本实用新型中的尺八采用红木制作，其尺八的空腔及吹孔均采用机械制备，免去了竹制尺八对竹材的严格要求，节省了采竹到制备的时间。由于尺八的整个加工过程采用机械制备，不仅加工出的产品可以保持性能一致，而且可以实现自动化生产，使整个尺八的生产过程简单化，提高效率，从而降低尺八的价格。

申请号：201120237598.8
发明名称：红木弯管笛
公开号：CN202142282U
申请人：戈建林
摘要：红木弯管笛，包括有音管段、弯管段及吹管段，弯管段的两端分别与音管段和吹管段相连接，吹管段上设有吹孔，音管段上设有音孔。其特征在于：所述音管段由长管体和短管体两段管体构成，短管体和长管体之间通过连接装置连接在一起；所述连接装置包括有插管和与插管相配套的管套，插管与短管体一端连接，短管体的另一端与弯管段一端相连接，管套与长管体一端连接；在吹管段和音管段之间设有撑木。该弯管笛可拆卸成两部分，方便携带，同时不易被压断。

申请号：201220108383.0
发明名称：一种多用途的红木茶叶盒
公开号：CN202518635U
申请人：防城港市万景林业有限公司
摘要：一种多用途的红木茶叶盒，包括盒体、盒盖以及底座，所述盒体置于所述底座上，并连接为一体，所述盒体和所述盒盖为活动连接，所述盒体和盒盖上还对应设有扣锁装置，所述盒体的腔体包括了由下至上的第一腔体以及第二腔体，第一腔体以及第二腔体形成了两阶的倒凸台状结构，其中，第一腔体中间设有一个与所述底座垂直的隔板，所述第二腔体内镶嵌有一个内盒，所述内盒置于所述隔板上。本实用新型的第一腔体以及内盒里面均可以放置茶叶，该包装盒可以用来作为女性的首饰盒，从而避免了浪费，充分实现其价值；同时，红木耐磨、耐久性好，且美观大方。

申请号：201220256241.9
发明名称：一种红木沙发
公开号：CN202567252U
申请人：广东工业大学
摘要：本实用新型是一种红木沙发，包括沙发底座及沙发坐面。沙发坐面与沙发底座连接，其中沙发底座通过所设的榫头直接插入沙发坐面所设的榫眼内实现连接。上述沙发底座所设的榫头为直角榫头。上述沙发坐面所设的榫眼为直角榫眼。本实用新型重组原有红木家具榫卯的结构，非专业人士不需要使用任何工具便能够安装；另外，本实用新型可以实现部件可拆装，方便运输，减少了运输成本，并且可以实现百搭的丰富外观，在一定程度上能满足用户自己动手的心理诉求；且本实用新型满足现代化家具企业在规模化生产的基础上利用柔性生产技术管理控制产品的生产，容易实现多款式产品的生产。另外，本实用新型解决了常见拆装结构中连接部位不稳定的问题。

申请号：201220256262.0
发明名称：一种红木茶几
公开号：CN202588802U
申请人：广东工业大学
摘要：本实用新型是一种红木茶几，包括茶几面、第一连接横杆、第二连接横杆、若干茶几支撑脚。第一连接横杆固定在两根茶几支撑脚之间，第二连接横杆固定在两根茶几支撑脚之间，且第一连接横杆与第二连接横杆不在同一纵向平面内，茶几面固定在茶几支撑脚的顶部，茶几面与茶几支撑脚之间通过彼此所设的榫头及所设的榫眼实现榫卯连接，第一连接横杆及第二连接横杆与茶几支撑脚之间也通过彼此所设的榫头及所设的榫眼实现榫卯连接，茶几面与茶几支撑脚之间的连接处和第一连接横杆及第二连接横杆与茶几支撑脚之间的连接处插装有角压。本实用新型非专业人士可实现其组装，且解决了常见拆装结构中连接部位不稳定的问题，方便运输，减少了运输成本，可实现百搭的丰富外观。

申请号：201220260167.8
发明名称：红木鼠标
公开号：CN202615337U
申请人：于宇奇
摘要：本实用新型涉及一种红木鼠标，所述红木鼠标包括鼠标本体和包覆在所述鼠标本体外面的红木外壳。本实用新型的红木鼠标采用红木外壳进行包装，不仅组装方便，而且美观大方、节能环保。

申请号：201220258282.1
发明名称：红木键盘
公开号：CN202616112U
申请人：于宇奇
摘要：本实用新型涉及一种红木键盘，包括键盘组件、红木外壳和红木边框。所述键盘组件设置于所述红木外壳与红木边框所形成的空腔内，所述红木外壳与所述红木边框之间为可拆卸式连接。本实用新型的红木键盘采用红木外壳镶嵌，不仅组装方便，而且美观大方、节能环保。同时，键盘组件采用剪刀脚结构设计，使用户敲击键盘的感觉更舒适，键盘的使用寿命也可延长。

申请号：201320144724.4

发明名称：红木沙发坐垫

公开号：CN203226521U

申请人：潘跃华

摘要：本实用新型公开了一种红木沙发坐垫，包括坐垫和靠垫，其中，还包括扶手垫。所述扶手垫包括纵向的扶手内侧垫、连接于所述扶手内侧垫上方的扶手上端面垫以及上缘连接于所述扶手上端面垫上且自身呈纵向的扶手外侧垫，所述扶手外侧垫短于所述扶手内侧垫。相比现有技术，本实用新型提供的一种红木沙发坐垫不仅保证了舒适性，而且有效节约了材料成本，其设计非常合理，具有一定的经济价值和产业价值。

申请号：201110330757.3

发明名称：一种内置护目灯具的红木写字台

公开号：CN102370331A

申请人：常熟市福达红木家具厂

摘要：本发明公开了一种内置护目灯具的红木写字台，该红木写字台包括桌面、桌体和底脚。所述的桌体内置照明灯具组，该照明灯具组由左、右护目灯组成，所述的桌面上开设翻盖，翻盖打开后，护目灯可从中抽拉而出，实施照明功能。本发明揭示了一种内置护目灯具的红木写字台，该红木写字台桌体内设有照明灯具组，该照明灯具组为抽拉结构设计，使用、收藏方便，可有效提高红木写字台的整洁性；同时，护目灯左右两侧各设置一个，可消除书写时产生的阴影，有效降低眼疲劳，提高工作效率。

申请号：201110330760.5

发明名称：一种带有音乐播放功能的红木餐桌

公开号：CN102370337A

申请人：常熟市福达红木家具厂

摘要：本发明公开了一种带有音乐播放功能的红木餐桌，该红木餐桌包括桌体和桌腿，两者采用榫连接。所述的桌体底部设有音乐播放装置，该音乐播放装置由音箱、低音炮、电源、控制面板以及内置电路板和相关电路组成，所述的音箱、低音炮、电源和内置电路板均固定安装于桌体的横梁上，所述的控制面板设置在桌体外侧部，所述的电路采用环形回路布线结构。本发明揭示了一种带有音乐播放功能的红木餐桌，该红木餐桌结构设计合理，功能独特，其桌体底部设置的音乐播放装置，有效优化了人们的用餐环境，使人们的用餐心情更为舒畅，有利于增进人们的食欲；同时，该装置安装、使用方便，易于实施音量和选曲操作，有效提升了红木餐桌的实用性。

申请号：201110330756.9

发明名称：一种可净化空气质量的红木笔筒

公开号：CN102371827A

申请人：常熟市福达红木家具厂

摘要：本发明公开了一种可净化空气质量的红木笔筒，该红木笔筒包括筒体和底座。所述的筒体由置笔筒和空气净化装置组成，所述的空气净化装置的主要工作部分为一负离子发射器，该负离子发射器可向空气释放纯净的负离子，以改善空气质量，所述的空气净化装置的壳体均采用红木材质，外观美观大方。该红木笔筒功能独特，其筒体上增设的空气净化装置，可向办公环境中释放负氧离子，有效中和电脑产生的高压静电，使人精神振奋，提高工作效率，还可减轻二手烟危害，使办公环境更为健康；同时，该空气净化装置耗电量低，美观大方，使用操作简便，有效提升了红木笔筒的实用价值。

申请号：201210084265.5

发明名称：一种含红木香的中药组合物及其应用

公开号：CN102600241A

申请人：廖根土

摘要：本发明涉及一种含红木香的中药组合物，由质量配比如下的组分制成：红木香10～20份，黄芪3～7份，贯众2～4份，板蓝根2～4份，甘草2～4份。本发明还涉及所述的中药组合物在制备防治中暑药物中的应用。本发明抗高温无毒，纯中草药制成，无副作用；组分少，制作简单、方便；携带方便，疗效显著。

申请号：201210493199.7

发明名称：以红木木屑为原料的有机肥及其制备方法

公开号：CN102942398A

申请人：东兴市观福古典红木家具有限公司

摘要：本发明公开了一种以红木木屑为原料的有机肥及其制备方法。所述红木木屑为原料的有机肥，其制备步骤如下。(1) 按下述重量份称取配料：红木木屑700～1000份、鸡粪200～300份、中草药渣100～200份。将配料均匀混合并堆放于发酵床中，然后调节水分含量至50%～70%。(2) 将酵素菌与米糠按1∶3～1∶7的重量比混合均匀，按照每吨配料加入2～4千克酵素菌的比例，加入配料中，得混合料。(3) 将混合料堆成堆，盖上薄膜，以后每隔5～15天翻堆一次，堆肥50～70天后即得。所述以红木木屑为原料的有机肥以红木木屑为主要原料，可变废为宝，其制备方法简单易控，制得的有机肥肥效好。

申请号：201110330740.8

发明名称：一种红木子母椅

公开号：CN102389230A

申请人：常熟市福达红木家具厂

摘要：本发明公开了一种红木子母椅，该红木子母椅包括椅背、坐板、椅脚和扶手。所述的扶手上开设孔槽，孔槽对婴儿椅起到连接和固定的作用，所述的坐板侧部设有抽拉板，抽拉板打开后可对婴儿椅起到支撑作用，所述的婴儿椅为筒状结构设计，其侧部设有连接头，该连接头与扶手上设置的孔槽相配合。该红木子母椅结构合理，其椅体侧部架设了专门为婴儿设计的婴儿椅，极大地方便了家长对婴儿的喂食，使家庭用餐更为舒适；同时，该婴儿椅制备工艺简便，成本适中，安拆方便，美观大方，有效优化了用餐空间，使家居环境更为整洁。

六、胶合板最新专利

申请号：201010598674.8

发明名称：一种阻燃胶合板或单板层积材及其制造方法

公开号：CN102114650A

申请人：北京盛大华源科技有限公司；罗文圣

摘要：本发明公开了一种阻燃胶合板或单板层积材，它由木单板；磷氮系阻燃剂和硼系阻燃剂；镁、铝、钙、锌、钛、钡的氧化物或氢氧化物：胶黏剂的绝对重量百分比为100 ： 2～50 ： 0.2～30 ： 4～40组成，该阻燃胶合板或单板层积材具有碳化速度低，物理力学性能、阻燃性能和烟气毒性符合相关标准，甲醛释放量低等特点。本发明还公开了阻燃胶合板或单板层积材的制造方法，包括以下步骤：对木单板浸渍磷氮系阻燃剂，硼系阻燃剂，镁、铝、钙、锌、钛、钡的氧化物或氢氧化物，涂刷胶黏剂，组坯，预压，热压，砂光等。

申请号：201110043829.6

发明名称：直纹仿真胶合板材及其制备方法

公开号：CN102172931A

申请人：浙江省林业科学研究院

摘要：本发明涉及一种直纹仿真胶合板材及其制备方法，由若干染色单板配坯组合、涂胶、胶合、加压养护后切片得到，其特征在于单板厚度至少有两种，并根据颜色将单板分为单板B1.5、单板B1、单板R1或者单板Y1.5、单板R1，单板的配坯组合包括配坯组合A和配坯组合B，配坯组合A为单板B1.5、单板B1、单板R1三种单板混合配坯；配坯组合B为单板Y1.5、单板R1混合配坯。本发明具有的突出的实质性特点：它以人工速生材或其他普通树种为原料，原料来源广泛，色泽纹理丰富、产品成本低廉，替代高档珍贵树木资源；经单板制造、单板漂白、单板染不同颜色、单板分选、配坯、调胶、热压、冷却、多次冷压胶合、养生、锯切、砂光、检验入库等工序加工而成，生产工艺简单。

申请号：201110269303.X

发明名称：圆形胶合板的制作方法

公开号：CN102284980A

申请人：刘航远

摘要：本发明公开了圆形胶合板的制作方法，正方形芯板居中锯成圆形面板和四个边角；操作台上放一张基层圆形面板，基层圆形面板上粘接第一圆形胶板，第一圆形胶板上沿圆周粘接边条；第一圆形胶板上依圆心粘接四个边角；第一圆形胶板上位于边条和四个边角之间的空白处粘接碎芯板；粘接了边条、四个边角和碎芯板的第一圆形胶板上粘接第二圆形胶板；第二圆形胶板上粘接一张顶层圆形面板得五层圆形胶合板毛坯；圆形胶合板毛坯放置在热压机上压成型，裁边打磨得成品圆形胶合板。本发明方法简单，操作容易，省时省力省料。

申请号：201010142365.X

发明名称：用板坯组合体压制竹帘胶合板的方法

公开号：CN102211338A

申请人：赵星

摘要：用板坯组合体压制竹帘胶合板的方法，属于人造板制造中的竹胶合板领域。为了节能、节水和提高产量，将竹帘胶合板制造中，一直采用的在多层热压机的每一个间格内压制单张板坯的方法，改进成用板坯组合体压制的方法。它是在现有由进板运输机、多层装板机、多层热压机、多层卸板机、出板运输机、出板横向运输机、纵向运输机和进板横向运输机组成的热压机组的基础上，再在纵向运输机上部增设2台真空吸盘机，成为改进型热压机组。利用该机组进行板坯组合体的重叠工作，并且将其按照规定的温度、压力、时间进行冷—热—冷工艺压制成板材组合体，最后将板材组合体进行分板工作。

申请号：201110173030.9

发明名称：立式重组热压胶合板及其生产方法

公开号：CN102294713A

申请人：陈琳

摘要：该胶合板的芯层为叠加且粘贴在一起的若干层单层，单层都由并排的长条粘贴在一起组成，该长条都为沿纵向切割层级胶合板形成的，单层中长条的木皮层都垂直于所述面层和底层，相邻单层中的长条之间的夹角都为α（0°＜α＜180°）；在芯层上、下面分别加铺粘贴面施胶的木皮或装饰纸形成板坯；将板坯进行热压加工形成胶合板材；将热压后的胶合板材冷却、固化成型；本发明改变了原有的顺木皮层铺装方式，以新的木皮层垂直的方式铺装，不易变形，不易脱层脱胶，板材质量好，在力学强度和反复使用次数上大大优越于现有的层级铺压胶合板，使得该新型板材的使用范围更加广泛和循环利用更加合理。

申请号：201110292316.9

发明名称：一种表面结皮硬化胶合板

公开号：CN102294715A

申请人：李月英

摘要：本发明公开了一种面层结皮硬化胶合板，属于人造板加工技术领域。其特征在于：在胶合板的表面渗胶深度0.5mm～4mm，经过低温干燥和再次热压固化处理，使之表面形成结皮硬化层，以此制成表面硬度高于胶合板本身木质硬度的一种表面结皮硬化胶合板。其先进性和实用性在于：通过渗胶结皮来提高胶合板表面的硬度，在转印木纹或者压贴真木皮纸结合于UV漆进行面层装饰处理时，不但提高了基材面层的抗冲击强度，而且快速压贴三聚氰胺时不会出现干花，由此提高了胶合板的质量档次。

申请号：201110287686.3

发明名称：一种利用浸胶纸作为过渡连接体的胶合板

公开号：CN102335935A

申请人：李月英

摘要：本发明公开了一种利用浸胶纸作为过渡连接体的胶合板，属于人造板加工技术领域。其特征在于：在干燥后的多层木皮板结合层之间夹放浸胶纸，经过热压固化成型，制成一种利用浸胶纸作为过渡连接体的胶合板。其先进性和实用性在于：可以在提高胶合板内部结合力及整体拉结强度和防潮性能的前提下，提高生产效率，降低综合成本。

申请号：201110298730.0

发明名称：一种超薄型耐火竹材胶合板的制备方法

公开号：CN102335937A

申请人：浙江农林大学

摘要：本发明涉及一种超薄型耐火竹材胶合板的制备方法。本发明的目的是提供一种能够克服刨切薄竹横向强度低、脆性大、易破损、幅面小 等缺点，表面美观、能满足室内装饰装修用材料要求的超薄型耐火竹材胶合板的制备方法。超薄型耐火竹材胶合板的制备方法，包括以下步骤：(1) 选材；(2) 耐火处理；(3) 施胶与组坯；(4) 热压。本发明适用于人造板、家具、室内装饰装修等领域。

申请号：201110443236.9

发明名称：一种古典吊扇木叶专用胶合板及其制备方法

公开号：CN102514052A

申请人：王佐生

摘要：本发明公开了一种古典吊扇木叶专用胶合板及其制备方法，该制备方法包括如下步骤：备料，其中桉木芯板与桉木长中板的厚度差不大于0.3mm；组坯；热压，对冷修后的3层毛坯板进行热压；热压完毕后进行热堆，热堆时间为24～72h，以待胶水固化并消除应力；裁边、补土、砂光，贴面；贴面后的5层板热压，将贴面后的5层板进行热压；热压完毕后进行凉板，再热堆，热堆时间为2～3d；裁边；进行调湿及抗甲醛污染的后处理；二次应力消除：表面处理及木纹填充，得到所述古典吊扇木叶专用胶合板。本发明所述的古典吊扇木叶专用胶合板变形度小、整体强度好，表面平整细腻，无毛刺沟。

申请号：201110247581.5

发明名称：一种高周转次数的塑料贴面胶合板建筑模板及其制备方法

公开号：CN102425295A

申请人：安徽省峡山建材有限公司

摘要：一种高周转次数的塑料贴面胶合板建筑模板及其制备方法，它涉及建筑模板及其制备方法。本发明解决了现有的木质模板或胶合板模板在使用过程中脱模难、周转次数低的技术问题。本发明的高周转次数的塑料贴面胶合板建筑模板是在木质胶合板的上、下表面粘贴一层聚烯烃贴面。制备方法：将聚烯烃料用立式三辊塑料片材机组中挤出得到片材后，上覆一层无纺布再挤压，得到覆无纺布的聚烯烃贴面；将胶黏剂涂到无纺布上，再覆到砂光的木质胶合板上、下表面上，再经压制，得到高周转次数的塑料贴面胶合板建筑模板。该模板的表面不粘水泥，周转次数25～30次，可用于建筑工程中。

申请号：201210112798.X

发明名称：竹木集装箱用胶合板的制造方法

公开号：CN102632524A

申请人：浙江德清莫干山竹胶板有限公司

摘要：本发明涉及集装箱用胶合板的制造方法。竹木集装箱用胶合板的制造方法，包括以下工艺步骤：(1) 干燥；(2) 上胶；(3) 组坯；(4) 冷压；(5) 热压；(6) 卸货、降温。本发明所生产的集装箱用胶合板主要部分全部采用竹材，具有质量优、强度高、抗压能力强、效果稳定可靠、成本低、寿命长、应用范围广的特点，既可应用于集装箱，又可应用于门窗、家具、汽车、船泊等各个方面，可有效地减少集装箱板材的进口，降低了成本，而且可在其表面印刷客户所需要的各种图案，美观大方。同时，还具有良好的耐冲击性、耐磨性、抗污染性、环保而有益于健康。

申请号：201210126030.8

发明名称：一种杨木基材的免漆生态胶合板及其生产工艺

公开号：CN102642221A

申请人：武汉双龙木业发展有限责任公司

摘要：本发明公开了一种杨木基材的免漆生态胶合板及其生产工艺。一方面，一种杨木基材的免漆生态胶合板，其包括由杨木基材制成的胶合板，在该胶合板的上下两外侧均设有三聚氰胺树脂胶浸渍的装饰纸。另一方面，本发明还公开了一种实现上述杨木基材的免漆生态胶合板的生产工艺。本发明具有环保性能良好、防潮性能好、抗霉变虫害效果好、加工简易、表面美观绚丽、变形系数小等优点。

申请号：201210135610.3

发明名称：一种利用生物油淀粉胶黏剂制备无醛胶合板的方法

公开号：CN102642222A

申请人：北京林业大学

摘要：本发明涉及一种利用生物油淀粉胶黏剂制备无醛胶合板的方法，属于人造板生产领域。生物油淀粉胶黏剂制备：采用真空抽滤和减压蒸馏的方法对生物油进行预处理；将野生木薯淀粉加入水中，配制成淀粉乳液，升温后，再加入氧化剂过硫酸盐，反应制得酸解氧化淀粉乳液；在该乳液中加入生物油，加入聚乙烯醇溶液，再反复交替加入碱液和乙二酸；再加入硼砂，直至黏度达到要求为止，得到生物油淀粉胶黏剂主剂。无醛胶合板制备：将单板干燥用调制好的胶黏剂双面涂胶，按奇数层原则且相邻单板纤维方向相互垂直，进行单板组坯，采用热压曲线下压制胶合板，得到无醛胶合板。制备工艺简单，制备的胶合板胶合强度达到Ⅱ类胶合板要求。

申请号：201110135951.6

发明名称：防辐射胶合板

公开号：CN102797331A

申请人：南通五联品牌策划有限公司

摘要：本发明公开了一种防辐射胶合板，该胶合板由面板、芯板和背板复合构成，在面板与芯板之间设有防辐射层。本发明解决了现有胶合板没有防辐射功能的问题，减少了人们在日常生活中所受到的辐射，一定程度上保护了人们的身体健康。

申请号：201310080167.9

发明名称：一种无甲醛胶合板及其制备方法

公开号：CN103144152A

申请人：中国林业科学研究院木材工业研究所

摘要：一种废弃塑料合金制备无甲醛胶合板的方法，是将不同的废弃塑料制备塑料合金薄膜，并以此为粘接材料制备无游离甲醛释放的新型胶合板。将不同的废弃塑料经粉碎清洗后单独或按一定比例混合，加入相关填料和助剂，经过吹膜和压延加工，制备一定幅面和厚度的塑料合金胶膜，与木材单板交叉组坯后，再进行热压和冷压加工，得到无甲醛胶合板。本发明提供了利用废弃塑料制备无毒环保的无甲醛胶合板的方法，解决了普通胶合板的游离甲醛释放对环境及人体的毒害问题，同时提供了一条废弃塑料的回收再利用途径。

申请号：201310083747.3

发明名称：一种利用木薯渣制造胶合板、塑木复合材料的方法

公开号：CN103144180A

申请人：南京元凯生物能源环保工程有限公司

摘要：本发明公开了一种利用木薯渣制造胶合板、塑木复合材料的方法，将用清水喷淋处理后的木薯渣冷却至20℃～25℃后倒入培养有微生物的培养液，充分混合，20℃～45℃培养2～4h；将含微生物的液体，加入碱调整pH值至8.2～9.5，充分混合，浸泡10～20min；残渣放入消毒液中浸泡10～40min钟并充分搅拌；将残渣烘干，拌入胶合剂，施胶量为烘干后残渣的8～11wt%，将板坯铺装、预压、热压成型即得胶合板、塑木复合材料产品。本发明相对于利用木薯渣生产胶合板的现有技术，具有节约胶黏剂用量，产出的胶合板静曲强度高、板材密度高、握螺钉力增强的有益效果。

申请号：201310158395.3

发明名称：一种环保阻燃型可降解复合结构胶合板及其制备方法

公开号：CN103240774A

申请人：福建农林大学

摘要：本发明公开了一种环保阻燃型可降解复合

结构胶合板及其制备方法，以速生材桉树单板为主要原料，采用预制成型的无纺布替代胶黏剂制得复合结构胶合板。本发明的无纺布、单板可以整张化，易于实现工业化生产，生产效率高，成本低，板件可以做到真正的零甲醛，阻燃性能良好，板件废弃后容易降解，在压板、加工、使用及废弃过程均做到了无污染、低碳、环保。

申请号：201210031909.4

发明名称：复塑竹帘胶合板生产中节能降耗的方法

公开号：CN103240777A

申请人：赵星

摘要：复塑竹帘胶合板生产中节能降耗的方法属于人造板领域。节能降耗方法的特点一是仅对薄长帘、竹席浸渍较高黏度、较高浓度的水溶性酚醛树脂胶，但不进行第二次干燥，而厚短帘则不浸胶；二是按单体板坯的结构，在托板的陈化网上由人工组合成单体板坯，并且使浸胶薄长帘与无胶厚短帘成相邻垂直的对称结构，然后在其上再放置陈化网，再按照同样的操作组合单体板坯和放置陈化网，直到单体板坯与陈化网相间重叠到一定高度，然后再放置专用压板组成陈化用板坯落；三是对板坯落进行陈化；四是单体板坯的热压胶合采用 4 段式“冷—热—冷”胶合工艺成板。上述方法可以大幅度节约热能与电量，可以减少物料消耗与用工人数，进而达到降低产品成本的目的。

七、刨花板最新专利

申请号：201110086666.X

发明名称：一种高强度刨花板及其制造方法

公开号：CN102179856A

申请人：云南工业大麻股份有限公司；西南林业大学

摘要：本发明公开了一种高强度刨花板及其制造方法。将工业大麻秆粉碎成刨花，然后添加2%～14%的胶黏剂，再经热压后制成。还可以进一步掺混普通木材刨花，得到大麻秆／木材复合刨花板。本发明首创性地利用工业大麻秆强度高、多孔、密度低的特点来制造刨花板，与同类木质刨花板产品相比，该产品具有密度低、强度高、承重性能好的特性。该技术的实施不仅能显著节约木材资源，保护生态环境，而且变废为宝，为工业大麻的应用提供了新的途径，有助于推动工业大麻产业的进一步发展，具有良好的社会效益和经济效益。

申请号：201110084640.1

发明名称：一种定向刨花板及制备工艺

公开号：CN102198684A

申请人：鲁丽集团有限公司

摘要：本发明公开了一种定向刨花板及制备工艺，所述的刨花板为通过胶黏剂黏合在一起的三层结构，包括上下两个表层和中间一个芯层；所述的制备工艺以胶合板生产过程中剩余的旋切单板下脚料为原料，代替小径规格材，从而节约了大量的木材，降低了生产成本；同时，通过该方法可以加长定向刨花的长度，从而提高定向刨花板内在的力学性能指标，使其具有更强的承载能力。本发明的优点在于：以旋切单板下脚料为原料，从而节约了大量的木材，降低了生产成本，所生产的定向刨花板的静曲强度和弹性模量同步增大，承载能力大幅提高。

申请号：201110123893.5

发明名称：一种均密度竹材刨花板生产方法

公开号：CN102198685A

申请人：浙江安吉强裕人造板有限公司

摘要：本发明涉及人造板加工工艺，特别是一种均密度竹材刨花板生产方法。本发明是通过以下技术方案得以实现的：(1) 选材；(2) 第一次筛选；(3) 第一次烘干；(4) 第二次筛选；(5) 第二次烘干；(6) 施胶；(7) 热压；(8) 冷却。本发明具有各处密度均匀、尺寸稳定性高、静曲强度高的优点。

申请号：201010148562.2

发明名称：水泥刨花板的预制拍浆法生产工艺

公开号：CN102218765A

申请人：陈若飞；陈爱军

摘要：本发明属于水泥刨花板制备技术领域。本发明对水泥刨花板的生产工艺进行了优化，即通过拍浆法预制水泥刨花板。与传统生产方法相比，本改良方法生产出的刨花板具有较好的弹性且具有不易变形、成本低等特点。本发明通过改进刨花板的原材料成分及配比、底面镶嵌钢丝网及机械拍浆等方式，使得刨花板的强度和弹性均有所提高，另外还降低了这种轻型环保建筑材料的生产成本，扩大了水泥刨花板的应用范围及灵活性。

申请号：201010246624.3

发明名称：一种再生刨花、刨花板及其制备方法

公开号：CN102343609A

申请人：北京林业大学

摘要：本发明涉及一种再生刨花及其刨花板制备方法，该方法是将废旧刨花板经碱水解处理后制成再生刨花，将制成的再生刨花与新刨花混合制备成刨花板。本发明方法通过碱的水解处理，使废旧刨花板胶层破坏而分离刨花，能够使原刨花形态保持完整，刨花的理化性质影响很小，本发明利用再生刨花制备的刨花板的性能指标能够满足刨花板国家标准的要求。

申请号：201110452177.1

发明名称：一种利用蒸汽爆破法预处理麦草制造刨花板的方法

公开号：CN102493242A

申请人：天津商业大学

摘要：本发明公开了一种利用蒸汽爆破法预处理麦草制造刨花板的方法，旨在提供一种利用蒸汽爆破法预处理麦草，剥离覆盖在麦草表面的斥水性的角质层，以提高麦草的可润湿性与胶接性能，提高麦草刨花板强度，降低麦草刨花板的生产成本，能够实现产业化生产的制造刨花板的方法。将麦草原料按 1 ∶ 10 的固液比加入水，混匀后置于蒸汽爆破罐中，迅速升温至 180℃～190℃，保温 3～5min 后瞬间泄压；待储料桶中的原料冷却后，进行过滤，分离汽爆麦草固形物与液态水溶部分；将汽爆麦草固形物干燥至含水率为 3%，与胶黏剂搅拌均匀，胶黏剂的施加量为麦草固形物绝干重量的 8%～10%；胶黏剂为脲醛树脂；拌胶后的汽爆麦草固形物铺装成板坯，热压成型。

申请号：201110379581.0

发明名称：一种带树皮的均质刨花板及其制备方法

公开号：CN102490239A

申请人：福建农林大学

摘要：本发明公开了一种带树皮的均质刨花板及其制备方法。以构树木材为主要研究对象，将带树皮的刨花和改性脲醛树脂胶作为主要原料，通过有交互作用的正交试验法制备构树均质刨花板，样品达到 GB/T 4897—2003《刨花板》规定的指标要求，而且各项性能优于普通刨花板。本发明对构树树皮做了化学成分分析、刨花形态及刨花筛分分析，结果表明：构树树皮刨花的纤维具有较好的交织能力，是均质刨花板的较好原料。均质刨花板表芯层密度差异小、板材结构比较均匀、性能优良、用途广泛，是刨花板中颇具生命力和发展前景的新产品。制备方法简单可行，具有应用价值。

申请号：201110294833.X

发明名称：一种低密度木塑复合刨花板及其制造方法

公开号：CN102504557A

申请人：福建农林大学

摘要：本发明公开了一种低密度木塑复合刨花板及其制造方法，其配方是可发性聚苯乙烯 5～200 份、木质刨花 200～600 份（表层刨花 50～100 份、芯层刨花 150～500 份）、偶联剂 1.5～5 份、胶黏剂 4～10 份。其制造工艺为先将木质刨花干燥至含水率 2%～5%，并经过分选设备分为表层刨花与芯层刨花两部分，其中表层刨花进行施胶后作为表层物料，芯层刨花用偶联剂表面处理后与 EPS 进行混合作为芯层物料，经过组坯、预压，热压成型得到低密度木塑复合刨花板。产品具有比普通刨花板密度低、物理力学性能优越，特别是防水性好、环保性能好的优点，生产工艺简单，可在现有的刨花板生产线上生产，广泛用作家具材料、包装材料和墙体材料。

申请号：201210260924.6

发明名称：一种重组竹材与定向刨花板复合结构板及其制造方法

公开号：CN102773887A

申请人：国际竹藤中心

摘要：本发明涉及一种重组竹材与定向刨花板复合结构板及其制造方法。本发明提供的重组竹材与定向刨花板复合结构板是由至少一层重组竹材和至少一层定向刨花板组成的其厚度为7mm～90mm。上述复合结构板的制造方法包括以下步骤：在重组竹材和定向刨花板之间的接触面的两侧表面上均匀涂布耐候性胶或者在接触面的一侧表面上涂布耐候性胶；将涂布耐候性胶的重组竹材和定向刨花板组坯得到板坯；对板坯进行冷压，压制完成之后进行分段降压卸压；卸压之后，进行养生，得到重组竹材与定向刨花板复合结构板。上述复合结构板具有良好的结构性能．上述制造方法能够实现自动连续化生产，大大提高生产效率。复合结构板的成本低、使用范围广。

申请号：201110144258.5

发明名称：防辐射刨花板

公开号：CN102806590A

申请人：南通玺运贸易有限公司

摘要：本发明公开了一种防辐射刨花板，由面板、芯板和背板复合构成，在面板与芯板之间设有防辐射层。本发明解决了现有刨花板没有防辐射功能的问题，减少了人们在日常生活中所受到的辐射，一定程度上保护了人们的身体健康。

申请号：201210517257.5

发明名称：一种低甲醛释放的刨花板

公开号：CN102975271A

申请人：青岛文创科技有限公司

摘要：一种低甲醛释放的刨花板，包括上下表层、芯层，表层为相同质量的棉秆刨花与黑松刨花的混合刨花，芯层为纯棉秆刨花。本发明的刨花板显著降低了甲醛的释放量，符合人们对材料的安全性和环保性的高要求。

申请号：201310082483.X

发明名称：刨花板废料的回收利用方法

公开号：CN103157653A

申请人：上海市七宝中学

摘　要：本发明公开了一种刨花板废料的回收利用方法，具体步骤包括：将废旧刨花板打碎，加入酒精，并保持温度35℃～45℃，放置10～15h；将溶液过滤后的滤液，减压蒸馏，得到酚醛树脂，蒸馏液为酒精；将溶液过滤后的滤渣，浸入氢氧化钠和尿素的混合液，并保持温度-20℃～-10℃，放置10～15h；将溶液过滤，滤渣为木质素；将溶液过滤后的滤液，通过冷冻干燥方法，得到冻干产物；将冻干产物用水溶解成高分子溶液，除去杂质，加热溶液，直至纤维素析出；将纤维素滤出，滤液为氢氧化钠和尿素溶液。本发明的回收利用方法操作简单，不但能减少回收成本，还能产生巨大的经济效益和社会效益。

申请号：201210031011.7

发明名称：一种基于生物酶协同预处理技术的自生胶合刨花板制备方法

公开号：CN103240785A

申请人：张双保；王永波；张谦

摘要：本发明涉及一种生物酶预处理替代施加胶黏剂实现刨花自生胶合的方法，包括材料协同预处理条件控制，生物酶施加技术以及成型条件控制。刨花的物理形态和化学组分有利于两种以上生物酶制剂发挥协同效应，实现刨花界面的自身降解与接枝重聚。为控制降解程度和重聚后刨花界面稳定性，根据生物酶制剂对pH环境的敏感性，采用 pH 调控为主的控制措施，控制反应进程。采用酶制剂 A 和 B 处理竹刨花过程是一种温和反应，对纤维的损伤小，进而解决了自身降解对纤维破坏大导致强度急剧下降的问题。酶制剂 A 和 B 协同作用下，刨花制品的吸水性能改善显著，各方面指标均达到 GB/T 4897—2003《刨花板》中一般要求和干燥环境下非结构材料要求。

申请号：201310194302.2

发明名称：用滩涂植物制造的刨花板及方法

公开号：CN103240787A

申请人：南京林业大学

摘要：本发明是用滩涂植物制造的刨花板及方法，包括：(1) 原料的准备；(2) 原料性能分析；(3) 刨花的制备；(4) 刨花干燥；(5) 刨花分选；(6) 单元储存；(7) 施胶；(8) 施胶后的刨花铺装；(9) 板坯预压；(10) 热压；(11) 冷却；(12) 分等、入库、性能检测。优点：高效综合利用大量闲置的滩涂植物，节省天然木材资源，取代市场上以异氰酸酯为胶黏剂的稻麦秸秆板，实现大规模的开发生产，采用价格低廉的脲醛树脂胶，滩涂植物刨花板的成本低于木质刨花板的成本，通过用滩涂植物替代部分天然实木，减轻了国内市场对珍贵树种天然木材的供求压力，有利于促进天然林保护工程的实施，有利于促进我国林业和人造板行业的可持续发展。

申请号：201310148831.9

发明名称：一种利用两步平压法生产空心刨花板及复合板的方法

公开号：CN103264429A

申请人：南京林业大学

摘要：本发明公开了一种利用两步平压法生产空心刨花板及复合板的方法，包括以下步骤：制备单面具有半圆孔的刨花板单体；制成的刨花板单体的空心面涂布改性聚醋酸乙烯乳液胶，空心对称放置，送入冷压机中冷压。本发明采用两步平压法生产空心刨花板和复合空心板，规避了直接平压法、挤压法生产空心刨花板的诸多不足之处，所得产品具有力学性能优秀、低甲醛释放量、高强重比等诸多优点，产品表面可不用单板饰面直接使用，可广泛用于建筑和家具行业。本工艺采用普通的单层或多层压机，无须购买新设备，节约了设备成本，对于中小型人造板企业有着特殊的意义。

申请号：201310093677.X

发明名称：一种刨花板的干料储存系统

公开号：CN103144868A

申请人：江苏快乐木业集团有限公司

摘要：本发明公开了一种刨花板的干料储存系统，包括干料仓，还包括设置在所述干料仓的仓体上的进风口，设置在所述仓体外且与所述进风口连通的冷却风机。本发明提供的刨花板的干料储存系统中，在干料仓外设置冷却风机，冷却风机通过仓体上的进风口向仓体内吹风，利用气体流动加速刨花的降温，使干燥的刨花从干料仓中取出后温度不会太高，在施胶后，胶黏剂不容易凝固，提高了胶合性能，与现有技术中的自然冷却刨花或不冷却相比，不仅保证了刨花板的胶合强度，而且缩短了工时，加快了生产进度。

申请号：201310199842.X

发明名称：一种 UFIM 胶黏剂、制备方法及 UFIM 胶合生态植物纤维板和刨花板

公开号：CN103254860A

申请人：新凯骅实业发展有限公司

摘要：本发明提供一种 UFIM 胶黏剂，其以甲醛、尿素、无机矿物质粉为主要原料，先由甲醛和尿素进行缩聚反应，然后加入无机矿物质粉，混合均匀而成。本发明还提供 UFIM 胶黏剂的制备方法，以及由 UFIM 胶黏剂制备的具有低甲醛释放

量、高尺寸稳定性、低制造成本，集环保、阻燃功能于一体的生态植物纤维板、刨花板。采用本发明制备的植物纤维板、刨花板甲醛释放量降低30%以上，产品的尺寸稳定性提高10%以上；节约植物纤维和刨花10%～30%；植物纤维板或刨花板具有一定的阻燃性，耐磨性和表面硬度有所提高。

申请号：201120027645.6

发明名称：厚面装饰刨花板

公开号：CN201998283U

申请人：中南林业科技大学

摘要：本实用新型公开了一种厚面装饰刨花板，包括刨花板本体，在所述的刨花板本体的上表面或下表面分别通过石油基脲醛树脂胶粘接有木单板。单块所述的木单板的厚度为0.6mm～1.2mm。本实用新型是一种造价便宜、环保的厚面装饰刨花板。

申请号：201120028590.0

发明名称：E0级刨花板

公开号：CN201998284U

申请人：中南林业科技大学

摘要：本实用新型公开了一种E0级刨花板，包括E0级刨花板本体，至少两层所述的E0级刨花板本体通过石油基脲醛树脂胶粘接在一起。单块所述的E0级刨花板本体的厚度为0.6mm～1.2mm。本实用新型是一种强度高、使用寿命长、环保健康的E0级刨花板。

申请号：201120061740.8

发明名称：黑竹贴面刨花板

公开号：CN201998286U

申请人：中南林业科技大学

摘要：本实用新型公开了一种黑竹贴面刨花板，包括刨花板本体，在所述的刨花板本体的上表层、下表面分别设有黑竹单板。所述的刨花板本体的厚度为3mm～18mm。本实用新型是一种美观、耐磨、使用寿命长的黑竹贴面刨花板。

八、细木工板最新专利

申请号：201010600863.4

发明名称：一种用植物蛋白胶黏剂生产的细木工板

公开号：CN102126233A

申请人：武汉双龙木业发展有限责任公司

摘要：本发明公开了一种用植物蛋白胶黏剂生产的细木工板，涉及建筑领域中的细木工板。本细木工板的生产方法是：(1) 拼板配胶；(2) 涂胶拼板；(3) 合中配胶；(4) 合中涂胶、热压；(5) 合面配胶；(6) 合面涂胶、热压。其特征在于：胶黏剂采用植物蛋白胶黏剂。所述植物蛋白胶黏剂，按重量包括脱脂大豆粉 100 份，水 1000 份，碱溶液 25 ～ 35 份，阴离子表面活性剂 3 ～ 5 份。本发明无化工原料，纯生态，低碳环保；粘接强度和耐水性均达到脲醛树脂的技术指标要求，并且用碱和阴离子表面活性剂联合改性，胶合强度好，生产成本低。

申请号：201110117950.9

发明名称：阻燃细木工板的制备方法

公开号：CN102198677A

申请人：上海荷雨木业有限公司

摘要：本发明公开了一种阻燃细木工板的制备方法，包括如下步骤：第一步，制备细木工板的芯条；第二步，采用二次抽真空 / 加压注入阻燃剂技术，将水基阻燃剂溶液注入或者浸入到芯条中；第三步，采用第二步得到的芯条制备木芯板；第四步，对单板进行表面阻燃处理；第五步，将第四步得到的单板和木芯板进行组坯；第六步，对得到的组坯进行胶压，采用的胶黏剂为生物胶水；锯边，砂光，得到板材成品。本发明提高芯板条阻燃性能，阻燃剂采用非卤素类，采用的胶黏剂为生物胶水，大大降低了甲醛的排放量，可以制备阻燃性能和环保性能都非常好的板材。

申请号：201110117986.7

发明名称：环保型细木工板的制备方法

公开号：CN102198681A

申请人：上海荷雨木业有限公司

摘要：本发明公开了一种环保型细木工板的制备方法，包括如下步骤：第一步，制备芯条；第二步，采用芯条制备木芯板；第三步，将单板和木芯板进行组坯；第四步，对得到的组坯进行胶压，采用的胶黏剂为生物胶水，采用的工艺为一次压制成型工艺；第五步，锯边，砂光，得到板材成品。本发明中采用生物胶水作为胶黏剂，因为生物胶水是一种环保物质，所以不会造成甲醛排放的问题，从而从根本上解决了因为使用脲醛树脂胶黏剂而带来的家具环境污染问题。而且本发明还在板材的外层进行密封处理，进一步减少了其他原因带来的甲醛排放。本发明极大地降低了板材的甲醛释放量，降低了室内污染，提供了一个环保的生活空间。

申请号：201110222033.7

发明名称：蚕桑树木芯细木工板及其生产方法

公开号：CN102284993A

申请人：陈笑初

摘要：本发明公开了一种蚕桑树木芯细木工板，包括芯板和设在芯板两侧的面板，所述的芯板是宽 3cm ～ 5cm、长 20cm ～ 50cm、厚 0.5cm ～ 2cm 的蚕桑树条板平铺排列组成。其生产方法包括芯板制作、覆面、预压、热压、清边、砂光、检验和包装。所述的芯板制作是采用蚕桑树木料作原材料，对蚕桑树木料进行提浆、烘板，当水分小于重量的15%后，按确定的芯板尺寸压刨成条板，再将蚕桑树条板平铺排列成型，再热压、抛光补灰。本发明既保证了细木工板的质量要求，又可以提高农民的收入，还降低了细木工板的生产成本，变废为宝，同时减少了伐木，保护了环境。

申请号：201010246214.9

发明名称：无甲醛细木工板的生产工艺

公开号：CN102343602A

申请人：上海昱龄环保科技有限公司

摘要：无甲醛细木工板的生产工艺，是由芯板、中板和表板通过胶黏剂热压或冷压而成，其特征在于所述胶黏剂的重量组成如下。主剂：填料：固化剂＝1：0.01～0.50：0.01～0.50。本发明的主要技术特点是通过不含甲醛的胶黏剂技术，没有游离甲醛释放来源，从而得到无甲醛的细木工板产品。该产品性能指标符合国际最高标准JAS233—2003《普通胶合板的日本农林规格》的要求，甲醛释放量小于0.3mg/L。

申请号：201010246222.3

发明名称：细木工板板芯节材新工艺

公开号：CN102343603A

申请人：上海昱龄环保科技有限公司

摘要：细木工板板芯节材新工艺，主要解决现有产品由于树木本身形状特性（圆锥状）制作芯板方条（长方体）的过程中浪费大量的木材（生成边角料），影响木材的使用效率，出材率低，浪费大，工艺复杂，成本高等问题。本发明的产品先将原木用锯制成一定厚度的自然形态（矩形）单板，将矩形单板进行交替反向排放成细木工板板芯，再黏结中板和贴面皮即成。优点是出材率大于90%，节约木料70%以上，节约电能50%以上，简化工艺，节约设备、生产人员、生产场地等，降低成本30%以上，改进了产品结构，提高了产品使用性能和质量。

申请号：201110343332.6

发明名称：浸渍纸复合杉木细木工板及其生产方法

公开号：CN102501275A

申请人：福建农林大学

摘要：本发明公开了一种浸渍纸复合杉木细木工板及其生产方法，主要过程包括杉木细木工板基材含水率平衡、表面砂光与定厚处理、单板准备、浸渍纸生产、浸渍纸与单板及细木工板一次复合组坯、热压、冷却、裁边、检验、包装、储存。浸渍纸覆面杉木细木工板，改善其外观与表面质量，使之具有耐磨、耐热、耐污染和光滑易清洁等性能，生产方法简单，成本低，具有显著的经济效益和社会效益。

申请号：201110450414.0

发明名称：利用杉木梢头制造细木工板芯板及细木工板的加工方法

公开号：CN102514054A

申请人：福建农林大学

摘要：本发明涉及利用杉木梢头制造细木工板芯板及细木工板的加工方法，该发明能够有效地利用资源丰富、价格低廉的杉木梢头资源，解决杉木梢头加工中出材率低的问题。该方法利用山场废弃物杉木梢头，采用机械设备对杉木梢头进行截断、分选、干燥、加工六棱柱、涂胶、组坯、冷压、压刨等加工工艺，生产出规格杉木六棱柱方材，再经细木工小带锯，加工成杉木六棱柱板材，备用。再与杨木单板和柳桉面板配套使用，生产出低成本、高品质的杉木梢头细木工板材，可以满足建筑和装修行业生产日益增长的板材需要。

申请号：201210126027.6

发明名称：一种杨木基材的免漆生态细木工板及其生产工艺

公开号：CN102642220A

申请人：武汉双龙木业发展有限责任公司

摘要：本发明公开了一种杨木基材的免漆生态细木工板及其生产工艺。一方面，一种杨木基材的免漆生态细木工板，包括芯板层，还包括单板层、木纹纸，所述单板层贴在芯板层的两侧，在每一单板层外侧都贴有木纹纸，所述芯板层的材料为纯杨实木。另一方面，本发明还公开了一种免漆生态细工木板的生产工艺。本发明具有产品不易变形，颜色鲜艳，表面较耐磨，耐腐蚀，价格经济实惠的有益特点。

申请号：201120003437.2

发明名称：七层细木工板

公开号：CN201979569U

申请人：嘉善新富华木业有限公司

摘要：一种七层细木工板，它由一层芯板、胶压于芯板前后两侧的同向中板、胶压于同向中板的横向中板、胶压于横向中板的表板组成。本实用新型结构简单，可以提高细木工板作为高档基材的比例，节约资源且提高附加值。本实用新型明板材强度好，锯小条而不易折断，可代替实木板条。

申请号：201120003402.9

发明名称：一种三聚氰胺细木工板

公开号：CN201979571U

申请人：嘉善新富华木业有限公司

摘　要：一种三聚氰胺细木工板，它包括有一层细木工板，所述的细木工板两侧各贴有一层粘有三聚氰胺面的胶合板。所述的三聚氰胺面朝外。本实用新型中板材重量和稳定性能都好于用密度板的复合细木工板，不易变形，由于其本身环保阻燃，所以能适应低碳装饰装修需求。

申请号：201120022486.0

发明名称：吸醛贴面细木工板

公开号：CN201998245U

申请人：中南林业科技大学

摘要：本实用新型公开了一种吸醛贴面细木工板，包括细木工板本体，在所述的细木工板本体的上表层和下表面分别设有浸有纳米竹活性炭的单板。所述的细木工板本体的厚度为3mm ～ 18mm。本实用新型是一种美观、耐磨、环保、使用寿命长的吸醛贴面细木工板。

申请号：201120022702.1

发明名称：竹材装饰细木工板

公开号：CN201998248U

申请人：中南林业科技大学

摘要：本实用新型公开了一种竹材装饰细木工板，包括细木工板本体，在所述的细木工板本体的上表层和下表面分别设有竹材旋切单板。所述的竹材旋切单板的厚度为0.2mm ～ 1.0mm。本实用新型是一种造价便宜，外观材质高贵、耐磨的竹材装饰细木工板。

申请号：201120027662.X

发明名称：防腐耐水细木工板

公开号：CN201998251U

申请人：中南林业科技大学

摘要：本实用新型公开了一种防腐耐水细木工板，包括细木工板本体，其特征是：在所述的细木工板本体的上表层和下表面分别设有一层三聚氰胺树脂胶黏剂浸渍纸。所述的防腐耐水细木工板本体的厚度为12cm ～ 18cm。本实用新型是一种不会发生霉腐且使用寿命长的防腐耐水细木工板。

申请号：201120027665.3

发明名称：无人工甲醛释放细木工板

公开号：CN201998253U

申请人：中南林业科技大学

摘要：本实用新型公开了一种无人工甲醛释放细

木工板，通过至少两块木片通过石油基脲醛树脂胶粘接而成。单块所述的细木工板本体的厚度为2mm～3mm。本实用新型是一种造价便宜、环保的无人工甲醛释放细木工板。

申请号：201120027853.6
发明名称：厚面装饰细木工板
公开号：CN201998255U
申请人：中南林业科技大学
摘要：本实用新型公开了一种厚面装饰细木工板，包括细木工板本体，在所述的细木工板本体的上表面或下表面分别通过石油基脲醛树脂胶粘接有木单板。单块所述的木单板的厚度为0.6mm～1.2mm。本实用新型是一种造价便宜、环保的厚面装饰细木工板。

申请号：201120061899.X
发明名称：黑竹贴面细木工板
公开号：CN201998260U
申请人：中南林业科技大学
摘要：本实用新型公开了一种黑竹贴面细木工板，包括细木工板本体，在所述的细木工板本体的上表层和下表面分别设有黑竹单板。所述的黑竹单板的厚度为0.2mm～1.0mm。本实用新型是一种造价便宜，外观材质高贵、耐磨的黑竹贴面细木工板。

申请号：201120169007.8
发明名称：一种防潮细木工板
公开号：CN202062477U
申请人：湖南福湘木业有限责任公司
摘要：本实用新型公开了一种防潮细木工板，其特征在于：由面板层、芯板层和防潮层组成，所述防潮层为耐水腻子，覆盖在芯板层的上、下表面，所述面板层覆盖在防潮层的表面。本实用新型在芯板层的上、下表面有耐水腻子作为防潮层，从而使芯板层与外界的环境隔绝，不会发生霉变，起到防潮的作用。

申请号：201120168886.2
发明名称：一种PVC胶面覆膜细木工板
公开号：CN202079863U
申请人：江苏德华兔宝宝装饰新材有限公司
摘要：本实用新型公开了一种PVC胶面覆膜细木工板，它是在经过糙化处理的细木工板上连接一层PVC胶层，在PVC胶层上有一层TPU覆膜。这种细木工板不仅外形美观，而且耐水性和耐磨性好，在增加细木工板板材使用寿命的同时还不影响细木工板板材的柔韧性能。

申请号：201120567634.7
发明名称：紫外线光固树脂漆薄木饰面密度板复合细木工板
公开号：CN202399335U
申请人：黑龙江好家木业有限责任公司
摘要：紫外线光固树脂漆薄木饰面密度板复合细木工板。现有的民用装饰板基本都含有苯、甲醛或其他的芳香烃溶剂油漆如硝基漆、聚酯漆进行表面防腐、防潮和装饰。一种紫外线光固树脂漆薄木饰面密度板复合细木工板，由芯板、中密度板和薄木饰面板组成，所述的细木工板上面、下面同时连接中密度板，所述的上面的中密度板连接薄木饰面板，所述的薄木饰面板上面具有紫外线光固树脂漆。本实用新型用于家具、门窗、装饰。

九、纤维板最新专利

申请号：201110086673.X

发明名称：一种高强度纤维板及其制造方法

公开号：CN102179857A

申请人：云南工业大麻股份有限公司

摘要：本发明公开了一种高强度纤维板及其制造方法。将工业大麻秆粉碎后，经蒸煮、盘磨、脱水制成纤维，然后添加10%～16%的胶黏剂，再经热压后制成。本发明首创性地利用工业大麻秆强度高、多孔、密度低的特点来制造纤维板，与同类木质纤维板产品相比，该产品具有密度低、强度高、承重性能好的特性。该技术的实施不仅能显著节约木材资源，保护生态环境，而且变废为宝，为工业大麻的应用提供了新的途径，有助于推动工业大麻产业的进一步发展，具有良好的社会效益和经济效益。

申请号：201010503092.7

发明名称：细直径氧化锆纤维及其纤维板的制备方法

公开号：CN102181962A

申请人：南京理工大学

摘要：本发明涉及一种细直径氧化锆纤维及其纤维板的制备方法。以碱式碳酸锆、冰乙酸、水、硝酸钇为原料制备聚锆溶胶纺丝液，经超高速离心甩丝和高速热气流喷吹牵伸获得细直径聚锆凝胶纤维，再经热处理烧结获得细直径氧化锆纤维。采用细直径氧化锆纤维作为原料，并采用聚锆溶胶纺丝液加水稀释作为黏结剂，真空吸滤成型和加压整平制备纤维板湿坯，烘干，煅烧获得氧化锆纤维板。本发明具有原料易得、制作简便、成本低、无污染、适合大批量工业化生产等优点，所制备的细直径氧化锆纤维弯曲柔韧性好，所制备的氧化锆纤维板厚度均匀、表面平整、厚度精确可控、力学性能和高温抗弯曲性能均佳。

申请号：201110063044.5

发明名称：生产液晶聚酯浸渍纤维板的方法

公开号：CN102190804A

申请人：住友化学株式会社

摘要：生产液晶聚酯浸渍纤维板的方法，包括用含液晶聚酯和不含卤素原子的非质子溶剂的液体组合物浸渍由芳族聚酰胺纤维或聚苯并唑纤维构成的纤维板的步骤和从用液体组合物浸渍的纤维板除去溶剂的步骤。作为上述溶剂，优选使用N，N-二甲基甲酰胺，N，N-二甲基乙酰胺和N-甲基吡咯烷酮。作为上述的板，优先使用纺织品。

申请号：201010607033.4

发明名称：一种用于12mm以上高密度纤维板的热压工艺

公开号：CN102126241A

申请人：山东贺友集团有限公司

摘要：本发明公开了一种用于12mm以上高密度纤维板的热压工艺，采用的技术方案是：所述热压机开挡；热压机一直加压到所述板材的厚度为17.6mm时停止加压；热压机再次加压，一直加压到所述板材的厚度为15.0mm时停止加压；热压机再次加压，一直加压到所述板材的厚度为12.6mm时停止加压；由热压机保持板材的厚度为12.6mm的时间不少于90～110s后固化稳压过程完成；热压机逐渐卸荷开挡。本发明的有益效果在于：该种高密度纤维板，由于在热压过程中用纤维板的实际厚度为主要的评价指标，且在加工中加入了固化稳定阶段，使得高密度纤维板的厚度更加精确，纤维板的表面强度、表面密度和芯层密度更加可控和稳定，从而降低了废品率，提高了板材的稳定性。

申请号：201110113501.7

发明名称：用蒸爆浆料干法生产无胶纤维板的方法

公开号：CN102225571A

申请人：浙江农林大学

摘要：一种用蒸爆浆料干法生产无胶纤维板的方法，涉及用禾本科植物纤维蒸汽爆破制得的浆料干法生产无胶纤维板的方法。该方法按如下七个步骤进行：一是原料准备；二是蒸汽爆破浆料的制备；三是分离、精磨与混合；四是浆料干燥；五是铺装；六是进行高水低温、低水高温方式热压；七是后处理。用本方法制得的无胶纤维板，无游离甲醛和苯酚，不危害环境，原料不必经酸、碱等催化剂处理，不造成酸碱污染和设备腐蚀，不对蒸爆浆料中的水溶性树脂进行分离和浓缩，也不对分离后的残渣进行再次蒸爆，省工序，节能，生产效率高。制成的无胶纤维板强度高、成本低。

申请号：201010184838.2

发明名称：一种全生物质增强纤维板

公开号：CN102259368A

申请人：湖北大学；武汉强力荷新材料有限公司

摘要：本项目涉及一种农作物秸秆制全生物质增强纤维板的制备工艺，该产品主要用作汽车内装饰零部件衬板。该材料是利用大宗农作物秸秆主要是稻草、麦草、棉秆、玉米秆等生物质作为原材料，经去泥沙、切段、碾压、揉搓、开松、混匀后，混入脂肪水解酶、蛋白水解酶和纤维水解酶，控制水解程度，使纤维表面的蜡状脂肪、纤维及胶原蛋白发生部分水解生成一定分子量的水性多羟基、羧基和氨基的生物质胶黏剂，将其填装在模具中，加温加压，使纤维上和水解出来生物质胶黏剂的多羟基、羧基和氨基在高温下重新发生缩合聚合和交联化学反应，粘接成为一个整体材料，制成全生物质增强纤维板。该方法可以用模压成型法制备形状复杂的硬挺片状产品，其容重也可以随模具的厚薄限位而调整，主要可用于制造汽车、火车、轮船内装饰零部件用的新型复合材料或衬板材料，也可以代替各种纤维板和纤维塑胶板使用，该产品可以回收循环利用。

申请号：201110185171.2

发明名称：蛭石阻燃中密度纤维板的生产方法

公开号：CN102259369A

申请人：南京林业大学

摘要：本发明是蛭石阻燃中密度纤维板的生产方法，包括选取原材料，表层、底层、芯层制备，铺装、预压，热压，冷却，堆放，裁边，进行物理力学和燃烧性能测试等工艺步骤。优点：由于对表层、底层与芯层材料采用分开施胶，蛭石添加量是依据绝干纤维重的百分比，本发明制成的中密度纤维板力学性能优于现有采用阻燃剂和木纤维混合施胶制成的中密度纤维板的力学性能。经燃烧性能测试结果表明，由于在木纤维中添加了占绝干纤维重的30%～70%的蛭石，降低了制品的热释放率、热释放总量、烟释放总量、烟产率和质量损失率，推迟了着火时间。试验证明，随着蛭石添加量的增加，产品阻燃性能随之提高。本产品解决了易燃、环保问题，成本低，实用意义和推广价值并举。

申请号：201110248474.4

发明名称：一种调湿纤维板的制备方法

公开号：CN102284988A

申请人：浙江理工大学

摘要：一种调湿纤维板的制备方法，它采用如下步骤：(1) 将羧甲基纤维素钠、聚丙烯酸钠、硅藻土、乙二醇二缩水甘油基乙醚和去离子水搅拌均匀后加入中空纤维，继续搅拌均匀；(2) 将 (1) 中制备的混合物压制成板后烘干；(3) 将干燥后的纤维板放在一定浓度的盐溶液中浸渍一段时间后干燥，制得调湿纤维板。与现有的调湿板比较，本发明具有以下优点：(1) 湿度响应速度快，湿含量高；(2) 可以根据无机盐的不同比例制备不同目标湿度的调湿纤维板；(3) 制备简单，成本低，效果好；(4) 对环境无毒、无害、无污染，符合环保发展的趋势；(5) 在具有自动调湿的同时具有保温的功能。

申请号：201110257034.5

发明名称：一种杨柳木材纤维增强沙柳材中密度纤维板及其制备方法

公开号：CN102284991A

申请人：内蒙古农业大学

摘要：本发明涉及一种杨柳木材纤维增强沙柳材中密度纤维板及其制备方法。该杨柳木材纤维增强沙柳材中密度纤维板包括一上表层、一下表层和一芯层，其中，上表层和下表层为速生杨纤维或旱柳纤维，芯层为沙柳纤维。本发明还提供了上述中密度纤维板的制备方法。针对沙生灌木中密度纤维板的生产工艺特点，本发明所提供的技术方案在改进沙生灌木中密度纤维板的传统生产工艺的同时，采用速生杨、旱柳枝桠材纤维增强沙柳材纤维以制备中密度纤维板，在提高沙生灌木中密度纤维板的质量、降低环境污染、保护人类生态环境和充分利用现有资源方面意义深远。

申请号：201110281695.1

发明名称：一种利用微波预热的中密度纤维板制备方法

公开号：CN102335947A

申请人：福建省永安林业（集团）股份有限公司

摘要：本发明公开了一种利用微波预热的中密度纤维板制备方法，包括原料处理、纤维制备、纤维施胶、纤维干燥、纤维铺装成型、预压、热压工序，还包括在预压工序和热压工序之间增设的纤维毛板坯微波预热工序。所述纤维毛板坯微波预热工序通过设置连续隧道式微波加热装置对预压后的纤维毛板坯进行微波快速预热，微波预热后的纤维毛板坯的温度控制在 50℃～60℃。本发明能减少纤维毛板坯的热压升温时间，从而缩短中密度纤维板的整体制备时间，提高中密度纤维板的生产效率和节约能源，还能改善和提高中密度纤维板产品的质量。

申请号：201110061497.4

发明名称：一种硅酸铝无机纤维板生产方法

公开号：CN102344276A

申请人：苏州伊索来特耐火纤维有限公司

摘要：本发明公开了一种硅酸铝无机纤维板生产方法，本发明不使用有机纤维润滑剂，使用水作为纤维润滑剂。本发明为不使用任何有机原料生产的硅酸铝纤维板，保证了产品的质量。

申请号：201080002020.2

发明名称：利用球纤维制备纤维板的方法及利用该方法制备的纤维板

公开号：CN102356188A

申请人：朴泰根

摘要：本发明公开了一种制备纤维板的方法及利用该方法制备的纤维板，所述方法利用由高熔点聚酯短纤维制成的球纤维和通过混合、加热和压制低熔点短纤维形成的球纤维。所述利用球纤维制备纤维板的方法包括如下步骤：将高熔点聚酯短纤维和低熔点短纤维混合；球状地缠绕高熔点聚酯短纤维和低熔点短纤维的混合物，以形成具有预定尺寸的球纤维；以板的形式将所述球纤维堆叠到预定厚度，形成网状叠层；将所述网状叠层加热到预定温度；将加热的所述叠层压制到预定厚度。

申请号：201110386141.8

发明名称：一种甲醛含量低的纤维板的制备方法

公开号：CN102398295A

申请人：宁波蓝鼎电子科技有限公司

摘要：本发明公开了一种甲醛含量低的纤维板的制备方法，制备步骤为：(1) 将桑叶、桂枝、秸秆和棉秆分别依次按照重量份配比为10：10：20：60称取；(2) 将步骤 (1) 中称取的桑叶、桂枝、秸秆和棉秆采用氨水进行活化处理；(3) 将步骤 (2) 活化处理后的桑叶、桂枝、秸秆和棉秆粉碎成纤维状或粉末状；(4) 将步骤 (3) 中纤维状或粉末状料与木纤维混合均匀后，施加胶黏剂形成混合物；(5) 将步骤 (4) 中混合物组坯并压制成纤维板板材。本发明能有效减低纤维板中的甲醛释放量，同时保证纤维板的理论化性能指标符合人造板国标 GB/T 17657—1999 的要求，成本低且本身无毒。

申请号：201010290740.5

发明名称：增白型 E1 级地板基材用高密度纤维板的制造方法

公开号：CN102407553A

申请人：大亚科技股份有限公司

摘要：本发明涉及一种增白型 E1 级地板基材用高密度纤维板的制造方法，包括：木材的削片和筛选；预蒸煮和蒸煮；热磨使纤维分离；E1 级脲醛树脂胶的调制；固化剂配制；脲醛胶、固化剂以及石蜡的施加；干燥；铺装；热压；冷却调制；砂光锯切。其特征在于：木材选自直径大于 8cm 的大径杨木，削片均匀后放置到室外堆场发酵 5 ～ 15 天；E1 级脲醛树脂胶的调制过程尿素分 5 次加入，固化剂是由占总量 3%～ 5%的磷酸、1%～ 3%的乌洛托品、1%～ 3%的三乙醇胺和 19%～ 21%的硫酸铵配制而成。获得的增白型 E1 级地板基材表面杂质少，纤维细腻，颜色白皙，视觉效果良好，密度分布合理，强度适中，常用于生产高档室内强化木地板和复合地板。

申请号：201110429557.3

发明名称：制备一种双面具有木皮的植物纤维板的方法

公开号：CN102490243A

申请人：浙江天仁风管有限公司

摘要：本发明涉及制备一种双面具有木皮的植物纤维板的方法，步骤为：将托板送入纤维板的辊压输送装置，托板随着辊压输送装置依次经过各个工位，完成植物纤维板各层的加工，形成初坯，压制成型并保压养护固化。本发明具有的突出的实质性特点：通过一套设备一次性加工成型，在一套加工流水线上加工完成双面具有木皮的植物纤维板，且两面铺放木皮时的胶凝剂尚未固化，这里的胶凝剂即芯层的主要材料，也是粘接木皮（及从属方案中的无纺布）的黏结剂，也有利于避免木皮与芯层之间存在的气泡或粘接不可靠、虚接等问题，同时也解决了现有技术采用有机胶粘贴存在的浪费工时及材料的问题，达到了制备效率高、节约能耗、品质提高及操作简单的目的。

申请号：201110356093.8

发明名称：一种碳纤维板材

公开号：CN102490410A

申请人：沈阳创达技术交易市场有限公司

摘要：本发明涉及一种板材，特别涉及一种碳纤维板材，其属于室内装饰材料领域。本发明在碳纤维板材基体内部设有细钢丝，可以根据使用地方和使用强度的不同内置不同数目的细钢丝，提高板材的坚固性；在碳纤维板材基体的表面设有防水层，可以避免板材直径与水相接触，增长其使用寿命；最外层设有保护膜，其采用分离型纸，使得本发明可以直接使用，减少了碳纤维板材的磨损，同时保护膜上面设有光触媒涂层，其在阳光中紫外线的照射下，将空气中的甲醛分解为水和氧气，起到了净化空气的作用，同时当保护膜磨损的时候，可以将其摘离，使防水层成为外表层，防水层上面设有的光触媒涂层，起到了相同的作用。

申请号：201110387235.7

发明名称：一种彩色中密度纤维板制造方法

公开号：CN102514070A

申请人：广西新凯骅实业集团股份有限公司

摘要：一种表层为彩色的中密度纤维板制造方法，包括以下步骤：纤维制备、纤维施胶、染色与干燥板坯铺装、热压成型。本发明所述彩色中密度纤维板生产的热压工艺参数与普通纤维板相同。不过，鉴于表层纤维添加了活性染料，成本相对较高，为了降低成本，成板应不砂光或尽量少砂光为宜。因此，本发明所述彩色中密度纤维板生产更适合于采用连续辊压或连续平压工艺。后处理：从压机出来的板材经凉板机冷却后锯边，锯成标准幅面的板材。最后直接入库或再送入砂光机进行表面处理。本发明的优点是采用所述方法制备的中密度纤维板自身具有装饰效果。尽管其生产成本增加了20%，但是制造的板材附加值提高1倍以上。

申请号：201110394379.5

发明名称：无机结合陶瓷纤维板

公开号：CN102515661A

申请人：山东鲁阳股份有限公司

摘要：本发明属于陶瓷纤维材料技术领域，具体涉及一种无机结合陶瓷纤维板，其特征在于由下列重量份数的原料制成：陶瓷纤维50～70份、活性硅酸钙浆料600～1000份、助滤剂0.4～0.8份、水950～2500份。与传统的微孔硅酸钙板相比较，产品的使用温度和韧性大大提高，不含有甲醛等有机毒性挥发物，属于纯无机材料，绿色环保，在高温下使用无污染气体挥发，提高了生活与工作环境的质量。

典型篇

“30家”双承诺木门企业

中国木材与木制品流通协会木门窗专业委员会是经中华人民共和国民政部批准的唯一的全国木门窗行业组织，2004年成立至今一直致力于中国木门行业健康有序发展。所开展的全国木门企业“产品质量、售后服务双承诺”活动以维护消费者权益、规范市场为宗旨。2010年，经中共中央、国务院同意，国资委下发国资厅发纪检〔2010〕21号文件，明确保留该项活动。正是信得过的质量、良好的售后服务，提升了参与此项活动企业的社会形象和知名度。品牌木门的市场影响力日渐提高，成为消费者以及工程项目的首选。经过十年的培育，其已经成为一个品牌，在行业和市场中都享有很高的声誉。

2013年“30家”企业名单

1 广东润成创展木业有限公司
2 浙江金迪控股集团有限公司
3 淄博万家园木业有限公司
4 重庆星星套装门有限责任公司
5 山西孟氏实业有限公司
6 北京闼闼同创工贸有限公司
7 浙江梦天木业有限公司
8 千川木业集团
9 黑龙江三和木业（集团）有限公司
10 山东鑫迪家居装饰有限公司
11 泉州富友木业有限公司
12 北京市博亮木业有限公司
13 北京和玺建筑成套木作系统有限公司
14 吉林森林工业股份有限公司北京门业分公司
15 沈阳天河木业有限公司
16 大连凯峰家具有限公司
17 天津龙甲特种门窗有限公司
18 沈阳九州阳光木业有限公司
19 安徽富煌钢构股份有限公司门窗分公司
20 哈尔滨光明伟业木制品有限公司
21 齐齐哈尔市红鹤木业有限公司
22 北京德威木业有限公司
23 北京市木材厂有限责任公司
24 重庆美心家美木业有限公司
25 北京伯艺创展木业有限公司
26 山东洪涛装饰（工厂化）工程有限公司
27 吉林兄弟木业集团有限公司
28 浙江福人家具有限公司
29 南通林林家俬用品有限公司
30 湖北永和安霍斯门业有限公司
31 江山欧派门业股份有限公司
32 东莞宏利木品厂有限公司
33 秦皇岛卡尔·凯旋木艺品有限公司
34 哈尔滨好门面门窗有限公司
35 北京安居益圆工贸有限公司
36 广州紫雅木业有限公司
37 青岛彬城木业有限公司
38 山西泰亨科技有限公司
39 山东德泰木业有限公司
40 德州市豪森装饰工程有限公司

41 淄博崇正盛达家私有限公司
42 青岛一木实木门有限公司
43 北京黎明文仪家具有限公司
44 德清县德艺门业有限公司
45 重庆美冠装饰材料有限公司
46 广州蓝白木业有限公司
47 四川峨眉山龙马木业有限公司
48 吴江市金丰木门厂
49 吴江市固友木门厂
50 辽宁瀚森木业有限公司
51 湖州南浔关亨木业有限公司
52 昆明红塔木业有限公司
53 天津金朵尔木业有限公司
54 浙江佰心木业有限公司
55 营口经济技术开发区卓友木门有限公司
56 山东盛世佳成木业股份有限公司
57 宁波材源帝木业有限公司
58 廊坊华日家具股份有限公司
59 北京市精益利元装饰材料加工厂
60 浙江蔡氏木业有限公司
61 春天集团有限公司
62 深圳什木坊门业有限公司
63 成都天天木业有限公司
64 北京桥饰木业有限公司
65 湖州森乐门业有限公司
66 佛山市奇田木业有限公司
67 山西嘉艺木业有限公司
68 淄博鸿发木业有限公司
69 哈尔滨华兴伟业木制品有限公司
70 山东凯勒蓝房家居文化发展有限公司
71 丽水市大东园木业有限公司
72 四川爱心木业股份有限公司
73 吴江市八都三鑫木业制品厂
74 桦甸市惠邦木业有限责任公司
75 沈阳赛斯家具有限公司
76 营口华力木业有限公司
77 石家庄市冀中木业有限责任公司
78 佛山市南海盈康创建家居制造有限公司
79 浙江福临旺家装饰材料有限公司
80 北京忽视木业有限公司
81 青岛宝刚门业有限公司
82 北京龙鼎基业工贸有限公司
83 温州市益立艺术家居有限公司
84 齐齐哈尔鑫饰家木业有限公司
85 中央工艺美术学院环境艺术研究设计所沈阳华裔装饰公司
86 江西省华府豪门装饰制品有限责任公司
87 湖州世友门业有限公司
88 辽宁郁林木业有限公司
89 北京佳业福满门工贸有限公司
90 厦门盈轩木制品有限公司
91 北京市建筑木材有限责任公司
92 青岛富源木业有限公司
93 湖州富朗木业有限公司
94 湖北柯尚木业有限公司
95 温州市恒特家具有限公司
96 山东美华装饰材料有限公司
97 浙江王牌门业有限公司
98 杭州赛班木业有限公司
99 成都市新都区深水永新实木门窗厂
100 湖州市南浔亨力木制品厂
101 浙江喜盈门木业有限公司
102 安徽省巢湖市山杉木业有限责任公司
103 深圳市宝安区松岗德雅高尼木制品厂
104 山东旭升门业有限公司
105 江门市江海区森润木业有限公司
106 北京九鼎创展门业有限公司
107 浙江金凯门业有限责任公司
108 成都欧丽亚门业有限公司
109 佛山市南海区大沥树兴木门厂
110 东营市正通门业有限公司

111　苏州凯龙木业有限公司
112　北京陆锋工贸有限公司
113　营口华美艺玛木业有限公司
114　浙江正信门业有限公司
115　上海季鑫木饰厂
116　湖州凯雅木业有限公司
117　浙江开洋门业有限公司
118　永康市哥得门业有限公司
119　承德华玉家具有限公司
120　四川省郫县泰来贸源有限责任公司

“30家”双承诺木地板企业

木地板行业起源于20世纪80年代初，是一个新兴的产业。虽然起步较晚，但发展速度很快，随着我国经济的蓬勃发展和居民生活水平的日益提高，木地板以其脚感舒适、温馨、高贵典雅等突出的优点，成为人们地面装饰的首选材料，其市场需求也呈直线上升趋势。面对充满活力的巨大市场，地板行业急速发展，在全国形成了东北、西南、珠三角、浙江南浔等几大地板产业区，地板企业激增到5000多家，一时间市场鱼龙混杂。

为了规范行业发展，打造出木地板行业的知名品牌，中国木材与木制品流通协会在2001年率先引导国内100多家知名的实木地板生产厂家经过自愿报名、质量评选、产品检测和评审等严格的手续选出了全国“30家”实木地板、实木复合地板双承诺企业。这些企业联合宣言，以自己的真诚商业行为赢得了广大消费者、中国消费者协会、各地工商局和政府的信赖。为防止名牌终身制，“30家”评选依据企业每年的实际销售量、生产量、全国覆盖面、售后服务质量进行客观、公正的考评，因而能做到企业信服、消费者认可，每年还要进行不定期抽检，对企业进行监督。

木地板“30家”双承诺活动开展13年来，为提升行业形象做出了巨大的贡献，评选出了行业知名品牌，这些品牌经历发展已经成长为地板行业的中坚力量；“30家”为消费者放心选购地板提供了依据，大大减少了地板装修的投诉和纠纷。截至2013年年底，共有126家企业参与进来，其中，连续参加10年以上的共有12家，分别是大自然地板、富林地板、富得利地板、港星地板、骏牌地板、联丰地板、融汇地板、美丽岛地板、新绿洲地板、格尔森地板、世友地板、久盛地板；连续13年参与的有两家，即大自然地板、融汇地板。这些都体现“30家”双承诺活动在木地板企业心里的重量和公信力，也相信“30家”双承诺活动将继续引领行业前进。

2001—2013年全国木地板“30家”企业

2001年

安信地板、大自然地板、富林地板、富得利地板、安达地板、港星地板、亨利地板、三元地板、千森体育地板、木王子地板、丰盛地板、禾风地板、生活家地板、有为地板、安东地板、金刚鹦鹉地板、林牌地板、金绿屋地板、恒益地板、保得利地板、神象地板、骏牌地板、联丰地板、联合地板、富年达地板、富昌地板、誉丰地板、融汇地板、美丽岛地板、绿峰四防木龙地板。

2002年

广东富林地板、大自然地板、安信地板、富得利地板、安达地板、美丽岛地板、誉丰地板、港星地板、四合木业、联合地板、丰盛地板、林牌地板、亨利地板、恒益地板、富昌地板、方圆地板、天祥鸟地板、永吉地板、生活家地板、琴牌地板、同方地板、安东集团、金刚鹦鹉地板、金绿屋地板、融汇地板、骏牌地板、康隆地板、联丰地板、舒嘉美地板、绿峰地板。

2003 年

大自然地板、富得利地板、富林数码王地板、港星地板、美丽岛地板、金刚鹦鹉地板、祁氏绿峰地板、联合地板、联丰地板、誉丰地板、林牌地板、富昌地板、骏牌地板、安达地板、亨利地板、舒嘉美地板、力丰地板、恒益地板、泛美地板、琴牌地板、星林地板、华明地板、新绿洲地板、地球村地板、永吉地板、格尔森地板、融汇地板、世友地板、禾风地板、久盛地板。

2004 年

大自然地板、富得利地板、富林地板、力丰地板、联丰地板、美丽岛地板、安达地板、长方地板、泛美地板、港星地板、格尔森地板、好力地板、禾风地板、恒益地板、鸿基木业、宏星地板、华明地板、华信地板、金意地板、久盛地板、骏牌地板、联合地板、林牌地板、品生地板、琴牌地板、融汇地板、世友地板、天然林地板、同方地板、欣达地板、新绿洲地板、星林地板、永吉地板、誉丰地板、正前程地板、中舒地板。

2005 年

大自然地板、富得利地板、富林地板、联丰地板、美丽岛地板、世友地板、宝艺兴地板、长方地板、德林地板、丰盛地板、港星地板、格尔森地板、广日地板、好力家地板、禾风地板、恒益绿天使、鸿基木业、宏星地板、华明地板、华信地板、吉盛地板、金億地板、久盛地板、骏牌地板、联合地板、林牌地板、品生地板、琴牌地板、融汇地板、同方地板、欣达地板、新绿洲地板、徐家地板、颖创地板、永吉地板、誉丰地板。

2006 年

大自然地板、富得利地板、富尔玛地板、联丰地板、美丽岛地板、世友地板、宝艺兴地板、德林地板、丰盛地板、港星地板、格尔森地板、广日地板、好力家地板、禾风地板、恒益地板、鸿基地板、宏鹏地板、宏星地板、华明地板、华信地板、吉盛地板、金億地板、久盛地板、骏牌地板、联合地板、林昌地板、林牌地板、品生地板、融汇地板、天格地板、同方地板、欣达地板、新绿洲地板、鑫屋地板、徐家地板、颖创地板。

2007 年

大自然地板、富得利地板、富林地板、联丰地板、美丽岛地板、世友地板、百利达地板、宝丰地板、大友地板、德林地板、港星地板、格尔森地板、广日地板、好力家地板、豪威富地板、禾风地板、鸿基地板、宏鹏地板、宏星地板、华明地板、华信地板、金億地板、久盛地板、骏牌地板、联合地板、林昌地板、林牌地板、融汇地板、世康地板、天格地板、同方地板、欣达地板、新绿洲地板、鑫屋地板、徐家地板、颖创地板。

2008 年

大自然地板、富得利地板、富林地板、美丽岛地板、世友地板、百利达地板、宝丰地板，大友地板、德林地板、港心地板、格尔森地板、广日地板、国林地板、红晨地板、好力家地板、禾风地板、鸿基地板、宏鹏地板、宏星地板、华明地板、华信地板、金億地板、久盛地板、骏牌地板、肯诺地板、联丰地板、联合地板、林牌地板、融汇地板、世康地板、天格地板、欣达地板、新绿洲地板、鑫屋地板、徐家地板、颖创地板。

2009 年

大自然地板、富得利地板、富林地板、美丽岛地板、世友地板、久盛地板、百利达地板、宝丰地板、贝亚克地板、德林地板、富丽家地板、港星地板、格尔森地板、国林地板、好力家地板、好美家地板、禾风地板、红晨地板、宏鹏地板、宏星地板、华信地板、汇泰地板、金億地板、居安宝地板、骏牌地板、肯诺地板、联丰地板、融汇地板、世康地板、天格地板、天一阁地板、欣达地板、新绿洲地板、鑫屋地板、徐家地板、颖创地板。

2010年

大自然地板、富得利地板、富林地板、美丽岛地板、世友地板、久盛地板、百居家地板、宝丰地板、贝亚克地板、大友地板、德林地板、富丽家地板、港星地板、格尔森地板、国林地板、好力家地板、好美家地板、红晨地板、宏鹏地板、华信地板、汇泰地板、居安宝地板、金海鸥地板、骏牌地板、肯诺地板、联丰地板、乾盛地板、融汇地板、世康地板、天龙地板、王强地板、欣达地板、新绿洲地板、鑫屋地板、徐家地板、颖创地板。

2011年

大自然地板、金桥地板、美丽岛地板、久盛地板、德尔地板、生活家地板、北美枫情地板、肯帝亚地板、菲林格尔地板、新绿洲地板、升达地板、富林地板、融汇地板、天格地板、鹦鹉地板、骏牌地板、格尔森地板、龙森地板、宏星地板、大艺树地板、徐家地板、鑫屋地板、红晨地板、宝丰地板、欣达地板、欧人地板、富丽家地板、天龙地板、世康地板、一片叶地板。

2012年

升达地板、世友地板、书香门地地板、格尔森地板、大卫地板、久盛地板、好运地板、融汇地板、联丰地板、肯帝亚地板、洛基地板、德尔地板、好美家地板、亚奥地板、贝亚克地板、牛师傅地板、欧运地板、柏尔地板、拜尔地板、世康地板、生活家地板、方圆地板、新绿洲地板、大国地板、鹦鹉地板、大自然地板、格林地板、欧朗地板、欧典地板、一片叶地板、骏牌地板。

2013年

大自然地板、融汇地板、升达地板、世友地板、书香门地地板、格尔森地板、大卫地板、久盛地板、贝亚克地板、柏尔地板、拜尔地板、格林地板、德天下地板、大国地板、普纳度地板、安信地板、好运地板、生活家地板、宏耐地板、鹦鹉地板、昕睿地板、好美家地板、天合地板、百贯地板、巨宁地板、永丽地板、龙森地板、欧人地板、尚典地板、一片叶地板、牛师傅地板、亚奥地板、欧朗地板。

2013年中国木材行业企业信用等级评价暨全国木材行业示范企业

上海怡黄木业有限公司

上海怡黄木业有限公司创立于1998年，是名品家居板材集成供应商。连续十二年销售量居同行业前列。作为中国人造板流通联盟执行会长单位，公司本着“诚信为本、携手发展”的创业宗旨，与大亚木业、丽人集团、绿源集团、湖北宝源、广西冠华、沪千森工、绿洲实业、中盐银港、宝山木业、凯跃集团、广西三威、柯诺（北京）等全国著名木业集团建立了战略合作关系和友谊。近年来，也在着力引进优秀的国外产品。

公司有一支精良敬业的运营团队。以创造客户价值为导向，借力多媒体传播和现代物流概念、网络站点、渠道互联、快速集成、强力配送。规模化运作尽力减少采购成本，与广大的优秀分销商、出口家具公司、玩具道具公司、精品家装公司、木门地板企业等高端专业用户建立了稳固的供需关系，同时通过上海、杭州、宁波、湖州、昆山、无锡、南京、合肥、成都、重庆（在建）十大城市十七个展示配送点向高端消费者提供环保优质板材，倡导低碳消费理念。

2011年昆山好生活正式投产，在行业内率先使用清洁能源、无尘车间和全流程无尘处理。生产高端环保浸渍胶膜纸饰面家居板“心力”品牌。

怡黄板材与您共创品位生活。

上海德翔木业有限公司

上海德翔木业有限公司创立于20世纪80年代，一直致力于胶合板及其他木制建材产品的经营工作。1995年进驻上海市场，成立上海利翔木业有限公司。2007年改为上海德翔木业有限公司。

上海德翔木业有限公司总部位于上海市嘉定区南翔镇，公司下辖金翔、南翔、西安、乌鲁木齐、南京、杭州、广州、南浔、永康、成都等十余个直营分公司。丰富的从业经验、良好的商业信誉以及完善的售后服务，已使德翔木业从上海走向全国，尤其是在长三角、珠三角地区，拥有广泛的市场基础及客户资源，知名度与美誉度与日俱增。

上海德翔木业有限公司是中国木材与木制品流通协会常务理事单位、上海木材行业协会会员单位，自有品牌“平安树”连续多年获得上海市人造板行业“十佳诚信品牌”。

2007年，上海德翔木业有限公司在安徽省蚌埠市五河县经济开发区，投资兴办安徽德翔人造板有限公司，2008年5月正式投产运营。年产中（高）密度纤维板10万立方米，产值过亿元人民币。

2008年投资成立安徽德翔木业有限公司。

2009年成立安徽德翔房地产有限公司。

2010年成立上海博洲投资管理有限公司。

2010年全资收购安徽怀远人造板厂。

至此，上海德翔木业有限公司从单一的板材生产及贸易型企业，转型到以木业为主，跨行业、集团化发展新格局，企业经营态势步入多业并举发展的快车道。年销售及利税总额不断突破，为促进企业所在地经济发展及解决当地就业做出巨大的贡献。

广东鱼珠木材有限公司简介

广东鱼珠木材有限公司（下称公司）成立于2003年8月22日，注册资本1000万元人民币，公司位于广州市黄埔区广东鱼珠国际木材市场内，是中国木材与木制品流通协会评定的全国第一批AAA级信用企业，为广东省木材行业协会副会长单位。

公司主营业务包括原木、锯材及木制品的销售，互联网信息服务业务，家居装饰服务，木材仓储等。具备多项服务功能，包括代理进出口业务，合作贸易，家居装饰，木材研发，木材检尺、检验、识别，木材检疫放行，仓单质押融资，物流配送，价格形成，信息发布及电子商务等功能。

公司是2009年度和2010年度广州市中小企业电子商务服务提供商、广东价格指数平台成员单位、2010年工业信息化运行形势指数企业、2010年广州中小企业成长工程300家重点企业之一。“鱼珠木材网”(http：//www.yuzhuwood.com)是其下属网站，该网站成为国家商务部重要生产资料监测定点网站、广东省物价局价格监测定点报价网站。鱼珠木材网形成了资讯中心、价格中心、交易中心、网上商城、价格指数、网络联盟六大核心功能，特别是鱼珠木材网所发布的国内外木材及制品价格，价格采集来自国内外100多个国家和地区的采集点，所发布的木材资讯门类齐全，紧贴市场，更新速度快，领先国内同行，为公开、公平、公正的第三方资讯服务平台，成为中国木材行业的“晴雨表”和世界木材进入中国的标杆。

重庆美冠装饰材料有限公司

重庆美冠装饰材料有限公司创建于1998年，是一家集实木门、工艺门、实木复合门等系列室内门研发、生产、服务与销售于一体的现代化企业。年产能达40万套以上，网络遍及全国各地，并已筹备与开发了部分海外市场。由此培养了大批资产上百万或几百万的经销商，获得业界和消费者广泛的认同与赞誉。

公司位于重庆巴南区小泉工业园区，有一个主厂和三个分厂。以引领市场的产品设计、保证品质与快捷的生产周期、完善而人性化的售后服务、和谐诚信的商业道德等诸多优势厚积薄发，各项指标均处于同行前列。公司在职人员共计1000余人，其中拥有中高级技术职称人员占职工总人数的15%以上。

公司秉承“美学意境，冠军追求”之宗旨，将中国古典文化、西洋欧派风格，时尚亮点元素、地域民俗风情及家居环保理念完美性地贯穿于产品之中，形成精佳木门独具特色的审美意识和近万种款式色彩变化的系列产品，在弘扬中西门庭艺术的同时，充分满足了市场日新月异的变化需求和不同层面的个性需要。

集众力，聚众才，作为中国木门协会副会长单位和中国木质门行业标准起草单位，公司拥有2010—2013年四届全国木门30家、2012年先进集体荣誉称号、中国质量500强、全国木门30家市场放心品牌、中国木门市场消费者最信赖首选品牌、中国木门行业十大自主创新品牌、重庆木门十大实力品牌、重庆市著名商标、重庆木门十佳企业、绿色环保、CTC质量与健康双认证、ISO 9001：2000质量认证等多项殊荣，正以坚实而迅速的步伐，与美同行，与世界同行，与产品拥有者同行！

绥芬河市友谊木业（集团）有限公司

绥芬河友谊木业集团成立于2002年，注册资本2000万元，有形资产1.6亿元，是一家以国际木业为主，集采伐、贸易、加工、物流于一体，兼具机电产品出口和国际货运代理业务的民营企业集团。辖绥芬河市边境经济合作区广宇经贸有限公司、绥芬河市综合保税区友谊工贸有限公司、绥芬河市五洋国际货物运输代理有限公司、天津市建铨金属科技有限公司、江苏省苏州市集顺经贸有限公司、江苏省邳州市友谊木业有限公司、内蒙古自治区二连浩特市友谊木业有限公司，及俄罗斯滨海边疆区森林之星有限公司、斯基捷尔有限公司、中林友谊有限公司等十余家独资或控股、参股子公司。

友谊木业集团是知名的国际木材进口商和加工复出口商。依托俄罗斯远东和西伯利亚地区富集的森林资源，凭借绥芬河得天独厚的地缘优势和企业稳健务实的经营理念，友谊木业集团不断拓展对俄木材贸易和投资合作，率先“走出去”。在俄罗斯滨海边疆区斥资兴建大型木材加工基地，精心打造国际木业核心业务板块，奠定了进军国际市场的基础。在不断提升对俄木材贸易与合作水平的同时，友谊木业集团积极开辟新西兰、澳大利亚、美国、加拿大等国的木材进口多元化市场，形成了规模化、国际化的产业经营战略格局，跻身区域性国际木业领军企业和强势品牌。友谊木业集团进口木材内销市场辐射东北、华北、西北、华东地区，刨光材、集成材、地板、家具、建材等系列产品出口英国、法国、德国、日本、韩国、新加坡及中国香港、中国台湾等国家和地区。2012年实现木材进口120万立方米，木材及木制品进出口总额近2亿美元。

卓越的经营铸就了友谊木业的信誉度和美誉度。公司拥有国家首批进口原木加工锯材出口试点企业、省级守合同重信用企业、海关A类管理企业、建设银行信用AA级单位等多项优异资信，荣获牡丹江民营企业20强、绥芬河市一级外经贸企业荣誉称号。

绥芬河龙江商联进出口有限公司

绥芬河龙江商联进出口有限公司成立于1998年，注册资本1亿元人民币，是多领域、跨行业、多元化发展的集团企业，企业围绕开展与俄罗斯的森林资源开发合作及加工、进出口贸易等，已形成森林资源开发与利用的境内外产业链条。

公司占地面积近15万平方米，厂区拥有中俄双轨铁路专用线2条，长1.285千米。公司自成立以来，紧紧抓住国家大力推动对俄森林资源开发合作的契机，充分利用俄罗斯的原材料资源优势，大力发展对俄木材贸易及深加工利用。企业发展至今，已累计实现自俄进口原木、锯材497万立方米，其中近4年分别实现自俄进口原木、锯材37万立方米、44万立方米、47万立方米、22万立方米（含采伐、加工量）。公司除了开展林木贸易与合作业务，还从事其他商品的进出口业务，从成立至今，已实现全口径进出口贸易额达30亿美元。

“商联人”勤奋务实，开拓创新。2005年荣列中国进出口额最大的500家企业第249名，同期中国出口额最大的200家企业第136名，获“省级林业龙头企业”、“牡丹江农林产业化龙头企业”、2007年荣获商务部首届“全国商务系统先进集体”称号，2012年7月被中国木材与木制品流通协会授予“中国10强俄罗斯原木进口商”、“中国10强俄罗斯锯材进口商”称号。该公司是海关A类管理企业、商务部援外物资A级实施企业，是中俄企业家联合会中方理事、国家机电进出口商会中俄机电分会理事。

绥芬河市百丰经贸有限责任公司

绥芬河市百丰经贸有限责任公司成立于2002年，位于中国“木业之都”黑龙江省绥芬河市，注册资金4000万人民币，是一家专业从事俄罗斯木材进口销售、板材加工、中国汽车及工程机械出口业务的综合性贸易公司。主要进口树种有柞木、桦木、白松、落叶松、水曲柳等，年进口量近30万立方米。公司还在俄罗斯秋古耶夫卡市投资建立了2800平方米加工车间，可按客户订单加工生产板材，年产加工原木达7万多立方米。本公司本着“客户至上，锐意进取”的经营理念，坚持“客户第一”的原则为广大客户提供优质的服务。

吉林省全福木业装饰装璜有限公司

吉林省全福木业装饰装璜有限公司成立于1997年，位于长春市蔡家工业园区。现有资产总值4600万元，其中，固定资产总值3200万元，流动资产1200万元。公司占地面积11200平方米，现有员工100多人，其中技术人员20人，实用新型专利1项，发明专利1项，注册商标6项，木结构阻燃防腐生产工艺23项，木材树脂阻燃剂、无机阻燃剂生产工艺3项。公司以实木阻燃科技型材为主导，依托技术优势，产品延伸及阻燃防腐木结构房屋型材、阻燃实木套装门等诸多阻燃木制产品，拥有木材阻燃研发试验基地，内设众多生产车间，是集研发、生产为一体的综合品牌企业。

该公司为有效预防火灾事故、保障公共安全，坚持《中华人民共和国消防法》“以预防为主，防消结合”的方针。该公司和科研单位在木材深加工领域深入研究，以节能源、出优质品、降成本、提效益为目的，使研发的“实木阻燃科技木型材产品项目”在建筑装饰、装修、国防等领域以次生林、人工林为原材料生产的阻燃产品，经国家固定灭火系统和耐火构件质量监督检验中心检测达到国家难燃B1级标准，弥补了国内阻燃只治标不治本的生产工艺问题。实木阻燃科技木型材市场领域广阔，其产品（销售最大的阻燃各种应用装饰板材、阻燃门窗型材、阻燃古建筑规格圆柱房梁、寺庙、博物馆、别墅、园林、生态公园、国防、民政等）以其不可阻挡的魅力受到木材领域的青睐，逐步将实木阻燃防腐科技产品作为主要材料。以低成本、质量优、环保、节能源，提高市场竞争力。

技术革新总带来产品的革命，落后的生产必将被残酷淘汰，全福木业（产品）有平均高于行业的预防性能，有平均低于行业的价格，更有行业唯一的创新产品，其必将为行业带来猛烈洗牌机会。

全福木业将继续高举技术领先的旗帜，向网络化、物流调配化迈进，为广泛的消费者提供卓越的产品。

江苏同际木业发展有限公司

江苏同际木业发展有限公司是专业从事实木门、实木复合工艺套装门、装饰木制品的生产、销售、装饰设计、施工的现代化大型木门制造企业。公司拥有近4万平方米的现代化加工中心，在职职工400余人，其中技术管理人员80余人。公司旗下“同际木门”家居文化品牌，是与知名设计公司合作，秉承古典而又时尚的奢华主义设计风格，依靠先进的技术、完善的管理，借鉴世界先进的木门窗构造精华，精心打造的木门经典之作。公司云集了多年从事木门设计、制造的优秀人才，引进德国、中国台湾等发达国家和地区的现代化的木工设备（200台套），精选来自欧洲、非洲、东南亚等地的优质原生木材，实行微机化控制、流水线作业。严格执行全球化的品质标准，坚持以市场为导向，以产品创新为手段，以客户满意为目标，以创一流品质为宗旨，专业、专心、专注做好每一扇门。

目前，公司掌握了当前室内门生产的三大主流技术——拼接门技术、镶嵌配色技术和雕刻镂空技术，拥有大型数控雕刻机、正负压覆膜机、自动化包覆机、无尘喷漆房、红外线恒温烤漆房、自动化烘干房等一大批先进的设备。经过近几年的顽强拼搏，公司所生产的高档免漆门、实木工艺套装门等两大系列、200多种款式的产品现已打入全国100多个大中城市，发展代理商近200

多家，已跨进同行业先进行列，成为当前国内生产室内门品种最多的专业木门制造商。

江苏同际木业发展有限公司依靠科学技术，勤勤恳恳，大胆创业，取得了一串串闪光的荣誉。先后被评为“质量、服务、信誉AAA级企业”、“中国木门十大知名品牌”、“全国木门30家市场放心品牌”、“全国产品质量公证十佳品牌”、“中国绿色建材产品”、“中国著名品牌”，是中国木材流通协会木门专业委员会常务理事单位。

同际木业秉承完美、卓越、勤奋、创新的企业核心理念，依靠雄厚的资金、精湛的制作工艺、现代化的管理模式，为国内外客户提供高质量的产品和优质服务，积极推动现代家居装饰向更高、更快方向发展！

什木坊门业有限公司

什木坊门业有限公司始建于2002年，是中国最早致力于复合实木门研发、生产、销售、服务的专业性企业之一，从事木门研发和生产已经有十多年的历史，拥有系统化完善的设计研发、订单处理、生产管理、质量检测、售后服务、品牌运营、营销管理等部门。目前公司拥有高素质的管理人员30余人及400多经验丰富的生产人员；并且引进国内外先进的自动化生产设备组建了自动化生产线。年产量20万套以上，并且连续三年被评为“中国木门30家企业”、“重庆木门前10强企业”、“中国质量信得过产品”等，是国内健康木门的领导者。

公司秉承“专业化生产，精细化管理，以一流产品，树民族品牌”的宗旨，以“三倍健康门、三代健康人”为理念向全国市场推出什木坊健康门。完善的订单系统、生产计划、质量监控、售后服务体系等确保了产品的交货周期及质量保障。公司产品经国家专利局严格认证，共计获得12项专利证书（附专利技术项目）。先进的硬件生产设施、高效的销售运营团队、覆盖全国的经销商服务网络，体现了公司的强大实力和抗风险能力。公司产品通过了ISO9001国际质量认证，获“国家AAA级优等产品”、“全国用户满意产品”、“中国著名品牌”等多项殊荣，同时还通过了ISO 14001绿色环保认证体系认证。公司产品主要材料都由国内外知名大型企业提供，确保了质量关；产品首创天然竹芯材料填充，完全绿色健康，产品经特殊技术处理，做到了防水、防腐蚀、防变形等，真正避免了目前市场上的高分子门、实木复合门、钢木门、生态门、免漆门变形、开裂、分层、发霉等严重缺陷是让用户买得放心、用得舒心的高性价比产品。

2012年度中国木材与木制品行业年度人物

（排名不分先后）

北新国际木业有限公司总经理　于险峰

1984年大学毕业后分配到北新建材集团有限公司（以下简称“北新集团”）。工作至今，先后从事过技术工作、管理工作和业务工作，自1990年12月开始，从事国际贸易业务，期间在海外公司长驻三年，先后担任过车间技术员、公司计划员、进出口事业部经理职务，2000年10月起任集团公司副总经理，主管国际贸易业务、国际商务和海外投资工作，2012年2月又担任北新国际木业有限公司总经理一职。

于险峰同志作为北新集团主管国际业务的领导，大力推行国际化经营，使公司的国际业务取得了快速发展，成为中国建材集团重要的业务板块之一。他遵循北新集团的发展战略，按照“国内外市场一体化，上下游产品一体化”的原则构建北新集团的国际业务和大宗贸易平台。为了北新集团事业的发展，他执着地耕耘着，怀着信念和激情，不辞辛苦地奔波于国内和国外，虽历尽艰辛，却从不言放弃。辛勤的工作换来了北新集团国际业务的累累硕果。十几年来，北新集团的国际业务从业务规模不足1亿元发展到目前超过100亿元，国际业务板块从原来工厂的外贸办公室蜕变为业界具有较强影响力的集成服务商，跻身国内木材、浆纸等行业先进行列，实现了跨越式的发展，他为北新集团乃至中国建材集团的国际化作出了突出的贡献。

在工作中，于险峰同志秉承开拓创新的理念，以打造北新集团核心竞争力为目标，不断吸收新的经营策略，努力探索新的经营模式，取得了骄人的成绩。在开拓非洲市场过程中，他从公司自身特点出发，整合当地资源，以点带面地拓展市场，以坦桑尼亚公司为起点，逐步扩展到周边国家市场，并不断向整个非洲延伸，开创了一个开拓非洲市场的独特模式，成为中国建材集团开拓非洲市场的先锋。20世纪90年代末，北新集团作为一家剥离上市公司后的母公司，遇到了空壳化的危险。作为业务板块的领导，于险峰面对企业严峻的生存状况，敢于跳出传统业务经营的窠臼，充分利用公司的品牌和银行优势，以大宗商品为突破口，打造出公司的业务规模中心和现金流中心，产生了可观的规模效益，使北新集团找到了适合自身条件的发展模式，化解了公司发展的危机。

河北森通木业有限公司董事长　王申

1980年参加工作，1987年创业投身商海，25年励精图治，25年硕果累累。森通木业在董事长王申的带领下从早期一家板材贸易商行发展成为现今国内大型的建材商贸公司、全国装饰板材流通领域的知名企业。在他的带领下，森通木业以专业的品牌运营、稳定的产品质量、新颖的经营模式、迅捷的内部执行力，从一家板材贸易商行发展成为拥有近百家连锁加盟店、50个稳定的下游经销商的大型的建材商贸公司。业务遍及中国及东南亚地区，产品远销全球各地。与国际、国内知名的建材制造商建立了稳固良好的合作关系。森通木业正向“中国装饰板材流通领域第一品牌”的目标努力迈进。

他先后荣获“优秀青年民营企业家”、“市商贸流通行业优秀经营者”、“2004年度光彩之星”、“人造板流通领域卓越贡献奖”等荣誉。先后担任正定县民营企业家协会常务副会长、县政协委员、正定县总商会副会长、河北家协副理事长、河北家协人造板专委会主任委员、中国人造板流通联盟执行会长等职务。

安信伟光（上海）木材有限公司董事长 卢伟光

卢伟光，浙江温州人，现任安信伟光（上海）木材有限公司董事长，2004年被评为“中国民营经济十大风云人物”；2006年获得全球最大私募投资基金凯雷集团2750万美金的融资，成为战略投资介入的第一个中国本土地板品牌，并与凯雷共同推出新品牌“伟光地板”，同年12月，获2006年“CCTV中国经济年度人物”评选50强；2010年10月荣膺“上海世博工程建设功勋人物”称号，2010年11月当选为“中国地板行业辉煌15年最具影响力人物”；2012年8月作为诚信经营企业案例入编《浙江省初中德育地方课程教育》教材。

安徽富煌钢构股份有限公司门窗分公司总经理 乔东应

乔东应，男，高级经济师，1963年9月出生，1983年7月毕业于巢湖学院中文专业，2011年北京大学EMBA总裁班研究生毕业。

乔东应同志自担任安徽富煌钢构股份有限公司门窗分公司总经理以来，凭其独特的管理思想和创新的营销模式，使企业发展业绩突出，已连续6年获得了中国木门窗专业委员会授予的“中国木门30家企业”称号，且在全国木门设计大赛中多次荣获“优化结构设计金奖”，现已是中国木门窗协会常务副会长单位。2008年“富煌木门”获得了“安徽省名牌产品”称号，2008年承接的北京奥林匹克花园工程荣获绿色奥运建筑“优秀科技品牌”称号。现富煌木门销往全国各地，并远销东南亚一些国家。乔东应本人被授予“八年成就·木门行业优秀企业家”和“安徽省科技领军人才”称号。

广东润成创展木业有限公司董事长 关润开

关润开作为公司总裁，秉承“办一流企业、创驰名品牌、以品质求生存、以科技求发展”的宗旨，坚持以市场需求为导向，以产品创新为手段，以顾客满意为目标。他创建公司后陆续从欧洲、中国台湾等地引进了世界先进的生产设备和技术，拥有现代化木工机械100多（台）套，年生产量达30余万件（套）。

经过科学、严谨、坚持不懈的努力，公司在发展过程中取得了巨大的成绩和骄人的荣誉；公司已全面通过ISO 9001质量管理体系认证和ISO 14001：2004环境管理体系认证，企业质量管理更趋规范化。2004年，企业当选为中国木材流通协会木门专业委员会副会长单位；2005—2012年连续八年被评选为“全国30家木门企业‘产品质量、售后服务’双承诺单位”，同时，获得“中国质量500强”、连续五年获得“守合同重信誉企业”、“产品质量信得过企业”、“AAA$^+$级中国质量信用企业”、中国工程建设招标与采购“重点推广产品”、“中国绿色材料标志使用企业”等称号。2007年获得“广东省名牌产品”、“公安部消防产品合格评定中心认可产品”称号。2008年度获得“广东省诚信示范企业”、“广东省自主创新标杆企业”、“中国环境标志产品认证”称号。2007—2009年连续获得中国木门行业最佳原创企业奖、2005—2009年连续获得全国木门30家五连冠品牌称号。2010年获中国林产工业协会“2009年度中国木质门诚信企业30家”、“2009年度广东省诚信示范企业”称号。2011年获“广东省民营科技企业”、“中国驰名商标”等称号和荣誉。

德尔国际家居股份有限公司董事长　汝继勇

汝继勇，男，1973年生，现任德尔集团董事局主席、德尔国际家居股份有限公司董事长、德尔集团（苏州）博世地产有限公司董事长、北京大学客座教授、南京大学校董、苏州大学校董、中国地板行业协会副会长。

2003年曾获“中国优秀企业家”、中国“质量万里行”理事、“中国杰出营销人金鼎奖”荣誉称号。

2004年被中国红十字会授予“中国红十字人道服务”奖章。

2005年度被中国林产工业协会授予“地板行业风云人物营销创新奖”称号。

2007年度被苏州市委、苏州经贸委评为苏州首届“魅力总裁”。

2008年获得改革开放30年中国建材流通行业“风云人物”称号，并在北京奥运会期间担任奥运火炬手。

2009年1月汝继勇作为改革开放30年全国典型人物在央视2套《中国财经报道》进行了专题报道。

上海怡黄木业有限公司总经理　江小成

江小成领导的上海怡黄木业有限公司是名品家居板材集成供应商。公司始创于1998年，三年时间里，在上海浦西连开了三个分店，成为上海小有名气的板材经销商。2002年，公司注册成立了上海怡黄木业有限公司，同时设定了公司标志、使命和愿景；同年，公司成为上海木材行业协会常务理事单位。到2005年止，公司在上海浦东浦西开设了八个门店，成为上海地区影响力最大的人造板运营商。2006年公司与大亚合作，开启了怡黄板材新的发展阶段，同年，他当选为上海木材行业协会副会长。

到2008年年底，公司在杭州、江苏、安徽三省新开七个门店，成为华东地区最大的中高纤板集成供应商。2009年，公司走出华东突入成都，连开两店，率先成为中国跨区域家居板流通运营商。组织形式、渠道建设、经营管理、人才团队、销量税利全方位得以提升。2011年，公司在江苏建立了昆山好生活家居板有限公司，占地30000平方米。集高端环保、深加工、仓储配送、区域辐射、运营中心于一体，成为板材流通新一代运营模式。2012年，在企业运营中进行了四点创新。

(1) 经营模式创新。在2012年整个人造板经营市场疲软，产品用量下降之际，他带领怡黄木业在产品采购、物流配送方面多次创新，产品走高端定制，个性化道路，节约成本，做节约性组织，对客户提升服务，从单一的经营产品模式向下游制造、深加工延伸，形成了初具规模的产销及深加工一条龙模式，提高了产品的附加值，增强了对客户需求的服务力度，走出了自有的一套创新模式。

(2) 管理创新。在积极开展销售的同时，完善内部管理制度，增加员工素质教育，进行深度挖掘内部潜力，积极增强团队实力，打造了一个高素质、专业化、年轻化的管理和销售团队。

(3) 分配机制创新。探索骨干员工合伙人制，与企业共命运，使员工有归属感，增加企业凝聚力。

(4) 企业内涵创新。做有社会责任的企业，以企业的力量积极推动人造板流通行业向健康方向发展，引领行业规范经营，诚信经营，关怀社会，扶危济贫，打造了一个有责任感、有企业文化内涵的民族企业。

2011 年 5 月，他当选中国木材与木制品流通协会副会长，11 月当选中国人造板流通联盟执行会长，并担任 APEC 中小企业家联盟委员会成员、上海抚州商会副会长、阳光信友会执行会长。

绥芬河友谊木业集团有限公司董事长　纪晓玫

绥芬河友谊木业集团有限公司是最早从事俄罗斯木材经营的企业之一，经过 20 余年的不懈努力，企业不断发展壮大，已跻身全国对俄罗斯木材经营企业前 5 位。

目前集团进口木材的来源已经扩大到新西兰、加拿大、澳大利亚、美国、德国和比利时等国家，经营的品种也从单一的原木进口转向原木及板材，并逐步加大板材进口的份额。

集团 2011 年进口各种原木 110 万立方米左右，实现销售收入 10.8 亿元人民币；2012 年进口各种木材 100 万立方米，实现销售收入 10 多亿元人民币。

在经历了不寻常的 2012 年后，集团成功转型，与时俱进，以崭新的经营理念迎接充满希望的未来。

纪晓玫女士作为集团经营团队掌舵人，长期从事木材及木制品国际贸易，产品销售全国 20 余个省市，在行业内拥有良好信誉，在强者如林的商场上，巾帼不让须眉，搏杀于全国原木销售市场，勇于市场开拓，洞悉市场波动规律，乐观豁达、精细、干练、机敏的优秀品质集于一身，她引领集团的销售团队，走向一个又一个胜利。

上海欧洋豪杰集团股份有限公司董事长兼总经理　张正青

张正青，男，1971 年 8 月出生于福建省建瓯市，大学毕业于福建林学院，就读于上海交大 MBA，是知识型、实践型的企业家，任中国木材与木制品流通协会常务理事，上海建瓯商会理事会理事、协会副会长，为上海欧洋豪杰集团股份有限公司董事长兼总经理。

他领导的上海欧洋豪杰集团股份有限公司是一家集国际进出口贸易、国内批发贸易、生产与加工于一体的大型木材行业领先企业，公司以诚信经营为本，荣获多项名誉称号：《中国质量万里行》质量诚信联盟单位；2007 年全国外商投资双优企业；2009 年度上海市先进企业；2010 年第二届上海市诚信经营先进单位；2010 中国 10 强辐射松生产加工企业；2011 年第三届上海市场诚信经营五星级先进单位；2011 年中国 10 强加拿大 SPF 锯材进口商；2011 年度上海建材行业企业竞争力木业 3 强；2012 年度上海建材行业企业竞争力 20 强；2012 年度上海企业综合竞争力 100 强；2011—2012 年度上海市场诚信经营五星级先进单位两连冠。他个人还获得了 2011 中国企业年度创新人物荣誉称号。公司已通过全球木材环保通行证—FSC 和 ISO9001:2000 等多项认证，公司还是 2010 年央视网・企业频道木制品黄金展位合作伙伴单位。

张正青董事长工作简历如下。

1988 年 9 月—1992 年 7 月毕业于福建林学院。

1992 年 8 月—1993 年 4 月福建省农林土特产公司任总经理秘书。

1993 年 5 月—1994 年 4 月福建省木材总公司进出口部文秘。

1994 年 5 月—1996 年 7 月福建省建瓯市竹木加工厂总经理助理。

1996 年 7 月—2000 年 6 月上海树熊贸易有限公司总经理。

2000 年 6 月至 2010 年 12 月上海瓯南建材有限公司董事长兼总经理。

2003 年 11 月至今上海欧洋豪杰木制品有限公司董事长兼总经理。

2006 年 1 月—2010 年 9 月上海欧洋豪杰家具有限公司董事长兼总经理。

2006 年 3 月—2010 年 12 月上海欧洋豪杰新型建材有限公司董事长。

2009 年至今就读上海交通大学 MBA。

2010 年 3 月至今欧洋豪杰集团董事长兼上海欧洋豪杰木制品有限公司总经理。

久盛地板有限公司董事长　张恩玖

浙江省优秀创业企业家，湖州市政协委员，中国林产工业协会 15 年最具影响人物，中国建材行业劳动模范。

1977 年开始从事长毛兔生意。

1993 年创立湖州适溪畜产有限公司，担任厂长，至 2000 年，公司成为国内前三甲。

2001 年转型进入木地板行业，担任总经理，主要经营实木地板的生产和销售，2006 年起逐步发展成拥有实木地板、实木复合地板、强化地板的综合性地板企业，至今综合实力位居全国前三甲。

2012 年成立久盛控股集团有限公司，担任集团董事长，集团目前拥有 8 个全资子公司，建立了五大生产基地，占地面积 400 亩，形成了木地板、墙纸、原木加工、金融投资等多元化发展的综合性集团化经营模式。

张恩玖先生秉承了浙商所具有的勤奋和睿智，在企业发展中，始终坚持走技术、品牌、创新之路，把和谐、诚信、责任、共赢作为企业持续经营理念，通过十年的艰辛和努力，从无到有，把久盛地板带到了集团化、国际化的轨道上，持续为行业、政府、社会担当起更多的义务与责任，不断演绎着精彩的人生，构建起了和谐社会大家庭。

上海大不同木业科技有限公司董事长　李惠明

李惠明同志，毕业于福建农学院农学专业，2005 年 6 月创办了上海大不同木业科技有限公司，公司创办伊始，就率先开展在木材防腐、木材阻燃、木材超高温炭化等方面的研究，先后在《木材工业》等杂志上发表研究论文 10 余篇，申请具有完全自主知识产权的发明专利 14 项，参与起草《防腐木材》等国家标准 15 部、上海市行业和企业标准 10 多部，率领企业 2006—2010 年连续三届被评为中国木材保护行业“知名品牌企业”，2011 年被国家木材节约发展中心、中国木材与木制品流通协会和木材防腐专业委员会授予“中国木材防腐行业十强企业”、上海市“高新技术企业”、上海市“创新型企业”、上海市“专精特新企业”等荣誉称号，并获得国家创新基金 1 项、上海市高新技术成果转化项目 2 项。

李惠明同志始终以保护和合理开发利用森林

资源、发展低碳循环经济、保护生态安全为己任，自觉承担社会责任，为推进中国木业可持续发展与维护全球生态安全贡献自己的力量。

孟氏企业董事长　孟庆全

孟庆全，男，孟氏企业董事长，孟氏品牌创始人，中国木材与木制品流通协会副会长及木门协会常务副会长。

1999年春天开发出国内免漆装饰材料第一款真正意义上的免漆卧式墙板。1999年5月，注册成立了“山西孟氏实业有限公司”，开始了专门从事研发、生产、销售免漆装饰门、装饰材料、装饰线条的创业之路。由此装饰材料行业中“免漆”的概念从孟氏企业的生产产地太原传遍全国。

十多年来，孟氏企业从未中断对产品、对技术工艺的创新，不断地推出新品，不断地更新产品工艺，牢牢把握住了市场先机，一跃成为中国木门行业的领军企业。

从2002年开始，孟氏企业按照新产品工艺的不同，向市场推出了多个木门系列品牌。由于他在中国木门行业领域作出了突出贡献，因此担任了2006年行业标准《木质门》（标准号：WB/T 1024—2006）的主要起草人。2012年由其负责主编的中国第一部《免漆饰面门》行业标准，于当年11月通过了由国家住房与城乡建设部组织专家评审。他曾被授予“中国木门行业突出贡献企业家”、“木门行业最具影响力人物”、“科技创新奖”、“2011年中国木材与木制品行业年度人物”、“八年成就·中国木门行业杰出贡献奖”等诸多称号。2009年孟氏企业不仅荣获“全国木门十大示范品牌”、“中国木门领军企业”、连续九年蝉联“全国木门30家双承诺企业”等多项殊荣，“孟氏”商标更是被认定为山西省著名商标。

2008年孟氏企业被奥运会重点工程项目—“北京奥林匹克国际新闻转播中心”指定为唯一的免漆木门供应商。随着企业影响力的扩大，孟氏企业的产品还走出国门，远销至西班牙、俄罗斯、沙特等国家，向世界展示了中国木门企业的风采。2011年孟氏企业先后与西班牙奥为(Alvic)公司、清华大学美术学院签约合作。孟氏企业在技术研发和技术创新上曾荣获多项技术专利，掌握着国内木门制作中最先进的三大主流技术。孟氏企业通过与国内、外顶尖学院设计的对接，把一些新的设计理念引入到自己的产品设计上，搞产品的原创设计，不断创新发展，在国内木门行业内起到了一个引领作用。

岚山港务公司总经理　尚金瑞

在港航系统20多年来，尚金瑞同志积极进取，勇于开拓，带领自己的团队取得了突出的工作业绩。所在单位多次被授予“全国交通系统先进集体”、“国家守合同重信用企业”、“省级文明单位”、“山东省共建文明口岸先进单位”等多项殊荣。

特别是“十一五”以来，他准确把握国内外经济形势，坚持科学规划，扬长避短，错位发展，培育出特色鲜明、优势突出、竞争力较强的港口企业。在他先进管理理念的引领下，在激烈的港口竞争中努力塑造不可复制的竞争力，打造最具特色的港口标杆企业。公司货物吞吐量从2006年的2660万吨到2012年的6718万吨，连续跨越4个千万吨级台阶，年均增速近30%，位居沿海港口前列，为腹地经济和国家物流业的发展作出了积极贡献。

目前，岚山港务公司已发展成为全国最大的镍矿集散中心、全国沿海港口最大的原木进口和加工物流基地、长江以北重要的液化品集散地、区域性重要的钢铁原材料和产成品进出口通道。

2011年，日照港集团进口原木363万立方米、进口木片1030万吨，稳居全国第一，同年5月被中国木材与木制品流通协会评为“全国十大木材进口港”。2012年进口原木387万立方米、进口木片1145万吨，继续保持了全国最大木材接卸港的优势地位。

尚金瑞同志在做大做强港口产业的同时，十分注重自身理论和素养的提高，先后参加清华大学高级管理者学习班、山东财政学院MBA硕士教育等，在《中国港口》、《港口经济》、《海西物流》等国家刊物发表著作数篇。本人也因工作突出，先后被授予“山东省交通厅先进个人”、“山东省交通厅优秀共产党员”、“山东省交通系统劳动模范”、“中国MBA十大风云人物”等众多荣誉称号。

山东福达木业有限公司董事长　凌思法

凌思法，男，汉族，大专学历，1970年6月12日生，临沂市兰山区义堂镇戴庄村人。2002年8月加入中国民主建国会，现为山东省临沂市兰山区第十二届政协委员、民建山东省委企业工作委员会委员、兰山区第六届工商联执委、临沂市木材进出口协会副会长、山东木材流通协会理事会理事、山东福达木业有限公司董事长。

自1996年创立福达板材厂，山东福达木业有限公司在凌思法的领导下，经过10多年的奋斗和发展，由最初的白手起家发展成为了目前拥有总资产过亿元、员工1000多名的规模较大、技术先进的国内知名木材加工企业。目前，企业所生产的胶合板和贴面板两大系列产品，产销量在全国同行业位居前列。公司先后被评为“富民强区先进企业”、“文明诚信民营企业”、“全国工商联系统优秀会员企业”、“守合同重信用企业”、“临沂市争创全国优质板材生产基地优秀示范企业”等。

上海森联木业有限公司董事长　谭存阳

2012年，谭存阳总经理面对宏观经济增速回落和房地产调控影响、木材市场险象环生、经营风险集聚的状况，率领经营团队把防范经营风险、提升木材贸易盈利能力放在首位，坚持每周一次经营例会制度，加强市场分析研判，从海关到货数据、进货成本到社会库存、资源流向、市场销价直至终端用户加工量变化等信息中寻找对策，捕捉机遇，提升了木材贸易的前瞻性和预见性；并通过加大业务创新，完善“自营+代理”、“贸易+金融”、“贸易+物流”的营销模式，做强、做大、做深木材贸易，取得了丰硕成果。2012年公司经营规模达20.7亿元，主营收入18.02亿元，实物量143.9万立方米，实现利润再创历史新高，保持了上海及周边市场“龙头”地位。

《中国木材与木制品流通行业年鉴》特别支持者

（排名不分先后）

深圳祥利工艺家私有限公司董事长　戴家林

戴家林，70多岁的高龄，仍用“战士”二字来形容深圳祥利工艺家私有限公司（即“友联·为家”）的掌门人戴家林先生一点也不为过，设计之路、创新之路上都吹响了他战斗的号角。一生做很多事，不足奇怪，一生做好一件事，且成就突出，难之又难。

2013年1月9日，第三届（2012）中国红木家具行业年度总评榜颁奖典礼上，戴家林先生凭借其独特的个人魅力及为行业所作出的突出贡献，被授予“中国红木家具行业贡献终身成就奖”。

据了解，戴家林这辈子就干了红木家具这一件事。他在创新中超越传统，将传统与时尚巧妙结合，打造出了独具特色的软体红木家具，同时也吸引了越来越多年轻人的目光。在变化中前进，在前进中不忘根本。戴家林带领着友联·为家人不断地创新，创造了辉煌的成绩，使中国红木家具扬名海内外，使企业成为行业的璀璨之星。

30多年来，戴家林先生一直坚持创新发展，在其带领下，友联·为家现已成为红木家具行业的领军品牌，公司占地面积18万多平方米，员工近2000人，现有形象专卖品牌店200多家，销售网络覆盖全国各地，并出口东南亚、欧美等国家和地区。多年来，友联·为家以其精湛的工艺，独特的设计创造了无数适合当代消费者需求的红木艺术精品，展示了红木文化的魅力，在各大行业展会上斩获各大奖项，广受专家、同行的称赞，并备受广大消费者喜爱。

此外，戴家林先生除了是友联·为家的董事长外，还身兼数职，是中国人民政治协商会议深圳市委员，中国家具协会副理事长，中国中式古典家具研制中心主任，中国传统家具专业委员会顾问，深圳市红木文化艺术协会常务副会长，深圳第三、第四届政协委员，宝安商会、观澜商会理事、常务副会长，GB 28010—2011《深色名贵硬木家具标准》、GB 28010—2011《红木家具通用技术条件》的支持参与起草人之一。

戴家林是一位执着于精品红木家具的浙江温州人，数年来，他将自己的全部精力用于继承弘扬中国传统红木文化，带领友联·为家人不断前进，谱写了红木家具行业一段段辉煌的篇章，是红木家具行业的标兵。

北京日上集团董事长　赵艳利

赵艳利，现担任北京日上集团董事长。1990年参加工作，1990—1995年在北京市朝阳区小红门某乡镇企业任会计；1996—2000年与家人协同创办北京日上工贸有限公司任财务总监；2005年起任北京日上工贸有限公司总经理兼董事长，经过多年努力把日上发展成了中国驰名商标和北京市高新技术企业。2004年在北京市延庆县成立北京日上综合商品批发市场。2010年成立北京日上不锈钢五金建材基地。2012年在河北廊坊投资建设日上门业基地，成立河北日上建材制造有限公司。

社会职务如下。

2011年中国企业家联合会常务理事。

2011年担任中国建筑金属结构协会钢木门窗委员会副主任委员。

2011年北京房地产协会副会长。

2012年北京市工商业联合会委员。

2012年被评选为北京优秀创业企业家。

2011年首都企业家俱乐部理事。

2010年被首都慈善公益组织联合会授予“彩虹心优秀个人奖”。

2001年被北京市大兴区工商联合会选为执行委员。

2006年被聘请为北京市大兴区建筑业协会理事会理事。

2010年被聘请为北京市延庆县慈善协会副会长。

2010年被聘请为质量万里行促进会理事。

2011年出资与北京市延庆县慈善协会联合设立了“日上慈善专项基金”。

2011年大兴区建筑业协会理事会理事。

2011年大兴区民间商会副会长。

2011年大兴区工商联常委。

2012年担任大兴区工商联光彩公益基金管理。

个人荣誉如下。

在做好企业的同时积极承担社会责任，热心公益事业。2010年“日上爱心成就未来”助学项目，被首都慈善公益组织联合会授予“彩虹心优秀个人奖”。并于同年8月出资与北京市延庆县慈善协会联合设立了“日上慈善专项基金”。2011年6月与中国下一代教育基金会成立“关心下一代日上教育基金”并向基金会数次捐款。受到第十届全国人大常委会副委员长、全国妇联主席、中国下一代教育基金会名誉理事长顾秀莲同志亲自接见。2012年7月为北京光彩教育基金会捐款。

圭亚那柏杉林国际林业开发有限公司董事长初汶泽

初汶泽，男，1950年生人，现任中国林业集团（香港）董事长、圭亚那柏杉林国际林业开发有限公司董事长、北京住总国际木业有限公司副董事长以及黑龙江柏杉林木业有限公司董事长等多项职务。

1974—1987年期间，初汶泽担任黑龙江省五常市（营城子）木器厂厂长，任职期间，带领全厂团结一心，艰苦奋斗，实现了木器厂从小到大、从鲜为人知到跻身全省具有规模实力的木器厂行列。

经过几年艰苦卓绝的奋斗后，初汶泽于1987年创办了属于自己的第一间公司—沈阳龙兴木制品有限公司，注册资金1600多万元人民币，主要经营木制品加工等各类产品，其优质的产品和良好的服务为今后的发展奠定了坚实的基础。

该公司在初汶泽的正确领导下，历经10年的飞跃发展，在1997年成立沈阳龙王集团，雄厚的资金、先进的烘干设备、精湛的技术，使得该集团年生产量达80万平方米，成为辽宁省木制品企业十强单位之一。

在不断发展公司业务的同时，初汶泽一直以行业发展为己任，不断创新，于1999年作为成立中国林产工业协会地板委员会的发起人之一，并作为副会长，受到了当地省委省政府高度的肯定。同年，将多年潜心研究的经验凝聚到笔上，创编中国第一本《中国木地板大全》。

自入行以来的短短17年里，初汶泽锐意进取，积极开拓，将集团打造成为目前中国企业在国外拥有热带森林资源最大的企业，在南美洲圭亚那拥有 9620 平方千米的森林采伐权，为我国的林业资源不足补充木材资源做出了不可磨灭的贡献。

2004 年，初汶泽创办中国林业集团（香港），并在国内外成立了柏杉林国际林业开发有限公司、北京住总国际木业有限公司、黑龙江柏杉林木业有限公司等多家子公司。

同时，于 2006 年担任中国木材流通协会地板委员会副会长，与中国木材流通协会共同创办圭亚那林业开发商务中心并担任主任。

2010 年，由于初汶泽对中国经济社会建设所做出的贡献以及在木材行业的影响力和知名度，他被授予“时代楷模—共和国经济建设十大突出贡献人物”和“时代楷模—共和国经济建设十大诚信企业家”荣誉称号。

“诚信发展木业，打造木业航母”是中国林业集团的经营理念，“以诚做人、用心做事”是初汶泽的不变信条，近 40 年的奋斗，创造出了一个木材界的传奇。

上海恒强集团董事长　陈志强

陈志强 1976 年 10 月出生于福建莆田，恒强集团董事长。

社会职务如下。

上海市闽商投资企业协会木业分会会长；

上海市各地在沪企业（商会）联合会副会长；

上海市莆田商会副会长；

上海市秀屿商会常务副会长；

上海木材行业协会副会长等。

荣誉称号如下。

2012 年度中国优秀杰出诚信企业家；

2010 年度全国中小企业发展型 500 强单位；

2012 年中国木材行业十大质量领先品牌；

2012 年加拿大板材十大优秀进口商；

2012 年中国绿色环保优质建材产品；

2013 年中国木材销售行业信用十佳示范单位。

重大活动如下。

2010 年出席全国中小企业家论坛；

2012 年 9 月出访加拿大受到该国林业部部长接见；

2012 年 12 月会见美国农业部部长助理一行；

2013 年 11 月随李克强总理出访乌兹别克斯坦共和国；

2013 年 12 月赴美国受到联合国秘书长潘基文邀请。

企业管理情况如下。

恒强集团开创初期，在父亲陈德桂和陈志强的带领下，多年来集团历经跨越式发展，现已成为一家国内专营北美木材销售、加工、投资于一体的大型企业。如今集团公司控股涵强木业、中沃实业、恒强投资，并参股福建海宏房地产、嘉大建材市场等。涵强木业已成为加拿大板材优秀进口商，恒强品牌已被国家有关部门重点推广，企业已成为中国木材销售行业信用十佳示范单位及中国十大木材进口商。在成绩面前，陈志强语重心长地说：“今天集团取得了长足的发展离不开一支敬业的和企业共同成长的团队，这支 100 多人的团队也是一份宝贵的财富，我们正在实行股权激励机制，分别以个人参股、分配股和期权的形式，让敬业的恒强人有了自豪感和归属感。展望未来，恒强人信心百倍。我们的核心工作仍然是断续投资，保持企业高速发展，打造商海的航空母舰。”多么感人的话语，让人深受鼓舞和敬佩。

集团在发展过程中一直坚持改革创新，在扩大进口的同时，在国内同步大力推进精细加工、走市场差异路线，“人无我有，人有我精”，多套流水线加工壁扣板、挂板、沙发坯料、龙骨精品等，展现木材真正价值和内涵。低碳环保、美观实用，做到品牌的可持续发展，工贸一体化也为行业树立了一个典范。

恒强牌木材系列产品荣获中国木材行业十大质量领先品牌、中国绿色环保优质建材产品。由于陈志强的杰出贡献，2012 年被国家评为中国优秀杰出诚信企业家，受到加拿大林业部长、加拿大国家电视台的接见和深度采访。2013 年 11 月作为上海合作组织中方企业家代表随同李克强总理出访该国。

木业文化情况如下。

创建恒强木业文化馆是陈志强董事长支持企业创新、推动企业文化的创举。上海宝山顾村绿地大厦集团拥有数十间的展览空间。木业展览收藏中国工艺美术大师的题匾，收藏了福建和各地名贵木材的样本，展示了红木家具及工艺品的锦粹。木文化馆旨在建立当代木业艺术交流及展示平台，打造闽商木业品牌，通过各国珍贵木材及木业艺术的展示和交流，促进国内外木雕艺术大师、木雕企业、艺术机构、艺术活动之间的良性互动，增进友谊和发展。

当前，恒强集团正在与闽商企业、福人集团、上海木材行业协会加强合作和交流，为推动木文化进一步深入发展而努力奋斗。

在事业大发展的同时，他学习劲头不减，今年就读于交大 MBA 总裁班就是佐证。三年前采访他时的社会公职是上海市秀屿商会常务副会长，如今已集省市级的社会公职于一身。在他英明率领下企业发展日新月异，销售额连年翻番，三年前的公司有五六十个员工，今天的规模已达一百多人。三年前他曾荣获全国优秀杰出中小企业家金钻奖章，如今由国家颁发的奖章琳琅满目、举不胜举……

社会责任与回报家乡情况如下。

陈志强作为优秀企业家积极参加社团和各项活动，推动公益慈善事业和木文化。积极参与国内自然灾害的抗灾和救灾活动，捐款金额达上百万元。

陈志强在恒强集团企业发展过程中，始终把对家乡的回报作为重中之重，在 2006 年 46 家企业抱团回家乡发展，也有他的贡献，受到了省市领导的表彰。

恒强的成功，陈志强的进步为上海莆商作出了榜样，事业的快速发展和个人茁壮成长，足让莆商引以为豪。

广西同乐红木有限公司董事长　黎锡洪

黎锡洪，广东番禺人，1968—1984 年在广州番禺莲花山造纸厂、渡头糖酒厂工作；1984—2000 年创办并经营番禺大型养殖场。1984 年荣获“番禺县劳动致富先进工作者”称号；1987 年荣获“广州市先进科技工作者”称号；1989 年开始涉足红木行业；1991 年荣获“广州市荣誉市民”称号；1993 年在广东番禺、广东梅州市、广西北海市合浦县三地同期开办红木家具厂，其中广西北海市合浦县同乐红木家具厂经营至今；1995 年创办广西南宁市第一家大型专业家具商场——众乐家私城；2005 年创办广西防城港市同乐家私城，现已更名为北部湾家具广场；2009 年创办广西南宁市同乐红木家具城；2013 年荣任广西红木品牌营销联盟荣誉理事长。

从 1989 年至今，黎锡洪先生对红木木材及加工生产的研究从未间断，并且对红木木材级别和红木制品质量鉴别等有独到的见解。

数据篇

2012年各地区主要林产工业产品产量

地区	木材（万立方米）	竹材（万根）	锯材（万立方米）	人造板（万立方米）			
				合计	其中		
					胶合板	纤维板	刨花板
全国合计（不含港、澳、台地区）	8174.87	164412	5568.19	22335.79	10981.17	5800.35	2349.55
北京市	14.33	—	—	19.48	—	19.48	—
天津市	10.68	—	—	15.8	—	12.5	3.3
河北省	74.68	—	211.7	1111.62	369.77	340.18	165.31
山西省	12.21	—	1.26	39.03	0.99	19.43	15.6
内蒙古自治区	208.83	—	604.21	83.89	25.41	13.58	26.69
辽宁省	191.43	—	280.57	344.25	104.33	177.51	39.93
吉林省	344.26	—	149.83	348.75	131.4	87.34	82.6
黑龙江省	301.89	—	528.4	300.76	177.41	56.37	35.36
上海市	0.32	—	1.65	22.62	8.64	13.98	—
江苏省	173.41	627	208.34	4918.94	2558.73	748.96	227.3
浙江省	156.93	19346	314.13	601.66	189.07	119.47	19.02
安徽省	495.63	11496	345.77	1306.41	588.57	331.36	62.83
福建省	570.74	51401	174.66	787.12	327.23	150.14	141.69
江西省	286.63	7813	190.93	318.83	120.55	100.3	18.72
山东省	551.64	—	920.11	6253.67	3575.34	1150.44	1166.7
河南省	278.45	160	153.99	1404.47	644.59	365.35	81.29
湖北省	258.66	3009	73.99	398.95	73.72	258.44	9.19
湖南省	467.12	7099	277.18	456.28	207.44	56.81	37.14
广东省	759.86	13409	148.58	990.33	210.56	462.3	133.91
广西壮族自治区	1668.12	28775	368.53	2297.45	1318.36	681.47	38.87
海南省	111.57	2125	64.98	34.17	18.35	6.04	9
重庆市	30.11	434	19.15	71.06	27.86	42.04	0.05
四川省	246.17	4683	241.02	690.94	198.86	348.31	27.95
贵州省	215.43	649	78.73	69.19	45.49	7.02	0.09
云南省	530.13	12288	155.76	228.48	49.39	152.09	6.76
西藏自治区	76.86	—	9.02	0.91	0.19	—	—
陕西省	16.37	1097	14.59	88.41	5.22	82.23	0.07
甘肃省	4.73	—	—	0.6	0.6	—	—
青海省	1.92	—	0.06	—	—	—	—
宁夏回族自治区	1.55	—	—	—	—	—	—
新疆维吾尔自治区	35.7	—	12.2	11.34	2.97	—	—
大兴安岭	78.52	—	18.84	21.11	0.13	12.47	0.19

注：本表数据有一定误差。

2003—2012 年中国主要木材与木制品进口量

年份 / 产品	2003	2004	2005	2006	2007	2008	2009	2010	2011	2012
原木（万立方米）	2545.6	2624.4	2936.8	3215.3	3709.1	2957.0	2805.9	3434.7	4232.6	3789.3
针叶原木	1502.0	1600.4	1827.0	1970.8	2321.7	1854.2	2029.7	2426.8	3144.7	2668.5
阔叶原木	1043.6	1030.5	1109.8	1244.5	1387.3	1102.8	776.2	1007.9	1086.1	1112.4
锯材（万立方米）	551.2	600.4	597.3	606.8	649.0	705.3	986.3	1471.2	2151.8	2056.6
针叶锯材	137.3	170.0	188.3	210.8	280.4	364.5	634.4	937.1	1492.6	1422.0
阔叶锯材	413.9	430.4	409.0	396.0	368.6	340.8	351.9	534.1	659.2	634.6
薄板（万吨）	16.8	11.6	11.4	10.1	9.8	6.9	5.4	8.2	15.0	25.7
胶合板（万立方米）	78.5	78.0	58.4	41.3	30.6	29.4	18.0	21.4	18.8	17.9
刨花板（万吨）	—	2.5	3.1	35.2	34.1	24.3	29.0	35.0	35.5	35.1
纤维板（万吨）	—	81.2	67.7	56.7	45.1	33.6	10.3	10.3	8.4	6.8
木浆、废纸及纸板（万吨）	2050.5	2555.0	3062.0	2668.5	3005.3	3268.7	3988.9	3435.7	4038.3	4512.5
木家具（万件）	72.4	69.5	72.9	105.9	216.3	275.1	273.9	358.5	449.9	527.9
木地板（万吨）	—	—	—	1.7	1.4	1.2	0.8	1.1	1.4	1.4
木门（万吨）	—	—	0.1	0.1	0.1	0.0	0.1	0.1	0.1	0.1
木框架坐具（万件）	—	—	—	—	31.8	39.7	56.6	77.6	99.9	108.9

2003—2012 年中国主要木材与木制品进口额

年份 / 产品	2003	2004	2005	2006	2007	2008	2009	2010	2011	2012
原木（亿美元）	24.5	28.0	32.4	39.3	53.5	51.8	40.9	60.7	82.7	72.5
针叶原木	9.4	11.7	13.9	17.1	24.0	24.1	22.3	32.4	48.6	37.5
阔叶原木	15.0	16.3	18.6	22.2	29.5	27.7	18.5	28.3	34.1	34.9
锯材（亿美元）	11.9	13.8	15.1	16.9	17.6	20.0	23.1	38.4	56.9	54.8
针叶锯材	2.1	2.8	3.2	3.8	5.2	7.2	11.0	18.2	31.0	28.5
阔叶锯材	9.8	11.0	11.9	13.1	12.4	12.8	12.1	20.2	25.9	26.3
薄板（万美元）	9570.1	10965.5	12123.8	11816.3	13547.8	9846.5	6374.1	8806.4	11856.8	13510.3
胶合板（万美元）	34735.7	37747.6	27589.9	19717.4	17040.7	16745.6	8894.5	11604.2	11967.9	11952.0
刨花板（万美元）	—	748.6	834.0	10173.0	10635.2	9184.6	8890.0	11386.5	12199.1	11653.9
纤维板（万美元）	—	27234.9	22926.8	19571.4	18137.8	15514.9	5717.2	6678.8	6354.3	5961.2
木浆、废纸及纸板（亿美元）	61.7	82.5	92.6	60.1	90.7	116.1	100.8	133.6	181.7	165.8
木家具（万美元）	5161.7	5818.5	6874.5	9067.1	17310.1	24005.6	23141.2	28029.5	40186.7	44547.6
木地板（万美元）	—	—	—	2742.9	2163.6	1965.6	1562.3	1983.5	3002.7	3103.5
木门（万美元）	—	—	222.3	225.4	180.1	240.7	515.7	539.6	367.8	536.0
木框架坐具（万美元）	—	—	—	1832.0	4730.6	7183.8	6627.3	10741.5	14458.9	15057.2

2003—2012年中国主要木材与木制品出口量

产品＼年份	2003	2004	2005	2006	2007	2008	2009	2010	2011	2012
原木（万立方米）	0.94	0.61	0.69	0.43	0.37	0.28	1.27	2.84	1.44	0.36
锯材（万立方米）	50.48	47.26	61.53	80.83	74.74	68.53	55.57	53.31	53.88	47.44
薄板（万吨）	8.00	11.56	7.81	10.79	11.47	10.97	8.57	11.86	18.52	15.42
胶合板（万立方米）	204.11	78.00	554.34	830.37	878.18	718.43	563.48	754.69	957.25	1003.26
纤维板（万吨）	97.59	81.20	96.46	146.03	282.94	243.49	173.86	210.60	242.07	253.24
刨花板（万吨）	—	2.53	0.50	9.21	11.87	12.56	8.06	10.36	12.41	13.52
木浆、废纸及纸板（万吨）	6.25	5.27	1.08	7.49	11.18	7.23	8.73	8.15	10.27	8.22
木家具（亿件）	1.07	1.29	1.49	1.73	1.92	1.68	1.69	2.04	2.02	2.00
木地板（万吨）	—	—	—	51.89	51.67	48.63	38.22	43.20	39.95	41.53
木门（万吨）	—	—	24.98	31.65	33.78	30.30	25.37	31.04	30.76	32.13
木框架坐具（万件）	—	—	—	—	9256.09	7574.88	7801.80	9472.91	8756.71	8714.44

2003—2012年中国主要木材与木制品出口额

产品＼年份	2003	2004	2005	2006	2007	2008	2009	2010	2011	2012
原木（万美元）	288.75	195.88	204.05	136.83	121.09	98.58	458.04	1052.62	678.20	172.42
锯材（亿美元）	2.34	2.17	2.79	3.53	3.90	4.01	3.45	3.40	3.59	3.29
薄板（亿美元）	1.11	1.10	1.29	1.72	2.00	2.44	1.73	2.11	2.73	2.34
胶合板（亿美元）	4.96	3.77	18.36	29.11	35.78	34.00	25.24	34.02	43.40	47.96
纤维板（亿美元）	3.21	2.72	3.96	6.36	14.08	14.47	10.79	12.98	15.48	16.70
刨花板（万美元）	—	748.55	183.89	2518.25	3522.42	4587.31	3237.68	3791.89	5039.07	6328.57
木浆、废纸及纸板（万吨）	0.47	0.40	0.36	0.59	0.92	0.98	0.91	1.40	2.31	1.28
木家具（亿美元）	28.40	36.81	46.58	57.51	66.44	68.28	75.88	105.57	113.21	119.11
木地板（亿美元）	—	—	—	7.31	8.29	7.78	5.96	6.55	6.30	6.93
木门（亿美元）	—	—	3.50	4.94	5.57	5.43	4.57	5.62	5.79	6.19
木框架坐具（亿美元）	—	—	—	—	40.41	41.93	44.47	56.00	57.98	64.20

2003—2012年锯材进口主要国别（进口量）

单位：万立方米

2012年排名	国别＼年份	2003	2004	2005	2006	2007	2008	2009	2010	2011	2012
1	加拿大	38.09	43.94	35.04	39.79	67.46	113.36	243.70	402.20	686.61	644.16
2	俄罗斯联邦	56.12	79.91	105.67	117.43	158.55	196.82	312.05	436.69	607.33	621.50
3	美国	67.69	78.24	85.27	102.19	107.33	104.25	92.90	143.23	268.02	222.56
4	泰国	67.13	83.47	76.22	70.65	69.42	79.07	102.44	140.99	159.41	151.09
5	印度尼西亚	108.77	96.14	72.00	45.01	25.75	22.46	21.16	40.76	80.52	74.44
6	智利	8.50	12.04	14.28	13.20	15.89	16.04	19.90	25.02	42.86	50.07
7	新西兰	26.18	27.96	21.66	28.14	25.22	23.91	41.78	41.26	41.02	48.64
8	菲律宾	3.96	7.31	6.39	11.82	12.92	18.11	29.38	54.48	53.94	47.93
9	加蓬	1.88	2.42	2.13	2.11	1.54	2.82	2.25	3.57	12.81	19.46
10	德国	12.15	8.57	8.76	9.52	10.45	8.56	8.80	24.70	25.53	16.28
11	马来西亚	43.69	43.11	47.54	37.65	30.99	25.29	20.47	24.23	23.40	16.23
12	芬兰	6.55	8.14	7.97	7.27	4.11	4.13	4.63	7.00	13.35	15.69
13	罗马尼亚	6.62	7.04	6.92	7.47	8.26	7.07	5.44	8.68	14.21	15.24
14	莫桑比克	0.00	0.04	0.16	0.36	0.68	3.98	3.38	7.76	12.10	12.17
15	缅甸	24.37	25.15	32.13	17.84	25.97	9.92	11.16	10.11	9.80	8.86
16	巴西	28.98	32.27	27.97	34.06	27.85	16.15	10.71	14.05	10.81	7.76
17	老挝	0.72	0.49	0.79	1.46	1.68	2.93	2.09	4.81	5.70	7.07
18	喀麦隆	2.50	3.42	1.25	1.73	0.76	0.99	0.71	2.46	4.85	5.90

2003—2012年锯材进口主要国别（进口额）

单位：万美元

2012年排名	国别＼年份	2003	2004	2005	2006	2007	2008	2009	2010	2011	2012
1	俄罗斯联邦	7166.3	11340.0	15286.4	17830.2	25780.8	38435.6	59934.2	89706.9	132132.8	128318.2
2	加拿大	6916.4	8991.5	7806.5	9234.4	13660.0	20671.2	36339.7	75834.0	139806.2	125988.0
3	美国	19786.7	23109.2	27295.4	35318.0	37469.4	37373.4	31088.2	55298.6	93096.1	86602.9
4	泰国	13523.9	17600.4	17251.9	17910.9	19685.9	22548.0	29191.8	50176.7	59197.3	64386.2
5	印度尼西亚	21515.1	20745.9	19246.8	14500.5	8623.1	8436.8	6370.1	12432.2	23352.3	22442.1
6	新西兰	5144.6	5669.0	5102.4	6612.6	6335.4	6170.1	9819.6	11631.6	11723.7	13744.1
7	智利	1596.2	2302.1	2916.3	2821.5	3513.4	3754.5	3817.0	5534.1	10361.6	12579.0
8	加蓬	626.9	749.7	682.3	677.5	557.7	1175.0	847.8	1461.6	7247.7	10487.3
9	老挝	228.9	178.9	257.3	640.6	941.7	2559.1	1249.8	2927.7	5640.2	8686.9
10	马来西亚	8802.8	8760.9	10702.4	10027.1	8220.2	7972.2	6376.2	8763.1	9289.5	6638.7
11	菲律宾	290.9	560.0	482.4	1022.4	1206.6	1857.9	2775.8	5618.1	6739.0	6029.0
12	莫桑比克	—	15.0	75.4	166.2	286.4	1945.5	1620.9	3264.5	5432.6	5983.4
13	德国	2828.7	2136.2	2510.4	2965.5	3670.9	3268.5	2980.4	7852.5	8890.5	5922.0
14	罗马尼亚	2026.3	2106.9	2167.6	2520.9	2670.0	2319.1	1910.2	2853.1	4785.0	5255.1
15	缅甸	3856.2	3946.5	6387.8	3675.1	4667.9	5045.6	5229.9	5264.0	4585.2	4776.2
16	芬兰	1469.6	1713.3	1730.8	1580.2	1113.5	1103.1	1094.2	1819.1	3344.5	3822.8
17	喀麦隆	1066.2	1277.7	530.9	713.5	455.7	771.3	448.1	1335.7	2902.1	3500.5
18	巴西	11374.2	15107.4	16329.6	20266.5	17179.1	11942.3	7030.8	7228.4	4617.1	3368.5

2003—2012 年原木进口主要国别（进口量）

单位：万立方米

2012年排名	国别＼年份	2003	2004	2005	2006	2007	2008	2009	2010	2011	2012
1	俄罗斯联邦	1436.77	1696.15	2004.32	2182.60	2539.56	1866.51	1481.15	1403.55	1407.09	1118.29
2	新西兰	192.07	83.76	63.80	89.99	127.02	190.87	441.35	593.82	824.33	862.14
3	美国	10.13	14.74	19.37	24.59	32.02	39.75	75.95	278.14	488.59	363.94
4	巴布亚新几内亚	137.78	131.47	183.52	206.43	234.10	222.97	165.95	247.78	279.90	258.13
5	加拿大	8.72	6.79	13.14	8.53	11.53	20.66	37.20	117.84	246.12	244.08
6	所罗门群岛	28.26	44.98	65.27	77.48	104.92	115.89	112.44	145.47	177.43	191.63
7	澳大利亚	35.39	28.93	23.60	38.99	48.96	42.95	73.21	105.62	157.64	122.12
8	缅甸	86.30	105.43	113.32	102.68	71.80	49.04	37.02	43.29	68.76	61.67
9	刚果	37.87	49.25	45.41	36.70	33.14	39.48	43.63	48.56	62.10	61.43
10	法国	2.36	1.45	2.53	4.27	9.12	9.71	25.65	29.66	51.13	50.11
11	马来西亚	293.14	272.20	186.00	141.20	133.14	81.67	72.17	95.54	55.16	43.67
12	喀麦隆	13.93	9.88	4.88	29.92	24.96	20.13	24.64	40.01	33.37	39.30
13	赤道几内亚	51.08	30.47	30.41	38.10	48.79	24.94	2.25	21.75	30.07	35.12
14	莫桑比克	8.13	8.06	10.90	12.65	21.16	15.75	12.15	23.30	23.00	32.25
15	贝宁	0.01	—	0.00	0.11	1.97	2.45	3.22	5.78	15.64	20.23
16	老挝	1.27	2.03	2.01	3.13	5.70	3.10	4.43	6.74	10.79	10.96
17	越南	1.38	1.71	4.44	13.88	21.65	5.74	2.27	4.16	13.47	8.75
18	尼加拉瓜	—	0.01	0.01	0.00	—	0.00	0.06	0.12	0.93	5.84

2003—2012 年原木进口主要国别（进口额）

单位：万美元

2012年排名	国别＼年份	2003	2004	2005	2006	2007	2008	2009	2010	2011	2012
1	俄罗斯联邦	96902.4	130542.7	162150.1	196718.8	270556.2	256025.3	173675.4	182071.7	211530.1	156202.5
2	新西兰	12823.8	7906.8	6416.6	9488.2	15421.1	24639.1	42768.5	79474.3	117282.2	112020.5
3	美国	4583.6	7470.0	10060.3	12333.0	14967.5	14746.4	16819.0	58016.1	102733.1	74074.3
4	巴布亚新几内亚	15489.0	16940.2	27051.4	34535.2	41479.4	41271.6	27479.1	47794.3	58347.6	52349.8
5	加拿大	1126.9	1174.3	1886.7	1290.3	1801.1	4236.6	5126.2	18041.8	44553.6	39599.5
6	所罗门群岛	3254.6	5789.1	9654.1	12471.6	18190.0	21231.6	17536.6	28258.1	34275.4	37710.6
7	刚果	7750.5	12085.7	11833.4	10380.2	12457.7	15243.1	13224.4	20692.5	28362.0	26038.8
8	缅甸	7699.2	10080.4	12906.8	11349.8	13755.9	17753.7	12420.1	13898.8	21045.4	24766.0
9	莫桑比克	2680.9	2759.4	4050.8	4949.4	9506.2	7350.1	5108.7	10166.2	9983.7	14902.7
10	老挝	500.6	753.1	859.1	1683.0	2331.5	1789.7	2170.8	6762.2	16953.3	14603.4
11	喀麦隆	3454.5	3097.2	1634.6	9995.9	8894.3	8605.8	8764.8	15049.7	13427.5	14559.6
12	澳大利亚	2290.0	2871.0	2314.5	3533.8	5361.3	5019.1	6465.7	12478.9	21213.9	14526.0
13	越南	529.5	825.0	885.5	3145.5	12965.4	4277.4	1451.4	3732.8	25344.1	13739.4
14	赤道几内亚	9547.3	6668.5	7174.7	9324.3	13038.0	7560.2	710.2	8400.0	12253.8	13183.4
15	马来西亚	39606.0	41713.9	26873.5	22681.1	24929.6	17261.6	12841.7	20475.6	17123.2	11241.2
16	尼加拉瓜	—	2.1	8.0	2.5	—	2.3	39.7	117.4	1152.7	10421.5
17	法国	428.7	235.4	497.6	893.1	2019.5	2137.5	3779.9	5290.5	11167.9	9254.7
18	贝宁	3.1	—	0.9	41.1	757.3	1058.3	1297.8	2243.3	6669.2	9158.4

2012年原木进出口主要省（市）

省（市）	出口量（吨）	出口额（美元）	省（市）	进口量（吨）	进口额（美元）
江苏省	3126	1400329	江苏省	11618907	2424761340
黑龙江省	387	287351	广东省	1934900	856719740
辽宁省	56	36504	山东省	5714938	818027464
—	—	—	内蒙古自治区	5319671	745793973
—	—	—	上海市	2873950	613146288
—	—	—	黑龙江省	3747390	526565257
—	—	—	福建省	2883622	404136985
—	—	—	天津市	1469364	245043530
—	—	—	云南省	547636	198943263
—	—	—	浙江省	670427	191328811

2012年锯材进出口主要省（市）

省（市）	出口量（吨）	出口额（美元）	省（市）	进口量（吨）	进口额（美元）
山东省	165524	107648274	广东省	3469763	1276608112
辽宁省	111607	65509578	内蒙古自治区	4054847	771758733
河南省	36666	35042147	上海市	1898014	610236409
黑龙江省	33405	28320308	江苏省	2579130	597669706
天津市	28452	23716007	浙江省	1663371	470889039
吉林省	14730	15814071	山东省	1524454	385724433
内蒙古自治区	30332	14481818	天津市	1299229	310146406
福建省	12523	6619683	黑龙江省	1283303	294420818
江苏省	8551	4497436	福建省	985018	234406038
广东省	8165	3564432	辽宁省	672309	187603466

2012年薄板进出口主要国家和地区

国家和地区	出口量（吨）	出口额（美元）	国家和地区	进口量（吨）	进口额（美元）
日本	13671	35021025	俄罗斯联邦	44966	31490078
韩国	24223	24339138	美国	10886	25057641
越南	12108	15090554	越南	173950	16406812
菲律宾	16995	12685511	意大利	1037	8386987
中国台湾	16654	12407133	马来西亚	12293	6877492
马来西亚	6907	11809145	德国	913	5494541
印度尼西亚	9147	9715747	中国台湾	938	5492802
印度	11708	9042207	印度尼西亚	2682	4086942
泰国	6329	7497452	加纳	991	2965494
埃及	5795	3912450	缅甸	2242	1379391

2012年薄板进出口主要省（市）

省（市）	出口量（吨）	出口额（美元）	省（市）	进口量（吨）	进口额（美元）
浙江省	32637	62722783	广东省	16646	26161301
黑龙江省	13977	28763231	上海市	5095	21305895
山东省	33352	24330560	浙江省	11570	15433200
天津市	6608	20069852	云南省	153081	14173639
江苏省	5538	18749343	吉林省	15538	13221262
辽宁省	8176	15076969	辽宁省	12341	11555652
上海市	5117	14727011	江苏省	8619	8762278
广东省	7569	8968078	黑龙江省	14547	7232828
广西壮族自治区	21447	8704496	福建省	5793	1170399
福建省	11653	7839219	四川省	5264	472320

2012 年胶合板进出口主要国家和地区

国家和地区	出口量（立方米）	出口额（美元）	国家和地区	进口量（立方米）	进口额（美元）
美国	1638106	1021563218	马来西亚	84039	41754935
日本	776312	372374933	印度尼西亚	54534	33850166
英国	643835	287173690	俄罗斯联邦	16168	10895017
韩国	692562	254570383	芬兰	4256	8711934
阿拉伯联合酋长国	512702	189060691	日本	3934	4062164
沙特阿拉伯	497850	177811851	德国	1123	3354153
泰国	305075	118247968	中国台湾	1915	2858645
菲律宾	247646	98150979	美国	2456	2103791
新加坡	235492	87250450	中华人民共和国	3117	1462719
中国香港	246676	72097255	菲律宾	993	717048

2012 年胶合板进出口主要省（市）

省（市）	出口量（立方米）	出口额（美元）	省（市）	进口量（立方米）	进口额（美元）
山东省	4528053	1804838716	广东省	92484	49220291
江苏省	3010521	1228083035	山东省	20712	18686446
浙江省	438078	367471008	上海市	19883	15674010
吉林省	220235	346928986	浙江省	22870	14390936
广东省	552619	244585665	天津市	8832	6323203
辽宁省	125040	187107160	江苏省	6648	4841135
上海市	153349	170299195	北京市	2853	4742494
广西壮族自治区	436002	146042800	辽宁省	2666	2672005
安徽省	190128	86600569	吉林省	265	1585061
河北省	136520	73694765	福建省	996	871593

2012 年纤维板进出口主要国家和地区

国家和地区	出口量（吨）	出口额（美元）	国家和地区	进口量（吨）	进口额（美元）
美国	434899	355081046	德国	6674	8454298
俄罗斯联邦	303597	178893750	比利时	6232	8137785
加拿大	178070	121315133	新西兰	12189	6248440
伊朗	107190	55422069	瑞士	6517	5080069
韩国	54805	37777800	澳大利亚	6785	3123785
澳大利亚	37078	28298321	奥地利	2501	2415243
沙特阿拉伯	58654	26789575	泰国	5132	1679566
印度	41339	24027320	马来西亚	1673	830984
越南	34418	19468887	阿根廷	915	408425
罗马尼亚	31894	18034128	印度尼西亚	892	395787

2012 年纤维板进出口主要省（市）

省（市）	出口量（吨）	出口额（美元）	省（市）	进口量（吨）	进口额（美元）
江苏省	1181413	792085482	广东省	21450	13919938
山东省	148827	84996898	天津市	9036	7360785
上海市	102061	81303736	山东省	4338	6301203
浙江省	75860	73984861	上海市	4714	5418771
广东省	75269	43466226	北京市	4442	5098132
湖北省	34701	20888693	辽宁省	5241	3319241
安徽省	32521	19934349	江苏省	2353	1694783
河北省	41144	18916228	浙江省	600	454578
河南省	31121	12981565	福建省	334	431660
北京市	27650	11612058	四川省	87	260536

2012年刨花板进出口主要国家和地区

国家和地区	出口量（吨）	出口额（美元）	国家和地区	进口量（吨）	进口额（美元）
俄罗斯联邦	37489	14523060	泰国	158359	45356811
塔吉克斯坦	16517	5529660	马来西亚	84033	22871187
蒙古	16457	2521975	罗马尼亚	35224	15275092
印度	3986	2498841	德国	10408	7188715
韩国	5430	1973575	巴西	9065	3902575
沙特阿拉伯	3121	1763962	加拿大	8388	3506930
秘鲁	3342	1585100	意大利	5480	2997798
马来西亚	2783	1580003	俄罗斯联邦	11194	2374618
阿拉伯联合酋长国	2813	1551627	西班牙	6048	1891232
肯尼亚	3681	1211810	美国	4533	1792118

2012年刨花板进出口主要省（市）

省（市）	出口量（吨）	出口额（美元）	省（市）	进口量（吨）	进口额（美元）
山东省	45469	25326970	广东省	167431	49498452
黑龙江省	29275	10272558	天津市	70937	23701931
江苏省	10533	5114046	上海市	53037	19871940
新疆维吾尔自治区	14445	4835765	北京市	17901	7419437
广东省	6169	4535494	辽宁省	10143	4420277
上海市	2206	3188843	江苏省	14566	4060665
浙江省	2744	3015300	浙江省	6488	2434495
内蒙古自治区	15805	2344113	山东省	3737	1736262
河北省	2128	1141915	福建省	2771	1589113
吉林省	1420	523949	重庆市	2142	732467

2012年木家具进出口主要国家和地区

国家和地区	出口量（件）	出口额（美元）	国家和地区	进口量（件）	进口额（美元）
美国	64810327	3771432317	德国	501987	91913482
日本	18871182	764457014	意大利	474015	89955021
英国	11030627	584431041	波兰	1215043	44402783
澳大利亚	9500397	448504940	泰国	519265	23805180
阿拉伯联合酋长国	3973402	389996807	越南	318458	21362023
沙特阿拉伯	4352290	384577690	中华人民共和国	131672	18783170
加拿大	7141952	384448811	瑞典	321061	15725794
德国	9628589	372757441	立陶宛	320058	15667099
法国	7169183	296692495	葡萄牙	243388	11001802
荷兰	5065689	121925223	马来西亚	349623	7250493

2012年木家具进出口主要省（市）

省（市）	出口量（件）	出口额（美元）	省（市）	进口量（件）	进口额（美元）
广东省	65183253	5674270286	上海市	4157831	260713807
浙江省	26489074	1283697799	北京市	180393	41959813
山东省	18685601	1097671822	广东省	286611	40703524
福建省	37038703	1022553838	天津市	79955	29964066
上海市	16801194	760669019	浙江省	109769	16450165
江苏省	14582446	500143581	江苏省	157298	9416430
辽宁省	6213789	273258664	广西壮族自治区	50343	9303239
江西省	3553600	271908142	山东省	38543	6597513
安徽省	2209437	200405818	福建省	76756	6130965
河北省	2339530	102995668	四川省	27315	1311790

2012 年木门进出口主要国家和地区

国家和地区	出口量（吨）	出口额（美元）	国家和地区	进口量（吨）	进口额（美元）
日本	34496	126979567	德国	312	1808735
美国	69361	124793948	美国	145	1016386
中国香港	35910	51080435	西班牙	26	741745
罗马尼亚	23305	27193118	意大利	54	562283
英国	12949	26314137	日本	29	164417
加拿大	15095	25011941	中华人民共和国	42	92617
中国澳门	7125	17169864	芬兰	20	91723
尼日利亚	8161	11753148	马来西亚	41	68908
土耳其	8842	10894549	菲律宾	46	25110
韩国	6287	8844799	中国台湾	24	21653

2012 年木门进出口主要省（市）

省（市）	出口量（吨）	出口额（美元）	省（市）	进口量（吨）	进口额（美元）
浙江省	106884	153711729	上海市	110	1210645
广东省	63731	121945254	北京市	72	1204201
辽宁省	35598	120566873	广东省	309	929528
福建省	33332	54262993	江苏省	32	827743
山东省	23638	52313675	湖北省	85	552365
江苏省	20987	35291577	辽宁省	38	166985
上海市	4982	16518534	浙江省	43	79730
北京市	3765	10512279	天津市	34	59186
吉林省	4700	9397694	云南省	18	46053
新疆维吾尔自治区	5153	6292422	福建省	70	43507

2006—2012 年主要木材与木制品产量

产品＼年份	2006	2007	2008	2009	2010	2011	2012
木材（万立方米）	6611.78	6976.65	8108.34	7068.29	8089.62	8145.92	8174.87
原木	6111.68	6492.05	7357.32	—	7513.21	7449.64	7494.37
薪材	500.1	484.6	751.02	—	576.41	696.28	680.5
锯材（万立方米）	2486.46	2829.1	2840.95	3229.77	3722.63	4460.25	5568.19
热带锯材	155.87	144.98	127.51	—	—	—	—
人造板（万立方米）	7428.56	8838.58	9409.95	11546.65	15360.83	20919.29	22335.79
胶合板	2728.78	3561.56	3540.86	4451.24	7139.66	9869.63	10981.17
纤维板	2466.6	2729.84	2906.56	3488.56	4354.54	5562.12	5800.35
刨花板	843.26	829.07	1142.23	1431	1264.2	2559.39	2349.55
木地板（万平方米）	23399	34343	37700	37800	47900	62900	60400
实木地板	7355	7784	12300	8139	11200	12200	12500
实木复合木地板	5184	11348	7903	11771	26800	35700	37100
强化木地板	8471	9486	11600	12716			
竹木复合地板	613	2048	1368	2011			
木家具（万件）	21329	17467	18947	20501	26073	24800	23897

2011—2012 年中国木材进口价格指数

		木材进口综合价格指数（%）	原木进口价格指数（%）	锯材进口价格指数（%）	针叶原木进口价格指数（%）	阔叶原木进口价格指数（%）	针叶锯材进口价格指数（%）	阔叶锯材进口价格指数（%）
2011 年	1 月	110.4	120.4	95.7	127.2	112.2	89.8	102.96
	2 月	114.4	125.3	96.1	130.9	117.3	93.3	99.45
	3 月	110.7	121.1	94.9	131.2	105.8	90.5	99.62
	4 月	113.8	126.8	95.3	134.8	114.7	91.0	100.06
	5 月	119.8	134.0	98.0	144.6	117.9	95.2	101.42
	6 月	123.3	141.7	97.3	144.2	138.0	93.9	101.61
	7 月	124.0	141.7	98.6	147.2	133.5	94.3	104.20
	8 月	121.1	136.7	97.8	139.7	132.7	93.5	103.38
	9 月	119.4	133.3	98.2	129.8	138.1	93.6	104.24
	10 月	116.7	131.5	97.1	136.4	122.7	90.9	104.89
	11 月	114.5	126.3	96.9	131.2	119.5	91.0	103.42
	12 月	110.1	122.9	94.5	127.6	117.4	87.7	101.13
2012 年	1 月	113.4	122.9	98.6	128.1	118.2	89.9	107.88
	2 月	109.9	120.2	93.4	124.9	116.6	85.9	100.81
	3 月	111.0	123.1	94.7	124.2	122.1	88.3	101.00
	4 月	111.3	121.9	96.3	125.4	118.6	89.7	103.45
	5 月	107.0	116.8	94.8	114.3	118.9	88.0	103.04
	6 月	107.1	115.4	96.2	116.0	115.0	87.2	106.36
	7 月	108.5	116.0	98.5	116.9	115.3	87.9	110.75
	8 月	109.0	116.8	98.7	119.8	114.0	89.3	108.0
	9 月	108.9	116.0	99.6	118.6	112.7	88.9	110.3
	10 月	107.4	115.1	98.0	119.4	109.8	87.9	108.5
	11 月	106.0	114.7	95.1	118.6	110.1	86.4	104.7
	12 月	103.9	112.7	94.4	116.3	108.0	87.2	103.0

2012年1—12月中国木材市场价格指数

单位：%

	1月	2月	3月	4月	5月	6月	7月	8月	9月	10月	11月	12月
木材综合价格	100.0	100.0	94.8	94.4	95.3	95.8	96.8	97.6	95.8	104.0	105.0	104.4
原木	100.0	100.2	92.4	91.7	93.7	94.7	95.8	98.1	93.4	103.1	104.5	102.9
锯材	100.0	96.5	96.4	95.1	94.4	94.5	95.8	93.6	97.2	102.4	103.4	104.2
国产木材	100.0	96.9	90.6	88.8	90.7	92.0	93.5	95.0	91.8	99.7	101.3	100.3
原木	100.0	98.2	89.0	87.4	90.5	92.1	93.7	96.8	90.5	99.2	100.9	99.3
锯材	100.0	93.6	94.5	92.2	91.2	91.6	93.2	90.4	95.2	100.7	102.3	102.8
进口木材	100.0	103.6	99.5	100.6	100.5	100.2	100.5	100.6	100.2	109.0	109.2	109.1
原木	100.0	104.0	98.9	100.1	100.0	99.8	100.0	100.7	99.2	110.8	111.6	110.2
锯材	100.0	102.9	100.5	101.4	101.4	100.8	101.3	100.5	101.7	106.2	105.6	107.4
分类别												
一、国产针叶原木	100.0	103.6	99.0	99.4	98.0	96.4	96.8	95.8	97.3	95.7	96.0	96.2
红松	100.0	100.0	98.7	98.0	98.0	96.7	96.1	94.7	97.4	100.0	99.3	100.0
白松	100.0	99.2	99.2	99.6	100.8	95.4	101.2	94.6	92.3	119.2	120.8	119.2
落叶松	100.0	112.5	97.5	104.2	99.2	93.3	98.3	91.7	97.9	129.2	129.2	131.7
马尾松	100.0	105.0	95.0	97.0	81.0	82.0	83.0	85.0	91.0	90.0	93.0	94.0
樟子松	100.0	104.6	102.1	97.9	98.8	99.6	97.5	99.2	100.4	45.8	45.8	45.8
云南松	100.0	107.3	100.7	100.0	99.3	99.2	102.0	98.3	103.3	100.0	101.3	100.0
杉木	100.0	105.4	101.1	100.8	99.1	99.0	96.7	99.4	100.3	112.8	112.8	112.8
冷杉	100.0	109.1	102.7	107.3	99.1	99.6	98.2	97.5	101.8	136.0	133.3	136.9
云杉	100.0	97.5	85.0	94.2	94.2	94.2	85.8	97.9	89.2	100.0	101.7	100.0
二、国产阔叶原木	100.0	97.6	87.8	86.0	89.6	91.6	93.3	96.9	89.6	99.7	101.5	99.7
水曲柳	100.0	99.8	98.1	98.0	97.7	99.3	98.6	99.1	98.1	88.2	88.2	87.7
黄菠萝	100.0	98.7	97.3	97.3	98.1	98.5	97.1	97.7	96.5	98.8	99.5	99.2
胡桃楸	100.0	93.7	94.4	93.3	92.2	91.9	91.5	90.9	92.6	110.7	110.7	110.7
柞木	100.0	97.3	95.5	95.7	95.9	97.6	96.5	94.5	96.3	53.1	53.1	53.9
杨木	100.0	97.2	85.6	83.3	87.8	90.0	92.2	96.7	87.8	103.3	105.6	103.3
桦木	100.0	101.5	100.5	96.4	97.4	100.0	92.3	97.4	98.5	72.8	72.8	71.8
榆木	100.0	100.8	102.8	102.8	104.0	100.4	104.0	103.6	104.8	62.5	60.5	62.5
柳木	100.0	101.1	102.3	103.4	104.5	98.9	97.7	104.5	100.0	100.0	100.0	100.0
椴木	100.0	100.6	100.9	99.8	100.0	100.6	100.4	101.1	99.8	49.0	49.0	47.5
栎类	100.0	99.9	99.6	99.6	99.8	100.0	100.2	100.2	100.4	100.0	101.5	101.3
桉树	100.0	100.0	97.0	98.0	98.0	99.0	99.0	99.8	100.0	170.0	170.0	173.0
三、国产针叶锯材	100.0	97.2	96.4	94.5	93.9	88.4	95.0	94.8	95.0	102.5	103.2	102.5
红松	100.0	98.3	99.1	93.5	92.6	92.6	92.2	93.5	96.1	116.5	117.4	116.5
白松	100.0	98.4	98.4	98.9	95.8	98.2	97.6	96.3	96.8	126.3	128.9	126.3
落叶松	100.0	100.0	98.1	95.0	98.1	97.5	98.4	95.6	95.9	141.3	141.3	141.3
马尾松	100.0	98.8	98.2	99.4	94.1	100.0	93.5	97.6	94.7	98.8	98.8	98.8
樟子松	100.0	95.8	94.5	94.8	93.9	62.9	96.8	96.5	93.5	54.8	56.1	56.1
云南松	100.0	96.9	95.9	92.8	93.8	96.9	96.7	95.9	94.1	97.4	97.4	99.0
杉木	100.0	92.7	91.5	85.5	87.9	91.5	96.4	90.9	92.7	112.1	112.1	112.1
冷杉	100.0	93.5	91.0	92.0	93.5	91.8	92.0	92.8	93.0	84.0	82.5	80.5
云杉	100.0	95.4	91.4	92.4	91.9	90.9	89.8	91.4	93.4	88.8	86.3	86.3
四、国产阔叶锯材	100.0	92.8	94.0	91.8	90.6	92.2	92.8	89.5	95.2	100.3	102.1	102.8
水曲柳	100.0	95.7	92.9	96.0	96.4	95.4	93.9	96.8	93.1	86.9	86.9	87.5

续表

	1月	2月	3月	4月	5月	6月	7月	8月	9月	10月	11月	12月
黄菠萝	100.0	98.9	97.1	98.4	98.2	96.8	96.9	98.0	97.0	99.6	99.6	99.9
胡桃楸	100.0	128.4	129.5	128.4	127.6	124.7	123.6	126.9	130.5	123.6	126.9	128.7
柞木	100.0	98.2	98.4	98.6	97.6	97.9	98.1	98.3	98.3	60.3	60.3	60.0
杨木	100.0	90.6	92.5	89.5	88.0	90.2	91.0	86.5	94.0	103.8	106.0	106.8
桦木	100.0	106.4	101.3	90.2	91.5	97.9	97.9	97.0	95.7	102.1	102.1	103.4
榆木	100.0	99.4	100.6	101.0	101.6	100.0	101.6	100.6	100.6	95.2	94.5	94.5
柳木	100.0	100.8	101.6	103.1	105.5	97.7	98.4	98.4	100.0	100.0	100.0	107.0
椴木	100.0	99.8	99.6	99.8	100.2	100.8	100.8	101.0	101.2	55.4	56.5	56.5
栎类	100.0	99.5	99.8	100.0	99.8	100.2	100.3	100.3	100.5	100.0	100.6	100.6
桉树	100.0	99.2	98.4	98.4	99.2	100.0	100.0	100.8	100.8	156.3	164.1	164.1
五、进口针叶原木	100.0	104.6	98.8	100.0	100.0	98.9	100.0	98.8	98.9	116.6	117.5	114.5
红松	100.0	108.3	99.2	100.0	100.0	99.2	100.0	99.2	99.2	108.3	111.7	115.0
樟子松	100.0	104.3	97.4	100.0	100.0	98.3	100.0	97.4	98.3	112.2	110.4	113.0
白松（云、冷杉）	100.0	104.5	100.0	100.0	100.0	100.0	100.0	100.0	100.0	118.2	114.5	109.1
辐射松	100.0	103.2	99.5	100.0	100.0	97.9	100.0	99.5	97.9	129.5	134.7	124.2
落叶松	100.0	104.4	96.9	100.0	100.0	100.0	100.0	96.9	100.0	96.9	93.8	100.0
六、进口阔叶原木	100.0	102.9	99.1	100.3	100.0	101.6	100.0	104.7	100.0	98.7	99.3	101.1
柚木	100.0	101.9	98.1	100.0	100.0	100.0	100.0	98.1	100.0	101.9	103.2	103.8
奥克曼（Okoume）	100.0	103.4	98.3	101.7	100.0	110.3	100.0	131.0	100.0	98.3	100.7	106.9
龙脑香（克隆木）	100.0	102.2	100.0	100.0	100.0	100.0	100.0	100.0	100.0	98.7	98.7	100.0
印茄木（菠萝格）	100.0	102.9	100.0	100.0	100.0	100.0	100.0	100.0	100.0	94.3	95.4	97.4
山樟木	100.0	103.3	97.5	100.0	100.0	98.9	100.0	97.5	100.0	97.0	96.7	97.5
大干巴豆	100.0	103.3	100.7	100.0	100.0	100.0	100.0	100.7	100.0	98.0	100.0	101.3
异翅香	100.0	100.4	102.2	100.0	100.0	97.8	100.0	102.2	100.0	97.8	97.8	100.0
栎木（橡木）	100.0	101.7	97.9	100.0	100.0	100.0	100.0	97.9	100.0	98.7	97.9	100.0
山毛榉木	100.0	102.2	99.1	100.0	100.0	100.0	100.0	99.1	100.0	100.0	102.6	104.3
红木	100.0	103.2	99.6	100.0	100.0	99.6	100.0	99.6	100.0	98.9	98.9	99.6
水曲柳	100.0	103.6	100.0	100.0	100.0	100.0	100.0	100.0	100.0	102.5	101.8	100.0
樱桃木	100.0	102.5	97.9	100.0	100.0	100.0	100.0	97.9	100.0	97.9	97.5	97.9
七、进口针叶锯材	100.0	102.8	100.9	101.9	101.9	101.3	101.9	100.9	101.9	109.9	108.7	110.5
红松	100.0	103.1	100.0	100.0	100.0	99.4	100.0	100.0	100.0	118.8	123.8	118.8
樟子松	100.0	102.9	108.6	111.4	111.4	108.6	111.4	108.6	111.4	101.7	109.7	111.4
白松（云、冷杉）	100.0	102.8	100.0	100.0	100.0	100.0	100.0	100.0	100.0	102.8	94.4	100.0
辐射松	100.0	102.2	97.0	100.0	100.0	100.0	100.0	97.0	100.0	144.4	152.6	144.4
花旗松	100.0	102.6	96.2	100.0	100.0	100.0	100.0	96.2	100.0	114.1	114.1	119.2
八、进口阔叶锯材	100.0	103.2	99.4	100.0	100.0	99.5	99.9	99.4	101.3	97.2	98.0	99.8
柚木	100.0	101.5	98.5	100.0	100.0	100.0	100.0	98.5	100.0	104.6	106.3	105.4
楠木	100.0	101.7	99.5	100.0	100.0	99.5	100.0	99.5	100.0	100.5	100.5	99.5
印茄木（菠萝格）	100.0	102.2	100.0	100.0	100.0	100.0	100.0	100.0	99.6	93.3	95.3	96.9
樟木	100.0	102.2	98.5	100.0	100.0	100.0	100.0	98.5	100.0	95.1	94.9	96.6
樱桃木	100.0	102.7	100.0	100.0	100.3	99.5	97.3	103.0	137.8	96.2	100.0	103.8
栎木（橡木）	100.0	101.5	100.0	100.0	100.0	100.0	100.0	100.0	100.0	101.8	101.8	100.0
山毛榉木	100.0	101.3	100.0	100.0	100.0	100.0	100.0	100.0	100.0	94.6	95.9	98.8
红木锯材	100.0	101.6	95.9	100.0	100.0	100.0	100.0	100.0	100.0	100.0	104.2	106.5
白蜡木	100.0	106.9	100.0	100.0	100.0	97.9	100.0	95.9	100.0	99.0	99.0	98.5
黑胡桃	100.0	102.7	98.2	100.0	100.0	100.0	100.0	100.0	100.0	98.6	98.6	100.0
枫木	100.0	109.5	103.0	100.0	100.0	98.2	100.0	98.2	100.0	100.0	96.4	97.1

编 后 记

尊敬的各位读者：

首先感谢您对《中国木材与木制品流通行业年鉴》的关爱与支持！

《中国木材与木制品流通行业年鉴》（以下简称《年鉴》）是中国木材与木制品流通协会组织编辑的第一部介绍我国木材与木制品产业发展基本情况的集锦，也是国内业界大型资料性工具书。本书收集了大量的行业信息资料，集中展现了我国木材与木制品流通行业发展的轨迹。全书分为特载篇、政策法规篇、专题篇、市场篇、大事记、科技篇、典型篇、数据篇共八部分内容，力求成为社会了解本行业发展的窗口。

2013版《年鉴》的出版，得到了中国木材与木制品流通协会各分支机构和秘书处各部门、各地方协会以及业内许多知名企业和专家的大力支持。在此，我们表示衷心的敬意和感谢！尤其要感谢各位顾问、编委的鼎力支持，他们在百忙中为年鉴撰写序言，出谋划策，使《年鉴》增色不少。感谢所有参与《年鉴》撰稿、编辑、出版、发行的工作人员，他们为《年鉴》成功面世付出了辛勤劳动。

面对我国木材与木制品流通行业不断发展变化的形势，我们将在行业发展的实践中继续完善《年鉴》编辑工作，尝试扩大《年鉴》的影响，使其内容更加丰富，功能进一步延伸，对行业同人更有借鉴意义。我们真诚地希望业界同人提出宝贵意见，以使其越做越精、越做越好。欢迎大家继续对2014版《年鉴》的组稿和编辑工作给予支持！愿我们的《年鉴》成为业界同人的新朋友，与您结伴同行。

由于时间紧及编辑水平有限，首部《年鉴》难免有不妥之处。如有不妥之处，恳请各位读者批评指正。

《中国木材与木制品流通行业年鉴》编辑部

2014年2月18日

深圳市木材有限公司
ShenZhen Timber Co., Ltd.

深圳市木材有限公司从1962年以来一直以优质的产品与世界各地的客户合作。多年来，公司经营者和广大员工秉持“务实，创新，守信”的经营宗旨，不断给客户提供优质的产品及服务，努力铸炼企业个性品牌，使公司不断发展壮大。现公司拥有以木材及木制品为主体的国内国际贸易、生产加工、仓储运输、厂房仓库租赁等各式业务，是实业与商贸并举的综合性企业。公司享有进出口经营权，产品远销东南亚、欧盟、美洲、中东等国家和地区。本公司在深圳市市区内拥有5万平方米的工厂和仓库区，该区交通方便，厂房、设备、仓库、配套的生产生活设施先进齐备，环境优美，已成为深圳市木业行业加工、仓储、贸易主要经营基地之一。

深圳市木材有限公司诚挚期待与海内外客商通力合作，共谋发展！

地址：深圳市罗湖区笋岗桃园路8号B座4楼　　电话：+86—755—82471921

传真：+86—755—82470197　　邮箱：sztimber@vip.163.com

陽光（全球）紅木廣場
SUNSHINE ROSEWOOD PLAZA

公司简介>>

深圳阳光（全球）红木广场项目由深圳市世纪阳光红木文化有限公司（港鹏集团）投资建设，2012年，公司在观澜观天路投资建设的阳光（全球）红木广场开业，位于深圳市观澜观天路21号，这个超过4万平方米的红木原料交易中心一举成为观澜红木原料交易市场的领军企业，并被授予“中国红木交易中心”称号。

观澜是中国红木原料集散地，80%的红木原料从这里发向全国的家具企业，并形成了以红木为核心的红木文化产业带。

同时作为地产投资与运营商，港鹏集团有效地整合红木产业链，将红木原料与红木家居相结合，立志于推广红木文化的阳光红木，为中国红木家具品牌发展提供了平台。

深圳阳光（全球）红木广场有限公司

广场布局>>

阳光（全球）红木广场由红木原料和红木家居两大部分组成。红木原料商铺有20多个，红木品种齐全，采购方便，价格合理。红木文化家居广场内部由四大区域组成，分别为A区、B区、C区以及办公区域，设计合理独特。鲜明的分区管理，其中独特的环形设计通道，方便顾客参观采购，全场无死角，便于商户展示红木文化。以中式风格装饰的古镇内街风貌，将极大地吸引消费者关注，并将最大限度地促进红木家具的展示，形成中式文化的传播空间，风格明显，商机无限。广场自留户外停车场，可满足大型活动停车需求，便于开展各类营销活动。凭借着得天独厚的地理优势，阳光红木文化家居广场还将以1500平方米的面积，建设“中国概念装饰设计创业基地”，吸引热爱中国传统文化并专注于“中国概念”的装饰设计师在这里创业，与阳光红木文化家居广场形成互动。

优势>>

立地优势　观澜是目前中国南部红木原料集散地及家具展厅

体量优势　7万平方米的总量，足以彰显投资实力

模式优势　独创产业链阳光交易平台模式，线上、线下互动推动产业发展

经验优势　20年行业耕耘经验，汇聚全国产业人脉

阳光红木广场，为红木投资者、红木收藏者、原料采购商、家具制造企业、艺术家、金融企业提供一站式交易广场；阳光红木广场，主要功能包括多功能展示交易接待中心、金融服务区、红木原木交易仓储区、红木家具品牌区；阳光红木广场，目前立足深圳观澜，是红木贸易的投资及运营企业，未来将在更多地方发展以阳光红木广场为主要形式的商业地产投资集团企业；阳光红木信息网，阳光红木广场下属信息平台，为红木投资者、红木收藏者、原料采购商、家具制造企业、艺术家、金融企业提供一站式信息服务平台，并在未来提供收藏品信息评估平台、红木产品证明信息查询平台。

阳光（全球）红木广场位于观澜这个中国红木原料交易集散地的最核心地段，北区和东区联动，地理位置便捷，在这里采购原料，可以通过珠三角环线高速或沈海高速快速地将货物发送到全国各地。作为中国最大的红木原料交易中心，其有着毗邻香港的优势，来自全球的红木原料也可以快速从码头通过高速公路联网运达阳光（全球）红木广场。

地址：深圳市龙华新区观澜街道办观天路21号

电话：0755-83186666

传真：0755-27973336

陶然居

廊坊陶然居家具有限公司坐落在中国北方古典家具的发源地——河北省大城县古典家具工业园。占地面积65亩，现有员工300多人。

在从事修复明、清两代紫檀和黄花梨古典家具多年的基础上，1990年由叶双桃先生创办仿古家具工厂，于2002年成立廊坊陶然居家具有限公司，主营紫檀、黄花梨、大红酸枝、紫属花梨古典家具的生产和销售。

公司致力于中国古典家具的传承，吸收明清两代古典家具的精髓，发掘传统文化的内涵。自公司成立以来，始终把每一件家具定位为艺术品来设计，采用传统的榫卯结构，不用金属连接件和铁钉。各种图案手工雕刻，手工打磨，传统的表面处理使家具绝对环保。产品风格以明清两代经典家具为准绳，用料上只选用紫檀、黄花梨、大红酸枝、紫属花梨这四种传统名贵木材为原料。坚持宁缺勿滥的思想，不断推敲家具制作的每一个环节，力争每件家具都是艺术价值很高的精品、藏品。近年来赢得了收藏爱好者的赞誉。

随着公司实力的不断发展壮大，陶然居品牌的古典家具产品远销北京、天津、山东、山西、东北等各大省市，年销售额8000多万元。

“陶然居”商标在2011年度被廊坊市工商局评为“廊坊市知名商标”；2012年度被河北省技术监督局评为“河北省优质产品”；2011年央视广告热播品牌；2013年7月被中国家具协会评为“中国红木家具优秀企业”；连续多年被廊坊市工商局评为重合同、守信誉、消费者信得过单位。

产品展示

荣誉证书

荣誉证书

廊坊陶然居家具有限公司：

你单位生产（经销）的 家具 产品， 型号（规格），被评为廊坊市第九届消费者信得过产品。

廊坊市消费者协会

二0 0年十 月

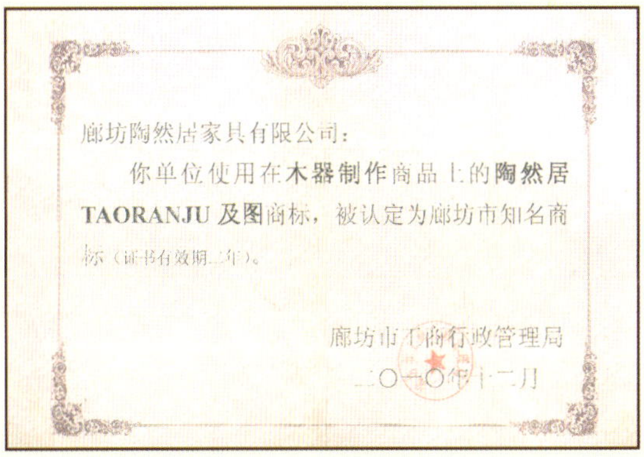

廊坊陶然居家具有限公司：

你单位使用在木器制作商品上的陶然居TAORANJU及图商标，被认定为廊坊市知名商标（证书有效期三年）。

廊坊市工商行政管理局

二〇一〇年十二月

荣誉证书

廊坊陶然居家具有限公司：

荣获二〇〇四年度廊坊市第一届文明经营、优质服务先进单位。

廊坊市民用品维修行业协会

二〇〇四年度十月三十一日

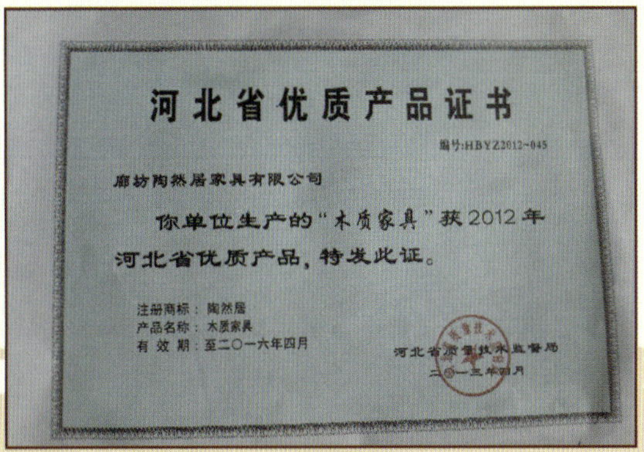

河北省优质产品证书

编号:HBYZ2012-045

廊坊陶然居家具有限公司

你单位生产的“木质家具”获2012年河北省优质产品，特发此证。

注册商标：陶然居
产品名称：木质家具
有 效 期：至二〇一六年四月

河北省质量技术监督局

二〇一三年四月

家具生产/销售

我们致力于将辐射松的价值最大化，辐射松的价值不仅仅只是简单的粗加工，从选材、设计、研发、生产到出厂包装，力争做好每一个环节，坚持以品质优先。

行业荣誉或认证

广西林业产业行业协会副会长

中国木材与木制品流通协会理事单位

中国林产工业协会理事单位

中国低碳行动联盟广西常务副会长

地　　址：广西钦州市新华路358号

电　　话：+86－ 777 2841125 / 15994605918

传　　真：+86－ 777 2800019

邮　　箱：sales@yihuahenglin.com

网　　址：http://www.yihuahenglin.com

拍下即可登录网站
普鑫形象代言人
影视明星：
智能锁具·五金·卫浴
版面有限，欲了解更多详细产品请致电或登录官方网站。
中山市普鑫五金有限公司
地址：广东省中山市小榄镇埒西一联海路
电话：0760-22119355
传真：0760-22119855
广东省门业协会常务理事
SCWD
中国木制品协会常务理事
BDMC
广东建筑装饰材料商会会员
广东省质量检验协会会员
全国免费商务热线
400-884-5566
www.Puxin-Wujin.com

部分工程

公司活动

联系方式

地址：青岛市城阳区黑龙江路189号盛文国际贸易大厦C座908室

电话：0532-89655788　　传真：0532-89655877

满洲里森诺人造板有限公司

产品与服务

1. 可为客户提供樟子松、白松、落叶松、白桦材质系列产品

各规格拼板；集成材线条系列（可包覆）

2. 木屋木梁、窗料及各种结构材

木屋抗震性强，经久耐用；防火性和防潮性都强于普通房屋，而且环保节能、保温节能，对环境影响较小。

3. 规格刨光材；桦木单板；湿板、烘干板；原木及建筑口料

4. 生物质燃料及干料压缩木片

生物质燃料为环保可再生能源，是全世界大力推广之绿色能源；生物质燃料在燃烧过程中可达“零排放”，既不排渣、无烟，亦无二氧化硫等有害气体，不污染环境，二氧化碳接近零排放，是改变气候不良变化的有效途径。

电话：0470—6264785　**传真：0470—6264785**

联系人：孙庆臣　**电话：18697485067**

地址：内蒙古满洲里市合作区胪四街北、南膑四路西

企业文化

中城木业，以“道法自然、天人合一、和谐共赢”为企业精神，恪守诚实守信的经营信条，坚持“经营良好，管理健康，文化快乐”的健康快乐，可持续发展的企业经营理念。构建快乐的企业文化，将科学管理和人性化管理贯彻到企业文化价值中去，形成健康的价值观和道德规范，是行业内最早导入ISO 9001：2000国际质量管理体系认证的企业之一。

【经营良好】公司坚持和谐共赢的经营理念，恪守诚实守信的经营信条，历经10多年发展，在行业内树立了良好的企业经营形象。良好的经营使公司取得了丰硕的业绩，依靠拥有多年经营经验的高层运营团队，立足于长远的业务定位与规划，在市场经营整合中，统一规划管理，不断适应市场的发展需要，充分发挥其产能规模的价值，在竞争中始终立于中流砥柱。

【管理健康】中城木业不断地规范和完善企业内部管理，是行业内最早导入ISO 9001：2000国际质量管理体系认证的企业，内部管理制度规范，奖罚分明，形成了有效的激励机制，人力资源的培训、开发、利用机制，安全生产布局管理井然有序，软文化管理进一步深入人心，员工对管理制度尊重并恪守。

【文化快乐】中城木业坚持以人为本，唯才是用，以“培养人、激励人、尊重人”为企业文化价值导向，让员工在实现企业价值的同时，不断彰显个人价值。在工作上鼓励员工团结合作，互相协调，并为员工量身定做个人培训和发展计划；在生活上，为员工提供温暖的家文化，公司设有属于员工自己的文化娱乐活动场所——员工之家，内有多媒体影视厅、图书馆、灯光篮球场、羽毛球、乒乓球……公司不定期开办周末文化活动，策编企业内刊，多角度展示员工风采；部门之间组织体育竞技比赛、文娱活动、野外拓展训练、旅游等。

荣誉资质

FSC SGS-COC-006499

UKAS QUALITY MANAGEMENT No.014-A

MOODY INTERNATIONAL CERTIFICATION ISO 9001 Approval

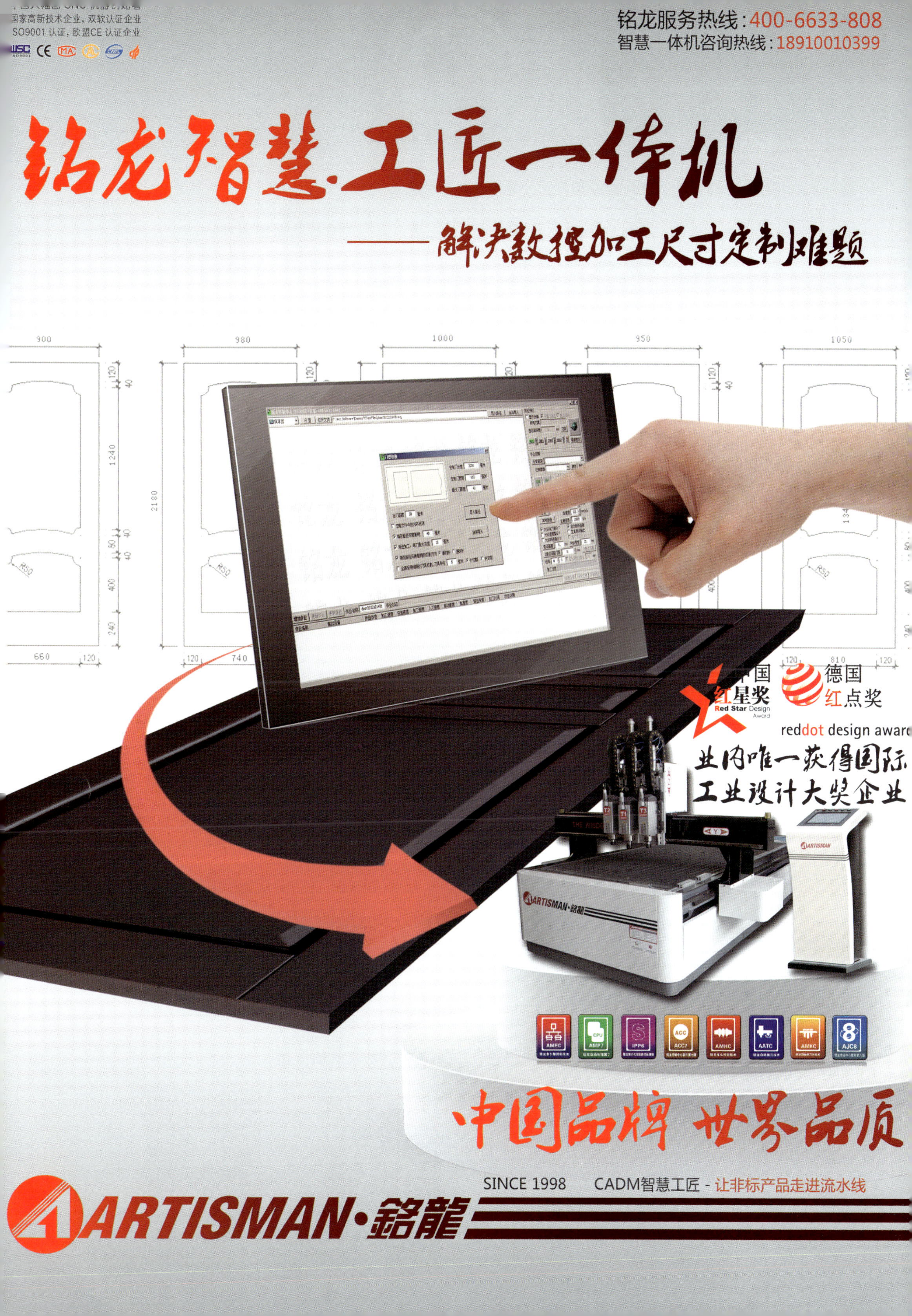

国家高新技术企业，双软认证企业
SO9001 认证，欧盟CE 认证企业
铭龙服务热线：400-6633-808
智慧一体机咨询热线：18910010399
铭龙智慧·工匠一体机
——解决数控加工尺寸定制难题
中国红星奖
Red Star Design Award
德国红点奖
reddot design award
业内唯一获得国际工业设计大奖企业
中国品牌 世界品质
SINCE 1998 CADM智慧工匠 - 让非标产品走进流水线
ARTISMAN·銘龍

定制板材

消费者和家具制造商正在全球推动着“定制产品”的趋势。早在2007年年末，福布斯杂志将“个性化”提名为你不能忽视的10个工业设计趋势之一。

目前，人造板行业总量过剩，产品同质化严重，竞争激烈。人造板作为工业品的中间产品，它的品质、规格、花色直接影响下游制造商的品质、成本和生产效率。客户都希望获得专为其独特的要求开发的高性价比“定制产品”。

定制板材的优势：

第一，优化装配，提高生产效率，降低半成品库存；

第二，降低维护服务成本，增加收益；

第三，针对性的采购和外包；

第四，控制产品复杂性，提高标准化程度；

第五，实现客户价值。

“平安树”品牌以前瞻性的眼光提出定制板材这一概念并系统解决“定制产品”全套方案，将其列入公司品牌发展战略和产品远景规划，通过实施PTC价值路线图来满足多元化、多层次需求，提高用户满意度。

Nature
大自然木门

大自然木门隶属大自然家居（中国）有限公司旗下品牌，传承大自然地板皇族血统，延续大自然地板先进的企业管理模式，引进全套的德国设备，采用德国精湛的木门生产工艺技术，主要生产原木门、实木复合门、免漆门。

三大基地 技术领先

大自然木门在广东珠海、江苏徐州、泰州拥有国内先进的制造生产基地，三大木门生产基地，年产达到50万樘的生产规模。其中，大自然木门泰州工厂为一个高端、智能、现代化的木门工厂公司斥资1.5亿元从意大利、德国购置全球最先进的自动生产线，解决了木门行业交期不稳定的局面。

强大营销团队 优质服务

大自然木门事业部云集强大营销管理团队，完善的产品销售网络，具备科学合理的品牌支持，产品销售区域遍及全国各大省市区。大自然木门视产品质量为生命，凭借先进的生产设备，合理的生产工艺，完善的生产管理，超强的产品研发能力，奉行品味全球生活的生活理念，以新颖的款式、可靠的质量、优质的售后服务及良好的信誉，深受广大用户一致好评。

品牌彰显实力 与世界同行

作为中国木材与木制品流通协会木门窗专业委员会常务副会长单位，大自然木门拥有“全国保障性住房建材优秀供应商”、“中国木门行业整体家居领先品牌”、“中国绿色、环保、节能建材产品”、“中国家居绿色引领者”、“消费者最信赖的中国质量放心品牌”、“木门最具投资价值品牌”“中国品牌建设杰出贡献奖”等殊荣，正以坚实而迅速的步伐，与时代同行，与世界同行，与产品拥有者同行！

地址: 中国广东省佛山市顺德区大良新城区龙盘西路8号
电话: 0757- 22916332 0757-22916333
传真: 0757- 2291633

工程案例

华盛项目—2013年 001

华盛项目—2013年 002

华盛项目—2013年 003

华盛项目—2013年 004

华盛项目—2013年 005

华盛项目—2013年 006

格林地板，服务中国14年

格林地板

诚信·感恩·卓越

公司简介

格林，源自欧洲时尚，1999年5月成立于独具先锋气魄的六朝古都南京，专业从事格林品牌系列艺术家居产品的研发、生产和连锁网络建设，并致力于绿色人居环境文化的推广。公司占地38000平方米，拥有员工二百余人。格林作为“中国林产工业协会常务理事单位”，已先后通过ISO 9001、ISO 14001、中国环境标志产品认证、欧盟CE产品安全认证，并同时参与国家《浸渍纸层压木质地板》（GB/T 18102—2007）、《木质地板铺装、验收和使用规范》、《地采暖用木质地板》、《木质复合门》等行业四个标准的起草与制定，获得“国家级绿色环保建材示范企业（基地）”、“国家一级绿色环保建材”、“中国木地板30家”等荣誉称号。

格林集团（旗下品牌涵括格林家居、格林木业），产品主要有强化、实木、实木复合地板以及高端实木地板，同时兼有移门、柜体、橱柜、家具、墙饰、房内门、智能地板、智能防盗锁、电热膜等，销售网络遍及全国。目前，格林地板在沈阳、济南、重庆、长沙、武汉、成都、昆明、南宁等地设立了二十多个营销中心及物流中心，在全国拥有千家专营店，在江苏、辽宁、黑龙江、山东、四川、湖南、湖北、云南等销量位居该区域前十，同时产品远销欧美、东南亚、中东、俄罗斯等多个地区和国家，年销售量前强化、实木、实木复合超过五百万方。

格林自成立之日起，一直与德国Witex Ag, Meister-Listen, Egger E.F.P., Akzenta等公司进口产品保持密切合作关系。同时推出了行业品牌首本专业杂志《格林之窗》，欧盟地板协会（EPLF）主席发来亲笔题写的祝贺词。

2010年起，格林地板与德国三大顶级地板品牌“Meister”（欧洲四大地板品牌之一）、“Classen”（世界第三大强化地板生产企业）、“Terhurne”（被誉为欧洲地板界的“奔驰”）结为全球战略合作伙伴，共同成立产品研发中心，引进与学习德国方面先进技术及经验。

2013年，在南京江宁工业园沃土上，全新扩建的格林集团综合生产基地屹立而起。在德国MESITER专家团队、南京高校教授级专家团队的研发力量，以及大亚集团优质原材技术、德国坚弗漆漆面技术的领先技术支持下，全新进口设备添置更换投入生产，年产量将增长40%。同时，在原材料质量监控、生产过程中的质量监控、成品入库和出库的质量监控等各个环节均实施严格、科学的管理措施，确保每一个过程都有专业人士现场把关，每一个环节都秉承德国工艺的严谨与精湛，从而保证格林地板质量的无可挑剔。秉承“诚信感恩卓越”的经营理念，格林将给消费者带去更优质的产品与服务。

荣誉之旅

产品优势

玉脂釉面 纯生态环保型 超耐磨 抗刮擦

负离子 负离子催生 清除甲醛

F★★★★ 大亚特供环保基材 几近零甲醛

防螨 ANTI-MITE 抗菌技术

大亚特供 ProHar PINE&POPLAR HDF 松杨木基材

工程案例名录（部分A）

江苏省

中南集团	格林橡木（深拉丝）	320000平方米
东南大学	格林 3401	8500平方米
南京海关大楼	格林 GS203/206	7000平方米
中国农业银行江苏省分行（洪武路）1-3层	格林BU730GS	8600平方米
南京浦口区党校	格林 34系列	6450平方米
中国农业银行江苏省分行干部培训中心	格林3490	6500平方米
江苏移动通讯（中华路）	格林3490	7300平方米
南京江南大厦	迈登AC4/32 MS207	8415平方米
苏州市人民政府	格林BU730ES	2500平方米
南通电视台	格林 橡木（实木）	4090平方米
南通港闸船舶重工有限公司	格林 番龙眼橡木（实木）	6700平方米
南京德美幼儿园	格林 1102	1725平方米
南京林业大学	格林1127	8700平方米

湖南省

湖南方兴地产	实木地板	26000平方米
湖南长沙国防科大教研楼	罗曼福地系列3234、3303、3315	8600 平方米
湖南长沙大中华歌舞厅	易家系列1109,	6300 平方米
湖南长沙君逸康年大酒店	罗曼福地系列3231	8390 平方米
湖南长沙君逸山水大酒店	艺度空间系列2405	8500 平方米
湖南长沙国防科大教研楼	香二翅豆实木	6800 平方米
湖南长沙丰田汽车展示中心	红檀香	2520 平方米
湖南长沙广州本田汽车展示中心	易家系列1104	1670 平方米
湖南大剧院	格尚219	7500 平方米
湖南长沙星沙明城大酒店	陶阿里实木	8500 平方米
湖南长沙喜来登大酒店	鲍迪豆实木陶阿里实木	9300 平方米
湖南长沙梦洁家纺	金刚柚实木	8200 平方米
湖南长沙证券大厦	印尼柚木	5700 平方米

湖北省

湖北省档案馆	格林3116	5500平方米
湖北省武汉市委办公楼	格林3507	3200平方米
湖北省武汉九峰乡行政大楼	格林1107	2520平方米
湖北省武汉恒信德龙凯迪拉克4s店	格林904	2600平方米
湖北省武汉星威奔驰4s店	黑胡桃多层	3500平方米
湖北省武汉卧龙丽景湾	3112	6800平方米

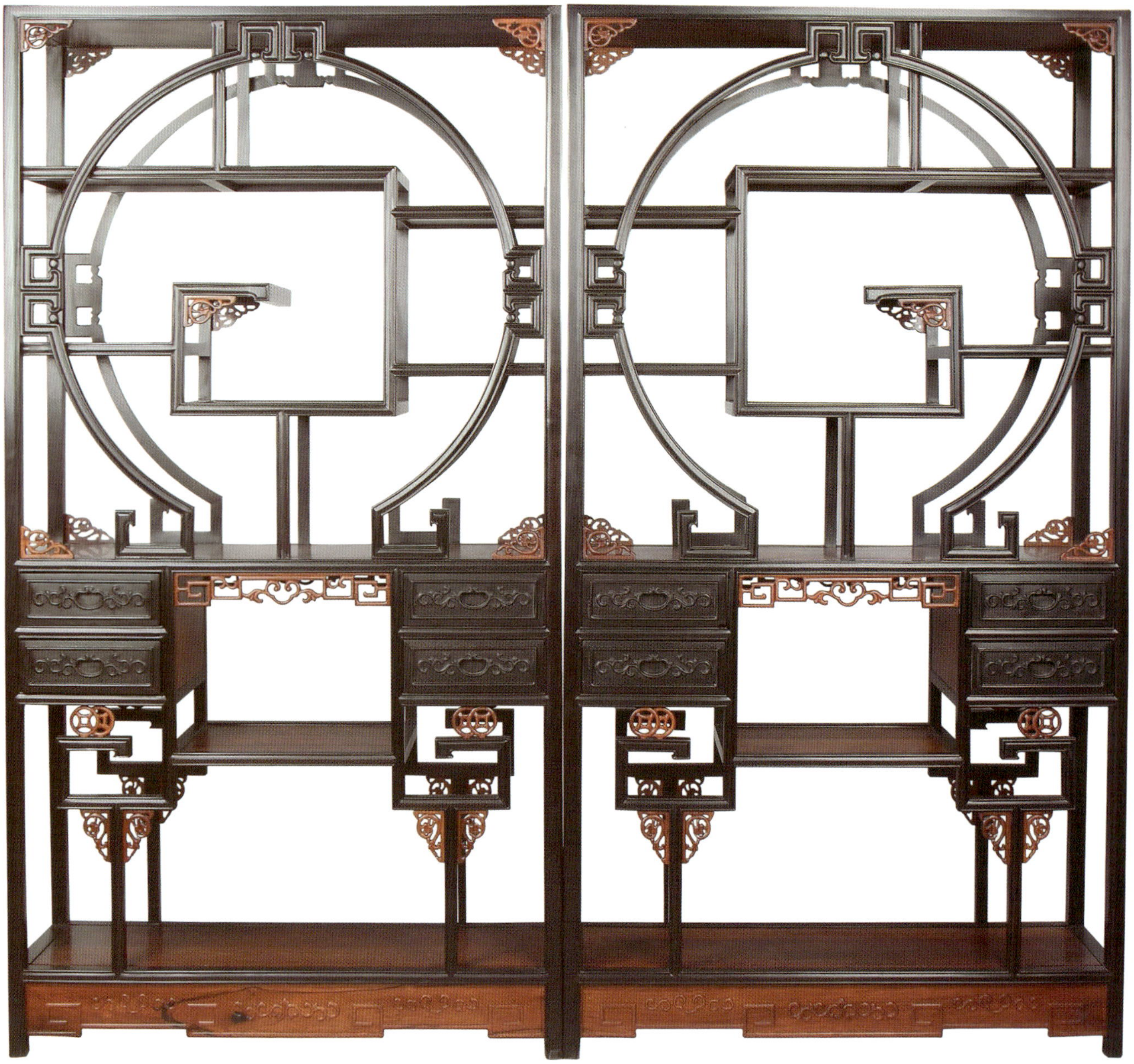

黑红酸枝博古架（黑酸枝+红酸枝）

山水宝座沙发（红酸枝）

卷书沙发（黑檀）

地址：广西省南宁市安吉大道47-2号大商汇B2区2号楼独栋(4000平方米)

广西省南宁市秀厢大道69号正合家具市场三楼(6000平方米)

电话：0771-3943466

传真：0771-3943466

邮编：530022

联系人：梁嘉贤

多功能茶台

（黑酸枝+红酸枝）

柳州市南荣家具制造有限公司

柳州市南荣家具制造有限公司是广西大型办公家具设计、生产、销售、工程配套服务商，采用德国、意大利、中国台湾高精度机械流水线，专业生产办公家具、宾馆酒店家具、院校家具、高档实木家具，同时直销、专卖多家名牌家具的大型家民私营企业。

20世纪80年代中期，木工世家出生的公司董事长、市知名民营企业家彭南林先生率先投资兴办南荣家具厂，历经20多年的发展、建设，辛勤的汗水结出了丰硕的果实。公司已发展成为经济实力雄厚，旗下拥有3家工厂、三大商场，占地面积3万多平方米的企业；公司的营销网络在全区及周边省份正全面快速发展，全国已经发展58家专卖店，产品不仅畅销区内外，还远销日本、法国等国家和地区。

公司采用先进的设计系统，着重于办公家具、酒店家具、院校家具、民用钢木家具、家居室内装饰、装饰材料、五金配件的批发零售，设计、生产出的系列产品结构合理，领导市场潮流，专业的制造经验、优良的品质给人们以全新感受。

公司已通过ISO 9001国际质量标准，对管理员的上岗考试、技术员的水平分级、服务队伍的培训，使公司上下形成管理为先、技术为主、服务为上的管理模式；我公司产品获得了ISO 14001：2004国际环境管理体系认证、ISO 9001：2008国际质量管理体系认证成为广西首家获得中国环保产品认证的家具企业。

公司连续多年被广西区及柳州市各有关部门授予“重合同守信用企业”“诚信私营企业”“消费者信得过单位”“消费者诚信单位”及“先进单位”荣誉称号；所生产的产品首家通过柳州市技术监督局检测，是省市机关单位、企事业单位、大型宾馆酒店购买家具重点单位。

作为“广西著名商标”的南荣家具将一如既往地坚持“南荣家具、真诚为您”的宗旨，以新颖的款式、精细的工艺、一流的服务、实惠的价格为经营准则，致力于降低成本，保持企业活力，力争把南荣打造成全社会公认的国际品牌！

南榮家具馆

南榮家具

广西著名商标
南榮家具

A Kind Of Pure And Fresh Life Because We Have

一种清新的生活只因我们而拥有

顺洋地板—内涵丰富

用艺术美化生活

造板不仅荣获了江苏省名牌产品称号，而且入选2010上海世博会场馆建设人造板装饰用材，得到了权威部门的组织推广。在木地板领域，顺洋集团旗下的品牌顺洋地板有着国际领先的竞争优势。公司不仅建立了稳定而优质的全球产业链，而且依托科技研发团队的实力、创新的产品设计理念在国内率先建立了规模大、技术新的木地板产业基地，形成了集产品设计、制造、营销、服务于一体的国际化供应产业链。江苏省著名商标顺洋地板产品不仅深受国内广大客户的好评，而且远销欧洲、美洲、非洲、中东、东南亚等国际市场。

传真：0527-8569-6555　　网址：www.shyfloor.com

公司主要经营产品：**北美云杉、铁杉、冷杉和花旗松；新西兰及澳大利亚辐射松、桉木；俄罗斯白松、落叶松、樟子松以及桦木、杨木。**

公司主要合作港口：日照岚山港、青岛港、烟台港、蓬莱港、上海港、天津港。在全国已形成一个庞大的木材流通体系。

日照美福加
国际贸易有限公司

日照美福加国际贸易有限公司是一家集原木、板材进口于一体的专业公司，其前身是2001年创立的潍坊全福木业有限公司，后公司因扩大规模，于2006年创立潍坊中艺德森国际贸易有限公司，在此基础之上，并基于日照岚山港的天然地理优势再于2010年成立此公司。

公司从2006年进入岚山市场，起初以进口俄罗斯木材为主，在2008年年底国际金融危机的大背景下，公司大胆创新，引进岚山第一条北美板材，2009年木材行业转危机为机遇，我公司也取得了优异的业绩，成为岚山港第二大原木进口商。在岚山海关，商检，港口协助以及各级部门支持下，公司现已在岚山国际木业加工园区拥有两个原木监管堆场，面积达15万平方米；原木加工厂两个，共20多套锯；年加工量20万立方米，实现了原木集进口、加工、销售为一体的经营模式，降低了行业风险！

公司秉承“诚信第一，合作双赢”的经营理念，致力于打造企业在木材行业全面化的发展，在市场经济的大潮中迎浪搏击，被列为山东木材流通协会常务副会长单位。公司在发展过程中，不断引进新产品，已成为全国原木、板材的大型批发商。公司年进口量高达70万立方米，有北美、澳大利亚、俄罗斯等世界各地最大的原木板材出口商供货。

证 书

嘉兴荣氏木业有限公司

经中国地热地板联盟第一次理事会，你单位当选为中国地热地板联盟主席单位，特发此证。

二〇一三年十一月二十日

证 2013 书

嘉兴荣氏木业有限公司：

2013年度地板产品质量与售后服务双承诺企业。

CTWPDA 中国木材与木制品流通协会
木地板流通专业委员会
二零一三年一月十八日

最具创新精神的木质装饰材料生产与配套服务

山东凯源木业有限公司

山东凯源木业有限公司座落于全国最大的木材加工基地——山东省临沂市，是中国大型的科技木生产企业。公司总资产近亿元，建筑面积90000多平米，现有员工近900人，中级管理人员42人。拥有国内先进的科技木生产流水线、天然木单板生产流水线，年生产科技木系列产品12800m³。2004年以来，公司先后荣获“高新技术企业”、“山东省林业龙头企业”、“富民强镇先进企业”、“农业产业化市重点龙头企业”、“全国木皮产品质量、诚信经营示范公司”、“守合同重信用企业”等荣誉称号。

一、深化结构调整，注重技术研发

激烈的市场竞争只能来自于产品、行业、技术的同质性，没有技术优势，没有产品特殊功能，必然陷于残酷的价格大战，导致恶性循环。对此，公司格外重视技术研发，每年投入技术改造资金近1000万元，进行产品结构调整，适时进行技术改造，打造一流产品，让产品和市场同步，满足不同客户对产品的需求，永远走在市场的前列。其中，《渗透剂在木材染色中的应用与研究》列入2013年临沂市科技攻关项目、《小径木材生产重给装饰材》列入2013年国家农业成果转化重点项目，并被评为“一企一技术”创新企业。创新是公司发展永恒的主题。公司具有雄厚的研发及生产能力和国内领先的科技木皮生产技术水平，研发部38人，每年研发100多个新型科技木产品，同时选取不同的高校合作，先后同南京林业大学、北京林业大学、临沂大学进行产学研合作研发。公司生产的EO级环保胶用于科技木的生产，其生产的科技木的柔韧度和色牢度完全达到国际标准，达到国际认证，完全满足人们对低碳、环保的需求。公司先后参与了科技木两项国家标准的修订、两项行业标准的制定，其中一项行标由该公司主持。2011年公司又通过了国际“FSC”森林认证。《小径木材纤维束定向重组饰材制造技术》与《铝合金覆贴天然木皮产业化开发研究》两项技术列入省级星火计划，2013年分别荣获临沂市科技进步奖一等奖和二等奖。

二、实施“人才兴企战略”，推行“4422”考核模式

公司重视并做好人才的培训和引进工作，每年每人3万元的培训费用，采用“走出去、请进来”的方式，高层人员每年送出去培训和学习，精华的课程再引入公司，对相关员工进行培训，公司每个部门的员工都得到不同程度的提升。2013公司同管理咨询公司签订了40万元的培训合同，分期分

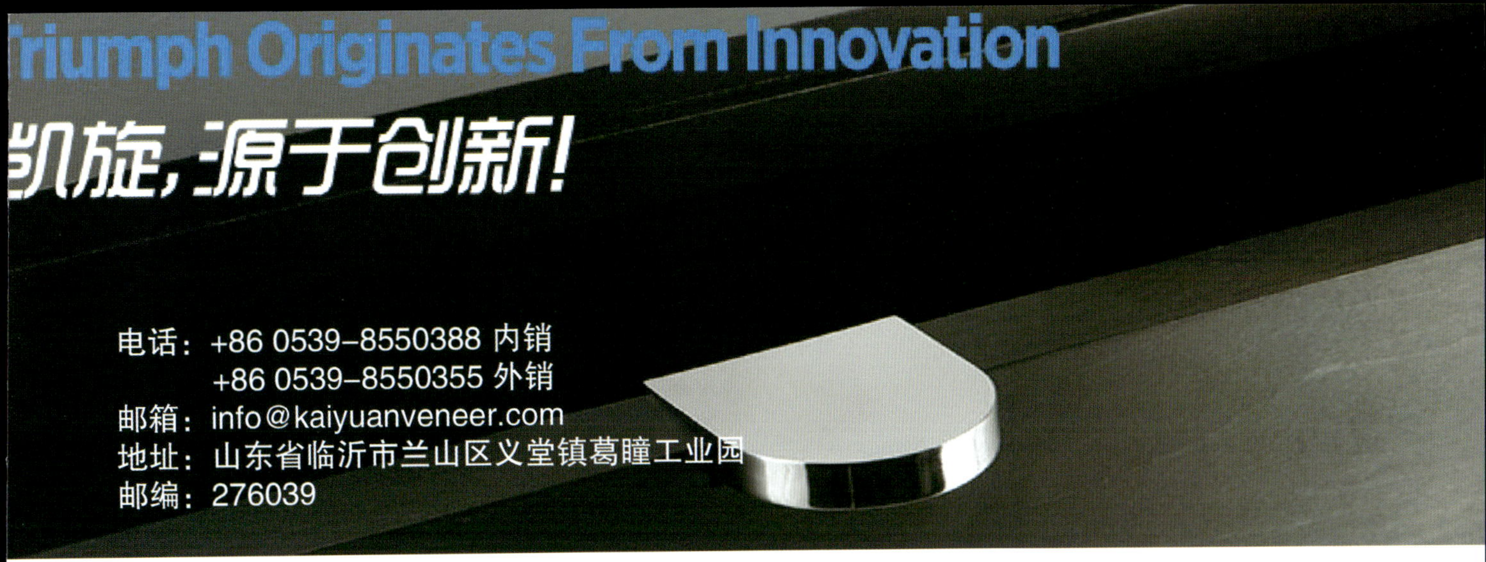

批地进行生产、技术、管理、销售等各方面的学习。为提升公司管理水平，孟祥晓总经理走遍全国各地，到同行业去深入学习，学习、研究同行业优秀高效的管理、技术和销售模式。公司先后从国内知名公司招聘来诸多精英，这些精英的到来为凯源木业的发展起到了很大的推动作用。其中以应荣根同志为代表的高层管理团队最为突出，推出了“2:4:4”考核机制。公司每年12月初，公司高级管理层编写公司年度战略目标，然后各事业部根据公司年度战略目标进行逐一分解，编写本部门年度战略计划和战略目标。本部门战略目标确定后，把本门的战略目标分解到每个员工，使每个员工都与本部门的战略目标息息相关，做到责任到人、目标到人。员工工资分为基本工资+绩效工资+其他补助，“2: 4: 4”考核机制主要是考核绩效工资。生产人员考核：20%生产安全+40%产量+40%利润。销售人员考核：20%回款安全+40%销量+40%利润。“2: 4: 4”考核机制使公司的生产经营取得了显著成绩，每年为公司节约生产成本约320多万元，极大地调动了员工的工作积极性和创造性，实现了共赢、共享、共成长的良性发展循环。目前该考核机制已被多家公司进行学习和效仿，成为公司快速发展的有力保障和强有力的助手。

三、加大品牌创建，提高产品市场占有率

公司注重品牌的宣传，十分珍惜“凯源”品牌的鲜活力和在用户心中的良好形象，使公司品牌的知名度和影响力不断提升。公司制定了以商标为主体的“品牌经营”的战略思想，规模化经营、规范化管理，企业经营规模不断扩大。坚持质量第一，加强品牌建设，不断强化质量管理，提高产品质量和质量管理水平，以质量争品牌，以品牌促质量。目前，“凯源”已在重组木领域树立了良好的品牌形象。谁掌握了一流的人才，谁就掌握了市场的制控权，有了市场才有了产品需求，所以公司在全国每个省市设有办事处，对客户进行跟踪服务。每年都组织参加美国、意大利、英国、加拿等16个国际展会，及时跟踪国际市场，了解市场动向。公司依托雄厚的研发及生产能力、质优价廉和多样化的产品，以良好的信誉、真诚的合作为服务宗旨，赢得了越来越多的国内外客户的信赖，产品远销国内各地及欧洲、美洲、东南亚、中东等地，目前公司三分之一的产品出口外销。

凯源木业成功的诀窍和理念之一是：做强不做大，心无旁骛，专心致力于木业加工的精细化和公司专有特长，保持技术独创和行业领先。我们相信，山东凯源木业有限公司蓬勃发展的春天即将到来。

公司简介

上海正山木业有限公司引用世界领先的北美防腐木材研制技术，立足中国，力求创新，致力于为中国市场提供最先进的木材防腐技术和产品，是目前中国投资规模最大的ACQ、CCA防腐木材处理加工企业之一，同时也是中国市场从事防腐木构造工程最专业的公司之一。其主营产品是美国南方松。

公司致力于打造中国最具实力的防腐木材生产、加工、研究基地。公司拥有标准的厂房设施及先进加工设备，完善的工厂管理方案及一批高素质的技术人员，公司的产品达到并超过美国AWPA标准。

企业的产品于2005年被认定为“中国质量供货合格放心，安全无害环保建材产品”,企业被认定为“国家建材AAA级质量服务信用企业”，同时被推荐为“政府采购优秀供应商首选单位”，企业于2006年在同行中首家通过了ISO 9001国际质量体系认证，并荣获2006年度中国木材保护行业“知名品牌企业”称号。正山企业一直追求行业领先，必将引领木材改性产品进入一个新纪元，为中国广大消费者提供最可信赖的高品质产品。

业务范围

专业木结构设计，供应美国南方松、印尼菠萝格、非洲菠萝格、柳安、巴劳木、山樟木、花旗松、欧洲赤松、樟子松、红雪松、OSB板、深度碳化木、木结构房屋营造、木结构房屋、大型木结构公共建筑、重型木结构别墅、凉亭、木桥、木栈道、廊架、亲水平台、生态木屋、户外木地板、花架、花坛、户外桌椅、景观木质栏杆、游艇码头、户外园林小品等。

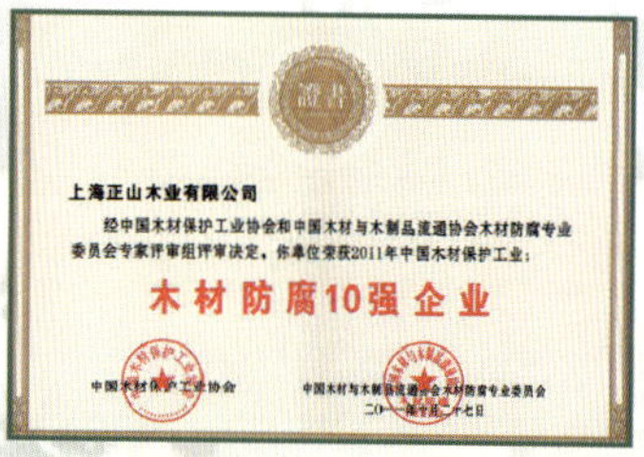

地址：上海市嘉定区华亭镇霜竹公路140号
电话：021-39195784　39195786　39195781　39195783
传真：021-39195786
E-mail：zsszs369@yahoo.com.cn　zhshmuye369@yahoo.com.cn

产品世界

美国南方松——世界木结构之王

美国南方松又称南方黄松，是长叶松、短叶松、湿地松和火炬松四个树种集群名称，生长于美国南部广大地区。

美国南方松不仅拥有美观漂亮的自然纹理外表，而且在所有软木树种中具有最强韧的材质，不易受碰撞损伤并极为耐磨，而且有良好的握钉能力。由于美国南方松具有无与伦比的结构性能，其被广泛地用于户外各种类型的结构建筑，如户外景观设施（凉亭、廊架、露台、阶梯步道、护栏、户外地板）、花架围篱、码头、大型体育场设计、木结构建筑等，美国南方松被誉为“世界顶级结构用材”。

美国南方松亦是世界上最适合做防腐浸泡处理的木材，这是因为其自然多孔的细胞结构特征，可以使防腐剂均匀地深入到木材内层，并持久地保存，以抵御霉菌、白蚁和其他微生物的浸蚀。

高强度：在许多对强度有特别要求的设施中，美国南方松是针叶树种中的最佳选择，有“世界顶级结构用材”称号。

高防腐性：美国南方松的渗透性非常强，在进行加压防腐处理后，化学防腐药剂能均匀、深入地留存于木材中，使其在防治腐朽、白蚁及海洋生物的危害方面有极好的表现。

高耐磨性：由于美国南方松具有极佳的耐磨性，因此其常被用于户外平台、步道、桥梁等设施的建造中。即使在频繁地使用中，美国南方松的磨损也很少。

高品质：美国南方松占美国针叶林总产量的1/4。由于美国在国家森林方面的良好经营，因此其生长品质优良，能满足使用者的高品质的要求。

木理纹路优美：美国南方松的木理纹路独特且优美，能极好地体现出自然美。

遠東海運
太仓远东国际船舶代理有限公司
电话：0086-512-53586821/ 53586822
传真:0512-53586825
邮箱: taicangfareast@163.com
地址:江苏省太仓市郑和中路309号发展大厦1504室

太仓远东国际船舶代理有限公司是经国家有关部门批准，并由太仓国际集装箱码头有限公司和江苏远东国际船舶代理有限公司合资组建的具有甲级国际船舶代理资质的国际船舶公共代理企业。公司成立于2003年，承接国际国内外贸船舶的代理业务，包括引水、泊位安排，船舶联检，提单签发，港费结算等，同时承揽进出口各种货物（北美木材，新西兰木材、俄罗斯原木、板材、铁矿石、镍矿、煤炭、木薯干、PTA、钢材、石墨球、化工产品等）及集装箱的报关、报检、保税、仓储、中转、代运联运、订舱等业务，开办租船业务，已形成运、租、代三位一体的全方位服务模式。本公司是太仓港口岸成立较早的船舶代理公司。总部设于南京，在长江各港口下设芜湖、马鞍山、南京、镇江、张家港、南通、连云港、常州、泰州、常熟、扬州、太仓、江阴等十几家分公司，在长江港口实施电脑联网，信息共享。本公司利用毗邻上海的区位优势，地处长江中下游地区发达的经济腹地，多年来以其诚信经营、一流服务赢得良好的声誉，与各相关联检口岸单位及码头公司建立了密切的协作关系，并和国内外知名船东、货主和业务伙伴有着长期稳定的业务关系。主营业务迅猛发展，市场份额始终处于口岸同行领先地位。

公司本着船东、货主至上的服务宗旨，拥有一支专业化程度高，服务意识强，经验丰富，素质良好的职工队伍和现代化的计算机管理系统，竭诚为客户提供优质、经济、高效的服务。公司愿在广大船东，货主的信赖与合作下共谋发展，共创新业。

公司本着“热情、周到、诚信、专业”的服务宗旨，竭诚为国内外船舶所有人及其经纪人、货物所有人及其代理人提供诚信、优质、专业的服务。

TEL / 880-857-3722

地板业务简介 >>

浙江兔宝宝地板销售有限公司是德华兔宝宝公司的全资子公司，是为开拓国内地板业务设立的专业团队，全权负责“兔宝宝”地板产品的国内销售。

兔宝宝地板业务成立于2001年，一直致力于服务欧美等国际市场。与意大利Sipa、美国Homedepot、韩国LG等国际品牌保持业务合作，高品质的产品给欧美客户留下了深刻印象。2009年兔宝宝地板秉持“以推进行业绿色进程为己任”的品牌理念，以王者归来的宏大气势，将环保、健康、美学的优质产品呈现给广大国内消费者。在当前地板行业行情低迷、竞争白热化的大背景下，兔宝宝地板依托优异的产品品质和强大的品牌号召力，发展十分迅猛，销售网络覆盖全国所有省、市、自治区，销售网点已达1200多个，产销量达280万平方米，且仍以每年50%以上的速度迅速提升。

兔宝宝地板产品包括实木、实木复合、强化三大品类，260多个品种。主要优势有：

1. 兔宝宝地板是上海世博会世博中心主会场和宴会厅的指定产品，品质经过全球28个国家与地区领导人的鉴赏与7300万观众的检验。

2. 公司有十分完整的产业链，在原材料资源方面，在非洲拥有15万公顷林地，在国内拥有38万亩林地，为企业的可持续发展提供了重要的资源保障。

3. 公司采用德国格林策巴赫立刨机、德国豪迈地板线、意大利UV辊涂线等国际一流设备，总价值1.3亿元，确保了工艺精度与产品品质稳定性。

荣誉证书 >>

云南华尔木业有限公司

yunnan huaer woods co. lood

云南华尔木业有限公司是昆明华东木业有限责任公司和日本贝尔斯公司于1997年12月共同投资组建的中外合资企业。公司注册资本为234.14万美元，折合1883万元人民币；其中，中方出资175.61万美元，折合1412.25万元人民币，占注册资本的75%；外方出资58.53美元，折合470.75万元人民币，占注册资本的25%。公司拥有集成材，集成材实木门，刨切单板，木制贴面制品，装饰墙板等先进的进口设备生产线，是从原木到制成各种木制产品的一条龙配套的木制品综合生产企业。2000年9月在上海设立了“云南华尔木业有限公司上海分公司”(出口产品生产加工基地之一)，2003年7月在日本大阪设立了大阪营业所。2002年在韩国汉城设立了分公司，2007年9月韩国公司更名为“华东木材株式会社”，2009年4月在江苏省南通市设立了“云南华尔木业有限公司南通分公司”(出口产品生产加工基地之二)，南通分公司占地面积100亩，建筑面积39469平方米，地处江苏省南通市苏通大桥工业园区，2009年4月28日奠基开工建设，一期工程新建标准化厂房12000平方米，办公、生产及生活等附属设施3500平方米，于2010年4月已正式投入生产。二期工程于2011年9月开工，现已投建仓库4000平方米，木材库2000平方米，全自动蒸汽加热木材干燥窑（150立方米）四套(600平方米)，全自动蒸汽加热木质包装热处理库（50立方米）一套，锅炉(2吨)车间140平方米，于2012年4月已正式投入使用，投资总额达2500万元人民币。

2012年6月公司与昆明海口工业园签订了“云南华尔木业公司木制品生产基地”项目投资协议，正式选址海口工业园区新区落户，近期将开始筹建，项目用地面积10000平方米，投资规模3000万元人民币，目的是利用云南及缅甸的优质木材资源，扩大及满足国内市场对高档木制品的需求。

公司拥有独立的进出口经营权，主要经营木制品及木制系列产品的生产经营和销售。本公司经过多年的技术改造和改扩建，对产品进行了升级换代，提高了产品的技术含量，公司目前具备年产集成材、集成材贴面制品、装饰装修用实木制品7500立方米，实木门15万扇（约9500立方米），刨切单板80万平方米（约800立方米），装饰墙板15万套的生产能力。

公司现有员工250余人，并吸收了一批年轻并具有木材加工专业知识的技术人员。公司现任总经理，副总经理，生产厂长以及部门负责人，均在木材加工行业工作多年，技术水平较高，经验丰富。管理人员中具有大专以上文化水平15人，占管理人员的55%。公司长期以来经常性组织技术人员及员工前往日本相关行业进行培训、学习，组织管理人员前往美国、英国、德国、阿根廷进行考察学习，不断吸收国外的先进技术及管理经验，旨在不断提高及促进企业的产品质量的提高，掌握先进的管理知识及技术，公司的主导产品”华岭”牌集成材实木门及系列木制产品生产工艺先进，技术含量高，质量稳定，产品主要出口日本、美国、法国、加拿大、英国、韩国等国家，在国际市场具有一定的占有率，多年来出口创汇稳步增长，2009年、2010年、2011年出口分别为

473.10万美元、486.41万美元、491.09万美元。企业累计出口达6593.21万美元。公司出口产品的主要原材料木材，购进渠道稳定，80%以上均为进口木材，主要从加拿大、美国、缅甸、俄罗斯、新西兰等地进口，不受国家禁伐政策的限制。2009年进口木材15730.10立方米，付汇204.49万美元，2010年进口木材15577.33立方米，付汇224.29万美元，2011年进口木材15933.688立方米，付汇244.53万美元，累计进口木材141195.727立方米，付汇2065.24万美元，且木材价格比国内价格低，品质较好，能满足出口产品生产的要求。

公司实行董事会负责制，管理规范，制度健全，有完整的质量管理及检测体系，为确保生产出的产品具有较高的品质，公司于2002年通过了ISO9001：2000《国际质量体系认证》，2003年9月本公司集成材产品通过了日本建筑材料F认证（认证编号为MFN—1011），2004年3月集成材木门及贴面木制品也顺利通过了日本F认证，(认证编号分别为：HWP-NO1508-246、HWP NO1508—247)，2004年12月取得了FSC国际认证中心FSCCOC绿色森林认证(证书号为：BV—COC—080302），2006年2月取得了日本JAS产品认证（认证证书号：CMSA　J111S668)，2010年6月在宜良禄丰村林场设立了林地基地，取得了德国GFA国际FSC森林管理认证（证书号：GFA-FM/COC-001954）。为本公司的产品大量进入欧美、日本及国外市场提供了可靠的保障。公司运用具有自主知识产权的“集成材实木门”专利技术（专利证号：ZL96224383.30）生产的“华岭”牌（商标注册证号：1386692）木门及集成材在国际市场占据了一定的份额。

本公司生产经营等各方面都得到了长足的发展，2012年将进一步调整生产工艺，整合产品结构，对设备进行更新改造，不断完善工艺设备配套能力，扩大生产规模，提高产品质量，完善管理机制，进一步投入资金及技术力量，扩大本公司产品在日本、韩国、美国、英国、加拿大等国外市场的销售量，扩大内销，打开东南亚及欧美市场的销路，使产品销售渠道稳步扩大，2012年发挥上海及南通新工厂的沿海生产优势，进一步扩大出口产品的生产，计划完成工业生产总值8000万元，比上年提高15%，完成销售额8500万元，比上年提高10%，完成进出口总额1500万美元，进口木材25000立方米，购进国内及缅甸木材5000立方米。截至2012年7月，已签订出口产品合同19份，其中集成材及集成材贴面制品3539.6616立方米，木门76579扇，合同金额868.82万美元。目前库存原材料(木材)达4600立方米。

南通工厂生产规模的扩大，海口工业园新的生产基地的投建，以及国外客户对产品需求的增加，本公司生产量及出口量将会大幅度增长，本公司必将取得更大的发展。

地址：中国云南昆明市·西郊·明波
邮编：650100
电话：（0871）8242310
传真：（0871）8242717
邮箱：ynhdmy@public.km.yn,cn

企业文化>>

企业精神：质量就是公司的生命

企业理念：团结、创新、诚信、共赢

企业使命：科技兴邦、产业报国

企业目标：打造一流团队，做行业翘首

经营理念：以市场为先导、以产品品质为根本，持续创新、精益求精

管理理念：以规范化、专业化管理为基础，为员工创造公平、公正、公开的发展平台，重视人才培养，提倡德才兼备

上海绿洲实业有限公司

上海绿洲实业有限公司是山西鑫源兄弟实业集团有限公司旗下的一家集森工项目投资、管理，人造板、木制品制造和销售，营林造林，园林绿化及相关业务为一体的投资管理型公司，旗下拥有多家人造板生产企业和营林公司。

公司成立于2000年，以“建一座工厂，造一片绿洲，富一方民众”为使命，凭借自身丰富的投资管理经验，通过“统一市场、统一品牌、统一销售、统一管理、统一考核”的五个“统一”管理，加强对投资企业的有效控制，合理统筹，发挥整体优势，短短几年中，公司产能规模迅速进入行业前列，绿洲产品成为行业名牌产品。

公司于2011年10月整合了山西骏达木业有限公司、重庆骏达木业有限公司、重庆博森林业有限公司、山西骏达林业有限公司，组建了以上海绿洲实业有限公司为核心的上海绿洲林业集团公司。公司现有五个人造板生产工厂，年产人造板120万立方米，年销售额20余亿元，并在国内拥有流转林地50余万亩，同时计划在5年内完成200万亩的林业产业资源布局，现已初步形成了“4+1”产业基地，即重庆石柱产业基地、江西吉安产业基地、湖南益阳产业基地、江淮速生丰产林基地和山西运城产业基地。

公司实施“林板一体化，板材深加工”的全产业链发展战略，公司人造板实现中纤板和刨花板板种和品种规格的全覆盖，为家具地板等下游行业提供增值服务，同时将延伸产业链，全力打造自主品牌，立志成为中国最好的森工企业，做受社会尊重的企业。

上海绿洲实业有限公司

地址：上海市长寿路587号沙田大厦8楼

邮编：200060

电话：021-62323920

传真：021-62323930　　62323922

网址：www.lvzhou.com.cn

电邮：shlz@vip.sina.com

绿洲林业
GREEN CONTINENT FORESTRY

佛山市沃顿数控设备有限公司

佛山市沃顿数控设备有限公司自成立以来，就一直专注自动喷漆机的研发和生产。公司聚集了机械制造、自动化控制、数控技术、涂装技术等领域的专业人才。现有70多名员工，其中研发团队已取得16项专利技术，设备销往全国28个省、自治区、直辖市及东南亚、中东和俄罗斯等国家和地区。

现主要业务生产五轴、六轴自动喷漆机械手，各种全自动涂装生产线及售后服务。能解决现在工厂喷漆工难招、难管理的现象，并且能够提高生产效率和产品的质量。

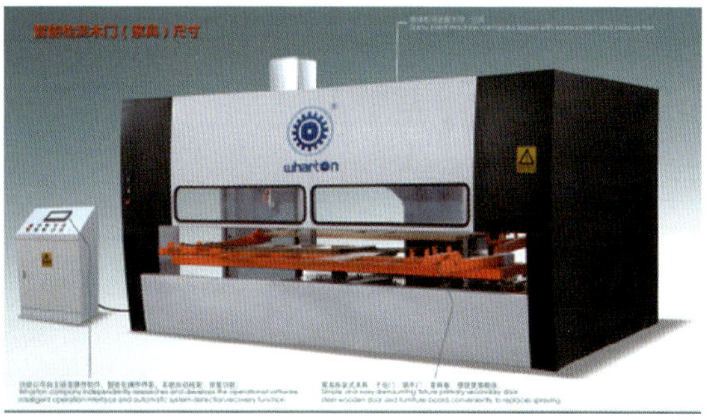

五轴机

掌握设备的控制核心技术，是我们的优势和核心竞争力。我们自主开发了WD2000、WD3500、WD5000、WD6000、WD7000系列自动喷漆机生产线。

公司将紧跟时代和社会发展的需要，依靠自身的优势加大开发力度，以净化环保、数字智能涂装设备为公司发展主业务，做大做强涂装行业,为相关行业（木门行业、型材、板式家具行业、陶瓷行业等）提供高自动化的涂装及表面处理设备及优质的技术服务。

1.公司以现有的WD系列自动喷漆机生产线满足客户的基本需求。

2.引进机器人项目使沃顿喷涂为广大客户的服务更广泛。

3.根据客户要求定制非标自动化生产线及设备，为客户提供个性、化专业化的服务。

公司正在加大人才培养和培训，引进和消化国内外先进技术，研发更为先进的涂装设备，为广大客户服务。

喷漆机

生产基地：广东省佛山市南海区罗村务庄小丰田工业区三路

电　　话：0757-81805777　　电子邮件：fswharton@yahoo.com.cn

传　　真：0757-86410577　　网址：Http：//www.fswharton.com

中国木材与木制品流通协会文件

中木协字〔2013〕23号

关于协助办好《中国木材与木制品流通行业年鉴》工作的通知

各有关单位：

改革开放以来，中国木材与木制品产业迅猛发展，为我国经济发展和现代化建设做出了突出贡献。为全面系统总结、宣传中国木材与木制品产业的发展历程，弘扬成就，总结经验，指导发展，表彰宣传为行业发展做出贡献的行业领军人物和优秀企业。中国木材与木制品流通协会决定编辑出版大型资料性工具书《中国木材与木制品流通行业年鉴》（以下简称《年鉴》）。

《年鉴》是国内第一套全面系统地推广介绍木材与木制品产业的权威指导工具书，全面汇集中国木门窗、木地板、木皮、工程木、防腐木、红木产业及流通、人造板、木材市场、木材进出口贸易等领域的一年来的发展，主要内容包括：中国木材与木制品产业和相关行业经济运行分析；协会重点工作总结；各专委会工作总结；行业关注热点专论与综述；“十二五”木材与木制品产业发展规划；行业科技信息；中国木材与木制品产业优秀企业及优秀产品展示等内容，全面详实地记录我国木材与木制品产业的发展历程。全书注重实用性、资料性、史志性，是国内外了解我国木材与木制品产业的重要窗口，是相关行业广大管理人员、采购及技术人员必备和经常查阅的重要资料，将为研究市场发展趋势、了解行业发展状况、探索企业发展战略提供重要参考和决策依据。

《年鉴》编委会主任由中国木材与木制品流通协会会长刘能文担任，副主任由协会副会长及各专委会会长担任，主编由协会副会长兼秘书长陶以明担任，执行主编由协会统计与标准部主任、信息中心副主任谢满华担任；《年鉴》编委由相关部委领导、本协会相关领导、各地相关协会负责人、龙头企业、行业领军人物及相关行业各企业负责人担任；由《中国木材与木制品流通行业年鉴》编辑部组织编写。

《年鉴》国内外公开发行。采用国际大16开本（210㎜×285㎜），彩版印刷。读者对象为中国木材与木制品全行业、全国各地住建部及商务部系统单位、政府招标采购部门、国内外大型开发商、专业采购商、各类大型企事业单位、相关协会学会中介服务机构；各大专业展销会、研讨会、论坛会及入编企业指定的客户群，并用于中国木材与木制品流通协会与国际相关协会交流。

为做好《年鉴》编制工作，请各单位对《年鉴》的编辑出版工作给予大力支持，并安排专人协助做好年鉴的组织、撰稿、认刊和发行等项工作。

《中国木材与木制品流通行业年鉴》联系方式：

联系电话：010-57180606　68392672　　　传　真：010-88635237
联系人：吴 凯　谢满华
邮　箱：mcltnj@163.com
地　址：北京市西城区月坛北街25号院2号楼607室

CHINA TIMBER & WOOD PRODUCTS DISTRIBUTION ASSOCIATION 中国木材与木制品流通协会

2013年6月20日

热烈庆祝中国木材与木制品流通行业第一部年鉴面世！

《中国木材与木制品流通行业年鉴》由中国木材与木制品流通协会主办，是记录中国木材与木制品行业发展的权威性文献，是介绍中国木材与木制品行业现状与发展的重要资料性工具书。

《中国木材与木制品流通行业年鉴》全面、系统、准确地记述了上一年度木材与木制品行业发展状况，全面汇集中国木门窗、木地板、木皮、工程木、防腐木、红木产业及流通、人造板、木材市场、木材进出口贸易等领域的一年来的发展进程。集手册、年表、书目、索引、文摘、表谱、统计资料、指南于一身；具有权威性、资料性、工具性、系统性的特点，同时又肩负着“资政”、“存史”和“宣传推广”的社会责任。通过字里行间记载中国木材与木制品行业的辉煌成绩。